통일독일의 문화변동

이 도서의 국립중앙도서관 출판시도서목록(CIP)은 e-CIP 홈페이지(http://www.nl.go.kr/ecip)에서
이용하실 수 있습니다.(CIP제어번호: CIP2009002224)

동독의 귀환, 신독일의 출범

통일독일의 문화변동

김누리 외 지음

한울
아카데미

머리말

1

역사는 실험될 수 없다고 한다. 하지만 지금 독일에서는 전대미문의 역사적 실험이 진행되고 있다. 언어적·역사적으로 뿌리를 같이하는 하나의 민족이 40년간 대립적인 이념과 가치, 이질적인 사고방식과 생활양식을 지닌 두 체제로 분열되어 있다가 재결합하면서 총체적인 문화변동을 경험하고 있는 것이다.

돌아보면, 독일통일은 정치경제적 체제통합의 측면에서 볼 때 매우 성공적인 사례로 평가되고 있다. 하지만 체제통합이라는 물리적 차원의 통일은 분단으로 인해 이질화된 두 주민이 서로 만나 화학적 융합을 이루기 위한 전제조건에 불과하다는 사실도 점차 분명해지고 있다. 다시 말해 독일인들은 진정한 의미의 통일이란 체제와 제도의 차원을 넘어서서 인간들 사이의 상호이해와 소통, 즉 '문화'의 차원에서 궁극적으로 이루어지는 것이며, 문화적 융합은 일방적인 '흡수'가 아니라 상호 간의 '삼투'라는 길고 복잡한 과정을 요구한다는 사실을 배우게 된 것이다. 지난 20년간 독일에서는 이질적인 생활양식과 가치관이 서로 스며들어 새로운 문화를 빚어내면서, 문화의 모든 영역에서 대규모의 지각변동이 일어나고 있다.

물론 문화변동은 체제변동과는 달리 의식과 시야에 잘 포착되지 않을 뿐 아니라, 문화적 현상에는 삶의 모든 영역에 걸친 문제가 복합적으로 얽혀 있어 문화변동의 양상과 구조에 대한 분석은 그리 용이하지 않다. 그러나 이 복합적인 양상들을 자세히 살펴보면 통일독일의 문화변동이 지역적·국가적·국제적 차원에서 이루어지고 있음을 확인할 수 있다.

통일독일 문화변동의 가장 중요한 현장은 물론 서구체제로의 급속한 전환을 경험한 동독 지역이다. 통일 이전 동독 지역에는 사회주의적 체제이념, 공동체적 생활양식, 관료주의적 문화정책이 주민들의 생활을 지배하고 있었다. 통일 이후 이곳에 개인의 자유와 책임을 강조하는 서구의 자유주의적 체제이념과 개인주의적 생활양식, 시장경제의 원리에 좌우되는 문화산업이 밀려들어오면서 동독 지역은 문화적 갈등과 융합의 거대한 실험장이 되었다. 동독 지역의 문화변동은 일견 서독의 문화가 동독에 일방적으로 이전된 형국으로 보인다. 그러나 자세히 들여다보면 통일 이후 동독 지역에는 동서독의 두 문화가 서로 '스며들어' 과거 구서독·구동독의 문화와 구별되는 새로운 문화가 생성되고 있음을 관찰할 수 있다. 여기에서 특히 주목해야 할 것은 동독 지역의 문화통합 과정이 사회적 평등과 개인적 자유라는 근대의 두 기본가치가 한 곳에서 만나 서로 갈등하고 지양하는 양상을 보여주고 있다는 것이다.

나아가 대립과 갈등을 강요했던 분단과 냉전의 상황이 종식됨에 따라 새로운 국가적 정체성을 모색하는 일이 통일독일의 시대적 과제로 떠오르게 되었다. 통일독일이라는 공존의 역사적 공간이 열림으로써 반공과 반파시즘의 대결구도하에 '대립적 의존관계'를 맺고 있던 분단체제의 모순이 근본적으로 재성찰되는 계기가 마련된 것이다. 이에 따라 공론 영역에서는 독일의 역사적 정체성을 둘러싼 진지한 논쟁과 대화가 이루어지고 있고, 예술 영역에서는 통일독일이라는 새로운 환경을 반영하는 소재개발과 형식실험이 활발하게 시도되었다. 이러한 일련의 노력은 동서독 지역 주민들 간의 상호이해를 위한 밑거름이 되고 있다.

통일과 더불어 독일은 동구권 전체로 확장되고 있는 '통합 유럽'에서 동유럽과 서유럽을 이어주는 중심축의 역할을 떠맡게 되었다. 이러한 새로운 국제적 위상을 바탕으로 독일은 서방의 첨병이라는 과거 냉전시대의 종속변수적 위치에서 벗어나 국제무대에서 능동적인 역할을 모색하고 있다. 이와 관련해 주목되는 것은 금융자본과 대중문화를 무기로 미국이 주도하고 있는 세계화의 부정적 흐름 속에서 유럽적 가치를 내세우며 저항하려는 다양한 움직임이 독일 문화계에 나타나고 있다는 사실이다.

　지금까지 개관해본 통일독일의 문화변동은 우리와 무관한 먼 나라의 이야기만은 아니다. 무엇보다도 독일의 '오늘'이 우리의 '내일'과 직결되기 때문이다. 포스트 - 통일 시대 독일이 겪고 있는 총체적인 변화는 한반도 통일 이후 불어닥칠 사회문화적 후폭풍을 예측해 대비할 수 있는 역사적 사례를 제공한다는 점에서 우리에게 각별한 주목을 요구한다. 독일통일 20년을 목전에 두고 있는 오늘의 시점에서 통일독일의 문화변동을 살핀 까닭은 세 가지이다. 첫째, 이제 우리의 통일논의도 '문화적 전환'을 모색해야 할 시점이 되었다는 판단 때문이다. 독일통일이 보여주듯이, 정치경제적 통합은 단지 통일의 시작에 불과하다. 진정한 통일은 이질화된 두 문화가 갈등과 대화를 거쳐 융합될 때 비로소 완성된다. 그러나 한반도에서는 통일의 문화적 차원에 대한 깊이 있는 인식은 여전히 부족하다. 우리는 이 책을 통해 통일의 문화적 차원에 대한 논의를 활성화해 통일문제에 대한 새로운 인식지평을 열어보고자 하였다. 둘째, 지구상 유일한 분단지역인 한반도에서는 '냉전문화'가 여전히 미래지향적인 역사인식을 가로막고 있다. 분단이 남긴 '머릿속의 장벽'을 허물기 위해 새로운 문화적 정체성을 모색하고 있는 독일의 사례를 통해 우리는 냉전적 사고에서 벗어나 공동의 가치를 추구하는 개방적 역사인식의 지평을 열어보고자 했다. 셋째, 통일독일의 문화변동을 종합적으로 결산하고 있는 이 책은 이데올로기에 의해 이질화된 한 민족의 문화가 어떻게 다시 통합되는가를 면밀히 살펴봄으로써, 한반도 통일 이후 발생할 문화변동의 강도와 방향을 예측하고 바람직한 문화통합의 방안을 모색하는 데 도움을 줄 수 있을 것이다.

2

　『통일독일의 문화변동』은 중앙대학교 '독일연구소' 연구원 11인이 한국학술진흥재단의 지원을 받아 2005년 9월부터 2007년 8월까지 2년간 수행한 공동연구의 결과물이다. 우리는 통일 이후 독일에서 나타나고 있는 문화변동의 양상을 일상(여성, 청소년), 예술(문학, 연극, 영화), 공론(언론, 학문, 지식인)의 세 영역으로 나누어 추적했다. 일상은 문화변동을 생활세계에서 직접적으로 경험하고 이에 대응하는 영역이고, 예술은 문화변동을 작품세계에서 표현하고 반영하는 영역이며, 공론은 문화변동을 공론장에서 성찰하고 매개하는 영역으로서 범주화되었다. 우리는 이들 세 범주의 하위분야로서 여성, 청소년, 문학, 연극, 영화, 언론, 학문, 지식인의 8개 분야에서 문화변동의 양상과 원인을 살펴보았는데, 그것은 각 분야가 문화변동의 독특한 징후적 특성을 보여주기 때문이다.

'여성'은 일상문화의 변동을 민감하게 경험하며, 특히 동독 여성이 겪은 일상의 전면적인 변화는 문화변동의 명암을 극명하게 보여주고, '청소년'은 미래의 지표로서 통일독일 문화변동의 진폭과 향방을 가늠케 하는 지진계와 같은 역할을 하는 분야이다. 또한 예술 영역에서 '문학'은 문화변동의 양상을 생생하게 기록할 뿐 아니라 문화변동의 본질을 투시하게 해주고, '연극'은 독일문화를 대표하는 공동의 문화자산으로서 동서독 문화를 이어주는 가교 역할을 하며, '영화'는 대중적 파급효과가 큰 예술장르로서 동서독 문화통합을 위한 견인차 역할을 한다는 점에서 연구 대상으로 선택되었다. 나아가 공론 영역에서 '언론'은 문화변동의 양상을 전달하는 매체로서 동서독 주민 간의 소통과 이해에 기여하고, '학문'은 이데올로기 대립으로 심화된 동서독 문화의 이질성이 가장 첨예하게 드러나는 분야이며, '지식인'은 분단과 냉전 체제의 종식이 몰고 온 문화변동의 의미를 함축적으로 보여준다는 점에서 연구의 대상으로 삼았다.

이 책은 19편의 글로 이루어져 있으며, 각 글이 지닌 성격에 따라 3부로 나뉘어져 있다. 제1부는 통일독일 문화변동의 양상을 전체적으로 개괄하고, 그 의미를 분석하는 총론적 성격을 지닌 두 편의 글을 실었다. 특히 통일 이후 동독적 가치관의 부활 현상을 분석한 제2장 「동독의 귀환: 통일 이후 독일의 가치관 변화」는 정치적 패자의 문화가 승자의 문화를 변화시킬 수 있다는 문화의 고유한 동역학을 밝혀내고 있다는 점에서 주목을 요한다.

제2부는 통일독일의 '문화장'에서 일어난 거대한 지각변동을 앞서 언급한 8

개 분야에서 거시적으로 살피고 있다. 먼저 여성과 청소년 분야에서는 동독 여성들이 지닌 여성상의 변천 과정과 동독 청소년 문화의 변화 양상을 그려봄으로써 통일이 초래한 일상의 변화를 더듬어 좇았고, 통일 이후 독일문단의 지형 변화, 동독극단의 부침 과정, 독일영화계의 판도 변화를 통해 예술 영역의 변화를 조망했다. 또한 공론 영역에서는 동독지역 방송의 전면적인 재편 과정, 통일 이후 대학·연구소 등 학문 분야에서 일어난 극적인 변화와 독일 지식인 진영의 새로운 지형형성 과정을 조명했다.

제3부에서는 문화변동의 전형적인 사례들을 좀 더 미시적인 관점에서 세세히 톺아보았다. 동독 여성운동의 변화, 청소년의 문화적 일탈 현상을 다룬 글이 일상의 구체적인 변화 사례를 보여준다면, 잉고 슐체의 소설 『심플스토리』, 크라흐트의 소설 『파저란트』, 호흐후트의 연극 〈바이마르의 베씨들〉, 드레젠의 영화 〈그릴 포인트〉를 치밀하게 분석한 글들과 예나 극단에서 과거 동독 연극의 흔적을 추적하는 글은 예술 영역에서 나타나는 미시적 변화를 섬세하게 포착하고 있다. 나아가 동독지역 제3공영방송이 이룬 '성공신화'의 베일을 벗기고 있는 글과 통일 이후 벌어진 대표적인 거대논쟁들을 통해 학문 패러다임의 변화를 추적한 글도 새로운 인식지평을 열어주는 흥미로운 글이다.

3

독일 시인 노발리스는 이렇게 말했다. "책은 세계의 집이자 실존의 역사이다." 모름지기 모든 책은 역사를 다루지만, 책 자체가 역사이기도 하다. 책은 시간과 공간, 기억과 인상, 절망과 희망이 서린 긴 자취인 까닭이다. 요컨대 책은 세계, 즉 텍스트의 집이면서 동시에 인간과 세계가 교호하며 함께 빚어낸 삶의 역사 그 자체인 것이다. 그러기에 이제 이 책이 만들어진 발자취를 돌아봐야 할 것 같다. 참 많은 분들이 애쓰셨다. 먼저 독일에서도 본격적인 연구가 시작되지 않은 미지의 영역에 도전해 빼어난 성과를 보여주신 열한 분의 필자들에게 존경과 감사의 말씀을 드린다. 필자들은 이 책을 통해 새로운 연구 영역을 개척했을 뿐 아니라 향후 관련 연구를 위해 소중한 토대를 닦아놓았다. 독일 현지에서 진지하게 인터뷰에 응한 많은 분들의 고마움도 잊을 수 없다. 독일 브레멘 대학의 볼프강 엠머리히Wolfgang Emmerich 교수, 베를린 공대의 만프레드 카펠러 Manfred Kappeler 교수, 예나 대학의 칼 지렉Karl Sierek 교수, 베를린 훔볼트 대학의 지그프리트 프로콥Siegfried Prokop 교수, 전 독일연방의회 의장 볼프강 티어제Wolfgang Thierse, 전 브란덴부르크 주지사 만프레드 슈톨페Manfred Stolpe, '가욱 관청' 창설자인 요아힘 가욱Joachim Gauck, 베를린 브란덴부르크 라디오방송국 사장 하넬로레 슈테어Hannelore Steer, 라이프치히 니콜라이 교회 크리스티안 퓌러Chiristian Führer 목사, 비텐베르크 루터 교회 프리드리히 쇼를렘머Friedrich Schorlemmer 목사, 작가인 폴커 브라운Volker Braun과 다니엘라 단Daniela Dahn 등 독일의 대표적인 지성들과 나눈 대화는 우리의 연구에 폭넓은 시각을 부여해주었을 뿐 아니라, 이 연구의 중요성에 대한 확신을 불어넣어주었다. 우리의 선행연구인 '통일독일을 말한다' 3부작에 대한 서평이 저명한 학술지 ≪게르마니스틱Germanistik≫에 실릴 수 있도록 주선해준 베를린 훔볼트 대학의 잉에 슈테판Inge Stephan 교수에게도 고마움을 전한다. 또한 7,000여 권의 장서를 중앙대학교 독일연구소에 기증해준 나의 스승 볼프강 엠머리히 교수에게도 이 자리를 빌려 경의를 표한다. 끝으로 '통일독일을 말한다' 3부작에 이어 또 다시 이렇게 근사한 책을 만들어주신 도서출판 한울의 노고에 감사드린다.

2009년 7월 10일
필자들을 대표하여 김누리

차례

머리말 · 5

통일독일 문화변동의 양상과 의미

1

통일독일의 문화변동*

김누리

1. 들어가며

베를린 장벽의 붕괴는 20세기를 뒤흔든 가장 극적인 역사적 사건 중 하나였다. 장벽 붕괴의 후폭풍은 지난 반세기 동안 국제질서를 지배해온 냉전체제를 일거에 날려버렸고, 동유럽 사회주의를 삽시에 무너뜨렸다. 미국과 소련을 정점으로 양분된 자본주의와 사회주의의 이원적 세계질서는 신자유주의적 세계화의 급류 속에서 미국을 정점으로 하는 일극체제로 재편되었고, 이와 동시에 양극체제하에서 잠복해 있던 민족적·지역적 특성들이 폭발적으로 분출하면서 다원적 세계질서가 생성되었다. 바야흐로 미국의 '제국적' 지배 아래 민족의식과 지역 정체성이 확산되는 '신자본주의', '신민족주의' 시대가 열린 것이다.

독일 통일은 이러한 전 지구적 변화의 한 국면을 이루는 것으로서, 통일 과정에서 동독과 서독이라는 두 독일 사회는 급격한 변화를 겪었다. 동독은 흡수통일의 과정에서 밖으로는 서독에 무리 없이 편입되어가는 듯이 보였으나, 안으로는 심각한 갈등을 내연하고 있었다. 정치경제적 시스템 통합은 순조롭게 진행되었으나, 사회문화적 갈등은 더욱 심화되었던 것이다. 서독 또한 변화의 무풍지대에‧머물 수 없었다. 신자유주의 세계화의 격랑 속에서 지난 40년간 안정적으로 작동해온 사회복지체제가 급격히 동요하면서, 예전과는 전혀 다른 사회로 변모했다. 베를린 장벽 붕괴 20년을 목전에 둔 오늘, 독일은 "변화된 공화국"[1]이 되었다.

이 글은 통일 이후의 '변화된 공화국' 독일에서 벌어진 문화변동의 양상과 구조를 추적하고, 그 의미를 성찰해보려는 시도이다. 우리가 특별히 문화변동에 주목하는 이유는 두 가지이다. 첫째는 문화적 현상이 경제적·사회적 현상보다 더 장기적이고 강력한 영향을 미치기 때문이다. 독일의 경우 통일 이후 동서독에 불어닥친 문화변동은 심층적 차원에서 통일독일 사회의 변화를 추동하는 결정적인 요인으로 작용하고 있다. 둘째는 여전히 분단과 냉전의 시대를 살고 있는 우리에게 통일독일의 문화변동을 살피는 것은 이데올로기에 의해서 이질화된 한 민족의 문화가 어떻게 다시 통합되는가를 보여준다는 점에서 각별한 의미를 지니기 때문이다. 이 글은 한반도 통일 이후 일어날 문화변동의 강도와 방향을 예측하고 바람직한 문화통합의 방안을 모색하는 데 도움을 줄 수 있을 것이다.

우리는 통일독일의 문화변동을 우선 동독[2] 문화 인프라의 해체라는 측면에 주목해 살펴본 후, 동독 지역에서 생성되고 있는 새로운 문화를 '동독 부분문화의 형성'이라는 맥락에서 조망하고, 동서독 문화통합의 가능성을 타진해볼 것이다. 끝으로 최근 문화의 여러 영역에서 관찰되는 '서독의 동독화' 현상이 과연 동독의 '문화정복' 현상을 드러내는 징후인지 진단해볼 것이다.

2. 동독 문화 인프라의 해체

필자는 지난 2007년 통일 이후 독일 사회에 나타난 문화변동을 주제로 베를린에서 독일의 주요 작가, 언론인, 종교인, 정치인 등과 일련의 인터뷰를 가진 바 있다. 이 인터뷰들 중에서 가장 충격적이었던 것은 통일 직후 동독 슈타지 Stasi: Ministerium für Staatssicherheit(동독의 국가 공안국) 문서 관리 기구로 유명한 소위 '가욱 관청'의 초대 책임자였던 요아힘 가욱Joachim Gauck과의 인터뷰였다. 그는 "동독의 유산 중에서 통일독일에 받아들여 유용하게 쓸 수 있는 것은 어떤 것이 있겠느냐?"라는 필자의 물음에 조금도 망설이지 않고 "아무것도 없다"라고 단언했다. 아무리 보수적인 정치적 입장을 견지하는 인물이라고 해도 동독의 목사로 활동했던 이가 동독의 과거 전체를 이렇게 간단히 폐기할 수 있다는 사실에 적잖게 당황했던 것이다.

가욱의 답변에 서려 있는 구동독에 대한 분노와 적개심은 서독의 정치학자 쿠르트 존트하이머Kurt Sontheimer에게서도 그대로 반복된다. 그는 동독은 통일독일에 수용할 만한 가치가 있는 어떠한 정치적·문화적 유산도 남기지 않았다고 주장한다.

> 동독은 지참금 한 푼 가져오지 않았다. 저쪽(서독) 사람들이 청산해야 하고, 또 사실상 견적이 적지 않게 나오는 과거의 부채는 대변부채지, 차변부채가 아니다. 그것은 본질적으로 제거되어야 할 부담이지, 독일 전체를 결산할 때 유리하게 작용할 수 있는 긍정적 요소가 아니다.[3]

동독은 '지참금 한 푼' 없이 빚만 잔뜩 짊어진 채 서독 사회에 합류했다는 것이다. 그에게 동독문화는 '제거되어야 할 부담'일 뿐, 가치를 혜량할 이유조차 없는 폐기물에 불과하다. 동독의 유산에 내한 이러한 단호한 청산의지는 통일 초기 문화지형의 재편 과정에서 일관되게 유지되었다. 그 결과 동독문화는 가혹한 청산의 대상이 되었고, 동독 고유의 문화 인프라는 제도적·인적 측면에서 철저히 해체되었다.

청산의 범위는 전면적이었다. 동독인의 일상을 지배하는 생활세계의 영역에서 담론을 생산하는 학문과 지식인 영역, 담론을 소통시키는 언론 영역, 그리고 일상의 체험을 심미적 방식으로 재현하는 예술 영역에 이르기까지 동독의 문화 인프라 전체가 와해된 것이다.

'동독적인 것'은 모두 일차적인 청산 대상이었다. 동독 주민들이 일상의 삶을 영위해온 생활세계는 낡은 질서와 결별하고 새롭게 조직되고 호명되어야 했다. 그 상징적인 사례는 거리 이름의 변경에서 살필 수 있다. 통일 이후부터 1996년까지 베를린에서만 150개의 거리명이 개명되었는데, 대부분의 개명 작업은 주민들의 의사를 거스르면서 일방적으로 강행되었다. 예를 들어 동독의 초대 총리의 이름을 딴 빌헬름 피크Wilhelm Piek 거리는 주민들에 대한 설문조사 결과 350명의 응답자 중에서 300명이 본래의 이름을 그대로 유지하자는 의견을 냈으나, 결국 과거의 이름인 토아슈트라세Torstrasse로 개명된 것이다.[4] 일상 영역에서 벌어진 과도한 청산의 결과 통일 이후 동독인의 일상에서 남은 것은 "신호등의 난쟁이"[5]밖에 없다는 푸념이 나오고 있다.

일상의 변화와 관련해 빼놓을 수 없는 것은 통일 이후 동독 여성들이 받은 문화충격이다. 그들은 통일독일이 요구하는 새로운 여성상을 엄청난 충격으로 받아들였다. "통일 이후 동독 여성은 급격한 체제 변화의 소용돌이 속에서 심각한 문화적 충격을 경험했다. '어머니'이자 사회주의 '노동자', 그리고 사회주의 건설의 '양육자'로서 자긍심을 가졌던 동독 여성은 통일 이후 '섹시'와 다이어트의 미학 속에서 '성적 주체'이자 '독신 커리어 우먼'이라는 새로운 여성의 이미지에 문화적 충격을 받고 있다. '혁명적 노동자'로서 사회주의 건설에 참여했던 동독 여성들은 통일 직후 벽에 붙은 광고용 화보의 '벌거벗은' 여성들을 보고 '이것이 우리가 원하던 해방의 실체인가'라며 충격과 실망을 감추지 못했다."[6] 특히 동독 여성들을 의아하게 한 것은 "대중매체가 여성을 통해 에로티시즘을 생산해내고 여성을 대상화하는 성의 상품화"[7]였다.

일상 영역에서 동독 청소년들이 통일 이후 겪은 문화단절도 동독 여성에 못지않았다. 통일 이후 동독 청소년은 "집단주의 문화에서 개인주의 문화로, 사회주의 체제의 '국가 청소년Staatsjugend'에서 자본주의 시장체제의 '소비 청소년Konsumsjugend'으로 전면적인 생활양식 변화를 겪으면서 적지 않은 문화의 충돌을 경험"[8]했다. 이들에게 통일은 "기존에 존재했던 모든 일상적인 것의 와해"와도 같았다. 이들은 "부모의 직업적 변동과 실업, 가족의 해체, 학교 교과 과정의 전면적인 변화, 소년단 조직의 와해, 기존의 가치관과 규범 및 사회주의적 정체성과 이데올로기의 상실" 등 일상의 총체적인 변화 속에서 극심한 "문화적 아노미" 상태를 거쳐야 했다.[9] 동독 지역에서 극우 청소년 범죄가 급격히 증가한 것은 바로 이러한 "문화적 아노미 현상이 야기한 결과"[10]였다.

문화담론을 생산하고 유통시키는 언론의 경우에도 동독 인프라의 해체는 전면적이었다. 구동독의 신문들은 구동독 사회주의통일당의 기관지였던 ≪노이에스 도이칠란트Neues Deutschland≫를 제외하고는 대부분 서독의 신문자본에 매각되었고, 구동독의 방송 또한 하나도 살아남지 못한 채 서독 방송에 편입되거나, 새로운 방송체제로 재편되었다. 특히 방송사의 재편 과정에서 "변화의 핵심은 국영방송에서 공영방송으로의 체제 전환과 당의 선전기구에서 자유언론으로의 체질 변화"[11]였다.

문학, 연극, 영화 등 예술 영역에서도 동독 문화 인프라의 해체와 동독 예술인들의 '전락'은 뚜렷하다. 문학의 경우 작가단체, 문학비평, 문학잡지 등 동독의 문학제도들이 해체되거나 서독의 제도에 편입되었고, "동독 작가들은 동독이라는 '문학사회'가 완전히 해체됨으로써 하루아침에 '천직'을 박탈당한 실업자로 전락"[12]했다. 또한 '책의 나라', '독서의 나라'였던 동독의 출판 인프라가 괴멸한 것도 간과할 수 없다. 인구가 1,600만 명에 불과했지만 매년 1억 4,000만 권의 책을 찍어내던 동독 출판계가 통일 이후 심각한 변화를 겪은 것이다. 현새 동독의 출판사 수는 전 독일의 7.6%에 불과해 구동독 시절의 4분의 1에도 미치는 않는 책을 출판하고 있으며, 전 독일 도서출판의 2.1%를 차지할 뿐이다.[13]

영화의 경우에도 제도적·인적 와해는 괴멸 수준이었다. 그것은 무엇보다도 자본집약적인 영화 생산의 특성과 대중추수적인 영화 수용의 속성에 따른 것이었다. "특히 자본의 힘과 대중의 취향이 어느 예술 장르보다 강하게 생산과 수용을 결정하는 영화장의 경우, 동독 영화의 청산은 급격히 빠른 속도로 일어났으며 파장도 컸다. 동독 영화의 제작·생산·유통의 유일한 중심 권력이던 동독 국영영화사 데파DEFA는 통일된 지 2년 만에 매각되었고, 데파에 종사하던 감독을 포함한 2,400명의 직원은 무더기로 해고되었다. 동독 지역 영화 시장은 서독 자본에 의해 재편되어, 서독 자본이 영화의 배급과 극장에서의 상영을 장악했다."[14] 이처럼 동독 영화계의 지각변동도 흡수통일의 방식을 그대로 재현했다. 동독 영화는 서독 영화자본에 합병되었고, 서독의 영화장만 일방통행식으로 확장된 것이다.

연극계의 상황도 크게 다르지 않다. 아무런 변화를 경험하지 않은 서독 연극계와는 달리 동독 연극계는 완전히 변화된 연극 생산과 소비 환경에 적응하면서 생존을 위해 고투했으나, 서독 극단과의 성급한 해체 통합의 결과 급격한 몰락의 길에 들어섰던 것이다.[15] 특히 재정 지원의 편중성은 세계적 수준을 구가하던 동독 연극의 인프라를 심각하게 손상하면서 몰락을 가속화했다. "전시행정적인 고려와 성과주의 때문에 재정 지원이 지역적으로는 주로 동베를린과 작센 주, 내용적으로는 고급예술, 특히 이름이 알려진 극단과 오케스트라 등에 치우쳤기 때문에 동독에서 널리 발달했던 주변부 문화 환경이 거의 소실된 것도 통일문화정책이 남긴 어두운 단면으로 평가된다."[16]

구동독 시절 "교회나 시민운동 단체처럼 대체공론 내지는 틈새공론의 역할을 제대로 수행하지 못한" 동독의 학문 영역도 통일 이후 과거 청산의 표적이 되어 "엄청난 변화"를 겪었다. "서독의 대학이나 연구소 시스템이 그대로 동독으로 이식되는 형태로 동서독 학문 영역의 통합이 진행되는 과정에서 동독 대학의 학생 수는 급격히 감소했고, 수많은 학자와 연구자가 직장을 잃었다. 동독의 학문 패러다임은 와해되었으며, 특히 이데올로기에 민감한 인문·사회과학 분야, 즉 철학, 역사학, 정치학, 경제학 등의 학과는 완전히 몰락했다."[17] 이처럼 동독 학문 인프라의 해체는 "서독에 의한 철저한 식민화"[18] 방식으로 진행되었고, 동독 학문체제의 재편은 "지식을 통한 헤게모니 장악을 위해 사회주의의 학문적 유산을 철저하게 붕괴시키고 서독 학문의 이해관계를 관철하는 과정"[19]이었다. 이 과정에서 동독 학문이 지닌 잠재적 가능성이 철저히 파괴되었음은 물론이다.

지식인 세계의 지각변동 또한 극심했다. 동서독을 막론하고 지식인의 전통적인 위상은 급격히 추락했고, 사회적 발언력도 현저하게 약화되었다. "서독의 대표적 좌파 지식인 귄터 그라스Günter Grass는 길에서 만난 젊은이에게 '조국의 배반자'라는 욕설을 들어야 했고, 동독의 지식인들은 두 차례에 걸친 이른바 '크리스타 볼프 논쟁'에서 서독 언론의 집중포화를 받아야 했다. 이 과정에서 슈타지 연루 문제로 인해 그들이 지닌 힘의 원천인 도덕적 권위까지 손상당한 동독 좌파 지식인들은 공론장에서 거의 발언권을 얻지 못했다. 그뿐 아니라 동구권 현실사회주의의 붕괴가 냉전 시대의 체제 대결에서 자본주의가 승리한 것으로 받아들여지면서, 68혁명 이후 오랫동안 좌파 노선을 걸어왔던 서독의 지식인들이 이념적 입장을 전향했고, 볼프 비어만Wolf Biermann과 페터 슈나이더Peter Schneider를 위시해 과거 좌파의 선두에 섰던 지식인들이 사회주의적 유토피아와의 결별을 선언하면서 좌파의 이념 자체가 입지를 잃어갔다."[20]

이와 같이 일상, 여성, 청소년, 언론, 예술, 학문, 지식인 등의 영역에서 벌어진 과도한 청산의 결과는 동독 문화 인프라의 해체와 동독 문화엘리트의 소외였다.

우선 세계 최고의 수준이었던 동독의 문화 인프라가 철저히 와해되었다. 동독의 문화 인프라는 본래 "모든 사회계층의 문화적 요구를 충족시키고 대도시와 농촌지역을 포괄하는 지극히 다양하고 촘촘한 문화기구들의 네트워크"로 이루어져 있었는데, 통일 이후 "계획경제에 따라 조정되는 중앙관리적 인프라를 주정부 관할의 연방적 체계에 적합한 문화 환경으로 전환"[21]시키는 과정에서 급격히 해체되어버린 것이다. 구동독에서는 사회주의적 전인을 길러낸다는 목표하에 최소 행정단위에 이르기까지 문화 및 예술 프로그램이 제공되었고, 평범한 사람들도 누구나 문화를 향유할 기회를 누렸다. 1988년에는 국가 예산의 22%가 문화·예술 프로그램 지원과 문화 인프라 조성을 위해 투입될 정도였다. 그 결과 통일이 되던 시점에는 인구 1,600만 명에 불과한 동독 지역에 217개의 극장, 87개의 오케스트라, 955개의 박물관, 112개의 음악학교, 9,349개의 도서관이 있었다. 이처럼 "유럽의 어느 나라도 도달하지 못한 수준"의 선진적인 문화 인프라가 통일과 함께 돌연 해체된 것은 동독 주민들이 겪은 가장 쓰라린 상실이라 할 수 있다.[22]

동독 문화엘리트의 소외도 심각했다. 이는 앞서 살펴본 대로 언론·예술·학문 분야에서 과도한 인적 청산이 행해진 결과였다. 통일독일 사회에서 문화 분야의 동독 엘리트 점유 비율은 턱없이 낮아졌는데, 언론계의 11%, 문화계의 12%, 학계의 7%에 해당하는 엘리트만이 동독 출신이었다.[23]

이처럼 언론계, 학계, 문화계 등 담론 영역에서 문화 인프라가 해체되고 문화엘리트가 과소대표됨으로써 동독인들은 개인적 체험과 공적 담론 사이의 괴리를 뼈저리게 느끼지 않을 수 없었다. 그에 따라 동독은 점차 '정체성의 휴경지', '담론의 부재지대'로 전락했다. 동독인들은 구동독 사회에서 자신이 직접 경험했던 것이 '공적인 담론과 헤게모니 담론에서 전혀 나타나지 않거나 공적인 담론과 비대칭적으로 나타나는' 현실 앞에서 큰 괴리감과 소외감을 느끼고 있다. 여기서 생겨난 빈자리를 상업적으로 파고든 것이 다름 아닌 "오스탤지어 쇼"이다.[24]

3. 동독 부분문화의 형성

1) 동독 자의식의 성장과 새로운 동독문화의 탄생

통일 초기에 행해진 동독문화에 대한 대대적인 청산은 주로 제도적·인적 측면에서 이루어졌다. 그 과정에서 동독이 자랑하던 문화 인프라는 전면적으로 해체되었고, 동독의 문화엘리트들은 통일독일의 '문화장'에서 자취를 감추었다. 그러나 통일 초기의 이러한 청산 분위기는 대략 1990년대 중반을 기점으로 동독인들이 새로운 자의식에 눈을 뜨면서 변화하기 시작했다. '동독 고유의 것'에 대한 새로운 자각이 확산되면서 동독 고유의 '부분문화Teilkultur'가 생성되기 시작했다. 이 새로운 동독문화는 서독문화의 변화를 견인하면서 통일독일의 문화장 전체를 변화시켰다. 동독문화가 통일독일 문화장의 '아방가르드'로 떠오르기 시작한 것이다. 이로써 동독문화는 '인프라 청산 - 부분문화 형성 - 아방가르드로의 부상'이라는 세 단계의 변화 과정을 거치면서 통일독일의 문화변동을 촉발하고 주도하게 되었다.

이러한 동독문화의 변동은 통일에 대한 동독인들의 인식 변화에 상당 부분 조응하는 것이기 때문에, 동독문화의 변동을 살피기에 앞서 우선 독일 통일에 대한 동독인들의 인식 변화 과정을 더듬어볼 필요가 있다.

롤프 라이시히Rolf Reißig는 독일 통일을 대하는 동독인의 태도가 크게 세 단계에 걸쳐 변해왔다고 분석한다. 제1단계는 환희의 단계라고 할 수 있는데, 1989년 11월 베를린 장벽 붕괴에서 1990년 10월 3일 독일이 공식적인 통일을 선언하기까지의 시기에 해당된다. 이 시기에 동독인들은 자신들이 1989년 가을 '평화혁명'을 통해 이룩한 성과와 이를 통해 실현된 독일 통일에 커다란 환희와 자긍심을 느끼면서 미래에 대해 낙관적인 전망을 품고 있었다. 제2단계는 1991년 초에서 1994년에 이르는 시기로서 충격의 단계라 할 수 있다. 이 시기에 동독인들은 체제전환의 충격과 통일쇼크에 의해 삶의 기반을 잃고 실존적 방황을 겪었다.[25] 특히 이 시기에 동독인들은 엄청난 문화단절과 문화충격을 집중적으로 경험해야 했다.

동독인들은 전례 없는 체제단절뿐 아니라 심각한 문화단절을 이겨내야 했다. 하룻밤 사이에 이전까지 유효하던 모든 사회적 가치, 주도적 정향, 규범, 상징의 근본적인 전복이 일어났다. 다수의 동독인은 결코 완전히 그것들을 받아들이지 않았고, 동독의 정체성을 내면화하지도 않았지만, 자신의 삶의 이력을 통해 40년 간의 동독 역사, 동독의 빌진과 뒤엉켜 있었다. 동독은 단지 억압만을 기초로 했던 사회가 아니었다. 동독은 오랫동안 수용과 동의에 기반을 두고 있기도 했다. 각 개인이 동독이라는 국가에 대해 어떤 입장을 취했는지에 상관없이, 동독이 서독 에 편입됨으로써 동독인 개개인은 다수인 서독인에 비해 구조적 소수에 속했으며, 고참이 아니라 신참이었고, 원주민이 아니라 이방인이었다. 이러한 문화충격을 이겨내는 것은 동독인들에게 엄청난 심리적·사회적 자원의 동원을 요구했다.[26]

'신참'이자 '이방인'으로서 동독인들이 낯선 세계에서 체험한 문화단절과 문 화충격이 그들의 문화적 출발 상황이었다.

제3단계는 성찰의 단계로서 1995년 이후 오늘날에까지 이르는 시기이다. 이 시기에 동독인들은 독일 통일에 대해 거리를 두고 새로운 관점에서 바라보기 시작하면서, 한편으로는 개인적인 적응을 위해 분투하고 '인정투쟁'에 나서면 서도 새로운 사회에 대한 강한 비판의식을 품게 된다. 동독인의 자의식이 마침 내 눈을 뜨기 시작한 것이다.

동서독의 차이는 경제적·사회적 불평등과 불의보다도 더 강력하게 동독인을 사회적·문화적으로 불리하게 만드는 것으로 인식되었고 주제화되었다. 단순한 반反서독 정서는 줄어들거나, 적어도 심화되지는 않은 것으로 보인다. 빨리 서독 사람들처럼 되어야 한다는 '지배적인 모델'이 많은 사람들에게서 빛이 바랬다. 일 상생활과 일상문화, 자신의 이력과 생활세계에 몰두하는 현상이 생겨났다. 많은 사람이 관찰하지는 못했지만, 1995~1996년부터 동독 주민 사이에서는 점차 새로 운 '우리 감정', '우리 의식' 같은 것이 생겨났다. 이것은 당시 주류에서는 오히려 조롱받고, 향수 어린 회고로 폄하되었다.[27]

이처럼 1990년대 중반부터 동독인들의 공동체 의식과 집단적 정체성이 점차 눈을 뜨게 되는데, 바로 이 시기에 동독 정체성을 기초로 한 부분문화가 생성되기 시작한다. 동독인의 '우리 의식'은 무엇보다도 구동독에 대한 강한 결속감으로 표출되었다. "지극히 놀라운 것은 감정적으로 가장 강렬한 결속감이 정치지도에 전혀 나와 있지 않은 곳, 즉 동독을 향하고 있다는 것이다."[28] 동독이라는 '유령국가'가 동독인에게 "가장 강력한 귀속감과 정체성"[29]을 부여하는 정서적·의식적 원천이었다. 또한 동독에 대한 결속감이 강화되는 데 반비례해 통일독일에 대한 동독인들의 결속감은 지속적으로 약화되었다.[30]

이처럼 동독인의 새로운 정체성은 서독인과 자신을 구분하는 '배제의 정체성'이었다. 서독인들은 "'서독적인 것'이 동시에 '새로운 전 독일적인 것'"이었기에, 통일의 모델은 당연히 "동독인들이 서독의 규범과 관점과 해석모델과 멘탈리티에 적응하고 동화하는 것"[31]이라고 생각했지만, 동독인들은 이러한 인식에 맞서 스스로를 경계 짓기 시작했던 것이다. 이 "경계선은 유동적이고 비물질적이기는 하지만 그들의 자존감, 그들의 생활, 그들의 공동체적 삶에 매우 분명한 의미를 지니는 경계선"[32]이었다.

이처럼 의식적으로 설정된 경계선 안에서 동독인들은 집단적 자의식을 키워갔다. 그들 사이에서 번져간 것은 이제 "이등 국민이라는 감정"만이 아니라, "서독인과는 다르다는 자의식"[33]이었다. 이처럼 동독인들의 자의식이 고조됨에 따라 "점점 더 많은 서독인들이 독일 통일을 자기만족적이고, 독선적인 승자의 자세로 다루어서는 안 된다는 것을 인식하기 시작"했고, 동독인들도 "패자의 굴종을 극복하기 시작하면서 자기 스스로 승리를 쟁취했다는 것을 기억"[34]함으로써 자존감을 키워갔다.

동독인들의 이러한 강화된 자의식이 독특한 동독문화를 탄생시킨 정신적 토양이었다. 동독문화는 흡수통일의 결과 형성된 "이원적 통일사회"에서 동독이라는 "특수한 구조적 특성을 지닌 독특한 부분사회Teilgesellschaft"[35]에 조응하는 '부분문화'로서 생성되었다. 동독 지역에 이러한 부분문화가 생성된 결과 동서독 문화 사이의 차이는 좀처럼 좁혀지지 않았다. 식습관, 성생활, 돈을 다루는 방식, 자기표현, 조경습관, 인테리어, 정당선호 등 일상생활을 규정하는 거의 모든 영역에서 뚜렷한 차이가 나타났다.[36] 이러한 차이는 볼프강 엥글러 Wolfgang Engler가 말하는 동독의 '노동자적 문화arbeiterliche Kultur'[37]와 서독의 시민적 문화 사이의 본질적인 이질성에서 연원하는 것이었다.

여기서 주목해야 할 것은 동독의 부분문화는 동독인이 통일 이후 겪은 문화단절과 문화충격을 극복하기 위한 방편으로 형성된 고유한 문화라는 것이다. "동독인들은 체제단절과 함께 온 문화단절, 즉 관점, 가치관, 문화적 상징과 규범, 그리고 일상문화에서 발생하는 문화단절을 독특하고 예상하지 못한 방식으로 이겨냈다. 여기서 생겨난 것은 서독의 '동독화'도, 동독의 '서독화'도 아니었다. 통일독일의 특수한 집단으로서 동독인들에 대해 말한다면, 그들에게서 어떤 '고유한' 것이 생겨났다고 말할 수 있을 것이다."[38] 동독의 부분문화는 동독문화를 서독화하는 방식도, 서독문화를 동독화하는 방식도 아닌 제3의 고유한 문화를 개척한 것이었다.

2) 아방가르드로서의 동독문화

볼프강 엥글러는 2004년에 출판되어 동서독 학계에서 커다란 반향을 불러일으킨 저서 『아방가르드로서의 동독인Die Ostdeutschen als Avantgarde』에서 동독인들이 통일독일 사회를 이끌어갈 아방가르드의 구실을 하리라고 봤다. 그에 따르면 동독인들은 미래의 변화에 더욱 잘 대처할 능력을 보유하고 있고, 경쟁을 미덕으로 삼는 서방의 체제에 연대의 이름으로 저항할 것이며, 바로 이러한 동독인의 고유한 속성이 그들을 미래 사회의 선구자로 만든다는 것이다.[39] 엥글러는 또한 동독인들의 사회적 판단력과 문화적 기억이 통일독일 사회에 긍정적으로 기여하리라고 본다. "여전히 동독은 반대 방향으로 나아가는 모든 경향에도 사회적 판단력을 보존하는 사람들을 배출하고 있다. 그들은 자신의 아비투스와 문화적 기억 때문에 사회적 세계를 오로지 자신이 점하고 있는 사회적 지위에서만 인식하고 평가하는 일을 할 수 없다."[40] 동독인들은 지난 40년간 사회주의 사회에서 내면화된 평등주의적 아비투스와 문화적 기억 때문에 사회적 위계와 권위를 중시하는 서독인과는 다른 사회적 판단력을 지니고 있다는 것이다. 그는 감동적으로 묘사된 권투선수 만프레드 볼케Manfred Wolke의 사례[41]에서 볼 수 있듯이, 동독인들은 지극히 평범한 개인까지도 사회적 연대에 대한 감각을 여전히 간직하고 있기 때문에 미래의 바람직한 인간형을 선취하고 있다고 주장한다.

엥글러가 사회적 연대 의식과 공동체 의식을 들어 동독인의 전위성을 강조한다면, 클라우스 데트엔Claus Detjen은 이와는 다른 맥락에서 동독 사회의 전위성을 본다. "동독인들이 1989년 혁명으로 쟁취한 자유는 여전히 기능하고 있는 구조 속에 근거를 두고 있는 서독의 민주주의보다 더 급진적이다. 이러한 서독의 구조들이 점점 더 승인되지 않거나, 지구적 경쟁의 요구하에서 새로운 미래지향적 형식으로 변하지 않는다면 무슨 일이 벌어질까? 그러면 서독이 동독의 길을 선도하지 않고, 서독인들이 아직 들어서지 못한 미래에 동독인들이 이미 살고 있는, 그런 시나리오가 등장할 수 있다."[42] 그는 서독 민주주의를 혁신할 미래지향적 대안을 동독인들의 '급진적' 민주주의에서 찾으면서, 서독이 새로운 민주주의의 구조를 창출하지 못한다면, 향후 동독이 거꾸로 서독을 견인할 날이 올 수 있다고 예상하는 것이다.

실제로 통일 이후 동독이 통일독일 사회에 몰고 온 변화들이 이제 서서히 시야에 잡히고 있다. 몇 가지 예를 들면, 정치 영역에서는 — 특히 1998년 선거 이후 — 독일의 정치지형을 좌파 과반의 형국으로 재편함으로써 새로운 정치구도를 창출했고,[43] 특정 정당에 고착되어 투표하지 않는 탄력적 투표행위를 통해 "정치의 탈구조화"를 불러왔으며, 사회 영역에서는 그들의 탈종교적 아비투스를 통해 기본법에서 보장하고 있는 일요일의 특수지위를 동요시켰고, "코포라티즘의 해체 현상"을 촉발했다. 또한 일상의 영역에서는 전통적 가정의 해체 경향을 가속화시켜 단독양육 부모의 증가 현상을 초래했다.[44]

동독인들이 통일독일 사회의 아방가르드로서 미래지향적 대안을 제시하고, 현실의 구체적인 변화를 불러온 것과 마찬가지로, 동독문화도 서독문화에 영향을 주고, 때로는 서독문화를 변화시키면서 통일독일의 문화적 헤게모니를 확장해가고 있다. 이러한 사례는 다양한 영역에서 발견된다.

우선 주목되는 것은 동독의 여성문화가 통일독일 사회에 미친 독특한 영향력이다. 동독의 여성문화는 전통적인 서독의 여성문화에 강력한 영향을 미치면서, 새로운 여성문화 형성에 신선한 활력을 불어넣고 있다. "통일의 최대 희생자로 규정되었던 동독 여성이 자신들 특유의 문화를 창출하고 정치적 파워를 형성"[45]하고 있는 것이다. 특히 동독 여성의 자의식은 통일 이후 꾸준히 높아지고 있다.[46] "현재까지도 동독 여성은 구동독 시절의 여성정책과 여성문화에 자부심을 갖고 있다. 통일 이후 서독의 페미니즘이 사용하는 '여성해방'이라는 단어를 구시대의 유물로 생각할 정도로 동독 여성들은 자신들을 이미 '해방된' 여성이라고 생각하고 있다."[47] 이런 강한 자의식을 바탕으로 동독 여성은 현재 새로운 여성문화의 향방을 두고 서독 여성과 일종의 헤게모니 대결을 벌이고 있는데, 특히 여성해방의 내용을 두고 동서독 여성들은 첨예하게 맞서 있다. "동독의 여성해방이 사회주의 해방운동에 기반을 두고 여성의 경제 문제에 집중한다면, 서독의 여성해방은 그 초점을 가부장제에 대한 저항과 여성의 인권 자체에 두었다는 데서 큰 차이가 났다."[48] 경제적 불평등 구조로부터의 해방이냐 전통적 가부장제로부터의 해방이냐 하는 동서독 여성의 '해방' 논쟁의 귀추와 상관없이, 이미 동독 여성들은 통일독일의 미래를 열어가고 있다고 볼 수 있다. 그 대표적인 사례는 이른바 '성주류화gender mainstreaming' 정책이다. 유럽연합이 최근 스칸디나비아와 동유럽 국가들의 모델을 따라 여성이 직업활동과 육아를 병행할 수 있도록 국가가 정책적인 책임을 떠맡는 것을 골자로 하는 성주류화 정책을 표방했는데, 이는 동독 여성들이 구동독 시절부터 이미 일상에서 실천에 옮기고 있었던 것이다. 이를 유럽연합이 공인함으로써 여성의 취업과 육아를 분리하는 전통적인 여성관에 붙박인 서독 여성들에게 동독 여성들은 일종의 아방가르드 역할을 시연해준 셈이 된 것이다.[49] 이처럼 동독 여성은 통일독일 사회에서 새로운 문화적 대안을 제시하는 주체로 급부상하고 있다.

통일 이후 동독 여성이 새로운 문화적 주체로 부상하고 있다면, 동독 청소년은 새로운 문화의 기수로 성장할 것이 기대된다. 그들은 서독 청소년 문화의 전면적인 지배 속에서도 고유한 대안문화를 발전시켜왔기 때문이다. 그것은 "소비 지향적이고 획일적인 서구 대중문화의 흐름에 저항하는 성찰적·자생적 문화"[50]로서 "환경운동, 반전반핵 운동, 언더그라운드 문화, 소수자 문화, 지역문화 운동"[51] 등 다양한 형태를 띠고 있다. 새로운 동독 청소년 문화는 소비주의와 개인주의를 특징으로 하는 서독 청소년의 대중문화에 대한 대안으로서 나름의 영역을 확장해가고 있다.

문학의 영역에서도 동독 문학의 부활은 인상적이다. 동독 문학은 끈질긴 생명력으로 통일독일의 문학장에서 당당히 살아남은 것이다. "통일 후 15년이 지난 지금, 동독 문학은 '서독 문학과 동질적이면서도 동시에 독자적인 문학'으로 버젓이 살아남았고, 푸대접을 받던 동독 작가들의 위상은 오히려 높아가고만 있다. 이는 정치, 경제, 제도의 통합 과정에서는 서독에 의한 동독의 흡수 통합이라는 '독일 통일의 논리'가 먹혀들어갈 수 있었지만, 문화적 차원에서는 일방통행적인 통일의 논리가 온전히 관철될 수 없었다는 사실을 잘 반영한다."[52] 특히 동독 출신 제3세대 작가들의 부상은 눈부시다. "통일 이후 놀랄 만한 문제작들을 내놓은 작가들 중 상당수가 동독 제3세대 작가들이라는 사실은 누구도 부인하기 힘들다."[53] 토마스 브루시히Thomas Brussig, 우베 콜베Uwe Kolbe, 잉고 슐체Ingo Schulze, 케르스틴 헨젤Kerstin Hensel, 카타 량-뮐러Katja Lange-Müller, 라인하르트 이르글Reinhard Jirgl, 브리기테 브루마이스터Brigitte Burmeister, 앙겔라 크라우스Angela Kraus 등 동독 출신 신예작가들은 "통일 후 15년이 지난 지금, 정체의 늪에 빠져 있던 독일 문단에 새바람을 불어넣으며 어느새 통일독일 문단을 떠받치는 든든한 '허리세대'로 성장해가고 있다." 그 결과 "역설적이게도, 바야흐로 동독이 역사의 무대에서 사라진 이후, '순 동독산 작가들'이 펼치는 '순수한 동독 문학'의 시대가 열리고 있는 것이다."[54]

이러한 동독 문학의 르네상스는 동독 출신 작가들이 통일독일의 각종 문학상을 휩쓸고 있다는 사실에서도 확인된다. 유렉 베커Jurek Becker, 자라 키르쉬Sarah Kirsch, 볼프강 힐비히Wolfgang Hilbig, 우베 콜베, 두어스 그륀바인Durs Grünbein, 쿠르트 드라베르트Kurt Drawert, 아돌프 엔들러Adolf Endler, 크리스토프 하인Christoph Hein, 잉고 슐체 등의 동독 출신 작가들이 통일 이후 문학상의 단골 수상자로 떠오르고 있다. 류신의 말처럼 "동독은 세계지도에서 가뭇없어졌지만, 동독 문학은 오롯"[55]한 것이 오늘날 통일독일 문단의 풍경이다.

데파 매각 이후 몰락의 길을 걷던 동독 영화 또한 "화려한 부활"의 기지개를 켜고 있다. "눈에 쉽게 띄는 것은 동독 영화가 동독의 모습으로 부활한다는 것이다. 레안더 하우스만Reander Hausmann의 영화 〈존넨알레Am kürzeren Ende der Sonnenallee〉 속에서 동독은 서독인이 마땅히 부러워해야 할 재미있는 나라로 이미지를 고쳤고, 〈굿바이 레닌Good bye, Lenin〉에서는 잃어버렸던 품위를 비록 거짓말이지만 되찾았다." 이처럼 통일 이후 시간이 지남에 따라 동독 영화는 "독일 영화의 한 부분으로 스며들면서 자신의 존재감을 증명하고 있다."[56]

통일 직후 심각한 위상 추락을 겪으며 사회적 영향력을 상실했던 지식인들도 통일 이후 재편된 문화지형 속에서 자신의 새로운 사회적 역할을 모색하고 있다. "통일 이후 몇 년이 지나지 않아 독일 통일 과정의 문제점이 동독의 대량 실업, 동서독 사회문화 갈등 등 현실적인 문제로 나타나자 동서독의 좌파 지식인들은 통일 초기의 상실감과 박탈감에서 서서히 벗어나 다시 통일독일 사회의 현실을 비판하는 연대적 참여를 모색하게 되었다."[57] 지식인의 새로운 역할 모색의 구체적인 성과는 1997년 1월 9일 귄터 그라스, 다니엘라 단Daniela Dahn, 발터 옌스Walter Jens, 프리드리히 쇼를렘머Friedrich Schorlemmer, 기스베르트 슐렘머Gisbert Schlemmer 등 동서독을 대표하는 지식인들이 발표한 에어푸르트 선언이다. 냉전 종식과 함께 지식인의 역사적 역할도 종식된 것은 아니다. 지식인에게는 신자유주의적 세계화의 거대한 파고에 맞서 싸워야 할 새로운 도전이 기다리고 있는 것이다. "좌와 우라는 이념의 축은 냉전의 종식과 더불어 사라진 것이 아니라, 이제 전적으로 체제 내의 문제가 되었으며, 새로운 시대는 새로운 과제를 가지고 새로운 방식의 사회참여를 지식인에게 요구한다."[58]

이상에서 살펴봤듯이 문학·영화 등의 예술 분야뿐 아니라, 여성·청소년·지식인 등의 영역에서도 동독문화는 새로운 모습으로 부활해 통일독일에서 전위적인 역할을 떠맡고 있다. 크리스티나 폴케Kristina Volke는 이와 같은 동독문화의 전위성이 어떤 사회적 의미를 가질 수 있는지의 문제를 심층적으로 분석한다. 그는 동독 연극의 패러다임 변화를 추적한 후, 이를 바탕으로 동독문화가 통일독일이 처한 사회적 위기를 탈출할 돌파구가 될 수 있다고 진단하는데, '동독문화 르네상스'의 사회적 의미를 살피기 위해 폴케의 논지를 좀 더 자세히 들여다보자.

폴케에 따르면 동독 연극은 통일 이후 예전과는 판이한 새로운 기능을 담지하게 되었다. 이름 없는 동독의 중소도시에서 시립극단이 놀라운 성공을 거두고 있는데, "교양시민계층이 없는 지역"에서 극단이 널리 수용되고, 심지어 종종 매진되는 현상은 연극 패러다임의 변화를 알리는 신호이다. 서독에서 유행하는 교양시민적 연극이나 아방가르드 연극과는 달리 동독에서는 "예술성 못지않게 구체적인 사회적 상황을 표현하고 지역 주민의 소통적 욕구를 충족시키는" 연극이 성공을 거두고 있다. "연극을 다시 사회적 중심에 세우고, 연극과 함께 또 연극 속에서 공적 공간을 점유하며, 연극을 사회정치적 의식 형성의 중심에 정위시키고, 지역적 정체성의 생산지로 파악하는 것, 바로 이것이 대다수의 주민에게 공동체를 결합하는 요인이었던 노동이 사라져버린 상황에서 중요한 것이다."[59] 통일 이후 형성된 새로운 환경에서 동독 연극은 사회적 소통의 창구라는 새로운 기능을 떠맡게 되었는데, 이것이 연극의 패러다임 변화의 징후라는 것이다.

연극의 경우가 보여주듯이, 동독에서는 문화가 대체공론장의 기능을 담당하는 "새로운 경향"이 나타나고 있다. "문화는 사회를 구성하는 기능을 떠맡고, 대중매체에는 대척점에, 그리고 동독에 특유한 상업문화의 노스탤지어쇼에는 대립점에 서 있는 소통공간을 창출하고 있다."[60] 이처럼 '담론의 부재지대'에 사회적 소통공간을 만들어줌으로써 동독문화는 "살아 있는 대항공론장"[61]의 기능을 성공적으로 수행하고 있다. 나아가 이러한 사회적 기능을 수행함으로써 동독의 문화 영역은 통일독일이 처해 있는 위기에서 탈출할 수 있는 실마리를 제공해준다. "새로운 출발이 감지된다. 동독에서 문화 이외의 어떠한 사회적 영역도 현재 사회적 위기를 어떻게 다루어야 하는지를 알려주는 단초를 그렇게 많이 제공하지 못한다."[62] 이처럼 동독의 문화 영역은 사회적 위기를 극복하고 변화를 추동할 잠재력을 지닌 영역으로 급부상하고 있는 것이다.

4. 동서독 문화통합

동독에서 온 사람들은 여전히 새출발의 상황에 있다. 과거에 일어난 일이 간단히 털어낼 수 없을 정도로 너무나 깊이 그들에게 각인되었다. 그들은 통일독일의 새로운 사회에 아직도 제대로 도달하지 못했다. 그들의 단 하나뿐인 여행가방은 경험과 기억과 삶의 이력으로 채워져 있다.[63]

슈테판 볼레Stefan Wolle는 통일독일의 문제를 단지 동독인이 '도착'하는 문제로 보고 있다. 동독인들은 여전히 과거(경험, 기억, 이력)에 고착되어 있어서 새로운 사회에 온전히 적응하지 못하고 있다는 것이다. 이러한 관점은 문화 영역에서도 통용되고 있다. 통일독일의 문화통합은 오로지 동독문화의 '도착' 문제, 즉 동독문화가 서독문화에 여하히 적응하고 동화하느냐 하는 문제로만 파악되는 것이다. 그러나 새로운 동독문화의 형성에서 볼 수 있듯이, 통일독일의 문화장 구도는 그리 단순하지 않다. 특히 동서독 문화통합의 양상은 매우 다양한 모습을 보인다. "자세히 고찰해보면 동서독의 문화적 비교에서 동독의 서독으로의 동화가 있고, 상호 간의 혼융이 있으며, 동독 고유의 사고방식, 가치관, 정체성의 강화가 있다."[64] 동서독 문화의 통합에서는 동화, 혼융, 강화의 세 가지 방식이 관찰된다는 것이다. 그중에서 "동독의 서독으로의 빠르고 일방적인 정신적 적응과 동화라는 주도적인 문화적 통일상은 위기에 처했고, 동독에서도 급격하게 매력을 잃었다".[65] 소수집단이 주류집단에 일방적으로 동화되는 방식의 이러한 통합은 사실 국제적인 경향과도 맞지 않는다. "국제적인 논의에서도 소수집단이 다수집단의 기준과 관행에 무조건 동화되어야 한다는 식의 통합 개념은 지지를 받지 못하고 있다. 중요한 것은 경제적·사회적 차별을 없애는 것이지만, 동시에 특수한 사회적·문화적 정체성을 보존하는 것이다. 이러한 정체성은 세계화에도 약화되기보다는 강화되고 있다."[66] 아쉬운 것은 현재 독일에서는 "상호 간의 동등한 통합을 위한 설득력 있는 개념을 내놓은 정당이나 인물, 혹은 정신적·문화적 흐름을 찾아볼 수 없다"라는 점이다. 한쪽은 여전히 "동독인의 일방적인 적응, 동독의 서독화"를 요구하면서, "서독의 동독화"를 경고하고 있고, 다른 쪽은 "동독의 잠재력, 특히 지역 정체성을 좀 더 존중"할 것을 요구한다. 또한 "통일독일에서 동서독이 분리된 채 발전하는 것을 동서독 분열의 딜레마로부터 벗어날 수 있는 출구"라고 주장하는 목소리도 존재한다.[67] 즉, 동독문화의 통합과 관련해 동독의 서독화, 동독 정체성 보존, 분열 극복을 위한 분리라는 세 가지 담론이 공존하고 있는 것이다.

여기서 한 가지 눈여겨봐야 할 것은 고유한 동독문화의 형성이 동서독의 문화통합에 걸림돌이 되는 것이 아니라, 오히려 촉매제로 작용할 수 있다는 라이시히의 독특한 관점이다. "고유한 부분문화의 형성과 고유한 매체의 구축은 분열을 심화하는 수단이 아니라, 동독인의 포괄적인 문화변동을 위한 전제이자, 합의와 다양성 속에서 문화적 정신적 통일을 이루기 위한 전제이다. 처음 얼마간 두 개의 부분문화가 병존하다가, 생산적인 혼합이 이루어지고, 여기서 다시 새로운 혁신이 일어날 수 있을 것이기 때문이다."[68] 동독의 부분문화 형성이 동독 문화변동의 전제이며, 그 위에서 '두 부분문화의 병존 - 생산적 혼합 - 새로운 혁신'이라는 3단계를 거쳐 동서독 문화통합이 이루어지리라는 것이다.

과연 이러한 낙관론이 현실화될 수 있을지는 현재 시점에서 판단하기 쉽지 않다. 그러나 분명한 것은 문화통합을 위한 노력은 포기되어서는 안 된다는 점이다. 문화통합은 바로 내적 통일을 완성하는 길이기 때문이다. 그렇다면 어떤 형태의 문화통합이 이루어져야 하는가? 우선 유의해야 할 것은 이질적인 다양한 문화들이 하나의 지배적인 문화에 동화되는 것은 바람직한 문화통합이 아니며, 또한 이런 방식으로는 내적 통일을 이룰 수도 없다는 사실이다. 진정한 내적 통일은 "문화적 다양성과 지역적 정체성들을 인정하는 통일"이다. 그것은 "민족적 폐쇄성"으로 왜곡되어서는 안 되며, "소수집단을 배제하지 않고 통합하면서 문화적 차이와 다양성을 포용하는 법을 배우는 학습 과정"[69]으로 이해되어야 한다.

또한 문화통합의 성패는 결국 "통일된 '국가'가 안정적인 '공동체'가 되었는가"[70]라는 문제로 귀착될 수밖에 없다. 이런 차원에서 돌아보면 독일은 문화통합을 통해 '국가'에서 '공동체'로 전환할 기회를 놓친 것처럼 보인다. "1989년의 분위기, 즉 새출발과 자기해방의 분위기는 사라졌고, 1990년의 공식적인 통일에 앞서 1980년대 중반부터 동독의 시민운동가, 비판적 지식인, 개혁사회주의자들에 의해 주도된 시민사회적 전환이 시도되었다는 사실도 잊힘"[71]으로써 동독인의 국민적 자긍심과 자의식이 강화되지 못하고 오히려 약화되었기 때문에, 통일독일이 민족의 이름으로 두 영토를 물리적으로 통합한 수준의 '국가'를 넘어 고유한 문화와 전통을 지닌 두 개의 사회가 동등한 권리를 가지고 화학적으로 융합되는 '공동체'로 승화되지 못한 것이다. 그 결과가 '이원적 부분사회'로 분열되어버린 통일독일의 현실이다.

라이시히는 "동독이 서독에 일방적으로 적응함으로써 통일을 이룬다는, 정치계급이 오랫동안 선호하던 방안은 실패한 것으로 보인다"라면서 "서독 모방으로서의 동독 건설에서 동서독의 동시 변혁"으로 정책 방향을 전환할 것을 주장한다.[72] 이 말은 그대로 동서독의 문화통합에도 적용될 수 있다. 진정한 문화통합은 동독문화가 서독문화를 모방하거나, 서독문화에 동화되는 방식으로는 달성될 수 없고, 동독문화와 서독문화가 동시에 변혁됨으로써 실현될 수 있을 것이다.

5. 나가며: 동독의 문화정복?

독일 통일 이후 문화변동의 진원지는 동독이었고, 그곳에서 퍼져나간 진동이 독일의 문화지형 전체를 변화시키고 있다. "변화 동력은 동독이라는 부분사회의 새로운 단절·갈등·양가성에서 나오며, 이러한 변동의 압력이 통일독일 전체를 향하고"[73] 있다. 동독발 변동의 해일이 전 독일을 덮치고 있는 것이다.

그 결과 가장 먼저 눈에 띄는 것은 문화 영역에서 서독이 동독화되는 경향이다. 페터 슈나이더의 말처럼 "생활환경은 서독화되었지만, 생활감정은 동독화"[74]되고 있는 것이다. '환경의 서독화와 정서의 동독화'라는 새로운 현상을 전형적으로 보여주는 사례는 동독 여성들이다. "동독 여성은 통일 현실의 경쟁과 갈등에서 살아남기 위해 서독의 다원화된 가치관에 적응하는 한편, 자신들의 내면에 각인된 동독 고유의 여성적 정체성을 포기하지도 않고 있다. 서독적 사회 환경을 수용하면서도 '동독인'의 의식은 버리지 않고 적응과 저항 사이에서 야누스의 얼굴로 현실에 대응하고 있는 것이다."[75] 또한 서독인의 가치관도 동독인의 가치관에 점차 수렴하는 경향을 보이고 있다. 특히 자유보다는 평등을 중시하는 동독인의 성향은 현재 전 독일적인 현상으로 보편화되어가는 추세이다.[76]

이처럼 서독의 생활정서와 가치관이 점차 동독화되어가는 현실을 상기할 때 "동독이 서독을 문화적으로 정복하고 있다"[77]라는 진단은 결코 단순한 과장으로만 치부할 수 없는 진실의 핵을 품고 있다. 사실상 문화의 다양한 영역에서 동독의 정서가 곧 전 독일의 정서가 되어가는 현상이 관찰되기 때문이다. "통일 이후 동독 지역의 정서가 신자유주의적 정책과 세계화의 영향 아래 이세 독일의 전반적인 정서로 확산된 것처럼 보인다."[78] 이러한 현상의 이유를 페터 슈나이더는 '패자의 창조적 필요성'이라는 측면에서 찾는다. "역사의 패자가 더 큰 유연성과 자신의 '패배'를 성찰하고 그것에 대해 신화를 만들어내야 할 창조적 필요성 때문에 '승자들'에게 자신의 문화의 상당 부분을 압박하고 있다."[79] 그라스도 유사한 관점에서 동독 작가들에게서 볼 수 있는 '패자의 승리'에 대해 언급하고 있다.[80] 실제로 문학 영역에서는 패자의 승리가 현실화하는 것처럼 보인다. 통일 이후 독일 문단을 주름잡는 젊은 세대의 작가들 대다수가 동독 출신이기 때문이다. 이러한 현상은 동서독의 문화이전이 한 방향으로만 진행되지 않고 정치적 패자의 문화가 승자의 문화를 변화시킬 수 있음을 생생하게 보여준다. 그렇다면 정말 클라우스 슈뢰더Klaus Schröder의 말처럼 "동독인에 의한 서독문화의 정복"[81]이 시작된 것일까?

시야를 확장해보면, 동독문화가 서독문화를 변화시키는 현상은 통일독일의 미래를 위해서도 그리 부정적으로만 바라볼 일이 아니다. 폴커 브라운Volker Braun이 경고하듯이, 그것은 독일 자본주의의 자기성찰 능력을 제고해줄 수 있을 것이기 때문이다. "동구권의 지적 자산이 소멸된다는 것은 서구의 자본주의가 자신을 비판적으로 성찰할 수 있는 시야를 잃게 된다는 것을 의미합니다. 자기 성찰 없는 맹목적인 질주는 커다란 재앙을 가져오기 마련입니다."[82] 동독문화가 소멸되지 않고 오히려 세를 넓혀가는 현실이 통일독일의 미래에 재앙이 될지, 축복이 될지는 앞으로 지켜볼 일이다. 하지만 '새로운 서독'인 현재의 통일독일이 언젠가는 '새로운 동독'으로 변할 수도 있다는 가능성은 아무도 부인할 수 없을 것이다.

주

* 이 글은 김누리, 「통일독일의 문화변동」, ≪독일 문학≫, 제108집(2008), 212~236쪽을 수정 게재한 것임.

1 클라우스 슈뢰더는 2006년에 출판된, 통일독일 16년을 결산하는 책의 제목을 『변화된 공화국』이라고 명명했다. Klaus Schröder, *Die veränderte Republik: Deutschland nach der Wiedervereinigung* (München, 2006).

2 이 글에서 동독과 서독은 각각 지역 혹은 국가로서의 구동독, 구서독을 뜻하고, 마찬가지로 동독인은 구동독 주민을, 서독인은 구서독 주민을 의미한다.

3 Kurt Sontheimer, *So war Deutschland nie: Anmerkungen zur politischen Kultur der Bundesrepublik* (München, 1999), p.211.

4 Claus Detjen, *Die anderen Deutschen: Wie der Osten die Republik verändert* (Bonn, 1999), p.81 참조.

5 구동독 시절의 신호등에는 파란 불에는 걸어가는 난쟁이 신사, 빨간 불에는 서 있는 난쟁이 신사의 그림이 그려져 있었다. 동독의 몇몇 도시는 이 난쟁이 신호등만은 계속 유지하는 데 성공했다.

6 도기숙, 「독일 통일 이후 여성상의 변화: 동독 여성을 중심으로」, ≪독일 문학≫, 제101집(2007년), 256쪽.

7 같은 글, 263쪽.

8 이영란, 「통일 이후 독일 청소년 문화변동에 대한 연구: 동독 지역 청소년의 여가 문화 변화를 중심으로」, ≪독일연구≫, 제12집(2006년), 156쪽.

9 같은 글, 178쪽.

10 같은 글, 180쪽.

11 배기정, 「통일 이후 동독 지역 방송의 변화: 체제 변화와 프로그램 변화를 중심으로」, ≪독일 문학≫, 제99집(2006년), 188쪽.

12 류신, 「통일 이후 독일 문학계의 지형변화」, ≪뷔히너와 현대문학≫, 제27집(2006년), 165쪽.

13 Christoph Links, "Was wurde aus dem 'Leseland DDR'? Der Wandel von Verlagen, Buchhandlungen und Bibliotheken im Osten Deutschlands," in Hannes Bahrmann and Christoph Links(eds.), *Am Ziel vorbei: Die deutsche Einheit - Eine*

Zwischenbilanz (Berlin, 2005), pp.282~292, 그리고 pp.290f.

14 박희경, 「일상의 발견: 안드레아스 드레젠의 영화 〈그릴 포인트〉에서 찾는 동서독의 스밈」, ≪카프카 연구≫, 제18집(2007년), 76~77쪽.

15 이노은, 「통일 이후 동독 극단의 위기와 대응」, ≪뷔히너와 현대문학≫, 제27집(2006년), 195~196쪽 참조.

16 같은 글, 198쪽.

17 김동훈, 「철저한 식민화인가, 새로운 정체성의 확립인가? 독일 통일 이후 동독 학문 영역의 지형변화」, ≪독일 문학≫, 제103집(2007년), 197~198쪽. 이공계 연구 인력은 이데올로기적 문제로 청산된 경우는 많지 않았고, 주로 "효율성을 전면에 내세운 신자유주의적 구조조정의 희생자"였다. 같은 글, 204쪽.

18 같은 글, 208쪽.

19 같은 글, 217쪽.

20 안성찬, 「독일통일과 지식인의 위기」, ≪독일언어문학≫, 제43집(2009), 289쪽.

21 Kristina Volke, "Der Wandel der Kulturlandschaft: Über strukturelle Krisen und ihre Potentiale zur Innovation," in Hannes Bahrmann and Christoph Links(eds.), *Am Ziel vorbei: Die deutsche Einheit - Eine Zwischenbilanz* (Berlin, 2005), pp.237~250, 그리고 p.238.

22 같은 곳 참조.

23 Rolf Reißig, *Die gespaltene Vereinigungsgesellschaft: Bilanz und Perspektiven der Transformation Ostdeutschlands und der deutschen Vereinigung* (Berlin, 2000), p.32 참조.

24 같은 글, p.94.

25 같은 글, pp.65~67 참조.

26 Rolf Reißig, "Anspruch und Realität der deutschen Einheit: Das Transformations- und Vereinigungsmodell und seine Ergebnisse," in Hannes Bahrmann and Christoph Links(eds.), *Am Ziel vorbei: Die deutsche Einheit - Eine Zwischenbilanz* (Berlin, 2005), pp.293~316, 그리고 p.303.

27 Rolf Reißig, *Die gespaltene Vereinigungsgesellschaft*, p.69.

28 Wolfgang Engler, *Die Ostdeutschen als Avantgarde* (Berlin, 2004), p.20.

29 같은 책, p.21.

30 1992년에 21%였던 통일독일에 대한 결속감이 1999년에는 10%, 2001년에는 7%로

떨어져 10년 사이에 3분의 1로 급감했다. 같은 책, pp.20f. 참조.

31 Rolf Reißig, "Anspruch und Realität der deutschen Einheit," p.304.

32 Wolfgang Engler, *Die Ostdeutschen als Avantgarde*, p.22.

33 Andre Brie, "Deutsch-deutsche Fremdheiten: Mentale Unterschiede und ihre sozialen Ursachen," in Hannes Bahrmann and Christoph Links(eds.), *Am Ziel vorbei: Die deutsche Einheit - Eine Zwischenbilanz* (Berlin, 2005), pp.208~220, 특히 p.220.

34 같은 곳.

35 Rolf Reißig, "Die gespaltene Vereinigungsgesellschaft," p.11.

36 Dietrich Mühlberg, "Beobachtete Tendenzen zur Ausbildung einer ostdeutschen Teilkultur," *Aus Politik und Zeitgeschichte* (이하 *APuZ*), B.11(2001), p.31 참조.

37 볼프강 엥글러는 20세기 산업노동사회를 그 이전의 궁정사회, 시민사회와 구분하기 위해 노르베르트 엘리아스Nobert Elias가 사용한 노동자적 사회arbeiterliche Gesellschaft 개념을 수용해 동독 사회를 '노동자적 사회'라고 규정하고 있는데, 노동자적 사회는 '노동사회Arbeitergesellschaft'나 '노동자사회Arbeitergesellschaft'도, '프롤레타리아 사회'도 아니다. 그것은 "모든 사람이 노동을 하거나 노동을 한다고 생각하는 사회이며, 노동이 모든 개인에게 주어지는 사회"이다. 이러한 노동자적 사회에 조응하는 문화가 '노동자적 문화'이다. Wolfgang Engler, *Die Ostdeutschen: Kunde von einem verlorenen Land* (Berlin, 2000), pp.198f. 참조.

38 Rolf Reißig, "Anspruch und Realität der deutschen Einheit," p.304.

39 Wolfgang Engler, *Die Ostdeutschen: Kunde von einem verlorenen Land*, p.114 참조. 폴커 브라운도 이와 유사한 맥락에서 동독인들이 지닌 "균형잡힌 시각과 탄력적 사고"가 "동독인 대부분이 공유하는 정신적 자산"이라고 말한다. 김누리·오성균·안성찬·배기정·김동훈·이노은(이하 안성찬 외), 『변화를 통한 접근: 통일 주역이 돌아본 독일 통일 15년』(도서출판 한울, 2006), 182쪽.

40 Wolfgang Engler, *Die Ostdeutschen: Kunde von einem verlorenen Land*, p.33.

41 동독 출신 권투선수 볼케는 통일 이후의 변혁기에 어떤 것을 느꼈느냐는 기자의 물음에 다음과 같이 답했다. "경쟁에서 이긴 사람들에게는 물론 아무 문제가 없지요. 그러나 우리는 자기 주변도 둘러보는 습관이 있잖아요. 정말 '전락'했다고 부를 만한 사람이 너무 많아요. 빈곤의 경계에 사는 사람들 말입니다. 제 경우에는 그런 것과는 아무 상관이 없지만 저는 항상 주변에 있는 사람들을 둘러보게 되요. 그러면 문제가 심각하지요." 같은 책, pp.32f.

42 Claus Detjen, *Die anderen Deutschen: Wie der Osten die Republik verändert*, p.48.

43 "동독인이 지닌 국가관은 서독인에게 친숙한 국가관과는 매우 거리가 멀다. 늦어도 1998년 9월 총선거에서 그들이 독일의 좌선회에 기여했을 때, 동독인들은 자신의 유권자 권력을 의식하게 되었다. 동독인의 자의식은 거기에서 성장했다." 같은 책, p.24.

44 같은 책, pp.45~47 참조.

45 도기숙, 「통일 이후 동독 지역 여성문화의 변화: 동독 여성운동을 중심으로」, ≪독일어문학≫, 제38집(2007년), 447쪽.

46 동독 여성의 강화된 자의식과 미래에 대한 진취적인 태도는 특히 야나 헨젤Jana Hensel의 『동쪽 지역 아이Zonenkind』(2002)와 마르티나 렐린Martina Rellin의 『그래, 나는 동독 여자다!Klar, bin ich eine Ost-Frau!』(2004)에서 선명하게 드러난다. 헨젤과 렐린은 동독 여성들이 통일독일 사회에서 미래의 새로운 주역으로 부상할 것이라는 관점을 공유하고 있다.

47 도기숙, 「통일 이후 동독 지역 여성문화의 변화: 동독 여성운동을 중심으로」, 449쪽.

48 같은 글, 450쪽.

49 같은 글, 459쪽 참조.

50 이영란, 「통일 이후 독일 청소년 문화변동에 대한 연구: 동독 지역 청소년의 여가문화 변화를 중심으로」, 188쪽.

51 같은 글, 186쪽.

52 류신, 「통일 이후 독일 문학계의 지형변화」, 166쪽.

53 같은 글, 171쪽.

54 같은 곳.

55 같은 글, 173쪽.

56 박희경, 「통일 이후 동독 영화계의 변화 양상」, ≪뷔히너와 현대문학≫, 제27집(2006년), 236~237쪽.

57 안성찬, 「통일 이후 독일 지식인 진영의 지형변화」, 9쪽.

58 같은 글, 10쪽.

59 Kristina Volke, "Der Wandel der Kulturlandschaft: Über strukturelle Krisen und ihre Potentiale zur Innovation," p.245.

60 같은 글, p.246.

61 같은 곳.

62 같은 글, pp.249f.

63 Stefan Wolle, *Die heile Welt der Diktatur: Alltag und Herrschaft in der DDR 1971~1989* (Bonn, 1998), p.15.

64 Rolf Reißig, *Die gespaltene Vereinigungsgesellschaft*, p.88.

65 같은 책, pp.98f.

66 같은 책, p.99.

67 같은 곳.

68 같은 책, pp.100f.

69 같은 책, p.100.

70 Rolf Reißig, "Anspruch und Realität der deutschen Einheit," p.303.

71 같은 글, p.304.

72 Rolf Reißig, *Die gespaltene Vereinigungsgesellschaft*, p.105.

73 같은 책, p.103.

74 Peter Schneider, "Wie der Osten gewann," *Der Spiegel*, 48(2005), p.176.

75 도기숙, 「독일 통일 이후 여성상의 변화: 동독 여성을 중심으로」, 269쪽.

76 동독인은 서독인에 비해 평등에 대한 선호도가 높은데, 시간이 지남에 따라 서독인의 평등에 대한 선호도도 동독인과 같은 경향을 보이며 상승하고 있다. Klaus Schröder, *Die veränderte Republik: Deutschland nach der Wiedervereinigung*, pp.507~509 참조.

77 같은 책, p.483.

78 박희경, 「일상의 발견: 안드레아스 드레젠의 영화 〈그릴 포인트〉에서 찾는 동서독의 스밈」, 80쪽.

79 Peter Schneider, "Wie der Osten gewann," p.175.

80 "동독 작가들의 경우 그렇게 개인주의적으로 자신을 과장하는 경향이 훨씬 덜하다는 점입니다. 그 이유는 틀림없이 그들이 이야기할 주제를 가지고 있다는 데 있습니다. 그들은 상실을 그려내야만 하는 것입니다. …… 동독 출신 작가들이 더 좋은 책을 쓸 수 있다는 것은 역사의 과정에서 패배자가 거둔 작은 승리입니다. 승리자는, 그러니까 승리자로서 글을 쓰는 사람은 대개 아주 바보같은 책을 쓰는 법입니다." 김누리, 『알레고리와 역사: 귄터 그라스의 삶과 문학』(민음사, 2003), 274쪽.

81 Klaus Schröder, *Die veränderte Republik: Deutschland nach der Wiedervereinigung*, p.483.

82 안성찬 외, 『변화를 통한 접근』, 181~182쪽.

참고문헌

김누리. 2003. 『알레고리와 역사: 귄터 그라스의 삶과 문학』. 민음사.

김누리·오성균·안성찬·배기정·김동훈·이노은. 2006. 『변화를 통한 접근: 통일 주역이 돌아본 독일 통일 15년』. 도서출판 한울.

김동훈. 2007. 「철저한 식민화인가, 새로운 정체성의 확립인가?: 독일 통일 이후 동독 학문 영역의 지형변화」. ≪독일 문학≫, 제103집.

도기숙. 2007a. 「독일 통일 이후 여성상의 변화: 동독 여성을 중심으로」. ≪독일 문학≫, 제101집.

_____. 2007b. 「통일 이후 동독 지역 여성문화의 변화: 동독 여성운동을 중심으로」. ≪독일어문학≫, 제38집.

류신. 2006. 「통일 이후 독일 문학계의 지형변화」. ≪뷔히너와 현대문학≫, 제27집.

박희경. 2006. 「통일 이후 동독 영화계의 변화 양상」. ≪뷔히너와 현대문학≫, 제27집.

_____. 2007. 「일상의 발견: 안드레아스 드레젠의 영화 〈그릴 포인트〉에서 찾는 동서독의 스밈」. ≪카프카 연구≫, 제18집.

배기정. 2006. 「통일 이후 동독 지역 방송의 변화: 체제 변화와 프로그램 변화를 중심으로」. ≪독일 문학≫, 제99집.

안성찬. 2009. 「독일통일과 지식인의 위기」. ≪독일언어문학≫, 제43집.

이노은. 2006. 「통일 이후 동독 극단의 위기와 대응」. ≪뷔히너와 현대문학≫, 제27집.

이영란. 2006. 「통일 이후 독일 청소년 문화변동에 대한 연구: 동독 지역 청소년의 여가 문화 변화를 중심으로」. ≪독일연구≫, 제12집.

Brie, Andre. 2005. "Deutsch-deutsche Fremdheiten: Mentale Unterschiede und ihre sozialen Ursachen." in Hannes Bahrmann and Christoph Links(eds.). *Am Ziel vorbei: Die deutsche Einheit - Eine Zwischenbilanz*. Berlin.

Detjen, Claus. 1999. *Die anderen Deutschen: Wie der Osten die Republik verändert*. Bonn.

Dieckmann, Christoph. 2005. *Rückwärts immer: Deutsches Erinnern*. Berlin.

Engler, Wolfgang. 2000. *Die Ostdeutschen: Kunde von einem verlorenen Land*. Berlin.

_____. 2004. *Die Ostdeutschen als Avantgarde*. Berlin.

Links, Christoph. 2005. "Was wurde aus dem 'Leseland DDR'? Der Wandel von Verlagen, Buchhandlungen und Bilbliotheken im Osten Deutschlands." in Hannes Bahrmann and Christoph Links(eds.). *Am Ziel vorbei: Die deutsche Einheit - Eine Zwischenbilanz*. Berlin.

Mühlberg, Dietrich. 2001. "Beobachtete Tendenzen zur Ausbildung einer ostdeutschen Teilkultur." *APuZ*, B.11(2001).

Reißig, Rolf. 2000. *Die gespaltene Vereinigungsgesellschaft: Bilanz und Perspektiven der Transformation Ostdeutschlands und der deutschen Vereinigung*. Berlin.

_____. 2005. "Anspruch und Realität der deutschen Einheit: Das Transformations- und Vereinigungsmodell und seine Ergebnisse." in Hannes Bahrmann and Christoph Links(eds.). *Am Ziel vorbei: Die deutsche Einheit - Eine Zwischenbilanz*. Berlin.

Schneider, Peter. 2005. "Wie der Osten gewann." *Der Spiegel*, 48(2005).

Schröder, Klaus. 2006. *Die veränderte Republik: Deutschland nach der Wiedervereinigung*. München.

Sontheimer, Kurt. 1999. *So war Deutschland nie: Anmerkungen zur politischen Kultur der Bundesrepublik*. München.

Volke, Kristina. 2005. "Der Wandel der Kulturlandschaft: Über strukturelle Krisen und ihre Petentiale zur Innovation." in Hannes Bahrmann and Christoph Links(eds.). *Am Ziel vorbei: Die deutsche Einheit - Eine Zwischenbilanz*. Berlin.

Wolle, Stefan. 1998. *Die heile Welt der Diktatur: Alltag und Herrschaft in der DDR 1971~1989*. Bonn.

2

동독의 귀환*

통일 이후 독일의 가치관 변화

김누리

"독일인들은 어떤 국가에서 살고 싶어 하는가?
어떤 과거 위에 서고자 하며,
어떤 미래를 향하고자 하는가?"[1]

1. 들어가며

모든 사회변동의 기저에는 가치관의 변화가 작용하고 있다. 정치, 경제, 사회, 문화 등 한 사회의 제 영역에서 나타나는 외적 변화는 그 사회의 구성원이 지닌 의식, 감성, 욕망, 자아상, 타자상 등을 통어統御하는 일련의 가치체제의 변화에 의해 추동되는 것이다. 이런 의미에서 한 사회를 지배하는 가치관의 변화는 사회변동의 근원적인 동인이라 할 수 있다. 동시에 가치관의 변화는 사회변동의 반영이자 결과이기도 하다. 사회적 변화는 가치관의 변화를 촉발하기도 하고, 새로운 가치관을 잉태하기도 하면서 한 사회의 가치지형을 바꾸어놓는다. 결국 가치관의 변화는 사회변동의 어머니이자 자식인 것이다.

사회변동의 모태이자 산물로서 가치관은 역사적 변혁기에 가장 극적인 형태로 변화한다. 구질서에서 신질서로 교체되는 역사적 전환기는 구시대를 떠받치던 낡은 가치체제가 붕괴하고 새로운 가치체제가 태동하는 시기이기 때문이다. 특히 구질서가 신질서로 전화하는 대신, 또 다른 기존 질서에 편입되는 경우, '구질서 - 기존 질서 - 신질서' 사이에서 가치관의 동요는 복잡다단한 양상을 보일 수밖에 없다.

포스트 통일 시대 독일은 급격한 사회변동에 따른 가치관의 변화와 가치관 변화에 따른 사회변동이 동시에 표출되는 역동적 과정을 생생하게 보여주는 역사적 현장이다. 특히 구동독의 몰락과 함께 급격한 체제붕괴와 문화단절을 경험한 동독[2]의 경우 가치관의 변화는 지극히 복잡한 양상을 띠었다. 동독인들은 서독에 의한 흡수통일의 결과 지난 40년간 자신의 자의식과 정체성을 구성해온 가치관이 전면적으로 부정되는 가치단절의 상황에서, 서독의 가치관을 수용하거나, 과거의 가치관을 고수하거나, 새로운 가치관을 창출해야 하는 선택의 기로에 서게 되었다.

이 글은 통일 이후 독일에서 관찰되는 가치관의 변화 과정을 추적해보고자 한다. 우리가 가치관의 변화에 주목하는 것은 우선 앞서 언급한 대로 가치관의 변화가 모든 사회변동, 문화변동의 근원적 동인이기 때문이다. 통일독일 사회의 변화, 특히 문화변동을 추동한 심층적 원인을 규명하기 위해서는 가치관의 변화에 대한 연구가 전제되어야 한다. 나아가 통일독일은 "두 은하계의 충돌"[3]에 비견될 정도로 20세기를 대표하는 거대한 두 가치체제의 충돌이 일어난 역사적 현장이기 때문에, 통일 이후 독일의 가치관 변화는 독일의 경계를 넘어 21세기의 가치지형 변화의 징후를 선취하고 있다는 점에서도 각별한 주목을 요한다.

우리는 독일의 가치관 변화를 추적하는 데 특히 동독의 가치관 변화에 초점을 맞출 것이다. 우선 통일로 인해 가장 격심한 가치관의 혼란과 변화를 겪은 지역이 동독이기 때문이고, 또한 동독의 가치관 변화가 서독의 가치관 변화를 촉발했으며, 그 결과 통일독일의 가치지형에 일대 지각변동을 몰고 왔기 때문이다.

우리는 독일 통일이 예상하지 못한 놀라운 가치관의 변화를 초래했다는 인식에서 출발하면서 세 가지 가설을 증명하고자 한다. 첫째, 동독적 가치는 약화되었다기보다는 강화되었고, 둘째, 새로운 성격을 지닌 동독 정체성이 부활했으며, 셋째, 서독의 가치관이 동독의 가치관에 수렴되고 있다는 것이다. 한마디로 이 글은 가치관의 변화와 관련해보면 '동독의 귀환' 현상이 뚜렷하다는 사실을 증명하려는 시도이다.

이를 위해 우선 포스트 통일 시대 가치지형의 변화 양상을 그동안 축적된 구체적인 지표들을 통해 추적하고, 동독 정체성의 '놀라운' 부활 현상을 살펴본 후에, 동독과 서독의 가치관이 수렴하면서 통일독일의 가치지형을 변화시키는 양상을 조명할 것이다. 또한 통일독일의 가치지형 변화를 야기한 원인을 규명하고, 이러한 변화가 지닌 의미를 음미해볼 것이다. 마지막으로 이러한 가치관 변화가 위기에 처한 통일독일의 미래에 어떠한 영향을 미칠 것인지 전망해볼 것이다.

2. 통일독일의 가치관 변화

1) 동서독 가치관의 변화 양상

> "나는 더 많은 돈과 자유를 갖게 되었다.
> 그러나 나를 둘러싼 세계는 활력을 잃고 살벌해졌다."
> (동독 지역 여학생)[4]

통일 이후 독일인들의 가치관은 뚜렷하게, 그리고 급격하게 변화했다. 동독인들은 통일 이후 불어닥친 체제단절과 문화충격의 폭풍 속에서 유례없는 가치혼돈을 경험했고, 서독인들도 통일이 몰고 온 체제충격과 세계화가 초래한 체제위기 속에서 동독인 못지않은 가치변동을 겪었다. 이제 1990년에서 2006년까지의 다양한 조사지표들을 토대로 체제, 이념, 자아상 등과 관련해 동서독인의 가치관이 변화한 구체적인 양상을 살펴보자.

우선 체제의 차원에서는 현재 독일의 정치·경제·사회 체제를 규정하고 있는 서독식 제도에 대한 부정적 인식이 급속히 확산되는 것을 확인할 수 있다. 이는 특히 동독의 경우 심각한 수준이다. 통일독일 사회에서 서독체제가 그대로 정착된 데 만족하는 동독인은 1990년 41%에서 2004년 28%로 급락했고, 이에 대한 대안으로 '시장경제, 휴머니즘, 사회주의를 결합한 국가형태'를 선호하는 동독인은 같은 기간에 39%에서 50%로 상승했다. 동독인의 28%만이 서독 주도 통일에 만족하고, 48%가 새로운 국가형태를 원하는 현상도 같은 맥락에서 이해할 수 있다. 한편 서독인의 경우도 서독체제에 대한 만족도는 같은 기간에 74%에서 62%로 하락했고, 새로운 국가형태에 대한 찬성도도 3%에서 16%로 상승했다. 서독식 체제에 대한 비판적 태도는 서독에서도 확산되고 있는 것이다.[5]

특히 서독체제의 근간을 이루는 '사회적 시장경제'에 대한 불만은 동서독 공히 극적으로 고조되고 있다. 동독의 경우 1990년 70% 중반대였던 긍정적 평가가 2005년에는 7%로 급락했고, 반대로 부정적 평가는 같은 기간에 5%에서 70%대로 급상승했다. 서독의 경우도 마찬가지여서, 1994년에서 2005년 사이에 긍정적 답변은 60%대에서 20%대로 급격히 하락했고, 부정적 답변은 20%대에서 50%내로 크게 상승했다.[6]

사회적 시장경제에 대한 불신과 불만은 국가와 국가의 과제에 대한 새로운 인식이 확산되는 현상에서도 확인된다. 2004년 조사에 따르면 동독인의 50%, 서독인의 40%가 능력에 따른 분배뿐 아니라 필요에 따른 분배도 중시되어야 한다고 보면서 국가의 적극적인 개입에 찬성하고 있으며, 국가가 노후, 질병, 빈곤, 실업 문제 등을 책임져야 한다고 보는 견해에도 동독인의 92%와 서독인의 83%가 동의를 표함으로써 국가의 좀 더 적극적인 역할을 기대하고 있다.[7] 같은 맥락에서 방임형 국가모델보다는 개입형 국가모델에 대한 선호도도 높아져 2004년 조사에 따르면 동독인의 77%, 서독인의 64%가 개입형 국가를 선호하고 있는 것으로 나타났다. 반대로 방임형 국가를 선호하는 비율은 동독 5%, 서독 8%에 불과했다.[8] 개입형 국가에 대한 선호도가 급증한 데에는 현재의 분배체제에 대한 불만도 작용한 것으로 보인다. '정당한 분배가 이루어지고 있다'는 진술에 동의하는 독일인은 1991년 18%에서 2004년 7%로 반감했다.[9]

현재 독일을 지배하는 서독식 체제에 대한 불만과 불신은 이념적인 영역에도 그대로 투영되어 나타난다. 가장 심각한 것은 민주주의에 대한 불신이 빠른 속도로 고조되는 현상이다. 민주주의에 대한 만족도는 1990년에서 2004년 사이에 서독에서는 75%에서 60%로, 동독에서는 40%에서 28%로 감소했다. 특히 2002년에서 2004년 사이에만 독일에서는 15%가 떨어져, 5%가 떨어진 유럽 전체나, 9%가 떨어진 동유럽의 신생 유럽연합 회원국들보다도 하락폭이 컸다. 또한 2006년의 조사에 따르면 동독인들의 민주주의에 대한 만족도는 34%로서 유럽 전체에서 가장 낮았다. 서독의 경우도 1980년대 중반 이후 지속적으로 하락해 1997년 최저점에 이르렀다.[10]

이러한 조사 결과는 실로 충격적이다. 유럽에서 가장 안정적인 민주주의와 정치제도를 운영하는 것으로 인정받고 있는 독일에서 민주주의에 대한 불신이 가장 높을 뿐 아니라, 동독인이 동유럽인들보다도 민주주의에 대한 만족도가 낮다는 사실은 일반의 예상을 완전히 뒤엎는 결과이기 때문이다. 민주주의에 대한 낮은 만족도를 고려할 때 동독인의 50%만이 현재의 사회질서를 '수호할 가치가 있다'고 생각하는 것은 그리 놀라운 일이 아니다.[11]

그러나 2003년의 조사 결과 서독에서는 우파가, 동독에서는 좌파가 더 민주주의에 비판적이라는 사실은 분명 의외이다. 현존하는 민주주의에 대한 불만도가 가장 낮은 그룹은 서독에서는 좌파(33%)였고, 동독에서는 장년층(57%)이었다. 청년층의 민주주의 만족도가 현저하게 하락한 현상도 주목을 요한다.

1992년과 2003년 사이에 서독에서는 50%에서 36%로, 동독에서는 31%에서 19%로 하락한 것이다.[12] 이러한 현상은 독일 민주주의의 앞날에 불길한 경고를 보내는 적신호가 아닐 수 없다.

민주주의에 대한 만족도와 관련해 동독을 체험한 세대와 체험하지 않은 세대 사이에는 "체계적으로 구별되는 정치관을 찾아볼 수 없다"[13]라는 점도 주목을 요한다. 세대적 요인보다 지역적 요인이 더 강하게 작용하고 있음을 보여주기 때문이다. 또한 '문제해결 제도'로서 민주주의에 대한 신뢰도는 동독보다 서독에서 급격히 하락했다는 사실도 눈여겨봐야 한다. 1991년과 2003년 사이에 서독에서는 65%에서 55%로, 동독에서는 41%에서 36%로 하락해 서독에서 낙폭이 더 컸다.[14] 이는 통일독일 사회의 민주주의에 대한 동독인의 불신이 동독 사회주의 체제하에서 형성된 권위주의적 성격 때문이라는 이른바 '기형 테제'의 논리를 정면으로 반박하는 사례이다.

서독식 민주주의에 대한 이러한 깊은 불신은 극우파와 권위주의 체제에 대한 호감도가 상승하는 현상에서도 확인된다. 2000년의 조사에 따르면 극우파에 대한 호감도는 동독에서 17%, 서독에서 11%를 기록했다.[15] 또한 권위주의 국가에 대한 선호도도 2002년 조사에 따르면 동독 20%, 서독 7%로 예상보다 훨씬 높은 것으로 나타났다.[16]

서독식 민주주의에 대한 근본적인 회의의 분위기 속에서 사회주의에 대한 긍정적인 재평가 경향이 뚜렷하게 나타나고 있다. 2003년 조사에 따르면 사회주의 이념에 동조하는 독일인은 동독인이 71%, 서독인이 57%였다. 특히 서독 청년 세대의 사회주의 선호도는 2005년 한 해 동안 무려 20%나 수직상승해 비상한 관심을 끌기도 했다.[17]

민주주의 이념과 함께 근대 시민사회의 핵심적인 이념인 자유와 평등에 대한 선호도도 변화하고 있다. '자유와 평등 중에서 어떤 것이 더 중요하다고 생각하느냐'는 설문에 대한 답변에서 자유에 대한 선호도는 1990년에서 2004년 사이의 기간에 서독에서는 60% 중반에서 50%대로, 동독에서는 40% 중반대에서 30%대로 떨어졌고, 평등에 대한 선호도는 거꾸로 서독에서는 20% 중반대에서 30% 중반대로, 동독에서는 40%에서 50% 중반대로 상승했다.

"위대한 자유주의 경제학자 프리드리히 아우구스트 폰 하이에크Friedrich August von Hayek가 설파한 자유라는 기본가치는 단지 소수의 독일인에게만 노력과 투쟁을 통해 쟁취할 만한 가치가 있는 것으로 여겨지고 있다"[18]라는 푸념이나 "소련권 사회주의의 붕괴는 자유를 쟁취하려는 노력의 결과였지만, 곧이어 자유는 중요성을 상실했다"[19]라는 넋두리에서 볼 수 있듯이 보수주의자들의 고전적 가치인 자유의 주가는 통일독일 사회에서 폭락을 거듭하고 있다.

또한 자유의 내용적 실체를 평가하는 데서도 동서독 간에는 상당한 관점의 차이가 존재한다. 서독인들은 자유를 되도록 억압이 없는 상태라고 생각하고, 국가의 과제도 이를 위한 조건을 조성하는 정도로 한정하는 데 반해, 동독인들은 자유를 누리기 위한 사회적·경제적 조건을 강조하고, 국가가 이를 적극적으로 보장해야 한다고 생각한다.[20]

서독식 사회·경제체제, 민주주의, 자유, 평등의 이념에 대한 가치관이 이처럼 급격히 변화한 것 못지않게 동독인들이 구동독 사회를 새로운 눈으로 바라보기 시작했다는 사실도 눈여겨봐야 한다. 동독인들이 구동독을 긍정적인 시선으로 재평가하기 시작한 것이다. 이러한 경향은 각종 지표에서 확인된다. "동독 시절은 멋진 시절이었다"라는 진술에 동의하는 동독인은 1994년 48%에서 2004년 54%로 상승한 반면, 동의하지 않는 동독인은 26%에서 18%로 줄었다. "동독은, 비록 실패로 끝났지만 좀 더 정의로운 사회를 실현하려는 시도였다"라는 주장에 동의하는 동독인은 1990년 83%에서 1999년 90%로 증가했고, 그렇지 않다는 동독인은 12%에서 7%로 감소했다. 또한 "동독은 나쁜 면보다는 좋은 면이 더 많았다"라는 주장에 동의하는 동독인도 1994년 35%에서 2004년 40%로 늘어났다.[21] 다수의 동독인이 이처럼 동독의 과거를 긍정적으로 돌아보면서 동독이 서독보다 더 정의로운 사회였다고 평가하고 있다.[22]

동서독 가치관의 변화 양상을 종합해보면 두 가지 특징적인 경향을 발견할 수 있다. 첫째는 동서독의 가치관이 동일한 지향성을 보인다는 것이다. 서독식 체제, 사회적 시장경제, 새로운 국가형태, 민주주의, 사회주의, 자유와 평등의 이념 등을 평가할 때 동독과 서독 사람들은 점차 유사한 성향을 보이는데, 그것은 사회정의, 분배, 복지 등의 가치를 중시하는 평등지향성이다. 둘째는 이러한 수렴의 경향에도 동서독의 가치관에는 여전히 일정한 편차가 존재한다는 것이다. 예컨대 서독인이 평등을 중시하는 경향성을 점차 강하게 보인다 하더라도, 동독인과의 격차는 여전히 크다. 상호 모순된 것처럼 보이는 이 두 가지 특징을 결합하면, 동서독의 가치관 사이에는 가치경향의 수렴 현상과 가치편차의 지속 현상이 동시에 관찰된다고 말할 수 있을 것이다.

이러한 두 현상이 동시에 나타나는 전형적인 사례가 '민주주의에 대한 만족도' 지표와 '자유 - 평등 선호도' 지표이다. '현존하는 민주주의'에 대한 동서독인의 평가에서 관찰되는 흥미로운 현상은 동서독 공히 불신과 회의가 심화되는 경향을 보이면서도, 이와 동시에 동서독 간 불신의 격차가 통일 이후 지금까지 지속적으로 약 40%대를 유지하고 있다는 사실이다. 여기서 공통된 불신의 경향은 상황적 요인에 기인하고, 균일한 불신의 격차는 구조적 요인에 연유하는 것으로 보인다. 즉, 신자유주의적 세계화가 초래한 불평등 구조의 심화와 확산이라는 새로운 상황이 동서독 공히 현존 민주주의 체제에 대한 불신을 키웠고, 그럼에도 동서독 사회의 구조적 차이가 불신의 정도 차를 규정하고 있다고 판단된다. 결국 민주주의에 대한 만족도가 동서독 사이에 줄곧 40%의 격차를 유지한다는 사실은 동서독 주민의 민주주의관에는 여전히 커다란 차이가 존재하고 있음을 의미한다고 봐야 한다.[23] 또한 '자유 - 평등 선호도' 지표에서 확인할 수 있는 것은 자유의 가치가 동서독 모두 하락하는 반면, 평등의 가치가 동서독 모두 상승하고 있다는 것이며, 이때 자유, 평등에 대한 선호도의 격차는 동서독 사이에서 통일 이후 지금까지 변동 과정에서 약 20% 정도로 일정하게 유지되고 있다는 사실이다. 이처럼 동서독 간에 일정한 편차를 유지한 채 가치관이 동일한 방향으로 변화하는 현상은 민주주의에 대한 만족도의 경우와 마찬가지로 상황적 요인과 구조적 요인이 동시에 작용한 결과인 것으로 보인다.

마지막으로 동서독의 가치관이 일정한 격차를 지속적으로 유지하면서 동독인들이 자신을 사회적 타자로 범주화하는 현상이 뚜렷해지고 있다는 것도 언급할 필요가 있다. 실제로 동독인들은 자신의 사회적 위상을 독일에 사는 외국인 수준으로 인식하고 있다.[24] 동독인들이 이처럼 타자 의식, 이방인 의식, 주변인 의식, 이등 국민 의식을 내면화한 결과 동독인과 서독인의 삶의 만족도 격차는 동유럽인과 서유럽인의 격차보다 큰 것으로 나타나고 있다.[25]

2) 동독 정체성의 형성

"자유는 지금도 필연성의 통찰이다."

(동독 지역 여학생)[26]

1990년대 중반 이후 동독인들 사이에 집단적인 정체성이 형성되는 현상도 통일독일의 가치관 변화와 관련해 눈여겨봐야 할 대목이다. 동독인의 정체성이 점차 강화되면서 동독인 특유의 가치관이 더욱 분명한 색깔을 드러내기 시작했고, 이것이 다시 서독인의 가치관에 영향을 미치는 연쇄적인 효과를 발생시켰기 때문이다.

동독인의 정체성은 통일 이후 서독식 제도와 관행이 일방적으로 이식되고, 이 과정에서 구동독의 제도적·인적 인프라가 철저하게 해체되는 현실을 목도하면서 서독의 '식민지적' 지배에 항의하는 '저항적 정체성'에서 출발해, 점차 동독의 고유성을 강조하면서 서독인과 자신을 의도적으로 구분 짓는 '배제적 정체성'으로 진화했다. 동독인이 아직도 여전히 '이등 국민' 의식을 지니고 있는 것이 동독인이 지닌 저항적 정체성의 일단을 보여주는 것이라면, 동독인이 한사코 자신을 통일독일의 시민이라기보다는 '동독인'으로 인식하는 것은 배제적 정체성의 발로라고 할 수 있다.[27]

통일 이후 동독 정체성이 확산되는 현상을 가장 심층적으로 분석한 이는 롤프 라이시히이다. 그에 따르면 동독인은 고유한 정체성을 형성해가고 있으며, 통일 10년 이후부터 동독 정체성에 대한 관심이 갑자기 높아져 이제는 '동독인들이 동독인으로서 집단적인 정체성을 만들어가고 있다'는 데 이의가 있는 이는 없다고 한다. 그는 동독에서 새로운 정체성이 형성되고 있다는 증거로 동독인의 '자기정체화' 현상에 주목한다. 그는 동독인의 자기정체화가 드러나는 전형적인 사례 세 가지를 들고 있는데, 첫째는 대다수 동독인이 자신을 '독일인'이라기보다는 우선 '동독인'으로 지칭한다는 점이고, 둘째는 동독인들 다수가 여전히 통일독일의 '이등 국민'으로 인식하고 있다는 점이며, 셋째는 동독인들이 자신을 서독인들과 구분 짓기 위해 높은 사회적 능력, 강한 정의감, 낮은 출세의식, 사회적 평등에 대한 감각 등 동독인 특유의 사회적 성향을 강조한다는 점이다. 또한 동독인과 서독인이 상호 간에 '자신을 긍정적으로 범주화하고, 타자의 속성을 배제하는' 경향을 보인다는 점도 동독 정체성이 강화되고 있음을 보여주는 사례라는 것이다.[28]

동독 정체성이 형성·강화된 원인과 동독 정체성이 지닌 독특한 성격에 대해서는 다양한 해석이 존재한다. 볼프강 엥글러는 동독 정체성의 형성을 무엇보다도 통일독일 사회에서 동독인들이 느끼는 박탈감과 불쾌감의 표현이라고 풀이한다.

상황은 문화적 차이에서 출발해 차이에 대한 성찰을 거쳐 차이에 대한 분명한 가치평가로 이어지고 있다. 지난 10년간 동독의 고유성은 '발명'된 것이 아니라, '발견'되었고, '세련화'되었다. 오늘날 동독인들은 자신의 고유성을 '근거 없이' 또 완강하게 주장하고 있다. 혹은 근거 없기 '때문에' 완강하게 주장하고 있다고도 할 수 있지 않을까? 그들은 집단적인 자기표현을 위한 모든 혹은 거의 모든 자율적인 사회적·제도적·매체적 수단을 박탈당하고 있기 때문이다. 그것이 동기라면, 동독인의 '문화투쟁'은 충분히 이해할 만한 불쾌감을 표현하는 것이다. 그것은, 좀 더 정확하게 말하면, (개인적인) 자존감과 (사회적인) 품위 사이의 간극을 보여주는 것이다.[29]

엥글러가 말하는 '문화투쟁'과 유사한 맥락에서 데틀레프 폴락Detlef Pollack 은 동독 정체성의 형성을 동독인의 '인정투쟁'의 한 국면이라고 평가한다.

> 동독 정체성의 형성은 통일 과정에서 나타난 경향, 즉 동독인의 이력을 폄하하고 사회집단으로서 동독인을 평가절하하는 경향과 관계가 있다. 동독인들이 구동독을 그리워하면서 동시에 서독인을 평가절하하는 것은 전적으로 자기주장의 형식이며, 이때 이러한 자기주장을 하는 것은 이식된 서독의 제도로 인해 과도한 정신적 압박을 받았기 때문이 아니라, 자신의 자존심과 자긍심을 훼손당했다는 느낌을 가지고 있기 때문이다. 동독인의 '배제적 정체성'의 토양이 된, 불이익을 당했다는 느낌은 결국 경제적인 문제일 뿐 아니라 문화적인 문제인 것이다.[30]

폴락이 동독 정체성을 통일독일의 변화된 사회에서 자신의 과거를 인정받기 위해 꾸며낸 '자기주장의 형식', 즉 '연출된 정체성'이라고 보는 반면, 라이시히는 동독 정체성을 통일독일 사회에 대한 직접적인 체험에서 나온 '체험된 정체성'으로 본다. 그에 따르면 동독 정체성은 통일독일에서 겪은 체험에 대한 성찰에서 배태된 '비판적 정체성'이다.

> 동독 시민들은 그 사이에 다시 더욱 강력하게 자신의 삶의 이력을 이야기하고, 자신의 개인적인 기억문화를 펼치고 있다. 그들은 오늘날 10년 전과는 다른 시각에서 동독을 성찰한다. 미화하거나 억압하지 않고, 꼼꼼하게 따져가며 섬세하게 오늘날의 통일독일과 비판적으로 비교하면서 말이다. 동독인의 정체성 형성은 그런 의미에서 통일독일에서 동독인의 생활경험과 감정을 평가절하하고 폄하하는 데 대한 반작용이지만, 또한 두 사회체제에 대한 경험을 새롭게 헤량하는 것이다.

그리고 이런 의미에서 동독 정체성의 형성은 '전환의 모습'이지, 동독에 대한 향수가 확산되는 것이 아니다. 그것은 동독과 집단적으로 동일시하는 새로운 동독 정체성이 아니고, 동독 속에서 또한 동독과 함께 한 공동의 경험에 기초하고 있다.[31]

한스 미셀비츠Hans Misselwits 또한 라이시히와 마찬가지로 동독 정체성이 지닌 성찰적 성격에 주목한다. "뚜렷해지는 것은 성찰적이고, 공동의 동독 체험을 배경으로 형성된, 공동의 독일이라는 이해구조 속에서 획득된 '동독인들'의 정체성이다."[32]

이처럼 엥글러와 폴락이 동독 정체성을 주로 통일 이후 동독인들이 느낀 불쾌감과 소외감에서 발생한 저항적이고 배제적인 정체성으로 보는 반면, 라이시히와 미셀비츠는 동독 정체성을 구동독과 통일독일에 대한 냉정한 비교평가에서 나온 비판적이고 성찰적인 정체성으로 보는 것이다.

2005년에 라이시히는 그동안 진행된 상황의 변화를 염두에 두면서 동독 정체성 형성의 원인에 대해 예전과는 조금 다른 시각에서 해석을 시도한다. 그는 이제 "과거의 상실감이 동독인의 사고와 행동을 지배하지 않는다"라고 하면서, 그럼에도 여전히 구동독에 대한 결속감은 줄어들지 않고, 오히려 동독인들이 자신을 우선 '동독인'으로 인식할 뿐 '통일독일 시민'으로 인식하지 않는 현상에 주목한다.[33] 이는 그에게 놀라운 현상이 아니다. "과거의 정체성으로 돌아가 긍정적인 자신의 역사를 구성하지 않고는, 특히 전환기에 인간의 자의식은 존립할 수 없기 때문이다."[34] 라이시히는 이처럼 동독 정체성의 지속 현상을 인간 자의식의 속성에 기인한 자연스러운 현상이라고 주장한다. 그러나 이러한 해석은 사안의 심각성에 비추어 너무 한가한 설명으로 보인다. 오늘날에도 동독 정체성이 약화되지 않고 지속되는 것은 신자유주의적 세계화의 압력하에 급격히 변화된 통일독일의 부정적인 현실 앞에서 과거의 경험을 동원해 새로운 대안을 모색하려는 적극적인 의지의 표현이고, 다른 한편으로 여전히 반복되고 있는 동독 과거의 '악마화'에 대한 의식적인 저항의 표명으로 봐야 한다.

3) 변화된 공화국

> "도대체 동독인들에게 어떤 가치를 전달해야 합니까?
> 과연 우리에게 아직도 유효한 가치가 남아 있나요?"
>
> (서독 여기자)[35]

클라우스 슈뢰더는 2006년에 나온, 독일 통일의 제 국면을 종합적으로 조망하는 767쪽에 이르는 방대한 분량의 저서 『변화된 공화국Die verändete Repu-blik』에서 통일독일의 변화상을 다음과 같이 결산한다.

> 독일은 지난 16년 동안 대부분의 사람이 생각하는 것보다 훨씬 더 많이 변했다. 그 결과는 정치, 일상생활, 가치관에서 나타난다. 통일독일은 서구화되었다기보다는 동구화되었고, 우경화되었다기보다는 좌경화되었으며, 자유주의적이고 보수적인 사회가 되었다기보다는 사회민주주의적인 사회가 되었고, 시장중심적인 사회가 되었다기보다는 국가중심적인 사회가 되었다. 동서독 주민들 사이에는 여전히 관념, 가치관, 정치의식에서 분명한 차이가 존재하지만, 변화 과정은 이미 오래전부터 오직 동쪽에서 서쪽으로 향하지 않고, 반대로 여러 면에서 서쪽에서 동쪽으로 향하고 있다.[36]

슈뢰더에 따르면 통일독일은 '동구화', '좌경화', '사회민주주의', '국가중심주의'라는 개념으로 포착할 수 있는 일련의 경향을 보여왔고, 동서독 사이에 가치관의 차이가 엄존하는 가운데서도 가치관 변화의 방향은 동독의 서독화에서 서독의 동독화로 바뀌었다는 것이다. 슈뢰더가 방대한 지표들을 분석한 결과 이르게 된 이러한 결론은 통일독일이 '서구화'되고 '우경화'된 '보수적'이고 '시장중심적'인 사회로 변했다는 일반적인 인식을 뒤집는 것이어서 비상한 주목을 요한다.

이번 절에서는 슈뢰더의 '결산'을 단초로 삼아 통일독일이 실제로 '변화된 공화국'이 되었는지를 심층적으로 규명해보고자 한다. 우리는 변화의 '근거'로서 다음 세 가지 가설을 증명하려고 한다. 첫째, 서독인의 가치관이 동독인의 가치관에 수렴하고 있으며, 둘째, 동시에 동독과 서독의 가치관 차이는 여전히 지속되는 가운데 동독인은 일종의 '가치 공동체'로 결속되고 있고, 셋째, 통일 이후의 이러한 가치관 변화가 통일독일의 정치지형을 근본적으로 바꾸어놓았다는 것이다. 이처럼 동서독 가치관의 수렴, '가치 공동체' 동독의 탄생, 통일독일 정치지형의 변화 등의 현상을 검토한 후에, 이러한 변화를 초래한 주요 요인들을 살펴보겠다.

페터 슈나이더는 통일 이후 동독과 서독의 영향관계에 대해 "생활환경은 서독화되고, 생활감정은 동독화되고 있다"[37]라고 말한 바 있다. 여기서 그가 말하는 '생활감정의 동독화'는 〈굿바이 레닌〉, 〈존넨 알레〉 등 동독인의 일상을 소재로 한 영화가 서독 관객의 취향을 변화시키면서 통일독일의 영화계를 장악해가는 현상을 빗댄 것이지만, 사실 동독화되고 있는 것은 '감정'만이 아니다. 서독인의 '의식' 또한 동독화되고 있는 것이다.

통일 이후 서독인의 가치관은 점차 동독인의 가치관에 수렴하고 있다. 이러한 현상은 다양한 지표에서 확인된다. 앞에서 살펴봤듯이 사회적 시장경제, 서독식 민주주의, 사회주의 이념, 국가의 역할, 자유와 평등의 선호도 등과 관련된 설문조사에서 나타난 가치관의 변화 추이를 보면 서독이 동독을 따라가는 경향이 뚜렷하다.[38] 게다가 서독인이 느끼는 불안 심리마저도 동독인의 그것에 접근하고 있으며, 구동독 사회에 대해 긍정적으로 평가하는 동독인에게 동조하는 서독인이 늘어나고 있다. 이처럼 "서독의 가치관은 통일 이후 분명하게 동독의 가치관과 같은 방향으로 선회"[39]한 것이다. 가치관의 변화에서 서독인이 동독인을 따라가는 이러한 현상은 2000년을 전후해 두드러지기 시작했다. 동에서 서로 향하던 가치관의 수렴 방향이 서에서 동으로 확연하게 전환된 것은 바로 이 시기였다.[40]

"동쪽의 이데올로기적 색깔이 서쪽으로 번져가는"[41] 이러한 현상의 원인을 하버드 대학 교수 찰스 마이어Charles S. Maier는 통일 이후의 사회적 불안정성과 불만에서 찾는다. "동독인들이 통일독일로 가져온 불안정성이 사회 전체를 사로잡고 있던 불만과 맞아떨어졌다. 1989년 이후 퍼져나간 멜랑콜리의 분위기 속에서 동독인들은 서독인들에게 불안정한 시대로 가고 있다고 위협하고 있다."[42] 한편 데트옌은 통일독일에서 동독적 가치관의 영향력이 점차 커지는 현상은 서독의 '정치적 태만'에 기인한다고 본다. "국가적 통일 이후에 우선적으로 경제적 과정에 집중한 것은 심각한 정치적 태만이었다. 기본법의 가치질서를 정치적으로 설명해줄 내용적 프로그램이 없었다. 정치적 마케팅도 없었다. 자신의 가치의 토대를 스스로 충분히 확신하지 못했기 때문이다."[43] 이처럼 동독적 가치관이 확산되는 현상을 동독인의 위협이나 서독인의 태만에서 찾는 일면적인 관점과는 달리, 라이시히는 동서독의 변화를 밀접한 상호 연관성 속에서 파악한다. "그 사이 분명하게 증명된 것은 동독의 변형과 서독의 변동은 모두 1989/1990년의 체제단절을 출발점으로 하며 상호 연결되어 있는 두 과정이고, 한쪽이 병합하고 지배하는 경우이더라도 예상했던 사회와는 다른 사회가 생겨난다는 사실이다."[44] 그는 동독과 서독에서 나타난 변화의 출발점을 독일 통일 시점으로 보면서, 더 강한 사회라도 합병과 지배 과정에서 의외의 변화를 겪을 수 있음에 주목한다. 실제 독일의 경우 흡수당한 사회가 흡수한 사회를 변화시킨 것이다. "동독이 서독 및 통일독일을 이미 상당 정도 변화시켰다."[45]

그러나 동서독의 가치관이 일정한 수렴 현상을 보인다는 말이 곧 동서독 사이에 가치관의 차이가 사라졌다거나 줄어들었다는 것을 의미하지는 않는다. 그것은 단지 동서독의 가치관 변화에서 유사한 경향성이 나타난다는 것을 뜻할 뿐이다. 동독과 서독 간의 가치관 차이는 사실 세대 간의 가치관 차이보다도 더 크며, 여전히 그 격차가 줄지 않고 있다.[46] 동독인들은 이러한 차이를 인식하면서 자신들의 고유한 정체성을 키워왔고, 공동의 의식과 가치하에 결속해왔다. 동독인들은 오늘날 일종의 "가치 공동체"[47]로서 결합되어 있는 것처럼 보인다. 여기서 동독인들이 공유하는 가치는 "노동자적 사회"[48]라는 특수한 사회구성체에서 생겨난 것으로서 동독인의 고유한 역사적 경험과 문화적 기억의 산물이다. 이러한 '동독적' 가치들은 서독 사회가 지니지 못한 독특한 장점을 지니고 있다.

> 동독의 '노동자적 사회'의 평등은 극히 다양한 형태로 영향을 미쳤다. 교육과 자격 수준은 높았고, 노동자들은 자신의 공장 내 '권력'을 인식하고 있었으며, 강한 자의식을 바탕으로 이러한 권력을 아주 독특한 방식으로 행사했다. 동독 사회는 높은 정치적 감각을 지닌 사회였다. 여성의 평등은 향상되었다. 또한 동독에서도 가치변동이 일어났는데, 그것은 사회적 다변화와 생활세계의 변화에 따른 결과였다. …… 자신에 의해 시작되고 전개된 민주적 변혁의 경험을 가진 것은 바로 동독인들이었고, 이 변혁은 서독의 68세대들과는 달리 모든 사회계층의 의식을 각인했다.[49]

이처럼 높은 교육 수준, 생산체제 속에서 제고된 노동자의 위상, 높은 정치감각, 향상된 여성의 지위, 민주혁명의 전통 등 구동독은 사회주의통일당SED의 권위주의적 통치가 있었는데도 적지 않은 장점을 지닌 사회였다. 이런 점에서 보면 '동독적' 가치가 통일독일 사회에서 확산되는 것은 우려할 일만은 아니다. 오히려 가치 공동체로서 동독은 통일독일 사회가 안고 있는 많은 문제를 치유할 단초를 풍부하게 내장하고 있다고 봐야 한다.

동독인의 가치관은 "고전적인 제3의 길"의 가치관에 가깝다.[50] 그것은 '좀 더 개인주의적이고, 자유주의적이며, 시장지향적인' 서독인의 가치관과 분명한 차이를 보인다. "동독의 '노동자적' 사회와 서독의 '시민적' 사회가 상이한 역사적 대척점을 이루고 있기"[51] 때문이다. 이러한 차이는 앞서 살펴봤듯이 민주주의관, 자유와 평등의 선호도, 정의·평등·자유의 내용 규정, 사회주의에 대한 평가에서도 뚜렷하게 드러난다. 예컨대 사회주의 이념에 대한 선호도는 동독에서는 대략 70%대, 서독에서는 30~40%대로 나타나 동독에서 서독에 비해 두 배 이상 높다. 이것은 '동독에 대한 향수어린 미화'나 '일당의 권력독점에 대한 정당화'를 의미하는 것이 아니라, '사회적 정의와 평등을 중시하는 사회를 선호'하는 동독인의 가치관이 반영된 것으로 봐야 한다.[52]

통일 이후 '동쪽에서 서쪽으로 번져가는 이데올로기적 채색'은 또한 독일의 정치지형을 질적으로 변화시켰다. 제2차 세계대전 이후 40년간 유지되어온 안정적인 좌우균형의 서독형 정치구도가 좌파 과반의 형국으로 재편된 것이다.

> 동독 유권자들이 정치적 스펙트럼 전체를 좌측으로 이동시켰다. 이것은 또한 개별 정당의 강령논쟁에 적지 않은 영향을 미쳤다. 이때 좌파라는 것은 무엇보다도 더 많은 국가개입과 더 많은 재분배를 옹호하고, 개인의 위험과 개인적 책임을 되도록 최소화함을 의미한다. 다수의 동독인이 가진 이러한 시각에 그 사이 많은 서독인도 동조하고 있다. 접근 과정이 서에서 동으로 진행되고 있다.[53]

이처럼 동독인들이 통일독일의 정치지형을 '좌측으로 이동'시킬 수 있었던 것은 그들의 정치관이 "사회적이면서 민주적인 사회라는 고전적인 모델"[54]에 뿌리를 두고 있다는 사실과 깊은 관계가 있다. 동독인들은 대체로 중도좌파적 성향을 보이는 것이다. 동독인의 12.4%가 자신을 극좌파로, 23.2%가 온건좌파로, 52.5%가 중도로 인식하는 반면 자신을 온건우파로 보는 동독인은 9%, 극우파로 보는 이는 2.8%에 불과하다.[55] 이처럼 좌파 성향의 유권자가 우파 성향의 유권자보다 세 배 이상 많은 동독의 특수한 정치구도가 통일독일의 정치지형에 편입되면서 독일의 정치체제는 "동독의 충격에 의한 강력한 동요"[56]를 겪지 않을 수 없었던 것이다.

이상에서 살펴봤듯이, 통일 이후 독일에서는 가치관의 급격한 변화가 진행되는 가운데 서독의 가치관이 동독의 가치관에 수렴했고, 동독이 독특한 형태의 가치 공동체로 변모했으며, 정치지형은 좌파 과반의 형국으로 재편되었다.

이러한 현상의 원인은 크게 세 가지 요인으로 나눠볼 수 있는데, 그것은 세계화, 유목민화, 식민화이다.

우선 서독의 가치관이 동독에 수렴되는 현상은 전 지구적으로 진행되는 신자유주의적 세계화의 영향 때문이라고 봐야 한다. "세계화의 굴레에 포섭된 통일독일 사회는 사회정의가 붕괴되고 빈부 격차가 심화되었으며, 구서독이 자랑하던 사회복지국가의 면모는 크게 훼손되었다. 자유에 대한 불신과 평등에 대한 요구가 통일 이후 갈수록 고조되는 것은 바로 이런 세계화의 현실 때문이다." 결국 문제는 "동독인 못지않게 서독인 또한 피해자로 만드는 사회적 불평등의 심화 과정"이고, 이러한 과정에서 벌어지는 "사회복지국가에 대한 냉전"인 것이다.[57] 신자유주의적 세계화로 인해 사회적 불평등이 급속히 심화되는 현실 앞에서 위기의식을 느낀 서독인들이 좀 더 평등지향적인 동독인들의 가치관에 동조하게 된 것은 그리 놀라운 일이 아니다.

동서독에서 공히 개입형 국가에 대한 선호도가 높아지고, 사회정의와 평등을 요구하는 목소리가 커지면서 좌파 우위의 정치지형이 형성된 것은 크리스토프 디크만Christoph Dieckmann이 묘사하는바, '자본의 지배에 따른 국민의 유목민화' 경향과 밀접한 관계가 있는 것으로 보인다. 그에 따르면 국가는 "대자본의 시녀로 강등되고 있다".[58] 국가는 자본에 반대하는 정책을 수행하지 않고, 자본주의적 논리의 결과를 개혁이라고 팔아먹고 있다. 그 결과 사회적 긴장은 고조되고, 계급적 분열은 심화되어 "국민은 산산이 쪼개지고, 계급이 귀환한다"[59]라는 것이다. "우리는 뿌리 뽑힌 국민으로 변하고 있다. 누더기 이력이 정상이 되었다. 노동관계, 거주기간, 결혼은 짧아진다. 그리고 그와 함께 우리의 충성심도 짧아진다. 국민은 유목민화하기 시작한다."[60] 사회적으로 뿌리 뽑힌 채 유목민처럼 부유하는 국민을 다시 통합할 수 있는 것은 자본의 권력을 제어하고 사회적 정의를 재정립할 개입형 국가인 것이다.

동독인들이 가치 공동체로 결속하면서 점차 강한 좌파적 성향을 드러내기 시작하는 것은 또한 독일의 통일 과정이 식민화 방식으로 진행된 것과 밀접한 관계가 있다. "객관적으로 보면 모든 것은 구동독의 경제와 사회를 식민화하는 방향으로 나아가고 있다. 동독 시민들에게 서독의 가치와 생활 방식, 노동양식을 되도록 빨리 내면화하라고 기대하는 것 자체가 식민지 지배자적 사고방식이다."[61] 이러한 식민화 테제에 동독인의 대다수가 공감하고 있는 현실[62]은 동독인들이 가치 공동체로 귀속되는 이유를 분명하게 설명해준다. 사실상 통일독일 사회에서 동독인의 처지는 이주민의 처지와 크게 다를 게 없어서, 그들에게 통일은 "스스로 인종적 자각을 하는 과정Selbstethnisierung"[63]에 비견될 정도이다. 이처럼 서독이 동독을 식민화하는 방식으로 통일이 이루어진 결과 동독인들 사이에서 저항적 정체성이 형성되었고, 이것이 그들만의 사회적 가치를 공유하는 독특한 가치 공동체로 발전한 것이다.

3. 장벽 붕괴 20년, 기로에 선 통일독일

"단순한 합병은 결코 통일이 아닙니다.
강자가 자신의 이익을 관철하는 곳에서
약자가 사는 곳은 '문제 지역'이 되고 맙니다.
두 국가의 서로 다른 장점과 경험이 유익하게 사용되고
창조적으로 어우러지는 곳에서는
어느 한쪽도 굴욕감을 느끼지 않고,
새로운 생명을 피워낼 것입니다."
(폴커 브라운)[64]

베를린 장벽이 붕괴된 지 20년, 오늘의 시점에서 독일 통일을 어떻게 평가할수 있을까? 이제 동서독 가치관의 변화와 수렴 현상에 대한 인식을 토대로 통일독일의 현실을 진단하고, 미래를 조심스럽게 전망해보자. 나아가 통일독일

이 분단 한반도에 던져주는 시사점을 음미해보자.

우선 서독을 모방하는 방식으로 동독을 건설한다는 구상은 실패한 것으로 보인다. '전제된 청사진, 즉 동독 지역에 서독을 똑같이 모방하는 사회를 만든다는 청사진은 어쨌든 실현되지 않았다. 구조적으로도, 문화적으로도, 정신적으로도.' 서독을 모방하는 것이 아니라 동독 고유의 것을 발전시키는 것이 더욱 혁신적인 것으로 인정되는 분위기가 도처에서 감지된다. 독일 통일은 흡수통일의 경우라도 "목적론적이고 일직선적인 적용과 동화의 과정이라기보다는 역사적인 전제가 작용하는 고유한 동학을 지닌 과정으로 진행된다"[65]라는 사실을 보여주고 있다. 통일이 '고유한 동학' 속에서 두 체제가 서로 영향을 주고받는 쌍방적 과정이라면, '추격과 적응의 시나리오'를 기초로 한 지금까지의 통일 전략은 수정되어야 마땅하다. "동독이 더는 과거의 서독처럼 될 수 없다는 것이 분명해진" 상황에서 "언제 동독이 서독을 추월할까, 언제 동독이 서독에 적응하고 동화될까"[66]라는 물음은 세상물정 모르는 순진한 우문에 불과하다. 추격 시나리오가 현실적 타당성을 상실한 오늘의 상황은 동독이 독자적인 발전 노선을 모색할 것을 요구하고 있다.

독일 통일은 동독 체제의 와해를 의미할 뿐 아니라, 또한 기존의 서독 사회를 40년간 유지시켜온 '독일모델'의 종언을 의미한다. 통일 이후 독일모델의 제도적·이념적 토대가 급격히 붕괴되었고, 그 결과 현재의 통일독일은 구서독과는 상당히 다른 나라가 되었다. "성공적이었던 '구'서독도 오늘날 1990년에 예상했던 것과는 다른 상황에 있다. '새로운' 독일은 단순히 확장된 '구'서독이 아니다. 아무것도 과거와 같이 남아 있는 것은 없고, 어떤 것도 그것이 마땅히 되어야 할 형태가 되지 못했다."[67] 이제 "동서독 체제 대립의 종식과 동독의 종말과 함께 구서독의 종말도 시작된"[68] 것이다.

통일을 통한 구동독과 구서독의 동반 붕괴는 무엇보다도 독일 통일의 성격 및 통일의 시점과 깊은 관계가 있다. 라이시히는 독일 통일의 사회적 실체를 동독의 '국가사회주의'와 서독의 '포드주의적 자본주의'의 결합으로 보면서, 통일의 타이밍이 적절하지 못했던 것이 통일 이후 독일이 위기에 봉착한 결정적인 원인이라는 흥미로운 관점을 제시한다. 서독의 전통적인 포드주의적 성장·복지·사회모델이 그것이 지닌 한계가 분명히 드러나고 혁신이 요구되는 바로 그 시점에 동독에 그대로 이전됨으로써 어려움이 가중되었다는 것이다.[69] "사실상 독일 통일의 과정에서 비동시적인 발전 단계에 있는 두 개의 근대화 실험(모델)이 결합되었다. 하나의 실험, 즉 권위주의적인 국가사회주의의 실험은 종착역에 다다랐고 이제 개혁이 불가능한 상태였으며, 다른 실험, 즉 좀 더 우월한 포드주의적 자본주의의 실험 또한 독일 통일의 시점에서는 근본적인 발전상의 위기 상황에 처해 있었다."[70] 이처럼 동유럽 국가사회주의의 '모범국가'가 몰락하고, 서구 자본주의 모델의 '대표주자'가 위기에 봉착한 시점에 통일이 이루어진 결과 "동독의 체제단절과 서독의 체제충격"[71]은 불가피했다는 것이다.

독일 통일은 슈테판 볼링거Stefan Bollinger의 말처럼 "보수적인 성격을 지닌, 퇴행적인 서독의 재건국"[72]은 아니었다 해도, 자신의 위기를 타개해야 할 절박한 상황에 처한 서독 사회가 오히려 동독 사회에 자신의 모순을 덧씌움으로써 독일 전체의 위기를 심화하는 결과를 낳았다는 사실만은 분명하다. 이처럼 독일 통일은 부적절한 시기에 부적절한 파트너가 부적절한 관계를 맺는 방식으로 진행됨으로써 이미 결합 단계부터 비극의 씨앗을 잉태하고 있었다고도 볼 수 있다. "동독은 성공하지 못했다. 보이지 않는 경제적 장벽이 사회를 분열시킬지도 모른다"[73]라거나, "모든 독일인은 서로 맞지 않는 것은 함께 성장할 수도 없다는 사실을 배워야 한다"[74]라거나, "동서독 두 사회의 정치적·정신적 분열은 지난 16년 동안 약화되었다기보다는 공고해졌다"[75]라는 등 통일에 대한 일련의 부정적인 평가는 독일 통일의 부적절한 출발 상황에서 배태된 갈등과 모순을 반영한다. 통일 이후 이러한 갈등과 모순이 극복되기보다는 심화된 결과 독일인은 오늘도 "하나의 국가이면서도 여전히 두 개의 사회에서 사는"[76] 분열된 국민으로 머물게 되었다.

장벽 붕괴 20년, 지금 독일은 분명 역사적 분수령에 서 있다. 독일 통일, 유럽 통합, 세계화의 시대적 격랑 속에서 기존의 '독일모델'이 급격히 흔들리면서 통일독일은 새로운 활로를 찾아 고투하고 있다. "지금까지의 독일모델은 동독인들에게도 예전의 광채를 잃었다. 통일독일은 정치·경제의 통합과 세계화와 유럽화의 결과 새로운 분수령에 서 있다. 대안적 발전방향들이 제시되고 있다. 신자유주의적인 혹은 사회복지국가적인 개념과 가치관들이 서로 경쟁하고 있다. 통일독일은 근본적인 변화 과정 속에 있다."[77] 이러한 위기와 변화의 정세 속에서 향후 통일독일의 미래는 무엇보다도 목전에 닥친 두 가지 과제의 해결 여부에 달려 있는 것으로 보인다. 하나는 베를린 장벽 붕괴 20년을 맞는 오늘날에도 동서독 사람들에게 여전히 남아 있는 '머릿속의 장벽'을 허물고 동서통합을 이루어내면서, 이를 넘어 다양한 인종과 문화가 공존하는 다문화 사회를 견인할 문화통합을 실현하는 것이다. 다른 하나는 위기에 처한 '독일모델'을 대체할 새로운 사회적 대안과 이념적 패러다임을 찾아내는 것이다. 이러한 두 가지 과업을 성공적으로 이루어내는 데 동독인 특유의 가치관과 정체성은 중요한 변수로 작용할 것으로 보인다.

우선 동독 정체성은 동독인의 문화적 기억과 역사적 경험을 기초로 하여 현재를 진단하고 미래를 구상하는 '성찰적 정체성'으로서 '독일모델'을 혁신하는 데 유용한 구실을 하리라 기대된다. 그러나 동시에 동독 정체성은 차단과 배제의 정체성으로 왜곡될 수 있는 위험성도 내장하고 있다. "동독 정체성의 형성은 동시에 차단막을 품고 있다. '우리와 저들'이라는 구도는 항상 어디에서나 배제와 차단의 계기를 지닌다. 동서독의 관계에서만이 아니라, 특히 외국인과의 관계에서 그렇다. 다른 나라 출신의 동료시민에 대한 차단과 배제는 통합을 가로막는 요소이다."[78] 이러한 '동독 정체성의 함정'에 빠지지 않기 위해서는 동독인 특유의 '비판적 정체성'이 강화되어야 한다. 동독 지역에서 관찰되는 극우주의 정치 성향의 확산은 동독 정체성이 오도될 경우 초래할 수 있는 위험을 상징적으로 보여준다. 그러나 거시적으로 볼 때 동독 정체성의 형성은 동서독의 통합에 부정적이라기보다는 긍정적으로 작용할 것으로 보인다.

많은 위험이 도사리고 있는 것, 단기적으로는 많은 사람에게 부정적인 상으로 비치는 것이 중기적으로는 참여와 평등한 통합으로 가는 다리임이 밝혀질 수 있다. 결국 이러한 정체성의 형성은 무엇보다도 동독인들의 자기주장과 성장한 우리의식의 표현이기 때문이다. 통일독일의 현 상황을 놓고 볼 때 이렇듯 강화된 자아와 우리의식 없이 문화적·정신적 해방과 통합으로의 진보는 상상하기 힘들다.[79]

또한 '독일모델'에 대한 대안을 모색하는 데 동독인은 자신의 고유한 가치관과 정체성을 바탕으로 새로운 활력과 영감을 불어넣을 수 있으리라 기대된다. 일례로 사회복지국가를 추구하고 사회정의와 분배를 중시하는 동독인의 평등지향적 성향은 신자유주의적 세계화가 초래한 '세계의 비참'이 확산되는 현실에서 동독이 지닌 "문화적 이점"[80]임이 분명하다. 동독인들은 특유의 사회적 감수성과 공동체 의식으로 자유와 평등의 이념을 조화시키는 아방가르드로서 새로운 가치 패러다임을 창안할 수 있을지도 모른다.

자유와 평등은 동일한 기원에서 나온 근대의 요구이고, 또 동일한 중요성을 지닌 요구이다. 사회적 평등이 공산주의하에서 시민적·정치적 자유를 희생시키면서 확장된 것이 사실이라 해도, 거기서 평등이 스스로 부끄러워하며 이제 거꾸로 자유에 복속되어야 한다는 결론이 도출되는 것은 아니다. 자신의 출신과 현재의 위치로 인해 동독인들에게 부여된 어떤 고유한 역사적 과제가 있다면, 그것은 바로 평등과 자유를 서로 화해시키는 과제일 것이다.[81]

이처럼 평등과 자유의 가치를 새롭게 조화시킴으로써 동독이 사회주의의 전통을 이전과는 다른 차원에서 부활시킬 '신사회주의'의 전진기지가 될 가능성도 있다. "동독에서 사회주의를 여전히 독일의 기본 질서에 대한 대안으로 보는 정서가 선거에서 다수를 차지할 수 있는 분위기로 지배하는 한, 동독은 새로운 좌파를 위한 모판이 될 것이다."[82] 새로운 가치 패러다임을 창출하는 새로운 좌파로서 동독인들은 통일독일 사회를 개혁하는 아방가르드로 부상할지도 모른다. "동독인들이 동독 특유의 주제인 노동·정의·인정을 통일독일 전체의 개혁 테마이자 미래 테마로서 더욱 강력하게 주제화하고 동등한 위치에서 실천해나간다면, 이제 동독인들은 구걸하는 자, 경고하는 자, 기껏해야 요구만 하는 자로 인식되지 않고, 전 독일의 이해를 대변하는 자, 개혁자, 선구자로 인식될 것이다."[83] 특히 동독 신세대의 경우, 그들의 정치적 성향이 미래 독일의 향방을 결정할 가능성이 크다. "서독 모델에 의해 사전 프로그래밍되지 않은" 이 세대는 "과거와는 다른 의식을 가지고 다른 사회적 미래를 열어갈"[84] 것이다.

통일독일 20년은 분단된 한반도에 사는 우리에게 많은 시사점을 던져준다. 특히 통일 이후의 가치관 변화와 관련해 다음 세 가지 사항은 눈여겨볼 필요가 있다.

첫째, 동서독이 여전히 존재하는 가치관의 차이를 넘어 진정한 문화통합을 이루려면 쌍방의 동시적인 변혁이 필요하다는 것이다. 독일 통일이 동서독 사회를 동시 변혁하는 방식으로 추진되지 않고, 동독이 서독 모델에 동화되는 방식으로 진행됨으로써, 통일독일은 사회적으로나 문화적으로나 통일 이전보다 오히려 약화되었다. 오늘날 독일이 안고 있는 제반 갈등과 모순은 일차적으로 여기서 잉태된 것이다. 또한 동시 변혁은 '동서독의 문화적 융합'으로 이어져야 한다는 점도 유념해야 한다. "자유와 평등, 개인적 능력과 사회적 정의, 대의민주주의와 직접민주주의의 의미 있는 결합"[85]을 모색해야 한다는 것이다. 서독인이 중시하는 자유, 개인적 능력, 대의민주주의의 가치가 동독인이 강조하는 평등, 사회적 정의, 직접민주주의의 가치와 함께 어우러지는 사회야말로 통일독일이 추구해야 할 미래 사회의 모습일 것이다. 한반도의 경우도 통일을 북의 변화와 남의 변혁을 동시에 실현할 기회로 인식하는 탄력적인 사고가 필요하다. "통일은 언제나 재통일이 아니라 새롭게 만들어가야 할 신통일을 의미한다. 그런 의미에서 통일은 남한 자본주의를 혁신하고, 북한 사회주의를 개혁하는 과정으로 인식해야 한다."[86]

둘째, 통일 과정은 다양한 사회적 실험의 장이 되어야 한다. 독일의 경우 동독이 서독의 체제와 가치에 일방적으로 적응하는 방식으로 통일 과정이 진행됨으로써 동과 서 어디에서도 새로운 사회적 실험은 부재했다. 통일이 쌍방의 잠재력을 최대한 발현하고 새로운 국가적 전망을 열어줄 수 있는 사회적 실험과 모색의 과정이 되지 못한 것이다. "출발사회의 제도적·인적 잠재력은 가능한 연결지점이 아니라 오직 시급히 극복되어야 할 유산으로 간주되었다. 통일 과정은 출발사회와 도착사회의 매개로서, 하나의 과도기사회를 구성하는 것으로서, 즉 모색과 실험의 과정으로서 이해되지 못하고, 동독이 서독에 단순히 동화되는 것으로 이해되었다. 사용할 수 있는 모든 것은 이미 서독에 다 있다는 생각을 가지고 있었기 때문이다."[87] 흡수통일로 인해 '동독과 서독의 상황을 실질적으로 지양하고, 두 사회의 진보적인 요소들을 계속 발전시키며, 통일을 통해 사회적 발전과 해방의 새로운 질을 창출할 기회'를 상실한 것이다. 그 결과 "동독은 독일경제와 사회의 신자유주의적 변신의 실험장"[88]으로 전락했다. 남은 정상사회요, 북은 비정상사회라는 식의 고정관념을 깨지 못하는 한, 그리고 이러한 편협한 이분법을 기초로 통일을 북한의 일방적 동화 과정으로만 인식하는 한, 통일 과정을 새로운 이상적 사회를 건설하기 위한 창조적 실험의 장으로 활용하지 못한 독일의 실패를 우리도 되풀이할 수밖에 없을 것이다.

셋째, 독일 통일은 두 개의 이질적인 사회가 통합될 때 차이에 대한 관용이 절실히 요구된다는 사실을 일깨운다. 동독 정체성이 강화되고, 동서독 가치관의 차이가 엄존하며, 동독인과 서독인 간에 틀에 박힌 타자상이 고착되는 현상은 상대에 대한 관용적 태도가 충분하지 못했음을 방증한다. 사실 장기간 대립해온 두 이질적인 사회가 결합될 때 가치관, 정체성, 자아상, 타자상 등에서 차이가 나타나는 것은 자연스러운 현상이다. 그러나 "근본적인 문제는 그러한 문화적·정신적 차이가 존재한다는 사실이 아니라, 이러한 차이를 어떻게 다룰 것인가이다".[89] 독일의 경우 이러한 차이를 차별의 근거로 오용함으로써 동서독 간에 분열과 갈등이 심화되었다는 사실을 눈여겨볼 필요가 있다.

주

* 이 글은 김누리, 「동독의 귀환: 통일 이후 독일의 가치관 변화」, ≪괴테연구≫, 제21
집(2008), 193~221쪽을 수정 게재한 것임.

1 *Der Spiegel*, 10(1999), p.33.

2 이 글에서 동독과 서독은 각각 지역 혹은 국가로서의 구동독, 구서독을 뜻하고, 마찬
가지로 동독인은 구동독 주민을, 서독인은 구서독 주민을 의미한다.

3 Claus Detjen, *Die anderen Deutschen: Wie der Osten die Republik verändert* (Bonn,
1999), p.7. 데트엔은 여기서 1990년 당시 베를린 중앙은행 총재의 말이라며, 이 말을 인
용하고 있다.

4 Wolfgang Engler, *Die Ostdeutschen als Avantgarde* (Berlin, 2004), p.68.

5 Klaus Schröder, *Die veränderte Republik: Deutschland nach der Wiedervereinigung*
(München, 2006), pp.492~493 참조.

6 같은 책, p.502 참조.

7 같은 책, pp.492f. 참조.

8 같은 책, p.504 참조.

9 같은 책, p.528 참조.

10 같은 책, pp.493f. 참조.

11 같은 책, p.495 참조.

12 같은 곳 참조.

13 Wolfgang Gaiser et al., "Zur Entwicklung der politischen Kultur bei deutschen
Jugendlichen in West- und Ostdeutschland," in Hans Merkens and Jürgen Zinnecker
(eds.), *Jahrbuch Jugendforschung* (Wiesbaden, 2005), pp.182f.

14 Klaus Schröder, *Die veränderte Republik: Deutschland nach der Wiedervereinigung*,
p.496 참조.

15 Rolf Reißig, *Die gespaltene Vereinigungsgesellschaft: Bilanz und Perspektiven der
Transformation Ostdeutschlands und der deutschen Vereinigung* (Berlin, 2000), p.85
참조.

16 Klaus Schröder, *Die veränderte Republik: Deutschland nach der Wiedervereinigung*,
p.495 참조.

17 같은 책, p.496 참조.

18 Ursula Weidenfeld, "Der verlorene Zauber: Die Deutschen haben sich die Freiheit abhandeln lassen - im Osten wie im Westen: Doch Sicherheit macht nicht glücklich," *Der Tagesspiegel*, 2004.9.19.

19 Klaus Schröder, *Die veränderte Republik: Deutschland nach der Wiedervereinigung*, p.509.

20 같은 책, p.507 참조.

21 같은 책, pp.328~339 참조.

22 같은 책, p.529 참조.

23 같은 책, p.491 참조.

24 같은 책, p.394 참조.

25 같은 책, p.519 참조.

26 Wolfgang Gaiser et al., "Zur Entwicklung der politischen Kultur bei deutschen Jugendlichen in West- und Ostdeutschland," p.42.

27 2000년 조사에 따르면 동독인의 72%가 여전히 '이등 국민' 의식을 가지고 있고, 1999년 조사에 의하면 동독인의 20%만이 자신을 통일독일의 시민으로 인식하고 있다고 한다. Rolf Reißig, *Die gespaltene Vereinigungsgesellschaft*, p.83 참조.

28 같은 책, p.93.

29 Wolfgang Engler, "Sie sprechen doch Deutsch," *Die Zeit*, Nr.35(2000), p.9.

30 Detlef Pollack, "Die ostdeutsche Identität: Erbe des DDR-Sozialismus oder Produkt der Wiedervereinigung? Die Einstellung der Ostdeutschen zu sozialer Ungleichheit und Demokratie," *Aus Politik und Zeitgeschichte* (이하 *APuZ*), Bd.41~42(1998), p.22.

31 Rolf Reißig, *Die gespaltene Vereinigungsgesellschaft*, p.95.

32 Hans Misselwitz, "DDR: Geschlossene Gesellschaft und offenes Ende," in Werner Weidenfeld(ed.), *Deutschland: Eine Nation - doppelte Geschichte* (Köln, 1993), pp. 103~112, 특히 p.111.

33 2003년 조사에 따르면, 여전히 구동독에 결속감을 느낀다고 답한 동독인은 73%, 그렇지 않다고 답한 동독인은 25%이다. 자신을 '통일독일의 시민'이라고 느끼는 동독인은 20%에 불과하다. Rolf Reißig, "Anspruch und Realität der deutschen Einheit: Das Transformations- und Vereinigungsmodell und seine Ergebnisse," in Hannes Bahrmann and Christoph Links(eds.), *Am Ziel vorbei: Die deutsche Einheit - Eine Zwischenbilanz*

(Berlin, 2005), pp.293~316, 특히 p.304 참조.

34 같은 글, pp.304f.

35 Claus Detjen, *Die anderen Deutschen: Wie der Osten die Republik verändert*, p.109.

36 Klaus Schröder, *Die veränderte Republik: Deutschland nach der Wiedervereinigung*, p.636.

37 Peter Schneider, "Wie der Osten gewann," *Der Spiegel*, 48(2005), p.176.

38 이 글의 '2. 1) 동서독 가치관의 변화 양상' 참조.

39 Klaus Schröder, *Die veränderte Republik: Deutschland nach der Wiedervereinigung*, p.602.

40 같은 책, p.610 참조.

41 Elisabeth Noelle-Neumann, *Frankfurter Allgemeine Zeitung*, 1999.3.17.

42 Charles S. Maier, *Das Verschwinden der DDR und der Untergang des Kommunismus* (Frankfurt am Main, 1999), p.460.

43 Claus Detjen, *Die anderen Deutschen: Wie der Osten die Republik verändert*, p.116.

44 Rolf Reißig, *Die gespaltene Vereinigungsgesellschaft*, p.142.

45 Klaus Schröder, *Die veränderte Republik: Deutschland nach der Wiedervereinigung*, p.550.

46 같은 책, p.507 참조.

47 Rolf Reißig, *Die gespaltene Vereinigungsgesellschaft*, p.86.

48 볼프강 엥글러에 따르면 '노동자적 사회'란 "모든 사람이 노동을 하거나 노동을 한다고 생각하는 사회이며, 노동이 모든 개인에게 주어지는 사회"이다. Wolfgang Engler, *Die Ostdeutschen: Kunde von einem verlorenen Land* (Berlin, 2000), pp.198f. 참조.

49 Rolf Reißig, *Die gespaltene Vereinigungsgesellschaft*, pp.87f.

50 동독인들 다수는 의회민주주의와 사회주의 이념이 양립 가능하다고 보고, 자유시장 경제와 사회주의 이념을 결합한 국가를 선호한다. Klaus Schröder, *Die veränderte Republik: Deutschland nach der Wiedervereinigung*, pp.492f. 참조.

51 Rolf Reißig, *Die gespaltene Vereinigungsgesellschaft*, p.89.

52 같은 책, pp.89f. 참조.

53 Klaus Schröder, *Die veränderte Republik: Deutschland nach der Wiedervereinigung*, p.600. 또한 낮은 투표 참여, 빈번한 정당 교체, 정당보다 인물을 중시하는 태도 등 선거

행태에서도 서독이 동독에 동화되는 경향이 나타나고 있다. 같은 곳 참조.

54 Rolf Reißig, "Anspruch und Realität der deutschen Einheit," p.307.

55 Rolf Reißig, *Die gespaltene Vereinigungsgesellschaft*, p.86.

56 Gerhard Ritter, *Über Deutschland: Die Bundesrepublik in der deutschen Geschichte* (München, 1998), p.15.

57 김누리 편저, 『머릿속의 장벽: 통일 이후 동·서독 사회문화 갈등』(도서출판 한울, 2006), 50쪽.

58 Christoph Dieckmann, *Rückwärts immer: Deutsches Erinnern* (Berlin, 2007), p.238.

59 같은 책, p.235.

60 같은 책, p.240.

61 Peter Christ and Ralf Neubauer, *Kolonie im eigenen Land: Die Treuhand, Bonn und die Wirtschaftskatastrophe der fünf Bundesländer* (Berlin, 1991), p.216.

62 동독인의 절반이 식민화 테제에 공감하고 있으며, 동독인의 3분의 2가 "서독인들이 동독을 식민화 방식으로 정복했다"라는 진술에 동의하고 있다. Klaus Schröder, *Die veränderte Republik: Deutschland nach der Wiedervereinigung*, p.394 참조.

63 같은 책, p.634.

64 김누리·오성균·안성찬·배기정·김동훈·이노은, 『변화를 통한 접근: 통일 주역이 돌아본 독일 통일 15년』(도서출판 한울, 2006), 186쪽.

65 Rolf Reißig, "Anspruch und Realität der deutschen Einheit," p.308.

66 같은 글, p.313.

67 같은 글, p.308.

68 같은 글, p.311.

69 같은 글, p.309 참조.

70 같은 글, p.310.

71 같은 곳.

72 Stefan Bollinger, *Das letzte Jahr der DDR* (Berlin, 2004), p.54.

73 Uwe Müller, *Supergau Deutsche Einheit* (Berlin, 2005), p.211.

74 Wolfgang Herles, *Wir sind kein Volk: Eine Polemik* (München, 2004), p.17.

75 Klaus Schröder, *Die veränderte Republik: Deutschland nach der Wiedervereinigung*, p.600.

76 Rolf Reißig, *Die gespaltene Vereinigungsgesellschaft*, pp.97f.

77 같은 책, p.105.

78 같은 책, p.96.

79 같은 곳.

80 Rolf Reißig, "Anspruch und Realität der deutschen Einheit," p.306.

81 Wolfgang Engler, *Die Ostdeutschen als Avantgarde*, p.33.

82 Claus Detjen, *Die anderen Deutschen: Wie der Osten die Republik verändert*, p.115.

83 Rolf Reißig, *Die gespaltene Vereinigungsgesellschaft*, p.110.

84 Claus Detjen, *Die anderen Deutschen: Wie der Osten die Republik verändert*, p.47.

85 Rolf Reißig, "Anspruch und Realität der deutschen Einheit," p.306.

86 이해영, 『독일 통일 10년의 정치경제학』(푸른숲, 2000), 28쪽.

87 Rolf Reißig, "Anspruch und Realität der deutschen Einheit," p.311.

88 Klaus Steinitz(ed.), *Vereinigungsbilanz: Fünf Jahre deutsche Einheit* (Hamburg, 1995), p.65.

89 Rolf Reißig, *Die gespaltene Vereinigungsgesellschaft*, p.12.

참고문헌

김누리 편저. 2006. 『머릿속의 장벽: 통일 이후 동·서독 사회문화 갈등』. 도서출판 한울.

김누리·오성균·안성찬·배기정·김동훈·이노은. 2006. 『변화를 통한 접근: 통일 주역이 돌아본 독일 통일 15년』. 도서출판 한울.

이해영. 2000. 『독일 통일 10년의 정치경제학』. 푸른숲.

Bollinger, Stefan. 2004. *Das letzte Jahr der DDR*. Berlin.

Christ, Peter and Ralf Neubauer. 1991. *Kononie im eingenen Land: Die Treuhand, Bonn und die Wirtschaftskatastrophe der fünf Bundesländer*. Berlin.

Detjen, Claus. 1999. *Die anderen Deutschen: Wie der Osten die Republik verändert*. Bonn.

Dieckmann, Christoph. 2007. *Rückwärts immer: Deutsches Erinnern*. Berlin.

Engler, Wolfgang. 2000a. *Die Ostdeutschen: Kunde von einem verlorenen Land*. Berlin.

_____. 2000b. "Sie sprechen doch Deutsch." *Die Zeit*, Nr.35(2000).

_____. 2004. *Die Ostdeutschen als Avantgarde*. Berlin.

Gaiser, Wolfgang et al. 2005. "Zur Entwicklung der politischen Kultur bei deutschen Jugendlichen in West- und Ostdeutschland." in Hans Merkens and Jürgen Zinnecker(eds.). *Jahrbuch Jugendforschung*. Wiesbaden.

Herles, Wolfgang. 2004. *Wir sind kein Volk: Eine Polemik*. München.

Maier, Charles S. 1999. *Das Verschwinden der DDR und der Untergang des Kommunismus*. Frankfurt am Main.

Misselwitz, Hans. 1993. "DDR: Geschlossene Gesellschaft und offenes Ende." in Werner Weidenfeld(ed.). *Deutschland: Eine Nation - doppelte Geschichte*. Köln.

Müller, Uwe. 2005. *Supergau Deutsche Einheit*. Berlin.

Noelle-Neumann, Elisabeth. 1999.3.17. *Frankfurter Allgemeine Zeitung*.

Pollack, Detlef. 1998. "Die ostdeutsche Identität: Erbe des DDR-Sozialismus oder Produkt der Wiedervereinigung? Die Einstellung der Ostdeutschen zu sozialer Ungleichheit und Demokratie." *APuZ*, Bd.41~42(1998).

Reißig, Rolf. 2000. *Die gespaltene Vereinigungsgesellschaft: Bilanz und Perspektiven der Transformation Ostdeutschlands und der deutschen Vereinigung.* Berlin.

_____. 2005. "Anspruch und Realität der deutschen Einheit: Das Transformations- und Vereinigungsmodell und seine Ergebnisse." in Hannes Bahrmann and Christoph Links(eds.). *Am Ziel vorbei: Die deutsche Einheit - Eine Zwischenbilanz.* Berlin.

Ritter, Gerhard A. 1998. *Über Deutschland: Die Bundesrepublik in der deutschen Geschichte.* München.

Schneider, Peter. 2005. "Wie der Osten gewann." *Der Spiegel,* 48(2005).

Schröder, Klaus. 2006. *Die veränderte Republik: Deutschland nach der Wiedervereinigung.* München.

Steinitz, Klaus(ed.). 1995. *Vereinigungsbilanz: Fünf Jahre deutsche Einheit.* Hamburg.

Weidenfeld, Ursula. 2004.9.19. "Der verlorene Zauber: Die Deutschen haben sich die Freiheit abhandeln lassen - im Osten wie im Westen: Doch Sicherheit macht nicht glücklich." *Der Tagesspiegen.*

통일독일 문화장의 지각변동

3
독일 통일 이후 여성상의 변화[*]
동독 여성을 중심으로

도기숙

1. 문제 제기

통일 이후 동독 여성[1]은 급격한 체제 변화의 소용돌이 속에서 심각한 문화적 충격을 경험했다. '어머니'이자 사회주의 '노동자', 그리고 사회주의 건설의 '양육자'로서 자긍심을 가졌던 동독 여성은 통일 이후 '섹시'와 다이어트의 미학 속에서 '성적 주체'이자 '독신 커리어 우먼'이라는 새로운 여성의 이미지에 문화적 충격을 받고 있다. '혁명적 노동자'로서 사회주의 건설에 참여했던 동독 여성들은 통일 직후 벽에 붙은 서독의 광고용 화보에 실린 '벌거벗은' 여성들을 보고 '이것이 우리가 원하던 해방의 실체인가'라며 충격과 실망을 감추지 못했다.[2]

통일 이후 동독 여성은 내면에 각인된 동독 여성 고유의 정체성을 포기하지도 않고, 서독적 여성상과 가치관을 무조건적으로 거부하지도 않고 있다. 자본주의 체제에 대한 동독 여성의 적응 양상은 '이중적 가치관'으로 요약될 수 있다. 한편으로는 서독의 노동시장의 요구에 적극적으로 적응하면서도 다른 한편으로는 구동독 시절의 가치관을 고수하는 것이다. 이중적인 가치관과 삶의 태도를 통해 동독 여성은 전통적인 동독 여성도 아니고 전형적인 서독 여성도 아닌 '제3의 자아'를 형성해가고 있다.

통일 이후 동서독 여성상을 혼합한 새로운 여성상[3]이 태동하고 있다는 문제 의식 속에서 이 글은 통일 이후 독일의 문화변동의 한 단면으로 동독 여성이 겪고 있는 여성상의 변화를 살펴보고자 한다. 사회주의 여성상에 길들여진 동독 여성이 새로운 자본주의 체제에서 어떤 변화를 겪고 있는지, 서독 여성이 추구하는 여성상과 가치관에 어떻게 반응하고 대응하는지를 확인하며 이들이 겪는 문화변동의 양상을 고찰하고 변동의 방향에 주목하고자 한다. 사회주의 여성 특유의 정체성으로 꼽히는 '경제적 자립심'이 글로벌 무한경쟁의 시대를 견인 하는 새로운 여성 파워로 논의되기도 하는데, 그 논의의 쟁점은 무엇인지도 살펴보고자 한다. 동독 여성이 겪고 있는 여성상의 변화에 대한 연구는 통일이 몰고 온 문화변동의 명암을 밝히는 한편, 한반도 통일 이후 남북한 여성의 생활과 의식에 나타날 변화까지 예측하고 대비하는 데 그 의의를 둘 수 있다.

2. 이 글의 관점

이 글은 동독 여성을 문화변동의 희생자일 뿐 아니라 문화변동의 한 주체로 바라보며 현재 진행 중인 동독 여성의 위상과 역할의 변화를 포착하고자 한다.[4] 동서독의 문화이전이 한 방향으로만 진행되지 않고 정치적 패자의 문화가 승자의 문화를 변화시킬 수 있는 가능성까지 살펴본다는 점에서 이 글은 기존의 동독 지역 연구와 차별되는 시야를 확보하고자 한다. 독일 통일 이후 동서독의 이질적인 생활양식과 가치관이 서로 스며들어 빚어내는 문화변동의 양상을 새롭게 평가하고자 한다.

사실상 지금까지 독일에서의 동독 여성 연구는 통일의 승자인 서독인의 입장에서 벗어나지 못하는 태생적 한계를 보였다.[5] 통일 현실에 대한 구동독 여성들의 비판을 한낱 사회주의 여성관에 길들여진 무능한 자들의 하소연으로 평가하는 시각이 여전히 다수이다. 서독인들은 동독인들에게 자본주의 체제와 사고방식에 더욱더 철저하게 적용할 것을 요구하고 있다. 이 글에서는 서독 출신뿐 아니라 동독 출신 학자의 주장도 언급하고 인용하는데, 동독 출신 학자들도 동독 여성에게 비판적 거리를 두는 것에 예외가 아님을 볼 수 있다. 예를 들어 동독 출신의 대표적인 여성학자 이레네 뒬링Irene Dölling은 동독 여성의 문제를 같은 동독인으로서 잘 이해하고 대변하면서도 궁극적으로 구동독 체제의 여성해방 정책을 비판하며 체제를 통해 각인된 가부장적 인식을 여전히 동독 여성의 한계로 지적하고 있다.

이 글도 구동독의 여성정책 및 남녀평등 의식에 대한 동서독 학자들의 비판에 동의하고 있지만 동독 여성의 의식을 – 과거의 구동독의 산물로서 – 비판하는 그들의 차원을 한걸음 넘어서, 동독 여성이 통일 이후 그들 나름의 독특한 사고방식을 형성해가고 있음을 관찰하고 그것의 의미와 앞으로의 전망을 살펴보고자 한다.

3. 구동독의 여성상

1) 구동독의 여성상과 여성정책

구동독은 남녀평등 원칙을 헌법의 근간으로 삼았다. 1949년 10월 7일 건국이래 노동권에 대한 남녀평등의 원칙이 헌법에 명시되었다. 구동독 사회주의 통일당SED의 여성정책은 사회주의 건설이라는 대과제 속에서 단계별로 추진되었다.

1단계는 건국 초기인 1949~1961년으로서 기존 부르주아 시민계급사회의 여성상에 대한 비판과 새로운 사회주의 여성상이 정립된 시기이다.[6] 남성의 사적 소유물로 전락하는 서독 및 서구 자본주의 체제의 여성상을 비판하고 남성에게서 자립해 스스로 노동권을 확보할 수 있는 사회주의 여성의 위상을 선전하는 등 이데올로기 교육을 통해 사회주의적 사고방식을 무장하는 시기로 볼 수 있다. 여성도 평등한 인간이자 사회주의 혁명의 전사이고 사회주의 건설의 주역이라는 사실이 강조되기 시작했다.

2단계는 1962~1970년까지로 사회주의 체제의 우월성을 보여주는 여성정책을 현실화하는 단계이다.[7] 이 시기에 동독은 여성의 경제자립, 교육평등, 정치 참여를 위한 혁신적 정책들을 발표한다. 1965년에 구동독의 최고 인민회의 Volkskammer는 남녀를 차별 없이 교육하는 「교육혁신법」을 제정하고 '전업주부 철폐'를 위한 가족법안을 통과시킨다.[8] 남편의 부양책임을 의무화했던 여성 보호법령이나 미망인 보호법령을 폐지하며 여성의 노동력과 산업화를 연계하는 정책방안을 지속적으로 수립한다. 그 결과 1960년 70%에 그쳤던 여성의 노동참여율이 1970년에는 80% 이상으로 상승했다. 주목할 만한 것은 1961년 당시 여성 노동자의 85%가 직업교육을 받지 못하고 비숙련 생산직에 종사한 데 반해, 10년이 지난 1971년에는 여성 노동자의 49%가 직업학교를 졸업하고 전문직에 종사했다는 점이다. 1958년에는 18%에 불과하던 전업주부들의 노동참여율이 1975년에는 75%까지 올라갔다. 전업주부 철폐를 위한 가족법안은 사회주의 여성상을 정립하는 결정적 계기가 된다. 사회주의 여성의 삶에 중심적인 두 축을 이루는 것은 직장생활과 어머니 역할이었다. 다시 말해 사회주의 이념에 따른 여성의 자기실현은 노동할 수 있는 존재로서 노동권을 확보하는 일과 여성으로서 자녀를 낳고 돌보며 사회주의 건설에 복무하는 데 있었다. 평등한 아내, 일하는 엄마, 자립적인 여성이 이 시기 사회주의 여성상의 핵심어라 할 수 있다.

3단계는 1971~1989년으로서 호네커 정권 시기이다.[9] 이 시기에는 경제발전과 생산력 확대로 여성의 노동참여율이 92%까지 올라갔다. 직장을 다니며 가족을 돌보는 것이 여성 최고의 삶이라는 인식이 동독 여성의 정체성으로 자리를 잡았고 이를 지원하는 각종 사회보장이 시행되었다. 탁아소, 유치원의 확장을 통해 '일하는 어머니'를 지원하는 정책이 뿌리를 내린다. 단순히 일하는 여성이 아니라 남성과 평등한 교육을 받은 여성, 전문성을 갖춘 노동자, 능력 있는 여성이 이상적 여성으로 인식되었다.

구동독에서 이상적 여성이란 직장과 육아를 병행하며 이 두 영역을 조화롭게 가꾸는 여성이었다. 병과 노환으로 일할 수 없는 상황을 제외하고는 대부분의 여성이 직장을 가졌으며, 여성의 90%가 30세 이전에 자녀를 낳을 만큼 어머니가 되는 것이 당연함을 넘어서 의무화된 사회였다. 육아와 직장생활을 병행하는 이중 노동의 문제는 국가의 사회보장을 통해 해결되었다. 동독 정부는 어머니가 아이를 돌보며 직장생활을 할 수 있는 여건을 조성했다. 우선 자녀를 가진 여성들이 맘 놓고 일할 수 있도록 곳곳에 탁아소를 설치했고 자녀가 병이 날 경우 경중에 따라 최대 6주까지 출근하지 않아도 된다는 조항이 담긴 특별법안을 제정했다.[10] 이상적 여성이란 열정을 가지고 자신의 직업에 종사하며 전문적인 지식을 쌓는 데 게을리하지 않고 동시에 자녀를 살뜰하게 돌보며 부녀회와 같은 정치적·사회적 활동에도 적극적으로 활동하는 '어머니'였다.[11]

구동독 시절 가장 이상적인 파트너상을 묻는 질문의 대답도 이러한 구동독 사회의 이데올로기에 부합했다. 동독의 남녀가 대답한 1위는 각각 '좋은 어머니', '좋은 아버지'가 될 것 같은 사람이었다. 구동독의 '좋은 어머니상'은 기존 부르주아 시민사회의 전통을 극복한 부분도 분명 있었다. 자녀에 대한 사랑과 헌신은 여전히 어머니의 덕목이었지만 육체적 순결이나 남편에 대한 순종 등의 전통적 덕목은 철저하게 배제되었다. 구동독의 여성상은 구동독 사회 내에서 이중적으로 작용했는데, 한편으로는 사회주의 건설 이데올로기의 구심 역할을 했고 다른 한편으로는 여성의 경제적 자립과 도덕적 해방을 선도하는 역할을 했다. 경제적 자립과 도덕적 해방이라는 이상적 여성상은 동독 특유의 성 문화와 맞물려 발전해갔다.

2) 구동독의 성문화[12]

'성性은 자연스러운 것이며 부끄러운 것이 아니다'라고 인식될 만큼 구동독의 성문화는 개방적이었다.[13] 구동독 청소년들의 성경험 실태를 보면, 1980년에 청소년의 70%가 이미 18세 이전에 성경험을 했던 것으로 나타났다.[14] 청소년들의 첫 성경험은 대체로 15~18세이며 19세가 넘어서 경험하는 청소년은 겨우 10% 안팎이었다. 청소년들은 성경험을 긍정적인 자기표현의 한 방편으로 인식했다.[15] 구동독 시절 동독의 젊은이들이 경험한 성적 파트너의 수는 여성의 경우(1988년) 결혼 전에 평균적으로 3~5명, 남성은 5명 이상으로 집계되었다.[16] 또한 같은 해에 30~39세 여성의 25%가 외도를 경험했다고 대답했다.[17] 이러한 통계가 1980년대의 통계임을 감안할 때 구동독 사회의 성이 얼마나 개방적이었는지를 짐작할 수 있다. 남성과 마찬가지로 여성도 성적 자유를 누릴 수 있었는데, 특히 도덕적 차원에서 여성의 성경험에 대한 사회적 비난은 없었다. 처녀성에 대한 신화도 사라졌으며 결혼 외에 성에 대한 엄격한 도덕적 질타도 더는 존재하지 않았던 것이다.

하지만 구동독의 성적 개방성은 현재 서독의 자본주의 성문화의 개방성과는 현저히 다른 방식으로 진행되었다. 이 상황은 성에 대한 자유는 있었으나 성에 대한 논의는 없었다는 말로 진단될 수 있다. 사회적으로 성에 대해 토론하는 경우가 거의 없었고 TV와 같은 대중매체에서 성적 표현을 찾아보기도 어려웠다. 성은 개방되어 있었으나 성에 관한 사회적 담론이 없었다는 점에서 성을 일찍이 상품화했던 서독적 시각에서 동독은 무성적인asexual 사회처럼 보였다. 범람하는 성관계 속에서도 남녀의 관계를 묶어주는 동독의 중심적인 담론은 사회주의적 가족관이었다.[18] 사회주의적 가족관을 통해 가족은 삶의 필연적인 요소로 간주되었고, 따라서 결혼하지 않는 것은 사회주의적 삶에 위배된 방식으로 인식되었다. 결혼과 가족에 대한 중요성이 강조되면서 남녀의 성관계는 유희 자체를 목적으로 하기보다는 결혼하고 가족을 형성하는 과정으로 이해되었다. 구동독의 남녀는 자유로운 성관계 속에서 결혼할 상대를 찾았고 20대 중반이 되면 대부분 결혼했다.[19]

성에 대한 담론의 부재는 성교육의 부재로 이어졌다. 남녀의 성적 행위는 각 개체의 자기 결정에 의한 행위이자 본능적 행위로 자연스럽게 받아들여졌지만 그에 대한 성교육 프로그램은 부재했다. 사회주의 인성교육, 즉 사회주의적 가치관과 사고방식, 행동양식을 성관계에서 포괄적으로 적용할 수 있을 뿐, 성에 대한 특별교육이 거의 없었다. 따라서 동독 청소년들은 임신과 피임에 대한 지식수준이 매우 낮았다. 동독 청소년은 만 14세부터 성관계를 경험했지만 임신과 출산에 대한 사전 지식 없이 성관계를 했던 것으로 나타났다. 낙태를 법적으로 전면 금지했던 서독과 달리 동독은 임신 3개월 내의 낙태를 허용했다.[20]

구동독의 결혼문화는 성관계가 자유롭고 피임법이 발달하지 않은 사회의 현실과 깊은 연관을 가진다. 임신에 따른 결혼이 많았기 때문이다. 사회주의적 인성교육의 측면에서도 낙태를 부정적으로 여겼기 때문에 동독 여성은 임신하면 결혼하는 것을 원칙으로 생각했다. 출산해도 국가가 제도적으로 함께 육아를 책임지기 때문에 '어머니'가 되는 영광을 군이 피할 사회적 이유가 없었던 것이다. 혼전임신에 따른 결혼이 많았던 구동독 사회는 이혼율도 높았다. 이혼으로 인한 사회적 폄하와 불이익이 거의 없었기에 구동독 사회에서 이혼은 흔한 일이었다. 구동독에서 성은 개방되었지만 성매매는 법적으로 금지되었다. 성매매는 여성을 공적인 소유물로 전락시키는 사회적 제도라고 정의되었다.[21] 성매매 금지정책은 구동독 사회에서 여성이 남성의 사유재산으로 전락하지 않도록 여성의 지위를 보장하며 여성을 성적 대상으로 인식하는 기존 시민사회의 전통적 사고를 극복하는 데 기여했다.

통일 이후 동독 여성은 TV 및 각종 광고를 통해 서독의 성문화와 여성상에 문화적 충격을 받는다. 하지만 동독 여성을 놀라게 한 것은 '젖가슴을 훌렁 내놓는' 서독 여성의 성적 대담성만은 아니었다. 그렇다고 TV 드라마나 대중매체에서 강조하는 서독 여성의 성적 편력에 기가 죽은 것도 아니었다. 앞서 말한

바와 같이 동독 여성 역시 성에 대한 금기에 사로잡혔던 것은 아니었기 때문이
나. 이들이 놀란 것은 대중매체가 끊임없이 여성을 통해 에로티시즘을 생산해
내고 여성을 대상화하는 성의 상품화였다. 동독 시절, 남녀평등 정책에 따라 남
성노동자와 구별되지 않는 '무성적인' 특성을 지녔던 동독의 여성상은 통일 이
후 대중매체를 통해 '너무나 여성적인' 여성상으로 순식간에 대치되어야 했다.
사회주의 양육자로서의 '어머니'와 혁명 전사로서의 '노동자'라는 이상적 여성
상을 품고 있던 동독 여성은 '섹시'가 성공의 발판이 되는 자본주의 성문화에
직면하면서 '여성상'을 다시 정립해야 하는 정체성의 혼란을 겪어야 했다.

4. 통일 이후 여성상의 변화

1) '혁명적 여전사'에서 '섹시 글래머'로

통일 이후 구동독에서 발행되던 여성잡지들은 급진적인 변화를 맞는다. 구
동독의 대표적인 여성잡지였던 ≪너를 위하여Für Dich≫[22]의 표지 변화는 사
회주의 체제에서 자본주의 체제로 이행하는 성의 급진적 변동을 명확하게 보
여준다.[23]
1978년에 발행된 잡지의 겉표지는 동독의 어머니이자 노동자의 전형적인 모
습을 강조하고 있다. 오른손으로는 아이를 안고 왼손으로는 작업연장을 들고
있으며 머리에는 헬멧을 쓰고 있다. 환하게 웃고 있으며 긍정적이고 힘차 보이
는 모습으로 건강한 사회주의 여성의 이미지를 보여주고자 한다. 옆에 연장을
들고 있는 동상은 노동자로서 여성의 정체성을 다시 한 번 상징적으로 드러내
고 있다.
1989년 통일 직전만 해도 흥겹게 일하면서 미소 짓는 노동자 여성이 ≪너를
위하여≫의 표지모델로 나왔다면, 통일 직후인 1991년에는 화려한 장식을 몸

에 두른 글래머 여성이 아름다움을 위한 정보와 비결을 선전하며 잡지 전면에 등장하고 있다. 통일 직후인 1991년에 발행된 ≪너를 위하여≫의 겉표지에서는, 표지모델을 통해 자본주의 체제가 요구하는 여성상이 동독 여성에게 고스란히 전달되고 있다. 직장여성이든 전업주부이든, 높은 교육을 받았든 최소한의 교육을 받았든지 간에 가장 중요한 사항은 여성은 여성스러워야 한다는 것이었다. 이제 표지에는 평범한 여성이나 현실적인 여성이 등장할 수 없고, 유혹적이고 여성스러운 모델들이 그 자리를 채웠다.

≪너를 위하여≫, 1호(1978년)

잡지와 TV를 통해 접하는 서독의 여성상은 동독 여성에게 분명 충격을 주었다. 하지만 동독 여성의 놀라움에도 서독의 많은 여성은 통일 이후 동독 여성이 경험하는 여성의 상품화가 통일 이전 사회주의 체제에서 팽배했던 가부장적 이데올로기와 근본적으로 차이가 있는 것은 아니라는 주장을 하고 있다.[24] 구동독의 여성상이 서독의 여성

≪너를 위하여≫, 25호(1991년)

상과 비교해 표면적으로는 여성해방을 강조하고 있지만, 여성이 남성보다 열등한 존재라는 편견과 이데올로기를 완전히 극복한 사회는 아니었다는 것이다. 동독 여성이 여성을 열등하게 여기는 사회 전반의 이데올로기를 의식하지 못한 채 정부의 외형적인 정책에 의미를 부여하고 남성중심 문화를 수용했다고 평가한다.

될링은 ≪너를 위하여≫에 실린 구동독 시절의 사진들을 분석하면서 구동독 사회는 여성적인 것과 남성적인 것의 이분법적 분리가 분명했고 여성적인 것을 열등한 것으로 인식한 남성우월주의 사회였다고 비판한다.[25] 남녀의 불평

지시하는 남성과 배우는 여성

등한 역할과 남성우월주의는 미묘한 방식으로 정당화되고 있다. 사진 속의 남성은 지시하고 가르치는 반면, 여성은 듣고 배우고 있다. 또한 능력 있고 책임 있는 자리에 있는 여성이라도 서독과 마찬가지로 은근히 아름답고 매력적인 여성으로 표현되었는데, 이것은 여성을 유혹적 존재이자 성적 존재로 부각하면서 남성의 권위에 대한 도전을 차단하는 남성중심 사회의 전략이 구동독에서도 사용되었기 때문이다.[26]

남성우월주의가 동독 사회 전반에 팽배했다는 점은 실상 동서독을 초월해 여성학자들이 동일하게 지적하는 부분이다.[27] 하지만 이러한 많은 독일 여성학자의 평가에도 정작 구동독 체제를 살아왔던 동독 여성은 다른 주장을 하고 있다. 구동독 시절이야말로 여성해방이 '진정으로' 실현되었던 표본으로 삼을 수 있다는 것이다.[28] 구동독에서는 성매매와 상품화가 존재하지도 않았고 여성의 성이 대상화되거나 여성의 인권이 폄하되지도 않았다고 말한다.

유혹적 존재로 부각되는 여성

통일된 지 오랜 시간이 지난 현시점에서 동독 여성은 구동독의 여성지원정책을 잃은 자신들을 빗대어 팔려간 신부와 같다며 한탄하고 있으며, 서독 여성은 이런 동독 여성의 의식을 사회주의 가부장성에 길들여진 수동적인 삶의 결과이자 이데올로기의 산물이라고 비판하고 있다. 그들은 각자 자신들의 경험을 기준으로 삼으면서 서로를 평가하고 있다.

2) 서독 여성의 사고방식에 대한 동독 여성의 비판

'섹시'의 미학과는 거리가 먼 '어머니'이자 '노동자'로 살아온 동독 여성은 통일 이후 새로운 자본주의 환경에 던져지면서 극한 갈등을 겪는다. 동독 여성이 보기에, 서독 여성의 사고방식은 출산을 기점으로 완전히 변화한다. 커리어와 섹시를 함께 추구했던 여성이라 할지라도 대부분의 서독 여성은 출산 후 '어머니' 역할에 삶의 중점을 둔다. 동독 여성은 출산 후 여성의 직장생활을 부차적인 것으로 여기는 서독 여성의 사고방식을 비판하는 한편, 직장과 육아의 병행이 가능했던 구동독이야말로 진정으로 여성해방이 실현된 사회였다고 주장한다.[29] 구동독의 여성정책이 훨씬 선진적이었다는 동독 여성들의 주장은 통일 이후 동서독 여성 간에 논쟁과 갈등을 촉발했다. 이러한 논쟁은 상이한 체제에 따른 동서독의 상이한 여성관이 부딪치는 갈등의 지점이면서 동시에 통일 이후 동서독이 통합해가야 할 여성해방의 개념을 질문하며 앞으로의 여성운동이 지닐 전망과 전략들을 고민하는 계기가 되었다.[30]

동독 여성이 서독 여성의 사고방식 중에서도 가장 비판적으로 보는 것은 경제적 자립을 끝까지 지키지 못하는 모습이었다.

> 서독 여자들은 나에 비하면 참 편해 보여요. 아이가 생기면 가정주부로 남는 것을 아주 당연시하니까요. 직장을 갖는 건 아예 생각조차 안 하는 것 같아요. 근데 난 아직도 그 점을 이해하지 못하겠어요. 남편한테 기대어 사는 거요. 남편이 아무리 돈을 많이 벌어도 그렇게 살 수는 없을 것 같아요. 난 여자라도 직장을 가지는 게 당연하다고 봐요. 스스로 자립하지 않고 사는 건 상상할 수도 없는 문제예요(카린, 32세).[31]

여성의 노동권을 쉽게 포기하는 서독 여성의 사고방식을 보면서 동독 여성은 여전히 이질적이고 당혹스럽다고 말한다. 자녀 출산 후 전업주부가 되거나 시간제 노동으로 만족하는 서독 여성의 삶의 방식을 보면서 동독 여성은 서독 여성이 여성해방의 의미조차 모른다고 말한다. 섹시함과 여성스러움이 강조되는 여성상을 받아들이는 것보다 동독 여성에게 더 어려운 점은 바로 경제적으로 자립하는 여성상을 포기하는 것이다. 위에 인용한 동독 여성의 이야기를 심층적으로 분석하면 다음과 같은 속내를 포착할 수 있다.

첫째, 서독 여성은 남성에게 경제적으로 의존적이다. 경제적 의존성은 당연히 정신적 자립도 어렵게 한다. 따라서 서독 여성은 겉보기와는 다르게 남성의 권위에 종속된 삶을 살고 있다. 둘째, 직장과 육아를 선택 영역으로 받아들이는 것에 결코 동의할 수 없다. 노동권과 어머니 역할은 결코 분리될 수 없으며 그 두 가지의 양립을 추구하는 것이 이상적 여성의 모습이다. 셋째, 경제적으로 자립하지 못한 서독의 전업주부 여성들이 남편과 자녀를 통해 자기실현을 추구하고 있다. 많은 서독 여성이 이러한 수동적 삶을 주체적 삶이라고 오해하고 있는 경향이 있다.

통일 이후 오늘날에도 사회주의 여성상의 근간인 '경제력'을 근거로 동독 여성이 서독 여성을 비판하고 있음을 볼 수 있다. 그러나 사실상 서독 여성도 동독 여성을 이해하지 못하는 것은 마찬가지이다.[32] 서독 여성도 경제적 자립을 이상적 여성상의 절대적 조건으로 간주하는 동독 여성의 의식을 적지 않게 비판하고 있는데, 이는 동독 여성이 여성 문제를 오직 경제적 접근을 통해 해결하려는 성향을 보이기 때문이다. 경제적 자립은 여성이 자기실현을 하는 하나의 방법일 뿐 여성해방의 전적인 해답은 아니라는 것이다. 또한 동독 여성의 경제적 자립은 사회주의적 이데올로기를 정당화하는 수준에 머물러 있었을 뿐 '진정한' 여성의식을 보여주기에는 한계가 있다고 본다. 서독 여성은 직장에서의 남녀차별은 물론, 동서독 여성을 차별하는 일자리조차도 ― 일할 수만 있다면 ― 상관없이 받아들이는 동독 여성의 태도를 통해 이들에게는 여성주의적 비판의식이 부재하다고 지적하고 있다. 여성을 억압하는 현실이 의식과 문화의 차원까지 깊고 다양하다는 점이 경제적 자립심 못지않게 중요함을 동독 여성이 인식해야 한다는 것이다.

서독 여성이 이상적 여성상의 초점을 자기 존중감과 정신적 자율권에 좀 더 두고 있다면, 동독 여성은 이상적 여성상의 기준을 전적으로 경제적 자립에 두고 있다. 경제적 자립과 정신적 차원에서의 자기 결정권은 그 우위를 가릴 수 있기보다는 여성해방에서 동전의 앞뒤처럼 상호적인 관계일 것이다. 하지만 통일 이후 경제적 자립을 향한 동독 여성의 집념이 통일사회를 변화시킬 수 있는 잠재력으로 점차 각광받고 있다. 동독 여성의 적극성이 무한경쟁의 노동시장에서 여성의 미래를 이끌어갈 새로운 대안으로 긍정적인 평가를 받고 있는 것이다.

3) 무한경쟁 사회에서 동독 여성의 대응

통일 이후 동독 여성은 공적 영역과 사적 영역을 구분하며 여성의 노동을 재생산 영역에 한정하는 자본주의 체제에 대해서 특유의 방식으로 대응하고 있다. 수잔네 폴커Susanne Volker는 이것을 "적응과 저항 사이의 잡종 테제Hy-britätsthese zwischen Anpassung und Widerständigkeit"[33]라고 명명한다. 동독 여성이 서독 현실에 대해 적응과 저항을 반복하며 자신의 가능성과 전망을 찾으려 하는 양상을 일컫는다. 동독 여성은 통일 현실의 경쟁과 갈등에서 살아남기 위해 서독의 다원화된 가치관에 적응하는 한편, 자신들의 내면에 각인된 동독 고유의 여성적 정체성을 포기하지도 않고 있다. 서독적 사회 환경을 수용하면서도 '동독인'의 의식은 버리지 않은 채 적응과 저항 사이에서 야누스의 얼굴로 현실에 대응하고 있는 것이다. 동독 여성의 잡종전략을 크게 적응 양상과 저항 양상으로 나눠볼 수 있다.[34]

동독 여성의 적응 양상은 결혼률 저하, 동거가정 증가, 독신 증가로 나타난다. 동독 지역의 결혼률은 1990년 70.3%에서 2003년에는 61.5%로 감소했고, 동거율은 1996년 10% 내외에서 2003년 16.5%로 증가했다. 독신생활 형태도 1996

년 8%에서 2003년 15.8%로 두 배 정도 올랐고, 독신으로 사는 동독 여성만 따로 집계할 경우 19.6%로 나타났다.[35] 동독 지역의 결혼율이 떨어지고 동거가정이나 독신생활 형태가 늘어나는 데는 여러 사회적 요인이 있겠지만, 그중에서도 자본주의 무한경쟁시대의 노동시장에 따른 요구조건과 관계가 깊다. 예를 들어 경쟁력과 전문성을 요구하는 글로벌 시대에 새로운 능력 조건 중 하나는 이동력이다. 출장은 물론 외국에서의 지사생활 등 시간과 공간을 초월한 근무 조건을 수행할 수 있어야 하기 때문이다. 노동시장의 요구에 발맞추어 여성들도 결혼보다는 동거와 같은 유동적 관계가 가능한 생활 방식을 선택한다. 파트너 관계는 가능하지만 자녀로 인해 제한받지 않는 독신생활 형태도 선호하게 되는 것이다. 노동시장의 조건은 결혼문화, 출산율을 변화시키는 큰 요인이 되고 있으며, 이에 따라 동독 여성의 동거 및 독신생활 형태의 확산도 노동시장에 대한 적극적인 적응 양상으로 볼 수 있다. 동독의 젊은 여성들이 독신 커리어 우먼으로 변신하며 무한경쟁의 자본주의 체제에 적응하고 있다.

무한경쟁의 사회에서 동독 여성의 저항 양상도 눈에 띄게 나타난다. 자녀가 있는 동독 여성 중 직장과 양육을 병행하는 여성이 평균적으로 서독 여성의 2~3배에 이른다. 4세 이하의 자녀를 둔 여성의 2000년도 직장참여도는 동독이 29.5%로서 서독의 15.2%에 비해 두 배에 이르고 있다.[36] 사회학자 프랑크 바우어Frank Bauer의 2000년도 연구논문에 따르면 자녀를 한 명 이상 둔 서독의 취업여성 중에서 시간제 노동에 종사하는 여성이 65%로 압도적으로 많으며, 정규직에 종사하는 여성은 불과 35%였다. 반면 자녀를 한 명 이상 둔 동독 취업여성의 경우 시간제 노동은 23%인 데 반해 정규직 노동은 77%에 달한다.[37] 무한경쟁의 사회에서 직장과 육아를 병행하는 것이 어려운 것을 알면서도 포기하지 않기 때문에 ─ 노동시장에 대한 ─ 저항 현상으로 명명되는 것이다. 자녀가 없는 여성들이 노동시장에 적극적으로 적응하려는 양상은 동서독 여성 모두에게 나타나는 추세이지만 자녀를 출산해도 노동시장에 적극적으로 뛰어드는 양상은 동독 여성에게 훨씬 뚜렷하게 나타난다. '일하는 어머니'라는 이상적 여성상을 동독 여성이 결코 포기하지 않는 것으로 볼 수 있다.

현재 포착되고 있는 동독 여성의 적응 및 저항의 양상이 앞으로 어떤 변화곡선을 그릴지는 지켜볼 일이다. 통일 이후 오늘날까지 동독 여성의 경제적 자립의지가 양극화 현상[38]에 처한 서독 여성의 의식에 영향을 주며 통일사회에서 새로운 여성의식을 형성하고 촉진할 수 있을지 귀추가 주목되고 있다.

5. 결론: 새로운 여성의식의 형성?

동독 여성이 결혼과 출산을 미루고 자본주의 노동시장에 적극적으로 적응하며, 설사 자녀를 출산해도 직장을 포기하지 않는 현상을 두고 사회학자 엥글러는 다음과 같은 가설을 세운다.[39] 직업을 갖고자 노력하는 동독 여성 특유의 자립의식이 이윤의 극대화를 위해 경쟁력 있는 노동자를 선호하는 글로벌 시대의 가치관과 부합해 통일독일의 노동시장에서 새로운 여성 파워를 형성하는 기반이 될 수 있다는 것이다. 여성도 일을 해야 한다는, 노동권에 대한 분명한 요구와 이것을 실현하고자 하는 끈질긴 노력과 저력이 동독 여성에게 있기 때문이다. 통일 이후 동독 여성의 자립성에 대한 투철한 신념이 동독 여성을 변화하는 노동시장의 여건에 적응하기에 뛰어난 새로운 그룹이라며 주목받게 하고 있다.

하지만 동독 여성의 이러한 노력이 앞으로 글로벌 시대에 새로운 여성적 삶을 창출하고 노동시장을 견인하는 힘이 될 수 있는가의 질문에 될링은 아직까지는 회의적이라고 표명한다.[40] 여성도 일을 해야 한다는 의식이 높고 경제적 자립에 대한 열의가 많은 것도 사실이지만, 가부장제의 이데올로기와 문제를 비판하는 여성주의적 사고방식이 형성되어 있는 것은 아니기 때문이다. 동독 여성의 의식을 조사한 결과, 동독 여성은 남편을 집안의 가장이자 경제적 책임자로 받아들이고 있지는 않지만 가사와 육아는 전적으로 여성이 책임져야 한다고 생각하는 것으로 나타났다.[41] 동독 출신의 아내들은 직장을 통한 경제적 자립을 중시하면서도 남녀 역할의 불평등한 분배는 자연스럽게 받아들인다는 것이다. 뵐링에 의하면, 동독 여성은 경제적으로는 자립적이지만 의식적으로는 가부장적 질서에 순응하는 모순적인 태도를 여전히 극복하지 못하고 있다. 또한 다른 여성학자들도 동독 여성은 업무 과정에서 미묘하게 발생하는 남녀 차별의 상황에 무감각하며, 성을 생물학적으로 주어진 것으로 생각할 뿐 사회적으로 구성된다는 젠더적 관점에는 여전히 무관심하다고 평가했다.[42]

필자도 이러한 여성주의자들의 의견에 동의하는데, 동독 여성의 경제적 자립심이 서독 여성의 양극화 현상 판도를 뒤엎으며 글로벌 시대의 새로운 여성의식을 형성하는 기반이 되기 위해서는 가부장제와 기존의 남녀권력관계를 비판하는 의식화가 전적으로 보완되어야 할 것이다. 동독 여성은 노동시장의 흐름에 적응과 저항을 반복하며 진로를 개척하고 있지만, 문화와 의식 차원에서까지 여성의 역할과 미래를 내다보는 사고 수준은 낮은 것으로 보이기 때문이다. 통일사회에서 직업적으로 성공한 일부 동독 여성들이 신서독인neue Wessi이라고 불리며 동독 시절의 사회화를 부정하고 서독화되는 현상이 늘고 있다. 하지만 여성주의적 시각에 민감하지 못한 동독 여성의 한계가 있는데도 강조되어야 할 부분은 동독 여성의 경제적 자립심이 통일 이후 자본주의 노동환경 속에서도 결코 사그라지지 않은 저력을 보여주고 있다는 점이다. 동독 여성은 무한경쟁 사회에서 살아남겠다는 각오를 단단히 하며 자신들의 방식으로 경쟁력을 강화시켜가고 있다. 무엇보다 서독 여성 특유의 현상인 양극화를 철저히 거부하고 있다.

동독 여성 특유의 자립의식이 무한경쟁 사회에서 새로운 여성의식을 형성하는 데 중점적인 역할을 할 수 있을지는 객관적 지표를 통해 앞으로도 좀 더 지켜볼 일이다. 기존의 경제적 자립의식에 남녀불평등을 인식하는 사고가 더해지고, 나아가 정치적 세력으로 집결할 능력이 성장하면 독일 사회에서 동독 여성의 역할과 위상은 한층 높아질 것으로 예상된다. 투철한 경제적 자립심으로 무장된 동독 여성이 가부장제를 비판하는 시각으로 자신이 처한 현실을 인식할 때, 동독 여성은 과거의 전형적인 동독 여성도 아니며 현재의 전통적인 서독 여성도 아닌, 경제적인 것과 의식적인 것을 통합한 새로운 엘리트 세력으로 부상할 것으로 기대된다.

주

* 이 글은 도기숙, 「독일 통일 이후 여성상의 변화: 동독 여성을 중심으로」, ≪독일 문학≫, 제101집(2007), 256~276쪽을 수정 게재한 것임.

1 이 글에서 '동독 여성'은 '구동독 출신의 여성'을 지칭한다.

2 Leopold Grün, *Frauenpolitik, Frauenbewußtsein, Frauenbewegung und Frauen-forschung in der DDR - Eine Suche nach DDR- spezifischen Ursachen des gespannten Verhältnisses von Feministinnen und feministischer Forschung in Ost und West der heutigen BRD* (Berlin, 1998), p.10. www.hausarbeiten.de/faecher/hausarbeit/sof/4724. html. 이 글은 홈볼트 대학 여성주의 이론의 세미나에서 한 학생이 발표한 것이다. 그 내용과 결과가 시사하는 바가 커서 인용했다.

3 이 글에서 '여성상'이란 여성들이 추구하며 갖추고자 하는 여성의 모습을 뜻한다.

4 전복희, 「1989년 이후 체제전환기 구동독 지역의 여성 문제」(2000); 김미경, 「독일 통일이 여성노동시장에 미친 영향」(2001); 김경미, 「독일 통일과 구동독 지역의 여성: 왜 구동독 지역의 여성들은 통일의 잃은 자가 되었는가?」(2001); 김혜온, 「독일 통일 후 여성과 청소년의 심리사회적 적응」(1998); 김해순, 「독일 통일 이후 동독 여성의 생활변화에 관한 사례연구」(1998) 등 통일 이후 동독 여성에 관한 연구들은 활발하지만 대부분의 연구는 동독 여성의 문제를 통일 직후의 상황에 집중해 조명하며 동독 여성을 '통일의 피해자'로 규정하고 시스템 통합에 따른 사회적 약자로서 바라보는 시각을 견지하고 있다. 독일이 통일된 지 15년 이상의 세월이 지난 만큼, 전환기의 문제를 넘어서 동독 여성이 경험하는 생활세계의 변화를 포괄적으로 진단하는 연구가 필요하다.

5 통일 이후 많은 서독 학자는 동독인의 사회적 부적응을 기형 테제 관점에서 해석하고 있다. 기형 테제는 동독인들의 정치적 가치 설정, 규범, 태도 및 행동양식의 차이를 옛 동독 체제의 영향 탓으로 간주한다. 독재에 길들여진 심리적 장애로 보는 것이다. 로타 프롭스트, 「동서독의 이질감에 대한 성찰」, 김누리·노영돈 엮음, 『통일과 문화: 통일독일의 현실과 한반도』(역사비평사, 2003), 88쪽 참조.

6 Sarina Keiser, *Ostdeutsche Frauen zwischen Individualisierung und Re-Traditional-isierung: Ein Generationenvergleich* (Hamburg, 1997), pp.44~48 참조.

7 같은 책, p.49.

8 같은 곳. 서독 여성주의자들은 이러한 정책이 여성해방 자체를 위해서라기보다는

부족한 노동력을 채우기 위한 방편에서 시작되었다는 비판도 곧잘 제기한다.

9 같은 책, pp.50~53.

10 Marion Möhle, "Alleinerziehende in den neuen Bundesländern," in Richard Hauser and Thomas Olk(eds.), *Soziale Sicherheit für alle?*(Opladen, 1997), p.313.

11 Martina Löw, "Die Konstruktion der Zweigeschlechtlickeit in der Politik der DDR: Eine Annährung im Hinblick auf feministische Konsequenzen," *Brüche: Aus-Brüche - Um-Brüche - Auf-Brüche in Ost und West*, Nation-Kultur-Geschlechterverhältnisse: Ergebnisse eines Symposiums(Berlin, 1999), p.185.

12 동독이 사회주의 이데올로기 차원에서 여성에게 경제적 자립을 강조했다는 것은 어느 정도 알려진 사실이다. 하지만 여성의 경제적 자립이 도덕적 해방과 연결되고 그 과정에서 새로운 성문화가 발전한 점은 잘 알려지지 않았다. 구동독 사회가 어떤 여성다움과 남성다움을 덕목으로 교육했는지, 여성의 순결의식은 어떠했는지 등의 사회문화적 배경을 알기 위해 구동독의 여성상과 성문화를 연결해 고찰하고자 한다.

13 Hans Szewczyk, *Sexualität, Fakten, Normen, gesellschaftliche Verantwortung* (Ost-Berlin, 1978), p.30.

14 Barbara Hille, *Familie und Sozialisation in der DDR* (Opladen, 1985), p.173 참조.

15 같은 책, p.174.

16 구동독에서 여성들끼리 통하는 속담이 있었다. "남자는 버스와 같다. 버스는 기다리면 또 온다." 그들의 삶에서 남성이 차지하는 의미를 드러내는 말이다. 남자가 삶의 전부가 아니며 남자는 언제라도 또 만날 수 있음을 표현한 속담이다.

17 Siegfried Schnabl, "Sex zwischen Wandel und Konstanz- Trends und Probleme des Sexualverhaltens in der DDR," in Ruth Kuntz-Brunner(ed.), *Sexualität BRD/DDR im Vergleich* (Pro Familia Landesvervand Niedersachsen, 1991), pp.22~24.

18 구동독은 가족이 국가를 구성하는 세포이고 건강한 시민을 길러내며 사회화하는 근원지라고 규정한다. 부부간의 정서적이고 우정 어린 협동을 강조하고, 특히 사회주의적 인간형(책임감, 끈기, 인내, 겸손함, 정직함, 강직함 등의 인격을 지닌 인간형)을 위한 교육이 가족 안에서 가장 확실하게 이루어진다고 봤다. Barbara Hille, *Familie und Sozialisation in der DDR*, pp.35~36.

19 동독의 성이 개방적이기는 했지만 사회주의 도덕관의 틀 속에 놓였던 것도 분명하다. 개인의 욕구는 사회적 공의를 저해하지 않는 범위에서 보장될 수 있었다. 같은 책, p.171.

20 호모섹슈얼리티에 대한 사회적 개방성도 서독과는 다른 방식으로 진행된다. 언급한 바와 같이 구동독에서는 성에 대한 담론이 거의 부재했기 때문에 호모섹슈얼리티에 대한 평가도 사회적 논의를 통해 긍정적인 변모를 거쳤다기보다는 별다른 논의와 토론 없이 인간적 삶의 한 형태로 사회 구성원에게 받아들여졌다. 호모섹슈얼리티에 대한 구동독의 형벌조항(175조)은 서독보다도 1년 앞선 1968년 1월에 폐지되었다. 그리고 형식적으로만 존재했던 「호모섹슈얼리티의 연령제한법」(151조)도 1989년 7월에 폐지되었다. '음란행위'라는 법적 용어도 '성적 행위'라는 중성적 표현으로 대체되었다. Siegfried Schnabl, "Sex zwischen Wandel und Konstanz- Trends und Probleme des Sexualverhaltens in der DDR," pp.26f.

21 구동독에서 성매매가 전혀 존재하지 않았는지는 논쟁의 여지가 있다. 항구도시 로스토크Rostock에 공창이 있어서 약 15명의 성매매 여성이 외국인을 상대로 일했다는 기록이 있다. Ingrid Scherzer-Hartz, *Freiheit, Gleichheit, Solidarität: eine Untersuchung über Menschenrechte und Revolution unter besonderer Berücksichtigung des Umbruchs in der ehemaligen DDR und seiner Folgen für den Lebenszusammenhang der ostdeutschen Frauen* (Buxtehude, 1996), p.262.

22 ≪너를 위하여≫는 1946년부터 1963년까지는 ≪오늘의 여성≫이라는 이름으로, 그 후에는 ≪너를 위하여≫라는 이름으로 동독에서 발행된 잡지이다. 1989년 가을에만 95만 부 이상 팔린 동독의 대표적 여성잡지였다.

23 동독 지역 여성상의 변화를 보여주는 과정에서 이 글은 '통일 전과 통일 후'로 시기를 크게 나누어 극적으로 대비했다. 이러한 대비는 동독 여성이 겪어야 했던 급격한 변동의 정황을 보여줌으로써 독자의 공감과 이해를 끌어내려는 의도를 담고 있다. 하지만 사회주의 건설 이후 동독 사회의 여성상을 동질적 특성으로만 규정할 수 없으므로 이에 대한 좀 더 세밀한 연구가 필요하다. 시기별로 동독의 여성상을 체계적으로 분석하는 것은 차후의 과제로 남겨둔다.

24 Irene Dölling, "Gespaltenes Bewußtsein: Frauen- und Männerbilder in DDR," in Giesela Helwig(ed.), *Frauen in Deutschland 1945~1992* (Bonn, 1993), pp.23~52; Martina Löw, "Die Konstruktion der Zweigeschlechtlickeit in der Politik der DDR: Eine Annährung im Hinblick auf feministische Konsequenzen," pp.185~191; Birgit Sauer, "Weder die Schönen noch die Häßlichen: Der Ausschluß der Frauen aus der realsozialistischen Kultur," in Christel Faber(ed.), *Unter neuen Kleid der Freiheit das Korsett der Einheit: Auswirkungen der deutsche Vereinigung für Frauen in Ost und*

West (Berlin, 1992), pp.109~130 참조.

25 Irene Dölling, "Gespaltenes Bewußtsein: Frauen- und Männerbilder in DDR," pp. 35f.

26 사진은 같은 글, pp.37, 39에서 인용함.

27 Susanne Diemer, *Patriarchalismus in der DDR* (Opladen, 1994); Lisa Bockmann-Schwe et al., "Berufsverlauf und weiblicher Lebenszusammrnhang: Kontinuitäten und Brüche im Leben von Frauen in den neuen Bundesländer," *Zeitschrift für Frauenforschung*, 11.Jg. H.4(1993), pp.47~63 참조.

28 김누리·노영돈·박희경·도기숙·이영란(이하 박희경 외), 『나의 통일 이야기: 동독 주민들이 말하는 독일 통일 15년』(도서출판 한울, 2006), 35~37쪽. 이 책은 필자와 필자가 속한 연구팀이 독일 드레스덴에서 35명의 동독인을 인터뷰해 2006년에 발간한 인터뷰 모음집이다. 대상 선정과 연구 방법에 대한 설명은 이 책을 참조.

29 같은 책, 35~39쪽 참조.

30 Christina Eifler, *Kreuz und Quer: Ost-West-Erfahrungen* (Köln, 1994), p.7.

31 박희경 외, 『나의 통일 이야기: 동독 주민들이 말하는 독일 통일 15년』, 182쪽. 이 견해는 동독 여성의 전반적인 의식을 대변하고 있다. 필자가 2004년에 드레스덴에서 11명의 동독 여성을 인터뷰 했을 당시에도 11명의 동독 여성 모두 서독 여성에 대해 이와 유사한 의견을 말했다.

32 Christina Eifler, "Die Deutsche Einheit und die Differenz weiblicher Lebensentwürfe" (2004년 1월 22일 독일 브레멘 대학 콜로키움 강연 미간행 연설문에서 발췌).

33 Susanne Völker, "Hybride Praktiken zwischen Anpassung und Widerständigkeit: Erwerbsorientierungen und Lebensarragements ostdeutscher Frauen im (betrieblichen) Transformationsprozess," *Potsdamer Studien zur Frauen- und Geschlechterforschung*, 7. Jahrgang 2003, p.46.

34 이 두 테제는 상호적이면서도 모순적으로 작용한다. 여성의 연령층, 결혼 여부, 생활 형태에 따라 세분화해 살펴볼 필요가 있지만 여기서는 지면이 한정되어 개괄적으로 설명했다.

35 Donald Bende, "Singles - Teil der Familie oder eine Alternative?" http://www.dji. de/2_familiensurvey/famsurvey_ergebnisse/welle1_erg_inc.htm#singles. 2003년 현재 서독 지역의 결혼률은 78.4%, 동거율은 5.8%, 독신생활 형태는 여성의 경우 19.2%에 이른다. Das Statistische Bundesamt, *Die Familie im Spiegel der amtlichen Statistik -*

ausgewählte Ergebnisse des Mikrozensus (Bonn, 2004).

36 Holst Elke, "Erwerbsverhalten von Frauen: Trotz Annährung immer noch deutliche Unterschiede zwischen Ost und West," *Wochenbericht des DIW*, 4/2001(Berlin). http://www.diw.de/JSP-Tools/Druckansicht.jsp?poid=5981&navoid=5981&printContentUrl =#TAB3

37 Frank Bauer, *Zeitbewirtschaftung in Familien* (Opladen, 2000), p.341.

38 육아를 선택하는 여성은 직장을 그만두고, 직장을 선택하는 여성은 자녀를 낳지 않는 상황에서 육아와 직장으로 여성의 삶이 양극화되는 것을 말한다.

39 Irene Dölling, "Ostdeutsche Geschlechterarrangements in Zeiten des Neoliberalismus," *Geschlechterverhältnisse in Ostdeutschland, Potsdamer Studien zur Frauen- und Geschlechterforschung*, 7. Jahrgang(Potsdam, 2003), p.7; Wolfgang Engler, *Die Ostdeutschen als Avangarde* (Berlin, 2004) 참조.

40 같은 책, p.27.

41 Irene Dölling, "Ostdeutsche Geschlechterarrangements in Zeiten des Neoliberalismus," p.26.

42 될링 외에도 마르티나 뢰우, 나딘 새퍼 등이 사례연구를 통해 동독 여성의 의식수준 을 비판적으로 진단했다. Martina Löw, "Die Konstruktion der Zweigeschlechtlickeit in der Politik der DDR: Eine Annährung im Hinblick auf feministische Konsequenzen"; Nadine Schäfer, "Familienbilder in Ost- und Westdeutschland: Eine Einblik in den Lebenslalltag ost-westdeutscher Paare," *Geschlechterverhältnisse in Ostdeutschland, Potsdamer Studien zur Frauen- und Geschlechterforschung*, 7. Jahrgang(Potsdam, 2003), pp.60~83.

참고문헌

김누리·노영돈·박희경·도기숙·이영란. 2006. 『나의 통일 이야기: 동독 주민들이 말하는 독일 통일 15년』. 도서출판 한울.

프롭스트, 로타. 2003. 「동서독의 이질감에 대한 성찰」. 김누리·노영돈 엮음. 『통일과 문화: 통일독일의 현실과 한반도』. 역사비평사.

Bender, Donald. 1996. "Singles - Teil der Familie oder eine Alternative?." Bonn. http://www.dji.de/2_familiensurvey/famsurvey_ergebnisse/welle1_erg_inc.ht m#singles

Bockmann-Schwe, Lisa et al. 1993. "Berufsverlauf und weiblicher Lebenszusammrn-hang: Kontinuitäten und Brüche im Leben von Frauen in den neuen Bundeslän-der." *Zeitschrift für Frauenforschung*, 11.Jg. H.4, pp.47~63.

Bauer, Frank. 2000. *Zeitbewirtschaftung in Familien*. Opladen.

Das Statistische Bundesamt. 2004. *Die Familie im Spiegel der amtlichen Statistik - ausgewählte Ergebnisse des Mikrozensus*. Bonn.

Diemer, Susanne. 1994. *Patriarchalismus in der DDR*. Opladen.

Dölling, Irene. 1993. "Gespaltenes Bewußtsein: Frauen- und Männerbilder in DDR." in Giesela Helwig(ed.). *Frauen in Deutschland 1945~1992*. Bonn.

_____. 2003. "Ostdeutsche Geschlechterarrangements in Zeiten des Neoliberalismus." *Geschlechterverhältnisse in Ostdeutschland, Potsdamer Studien zur Frauen- und Geschlechterforschung*, 7. Jahrgang. Potsdam.

Eifler, Christina. 1994. *Kreuz und Quer: Ost-West-Erfahrungen*. Köln.

_____. 2004. "Die Deutsche Einheit und die Differenz weiblicher Lebensentwürfe" (2004년 1월 22일 독일 브레멘 대학 콜로키움 강연 미간행 연설문). Berlin.

Elke, Holst. 2001. "Erwerbsverhalten von Frauen: Trotz Annährung immer noch deutliche Unterschiede zwischen Ost und West." *Wochenbericht des DIW*, 4(2001). Berlin. http://www.diw.de/JSP-Tools/Druckansicht.jsp?poid=5981& navoid=5981&printContentUrl=#TAB3

Engler, Wolfgang. 2004. *Die Ostdeutschen als Avangarde*. Berlin.

Grün, Leopold. 1998. *Frauenpolitik, Frauenbewußtsein, Frauenbewegung und Frauenforschung in der DDR - Eine Suche nach DDR spezifischen Ursachen des gespannten Verhältnisses von Feministinnen und feministischer Forschung in Ost und West der heutigen BRD.* Berlin. www.hausarbeiten.de/faecher/hausarbeit/sof/4724.html

Hille, Barbara. 1985. *Familie und Sozialisation in der DDR.* Opladen.

Keddi, Barbara. 2003. *Projekt Liebe, Lebensthemen und biografisches Handeln junger Frauen in Paarbeziehungen.* Opladen.

Keiser, Sarina. 1997. *Ostdeutsche Frauen zwischen Individualisierung und Re-Traditionalisierung: Ein Generationenvergleich.* Hamburg.

Löw, Martina. 1999. "Die Konstruktion der Zweigeschlechtlickeit in der Politik der DDR: Eine Annährung im Hinblick auf feministische Konsequenzen." *Brüche: Aus-Brüche - Um-Brüche - Auf-Brüche in Ost und West.* Nation-Kultur-Geschlechterverhältnisse: Ergebnisse eines Symposiums. Berlin

Möhle, Marion. 1997. "Alleinerziehende in den neuen Bundesländern." in Richard Hauser and Thomas Olk(eds.). *Soziale Sicherheit für alle?* Opladen.

Rohnstock, Karin. 1994. *Stiefschwestern: Was Ost-Frauen und West-Frauen voneinander denken.* Frankfurt a. M.

Sauer, Birgit. 1992. "Weder die Schönen noch die Häßlichen: Der Ausschluß der Frauen aus der realsozialistischen Kultur." in Christel Faber(ed.). *Unter neuen Kleid der Freiheit das Korsett der Einheit: Auswirkungen der deutsche Vereinigung für Frauen in Ost und West.* Berlin.

Schäfer, Nadine. 2003. "Familienbilder in Ost- und Westdeutschland: Eine Einblik in den Lebenslalltag ost-westdeutscher Paare." *Geschlechterverhältnisse in Ostdeutschland, Potsdamer Studien zur Frauen- und Geschlechterforschung,* 7. Jahrgang. Potsdam, pp.60~86.

Scherzer-Hartz, Ingrid. 1996. *Freiheit, Gleichheit, Solidarität: eine Untersuchung über Menschenrechte und Revolution unter besonderer Berücksichtigung des Umbruchs in der ehemaligen DDR und seiner Folgen für den Lebenszusammenhang der ostdeutschen Frauen.* Buxtehude.

Schnabl, Siegfried. 1991. "Sex zwischen Wandel und Konstanz- Trends und Probleme des Sexualverhaltens in der DDR." in Ruth Kuntz-Brunner(ed.). *Sexualität BRD/ DDR im Vergleich.* Pro Familia Landesvervand Niedersachsen.

Szewczyk, Hans. 1978. *Sexualität, Fakten, Normen, gesellschaftliche Verantwortung.* Ost-Berlin.

Völker, Susanne. 2003. "Hybride Praktiken zwischen Anpassung und Widerständig-keit: Erwerbsorientierungen und Lebensarragements ostdeutscher Frauen im (betrieblichen) Transformationsprozess." *Potsdamer Studien zur Frauen- und Geschlechterforschung,* 7. Jahrgang.

4

통일 이후
독일 청소년 문화변동에 대한 연구[*]
동독 지역 청소년의 여가 문화 변화를 중심으로

이영란

1. 들어가며

문화는 한 사회에서 − 시간의 경과에 따라 − 어느 정도의 규칙성을 토대로 유
지·전승되기도 하지만, 특정한 역사적·사회적 사건을 계기로 급진적으로 변
화하기도 한다. 그래서 문화는 − 하나의 형태로 지속되는 것이 아닌 − 변동을 끊
임없이 수반하는 정신적·물질적 소산인 것이다. 일반적으로 문화변동은 두 개
이상의 상이한 문화가 내부적 또는 외부적 요인을 통해 충돌을 일으켜 갈등을
야기하기도 하고, 주변의 상황과 상호 작용하면서 제3의 문화 창출이라는 바람
직한 형태로 나아가기도 한다. 이러한 문화변동의 양상은 두 문화가 상호 변화
하면서 긍정적으로 진행·발전되는 '문화접변'의 상황에서부터 상대적으로 우
월한 한 문화가 다른 문화를 지배하는 '문화이식'이나 '문화결핍'의 상황, 정신
적 문화변동의 속도가 물질적 문화변동의 속도를 따라가지 못하는 '문화지체'
상황까지 다양하게 나타날 수 있다.[1] 독일 사회는 통일이라는 세기적 사건을

통해 다양한 문화변동의 양상을 보여주는, 이른바 문화변동의 '실험장'이 되었다고 해도 과언이 아니다.[2] 특히 청소년 문화는 이 실험장의 최전선에서 통일 이후 독일 사회의 문화변동 양상을 선명하게 보여주고 그 향방을 파악하는 데 각별한 의미를 지니고 있다. 청소년 세대는 다른 세대에 비해 변동에 민감하고, 새로운 문화의 수용에 용이하며, 일탈문화·하위문화·대항문화·독립문화 등의 다양한 문화 현상을 동시에 보여주기 때문이다. 특히 통일 이후 동독 지역 청소년은 '집단주의 문화'에서 '개인주의 문화'로, 사회주의 체제의 '국가 청소년Staatsjugend'에서 자본주의 시장체제의 '소비 청소년Konsumsjugend'으로 전면적인 생활양식 변화를 겪으면서 적지 않은 문화충돌을 경험했을 것이다.[3] 통일 이후 동독 지역 청소년이 경험한 문화변동은 무엇보다도 이 세대의 여가 문화에서 구체적으로 나타나는데, 그 이유는 다음과 같다. 첫째, 여가 문화는 통일 이후 동독 사회의 가장 핵심적 문제인 소비 지향적이고 개인주의적인 자본주의 문화의 이식이 구체적으로 일어나는 장이다. 둘째, 여가 문화는 정신적·물질적 문화의 지표로서 사회변동 과정에서 청소년 세대가 보여주는 문화적 가치의 변화를 가장 잘 드러낼 수 있다. 셋째, 여가 활동은 일상적 반복행위를 통해 실현되기 때문에 사회문화적 관습과 그 변화 양상을 잘 보여줄 수 있다.

이 글의 목적은 통일 이후 동독 지역 청소년 문화의 변동을 여가 문화의 변화를 통해 살펴봄으로써 두 독일 사회 문화변동의 지각 양상과 방향, 특징을 발견하는 데 있다. 50년 이상의 분단이 초래한 남북한 청소년의 상호 이해 부족과 가치관 차이 등으로 인해 한반도 통일 이후 남북한 청소년이 겪게 될 문화갈등의 파고는 가늠하기 힘들 정도인데, 이런 상황에서 통일 이후 꾸준한 노력을 통해 공동의 청소년 문화를 만들어가고 있는 독일 사례는 남북한 청소년 문화변동의 진폭을 예측하고 이에 대비하는 데 중요한 시사점을 제공할 것이다.

2. 기존 연구 현황과 연구 내용 및 방법

1) 기존 연구 현황

통일 직후 독일에서 수행된 청소년 연구조사 결과들은 동서독 지역 청소년들이 취미와 여가 활동, 문화코드 등에서 놀라울 정도로 비슷한 양상을 보이고 있다고 보고한다.[4] 고도로 산업화된 자본주의 사회에서 나타나는 청소년 문화의 특징을 대중문화와 소비문화로 본다면, 통일 이전 동독 지역 청소년 문화가 서구 패턴에 거의 근접해 있었다는 것은 놀라운 사실이 아닐 수 없다. 그러나 1980년대 DDR 주민들의 사회주의 의식이 대중적으로 붕괴되고 있었다는 사실을 상기해본다면 이 현상은 그리 놀랍지 않을 수도 있다. 당시 DDR 사회의 사회문화적 흐름의 특징을 간단히 살펴보자. 첫째, 사회주의통일당이 선전하는 이상적인 사회주의는 현실사회에서는 만성적인 소비재 결핍과 자유의 억압으로 나타났으며, 사회주의통일당에 대한 DDR 주민들의 실망과 반감은 계속 커져갔다. 둘째, TV와 라디오, 잡지 등으로 대표되는 BRD 대중매체가 DDR 사회 전반에서 비공식적으로 유통·수용·확산되기 시작했고, 그 결과 자본주의 문화가 동독 주민의 생활에 깊숙이 침투하기 시작했다. 셋째, 특히 젊은 세대의 사회주의 이념과 정치에 대한 무관심의 증대는 개인적 자유와 사적 공간의 추구로 이어졌고, 서구의 여가 문화처럼 개인적 자유, 취미 및 오락을 즐기려는 양상이 급증했다. 넷째, 개인적 차원의 여가 문화, 즉 취미, 오락, 성, 음악, 패션 등은 BRD 대중매체를 통해 확산되면서 DDR 사회의 문화적 결핍에 대한 하나의 대리만족으로서 DDR 청소년 세대의 일상문화코드로서 광범위하게 자리 잡게 된다.[5] 따라서 통일 직후 동서독 지역 청소년 세대의 문화적 취향과 관심이 거의 비슷하게 나타난 것은 오히려 당연한 결과였던 것이다.[6]

그러나 이러한 연구 결과들은 통일 직후 동서독 청소년 문화의 전반적인 특징이나 흐름에 대한 거시적인 양상을 설명하는 데는 적합할 수 있으나, 사회주의적 사회화를 내면화한 동독 지역 청소년 세대의 문화적 가치나 정체성의 간극, 멘탈리티의 변화와 같은 갈등의 내밀한 심리적·문화적 측면을 설명하기에는 턱없이 부족하다. 그 이유는 독일 청소년 문화변동 연구의 난제와 관계가 있다. 통일 이후 독일 청소년 문화연구에 대한 난제를 구체적으로 살펴보면 다음과 같다. 첫째, 기존 연구 결과의 한정성에 대한 문제이다. 통일 이후 동서독 지역 청소년 세대에 대한 연구 결과는 대부분 설문조사를 통한 양적 조사, 즉 통계자료에 의존했는데, 양적 자료는 청소년 문화의 전반적인 흐름과 양상을 보여주는 데 적합하지만 세대별로 나타나는 상이한 문화적 가치와 기호, 문화코드의 차이와 내면세계까지는 세밀하게 분석해내지 못한다. 통일 직후 동서독 지역 청소년들의 여가 문화 양상이 비슷했는데도 상이한 체제와 사회화 과정에 의해 형성된 문화적 가치와 정체성의 차이가 존재한다는 것을 상기해볼 때 질적 연구가 매우 절실한 상황이다. 둘째, 같은 차원에서 청소년들이 설문조사에 임하는 태도와 그 결과의 신뢰성에 대한 문제이다. 심리적으로 변화무쌍한 청소년들이 설문조사에 응할 때 그들만의 문화세계를 과연 어느 정도 보여줄 수 있고, 계층과 성별, 또래 집단Clique 문화 등의 변수를 어떻게 통제할 수 있는가이다. 이와 함께 성인 연구자로서 갖는 청소년 문화세계에 대한 접근의 어려움도 간과할 수 없다. 마지막으로 세대에 대한 개념 정의의 문제이다. 독일 통일 16년을 맞는 현재 어느 세대를 통일 청소년 세대라고 해야 하는지의 문제에 봉착하게 된다. 이는 통일 직후 청소년 시기에 있던 세대인 '전환기 세대 Wendegeneration'에 대한 문제인지, 통일 전후에 태어나 현재 청소년기를 보내고 있는 '전환기 이후 세대Nachwendegeneration'에 대한 문제인지에 대한 것이다. 전자가 사회주의 사회화를 경험한 세대로서 사회주의가 요구하는 집단의식과 공동체적 가치를 내면화했고 분단과 통일을 경험한 세대인 반면, 후자는 통일된 독일 사회와 자본주의 체제만을 경험한, 이른바 동서독 구분 없이 성장한 첫 통일독일 신세대라고 할 수 있다. 이 두 세대를 하나의 문화집단으로 볼 수 없을 정도로 변수의 차이는 크고 문화적 지표로서 공통적인 분석의 틀을 찾기도 매우 어렵다.[7] 이와 같은 연구의 어려움은 통일 이후 독일 청소년에 대한 국내외 연구에서 다음과 같은 한계를 보여준다. 첫째, 연구 시점이 통일 전후에 제한되어 통일 이후 16년 동안 일어난 청소년 문화변동 양상을 포괄적으로 조망하지 못한다. 둘째, 연구 내용이 주로 동독 지역 청소년의 자본주의 사회에의 적응 문제에만 국한되어 있다. 셋째, 청소년 세대의 문화적 가치의 변화를 포괄적으로 조망하지 못하고 있다.

2) 연구 내용 및 방법

이 글에서는 통일 이후 독일 청소년 문화변동을 여가 문화의 변화를 중심으로 살펴보고자 한다. 특히 동독 지역 청소년 세대의 세대별 문화코드와 그 차이를 추적해본다. 이 연구의 주요 내용은 다음과 같다.

① 통일 이전 DDR 청소년의 여가 문화 특징은 무엇인가?
② 통일은 동독 지역 청소년의 여가 문화 환경에 어떠한 변화를 가지고 왔는가?
③ 통일 이후 동독 청소년 여가 문화 변화의 양상은 어떠한가? 특히 전환기 세대와 전환기 이후 세대는 어떤 특징과 양상을 보여주는가?
④ 통일된 지 16년을 맞는 독일 사회에서 동독 지역 청소년 문화의 새로운 흐름은 있는가?

이 글에서는 기존 연구의 방법론적인 한계를 극복하기 위해 질적·양적 자료를 병행해 사용한다. 질적 연구 자료는 필자가 2001년 베를린과 2004년 드레스덴에서 수행한 18개의 포커스 인터뷰 자료를 선별했다. 4명으로 구성된 집단 중에서 전환기 세대인 26세 미만의 청소년이 참여한 집단은 9개, 전환기 이후 세대인 18세 미만의 청소년이 참여한 집단은 3개, 일반 성인이 참여한 집단은 6개였다. 이 글에서는 청소년 9개 집단과 성인 집단에서 언급된 청소년 관련 진술을 재구성해 분석했다. 연구 방법은 집단토론의 형식을 띤 포커스 인터뷰를 사용했다. 이 연구의 장점은 참여자들이 자신이 겪은 직간접적인 체험을 토로하고 이를 토론함으로써 주제가 지닌 파장과 범위를 확인할 수 있다는 점이다.[8] 즉, 연구자가 제기하는 주제에 대해 상호 토론하는 과정에서 잠재된 의식이 표출됨으로써 참여자들의 내면세계, 즉 개인적인 생활과 경험, 의식 등을 밝힐 수 있다. 또한 심층적인 생애사 인터뷰인 전기 연구Biography나 구술사Oral History와 비교해볼 때 포커스 인터뷰는 특정한 주제에 대한 여러 사람의 다양한 경험과 시각이 동시에 드러난다는 장점이 있다. 따라서 사회변동 과정에서 개인들이 경험하는 사회의 다양성과 특수성, 공통성을 더욱 생생하게 도출할 수 있게 한다. 한편 질적 연구가 보여주는 결과의 객관성, 즉 신뢰도에 관한 문제가 제기될 수 있다. 이 점은 모든 질적 연구에서 지적되는 사항으로서 소수의 의견을 한 세대의 평균적 견해로 간주할 수 있는지의 문제이다. 하지만 질적 연구의 특징은 평균적인 수치 결과라는 외면적인 측면만을 강조해 현실을 파악하려는 양적 연구와는 달리 참여자들이 경험하는 다양한 시각과 내면세계를 포착해내는 데 있다. 즉, 이 연구의 대상인 전환기 세대와 전환기 이후 세대가 경험하는 통일독일 사회의 일상생활에서 나타나는 문화변동의 다면성을 발견할 수 있고, 나아가 수치의 결과가 보여주지 못하는 이 세대가 지닌 내면세계에 접근할 수 있게 해준다. 한편 질적 연구가 지닌 한계를 극복하기 위해 이 글에서는 『쉘 청소년 연구Shell Jugendstudie』와 뮌헨 청소년 연구소의 「유겐트서베이Jugendsurvey」, 독일 헌법재판소의 자료와 린드너와 멜저, 슈트츠베허의 잉직 자료를 활용한다.[9]

3. 통일 이전 DDR 청소년 여가 문화의 특징

1) 청소년 문화와 청소년 여가 문화의 정의

일반적으로 문화는 가치관, 도덕, 규범, 질서, 습관, 전통, 언어, 상징체계, 의식주에 이르는 한 사회의 생활양식의 총체이고, 노베르트 엘리아스Nobert Elias에 따르면 "한 민족의 특성을 표현하는 종교적·철학적 체계"이다. 또한 문화는 교양이나 예술 같은 심미적 가치를 포함하는 정신적 소산의 산물이기도 하다. 이처럼 문화의 개념은 정신적 차원에서부터 물질적 차원까지 굉장히 다의적이고 광범위하다. 청소년 문화도 무엇이라고 딱 정형화하기 어려운 이유가 여기에 있다. 청소년 문화도 청소년 세대의 의식구조, 가치관, 언어, 상징체계 등의 정신적 영역에서부터 학교, 가정, 여가생활 등의 생활세계 영역에서 나타나는 이 세대의 총체적인 생활세계의 양식이기 때문이다. 또한 청소년 문화는 기성 사회의 가치와 규범, 이데올로기에 부응하지 않는 사회일탈적이고 대항적인 성격을 보여주기도 하고, 자신들의 정체성 모색, 문화적 감수성을 통한 자기표현, 다양성, 독창성 등을 추구하면서 고유의 하위문화를 생성하기도 한다. 다른 한편 청소년 문화는 기성세대의 문화적 특성과 청소년 세대의 특성이 나타나는 중간 지점에 위치해 있고 상징성이 모호해서 과도기 문화로 취급되기도 한다. 정하성과 유진이는 청소년 문화를 놀이문화, 의복문화, 커뮤니케이션 문화, 소비문화, 식문화, 여가 문화, 무규범 문화 등 일곱 가지로 세분해 정의하는데, 이 문화의 유형들은 청소년 세대의 가치와 신념, 규범과 습관, 언어와 상징 등을 구체적으로 보여주는 데 타당한 분류일 것이다.[10]

사회변동의 최전선에 서서 한 시대를 상징했던 대표적인 청소년 문화는 1950년대 이후 영국과 미국을 중심으로 전 세계로 확산되었던 로큰롤과 펑크라고 할 수 있다. 사회 하층 계급에서 출발한 이 문화는 당시 주류 문화에 대한 도전과 대항으로 받아들여졌을 뿐 아니라, 독특한 음악적 표현과 퍼포먼스를 통해 당시 젊은 세대의 정체성 형성에 결정적으로 기여해 이들을 사회의 구성원으로 당당히 합류시켰다. 즉, 변방에서 출발한 청소년 하위문화가 한 세대의 상징성과 자율성을 보여주면서 다양한 사회계층으로까지 전이된 끝에 대중문화로 거듭났던 것이다. 이후 청소년 세대는 ─ 대부분 자신들의 세대가 주도하는 ─ 대중문화의 가장 왕성한 소비자이자 생산자가 되어 문화세대의 한 축을 이루어가고 있다고 해도 과언이 아니다. 현대사회에서 청소년 문화는 경제적 안정과 물질적 풍요로움이 가져다준 소비문화와 대중매체와 대중문화산업의 발달이 만든 대중문화로 보는 것이 타당할 듯하며, 자본주의 산업사회에서 나타나는 일상문화의 한 면으로도 볼 수 있을 것이다.

그렇다면 청소년 문화를 구성하는 여가 문화는 무엇인가? 우선 여가 문화 범위를 어떻게 확정하는지의 문제가 있다. 하르트무트 뤼트케Hartmut Lüdke는 청소년의 여가 문화를 "관심과 선호, 기호·취향, 활동·행위 사이의 상호 작용과 연관 있는 방향의 장konsistentes Orientierungsfeld der Wechselwirkung zwischen Interessen, Präferenzen und Aktivitäten"[11]으로 정의한다.[12] 청소년 세대가 관심을 갖고 선호하며 즐기고 직접 참여한다는 뤼트케의 개념은 개인의 생활을 풍요롭게 하는 자유시간 활용의 의미이다. 하지만 단순한 오락이나 즐거움을 추구하는 '자유시간freie Zeit'과는 달리 '여가시간Freizeit'은 과도기 성장 과정에 있는 청소년의 신체적·심리적·지적 발달을 촉진시켜주는 건강한 도구와 수단으로 봐야 할 것이다. 청소년들이 즐기는 여가시간은 주체적이고 건강한 삶을 도와주며 자질과 소질을 개발하는 창조적이며 가치 있는 활동인 것이다. 즐거움과 관심을 동반하는 창조적이고 의미 있는 활동을 가리키는 여가 활동을 흔히 레크리에이션Recreation이라고 부르는 이유가 바로 여기에 있다. 청소년의 여가 활동은 무엇보다도 정신적·신체적 성장기를 긍정적이고 의미 있게 발전시키고, "사회학습 기능, 재생산 기능, 사회적 통합 기능, 문화적 기능, 사회문제 기능"[13]까지 포함하고 있기 때문에 그 중요성은 아무리 강조해도 지나치지 않다. 하지만 청소년 세대는 시간적·경제적으로 아직 독립적이지 못한 연령이라는 점과 성장기 발달 단계에 따른 여가에 대한 욕구가 그 어떤 세대보다 강하다는 모순적 상황에 처해 있기도 하다. 따라서 여가 프로그램, 시설과 장소를 제공하는 학교 나 지역사회의 여가 인프라, 시간 및 주변 환경, 경제적 조건, 경험, 개인의 신체 적·정신적 능력과 기능 등이 청소년 여가생활에 중요한 요소로 작용한다.[14] 그 러면 다음과 같이 청소년 여가 문화를 정리해보자. 청소년 여가 문화는 "구체적 인 상황들 속에서 주체들에 의해 매번 새로이 그 상황들에 대해 특수한 방식으로 산출"되는 청소년들의 삶의 양식이자 일상적 행위이다. 또한 "현실적 삶의 생산 과 재생산"의 역동적인 주체로서 청소년 여가 문화는 한 사회의 문화변동과 사 회변화를 집약적으로 보여주는 지표이다.[15]

2) DDR 청소년 여가 문화의 특징[16]

DDR 청소년 여가 문화는 학교와 더불어 소위 제2의 국가교육기관이었던 소 년단 단체들이 주관했고 순수하게 교육적 차원의 목적만이 있을 뿐이었다. 그 목적은 바로 '사회주의 이데올로기의 정당성', '사회주의 인성 함양', '사회주의 통일당 정권의 주역이 될 인재 양성'이었고, DDR 정권은 이러한 정치적·사상 적 교육 목표를 달성하고자 소년단 단체들을 유용하게 활용했다. 그래서 DDR 청소년의 여가 문화는 개인적인 관심이나 자발적인 참여보다는 '지도받는 청소 년 문화leitende Jugendkultur'이자 '조직적으로 주관된 여가 문화organisierte Freizeit'였다고 하는 것이 타당할 것이다.[17] 사회주의통일당의 입장에서는 소년 단 활동이 청소년 세대에 사회주의 학습 기능과 사회적 통합 기능을 함께 달성 할 수 있는 가장 유용한 방법이었고, 동시에 맞벌이가 일상화되어 있던 동독 가 정에서 가정과 육아에 대한 부담을 덜 수 있는 국가적 차원의 지원이기도 했다. 국가에서 운영하던 소년단 조직은 연령에 따라 6세부터 14세까지는 어린이 피 오니어Pioneer에 속하는 다양한 단체와 14세 이후부터는 자유독일청년단FDJ: Freie Deutsche Jugend, 독일 스포츠 연합DTSB: Deutscher Turn- und Sportband, 스포츠와 기술 연합GST: Die Gesellschaft fuer Sport und Technik 등의 단체가 있었다.[18] 특히 자유독일청년단은 14세에서 25세까지의 DDR 청소년 중 약 95%가 회원으로 가입되어 있는 가장 큰 단체였고, 청소년들이 이 단체에서 활동하는 것은 학교 생활과 더불어 당연한 일과에 속했다. 이러한 청소년 단체의 가입은 자발적인데도 학교에서 적극적으로 권장했을 뿐 아니라 인문 고등학교나 대학교 등의 상급학교 진학에도 소년단 단체의 활동이력이 크게 좌우했기 때문에 청소년은 자발성이라는 명목하에 의무적으로 가입하는 경우가 대부분이었다. 또한 소년단 이외에 딱히 활동할 수 있는 단체가 존재하지 않기도 했거니와 그나마 그런 단체들은 국가의 감시와 통제 대상인 경우가 흔했다. 따라서 DDR 청소년들의 여가 문화는 공적인 사회 영역이었고, 조직의 모임과 활동 내용은 사회주의적 교육 목적과 함께 사회통합과 통제 기능을 가졌다고 볼 수 있다.[19] DDR 청소년 여가 문화가 변화를 맞게 되는 것은 1980년대 들어서이다. 제도권 안에서 운영되던 공식적인 청소년 여가 문화offizielle Freizeitskultur와 비공식적인 여가 문화inoffizielle Freizeitskultur라는 양분화가 나타나기 시작한다. 특히 직장으로 대표되는 공식적 삶과 가족을 중심으로 하는 비공식적 삶이 점점 구분되면서 DDR 사회의 이중적인 사회구조가 첨예화되는데, 그 정점에 선 세대가 바로 청소년과 청년 세대였다. 이들에게 사생활 영역의 비중이 점점 커지면서 서구의 여가 문화처럼 개인적 자유와 오락을 즐기려는 양상이 나타난다. BRD 대중매체를 통해 들어온 자본주의적 소비문화는 DDR 청소년·청년 세대에 하나의 세련된 문화로 인식되면서 일상문화로 자리 잡아가기 시작한다. 학교와 직장이라는 공적인 영역은 이들에게 사회주의 체제노선을 단지 겉으로만 '따라'주는 것에 불과했던 반면, 가족과 친구라는 사적인 영역은 '너무나도 서구화된' 형태로 자본주의의 대중문화를 추구하며 즐기는 '은밀한 장소'가 된 것이다. 마르크스 이론에 따르면 "자본주의 체제에서는 노동과 여가시간이 극단적으로 양분Dichotomie되어 있지만, 사회주의 체제에서는 노동과 여가시간, 즉 이데올로기와 실제생활이 공생Symbiose"[20]을 추구하는데, DDR 정권의 주요 문화노선이었던 여가 이데올로기Freizeitsideologie와 현실생활 간의 공생은 DDR 사회에서 오히려 역효과를 가져온 셈이다.[21]

1980년대 DDR 사회에서 나타난 청소년 문화의 변화 중 가장 눈에 띄는 현상은 DDR 체제에 대한 비판을 서슴지 않고 적극적인 반체제적 성향을 지닌 청소년 집단이 독특한 음악과 예술적 퍼포먼스를 통해 자신들의 견해를 내세우기 시작했다는 사실이다. 이들은 소수의 집단을 이루어 서구의 펑크나 록, 히피음악을 추종하면서 불량한 복장과 희한한 액세서리를 통해 DDR 사회에 대한 자신들의 불만을 표현했고, 비주류 문화로서 DDR 사회에서 나름의 위치를 공고화하기 시작한다. DDR 사회 변방에서 반체제적 젊은이들이 주도하던 이 문화는 사회주의 정권의 입장에서 본다면 당에 대항하고 기존의 사회질서를 방해하는 일종의 사회일탈적 문화였지만, DDR 사회에서 나름의 틈새사회 역할을 한 것도 사실이다.

지금까지 살펴본 DDR 청소년 여가 문화의 특징을 다음과 같이 요약해보자. 첫째, 이데올로기적 차원에서 지도받고 교육받는 조직적인 여가 문화였다. 둘째, 따라서 여가생활은 사적인 영역이 아닌 공적인 일상의 연장이었다. 셋째, DDR 정권의 여가 이데올로기는 오히려 학교와 소년단과 사생활 간의 괴리를 증폭하는 역효과를 가져왔는데, 이는 사적인 영역의 추구와 함께 반체제적·사회일탈적인 청소년 문화의 형성에도 기여하게 된다. 마지막으로 DDR 청소년 여가 문화가 공식적·비공식적으로 양분화되기 시작했다고 해도 여가 문화를 레저나 레크리에이션으로 간주하는 일반 산업사회의 청소년 여가 문화와는 차이가 있다. 즉, DDR 청소년 여가 문화는 DDR 사회주의 체제에 전면으로 부응하지는 않으면서 수동적으로 체제에 순응하며 살아가는 나름의 틈새문화[22]로 한정되는 것이다.[23]

4. 통일 이후 동독 지역 청소년 여가 문화의 변화와 특징

1) 전환기 세대

통일 당시 청소년 시기를 보낸 전환기 세대의 특징은 무엇보다도 사회주의에서 자본주의로의 체제이행을 경험하고, DDR 특유의 집단주의적 문화 및 공동체적 가치와 자본주의 산업사회의 대중문화 및 개인주의적 가치라는 상반된 사회화를 동시에 경험하게 되는, 이른바 '과도기 세대'라는 점이다. 이 세대의 문화기호는 서독 지역 청소년 세대의 그것과 그리 큰 차이가 없다는 결과는 이미 앞에서 언급한 사실이다. 그러면 이 세대의 여가 문화에 대한 태도와 관심은 기존의 연구 결과처럼 동서독 지역의 차이가 거의 없는 것일까? 집단주의 문화에서 개인주의 문화로의 급격한 변화는 동독 청소년들에게 문화적 가치관과 정체성의 혼란을 가져오지는 않았을까? 또한 통일 이후 동독 교육체제의 붕괴와 새로운 서독식 교육체제로의 이행 과정에서 문화적 충격을 경험하지는 않았을까? 전환기 세대의 특징을 만회욕구 현상과 개인주의화, 문화적 가치관과 정체성 강화 현상, 문화적 아노미 현상으로 분류해 살펴보기로 한다.

(1) 만회욕구 현상과 개인주의화

여가 활동은 수없이 다양하다.[24] 통일은 DDR 사회에서 불가능했던 무궁무진한 여가 문화의 가능성을 가져다주었다. 이 중 가장 눈에 띄는 변화는 소비와 여행의 자유일 것이다. 동독 주민들은 통일을 정치적 자유 획득보다는 소비와 여행의 자유로 인식했으며, 통일 직후 전 동독 사회를 휩쓸었던 이른바 '묻지마' 소비행태와 '무대포' 해외여행 붐은 자본주의적 만회욕구를 생생하게 보여주었다. 국가의 간섭과 통제가 사라진 자리에 이제는 자본주의적 소비만이 있게 된 것이다. 통일 직후 동독 지역 청소년이 보여주었던 여가 문화도 이 만회욕구Nachholbedarf를 잘 드러내고 있다.

통일 이후 저쪽drüben에서 수많은 상품이 이곳 동독에 갑자기 들이닥쳤어요. 꿈에서나 가질 수 있었던 진짜 레고 장난감, 바비인형 등 형형색색의 온갖 장난감이 우리 눈앞에 있는 거예요. 그런데 엄마 아빠의 실직으로 가계가 어려워져서 사달라는 말조차 꺼낼 수 없었어요. 또 소년단이 갑자기 문을 닫는 바람에 학교가 끝나고 할 일이 없어졌어요. 소년단에서 할 수 있는 취미생활은 수영, 스포츠, 피아노, 바이올린 등 무궁무진했는데, 그래서 다음에는 무엇을 배울까 오히려 고민해야 했는데 그런 기회가 갑자기 사라지게 된 거죠. 남는 시간에 도대체 무엇을 해야 할지 몰랐다니까요. 난 다행히 독서에 재미를 붙여서 많은 시간을 책 읽는 데 보냈어요. 하지만 어디에도 있을 곳이 없게 된 수많은 아이들이 할 수 있는 거라고는 폭력을 휘두르거나 떼를 지어 몰려다니는 일이 전부였어요. 통일 직후 대부분의 청소년이 연관된 수많은 폭력 사건이 괜히 생긴 게 아니라니까요. 이제는 취미생활을 하려면 개인적으로 레슨비나 문화센터 가입비 등을 내야 하는데 얼마나 비싼 줄 아세요? 취미나 여가생활도 돈이 있어야 할 수 있는 상황이 되었다니 …… (안티에, 1978년생, 베를린 거주).[25]

통일 직후 엔지니어로 일하던 아빠는 다니던 회사에서 계속 일할 수 있었어요. 회사 주인은 서독의 어느 기업으로 바뀌었지만 엔지니어는 계속 필요했거든요. 운이 정말 좋은 경우였죠. 그리고 곧장 우리 집안 구석구석이 변하기 시작했어요. 집을 새로 짓고 서독제 차에 가전제품에 ……. 우리 집이 정말 실제 서독 잡지에서나 보는 집이 되었다니까요. 나의 변화라면 여가 활동이 방과 후 소년단으로 가는 대신에 집에 와서 CD나 비디오 게임 등을 하는 것으로 대체되었다는 거죠. 그때 막 EOSErweiterte Oberschule(동독 지역 인문 고등학교)에 들어갔기 때문에 그런 신제품을 가지고 놀 시간은 그리 많지 않았지만, 소년단이 없는 여가시간에는 몇몇 친한 친구와 그렇게 게임을 하거나 음악을 듣거나 영화를 보면서 보냈어요. 그리고 다른 큰 변화라면 누가 나에게 무엇을 시키지 않는 거였어요. 어느 학교에 가서 무슨 공부를 하고 무슨 직장을 가져야 하고, 이 모든 것이 전에는 나의 의사와는 상관없이 당에서 시키면 무조건 해야 했는데, 이제 난 내가 공부하고 싶은 것, 내가 하고 싶은 일을 할 수 있게 된 거죠. 내 삶이 좀 더 풍요로워졌다고나 할까요. 우리 부모님 세대는 가질 수 없던 이 기회를 난 맘껏 이용할 거예요(랄프, 1977년생, 베를린 거주).[26]

앞의 진술은 통일 직후 동독 지역 청소년에게서 나타난 여가생활의 변화를 잘 보여준다. 안티에와 랄프의 진술에서처럼 전환기 세대의 여가 문화 변화를 여가의 자본주의화, 개인주의화, 공동체 여가생활의 와해로 요약할 수 있다. 여가생활은 이제 '비일상적인 특별한 행위'이자 무엇보다도 '경제적인 여유'가 있어야 가능한 활동이 된 것이다. 즉, 전환기 세대는 여가 활동을 스트레스 해소와 향락, 돈과 함께 가능한 특별한 행위와 개인적인 시간으로 이해하고 있는 것이다. 통일 직후 더욱 도드라지게 나타났던 이 태도는 첫째, 만회욕구 차원에서 설명할 수 있다. 통일 직후 동독 지역 청소년들은 DDR 시절에 누릴 수 없던 '자유'와 '소비욕구'를 '여가문화의 실현'에서 찾고 있었고, 이는 이들이 여가문화를 일상을 벗어난 특별한 활동 및 오락으로 간주하고 있었다는 점과 일맥상통한다. 이 사실은 동독 지역 대부분의 청소년이 서독 지역 청소년과는 달리 동년배 또래 집단과의 만남을 여가시간의 일부로 선호하지 않는 데서도 나타난다.

통일 이후 독일 청소년의 여가 활동 중 여자친구·남자친구와 함께 보내는 시간의 차이는 서독 지역 남자 청소년은 42.7%, 여자 청소년은 55.3%인 데 반해 동독 지역 남자 청소년은 58%, 여자 청소년은 73.6%로 동독 지역 청소년에게서 월등히 높게 나타났다.[27] 또한 사석인 만남Freundebegegnung과 또래 집단과의 만남Cliquebegegnung의 차이는 전환기 세대에게서 분명히 나타나고 있다. 또래 집단과의 만남에서 서독 지역 청소년 48.4%, 동독 지역 청소년 30.7%가 자주 모임을 갖는다고 대답했고, 또래 집단보다는 친한 친구와의 만남을 선호한다는 대답은 서독 지역 청소년 22.0%, 동독 지역 청소년 49.4%로 나타났다.[28] 또한 친한 친구의 숫자가 1~3명이라고 대답한 서독 지역 청소년은 43.5%, 동독 지역 청소년은 20%였고, 4명 이상이라고 대답한 서독 지역 청소년은 56.2%, 동독 지역 청소년은 78.5%였다. 그러면 동독 지역 청소년들은 어떤 이유로 또래 집단보다는 사적인 차원의 만남을 가장 선호하는 여가시간으로 보는가? 동서독 지역 청소년 간의 차이는 어떻게 설명될 수 있을까? 동독 지역 청소년들이 동년배 집단이나 또래 집단에서 보내는 시간을 여가 활동으로 보지 않는 이유는 DDR 사회에서 이루어졌던 집단적인 청소년 여가 문화에서 찾을 수 있다.[29]

> DDR 소년단 활동 시절 수많은 활동 영역이 있었던 것은 사실이에요. 학교가 끝나고 나면 곧장 소년단으로 직행하는 것이 우리 모두의 일상이었으니까요. 우리는 모든 것을 항상 같이 했고, 같이 배웠어요. 엄마 아빠의 퇴근 시간에 맞추어 소년단 활동도 끝나고, 그러면 집으로 돌아가 식구들과 같이 저녁을 보내요. 개인적으로 친한 친구들과 함께하는 시간은 어쩌다 주말에 소년단 활동이 없는 날에나 가능했어요. 서독 친척으로부터 서독 물건이 가득 담긴 소포를 받은 아이들이 바로 그날의 주인공이었어요. 새로운 장난감이 있기도 했고 진짜 리바이스 청바지 구경도 할 수 있었고, 우리가 먹던 초콜릿과는 다른 진짜 초콜릿을 맛볼 수도 있었으니까요(린다, 1979년생, 베를린 거주).[30]

위의 진술처럼 전환기 세대는 여가생활을 동년배 집단에서 조직적으로 해야 했고, 따라서 통일 직후 여가에 대한 관심을 개인적인 관심 영역으로 한정하는 경향이 있었을 것이다. 또한 통일 직후 여가시간을 개인적인 관심 영역 또는 친한 친구와의 만남, 파트너와 함께하는 사적인 시간으로 이해했을 것이다. DDR 시절 소년단이라는 또래 집단이 친밀한 사적 공간이라기보다 공적 공간의 연장선이었다는 사실을 감안할 때 여가 활동을 사적인 차원의 만남으로 한정하는 것은 당연한 결과로도 볼 수 있다. 이처럼 전환기 세대가 여가 활동을 여가 문화의 개인주의화, 극히 사적인 차원의 만남 또는 모험과 같은 비일상적인 오락을 추구하는 행위로 이해하고 있는 것은 만회욕구와 함께 나타난 또 다른 특

⟨표 4-1⟩ 여가시간에 주로 하는 활동은 무엇입니까?

항목	1990년	1991년	1992년	1993년	1995년
TV 시청	66	51	48	43	38
잡지·독서	37	41	40	37	39
만화책	*	34	23	17	14
음악 듣기	86	84	83	83	85
영화관 가기	13	12	8	9	10
아무것도 하지 않고 쉬기	28	19	20	22	21
여자·남자친구와 함께하기	*	*	66	65	66
친구들과 함께하기	66	61	57	45	51
스포츠	37	42	37	38	35
청소년 문화센터 이용하기	*	*	*	12	12
카페나 호프집 가기	*	7	9	12	12
디스코텍 가기	35	28	17	20	21
다른 개인적 취미생활 하기	43	34	57	46	45

주: 1) 동독 지역 청소년 세대가 설문조사에 참여.
    2) 응답 보기는 '① 자주 한다, ② 가끔 한다, ③ 거의 안 한다'의 세 가지로 주어졌다.
    3) * 표시는 당시에는 언급되지 않았음.
    4) $p < 0.01$.
자료: M. Kappeler, G. Barsch, K. Gaffron, E. Hayner, P. Leinen and S. Ulbricht, *Jugendliche und Drogen: Ergebnisse einer Längsschnittuntersuchung in Ost-Berlin nach der Maueröffnung* (Opladen, 1999), p.128.

징이다(⟨표 4-1⟩).[31]

둘째, 이 물질적 만회욕구 현상은 정신적 만회욕구의 형태로까지 나타나고 있다.[32] 물질적 만회욕구가 소비 지향적이고 개인주의적인 자본주의 문화에 대한 욕구라면, 정신적 만회욕구는 자신의 의지대로 선택할 수 있는 개인적 자유의 획득이다. 이 세대에서 나타난 개인적 자아실현과 미래선택의 자유에 대한 추구는 기존의 감시와 통제, 지도와 위계질서에 대한 복종에 대항하는 일종의 정신적 만회욕구인 것이다. 마지막으로 이 만회욕구는 청소년 조직이 급작스럽게 와해된 상황에서 통일정부의 신속한 보완정책이 부재한 가운데 자본주의 소비문화밖에 접할 수 없었던 청소년 세대의 상황적 소산이라는 점도 간과할 수 없다.

(2) 문화적 가치와 정체성 강화

만회욕구, 여가 활동의 개인주의화와 함께 나타난 전환기 세대 여가 문화의 특징은 바로 동독 지역의 문화적 가치와 정체성 강화이다. 이 차이는 동서독 지역 청소년의 음악적 취향을 분석해보면 나타난다.

1990년대 들어 지구촌 청소년 대중음악을 선도했던 장르는 테크노와 랩, 그리고 힙합이었다. 이 음악 장르들은 동서독 지역과 큰 상관없이 당시 청소년 문화를 상징했고 특징지었다고 해도 과언이 아니다. 하지만 음악 장르를 세분화해 동서독 지역 청소년들의 음악적 기호를 조사한 결과 분명한 지역적 차이가 나타났다. 서독 지역 청소년들이 선호하는 음악 장르는 블루와 소울, 재즈, 뉴 웨이브인 데 반해 동독 지역 청소년들은 독일 가요와 디스코를 가장 선호하고 있다. 이런 차이가 나타난 이유를 추론하는 것은 그리 어렵지 않다. 첫째, 영국과 미국에서 들어온 대중음악이 서독 지역 청소년들의 대중음악적 기호가 된 지 이미 오래이다. 또한 독일 가요Schlager와 독일 민속가요Volksmusik는 서독 지역에서 다른 음악 장르에 비해 유행에 뒤떨어졌을 뿐 아니라 실버 세대의 취향으로 간주되는 경향이 있다. 반면 통일 이전 서독에서 들어온 서구 대중음악이 동독 지역에 많이 확산되었다고 해도 공급의 양과 질에서는 매우 제한되었을 것이다. 따라서 음악적 기호의 다양성을 키울 수 있는 환경은 서독 지역과는 비교도 할 수 없었을 것이다. 결과적으로 서구적 취향보다는 상대적으로 즐기기에 무난한 독일 가요와 디스코 음악이 동독 지역 청소년에게 더 인기를 끌었을 것으로 추정된다. 둘째, 이 독일적 음악 취향은 동독 정체성의 강화 현상으로도 볼 수 있다.

통일 직후 우리는 아무런 눈치도 볼 것 없이 모든 종류의 음악을 마음껏 들을

〈표 4-2〉 동서독 청소년의 음악 장르 선호

서독 청소년의 음악 장르 선호	동독 청소년의 음악 장르 선호
1. 블루, 소울, 가스펠	1. 독일 가요
2. 전통 재즈	2. 디스코
3. 재즈 록	3. 교회 음악
4. 언더그라운드, 뉴웨이브	4. 제임스 라스트[1]

주: 이 음악기호의 비교는 통일 직후 동서독 지역 청소년 세대에 한정된다는 것을 밝힌다.
  1) 제임스 라스트James Last는 1929년 서독 브레멘 출신의 전설적인 음악가이다. 그의 음악
  적 특성은 발라드부터 강한 리듬의 디스코까지 매우 다양하다. 1950년 이후부터 젊은 세대
  의 우상으로 불렸으며, 그 영향력은 오늘날까지도 이어지고 있다.
자료: *Shell Jusendstudie* (1992), Bd.1, p.298.

수 있었어요. 옛날과는 다른 상황이 된 거예요. DDR 시절 많은 음악밴드가 있었
다는 것은 다 아는 사실인데, 특히 당시에 사회주의통일당에 반항하는 성향을 가
진 수많은 재능 있는 그룹이 제대로 활동할 수 없었잖아요. 통일 이후 이들의 음
악적 재기는 정말 통쾌했다고나 할까요. 옛날에는 사회주의통일당에 대한 조소
를, 통일 직후에는 통일독일 사회의 많은 문제를 제기하는 노래들을 불렀어요. 그
때 아직 나이가 어려서 통일독일 사회의 문제점들을 잘 이해할 수는 없었지만 심
정적으로 우리는 이들과 함께했어요. 동독인으로서의 긍지? 솔직히 잘 모르겠어
요(라이크, 1977년생, 베를린 거주).[33]

라이크의 진술은 통일 직후 10대 청소년기를 보냈던 많은 동독 지역 청소년
들의 정서를 대변한다. 통일 이후 불기 시작한 동독 출신 음악밴드 붐은 가히
혁명적이었다. 이들은 독특한 패션과 헤어스타일, 획기적 가사와 리듬으로 선
풍적인 인기를 끌며 독일, 특히 동독 대중문화를 독식하다시피 했다. 특히 프린
젠Prinzen이라는 밴드는 독일 밴드 역사상 가장 큰 성공을 거둔 그룹으로 평가
된다. 이들은 1989년에 「나는 DDR에서 가장 멋있는 사나이Ich bin der schön-
ste Junge der DDR」, 1990년에는 「인생은 끔찍해Das Leben ist grausam」, 「백

만장자Milionäre」, 「완전히 위로Ganz Oben」, 「이까짓 적은 돈으로 이렇게 많은 즐거움을Soviel Spaß für wenig Geld」 등 주옥같은 노래를 차례로 내놓으며 연신 골든 앨범을 달성한다. 제목이 보여주듯이 노래 가사는 황금만능주의 통일독일 사회에 대한 비판을 골자로 하며, 풍자적이다 못해 악동적frech이기까지 했다. 동독 출신 음악밴드에 대한 동독 지역 청소년들의 지지와 환호는 바로 청소년 세대 특유의 문화적 가치와 정체성의 강화 현상으로도 간주될 수 있는 것이다. 이 사실은 청소년 세대의 통일독일 사회와 동독 사회에 대한 이중적 소속감 현상에서도 증명된다.[34] 이러한 지역적 정체성의 강화는 통일 이후 동독 지역 사회에 대한 불안과 불만족을 반영하는 지표로 보는 것이 타당할 것이다.

(3) 문화적 아노미 현상

통일 이후 동독 지역에 나타난 새로운 사회현상 중의 하나는 극우적 성향을 띤 청소년 집단들이 자행한, 외국인을 대상으로 한 폭력과 테러 범죄의 증가이다.[35] 외국인 문제가 DDR 정권 시절 한 번도 사회 이슈로 등장한 적이 없었고, 외국인 집단과 사회문화적 충돌 경험이 거의 전무한 동독 사회에서 통일 직후 외국인 테러 문제가 중요한 사회 이슈가 되었다는 것은 매우 아이러니하다. 아노미란 한 집단이 공통적 가치나 도덕적 규범 등을 상실한 혼란 상태를 나타내는데, 사회의 해체 과정이나 변동 과정에서 흔히 나타나는 현상이다. 동독 지역 청소년 세대의 문화적 아노미 현상도 같은 맥락에서 볼 수 있다. 통일이 이 세대에 가져다준 변화는 기존에 존재했던 모든 일상적인 것의 와해로 표현할 수 있다. 즉, 부모의 직업적 변동과 실업, 가족의 해체, 학교 교과 과정의 전면적인 변화, 소년단 조직의 와해, 기존의 가치관과 규범 및 사회주의적 정체성과 이데올로기의 상실 등이 그것이다. 문화적 아노미는 바로 일상의 급작스러운 총체적 변화를 통해 사회문화적인 무규범 혼돈 상태를 야기한 것이다.

피오니어 활동을 하던 오후가 어느 날 갑자기 사라졌어요. 방과 후에 우리는 함께 모여 소년단 선생님의 지도 아래 많은 활동을 했거든요. …… 예를 들면 베트남이나 아프리카 어린이들에게 볼펜이 든 소포를 부치기도 했고, 어느 독재자에게 어린이들을 사랑해달라는 편지를 쓰기도 했어요. 생일을 맞이한 친구들과 음료와 케이크를 먹으며 축하해주었고, 문제가 있을 때 우리는 항상 같이 고민했지요. …… 무엇이든 늘 할 일이 주어졌고, 그것은 항상 의미가 있었으며, 그러한 활동에 참여하는 것에 대해 우리는 자부심과 긍지를 느꼈어요. 이 모든 것이 통일 이후 사라져버린 거예요. 갑자기 혼자 보내야 하는 여가시간에 도대체 무엇을 해야 할지 몰랐어요(슈테판, 1978년생, 베를린 거주).[36]

슈테판처럼 조직적으로 이끌어주는 여가 문화에 익숙했던 동독 지역 청소년들은 주어진 자유시간을 사회적 방치로 받아들일 수도 있었을 것이다. 1992년 묄렌Möllen과 로스토크Rostock, 1993년 졸링겐Solingen에서 일어난 외국인 테러 사건을 계기로 통일독일 사회에서 일어난 극우적인 테러는 전 세계의 언론을 집중시켰고, 이 극우적 폭력의 원인을 다양하게 규명하려는 시도는 크게 두 가지 시각으로 나타났다. 통일이라는 사회변동을 폭력의 궁극적 원인으로 보는 시각과 권위주의적 사회화를 통해 형성된 권위주의적 인성이 폭력의 주된 원인이라는 시각이다. 전자의 시각은 다음과 같이 설명할 수 있다. 첫째, 통일은 대량 실업, 가족구조 와해, 경제적 어려움, 사회적 불안 등의 부정적인 변화만을 가져왔고, 이런 사회에 대한 불만이 표출되었다. 둘째, 소년단의 전격적인 해체 이후 동독 지역 청소년을 위한 신속한 정책적 보완이 부재했다. 이 상황이 청소년들을 집게싱 혼란과 방향성 상실로 이끌었다. 셋째, 통일 이후 동독 지역의 청소년은 사회에 대한 불만을 외국인에게 투영함으로써 일종의 희생양 Sündenbock을 찾았다. 마지막으로 사회적 위치를 상실한 감정을 만회하고 동독인의 정체성을 강화해 통일독일 사회에서 자신들의 위치를 강조하기 위한 — 서독 주민과의 — 구분 짓기 행위이자 자기만족 행위로도 볼 수 있다. 반면 DDR 특유의 문화에서 원인을 규명하려는 후자의 시도는 권위주의적 사회화 테제에 근거하는데 다음과 같이 요약할 수 있다. 무엇보다도 권위주의적 사회화는 주종관계의 합리화라는 권위주의적 교육 내용을 핵심으로 하고 있다. 즉, 권위주의적 인성은 순응되고 동화되어 전체주의적인 사회구조를 합리화하는 한편, 개인성과 다양성을 배제한다. 특히 획일화된 사회와 권위주의 교육에 길들여졌던 동독 지역 청소년들은 통일 이후 경험하게 된 자본주의 물결과 문화의 다양성, 민주시민교육 등이 매우 낯설었을 것이며, 이에 따른 불안과 부적응도 있었을 것이다. 이 권위주의적 사회화 테제와 함께 주목받는 또 다른 요인으로 권위주의적 환경을 들 수 있다. 즉, 통일 이전 DDR 사회에서는 이미 외국인 폭력이나 극우적 테러 등 사회범죄를 유발하는 내재적 요인들이 사회주의통일당 정권의 강력한 통제와 감시하에 잠식되어 있었으리라는 추론도 가능하다. 이 두 가지 요인, 즉 권위주의적 인성 형성과 권위주의적 환경요인이 통일독일 사회에서 극우적 가치관이나 폭력에 대한 정당성을 합리화하는 데 결정적인 역할을 했다고 볼 수 있다. 청소년의 극우적 범죄는 다양한 이유가 동태적으로 얽힌 문화적 아노미 현상으로 봐야 할 것이다. 2000년도의 조사 결과에 따르면 인구 10만 명당 극우적 청소년 집단에 의해 양상되는 지역적 폭력 실태는 서독 바덴 비텐부르크 주 0.96명, 바이에른 주 0.50명, 헤센 주 0.71명 잘란드 주 0.93명인 데 비해, 동독 튀링겐 주 3.74명, 브란덴부르크 주 2.93명, 작센 - 안할트 주 2.47명, 멕켄렌부르크 - 포어포메른 주 2.73명으로 동독 지역은 서독 지역에 비해 거의 세 배를 웃돌고 있다.[37] 이처럼 통일된 지 10여 년이 지난 후에도 극우적 범죄가 서독 지역보다 동독 지역에서 더욱 빈번히 발생하고 있다는 점은 이러한 범죄가 동독 지역 청소년들의 문화적 아노미 현상이 야기한 결과임이 타당하다는 증거이기도 하다.

2) 전환기 이후 세대

통일 직전에 출생해 현재 10대 청소년기에 있는 전환기 이후 세대의 특징은 분단 시대와 DDR 사회화 과정을 경험하지 않았다는 것이다. 사회주의 체제에서 자본주의 체제로의 과도기 과정을 경험하지 않은 이 세대의 문화코드는 무엇이고 여가에 대한 관심은 어떻게 나타날까? 동서독 지역문화의 이질성과 갈등, 또는 문화적 동질감이나 정체성이 이 세대에게도 나타날까? 전환기 이후 세대만이 보여주는 문화적 가치나 특징은 무엇일까? 전환기 이후 세대를 통해서 과연 동서독 문화의 통합 가능성이 나타나고 있을까? 전환기 이후 세대에 이르러 동서독 청소년 여가 문화의 차이점은 거의 보이지 않지만, 여가 문화 인프라와 경제적 환경에 따른 동서독의 지역적 차이가 나타나고 있고, 다른 한편으로는 대안문화라는 새로운 여가 문화의 양상이 동독 지역에서 점점 활발해지고 있다. 좀 더 구체적으로 살펴보자.

(1) 동일한 여가 문화 패턴 vs 상이한 여가 문화 환경

전환기 이후 세대는 전환기 세대에 비해 동서독 청소년들의 여가 문화의 관심과 코드 그리고 여가생활의 실제에 있어서도 별다른 차이를 보여주지 않고 있다. 이 세대의 여가생활 중 전환기 세대에 비해 눈에 띄는 현상은 첫째, 가장 중요한 여가 활동으로 또래 집단의 소속과 활동을 든다는 점이다. 이는 전환기 세대에 비추어볼 때 동독 지역 청소년에게 나타나는 새로운 현상이다. 둘째, 정보통신과 세계화라는 범지구적 추세도 이 세대에 그대로 나타나고 있다. 〈그림 4-1〉은 - 지역과 상관없이 - 독일 전 지역 청소년들의 여가 활동에 대한 선호도이다.

〈그림 4-1〉에서 확인할 수 있듯이 독일 청소년들은 또래 집단과의 관계 속에서 자신의 정체성을 찾고 동질감을 느끼는 것을 가장 중요하게 여기고 있다. 동서독 청소년의 여가 활동에 대한 특징은 한마디로 "친구와 재미, 그리고 용돈Freunde, Fun und Finanzen"[38]이라고 할 수 있다. 이본느 프리체Yvonne Fritzsche의 표현에 따르면 "초현대적 인생: 변화하고 네트워크화하며 케이블화하는 것Modernes Leben: Gewandelt, vernetzt und verkabelt"이다.[39] 그러면 여가생활의 코드와

<그림 4-1> 독일 청소년이 한 주에 가장 많이 하는 여가 활동

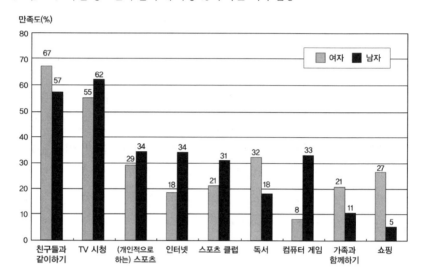

주: 12세에서 25세까지의 동서독 지역 청소년 2,515명이 2002년 3~4월에 시행된 설문조사에 참
여했으며 다응답도 가능했다.
자료: *Shell Jugendstudie* (2002), p.78.

관심과는 달리 여가 문화 환경에 대한 동독 지역 청소년들의 견해는 어떨까?

〈그림 4-1〉을 보면 동독 지역 청소년의 50% 이상이 여가 환경에 대해 불만
족스러움을 표현하고 있다. 반면 서독 지역 청소년의 경우 통일 전후의 여가생
활에 대한 양상과 평가는 — 정보·기술 발달이라는 새로운 경향을 제외하고는 — 이
전 세대에 비해 별다른 차이를 보여주지는 않고 있다.[40] 이처럼 동독 지역 전
환기 이후 세대의 여가 환경에 대한 평가가 매우 부정적인 이유는 경제적 여건
과 함께 지역사회가 제공하는 여가 문화의 인프라 환경과 관련이 있다.

나는 영화 보는 게 좋아요. 그런데 문제는 우리 동네에 영화관이 없다는 거예
요. 그래서 영화 한 편 보는 것도 쉽지 않죠. 우리 동네에 있던 작은 영화관은 그
나마 남아 있던 마을 사람들이 서독으로 한꺼번에 이사 가는 바람에 결국 망했어

<표 4-3> 브란덴부르크 청소년들의 여가 환경에 대한 만족도(성별·연령별, %)

	만족	다소 만족	다소 불만족	불만족
남자	23.0	34.2	31.3	11.5
여자	16.4	23.6	42.9	17.1
15세 이하	28.0	28.8	30.1	13.1
16~17세	15.0	29.0	40.3	15.7
18세 이상	12.0	29.0	44.2	14.8
평균	19.7	29.0	37.0	14.3

자료: Dietmar Sturzbecher(ed.), *Jugend in Deutschland: Lebenssituation und Delinquenz*, p.193.

요. 이제 동네에서 영화도 못 봐요. …… 영화관이나 스포츠 센터 같은 것이 있어서 청소년들이 건전한 여가생활을 즐길 수 있도록 도와주어야 해요. 물론 이런 것들을 세우려면 돈이 엄청 들겠지만 이런 시설들을 제대로 갖춘다면 많은 청소년이 더는 약물이나 마약 같은 데 빠지지 않을 거예요(라스, 1986년생, 바이스바서 거주).[41]

돈 없이는 여가시간도 제대로 보낼 수 없어요. 친구들끼리 만나서 수다 떨려면 카페라도 가서 차 한 잔이라도 마셔야 하는데 그것도 만만치 않아요. 같이 영화를 보거나 클럽을 가려고 해도 돈이 들기는 마찬가지예요. 결국 모두 다 돈 드는 것뿐이라니까요(로미, 1986년생, 드레스덴 거주).[42]

위의 진술처럼 전환기 이후 세대는 지역사회가 제공하는 여가 문화 인프라가 매우 열악하다고 평가한다. 예를 들면 교양·문화 강좌, 스포츠, 미디어, 창의적인 활동, 영화관 등은 동독 지역에서는 거의 전무하다고 보는 것이다. 또한 동독 지역 청소년은 여가생활을 하는 데 경제적인 제한을 많이 받고 있는 것으로 나타났다. 실제 동독 지역 청소년들이 받는 용돈은 서독 지역 청소년들과 비교했을 때 3분의 2에 지나지 않는다.[43] 이와 같은 경제적 불평등은 통일 이후 동독 지역에서 나타난 새로운 사회현상으로 볼 수 있는데, 특히 여가생활에서 차이가 두드러진다. 통일 이후 자본주의 체제에 신속하게 편승해 통일의 수혜자가 된 동독 주민은 동독 지역에서 새로운 사회계층으로 부상하게 되고, 이들의 자녀 세대는 자본주의의 수혜 속에서 성장하고 있다. 이들의 경우 클럽이나 협회에 가입해 사적인 여가 활동을 하는 경우가 매우 흔한 반면, 동독 지역의 대다수 청소년은 그런 기회조차 갖지 못하는 것이다. 결국 동독 지역 전환기 이후 세대의 여가생활 양식은 서독 지역과 대동소이하지만, 여가생활의 실제는 통일 이후 동독 사회에 등장한 심각한 사회계층 문제와 동서독 지역사회구조의 차이에서 확인할 수 있다. 이와 같은 경제 격차, 동서독 지역의 여가 문화 인프라의 불균형은 동독 지역 청소년에게는 '문화적 방치Kulturelle Vernachlässigung'이자 '문화적 소외kulturelle Verfremdung'로까지 비쳐지고 있다. 문화적 이등 국민이라는 표현이 동독 지역 전환기 이후 세대의 여가 문화의 변화와 특징을 설명하는 데 적합한 이유가 바로 여기에 있을 것이다.[44]

(2) 대안문화의 등장

어느 시대, 어느 사회나 주류 문화에 대항하고 사회참여의 원동력이 되는 대안문화Alternative Kultur가 있기 마련이다. 그러나 사회주의 정치교육과 공동체 인성 함양이 제1의 교육 목표였던 DDR 사회에서 대부분의 청소년은 사회참여를 강제적이고 조직적인 형태로 이해했기 때문에 순수한 사회참여가 거세된 사회였다고도 할 수 있다. 이 가운데 소수이기는 했지만 정권 노선에 대항하고, 통제와 지시에 길들여진 권위주의적 국가조직을 거부하며, 반체제적 성향을 가진 몇몇 청소년 집단이 주도하던 일종의 대항적인 대안문화가 DDR 사회에 존재했다는 것은 이미 언급한 바 있다. 반면 서독을 비롯한 서유럽에서는 1950년대 후반에 등장한 '비트Beat' 문화나, 베트남 전쟁을 계기로 반전반핵 운동을 주도하며 자유를 최대의 가치로 삼은 '히피 문화'처럼 지배 권력과 문화에 저항하면서 자율적 삶을 추구한 서구 청소년의 '반문화' 전통이 이 세대의 가치관과 정체성 형성에 결정적으로 기여했다. "청소년들의 사회·정치 참여욕구는 꾸준히 증가하고 있다"라는 청소년 사회학자 벤H-J. Veen의 테제는 당시 BRD 청소년들의 활발했던 정치사회참여의 현실을 잘 보여주고 있다.[45] 그러나 1990년대 들어 서독 지역 청소년의 사회·정치 참여문화도 급작스럽게 감소했는데, 그 이유로는 첫째, 세계화와 신자유주의화의 영향을 들 수 있다. 1990년대 이후의 청소년 문화는 탈이데올로기 시대의 도래와 거대 자본주의의 팽창 속에서 기존의 양상과는 전혀 다른 특징을 보여주고 있는데, 특히 정보·통신 기술의 발전을 통해 시공간을 초월하는 경제적·기술적 혁신과 이동성을 들 수 있다. X세대, 클릭세대, Net세대, @세대, NA세대 등으로 상징되는 이 세대는 문화의 적극적인 소비자이자 생산자로서 세계화와 신자유주의적 경제 질서의 주체가 되어가고 있다. 둘째, 사회운동 참여 동기의 다양화 및 비정치적 사회참여의 증가를 들 수 있다. 탈이데올로기 시대의 도래는 탈정치화로 이어져 정치에 대한 관심과 참여의 감소로 나타난 반면, 환경보호 및 생태계 운동이나 인권운동과 같은 비정치적 성향을 띤 사회참여의 다양화를 가져다주었다.[46] 마지막으로 참여 형태의 자율성을 들 수 있다. 민족과 국경을 초월한 지구촌 네트워크 속에서 문화, 사회, 경제 등 상호 교류의 발전은 청소년의 사회참여와 연대를 더욱 확장하고, 자신의 권리에 대한 주장을 더욱 다양하게 펼칠 수 있는 계기가 되었다. 이 변화는 통일 이후 동독 지역에서도 동일하게 나타나는데, 특히 다양한 대안문화의 등장에서 더욱 분명히 드러난다. 통일 이후 동독 지역에서 등장한 새로운 사회참여인 대안문화는 소비 지향적이고 획일적인 서구 대중문화의 흐름에 저항하는 움직임으로 나타났고, 그 형태는 환경운동, 반선반핵 운동, 언더그라운드 문화, 소수자 문화, 지역문화 운동 등의 형태로 나타났다. 그렇다면 통일 이후 동독 지역 청소년들의 대안문화만이 갖는 고유한 특성은 무엇일까? 첫째, 동독 지역 청소년의 대안문화는 서독에서 유입된 자본주의적 대중문화에 대항하는 성찰적·자생적 문화라는 특징을 보여준다. 둘째, 인터넷이라는 새로운 참여문화는 청소년 대안문화를 활성화하고 전파하는 데 중요한 역할을 하고 있다. 온라인 참여 형태가 일반화되면서 기존의 오프라인 참여와는 달리 시간적·공간적 제한을 받지 않고, 조직적 형태보다는 자유로운 활동 공간과 탄력적인flexibel 활동을 보장해 자발적 참여문화를 가능하게 했다. 셋째, 대안 문화활동의 다양화와 비정치적 성향의 강화를 들 수 있다. 환경보호 활동, 평화, 인권, 복지, 제3세계 구호단체 활동, 동물보호 활동 같은 비정치적 성향을 띤 단체 참여율은 1992년 이래 꾸준히 증가해 현재 동독 지역 청소년 다섯 명 중 한 명이 활동하고 있다.[47] 이 단체들의 특징은 무엇보다도 비형식적 공간 informeller Raum에서 진행되고, 공동지역사회gemeinschaftsbezogen와 인류 애적mitmenschliche 의지가 담긴 행위라는 점이다. 사회활동gesellschaftliche Aktivität의 일종으로서 자원봉사적인 참여 형태를 가지기 때문에 ─ 행위의 결과가 정치적 이슈를 야기하더라도 ─ 전통적인 정치 참여sich politisch engagieren와는 분명한 차이가 있다. 한편 대안문화 참여와 모순되는 것으로, 전환기 이후 세대는 포스트 물질주의와 개인적·사회적 안정을 추구하는 경향도 보여주고 있다.

> 직업을 통해 안정된 노후생활을 보장받을 수 있어요. 돈은 인생에서 중요한 거고요(라스, 1986년생, 바이스바서 거주).[48]

> 직업은 자신의 꿈을 실현할 수 있는 통로예요. 집, 자녀, 여행, 가족, 이 모든 것을 말이죠. 오늘날 사회에서 돈 없이는 아무것도 할 수 없잖아요(로미, 1986년생, 드레스덴 거주).[49]

위의 진술처럼 이 세대는 성과제일주의와 경쟁이라는 자본주의 사회의 특성을 잘 수용하고 있으며 동시에 포스트 물질주의적 태도도 보여주고 있다. 전환기 이후 세대는 반항적인rebellische 멘탈리티보다는 사회와 직장에서의 성공이라는 성취욕구, 경제적으로 안정된 삶의 추구, 법과 질서, 규범에 대한 존중을 더욱 두드러지게 보여주고 있는 것이다.[50] 교육, 직장, 물질적인 안정 등 현실세계에 대한 관심의 증폭과 미래의 안정을 추구하는 이러한 특징은 동서독 지역 청소년에게 골고루 나타나기는 하지만, 동독 지역에서는 좀 더 강하게 나타나고 있다.[51] 이 현상은 사회참여의 대안문화가 꾸준히 등장하고 있는 동독 지역 청소년 여가 문화의 현실에 비추어볼 때 모순적인 상황이라고 할 수 있다. . 그러나 바로 이 점이 동독 지역 전환기 이후 세대에서 나타나는 통일독일 문화변동의 모순성과 역동성이며 동시에 이 세대가 지닌 문화적 가치관의 특징이라고도 할 수 있는 것이다.

5. 나오며

지금까지 통일 이후 동독 지역 청소년 세대 여가 문화의 변화를 세대별로 살펴봤다. 이 세대들의 여가 문화는 사회변동 과정 속에서 필연적으로 동반하는 문화변동이 어떻게 특수한 방식으로 반응하고 일상적 행위를 통해 산출되는지를 보여주었다. 분단과 사회체제의 변화를 경험한 전환기 세대에 나타난 특징은 만회욕구 현상, 문화적 가치와 정체성 강화 현상, 문화적 아노미 현상으로 요약될 수 있다. 만회욕구 현상은 자본주의적 소비욕구의 분출과 개인적 자유 획득을 추구하는 형태로 나타나고 있다. 한편 여가시간을 또래 집단의 소속감보다는 개인적인 관심 영역 또는 사적인 차원의 만남으로 한정하고 있다. 문화적 가치와 정체성은 이 세대의 음악적 취향에서도 보여지며, 동독 사회에 대한 소속감의 강화 현상으로도 나타난다. 이 현상은 통일 이후 동독 지역 사회에 대한 불만족을 반영하는 지표로 보는 것이 타당하다. 문화적 아노미 현상은 통일이 몰고 온 총체적인 생활세계의 변화와 함께 찾아온 방향성의 상실, 공통적 가치관과 도덕적 규범의 와해가 동독 지역 청소년에게 무규범적인 혼란 상태를 야기한 것으로 볼 수 있다.

분단을 경험하지 않고 통일독일 사회에서 성장한 첫 세대인 전환기 이후 세대는 전환기 세대와는 달리 문화코드와 여가 문화 양상, 또래 집단과 인터넷이라는 동일한 여가 문화 패턴에서 동서독의 지역적 차이는 나타나지 않지만, 여가 문화 인프라의 결핍과 사회 계층적 차이가 두드러지게 나타난다. 또한 소비 지향적이고 획일적인 서구 대중문화의 흐름에 저항하는 성찰적·자생적 문화로서 대안문화가 이 세대에 비정치적인 사회참여로 나타나고 있는 반면, 포스트 물질주의와 사회의 안정 추구라는 상반된 경향도 보여준다. 이 현상은 통일이 몰고 온 독일 차원의 사회변동, 세계화와 신자유주의라는 범지구적 차원의 변화와 맞물려 이 세대가 처한 모순적 상황을 잘 드러내고 있다.

　통일 이후 독일 청소년의 사례 분석을 통해 한반도 통일 공간에서 발생할 수 있는 남북한 청소년 문화변동의 과정과 양상을 예측해볼 수 있다. 반세기 이상 지속된 한반도 분단 상황에서 남북한 청소년에게는 상이한 국가체제로 인한 이데올로기의 내면화, 남북한의 인적·물적 교류 결여로 인한 상호 이해의 부족, 북한에 대한 정보 부족, 통일에 대한 남한 청소년의 전반적인 관심 결여 등 통일의 장애물들이 가로놓여 있다. 이런 상황에서 통일이 가져다줄 남북한 청소년 문화갈등의 진폭은 매우 클 것이다. 독일 통일 과정에서 청소년 정책의 가장 큰 문제는 소년단의 전격적 와해 이후 동독 지역 청소년 보호정책과 지원정책이 신속하게 도입되지 않았다는 데 있다. 또한 통일독일 사회에 새롭게 등장한 사회계층 문제와 문화 인프라의 결핍이 지금까지도 동서독 갈등의 주요 원인이다. 이 글은 통일 이후 동독 지역 청소년 여가 문화의 변화를 추적해 체제 통일이라는 거시적 차원과 함께 일어나는 일상 속의 미시적 차원에서 청소년 문화변동에 대한 문제의식을 도출하려 했다는 데 의의를 둘 수 있을 것이다.

주

* 이 글은 이영란, 「통일 이후 독일 청소년 문화변동에 대한 연구: 동독 지역 청소년의 여가 문화 변화를 중심으로」, ≪독일연구≫, 제12집(2006), 155~192쪽을 수정 게재한 것임.

1 노용오, 『청소년 문화론』(구상, 2005), 39~40쪽.

2 동서독의 개념이 사라진 지 16년째를 맞는 지금, 통일 이전 구동독과 구서독을 분명히 구분하기 위해 이 글에서는 구동독을 독일민주공화국Deutsche Demokratische Republik의 약자인 DDR로 표시하고, 구서독을 독일연방공화국Bundes Republik Deutschland의 약자인 BRD로 표시하기로 한다. 통일 이후는 각각 동독 지역과 서독 지역으로 구분한다.

3 DDR 청소년 문화는 제도적 차원에서 진행되었던, 이른바 지도받고 공동으로 참여하는 집단주의 문화라고 정의하는 것이 타당하다. 통일 이후 자본주의 체제의 도입은 공동체 문화의 와해를 가져오면서 문화적 가치와 내용을 변화시켰다. 즉, 통일은 동독 지역 청소년 문화가 개인주의화 및 소비 위주의 대중화가 되게 했고, 이러한 변화 양상은 국가 청소년에서 소비 청소년으로의 변화로 규정지을 수 있다.

4 Akademie Remscheid(ed.), "Jugendkultur im Osten und Westen Deutschlands"(1991); I. Behnken, H. Krüger, A. Lindner and H. Zinnecker, *Shülerstudie'90: Jugendliche im Prozess der Vereinigung*(Weinheim/München, 1991); Alexander Bolz and Hartmut Griese (eds.), *Deutsch-deutsche Jugendforschung: Juventa Verlag*(München, 1995); *Shell Jugendstudie*(Fischer Taschenbuch, 1990, 1992).

5 이영란, 「통일 이후 동독 대학생의 가치관 변화」, ≪경제와 사회≫, 제63호(2004년 가을호), 177~179쪽.

6 DDR 청소년 여가 문화가 내중적으로 붕괴되기 시작한 1980년대 당시 사회주의통일당 정권은 이데올로기만으로 이 허점을 보충하려고 끊임없이 노력했으나, 청소년들의 일상에 내재한 많은 문제에 대해 단 한 번도 진지하게 고민하지 않았다. 바로 이 점이 사회주의 대중문화의 와해에도 중요한 요인이 되었다.

7 통일 이후 청소년 연구에 대한 대표적인 성과들에서도 연구 방법 및 내용은 주로 통일 직후 전환기 청소년 세대를 중심으로 한 통계 자료에 집중되어 있어, 이 한계를 극복하지 못하고 있는 것이 현실이다. 통일 이후 청소년 연구에 대한 주목할 만한 성과들은

다음과 같다. 통일세대의 환경적 변화와 심리적·사회적 적응 문제를 다룬 Gerhard Neubauer et al.(eds.), *Jugend im deutsch-deutschen Vergleich: Die Lebenslage der jungen Generation im Jahr der Vereinigung* 독일 - 독일 청소년 비교: 통일년도 청소년 세대의 삶의 현황(Luchterhand, 1992); Elke Nolteernsting, *Jugend, Freizeit, Geschlecht* 청소년·여가시간·성(Opladen, 1998); Hubert Gydow, *Die Selbstverwirklichung und Sozialisation der Jugend vor und nach der Einheit* 통일독일 청소년의 자기발전과 사회화(München, 1997) 등의 연구이다. 이 밖에도 페터 피르스터 Peter Förster의 동독 지역 청소년의 멘탈리티와 가치관 변화에 대한 시기별 통계 자료 또한 통일 이후 청소년 세대의 전반적인 경향을 보여주는 매우 소중한 연구 결과이다. Peter Förster, "Die 25 jährigen auf den lagnen Weg in das vereinte Deutschland: Ergebnisse einer seit 1987 laufenden Längsschnittstudie bei jungen Ostdeutschen," *Aus Politik und Zeitgeschichte* (이하 *APuZ*), B.43~44 (1996); Peter Förster and Uta Schlegel(eds.), *Ostdeutsche Jugendliche: Vom DDR Bürger zum Bundesbürger* (Opladen, 1997); Peter Förster, *Junge Ostdeutsche auf der Suche nach der Freiheit: Eine systemübergreifende Längsschnittstudie zum politischen Mentalitätswandel vor und nach der Wende* (Opladen, 2002). 제4장에서는 통일 이후 동독 지역 청소년들이 경험하는 심리적인 내면세계, 인생목표의 변화와 발전, 상이한 사회화 과정에서 발생하는 문제와 새로운 체제에의 적응 문제 등을 다년간의 패널조사를 통해 광범위한 통계수치를 제시하면서, 통일독일 청소년의 새로운 정체성 모색을 탐색하고 있다. 청소년 문화에 대한 연구도 부분적으로 다루어지기는 했지만, 주로 극우적 성향을 띤 청소년 폭력문화, 정치문화의 변동과 정치적 성향 등 과도기 사회의 현상적인 측면만 다룰 뿐이다. 특히 통일 이후 독일 청소년 여가 문화 Freizeitskultur에 대한 연구는 통일 직후 체제 전환기 과정에서 동독 지역 청소년들이 경험하는 생활세계의 변화만을 단편적으로 설명하는 데 그치고 있을 뿐이다. 랑게, 파린, 스투르츠베커, 바케, 파프 등이 통일 이후 동독 청소년 문화를 더 심층적으로 다룬 연구 결과이기는 하지만, 이 연구 결과들도 청소년 세대의 정치문화와 소비문화의 관계 속에서 청소년 문화를 집중적으로 조명하고 있을 뿐, 청소년 세대의 총체적인 문화변동 양상까지는 포착하지 못하고 있다. Elmar Lange, *Jugendkonsum im Wandel: Konsummuster, Freizeitverhalten, soziale Milieus und Kaufsucht 1990 und 1996* 독일 청소년의 소비행태의 변화(Opladen, 1997); Elmar Lange, *Jugendkonsum im 21. Jahrhundert: Eine Untersuchung der Einkommens-, Konsum- und Verschuldungsmuster der Jugendlichen in Deutschland* 21세기 청소년 소비문화(VS Verlag, 2004); K. Farin and Weidenkaff,

Jugendkulturen in Thüringen 튀링겐 청소년의 문화(Bad Tolez-Tilsner Verlag, 1999); Dietmar Sturzbecher(ed.), *Jugend in Deutschland: Lebenssituation und Delinquenz* 독일 청소년(Opladen, 2001); Dieter Backe, *Jugend und Jugendkultur: Darstellung und Deutung* 청소년과 청소년 문화(Juventa, 2004); Nicolle Pfaff, *Jugendkultur und Politisierung: Eine multimethodische Studie zur Entwicklung politischer Orientierung im Jugendalter* 청소년 문화와 정치화(VS, 2006).

8 Ralf Bohnsack, "Gruppendiskussion," *Qualitative Forschung* (Rowohlts, 2000), pp. 369~383.

9 2004년에 수행된 질적 연구에 대한 구체적인 사항은 김누리·노영돈·박희경·도기숙·이영란(이하 박희경 외), 『나의 통일 이야기: 동독 주민들이 말하는 독일 통일 15년』 (도서출판 한울, 2006), 274~284쪽 참조.

10 정하성·유진이, 『신청소년 문화론』(21세기사, 2006). 19~21쪽.

11 Hartmut Lüdtke, "Jugendlicher in ihrer Freizeit," in M. Markefka and R. Nave-Harz (eds.), *Handbuch der Familien- und Jugendforschung* (Neuwied/Frankfurt a.M., 1989). pp.571~572.

12 이 글은 통일 이후 동서독 지역 청소년 여가 문화의 변화에 대한 분석에 초점을 맞추었으므로 자본주의와 여가 문화, 문화산업에 대한 이론적 논의는 논외로 한다.

13 정하성·유진이, 『신청소년 문화론』, 73쪽.

14 같은 책.

15 알프레드 뤼트케, 『일상사란 무엇인가』, 이동기 외 옮김(청년사, 2002). 21쪽.

16 DDR 청소년 문화에 대한 심층적인 연구로는 W. Hennig and W. Friedrich, *Jugend in der DDR* (München: Juventa, 1991); Peter Voss, *Die Freizeit der Jugend* (Berlin: Dietz Verlag, 1981) 참조.

17 구동독 시절 거의 모든 청소년의 일상은 기상, 아침식사, 이른 오후까지 교내 활동(대부분의 학교는 오후 세 시 이전에 끝남), 방과 후 각자가 속해 있는 소년단 모임 활동, 부모님의 퇴근 시간에 맞춰 귀가, 가족과 함께하는 저녁식사, 취침으로 천편일률적이었다.

18 DDR에서 청소년의 대표적인 여가였던 스포츠를 예로 들어보자. DDR 정권은 모든 청소년에게 한 가지 이상의 스포츠를 할 것을 권장했고, 이들은 한 가지 이상의 종목을 학교와 소년단 활동 이외에 해야 할 의무가 있었다. 이를 통해 DDR 정권은 사회주의적 인성 양성, 스포츠 강국이라는 국제적인 이미지 조성, 군대적인 교육을 통해 사회주의

조국에 대한 애국심 고취, 생산성 향상에 대한 효과 기대 등의 구체적인 교육 목적을 달성하려고 했다. 특히 스포츠는 "고향을 수호하기 위한 준비Bereit zur Verteidigung der Heimat"(「DDR 청소년법」, 3장 35~38항)라는 모토로 합리화되어 스파르타식 교육과 경쟁을 부추기고, 크고 작은 국민체육대회를 통해 고무되었다. 따라서 스포츠는 여가 생활에 즐기기보다는 교육적 목적과 함께 '기록 향상을 위한 스포츠Leistungssport' 개념으로 보는 것이 타당할 것이다.

19 통일 이전까지 DDR의 청소년 정책노선의 토대는 발터 울브리히트Walter Ulbricht 와 에리히 호네커Erich Honecker 시대로 구분해 살펴볼 필요가 있다. 1946년에 DDR 사회주의통일당 서기장에 오른 울브리히트는 사회주의 체제의 기반을 다지는 데 전력을 다한다. 산업 재건과 함께 사회주의적 도덕과 가치의 강화 및 이데올로기의 정당성 추구를 내세운 DDR 사회의 변화 추구는 학교와 소년단이라는 청소년 일상의 전역에 걸쳐 일어난다. 즉, 학교와 소년단 교육은 사회주의 미래 양성의 중심지로서 울브리히트 정권이 가장 공을 들인 분야인데, 교육의 핵심 내용으로는 노동자 사회의 정당화, 계급의 적으로서 자본주의와 BRD 사회와의 뚜렷한 경계 긋기, 사회주의 실현을 위한 공동체적 가치 강조, 가정·학교·소년단의 3원 체제에서 실현하는 사상 교육의 조화로운 완성 등을 들 수 있다. 다시 말하면 울브리히트 시대의 청소년 정책은 '계급투쟁에 속하는 문제Teilfrage des Klassenkampfes'로서 사회주의 사회와 청소년 세대의 정체성 합일에 초점이 맞추어졌던 것이다. 이 점은 사회주의통일당의 청소년 정책이 "청소년 세대와 국가, 청소년 조직이 함께하는 자유와 민주주의, 사회주의를 위한 투쟁"으로 요약되는 사회주의 청소년 정책의 지침에서도 명백하게 드러난다. *Wöerterbuch zur sozialistischen Jugendpolitik* (Berlin, 1975), p.124. 반면 1971년에 서기장을 위임받은 호네커는 울브리히트의 교육정책을 이어가기는 하지만 DDR 사회의 전반적인 변화와 맞물려 그 영향력은 상대적으로 줄었다. 즉, 1970년대 중반부터 DDR 사회에 점차 나타나기 시작한 계획경제와 획일적·강압적 사상 교육의 결과는 체제에 대항하는 청소년 하위문화 내지는 일탈문화의 출현을 가속했다고 할 수 있다. 1970년대부터 DDR 사회에 등장하기 시작한 청소년 하위문화를 살펴보면 펑크나 메탈, 그루프티Grufties 등 음악과 패션, 예술적 퍼포먼스를 통해 사회주의 체제에 반항하는 집단이 있는가 하면, DDR 정권 체제에 반대하기는 하지만 좌파적 성향이 짙었던 평화모임 집단, 환경보호 집단, 제3세계 집단도 있었고, 민족주의적인 훌리건, 스킨헤드, 파쇼 등 우파적인 집단도 존재했다.

20 Walter Jaide, "Freizeit der Jugend im doppelten Deutschland," in Barbara Hille and Walter Jaide(eds.), *DDR-Jugend: Politisches Bewusstsein und Lebensalltag* (Opladen,

1993), p.102.

21 한편으로 공적 생활의 연장인 DDR 청소년 여가 문화도 세대에 따른 차이가 존재하는데, 특히 전환기 세대가 바라보는 소년단 생활에 대한 평가는 거의 긍정적이었다는 데 주목해야 한다. 이 차이는 전환기 세대가 경험한 소년단 문화가 통일을 기점으로 14세 미만의 청소년 세대였다는 사실과 관련이 있다. 즉, 이 나이는 정치적 이데올로기의 영향에 직접적으로 노출되지 않은 연령대였고, 따라서 이에 대한 비판적 인식이 결여되었으며, 통일이라는 혼란기 시대와 맞물려 상대적으로 DDR에 대한 긍정적인 회고가 더 강조되었던 것이다. 소년단에 대한 긍정적 평가는 통일 직후의 전환기 세대와 통일 직후 청년기로 막 진입한 20대 전후 세대에 뚜렷이 나타나고 있다. 이영란, 「통일 이후 동독 대학생의 가치관 변화」, 179~183쪽 참조.

22 틈새문화Nischenkultur라는 개념은 1980년대 이후 DDR 사회를 가장 잘 표현하고 있다. 대부분 BRD에서 유입된 자본주의 문화는 사회주의통일당 정권의 공식적인 통제에도 대다수의 DDR 주민이 은밀히 소유하고 즐기는, 이른바 대중적 문화 양상을 보여주었다. 즉, 자본주의 문화의 대중적 확산이 통제와 감시로 특징지어지는 사회주의통일당의 억압과 통제에 대한 분출구로서 틈새문화라는 아이러니한 상황이 초래된 것이다.

23 반면 BRD 청소년 문화는 1950년대 이후 미국과 영국의 록음악으로 대표되는 대중음악을 통해 탄생했다는 것이 정설이다. 미국이나 영국의 노동자 계급에서 시작된 록음악을 통해 ― 영미 지역의 청소년처럼 ― 서독 청소년들은 자신들의 자아 표현 방법과 정체성을 모색했으며, 이 현상이 대중적 의미를 부여받으면서 대중문화로 변형·발전한 것이다. 특히 테디보이Teddy Boys, 모드Mods, 로커Rockers, 펑크Punks 등이 서독을 비롯한 서구 청소년 문화를 주도하던 대표적인 장르였는데, 이 양상들은 DDR과 BRD의 상이한 사회체제에도 두 독일에서 나름의 영향력을 행사했고, 각각 다른 양태로 나타났다는 것은 이미 알려진 사실이다. 서독 청소년 여가 문화는 한마디로 학교나 직장과 같은 공적인 영역과는 상반되는 사적인 영역이자, 개인적 관심과 취향을 위주로 한 여가 활동을 말한다. 즉, 레저와 레크리에이션의 의미로서 즐거움이 동반되는 창조적이며, 사적인 활동인 것이다. 이 활동은 친구들과의 교류, 스포츠, 음악, 여행, 사회정치 참여 활동 등을 내용으로 하고 있는데, 이 여가생활 패턴은 현대산업사회에서 성장하는 청소년 세대에 공통적으로 나타나는 현상일 뿐 BRD 청소년의 여가 문화 현상에 국한되지는 않는다.

24 일반적으로 여가 활동의 범주는 TV 시청, 음악 듣기와 같은 미디어 분야, 컴퓨터와 인터넷 등의 정보통신 분야, 청소년 지역문화, 스포츠 센터 문화, 개인적인 취미 및 스

포츠 활동, 독서 등의 교양 활동, 사회단체나 교회 같은 종교단체에서의 활동, 친구들이나 주변 사람과 함께 보내는 일종의 사교 활동, 디스코텍이나 카페 등에서의 소비적 활동, 새로운 패션 및 유행 추구 등으로 나눌 수 있다.

25 Young-Ran Lee, "Analyse des problématiques identitaires liées aux mutations sociales dans les peuples divisés: L'étude des conflits d'appartenance nationale chez les étudiants berlinois"(Paris: Universitè Paris VII, 2003), p.268.

26 같은 글, 250쪽.

27 Elke Nolteernsting, *Jugend, Freizeit, Geschlecht*, p.152.

28 같은 책, p.139.

29 반면 대부분의 서독 청소년이 가장 선호하는 여가 활동은 '동년배와 함께 모여서 즐기는 시간'이었고, 이 여가시간은 자연스러운 일상 영역이었다.

30 Young-Ran Lee, "Analyse des problématiques identitaires liées aux mutations sociales dans les peuples divisés," p.298.

31 〈표 4-1〉을 보면 우선 TV 시청이 눈에 띠게 감소하고 있음을 알 수 있다. 그 원인은 통일 직후 청소년 단체가 와해되면서 대체적인 여가 활동이 아직 갖추어지지 않은 당시의 동독 지역 사회 상황과 관련이 있다. 1990년 통일 전후의 동독 지역에는 ― TV 시청 외에 ― 청소년을 위한 여가 문화 인프라가 아직 조성되지 않았고, 자본주의적 소비 대중문화의 물결도 동독 지역에 도착하지 않았기 때문인 것이다. TV 시청 여가 활동이 1995년에 이르러 거의 절반 이하로 감소한 것은 동독 지역 자본주의 소비문화의 정착으로 설명될 수 있을 것이다.

32 통일 이후 동독 지역에서는 경제구조 재건에 따른 대량 실업, 권위주의 해체 이후 나타난 가치관 혼란, 기대에 부응하지 못하는 통일독일 사회의 현실에 대한 동독 지역의 반항적 정체성 강화 현상 등 다양한 사회문제가 등장한다. 이 만회욕구도 권위주의 해체와 자유시장경제체제 도입과 불가분의 관련이 있다. 그러나 이 글에서는 통일이 동독 사회에 끼친 영향과 사회문제에 초점을 맞추기보다는 통일이 야기한 동독 사회의 변화가 동독 지역 청소년 여가 문화에 어떻게 반영되는지를 추적하고자 한다. 따라서 통일 이후 동독 지역의 경제 변화, 사회 변화 등 거시적인 차원의 기술은 논외로 한다.

33 Young-Ran Lee, "Analyse des problématiques identitaires liées aux mutations sociales dans les peuples divisés," p.198.

34 이영란, 「통일 이후 동독 대학생의 가치관 변화」, 187~191쪽.

35 극우주의Rechtsextremismus와 외국인 혐오Ausländerfeindlichkeit의 공통점은 불

평등 이데올로기와 폭력의 정당화, 인종중심주의Ethnozentralismus를 근간으로 한다는 것이다. 나아가 이 이데올로기들은 인종배척주의, 반유태주의, 신나치주의 등을 합리화한다.

36 Young-Ran Lee, "Analyse des problématiques identitaires liées aux mutations sociales dans les peuples divisés," p.232.

37 Bundesamt für Verfassungsschutz, *Bundesdeutschland Verfassungsschutsbericht* (Bonn, 2000).

38 *Shell Jugendstudie* (2002), p.76.

39 Yvonne Fritzsche, "Modernes Leben: Gewandelt, vernetzt und verkabelt," *Jugend Shell Jugendstudie*, Bd.1(Leske+Budrich, 2000), p.181.

40 H. Merkens, *Schuljugendliche in beiden Teilen Berlins seit der Wende* (Baltmannseiler, 1999); G. Merwald, *Der Jugendliche in Weiden: Studien zu Freizeitverhalten* (Weiden, 1997).

41 박희경 외, 『나의 통일 이야기』, 95~96쪽.

42 같은 책, 97쪽.

43 *Shell Jugendstudie*, Bd.1, pp.375~378.

44 이 설문조사에 참여한 브란덴부르크 거주 청소년들은 여가생활 환경에 대해 다소 불만족 22.1%, 매우 불만족 7.7%로 대답해 세 명 중 한 명이 불만을 나타냈고, 경제적 상황에 대한 다소 불만족은 23.6%, 매우 불만족은 14.4%로 전체 참여자의 40%에 육박한다.

45 Elmar Wiesendahl, "Keine Lust mehr auf Parteien: Zur Abwendung Jugendlicher von den Parteien," *APuZ*, B.10(2001)에서 재인용.

46 여기에서 대안문화에 대한 정의 개념에 봉착하게 된다. 즉, 대안문화를 사회의 하위문화로 인식되어온 기존의 청소년 문화에 대항하는 새로운 문화 양상으로 볼 것인지, 또는 서구의 68혁명 이후 권위주의적 사회질서와 정치에 대항해 청년 세대의 새로운 정치 참여를 유도했던 청년문화와는 다른 형태로 나타난 1990년 이후부터의 청소년·청년문화의 새로운 흐름으로 볼지에 대한 문제인 것이다. 통일 이후 동독 지역 전환기 이후 세대에 보여진 청소년 대안문화의 양상과 원인은 좀 더 다층적이다. 첫째, 동독 지역 청소년 대안문화의 양상은 급속한 자본주의 문화에 대항하는 면도 보이고, 둘째, 통일의 역작용으로 나타난 지역적 정체성 강화라는 부분도 있으며, 셋째, DDR 체제에서 제한되었던 비판적 사회참여가 통일 이후 가능해진 면도 있을 것이다.

47 Wolfgang Gaiser and Johann de Rijke, "Gesellschaftliche Beteiligung der Jugend: Handlungsfelder, Emtwicklungstendenzen, Hintergruende," *APuZ*, B.44(2001) 참조. 대표적인 단체들을 몇 개 소개해보면 다음과 같다. 드레스덴 청소년 문화 단체인 하티크바HATIKVA와 브란덴부르크 청소년 문화 단체인 다채로운 세상Bunt statt Braun은 미국식 자본이 주도하는 세계화 흐름에 맞서 지역 고유의 문화 정체성을 지키고자 만들어진 청소년 단체이고, 그린 시티Green City와 자연을 사랑하는 청소년Naturfreundejugend는 동독의 '청소년 그린피스'라 불리며 동독 지역 생태운동과 환경보호 운동을 주도하고 있다. 한편 반전반핵 단체인 반전 비둘기Tauben gegen Krieg는 동독 지역의 대표적인 청소년 단체로 손꼽힌다.

48 박희경 외, 『나의 통일 이야기』, 92쪽.

49 같은 책, 92쪽.

50 이 세대에 나타나는 가장 눈에 띄는 특징은 정치에 대한 관심의 감소이다. 독일 청소년 연구소의 청소년 연구조사 결과를 종합해보면 다음과 같은 변화가 나타난다. 12~24세의 청소년 중 정치에 대한 관심의 수치는 1991년 57%, 1999년 43.5%, 2002년 34%로 꾸준히 감소하고 있다. 정치·사회단체에 가입해서 활동하고 있는 서독 지역 청소년은 1992년 22%에서 1997년 21%로, 동독 지역 청소년은 18%에서 14%로 감소했고, 능동적으로 정치단체에 참여하고 있는 수치는 3% 미만이라는 턱없이 낮은 수치를 보이고 있다. Wolfgang Gaiser and Johann de Rijke, "Gesellschaftliche Beteiligung der Jugend: Handlungs-felder, Emtwicklungstendenzen, Hintergruende," p.11. 이 수치는 독일 뮌헨의 청소년 연구소가 1992, 1997, 1999년에 독일 청소년 7,000명(서독 4,500명, 동독 2,500명)을 대상으로 설문조사한 결과이다. 구체적인 조사 결과와 분석은 Ursula Hoffmann-Lange(ed.), 1995. *Jugend und Demokratie in Deutschland*(Opladen, 1995); Martina Gille and Wilfried Krueger(eds.), *Unzufriedene Demokratien: Politische Orientierungen der 16-bis 29 jaehrigen im vereinigten Deutschland*(Opladen, 2000) 참조.

51 *Shell Jugendstudie*, Bd.1, pp.181~219.

참고문헌

김누리·노영돈·박희경·도기숙·이영란. 2006. 『나의 통일 이야기: 동독 주민들이 말하는 독일 통일 15년』. 도서출판 한울.

노용오. 2005. 『청소년 문화론』. 구상.

뤼드케, 알프레드. 2002. 『일상사란 무엇인가』. 이동기 외 옮김. 청년사.

엘리아스, 노베르트. 1996. 『문명화 과정 I』. 한길사.

이영란. 2004. 「통일 이후 동독 대학생의 가치관 변화」. ≪경제와 사회≫, 제63호(가을호), 172~195쪽.

_____. 2005. 「집단적 아이덴티티와 고정관념에 대한 연구」. ≪경제와 사회≫, 제67호(가을호), 272~297쪽.

정하성·유진이. 2006. 『신청소년 문화론』. 21세기사.

Akademie Remscheid(ed.). 1991. "Jugendkultur im Osten und Westen Deutschlands." Dokumentation der Fachtagung 'Alltagskulturen Jugendlicher- Ein Vergleich zwischen BRD und DDR' vom 3.-bis 5. 10. 1990 in der Akademie Remscheid für musische Bildung und Medienziehung.

Backe, Dieter. 2004. *Jugend und Jugendkultur: Darstellung und Deutung*. Juventa.

Behnken, I. et al. 1991. *Shülerstudie '90: Jugendliche im Prozess der Vereinigung*. Weinheim und München.

Bohnsack, Ralf. 2000. "Gruppendiskussion." *Qualitative Forschung*. Rowohltd.

Büchner, P and H-H. Krüger(eds.). 1991. *Aufwachsen hüben und drüben*. Opladen.

Bolz, Alexander and Hartmut Griese(eds.). 1995. *Deutsch-deutsche Jugendforschung: Juventa Verlag*. München.

Bundesamt für Verfassungsschutz. 2000. *Bundesdeutschland Verfassungsschutsbericht*. Bonn.

Farin, K and Weidenkaff. 1999. *Jugendkulturen in Thüringen*. Bad Tolez-Tilsner Verlag.

Florin, C. 1997. '*Bloß nichts verpassen*' *Rheinischer Merkur*, NR. 4.

Förster, Peter. 1996. "Die 25 jährigen auf den lagnen Weg in das vereinte Deutschland:

Ergebnisse einer seit 1987 laufenden Längsschnittstudie bei jungen Ostdeutschen."
APuZ, B.43~44.

_____. 2002. *Junge Ostdeutsche auf der Suche nach der Freiheit: Eine systemüber-
greifende Längsschnittstudie zum politischen Mentalitätswandel vor und nach
der Wende.* Opladen.

Förster, Peter and Walter Friedrich. 1996. "Jugendlichen in den neuen Bundeslän-
dern: Ergebnisse einer empirischen Studie zum Wandel der Meinungen, Ein-
stellungen und Werte von Jugendlichen in Sachsen 1990 bis 1994." *APuZ*, B.19.

Förster, Peter and Uta Schlegel(eds.). 1997. *Ostdeutsche Jugendliche: Vom DDR Bür-
ger zum Bundesbürger.* Opladen.

Freidrich, Walter. 1991. "Zum Wandel der Mentalität ostdeutscher Jugendlicher seit
der 70er Jahren." in P. Büchner and H-H. Krüger(eds.). *Aufwachsen hüben
und drüben.* Opladen.

Fritzsche, Yvonne. 2000. "Modernes Leben: Gewandelt, vernetzt und verkabelt."
Jugend 2000, Shell Jugendstudie, Bd.1. Leske+Budrich.

Gaiser, Wolfgang et al. 2000. "Politikverdrossenheit in Ost und West? Einstellung
von Jugendlichen und jungen Erwachsenen." *APuZ*, B.19~20, pp.12~23.

Gaiser, Wolfgang and Johann de Rijke. 2001. "Gesellschaftliche Beteiligung der Jugend:
Handlungsfelder, Emtwicklungstendenzen, Hintergruende." *APuZ*, B.44.

Gensicke, Thomas. 1995. *Deutschland im Wandel: Sozialer Wandel und Wertwandel
in Deutschland vor und nach der Wiedervereinigung.* Speyer.

_____. 1998. *Die neuen Bundesbuerger: Eine Transformation ohne Integration.*
Verlag der Sozialwissenschaft.

_____. 2001. "Auf dem Weg der Integration: Die neuen Bundesbürger nach der
Einheit." *Deutschland Archiv*, 3(2001).

_____. 2002. "Individualität und Sicherheit in neuer Synthese?: Wertorientierungen
und gesellschaftliche Aktivität." *Shell Jugendstudie*, 2002.

Gille, Martina and Wilfried Krueger(eds.). 2000. *Unzufriedene Demokratien: Politische
Orientierungen der 16- bis 29 jaehrigen im vereinigten Deutschland.* Opladen.

Günther, C., U. Karig and B. Lindner. 1991. "Wendezeit-Kulturwende? Zum Wandel
von Freizeitsverhalten und kulturellen Lebensstilen bei Heranwachsenden in

Ostdeutschland." in P. Buechner and H-H. Krueger(eds.). *Aufwachsen hüben und drüben: Deutsch-deutsche Kindheit und Jugend vor und nach der Wiedervereinigung.* Opladen.

Gydow, Hubert. 1997. *Die Selbstverwirklichung und Sozialisation der Jugend vor und nach der Einheit.* München.

Hennig, W. and W. Friedrich. 1991. *Jugend in der DDR: Juventa.* München.

Hille, Barbara. 1976. "Zum Stellenwert des Sports bei Jugendlichen in der Bundesrepublik und in der DDR." *Deutschland Archiv,* 6, pp.592~601.

Hoffmann-Lange, Ursula(ed.). 1995. *Jugend und Demokratie in Deutschland.* Opladen.

Hug, E. et al. 1995. *Wir sind o.k. Stimmungen, Einstellungen, Orientierungen der Jugend in den 90er Jahren: Die IBM Jugendstudie.* Köln: Bund Verlag.

Jaide, Walter. 1993. "Freizeit der Jugend im doppelten Deutschland." in Barnara Hille and Walter Jaide(eds.). *DDR-Jugend: Politisches Bewusstsein und Lebensalltag.* Opladen.

Kappeler, M., G. Barsch, K. Gaffron, E. Hayner, P. Leinen and S. Ulbricht. 1999. *Jugendliche und Drogen: Ergebnisse einer Längsschnittuntersuchung in Ost-Berlin nach der Maueröffnung.* Opladen.

Lange, Elmar. 1997. *Jugendkonsum im Wandel: Konsummuster, Freizeitverhalten, soziale Milieus und Kaufsucht 1990 und 1996.* Opladen.

_____. 2004. *Jugendkonsum im 21. Jahrhundert: Eine Untersuchung der Einkommens-, Konsum- und Verschuldungsmuster der Jugendlichen in Deutschland.* VS Verlag.

Lee, Young-Ran. 2003. "Analyse des problématiques identitaires liées aux mutations sociales dans les peuples divisés: L'étude des conflits d'appartenance nationale chez les étudiants berlinois." Paris: Université Paris VII.

Lüdtke, Hartmut. 1989a. "Jugendlicher in organisierter Freizeit." in M. Markefka and R. Nave-Harz(eds.). *Handbuch der Familien- und Jugendforschung.* Neuwied/Frankfurt a.M.

_____. 1989b. "Jugendlicher in ihrer Freizeit." in M. Markefka and R. Nave-Harz(eds.). *Handbuch der Familien- und Jugendforschung.* Neuwied/Frankfurt a.M.

Markefka, M and R. Nave-Harz. 1989. *Handbuch der Familien- und Jugendforschung.* Neuwied/Frankfurt a. M.

Melzer, Wolfgang, Bernd Lindner and Elke Nolteersting. 1992. "Getrennte Vergangenheit-gemeinsame Kultur?: Jugendkulturen im Prozess der deutschen Vereinigung." in Gerhard Neubauer(ed.). *Jugend im deutsch-deutschen Vergleich: Die Lebenslage der jungen Generation im Jahr der Vereinigung.*

Merkens, H. 1999. *Schuljugendliche in beiden Teilen Berlins seit der Wende: Reaktionen auf den sozialen Wandel.* Baltmannseiler.

Merwald, G. 1997. *Der Jugendliche in Weiden: Studien zu Freizeitverhalten.* Weiden.

Neubauer, Gerhard et al.(eds.). 1992. *Jugend im deutsch-deutschen Vergleich: Die Lebenslage der jungen Generation im Jahr der Vereinigung.* Luchterhand.

Nolteernsting, Elke. 1998. *Jugend, Freizeit, Geschlecht.* Opladen.

Pfaff, Nicolle. 2006. *Jugendkultur und Politisierung: Eine multimethodische Studie zur Entwicklung politischer Orientierung im Jugendalter.* VS.

Schmidt, Harald. 1991. "Jugend und Tourismus." *Jugend in der DDR.* Weinheim/Muenchen: Juventa Verlag.

_____. 1997. "Jugend reist-Freizeittourismus ostdeutscher Jugendlicher in den 90er Jahren." in Ute Schlegel and P. Foerster(eds.). *Ostdeutsche Jugendliche.*

Schmidt, H and W. Haas. 1994. *Interkulturelle Beziehungen zwischen Deutschen und Polen aus der Sicht der Jugendlichen: Forschungsgruppe LEIF.* Leipzig.

Shell Jugendstudie. 1990, 1992, 1997, 2000, 2002. Fischer Taschenbuch.

Sturzbecher, Dietmar(ed.). 2001. *Jugend in Deutschland: Lebenssituation und Delinquenz.* Opladen.

Veen, Hans-Joachim. 1986. "Lebensperspektiven, Arbeitsorientierungen und politische Kultur Jugendlicher in der Mitte der 80er Jahre." in Rüdiger von Voss and Karl Friedrich(eds.). *Die Jungswähler.* Stuttgart.

_____. 1994. *Eine Jugend in Deutschland? Orientierungen und Verhaltensweisen der Jugend in Ost und West.* Opladen.

Voss, Peter. 1981. *Die Freizeit der Jugend.* Berlin: Dietz Verlag.

Wiesendahl, Elmar. 2001. "Keine Lust mehr auf Parteien: Zur Abwendung Jugendlicher von den Parteien." *APuZ*, B.10, pp.7~19.

Wöerterbuch zur sozialistischen Jugendpolitik. 1975. Berlin.

5

통일 이후 독일 문학계의 지형변화[*]

류신

통일독일의 문학은 통일이 몰고 온 정치적·경제적·사회적·문화적 변화를 민감하게 포착해 기록하면서, 그 자신도 이에 못지않은 변화의 진통을 겪고 있다. 이 글은 독일 통일 20년이 새롭게 그려낸 독일 문학계의 지형도를 살펴봄으로써 통일독일 문단의 현재를 점검해보고, 21세기 독일 문학의 향방과 미래를 조심스럽게 가늠해보려는 의도에서 쓰였다.[1] 통일 이후 독일 문학계의 지형을 톺아보면 세 가지 중요한 변화 및 특징이 감지된다. 무엇보다도 작가의 권위가 크게 실추되었을 뿐 아니라 문학의 입지도 몰라보게 좁아졌고, 가혹한 청산의 표적이었던 동독 문학이 버젓이 살아남았으며, 새로운 문학적 감수성으로 무장한 신세대 작가들의 출현으로 문단의 세대교체가 급격히 이루어졌다.

1. 문학의 '황금시대'는 지나갔다

두 개의 살풍경을 떠올려보자.

장면 1 땅속에 파묻히거나 불태워져 끔찍하게 처형된 '독서 최강국' 동독산産 책들. 1933년 괴벨스의 지휘 아래 감행된 나치의 책 태우기 야만이 홀연 머릿속에 떠오른다. 이런 치욕을 겪지 않고 무게로 달아 폐휴지로 폐기 처분된 동독의 책들은 그나마 전관예우의 대접을 받았던 셈이다.

장면 2 한 문학평론가의 손에 의해서 해체된 '독일 정체성 생산공장'. 1995년 ≪슈피겔Der Spiegel≫의 표지는 '비평계의 황제' 마르셀 라이히-라니츠키Marcel Reich-Ranicki가 '독일의 비공식적 양심'인 귄터 그라스의 소설 『광야Ein weites Feld』를 찢는 도발적인 사진으로 장식되었다.

매장과 화형을 통해 책이 잔혹하게 제거되는 살풍경과 독일을 대표하는 작가의 분신이 무례하게 난도질당하는 장면은 통일 이후 독일 문학계가 처한 간난艱難한 운명을 상징적으로 보여준다. 통일독일의 문학계에서 무엇보다도 가장 먼저 눈에 띄는 현상은 작가의 입지가 크게 위축되었고 문학의 사회적 영향력이 급격하게 감소되었다는 점이다. 크게 네 가지 측면에서 그 원인을 찾아볼 수 있다.

첫째, 작가들이 통일의 '패배자'나 '훼방꾼'으로 낙인찍혔다. 동서독을 막론하고 독일의 대다수 작가는 독일 통일을 반대하거나 이에 대해 회의적인 태도를 보였다. 크리스타 볼프Christa Wolf, 하이너 뮐러Heiner Müller, 슈테판 하임Stefan Heym, 폴커 브라운Volker Braun, 크리스토프 하인 등 동독의 비판적 재야작가들은 동독혁명의 열기 속에서 '인간의 얼굴을 한 사회주의'를 동독의 땅 위에 건설할 수 있다는 희망을 봤기 때문에 통일에 반대하는 입장을 보였다. 이들은 서독의 파시즘적 자본주의와 동독의 스탈린주의적 사회주의를 동시에 지양하면서 민주적 사회주의를 실현하려는 꿈을 고집스럽게 간직하고 있었던 것이다. 따라서 이들에게 동독의 몰락은 단순한 체제의 붕괴를 넘어 유토피아에 대한 간구懇求가 좌절되었음을 의미했다. '개혁사회주의자'로서 펜을 잡았던 이들에게 '전환기'는 희망과 절망이 천국과 지옥의 결혼처럼 손잡은 때였다. 이런 맥락에서 꿈의 터를 잃어버린 동독 작가들은 독일 통일의 가장 큰 '패배자'로 볼 수 있다. 동독 작가들이 사회주의 유토피아에 대한 꿈 때문에 통일을 반대했다면, 귄터 그라스와 같은 서독 작가들은 통일로 인해 독일이 거대한 민족국가로서 재탄생되는 것을 두려워했기 때문에 통일에 대해 회의적인 태도를 견지했다. 즉, 이들은 나치라는 독일의 역사적 악몽을 다시금 환기하며 통일이 거대 국가 독일이라는 공룡을 부활시켜 유럽의 세력균형을 깨뜨릴 수 있다고 경고했던 것이다. 이런 작가들의 반통일 논리는 통일을 사회주의에 대한 자본주의의 승리로 인식하는 서독의 기득권 세력과 보수적 지식인들에 의해 집중 포격을 받았고 이로 인해 이들은 통일의 '훼방꾼'이라는 달갑지 않은 꼬리표를 얻게 되었다.

둘째, 통일 공간에서 전개된 격렬한 '문학논쟁'으로 인해 동독 작가들의 위상이 추락했다. 크리스타 볼프의 소설 『남아 있는 것Was bleibt』에 대한 공격으로 촉발된 이 논쟁은 작품을 둘러싼 문학적·미학적 평가를 뛰어넘어 고도의 정치적 성격을 띠고 있었다. 동독 '정체성의 상징'으로, '도덕적 심급'으로 인정받던 크리스타 볼프에 대한 공격은 "동독의 정치적·경제적 주권이 와해되어가는 시점에서 이제 마지막으로 남아 있는 동독의 정신적·도덕적 자의식을 해체"[2]함으로써 동독 문학 전체를 '고철화'하려는 가혹한 청산의 시도로 이어졌고, 급기야는 통일 이후 좌우 지식인의 헤게모니를 둘러싼 쟁투 양상으로 번져갔다. 어쨌든 문학논쟁을 통해 볼프는 물론 동독을 대표하는 수많은 작가의 권위가 '싸잡아' 실추된 것만은 부인할 수 없는 사실이다. 엎친 데 덮친 격으로 동독 작가들의 슈타지 협조 전력 사실이 드러나면서 이들의 도덕성은 치유하기 어려울 정도로 손상되었다. '프렌츠라우어베르크Prenzlauerberg' 그룹 가운데 가장 촉망받던 작가 자샤 안더존Sascha Anderson과 라이너 쉐들린스키Rainer Schedlinski가 슈타지 비공식협력요원Inoffizielle Mitarbeiter으로 활동했음이 밝혀졌고, 심지어 이들의 슈타지 전력을 기습적으로 폭로한 볼프 비어만 자신도 슈타지에 '무의식적'으로 협조한 사실을 고백해 파장을 일으켰다. 크리스타 볼프와 하이너 뮐러까지도 정보국과 내통했다는 구설수에 오르면서 가뜩이나 자존심에 상처를 입은 동독 작가들의 도덕적 정체성이 철퇴를 맞았다. 이처럼 동독 체제의 부당함을 증거하고 서독이 주도하는 통일에 정당성을 부여하는 이슈로 대두된 슈타지 문제는 끝까지 동독 사회주의의 개선을 요구하던 동독 작가들의 입지를 위축시키는 결과를 초래했다.

셋째, 통일 이후 사회문화적 환경과 매체환경이 급속히 변함으로써 작가의 기능과 역할이 의문시되고 있다. 주지하듯이 독일의 작가들은 '민족의 양심', '게르만족의 스승', '보편적 가치의 담지자'로서 널리 기려지며 매우 높은 사회적 권위를 누려왔다. 하지만 통일 이후 사회가 다양하게 분화되면서 작가들의 사회적 발언권이 축소되고 현실적 영향력이 급속히 감소되었으며, 영상매체 시대와 디지털 시대에 본격적으로 진입하면서 문학도 지난날 주도 매체로서 누리던 영광을 잃어버렸다. 문학이라는 자신의 전문 영역에서 일탈해 사회적 공론장에서 월권을 행사하던 지식인으로서의 작가가 퇴장한 자리를 이제 해당 분야의 전문가와 단체가 채우고 있다. 말하자면 지식인 역할의 '사회화'가 이루어지고 있는 것이다. "우리는 하인리히 뵐Heinrich Böll을 잃어버렸다. 하지만 그 대신 우리는 국제사면위원회와 그린피스를 얻었다"[3]라는 한스 마그누스 엔첸스베르거Hans Magnus Enzensberger의 말은 사회의 변화에 따른 작가의 기능 변화를 함축적으로 보여주는 대목으로 읽힌다. 한편 깊이와 관조와 명상 대신 오락과 자극과 충격을 공급하는 총천연색 영상과 화려한 디지털 이미지의 폭격 앞에 '흑백'의 문학은 과거 그 어느 때보다도 설 자리를 위협받고 있다. 심지어 ─ 볼프강 힐비히가 뷔히너 수상연설문에서 유감을 표명했듯이 ─ "문학이 대중매체의 궁전으로 계속해서 달려들"[4]어가면서 자신의 정체성을 포기하는 지경에까지 이르고 있다.

특히 서독에 비해 상대적으로 높은 위상을 지녔던 동독 작가들은 통일 이후 추락의 쓴맛을 맛봐야만 했다. 체제 비판적 작가들과 그들의 작품이 없었다면 동독에서는 개인의 생각과 대안적 구상이 표명될 수 있는 틈새 공간은 전무했을 것이다. 모니카 마론Monika Maron의 적절한 비유처럼 동독의 비판적인 작가들의 어깨에는 "침묵을 강요당한 다수를 대신해 말하라는 엄청난 의무"가 드리워져 있었고, 따라서 동독에서 문학은 "금지당한 여론이 집결되었던 작은 샘"[5]이었다(자유로운 정치활동이 보장되지 않았던 1980년대 한국의 문학도 학생운동과 더불어 현실의 모순을 비판하는 '대리적 표현 기능'을 떠맡았다). 그래서 "사람들은 신문 대신 책을 샀던 것이다".[6] 하지만 통일과 함께 동독 문학은 이제 대체 언론, 즉 '보완적 공공성Ersatzöffentlichkeit'으로서의 기능을 수행할 필요가 없게 되었다. 물론 통일로 인해 작가들은 자신이 짊어지고 가야만 했던 과도한 사회적 책임감에서 벗어날 수 있었지만, 동시에 비판적 지식인으로서 '고통스럽게' 누렸던 명예로운 특권을 상실하게 되었다. 이제 "문학의 비판적·도덕적 기능은 다른 기능과 더불어 그리고 그 가운데 한 가지 문학적 가능성"[7]으로 잔존할 뿐이다. 통일 이후 전면화된 "엘리트 빈곤Elend der Eliten"[8]의 시대에, "대표성이 아니라 기능을 원하고 진실 대신에 정보를 필요로 하는 시대"[9]에, 동서독 작가들 공히 방향을 잃고 주춤거리고 있다. 그사이 문학권력의 칼자루는 비평가나 출판사의 편집인이 움켜잡은 듯하다.

넷째, 독자도 갈수록 본격문학을 외면하고 있다. 이제 책을 통해서 그리고 문학 작품을 읽는 가운데 문화와 사회, 정치와 역사에 관한 규범과 가치에 대해 서로 의사소통하던 교양시민이라는 주역은 차츰 종적을 감추고 있다.[10] 멀티미디어 시대를 앞당긴 디지털 혁명이 시민사회라는 구질서의 축대를 붕괴시키고 있는 것이다. 이제 문학에서만 정보나 여흥을 찾을 필요가 없게 되었다. 정보와 여흥은 텔레비전이나 컴퓨터가 충분히, 정확하게, 그리고 더 빨리 제공해주기 때문이다. 이제 대다수의 독자는 교훈보다는 향유를 위해 오락성 짙은 통속문학을 더 선호한다. 무엇보다 통일을 계기로 동독 사람들의 독서관에 많은 변화가 있었다. 인구 1,600만 명에 불과한 나라에서 매년 1억 5,000여 권의 책이 출판될 정도로 동독은 "인위적으로 만들어진 '독서의 나라Leseland'"[11]였다. 동독은 민중을 교화할 목적으로 문학 작품을 읽었다. 문학에 관심이 없는 사람도 의무적으로 읽어야 했던 것이다. 하지만 베를린 장벽의 붕괴로 동독이라는 '구텐베르크의 은하계'도 함께 무너졌다. 서구의 대중문화와 전자매체의 공습을 막아주던 마지막 보루가 무너진 것이다. 통일 이후 동독인에게 "문학은 이제 민중의 아편"[12]으로 기능하지 않는다. 통일 직후 동독인들의 독서목록은 주로 새로운 자본주의 사회에 적응하기 위해 필요한 처세술 관련 책이나 여행 안내서 같은 책으로 채워졌다. 그들은 이제 크리스타 볼프나 슈테판 하임의 묵직한 소설 대신 존 그리샴John Grisham과 스티븐 킹Stephen Edwin King 같은 대중 작가의 가벼운 소설에 몰두하고 있다.[13] 동독인에게 이제 문학은 '생필품'이 아니라 다양한 오락거리 가운데 하나의 문화상품일 뿐이다. 이처럼 독자의 외면과 무관심 속에 작가들은 급격히 위축의 협로로 내몰리고 있다.

지금까지 통일 이후 문학이 생산·평가·소비되는 '문학장Literaturfeld'의 변화를 살폈다. 전후 독일에서 구가했던 "문학의 황금시대ein Goldenes Zeitalter der Literatur"[14]는 이제 옛말이 된 모양이다.

2. 동독 문학은 살아 있다

통일을 계기로 독일 문학은 지난 41년간 혹처럼 달고 다니던 '동' 혹은 '서'라는 분단의 형용사를 떼고 '하나의 문학'으로 복원되었다. 동서독 문학의 소통과 통합 과정이 예상보다 순조로웠던 것은 동서독 문학이 통일 이전부터 일정한 동질성을 지니고 있었기 때문이다. 우선 전후 독일 문학은 '한 세대의 문학', 즉 나치 과거의 트라우마가 자신들의 염색체에 화인火印처럼 찍혀 있던 제2세대 작가들에 의해 주도되었다는 점을 들 수 있다. 이는 서로 상이한 체제와 이데올로기에서 자란 동서독 문학이 통일 이전부터 장벽을 뛰어넘어 내적으로 소통하고 있었다는 증거이다. 그리고 동서독 작가들이 공히 동일한 언어를 사용하고, 공통의 문화 전통 속에서 글을 써왔다는 점은 동서독 문학의 통일성을 담보하는 중요한 요인으로 작동했다. 또한 동독 작가들의 작품이 서독에서 출판되고, 동독 작가들이 서독으로 이주하거나 추방되어 작품 활동을 해온 점도 통일 이후 두 독일 문학이 하나가 되는 데 밑거름이 되었다. 덧붙여 서독과 마찬가지로 동독 문학도 동독이 현대산업사회의 단계로 접어들면서 발생한 여러 문제점들을 다루고 있었다는 사실도 두 문학을 더욱 닮은꼴로 만들었다. 그렇지만 통일과 더불어 두 독일 문학이 완전히 하나가 되었다고 섣불리 단정할 수는 없을 것이다. 무엇보다도 적지 않은 분단의 세월 동안 서로 다른 체제와 사회문화적 환경 아래 형성된 동서독 문학의 '차이'가 통일을 계기로 한순간에 사라질 수는 없기 때문이다. 그래서인지 통일 이후 문학계를 자세히 들여다보면 동독 문학의 독자성이 여전히 관찰된다.

엄밀한 의미에서 동독이 서독에 일방적으로 흡수 통합된 1990년을 기점으로 '동독 문학'은 존재할 수 없다. 통일로 인해 동독의 문학제도들(작가단체, 출판사, 서점, 문예비평, 문학잡지 등)은 붕괴되거나 서독식으로 재편되었고, 동독 작가들은 자신들의 존재 기반, 즉 국가가 정책적으로 문학의 사회적 의사소통 기능을 장려하던 동독이라는 '문학사회Literaturgesellschaft'가 완전히 해체됨으로써 하루아침에 '천직'을 박탈당한 실업자로 전락하게 되었다. 폴커 하게Volker Hage의 말대로 통일이 "동독의 작가들을 해고"[15]한 것이다. 또한 통일 직후 서독의 보수적 비평가들은 ― 크리스타 볼프 논쟁이 잘 보여주듯이 ― 작품의 내용이나 수준에 상관없이 동독 문학 전체를 깨끗이 재고 정리하려는 당돌한 청산 의지를 노골적으로 드러내며 동독 작가들의 자존심을 짓뭉갰다. 동독 작가들은 국가가 작가와 예술가를 존중했던 '문학사회'로부터 자본주의 문학시장으로 내던져졌고, 동독 문학은 제 가치를 인정받지 못한 채 매장될 절체절명의 위기에 직면했다. 이렇게 통일 직후 동독 문학은 임종을 앞둔 중환자처럼 가쁜 숨만을 근근이 이어가고 있었다.

하지만 동독 문학의 생명력은 끈질겼다. 통일 후 20여 년이 지난 지금, 동독

문학은 "서독 문학과 동질적이면서 동시에 독자적인 문학"[16]으로 버젓이 살아 남았고, 푸대접을 받던 동독 작가들의 위상은 오히려 높아가고 있다. 이는 정치, 경제, 제도의 통합 과정에서는 서독에 의한 동독의 흡수 통합이라는 '독일 통일의 논리'가 적용될 수 있었지만, 문화적 차원에서는 일방통행적인 통일의 논리가 온전히 관철될 수 없었다는 사실을 잘 반영한다. 동독이 해체되면 아무런 문제없이 서독 문학이 동독 문학을 '접수'할 수 있으리라는 태도의 배후에는 "문화의 전개 과정과 고유한 특성들은 한 국가의 종말과 같은 어느 특정한 시점에 갑자기 중단되는 것"[17]은 아니라는 사실을 무시한, 역사의 승자가 갖는 오만함이 숨어 있다.

우선 통일 직후 보수 언론계와 평단이 처형을 목적으로 집중 공격을 주도했는데도 동독 제2세대 작가들은 살아남았다. 하이너 뮐러, 폴커 브라운, 크리스타 볼프, 크리스토프 하인, 볼프 비어만, 라이너 쿤체Rainer Kunze, 귄터 쿠너르트Günter Kunert 등 1920~1930년대에 출생한 이들은 유년기와 청년기에 파시즘을 체험했으며 종전 후에야 나치즘의 죄악을 깨닫고 부끄러운 과거에 대한 속죄의 형식으로 사회주의를 선택해 그 재건에 전념한 세대이다. 하지만 이들은 1960년대 중반부터 동독 체제가 스탈린주의적으로 기형화되자 점차 체제 비판적인 입장으로 선회하면서, 이른바 동독의 '재야문학'을 주도하는 세력이 된다. 그렇다고 해서 이들이 사회주의 유토피아 자체를 포기한 것은 아니다. 비록 현실사회주의를 단호하게 비판하더라도 사회주의 이상에 대한 확신만은 결코 저버리지 않았던 것이 이 세대 전체가 합의한 내용이었다. 따라서 이들에게 동독의 몰락은 유토피아의 실험 공간 자체가 사라지는 것을 의미했고, 이로 인해 이들이 통일 공간에서 감내해야 했던 충격과 박탈감은 우리의 상상을 초월하는 것이었다. 하지만 시간이 지나면서 이들은 동독 시절에 체제에 맞서 비판의 목소리를 내며 자신들의 입지를 지켜온 백전노장답게 작가로서의 자신감을 되찾고 새로운 문학의 가능성을 모색하고 있다.

하이너 뮐러(1995년 사망)는 통일 직후 심각한 글쓰기의 장애를 극복하고 드라마 『게르마니아 3Germania 3』(1995)을 발표해 세계적인 극작가로서 명성을 확고히 굳히며 살아 있는 "동독신화Mythos DDR"[18]가 되었다. 크리스타 볼프는 오랜 침묵을 깨고 『메데아: 목소리들Medea: Stimmen』(1996)을 발표하며 문학논쟁의 후유증에서 벗어난 모습을 보여주었으며, 최근 사회주의라는 '님'은 떠났지만 아직 '님'을 보내지 못한 자의 고통스러운 내면을 그린 소설 『살아 있는 것처럼 생생한Leibhaftig』(2002)과 『다른 시선으로Mit anderem Blick』(2005)를 발표하며 건재를 과시하고 있다. 우파들의 집중 공격을 받으면서도 "이 시대의 대가"[19]로 우뚝 선 폴커 브라운도 시집 『투물루스Tumulus』(1999)에 이어 신작 시집 『아름다운 익살극에 부쳐Auf die schönen Possen』(2004)를 출판해 독자와 평단의 주목을 받고 있다. 크리스토프 하인도 소설 『나폴레옹극Das Napoleon-Spiel』(1995)에 이어 자본주의 사회에 적응해가는 동독인의 삶을 그린 『빌렌브로크Willenbrock』(2000)를 선보였다.

그렇다면 제2세대 작가들이 온갖 난관이 있는데도 통일독일 문단에서 자신의 입지를 탄탄히 다져갈 수 있는 까닭은 무엇일까? 크게 두 가지 요인을 생각해볼 수 있다. 첫째, 서독 작가들과 달리 사회주의의 '현실'과 '이상', '검열'과 '특권' 사이에서 부단히 갈등하고 고뇌함으로써 형성된 '두 겹의 삶'과 이를 통해 체득한 '균형 잡힌 시각'을 꼽을 수 있다. 어느 한편으로 편중되지 않고 동서독 모두를 잘못된 체제로 비판하고 있다는 것이 통일 이후 이들의 작품에서 공통적으로 나타나는 특징이라는 사실은 결코 우연의 일치가 아니다. 폴커 브라운은 2005년 안성찬과 가진 인터뷰에서 동독 지식인들이 지닌 이러한 균형감각을 동구권 특유의 건강한 '정신적 자산'으로 해석하고 있다.

동독의 지식인들은 현실사회주의의 문제를 잘 알고 있을 뿐 아니라 서구 자본주의의 한계도 비판할 수 있는 균형 잡힌 시각을 지니고 있습니다. …… 동구권의 지적 자산이 소멸된다는 것은 서구 자본주의가 자신을 비판적으로 성찰할 수 있는 시야를 잃어버리게 된다는 것을 의미합니다. 자기 성찰 없는 맹목적 질주는 커다란 재앙을 가져오기 마련입니다. 동구권의 몰락 이후 서구가 그런 방향으로 나아가고 있다는 나의 우려가 현실이 되지 않기를 바랍니다. 균형 잡힌 시각과 탄력적인 사고는 대부분의 동독인이 공유하는 정신적 자산이기도 합니다.[20]

동독 작가들이 지닌 '균형 잡힌 시각'은 사유의 긴장과 역동성 없이는 확보할 수 없는 것이며, 때문에 이러한 비판적 감각은 이리스 라디쉬Iris Radisch의 지적처럼 통일 이후 점점 잊혀져 가는 문학의 "사회비판적gesellschaftkritisch"[21] 기능을 고려할 때 오늘날 독일 문단에서 절실히 요청되는 미덕이다. '두 겹의 삶'을 통해 벼려진 '이중의 시각'은 분단에서 통일로 이어지는 독일의 역사가 동독 제2세대 작가들에게 수여한 훈장이다.

둘째, 자신들의 이상과 존재기반을 상실한 제2세대 작가들이 통일 공간에서 어떤 방식으로든 자신의 정체성을 다시 찾아야 한다는 실존적 문제의식과 절박한 위기의식을 갖고 있다는 점이 창작을 위해서는 오히려 긍정적인 조건으로 작용하고 있다. 통일로 인해 별다른 손해나 상처를 입지 않은 대다수 서독 문인과 비견해 이들이 감수해야 하는 상실감은 오히려 이들의 작품을 살찌우는 '보약'이 되고 있는 것이다. 귄터 그라스는 김누리와의 대담에서 통일 이후 동독 작가들이 좋은 작품을 발표할 수 있는 이유를 다음과 같이 밝히고 있다.

한 가지 흥미로운 것은 동독 작가의 경우 개인주의적으로 자신을 과장하는 경향이 덜하다는 점입니다. 이는 틀림없이 그들이 이야기할 주제를 갖고 있기 때문일 겁니다. 그들은 상실을 그려내야만 하는 것입니다. 정체성 상실, 이력의 상실을 말입니다. …… 동독인이 겪어야 했던 그 모든 상실에도 그들은 얻은 것이 있습니다. 동독 출신 작가들이 더 좋은 책을 쓸 수 있다는 것은 역사의 과정 속에서 패배자가 거둔 작은 승리입니다. 승리자는, 그러니까 승리자로서 글을 쓰는 사람은 대개 아주 바보 같은 책을 쓰는 법입니다.[22]

무릇 빼어난 수작秀作은 승자가 누리는 기쁨과 도취의 광장에서 빚어지는 것이 아니라 패자가 감내하는 갈등과 고통이 삭여진 자리에서 움트는 법이다. 동독 작가들이 상실의 아픔이란 불우한 조건을 오히려 창조적 자산으로 활용함으로써 '좋은 책'을 쓸 수 있었던 것은 그라스의 적확한 표현대로 역사의 '패자가 거둔 작은 승리'로 볼 수 있을 것이다.

　한편 통일독일 문단에서 동독 제3세대 작가들의 약진도 눈에 띈다. 자샤 안더존, 우베 콜베, 잉고 슐체, 두어스 그륀바인, 쿠르트 드라베르트, 토마스 브루시히, 앙겔라 크라우스, 브리기테 부르마이스터, 라인하르트 이르글 등 대개 1950~1960년대에 출생한 이 젊은 세대 작가들의 현실인식은 앞 세대와는 판이하게 다르다. 이들은 전쟁의 참상을 경험하지 않고 — 우베 콜베의 시구를 빌리자면 — 이미 사회주의의 "땅 안에 태어난hineingeboren"[23] 세대로서 사회주의 국가 건설에 대한 어떠한 의무감도, 동독 사회 내부의 모순을 꼬집는 데 어떠한 부담감도 갖고 있지 않았다. 이들은 작품을 통해 사회주의의 실현에 참여하는 이른바 "사회주의 문인Sozialliteraten"[24]에 속하지 않았다. 이들 가운데 대부분은 베를린의 반문화 집단인 '프렌츠라우어베르크' 그룹의 일원으로 이데올로기와 무관하게 자신들의 섬세한 정서를 새로운 언어실험을 통해 표현해왔다. '봉건사회주의Feudalsozialismus'의 허위적 실상을 너무 뻔히 보고 자란 이 세대는 사회주의 유토피아에 대한 믿음을 애초부터 가지고 있지 않은 "사회주의적 보헤미안sozialistische Boheme"[25]이었다. 이들은 "사회주의를 단지 '변형된 현실'로만 알았지, 더는 '다른 것에 대한 희망'"[26]으로 보지 않은 세대였던 것이다. 따라서 이들은 제2세대 작가와 달리 통일을 단절과 불안으로 체험하지 않고 오히려 새로운 출발의 계기로 받아들일 수 있었고 억압의 굴레로부터의 해방으로 인식할 수 있었다. 문학논쟁에 휘말려 좌표를 잃고 헤매고 있던 기성세대 작가들과 달리 제3세대 작가들이 통일 이후 왕성한 창작 활동을 펼칠 수 있었던 이유는 바로 여기에 있다. "장벽이 무너지자/ 나는 내 마음 속의 장벽을 본다"[27]라는 폴커 브라운의 시구가 상징적으로 보여주듯이 제2세대 작가들이 통일을 극복하기 힘든 또 하나의 심리적 장애물로 여기고 있다면, 이들에게 장벽의 붕괴는 검열의 폐지와 문학적 소재의 확장을 의미했다. 동독이 소멸됨으로써 현실사회주의에서 기회를 찾지 못했던 새로운 문학을 꽃피울 수 있는 길이 열리게 된 것이다.

물론 그렇다고 해서 이들이 모두 두각을 나타낸 것은 아니다. '프렌츠라우어베르크' 그룹 가운데 가장 촉망받던 자샤 안더존과 라이너 쉐들린스키는 슈타지 연루 사실이 밝혀지면서 치명타를 맞았고, 엄격한 자기검열에 빠진 베르트 파펜푸스 - 고렉Bert Papenfuß-Gorek은 차츰 독자들로부터 멀어지고 있으며, 새로운 사회에 발붙일 곳을 찾지 못한 슈테판 되링Stefan Döring은 절필을 선언하고 술집을 열었다.[28] 하지만 통일 이후 괄목할 만한 문제작들을 내놓은 작가들 중 상당수가 동독 제3세대 작가라는 사실은 누구도 부인하기 힘들다. 『우리 같은 영웅들 Helden wie wir』(1995), 『존넨알레』(1999)의 토마스 브루시히, 『두개골 베이스학습Schädelbasislektion』(1991), 『풍자 이후Nach den Satiren』(1999)의 두어스 그륀바인, 『비네타Vineta』(1998), 『물의 색깔들Die Farben des Wassers』(2001)의 우베 콜베, 『심플 스토리Simple Storys』(1998)의 잉고 슐체, 『운하에서의 춤Tanz am Kanal』(1994)의 케르스틴 헨젤, 『조숙한 동물애Verfrühte Tierliebe』(1995)의 카타 랑에 - 뮐러Katja Lange-Müller, 『대서양의 장벽Die atlantische Mauer』(2000)의 라인하르트 이르글, 『폴록과 여암살자Pollok und die Attentäterin』(1999)의 브리기테 브루마이스터, 『10억 개의 새 별Milliarden neuer Sterne』(1999)의 앙켈라 크라우스 등은 통일 후 20여 년이 지난 지금 정체의 늪에 빠져 있던 독일 문단에 새바람을 불어넣으며 어느새 통일독일 문단을 떠받치는 든든한 '허리세대'로 성장해가고 있다. 통일 직후 볼프강 엠머리히Wolfgang Emmerich는 '동독 문학에서 무엇이 남을 것인가'라는 물음에 다음과 같이 답하고 있다.

그리고 세 번째로 남을 것은 1950년 이후에 탄생한 소장파 작가들의 대안적인 문학이 보여주는 문화적 충격들이다. 이들은 현실사회주의의 '철마'에 전혀 승차

하지 않았기 때문에 우선 힘겹게 그 '철마'에서 내릴 필요가 없다. 이들은 자신을 위해 대안적 삶의 형식과 예술적 생산성의 고유한 제국을 설계한 바 있다. 이 제국은 그들에게 1989년의 대전환이 있기 오래전부터 이미 사회주의 체제로부터 쉽게 벗어날 수 있게 해주었다.[29]

엠머리히의 진단은 적중했다. 이들이 동독 시절 체제와 이념의 굴레에서 벗어나 실험적으로 설계했던 자신들만의 예술 '제국'을 통일독일의 문단 위에 더욱 자유롭고, 대담하게, 본격적으로 '건설'하기 시작했기 때문이다. 조금 과장해서 말하자면, 역설적이게도 바야흐로 동독이 역사의 무대에서 사라진 이후 '순 동독산産 작가'들이 펼치는 '순수한 동독 문학'의 시대가 열리고 있는 것이다. "동독이 몰락한 이후에 비로소 당의 명령이나 검열에 구속받지 않고 진정한, 순수한 동독 문학이 자생적으로 생겨났다"[30]라는 엠머리히의 다소 과감한 주장이 설득력 있게 들리는 이유도 여기서 찾을 수 있을 터이다.

그 밖에 제2세대와 제3세대, 말하자면 '개혁사회주의자들'과 '프렌츠라우어 베르크' 그룹 사이에 '낀 세대'라 볼 수 있는,[31] 볼프강 힐비히, 모니카 마론, 게르트 노이만Gert Neumann, 토마스 로젠뢰허Thomas Rosenlöcher 등 1940년대에 출생한 작가들의 활약도 무시할 수 없다. 특히 통일 이전 서독으로 이주한 볼프강 힐비히는 『나Ich』(1993)와 『임시조치Provisorium』(2000)를, 모니카 마론은 『조용한 거리 6번지Stille Zeile sechs』(1991)를 통해 이른바 '동독 과거 청산 문학'의 대표적인 주자로 명성을 높이고 있다.

지금까지 살펴봤듯이, 통일 이후 동독 문학은 끊임없이 부고장이 발송되는 데도 여전히 살아 있다. 통일을 계기로 잘못된 체제의 이념을 포교하는 데 맹목적으로 복무한 동독의 어용문학이 정리된 것은 자연스러운 일이나, 스탈린주의에 의해서 기형화된 체제의 어둠 속에서 온몸으로 절망과 희망의 드라마를 엮어가던 비판문학, 경직된 사회주의리얼리즘의 강령에서 벗어나 당의 선전선동이 그럴듯하게 꾸며낸 거짓임을 일깨운 재야문학, "정권이, 이들이 사회주의라는 이유로 두려워하고 탄압했던, 사회주의자의 예술",[32] 획일적인 동독의 문화정책에 반대하며 초라한 일상의 애환과 섬세한 감정의 움직임들을 그려냈던 '프렌츠라우어베르크' 그룹의 문학은 결코 '독일 통일의 논리'로 일괄 정리될 수 없는 동독의 귀중한 문화적 자산임이 밝혀진 셈이다. 동시에 이것은 동서독 문단의 제도적 봉합이 곧바로 동서독 문학의 통일로 이어지지 않았다는 사실을 새삼 환기한다. 물론 차츰 시간이 지나면서 동독 문학이라는 개념은 역사가 될 것이고, 독일 문학은 '분단문학'에서 '통일문학'으로 진화해나갈 것이다. 하지만 그렇더라도 동독 문학이 서독 문학에 일방적으로 흡수되는 방식으로 진행되지는 않을 것이다. 두 문학의 두루뭉술한 합병이라는 고식姑息도 해결책이 되지 못한다. 당분간 동독 문학은 자신의 고유한 독자성을 지켜가면서, 서독 문학과 경쟁하고 공존하면서, 시나브로 통일독일 문학으로 수렴되어갈 것이다. 동서독 문학의 진정한 회통會通을 위해서는, 먼저 동독 문학에 대한 진지한 재평가와 '재발견'이 선행되어야 할 것이다. 서독의 자본주의적·실용주의적 문학에 대한 대안이자 항체로서 통일 문단 내에서 동독 문학의 존재와 역할을 긍정적으로 평가하고 있는 이리스 라디쉬가 "여전히, 아니 이제야말로 두 개의 독일 문학이 존재한다"[33]라고 주장하는 이유도 바로 여기에 있다. 물론 라디쉬는 동서독 문학의 영구 분단을 주장하고 있는 것이 아니다. 오히려 그는 '조화를 이루되 하나가 되지 말라和而不同'는 역설의 지혜를 강조하고 있다. 말하자면 동서독 문학이 "차이의 풍요로움Reichtum der Unterschiede"[34]을 인정함으로써 서로 스며들기를 바라고 있는 것이다. 이런 맥락에서 동독 문학을 앞으로 독일 문학을 이끌어갈 당당한 동반자로 대접해주기를 바라는 폴커 하게의 전언은 경청에 값한다.

오래전에, 얼마 전까지, 혹은 마지막까지 동독에 살았던 일군의 뛰어난 작가들이 있었다는 사실을 잊어서는 안 된다. 이 작가들이 앞으로도 독일 문학을 함께 만들어가리라는 것은 기대할 만한, 소망할 만한 일이다. 그러므로 결코 동독 문학

은 끝난 것이 아니다.[35]

동독 문학의 저력은 동독 출신 작가들이 통일 이후 권위와 공정성을 인정받는 여러 문학상을 휩쓸고 있다는 사실에서도 공식적으로 확인할 수 있다.[36] 문학상이 작가나 작품에 상징적 권위를 부여하는 문학제도라는 점을 감안할 때 동독 출신 작가들에게 쓰인 월계관은 동독 문학의 질적 수준이 제도적 차원에서 승인되고 있다는 증거로 읽힌다. 동독은 세계지도에서 가뭇없어졌지만 동독 문학은 오롯하다.

3. 손자들이 온다

1999년에 독일 작가로는 아홉 번째로 노벨 문학상의 주인공이 된 귄터 그라스에게 세계의 이목이 집중될 때, ≪슈피겔≫은 흥미로운 사진을 표지에 장식하며 젊은 작가들의 출현을 널리 알렸다. 그라스의 소설 『양철북Die Blechtrommel』에 나오는 오스카 마체라트를 대신해 신세대 문학의 기수인 토마스 브루시히가 카렌 두베Karen Duve, 제니 에르펜벡Jenny Erpenbeck, 벤야민 레베르트Benjamin Lebert 등과 함께 양철북을 두

≪슈피겔≫, 1999년 41호.

들기는 모습은 젊은 시절 그라스와 그의 '악동' 오스카가 그랬던 것처럼 그 어떤 전범도, 구속도, 책무도 받아들이지 않으려고 하는 신세대 작가들의 태도를 상징적으로 보여준다. 폴커 하게는 그라스의 손자뻘 되는 작가들의 문단 입성을 알리는 「손자들이 온다Die Enkel kommen」라는 제목의 글에서 1960년 이후 출생한 "젊은 야수들die jungen Wilden"[37]의 특징을 다음과 같이 잡아낸다.

'47그룹'의 할아버지들과는 달리 젊은 소설가들은 이제 과거에 얽매이지 않고 이야기한다. 거의 반세기가 지난 지금에야 비로소 독일이 저지른 범죄에 대한 기억이 더는 혀를 마비시키지 않는 것처럼 보인다. …… 나치 - 부모와의 힘겨운 대결은 이제 이 문학들의 화두가 아니다. 이야기는 독일을 무대로 펼쳐지지만 독일 자체는 이제 중요한 의미를 갖지 못한다.[38]

이들은 전후 독일 문학에 족쇄처럼 채워졌던 역사에 대한 속죄의식을 갖고 있지 않은 세대이다. 이들의 문학은 나치 과거를 짊어지고 가려 하지 않는다. '민족의 양심'으로서 시대의 모순과 맞서는 지난한 고투와 도덕적 염결성은 현미경으로도 찾을 수 없다. 이런 상황을 우려했던가. 브레히트는 '후손들에게An die Nachgeborenen' 다음과 같은 당부의 말을 남긴 바 있다. "우리가 잠겨버린 밀물로부터/ 떠올라오게 될 너희들은/ 우리의 허약함을 이야기할 때/ 너희들이 겪지 않은/ 이 암울한 시대를/ 생각해다오."[39] 하지만 이제 손자들은 할아버지의 말을 귀담아듣지 않는다. 이들은 '암울한 시대'를 고통스럽게 기억하기보다는 자신들은 이미 '암울한 시대'로부터 멀리 튕겨 나왔다는 행운에 감사한다. 이런 맥락에서 신세대 작가로 주목받는 크리스티안 크라흐트Christian Kracht의 소설 『파저란트Faserland』(1998)에 나오는 다음 대목은 시사적이다. "지금 이 순간 이런 생각이 들어. 열일곱 살 어린 나이에 전선으로 질질 끌려가지 않아도 되는 나라, 자유민주주의 국가, 독일에서 내가 살고 있다니, 이 얼마나 큰 행운인가."[40]

이 세대가 갖는 이러한 공통점이 있는데도 이들은 문학적 개성과 미학, 출신과 성별에 따라 다시 여러 그룹으로 나뉜다. 첫째, 토마스 브루시히(1965년생), 잉고 슐체(1962년생), 케르스틴 헨젤(1961년생), 두어스 그륀바인(1962년생) 등 동독 출신 신세대 작가들이 있다. 특히 토마스 브루시히의 『우리 같은 영웅들』은 문학성과 대중성이라는 두 마리 토끼를 동시에 잡은 '전환기 소설Wenderoman'의 가작佳作으로 꼽힌다. 이 작품에서 브루시히는 동독을 향해 만가輓歌

를 부르지 않는다. 오히려 그는 동독 사회의 비극과 허상을 꼬집어 폭로하고, 비틀어 조롱한다. 그에게 동독이란 "사회주의적 신기루로 향하는 '바보들의 배 Narrenschiff'"[41]에 불과할 뿐이다. 잉고 슐체의 『심플 스토리』는 통일이 지방 소도시에 살고 있는 동독인의 삶과 일상에 어떤 변화를 초래했는지를 냉정하고 담담한 시선으로 좇고 있다. 케르스틴 헨젤은 다리 아래서 노숙자 생활을 하는 주인공이 지난날 중상층에 속했던 자신의 삶이 얼마나 위선적이었는지를 냉소적인 시선으로 추적함으로써 사회주의 체제의 모순을 드러낸 『운하에서의 춤』(1994)과 시집 『미래가 있는 정물화Stilleben mit Zukunft』(1998)를 선보여 주목할 만한 동독 출신 여성 작가로 평가받고 있다. 권위 있는 뷔히너 문학상을 32세에 거머쥐며 최연소 수상자라는 명예를 얻은 두어스 그륀바인은 시집 『두 개골 베이스학습』(1991), 『접기와 떨어지기Falten und Fallen』(1994), 『풍자 이후』(1999) 등에서 폐쇄된 동독 사회를 예리하게 비판할 뿐 아니라, 통일독일의 현실도 환상 없이 그려낸다. 그는 "새로운 독일에서 울리는 최초의 진정한 목소리"[42]로 평가받으며 통일독일을 대표하는 시인으로 한껏 위상을 높이고 있다. 동독 출신 신세대 작가들이 통일 이후 전혀 다른 사회체제에서 동독이라는 지나간 과거를 반추하고, 동시에 새로운 사회에 적응해가는 과정에서 발생하는 문제점과 통일독일의 현실을 서독 문인들과 다른 시각에서 바라볼 수 있다는 점이 작품의 완성도를 높이는 데 도움을 준 것으로 보인다.

둘째, 카렌 두베(1961년생), 제니 에르펜벡(1966년생), 유디트 헤르만Judith Hermann(1970년생), 조에 예니Zoë Jenny(1974년생), 알렉사 헤닝 폰 랑게Alexa Hennig von Lange(1974년생) 등 촉망받는 젊은 여성 작가들이 문단에 포진해 있다. 『꽃가루방Blütenstubzimmer』(1997)의 조에 예니, 『여름별장, 그 후Sommerhaus, später』(1998)의 유디트 헤르만, 『폭우Regenroman』(1999)의 카렌 두베 등은 여성 특유의 감수성과 상상력을 선보이며 이미 베스트셀러 작가의 반열에 올랐다. 저널리즘은 발 빠르게 이들의 두드러진 활약과 성공을 1950년대 미국에서 젊고, 아름답고, 현대적이며, 자의식이 강한 독일 처녀에 대한 찬탄의 표시로 사용되던 개념에 빗대어 "처녀들의 기적Fräuleinwunder"[43]이라 일컬었다. 이들 가운데서 특히 '비범한 언어의 곡예사' 카렌 두베의 활약이 돋보인다. 그녀의 첫 장편소설인 『폭우』는 컬트 영화 같은 외설적이고 엽기적인 장면 구성과 치밀한 심리묘사로 세기말 부패한 세상 속에서 허우적거리는 인간의 실존을 끈덕지게 캐묻고 있다는 호평을 받았다. 그녀는 여성 작가에게서는 보기 드문 신랄한 언어와 불온한 상상력으로 남성성의 신화에 야유를 보낸다. 최근 그녀는 『난들 알아Keine Ahnung』(1999)와 『이것은 사랑노래가 아니네Dies ist kein Liebeslied』(2002)를 연이어 선보이면서 차세대 독일 문학을 이끌 선두주자로 각광받고 있다. 그녀가 오스카의 양철북을 난타하는 '영광'을 누릴 수 있었던 이유는 바로 여기에 있다. 어긋난 사랑으로 좌절한 젊은 남녀의 분열된 내면을 지극히 간결하면서도 시적인 언어로 묘사하여 찬사를 받은 유디트 헤르만의 『여름별장, 그 후』와 어디에도 정착하지 못한 18세 소녀의 성장통을 테크노 파티, 마약, 컴퓨터 게임 등 최첨단 문화코드 속에 버무려 치밀하게 그려낸 조에 예니의 『꽃가루방』도 25만 부 이상의 판매고를 올린, 말하자면 '처녀들이 일궈낸 기적'에 속하는 작품이다.

셋째, "키비보이의 기적KiWi Boywunder"[44]이라 일컬어지는 서독 출신 남성 작가 그룹이 있다. 이 명칭은 벤야민 레베르트(1982년생), 벤야민 폰 슈투크라트-바레Benjamin von Stuckrad-Barre(1975년생), 크리스티안 크라흐트(1966년생) 등 이른바 '팝문학Popliteratur'을 주도하는 작가들이 대부분 '키비KiWi = Verlag Kipenheuer & Witsch'라는 특정 출판사에서 책을 출간해 주가를 높이고 있기 때문에 붙여졌다. 저널리즘의 순발력과 출판사의 상업적 전략이 합작해 탄생된 심히 마뜩하지 않은 개념이지만, 현재 독일 문단에서 신세대 남성 작가들을 지시하는 편리한 이름표로 통용되고 있다. 이 그룹에 속하는 작가들은 다양한 미학적 실험을 감행하며 문학의 경향 변화를 주도하고 있다. 1940년 어름에 출생한 서독의 이른바 '68세대' 작가들(페터 슈나이더, 보토 슈트라우스Botho Strauß, 니콜라스 본Nicolas Born, 페터 한트케Peter Handke, 우베 팀Uwe Timm 등)

과 달리 이른바 '89세대Die 89er'[45] 작가들이 무장한 무기는 비판과 성찰, 진지함과 감동이 아니라, 아이러니와 충격, 대중문화와 팝, 유희와 도발 등이다. 원래 '팝문학'은 미국의 급진적 문화이론가인 레슬리 피들러Leslie A. Fiedler가 '비트 세대'의 문학적 특징을 규정하기 위해 창안한 개념이다. 그는 1960년대 당시 문단과 문화계를 지배하던 모더니즘과 고급문화에 저항하고 대중문화와 하위문화에 애정을 표하면서 포스트모더니즘의 탄생을 이끈 장본인이다. 1968년에 롤프 디터 브린크만Rolf Dieter Brinkmann은 독일 시민계급의 전통적인 주류 문화와 상아탑에 고립된 '진지한' 본격문학에 저항하기 위한 유용한 도구로서 이 용어를 수입했다. 하지만 최근 독일에서 유행하는 팝문학에서는 '반문화'로서의 저항적 정체성, 즉 언더그라운드 정신을 찾을 수 없다. 오히려 이 개념은 자본주의 문화산업의 논리에 포섭되어 '편안한 읽을거리Easy Reading' 정도를 가리키는 말로 변질되었다.[46] 따라서 최근 독일에서 유행하는 팝문학은 소비자본주의의 덫에 걸려 오락문화를 추수하는 스노비즘에 지나치게 기울어 있다는 비난에서 그리 자유롭지 못하다. '키비보이'에게는 문학적 '명성'보다는 시장의 '이윤'이 더 중요하다. "현대대중문화의 댄디"[47]로서 이들은 다양한 패션과 양식을 실험하고 즐기며 자본주의 사회의 흘러넘치는 상품과 현란한 이미지 사이를 산책한다. 또한 이들은 자신을 문화상품으로 치장하는 전략에도 익숙해 차츰 통일독일의 출판시장을 점유해가고 있다. 팝문학 유행의 물꼬를 튼 크리스티안 크라흐트의 『파저란트』는 '키비보이의 기적'에 속하는 작품 가운데 가장 높은 수준을 보여준다. 이 작품은 디지털 시대를 살아가는 한 젊은이가 자신의 잃어버린 정체성을 결국 시문학에서 발견하는 여정을 유쾌하게 묘사함으로써, 사망 직전의 문학이 아직도 살아 있음을 역설적으로 증명하는 데에 성공하고 있기 때문이다. 패션모델로도 활동하는 크라흐트는 자신의 동료 네 명(벤야민 폰 슈투크라트 - 바레, 에크하르트 니켈Ekhart Nickel, 알렉산더 폰 쇤부르크Alexander von Schönburg, 요아힘 베싱Joachim Bessing)과 함께 '팝문화 오중주단Das popkulturelle Quintett'을 구성해 공동창작집 『제왕의 비애Tristesse royale』(1999)를 내놓기도 했다. 이 작품은 5인조 '팝문학 밴드'가 3일 동안 베를 린의 한 고급호텔에 체류하면시 경제적 안정이 주는 축복인 일상의 권태, 최신 유행 패션의 경향, 섹스, 대중문화의 잠재력 등을 주제로 언어를 통해 자유롭게 즉흥 연주한 것을 녹취한 일종의 '문학 개그' 앨범이다. 그 밖에 실연한 청년이 팝음악에서 위안을 찾는 여정을 톡톡 튀는 광고언어를 차용해 속도감 있게 묘 사한 『솔로앨범Soloalbum』(1998)의 벤야민 폰 슈투크라트 - 바레와 열일곱 살 에 첫 소설 『크레이지Crazy』(1999)를 발표해 일약 문단의 신동으로 떠오른 벤 야민 레베르트도 '키비보이의 기적'을 일으킨 주역 중에 빠뜨릴 수 없는 작가이 다.[48] 어쨌든 이들의 문학은 통일 이후 정치, 경제, 사회, 문화 영역에서 빠르게 확산되고 있는 탈정치적·보수적 경향 속에서, 말하자면 "포스트모더니즘적 비 더마이어Postmoderne-Biedermeier"[49]의 토양에서 곱게 자란 화초들이다.

넷째, 통일 후 독일어로 작품 활동을 하는 이주민 작가들이 본격적으로 문단 에 합류하면서 '이주자 문학Migranten- und Migrationsliteratur', '외국인 문학 Ausländerliteratur'이라는 개념이 자리를 잡기 시작했다. 프란츠 카프카Franz Kafka나 파울 첼란Paul Celan처럼 독일어권 문학의 소수자인 유대인들의 문학 은 이미 독일 주류 문학에 포함되어 높이 평가되고 있었지만, 독일로 이주해온 터키인이나 이탈리아인이 독일어로 쓴 문학은 한갓 주변인의 문학으로 치부되 어 지금까지 큰 주목을 받지 못했다.[50] 하지만 통일 이후부터 이주민 2, 3세대 에 속하는 터키 출신의 페리둔 차이몰루Feridun Zaimoglu(1964년생)와 야말 투 쉬크Jamal Tuschick(1961년생), 루마니아계의 헤르타 뮐러Herta Müller(1953년 생), 일본 출신의 여성 작가 요코 타와다Yoko Tawada(1960년생) 등은 주류 문 단의 냉소와 차별을 비웃기라도 하듯이 문제작들을 내놓고 있다.[51] 특히 1995 년에 발표된 차이몰루의 소설 『터키인의 언어: 사회변방에서 울리는 24가지 불 협화음Kanak Sprak: 24 Misstöne am Rande der Gesellschaft』은 통일 이후 이 주자 문학의 시대를 본격적으로 알린 신호탄이었다. 이 소설에서 '랩퍼'로 활동 하는 압두라만은 속도감 있는 랩 리듬에 맞춰 가식과 위선의 가면을 쓴 지루한

복지국가 독일을 야유하고 조롱한다. 이런 맥락에서 소수자 문화 특유의 전투적 저항정신으로 무장한 차이몰루와 주류 문화와 어울리지 못하는 방외方外적 체질을 지닌 투쉬크가 반문화로서의 저항적 정체성을 포기한 '팝문학'에 손사래를 치는 것은 당연하다.

다섯째, 최첨단 멀티미디어와 디지털 문화 속에서 성장해온 젊은 작가들이 의기투합해 사이버 공간을 무대로 작가와 독자의 경계를 허무는 독특한 글쓰기 실험을 벌이고 있는 전위적인 그룹이 있다. 이들은 문학을 '잘 빚어진 항아리'가 아니라 서로 같이 만들어가는 '진행 중인 작업work in progress'으로 본다. 실례로 작가와 독자 모두 '작독가wreader'가 되어 열린 텍스트를 함께 엮어가자는 취지에서 토마스 헤트쉐Thomas Hettsche와 야나 헨젤Jana Hensel이 공동 기획한 〈영Null〉(1999), 라이날트 괴츠Rainald Goetz가 '온라인 - 일기'의 형태로 창안한 〈만인을 위한 쓰레기Abfall für alle〉(1999), 크리스트안 크라흐트, 에크하르트 니켈 등이 참가해 팝문학의 인터넷 전진기지로 구축한 〈풀Pool〉(1999), 일리야 트로야노브Ilija Trojanow의 사이버 글쓰기 프로젝트 〈아우토폴Autopol〉(2000) 등이 있다.[52]

지금까지 편의상 다섯 개의 그룹으로 나눠 신세대 문학을 살펴봤지만, 실제로 이 그룹 간의 경계는 희미해서 이들의 문학은 서로 경계를 넘나들며 엇섞이고 뒤엉키는 경우도 있다. 신세대 문학의 등장은 한편으로는 통일 이후 독일 문단의 세대교체를 가속화하는 중요한 계기가 되었고, 다른 한편으로는 독일 문학이 그 어느 때보다도 심각한 위기에 직면했다는 불안감을 증폭시키는 원인을 제공하기도 했다. 전후 독일 문학을 대표하던 기라성 같은 대가들이 1990년대 들어 무대에서 사라진 후 홀로 고군분투하고 있는 노장 귄터 그라스의 눈에 이 신세대 문학(특히 팝문학)이 곱게 비칠 리 만무하다. 그는 갈수록 연성화軟性化되는 이들의 문학에 가시 돋친 고언을 아끼지 않는다.

신문 문예란은 새로운 문학관을 퍼뜨리고 있습니다. 코카콜라 라이트가 있듯이 문학에도 '라이트'가 있어야 한다는 식입니다. 가볍고 편안하고 재미있고, 누구에게도 기슬리지 않는 문학 말입니다. 유감스럽게도 다수의 작가들이 이 개념을 따르고 있습니다. 그들은 매우 겁이 많으면서도 천재연하는 데는 능하지요. 그러나 사회와의 관계에 대해서는 매우 소심하고 조심스럽습니다. 저는 이 점을 대단히 안타깝게 생각합니다.[53]

참을 수 없는 문학의 가벼움! 그라스는 최근 독일 문학계에 만연한 풍토병인 겉멋에 물든 예술적 치기와 비판적 자의식의 부재를 질타한다. 비판의 목소리는 젊은 세대 작가들 내부에서도 들린다. 유대인 출신의 젊은 작가 막심 빌러Maxim Biller는 최근 유행하는 팝문학을 "미지근한 이야기"만을 쏟아내는 "졸장부 문학Schlappschwanzliteratur"[54]이라고 일갈한다. 그의 동료 마티아스 알텐부르크Matthias Altenburg는 "유감스럽게도 모든 것이 우리가 바라던 바와는 다른 방향으로 흘러갔다. 새로운 문학은 단지 부드러운 프랑스제 제르베 치즈처럼 가벼운 대안에 지나지 않는다"[55]라며 실망감을 토로한다. 시인 게르하르트 팔크너Gerhard Falkner도 "최근 독일 소설을 읽는 일은 이태리제 구두를 사는 것처럼 어리석은 행동이다. 그런 구두는 기껏해야 몇 달밖에 견디지 못한다"[56]라며 독일 문학의 질적 저하를 우려한다. 이에 맞서 신세대 문학을 옹호하는 발언도 들린다. 우베 비트스토크Uwe Wittstock는 "단지 지루한 것만 제외한다면 문학의 모든 종류가 허용된다"[57]라며 이 문학이 갖는 흡입력과 가독성에 후한 점수를 준다. 미디어 학자 요헨 회리쉬Jochen Hörisch는 신세대 문학에 대한 선입견 없는 평가를 요구한다.

문학의 질은 최고 속도, 제동 거리, 가속치 같은 것으로 측정될 수 없다. 자동차를 테스트할 때 우리는 1997년형 일반 소형차가 여러 면에서 1950년형 고급 카로세를 능가한다는 생각을 '선험적'으로 하게 된다. 하지만 작가를 테스트할 경우 우열의 판단은 뒤집히기 일쑤다. 괴테, 휠덜린, 클라이스트, 폰타네, 트라클, 토마스 만. 정말이지 이들은 오늘날 우리가 결코 좇아갈 수 없는 대가들이 아니던가? 하지만 예술 문외한이라는 질책을 두려워하지 않고, 자동차를 비교 테스트하는 자세로 작가들을 비교 테스트하는 사람은 기대했던 것보다 훨씬 더 자주 짜릿한 판정 결과를 얻게 된다.[58]

회리쉬는 젊은 작가들을 과소평가하지 말 것을 웅변하며, 특히 두어스 그륀바인의 시는 어떤 고전과 비교해도 전혀 손색이 없는 작품이라고 주장한다. 폴커 하게도 신세대 작가들의 작품 세계를 전적으로 옹호하지는 않지만, 내심 이들 가운데서 그라스에 이어 독일의 열 번째 노벨문학상 수상자가 탄생하기를 바라는 야무진 꿈을 버리지 못하고 있다. 그는 『양철북』이 출간된 후 꼭 40년 만에 그라스가 노벨문학상을 받았다는 사실을 새삼 환기하면서 「손자들이 온다」를 다음과 같이 마무리한다.[59] "한 무명의 작가가 지금 남독일 어딘가에 앉아, 2001년에 출간될, 자기 세대에 대한 방대한 이야기를 쓰고 있는 걸 누가 알겠는가? 지금부터 꼭 100년 전 토마스 만이라는 이름을 가진 한 젊은이가 뮌헨에서 그의 첫 번째 소설을 집필하기 시작했다. 그 소설은 1900년에 완성되었고 1901년 10월에 출판되었다. 그로부터 28년 후 그는 『부덴브루크가의 사람들 Buddenbrooks』로 노벨상을 받았다."[60]

통일 이후 급부상한 신세대 작가들에 대한 평가를 둘러싸고 벌어지는 논쟁에서 선뜻 어느 한편의 손을 들어주기는 어렵다. 이들을 새로운 문학의 시대를 알리는 전령사로 봐야 할지, 문학의 진정성을 홀대하고 문학의 키치화를 가속화하는 타락한 댄디로 봐야 할지(특히 '키비보이의 기적'이라 불리는 작가들), 이들의 문학이 돌연변이 괴물로 진화될지, 그중 몇몇은 보물로 남게 될지 아직 섣불리 예상할 수 없다. 신세대 작가들이 지치고 노후한 통일독일 문단에 신선한 활력을 불어넣고 있는 것은 분명하나, 이들이 하인리히 뵐(『아홉시 반의 당구 Billard um halbzehn』), 우베 욘슨Uwe Johnson(『야콥에 관한 추측 Mutmaßungen über Jakob』), 마틴 발저Martin Walser(『하프타임Halbzeit』), 귄터 그라스(『양철북』)가 일궈낸 1959년 '독일 문학의 기적'을 재현할 수 있을지는 미지수이다. 어쨌든 신세대 문학의 운명에 축의를 준비해야 할지 부의를 준비해야 할지는 좀 더 지 켜봐야 할 것이다. 다만 한 가지 자명한 것은 이들의 손끝에 독일 문학의 미래 가 달려 있다는 사실이다. 싫든 좋든 손자들이 오고 있다.

4. 맺음말: 무질서하게 융기한 고원의 풍경

통일 이후 독일 문학계의 변화된 지형에 두드러지게 나타난 특징을 간략하 게 간추려보자.

1) 동독 문학은 일괄 재고정리가 되지 않았고 온갖 멸시와 푸대접 속에서도 살 아남았다. 박설호의 비유를 들자면 "마치 폐허 속에 감추어진 진주마냥, 쓰 레기통에 숨어 핀 장미처럼 ……".[61] 이것은 동독 문학의 내공과 저력이 만 만치 않았다는 증거인 동시에 문화심리적 차원에서는 아직도 통일은 완결된 과거가 아니라 현재 진행형이라는 사실을 웅변한다. 특히 다른 문화예술 영 역과 달리 문학 영역에서만큼은 서독에 의한 동독의 흡수 통합이라는 '독일 통일의 논리'가 온전히 관철될 수 없었다. 이는 무엇보다도 영화와 연극은 문화제도에 대한 의존도가 높을 수밖에 없는 데 반해, 상대적으로 문학은 제 도의 영향을 덜 받는다는 장르상의 특성에 기인한다. 동독의 국영영화사 데 파DEFA의 몰락은 동독 영화인들로 하여금 카메라를 놓게 만들었고, 동독 극단의 해체는 동독 연극인들의 운신의 폭을 좁혔다. 하지만 통일이 동서독 문단을 통합시키고 동독 출판사들의 문을 닫게 만들었다고 해서 동독 작가 들의 펜마저 꺾을 수는 없었다. 통일이 동독 문학이라는 운전면허증을 말소 시키지는 못했던 것이다. 그래서 "지금 이 순간에도 독일 문학의 기차들은 두 개의 분리된 철도노선망 안에서 달리고 있다".[62]

2) 1990년은 '제2의 영시점die zweite Stunde Null'으로 보기 힘들다.[63] 물론 1990년은 전후 독일 문학이 공식적으로 종결되는 극적인 순간, 즉 독일 문학이 '분단문학'에서 '통일문학'으로 전환되는 시점이라는 측면에서 보면, 1945년 '영시점'과 맞먹는 문학사적 분수령으로 볼 수도 있을 것이다. 하지만 분단문학과 통일문학 사이를 완전한 '단절'로 보기에는 무리가 많다. 앞서 언급했듯이 통일 이전부터 동서독 문학은 일정한 통일성을 갖고 있었고, 통일을 계기로 과거와는 전혀 다른 새로운 독일 문학이 쏟아져 나오지도 않았기 때문이다. 오히려 통일독일 문학은 전후 두 독일 문학이 변증법적으로 '지양'된 문학으로 봐야 타당할 것이다. 또한 통일을 완전히 새로운 출발의 계기로 보기도 힘들다. 통일독일 문학에서 다수가 인정할 수 있는 미래의 지향점을 찾아보기 힘들 뿐 아니라 통일논쟁과 문학논쟁을 거치면서 작가들의 정신적 연대감도 많이 느슨해졌기 때문이다.[64] '제2의 영시점'이라는 개념은 통일 공간에서 전후 독일의 사회비판적 문학의 종언을 선언하고 예술적 심미성을 새로운 문학의 전범으로 제시했던 프랑크 쉬르마허Frank Schrrmacher, 울리히 그라이너Ulrich Greiner 등의 보수적 비평가들 사이에서 유통되던 전략적 레토릭의 하나였다. 이 개념에 감추어진 고도의 정치적 노림수를 요헨 포그트Jochen Vogt는 다음과 같이 폭로한다. "(쉬르마허와 그라이너가) 여기서 미리 막고자 한 것은 '제2의 영시점' 이후에 서로 상이한 조건에 놓여 있는 서독의 비타협주의자들과 동독의 비판적 재야문학이 정치적 반대파와 비판적 여론이 부재하거나 상대적으로 취약한 상태에서 수행해왔던 역할을 통일독일의 문학이 또다시 떠맡게 되는 것이다."[65] 통일 공간에서 싹틀지 모르는 동서독 비판문학의 씨를 발본색원하겠다는 잔혹한 청산의 의지가 '제2의 영시점'이라는 수사에 고스란히 담겨 있는 것이다. 이 개념에서 전후 독일 문학의 '폐허' 위에 새로운 독일 문학의 깃발을 꽂겠다는 보수 평단의 욕망과 초조함이 비친다. 그 깃발 위에는 이런 모토가 수놓아져 있을 것이다. '신념미학의 사슬을 끊고 해방되어 문학 본래의 순수한 위엄을 회복하라!'

3) '한 세대 문학'의 신화가 무너지고 '다세대 문학'의 시대가 본격화되었다. 전후 독일 문학은 서독에서는 '47그룹'이, 동독에서는 제2세대 작가들이 주도해온 한 세대 문학이었다고 해도 과언은 아니다. 하지만 통일을 전후로 대가의 반열에 오른 대부분의 작가가 세상을 떠났고, 그나마 생존해 있는 작가들도 통일 직후 문학논쟁에 휘말려 머뭇거리고 있는 사이, 동독의 제3세대 작가들과 서독의 차세대 작가들이 차츰 목소리를 높이고 있다. 이제 젊은 작가들은 조연 역할에 만족하지 않고 당당한 주연으로서 선배 작가들과 어깨를 맞대고 있다. 지금 통일독일 문학계에서는 열일곱 살에 등단한 팝아이콘 벤야민 레베르트부터 팔십을 바라보는 대가, 귄터 그라스까지 다양한 세대의 작가들이 이상한 동거를 하고 있다.

4) 통일을 계기로 문단의 세대교체가 이루어졌다. 그렇다면 신세대 문학이 급부상할 수 있었던 배경은 무엇일까? 무엇보다도 베를린 장벽의 붕괴와 더불어 동서냉전체제의 팽팽한 긴장이 사라진 이후 생성된 탈이념적·탈정치적 진공 상태와 이와 맞물려 확산된 정치적 보수주의 경향, 지구촌을 하나의 '시장'으로 통합하는 자본주의의 세계화, 이러한 전 지구적 자본의 운동과 결합된 문화산업의 팽창, 미디어 환경의 변화 등이 신세대 작가들이 통일 공간에서 자유롭게 유영할 수 있는 활동무대를 마련해주었다. 물론 전후 독일 문학의 주역들, 예컨대 하이너 뮐러, 슈테판 헤르믈린Stephan Hermlin, 에르빈 슈트리트마터Erwin Strittmatter, 볼프강 쾨펜Wolfgang Koeppen, 유렉 베커, 헤르만 렌츠Hermann Lenz, 엘리아스 카네티Elias Canetti, 프리드리히 뒤렌마트Friedrich Dürrenmatt, 막스 프리쉬Max Frisch 등이 1990년대 들어 유명을 달리하면서 자연스럽게 생긴 문단의 공백도 젊은 작가들의 재빠른 진입을 가능하게 했다.

5) 독일어로 글을 쓰는 이주민 작가의 등장으로 독일 '민족문학'이라는 개념이 흔들리기 시작했다. 단일 민족문학이 '다인종적muti-ethnisch' 문학으로 진화해가고 있는 것이다. 이런 맥락에서 다양한 문화와 인종이 뒤죽박죽 섞여

있는 대도시 베를린의 풍경을 치밀하게 묘사한 젊은 터키계 작가 페리둔 차이몰루의 소설 『독일 광란German Amok』(2002)은 통일 이후 변화된 독일 문학계의 단면을 이해하는 데도 뜻깊은 시사점을 던져주는 작품이다. 어쨌든 이주민 작가들은 9·11사태 이후 대두된 종교·인종·민족 차별주의 문제에 적극적으로 대응하면서 서구문화 패권주의라는 철옹성을 허물고 있다.

6) 독일 문학은 지금 위기와 변화의 시기를 맞고 있다. 도전장을 내민 '젊은' 디지털 문화 양식에 어떻게 저항하면서 자신의 정체성과 품위를 지켜가야 할지 부심하는 '늙은' 문학도 있다. 두 사회와 두 문화를 겪으면서 형성된 이중의 시각으로 서독 문학이 볼 수 없는 부분을 주시하려는 저편에서 '넘어온' 문학도 있다. 멀티미디어와 가상현실의 시대를 꼭 끌어안고서 새로운 문학의 가능성을 실험하는 '최첨단' 문학도 있다. 순수문학과 대중문학, 본격문학과 통속문학 사이의 경계에 서 있는 '아슬아슬한' 문학도 있다. 아예 대중문화의 궁전에 들어가 앉아 우아한 자태를 뽐내는 '여피족'의 문학도 있다. 독일에서 태어나고 자랐지만 독일 빵을 먹지 않고 큰 이주민 2, 3세대에 의해 쓰이는 '타자'의 문학도 있다. 어쨌든 지금 독일 문학은 새로운 문학으로 거듭나기 위한 산고를 겪고 있다.

7) 1990년대 독일 문학을 특징짓는 하나의 또렷한 모델은 존재하지 않는다. 다양한 미학적 실험, 주제, 글쓰기 전략이 세대 간에, 작가들 사이에서, 텍스트 속에서, 특정한 그룹이나 학파나 기구로 고착되지 않은 채 무질서하게 공존하고 있다. 1990년대 독일 문학계 전반에 대한 베르너 미텐츠바이Werner Mittenzwei의 간결하고 적절한 결산은 다음과 같다. "개별적인 고함은 들리지만 하나의 경향은 보이질 않는다."[66]

지금까지의 검토에서 드러나듯이, 통일독일 문학계는 역사상 그 유례를 찾아보기 힘들 정도로 복잡하고 다양한 모습을 보여준다. 볼프강 엠머리히는 최근 독일 문학의 텃밭을 다음과 같이 그리고 있다.

지금 독일 문학이라는 텃밭에는 서로 다른 미학적 프로그램과 정치적 신념을 표방히는 다양한 세대의 작가들이 서로 경쟁하고 공존하는 '비동시적인 것의 동시성'(에른스트 블로흐) 현상이 두드러진다. 이제 우리는 독일 현대문학을 생각할 때, 단단하고 명백히 정의할 수 있으며 철저히 제도화된 성향들과 그룹들이 이루어놓은 사고들과 결별해야 하며, 더욱이 '하나'의 독일 문학이라는 소망과도 분명한 작별의 인사를 해야만 한다. 물론 공통분모가 전혀 없는 것은 아니다. 문명 비판적인 기본 입장과 단순한 의미 구성에 대한 회의 및 예기치 못하는 비약과 다차원성을 보여주는 역사 앞에서 그렇게도 친숙했던 진보에 대한 믿음을 거부하는 태도가 그것이다. 하지만 이러한 공통점의 맞은편에는 다양한 미학적 구상과 글쓰기 전략 및 미디어 지향성, 다채로운 문학 영역과 사회적 기능, 다양한 작가 세대와 그들의 정치적 입장이 대치해 있다. 이러한 차이와 다양성을 인식하고 인정하는 것은 소득이지 결코 손실을 뜻하지 않는다. 게다가 독일 태생이 아닌 작가들이 대거 등장해 문학의 국제적인 신진대사와 상호 교류까지 고려해야 하는 현시점에서 독일의 '민족문학'을 운위한다는 것은 이제 소용없는 일이다. 독일어로 쓰이는 현대문학은 서로 열려 있는 여러 개의 현장으로 존재한다. 통일독일 문학이 살아가는 삶의 형식은 '무질서한 다원성'이다.[67]

엠머리히는 통일 이후 변화된 문학계 양상 및 특징을 '비동시적인 것의 동시성Gleichzeitigkeit der Ungleichzeitigkeiten'과 '무질서한 다원성unortentliche Pluralität'이라는 개념으로 잡아내고 있는데, 이는 통일독일 문학계에 대한 합당한 진단으로 읽힌다.

끝으로 통일독일 문학계에 대한 좀 더 입체적인 이해를 위해 지리적 상상력을 동원해보자. 그렇다면 통일독일 문학계의 변화된 지형을 조망해봄으로써 우리는 어떠한 풍경화를 그릴 수 있는가? 전후 독일 문학계는 서독 문학과 동독 문학이라는 두 줄기 산맥에 작은 곁가지 산맥들이 연결되어 있고, 그 산맥을 따라 산들이 우뚝우뚝 솟아 있는 험준한 '산악지형'에 가까웠다고 볼 수 있다.

전후 독일 문학에는 '극복'해야 할 과제(나치 과거)와 '정복'해야 할 이상(사회주의 유토피아)이 공존했다. 그래서 문학의 지형이 가팔랐다. 하지만 통일 이후 독일 문학의 현장에서는 차츰 목적도, 중심도, 위계도, 질서도 사라지고 있다. 모든 문학적 콘셉트를 수렴할 수 있는 구심점, '초월적 기의' 같은 것이 없어지고 있는 것이다. 그래서 "통일독일 문학이 살아가는 삶의 형식은 '무질서한 다원성'이다". 모든 '다름'이 당당한 주체로서 독립성을 주장하며 혼재하고, 동시에 그것들은 다양한 연결로와 교통망을 통해 서로 평등하게 소통하며 공존하기 시작한 것이다. 따라서 통일독일의 문학은 분단 시대 독일 문학에 비해 훨씬 평평해졌다. 비유하자면 통일독일 문학계는 크고 작은 수많은 고원들이 무질서하게 융기한 평탄한 '고원지형'으로 바뀌고 있는 것이다. 물론 아직도 산악지형의 흔적들이 도처에 남아 있는 것이 사실이다. 하지만 이미 변화의 대세는 기울었다. 질 들뢰즈Gilles Deleuze와 펠릭스 가타리Felix Guattari가 『천 개의 고원 Mille Plateaux: Capitalisme et schizophrénie』에서 무수한 무질서들의 공존과 접속이라는 유목적 사유의 전형을 보여주기 위해 장대하게 그려낸 '천 개의 고원'까지는 아닐지라도, '무질서한 다원성'의 네트워크로 요약될 수 있는 통일독일의 문학계는 분명 고원의 풍경을 닮아가고 있다. 들뢰즈는 고원을 다음과 같이 정의한다.

> 고원은 중간에 있지 시작이나 끝에 있지 않다. …… 자기 자신 위에서 진동하고 정점이나 외부 목적을 향하지 않으며 자기 자신을 전개하는, 강렬함들이 연속되는 지역. …… 표면적인 땅 밑 줄기를 통해 서로 연결 접속되어 리좀rhizome을 형성하고 확장해가는 모든 다양체를 우리는 '고원plateau'이라 부른다.[68]

무질서하게 융기한 수많은 고원들의 접화군생接化群生은 통일 이후 변화된(하고 있는) 독일 문학계의 지형을 조안각鳥眼角으로 그린 진풍경이다.

주

* 이 글은 류신, 「통일 이후 독일 문학계의 지형변화」, ≪뷔히너와 현대문학≫, 제27집(2006), 159~193쪽을 수정 게재한 것임.

1 통일 이후 독일 문학을 다룬 국내 연구논문은 개별 작품 분석과 '문학논쟁' 연구에 집중되어 있다. 김용민, 「통일 문제를 성찰하는 폴커 브라운의 시」(1997); 권진숙, 「귄터 그라스 작『광야』의 신문서평에 관하여」(2001); 김윤희, 「크리스타 볼프의『메데아』에 나타난 회상적 구조」(2002); 허영재, 「전환기 소설로서의『우리 같은 영웅들』」(2002) 등은 통일 이후 발표된 문제작들을 국내에 소개하고 작품 내용을 분석하고 있다. 한편 서경하, 「독일 통일 문인논쟁에 나타난 신독일 문학비평의 문제점」(1993); 김누리, 「통일독일의 문학논쟁: 통일 공간의 문학과 지식인」(1993); 이덕형, 「통일독일 문학논쟁의 비평사적 의미」(1999)와 「통일독일 문학논쟁: 보토 스트라우스 논쟁」(2002) 등은 통일 이후 전개된 문학논쟁의 과정을 추적하고 논쟁의 배경과 의미를 짚어보고 있다. 하지만 통일 이후 문학논쟁이 독일 문단을 어떻게 재편해놓았는지의 문제, 즉 문학논쟁 '이후'로 시선을 돌린 국내 연구는 매우 미미한 실정이다. 다행스럽게도 최근 통일 이후 독일 문학의 흐름을 개관하려는 연구가 시도되고 있는데, 대표적인 논문으로 김누리, 「유토피아의 그늘: 통일 후 7년, 독일 문학의 동향」(1997); 김래현, 「통일 후 1990년대의 독일 문학」(2000); 이영임, 「통일독일 문단에서의 구동독 작가들의 동향」(2002)을 꼽을 수 있다. 이런 연구 현황은 통일 이후 변화된 문학계를 거시적으로 조망하는 연구가 시급함을 말해준다.

2 김누리, 「유토피아의 그늘: 통일 후 7년, 독일 문학의 동향」, ≪실천문학≫, 제48권 (1997년 겨울호), 240쪽.

3 Hans Magnus Enzensberger, *Spiegel-Gespräch mit Hellmuth Karasek.* Jochen Vogt, "Erinnerung ist unsere Aufgabe: Über Literatur," *Moral und Politik 1945~1990* (Opladen, 1991), p.183에서 재인용.

4 볼프강 힐비히, 「문학은 독백이다」, 이준서 옮김, 『문학은 아직도 고혹한 피의 작업: 뷔히너 상 수상연설 모음, 1951~2002년』, 한국뷔히너학회 편역(종문화사, 2004), 259쪽.

5 Monika Maron, *Nach Maßgabe meiner Begreifungskraft* (Frankfurt/M., 1983), p.85.

6 Volker Hage, *Propheten im eigenen Land: Auf der Suche nach der deutschen Literatur* (München, 1999), p.82.

7 Wolfgang Emmerich, *Kleine Literaturgeschichte der DDR* (Berlin, 2000), p.525.

8 Gunter Hoffmann, "Das Elend der Eliten," *Die Zeit*, 2002.12.5. Klaus-Michael Bogdal, "Auf der Suche nach Identität: Deutsche Intellektuelle und deutsche Literatur nach der Wiedervereinigung," ≪독일 문학≫, 제94집(2004), 11쪽에서 재인용.

9 랄프 슈넬, 「독일 통일 이후의 문학 및 문학적 삶의 발전 경향: 1945년 이후의 독일 문학에 대한 테제와 논평」, 박환덕 편역, ≪외국문학≫, 제35호(1993년 여름호), 57쪽.

10 Klaus-Michael Bogdal, "Auf der Suche nach Identität: Deutsche Intellektuelle und deutsche Literatur nach der Wiedervereinigung," 10쪽 참조.

11 Wolfgang Emmerich, *Kleine Literaturgeschichte der DDR*, p.447.

12 Volker Hage, *Propheten im eigenen Land: Auf der Suche nach der deutschen Literatur*, p.82.

13 Dietrich Löffler, "Lektüren im Leseland vor und nach der Wend," *Aus Politik und Zeitgeschichte* (이하 *APuZ*), Bd.13/1998, pp.27~30 참조.

14 Wolfgang Emmerich, *Kleine Literaturgeschichte der DDR*, p.523.

15 Volker Hage, *Propheten im eigenen Land: Auf der Suche nach der deutschen Literatur*, p.81.

16 Jürgen Scharfschwerdt, *Literatur und Literaturwissenschaft in der DDR* (Stuttgart, 1982), p.20.

17 Wolfgang Emmerich, *Kleine Literaturgeschichte der DDR*, p.10.

18 Beatrix Langner, "Salto postmortale: Sechzehn Thesen über die verspäteten Klassiker der DDR- Literatur: Christa Wolf und Volker Braun," in H. L. Arnold(ed.), *DDR-Literatur der neunziger Jahre*, Text+Kritik Sonderband(München, 2000), p.56.

19 같은 글, p.51.

20 김누리·오성균·안성찬·배기정·김동훈·이노은(이후 안성찬 외), 『변화를 통한 접근: 통일 주역이 돌아본 독일 통일 15년』(도서출판 한울, 2006), 181~182쪽.

21 Iris Radisch, "Zwei getrennte Literaturgebiete, Deutsche Literatur der neunziger Jahre in Ost und West," in H. L. Arnold(ed.), *DDR-Literatur der neunziger Jahre*, Text+Kritik Sonderband(München, 2000), p.26.

22 김누리, 「'유럽 최후의 지식인'이 바라본 독일 통일과 오늘의 세계: 귄터 그라스와의 대담」, 김누리·노영돈 엮음, 『통일과 문화: 통일독일의 현실과 한반도』(역사비평사, 2003), 230쪽.

23 Uwe Kolbe, *Hineingeboren: Gedichte 1975~1979* (Frankfurt/M., 1980), p.46.

24 Manfred Jäger, *Sozialliteraten: Funktion und Selbstverständnis der Schriftsteller in der DDR* (Düsseldorf, 1973), p.8.

25 Uwe Wittstock, *Von der Stalinallee zum Prenzlauer Berg: Wege der DDR-Literatur 1949~1989* (Zürich, 1989), p.229.

26 Wolfgang Emmerich, "Status malancholicus: Zur Transfotmation der Utopie in vier Jahrzehnten," in Wolfgang Emmerich, *Die andere deutsche Literatur: Aufsätze zur Literatur aus der DDR* (Opladen, 1994), p.186.

27 Anna Chiarloni and Helga Pankoke(eds.), *Grenzenfallgedichte: Eine deutsche Anthologie* (Berlin, 1991), p.57.

28 Jan Faktor, "Warum aus uns nichts geworden ist: Betrachtungen zur Prenzlauer-Berg-Szene zehn Jahre nach dem Mauerfall," in H. L. Arnold(ed.), *DDR-Literatur der neunziger Jahre*, Text+Kritik Sonderband(München, 2000), pp.92~106 참조.

29 Wolfgang Emmerich, "Status malancholicus: Zur Transfotmation der Utopie in vier Jahrzehnten," p.186.

30 Wolfgang Emmerich, *Kleine Literaturgeschichte der DDR*; Wolfgang Emmerich, *Die andere deutsche Literatur: Aufsätze zur Literatur aus der DDR*, p.503.

31 Volker Wehedeking(ed.), *Mentalitätswandel in der deutschen Literatur zur Einheit (1990~2000)* (Berlin, 2000), p.170 참조.

32 Walter Jens, "Plädoyer gegen die Preisgabe: Fünf Forderungen an die Intellektuellen im geeinten Deutschland," in Thomas Anz(ed.), *Es geht nicht um Christa Wolf: Der Literaturstreit im vereinten Deutschland* (München, 1991), p.172.

33 Iris Radisch, "Der Herbst des Quatschocento," in Andrea Köhler and Rainer Moritz (eds.), *Maulhelden und Königskinder: Zur Debatte über die deutschsprachige Gegenwartsliteratur* (Leipzig, 1998), p.180.

34 Volker Braun, *Wir befinden uns soweit wohl: Wir sind erst einmal am Ende: Äußerungen* (Frankfurt/M., 1998), p.57.

35 Volker Hage, *Propheten im eigenen Land: Auf der Suche nach der deutschen Literatur*, p.123.

36 Roland Berbig, "Preisgekrönte DDR-Literatur nach 1989/90," in H. L. Arnold(ed.), *DDR-Literatur der neunziger Jahre*, Text+Kritik Sonderband(München, 2000), pp.198~

207 참조. 통계에 따르면 1986년부터 1994년까지 유렉 베커, 자라 키르쉬는 아홉 차례, 볼프강 힐비히, 우베 콜베는 여덟 차례, 두어스 그륀바인, 크리스토프 하인은 일곱 차례 나 문학상을 받으며 독일 문학상 피라미드의 정상을 차지하고 있다. 동독 작가들의 강세는 1990년대 중반 이후에도 이어진다. 1995년 이후 쿠르트 드라베르트, 아돌프 엔들러, 잉고 슐체는 다섯 차례 이상 문학상을 받았다.

37 Volker Hage, "Die Enkel kommen," *Der Spiegel*, 1999/41, p.252.

38 같은 글, p.248.

39 베르톨트 브레히트, 『살아남은 자의 슬픔』, 김광규 옮김(한마당, 1998), 112~113쪽.

40 Christian Kracht, *Faserland: Roman* (München, 2002), p.97.

41 박설호, 『떠난 꿈, 남은 글: 동독 문학 연구 2』(한마당, 1999), 245쪽.

42 Roland Koberg, "Blutdurst sagt: Komm Lebedurst!," *Die Zeit*, 1995.10.26. Roland Berbig, "Preisgekrönte DDR-Literatur nach 1989/90," in H. L. Arnold(ed.), *DDR-Literatur der neunziger Jahre*, Text+Kritik Sonderband(München, 2000), p.203에서 재인용.

43 Volker Hage, *Propheten im eigenen Land*, p.335.

44 Wolfgang Beutin, Klaus Ehlert and Wolfgang Emmerich, *Deutsche Literaturgeschichte: Von den Anfängen bis zur Gegenwart* (Stuttgart, 2001), p.698.

45 Thomas Ernst, *Popliteratur* (Hamburg, 2005), p.70. 이 개념은 사회학자 클라우스 레게비Claus Leggewie가 1995년에 출간한 『89세대Die 89er』에서 따온 말로, 1965년에서 1975년 사이에 독일에서 태어난, 정치에 무관심하고 지극히 개인주의적이며 새로운 미디어를 마음대로 갖고 노는 신세대를 가리키는 신조어이다.

46 같은 책, pp.6ff. 참조.

47 Iris Radisch, "Mach den Kasten an und schau: Junge Männer unterwegs: Die neue deutsche Popliteratur reist auf der Oberfläche der Welt," *Die Zeit*, 42(1999).

48 세계적으로 신세대 작가의 돌풍이 거센 모양이다. 벤야민 레베르트는 중국의 신예 작가 궈징밍郭敬明(1984년생)을 떠오르게 한다. 그는 1980년 이후 태어난 젊은 작가군이라고 하여 '80후後'라고 일컬어지는 중국 신세대 작가의 대표기수로서 톡톡 튀는 재기발랄한 상상력과 대담한 묘사로 기성 문단에 도전장을 내고 있다. 고교 시절 문단에 데뷔한 후 벌써 130만 부 이상 팔린 두 편의 장편소설 『환상의 도시幻城』와 『꿈속에서 떨어지는 꽃은 얼마나 아는가愛與痛的邊緣』를 출간해 인기를 누리고 있다. 출판업계는 중국 출판사상 기적과 같은 일이 일어났다고 경악하고 있으며, 평론계는 그의 문학의 작품성에 대한 논쟁으로 모처럼 활기를 띠고 있다. 홍인표, "중국 문학에 '신세대 =

80후' 돌풍," ≪경향신문≫, 2006년 8월 12일자 참조.

49 Roswitha Scholz, "Die Maske des roten Todes: Kasinokapitalismus, Frauenbewegung und Dekonstruktion," *Krisis*, 15/2001. www.krisis.org에서 재인용.

50 박정희, 「최근 독일어권 문학에서 '이주자 문학'의 현황」, ≪독일 문학≫, 제91집 (2004년), 187~194쪽 참조.

51 Wolfgang Beutin, Klaus Ehlert and Wolfgang Emmerich, *Deutsche Literaturgeschichte: Von den Anfängen bis zur Gegenwart*, pp.694~697 참조.

52 Roberto Simanowski, "Autorschaften in digitalen Medien: Eine Einführung," in H. L. Arnold(ed.), *Digitale Literatur*, Edition Text+Kritik(München, 2000), pp.3~21 참조.

53 김누리·노영돈 엮음, 『통일과 문화: 통일독일의 현실과 한반도』, 243쪽.

54 Thomas Ernst, *Popliteratur*, p.78.

55 Maxim Biller, "Soviel Sinnlichkeit wie der Stadtplan von Kiel: Warum die neue deutsche Literatur nichts so nötig hat wie den Realismus," in Thomas Ernst, *Popliteratur*, p.78.

56 Volker Hage, "Zeitalter der Bruchstücke," in Andrea Köhler and Rainer Moritz(eds.), *Maulhelden und Königskinder: Zur Debatte über die deutschsprachige Gegenwartsliteratur* (Leidzig, 1998), p.28에서 재인용.

57 Uwe Wittstock, "Ab in die Nische? Über neueste deutsche Literatur und was sie vom Publikum trennt," in Andrea Köhler and Rainer Moritz(eds.), *Maulhelden und Königskinder*, p.102.

58 Jochen Hörisch, "Die Vorzüge der Gegenwartsliteratur," in Andrea Köhler and Rainer Moritz(eds.), *Maulhelden und Königskinder*, p.226.

59 공교롭게도 『우리 같은 영웅들』의 주인공 클라우스 울취트는 『양철북』의 오스카를 닮았다. 둘 다 전통적인 피카레스크 소설의 전형적인 악동이라는 점도 비슷하고, 오스카가 계단에 굴러 떨어져 성장을 멈추었듯이 계단에서 넘어지면서 빗자루에 찔린 울취트의 성기도 성장을 멈춘다는 점도 유사하다. 오스카라는 인물이 20세기 초중반까지의 독일의 파행적인 역사와 독일 시민사회의 모순을 집약하고 있는 알레고리라면, 울취트는 동독 사회의 비극과 불임성을 온몸으로 체현하고 있는 상징적 인물이다. 나치 시대의 파괴성과 공격성을 체현하며 오스카의 양철북이 울린다면, 베를린 장벽은 울취트의 거대하게 발기된 성기로 인해 무너진다. 소설 속에서 울취트는 자신을 미래의 노벨문학상 수상자로 여긴다. 이 대목에서 재미있는 상상을 해본다. 만약 그의 꿈이 현실

이 된다면, 그라스가 오스카 덕분에 노벨상을 받았듯이, 브루시히 역시 후에 노벨상을 수상하는 영광을 누릴지도 모른다. 만약 이런 일이 벌어진다면, 우리는 40~50년 후에 브루시히의 손자뻘 되는 젊은 작가들이 '양철북' 대신 '발기한 거대한 페니스'를 하나씩 달고(?) 삼삼오오 모여 있는 아주 외설스러운 사진 한 장을 ≪슈피겔≫ 표지에서 보게 될지도 모른다.

60 Volker Hage, "Die Enkel kommen," p.254.

61 박설호, 『떠난 꿈, 남은 글: 동독 문학 연구 2』, 225~226쪽.

62 Iris Radisch, "Zwei getrennte Literaturgebiete: Deutsche Literatur der neunziger Jahre in Ost und West," p.26. 랄프 슈넬Ralf Schnell도 이리스 라디쉬와 비슷한 진단을 내리고 있다. "통일 이후 독일의 동쪽과 서쪽에서 생산되는 문학은 주제, 미학, 그리고 사회를 보는 시각에서 '비동시성'과 관계가 있다." 랄프 슈넬, 「독일 통일 이후의 문학 및 문학적 삶의 발전 경향: 1945년 이후의 독일 문학에 대한 테제와 논평」, 52쪽.

63 Klaus-Michael Bogdal, "Klimawechsel: Eine kleine Meteorologie der Gegenwarts-literatur," in Andreas Erb(ed.), *Baustelle Gegenwartsliteratur: Die neunziger Jahre* (Opladen, 1998), pp.9~31 참조.

64 권세훈, 「배제와 경쟁: 동·서독의 문학」, ≪카프카연구≫, 제11집(2004), 15~16쪽 참조.

65 Jochen Vogt, "Langer Abschied von der Nachkriegsliteratur? Ein Kommentar zur letzten westdeutschen Literaturdebatte?," in Karl Deiritz. and Hannes Krauss(eds.), *Der deutshch-deutsche Literaturstreit oder 'Freunde, es spricht sich schlecht mit gebundener Zunge'*(Hamburg, 1991), pp.61f.

66 Werner Mittenzwei, *Die Intellektuellen: Literatur und Politik in Ostdeutschland von 1945 bis 2000* (Leipzig, 2002), p.501.

67 Wolfgang Emmerich, "Die deutsche Literatur 12 Jahre nach der Vereinigung: Das literarische Feld im Nach-Wende-Deutschland," ≪독어교육≫, 24집(2002), 457~456쪽.

68 질 들뢰즈·펠릭스 가타리, 『천 개의 고원: 자본주의와 분열증 2』, 김재인 옮김(새 물결, 2001), 48~49쪽.

참고문헌

권세훈. 2004. 「배제와 경쟁: 동·서독의 문학」. ≪카프카연구≫, 제11집.

김누리. 1997. 「유토피아의 그늘: 통일 후 7년, 독일 문학의 동향」. ≪실천문학≫, 제48권(1997년 겨울호).

_____. 2003. 「'유럽 최후의 지식인'이 바라본 독일 통일과 오늘의 세계: 귄터 그라스와의 대담」. 김누리·노영돈 엮음. 『통일과 문화: 통일독일의 현실과 한반도』. 역사비평사.

김누리·오성균·안성찬·배기정·김동훈·이노은. 2006. 『변화를 통한 접근: 통일 주역이 돌아본 독일 통일 15년』. 도서출판 한울.

들뢰즈, 질·펠릭스 가타리. 2001. 『천 개의 고원: 자본주의와 분열증 2』. 김재인 옮김. 새물결.

박설호. 1999. 『떠난 꿈, 남은 글: 동독 문학 연구 2』. 한마당.

박정희. 2004. 「최근 독일어권 문학에서 '이주자 문학'의 현황」. ≪독일 문학≫, 제91집.

브레히트, 베르톨트. 1998. 『살아남은 자의 슬픔』. 김광규 옮김. 한마당.

슈넬, 랄프. 1993. 「독일 통일 이후의 문학 및 문학적 삶의 발전 경향: 1945년 이후의 독일 문학에 대한 테제와 논평」. 박환덕 편역. ≪외국문학≫, 제35호(1993년 여름호).

홍인표. 2006.8.12. "중국 문학에 '신세대 = 80후' 돌풍". ≪경향신문≫.

힐비히, 볼프강. 2004. 「문학은 독백이다」. 이준서 옮김. 『문학은 아직도 고혹한 피의 작업: 뷔히너 상 수상연설 모음, 1951~2002년』. 한국뷔히너학회 편역. 종문화사.

Berbig, Roland. 2000. "Preisgekrönte DDR-Literatur nach 1989/90." in H. L. Arnold (ed.). *DDR-Literatur der neunziger Jahre*, Text+Kritik Sonderband. München.

Beutin, Wolfgang, Klaus Ehlert and Wolfgang Emmerich. 2001. *Deutsche Literaturgeschichte: Von den Anfängen bis zur Gegenwart.* Stuttgart.

Biller, Maxim. 2005. "Soviel Sinnlichkeit wie der Stadtplan von Kiel: Warum die neue deutsche Literatur nichts so nötig hat wie den Realismus." in Thomas Ernst. *Popliteratur.* Hamburg.

Bogdal, Klaus-Michael. 1998. "Klimawechsel: Eine kleine Meteorologie der Gegenwartsliteratur." in Andreas Erb(ed.). *Baustelle Gegenwartsliteratur: Die neun-ziger Jahre*. Opladen.

_____. 2004. "Auf der Suche nach Identität: Deutsche Intellektuelle und deutsche Literatur nach der Wiedervereinigung." ≪독일 문학≫, 제94집.

Braun, Volker. 1998. *Wir befinden uns soweit wohl: Wir sind erst einmal am Ende*. Äußerungen, Frankfurt/M.

Chiarloni, Anna and Helga Pankoke(eds.). 1991. *Grenzenfallgedichte: Eine deutsche Anthologie*. Berlin.

Emmerich, Wolfgang. 1994. "Status malancholicus: Zur Transfotmation der Utopie in vier Jahrzehnten." in Wolfgang Emmerich. *Die andere deutsche Literatur: Aufsätze zur Literatur aus der DDR*. Opladen.

_____. 2000. *Kleine Literaturgeschichte der DDR*. Berlin.

_____. 2002. "Die deutsche Literatur 12 Jahre nach der Vereinigung: Das literarische Feld im Nach-Wende-Deutschland." ≪독어교육≫, 24집.

Ernst, Thomas. 2005. *Popliteratur*. Hamburg.

Faktor, Jan. 2000. "Warum aus uns nichts geworden ist: Betrachtungen zur Prenz-lauer-Berg-Szene zehn Jahre nach dem Mauerfall." in H. L. Arnold(ed.). *DDR-Literatur der neunziger Jahre*, Text+Kritik Sonderband. München.

Hage, Volker. 1998. "Zeitalter der Bruchstücke." in Andrea Köhler and Rainer Moritz (eds.). *Maulhelden und Königskinder: Zur Debatte über die deutschsprachige Gegen wartsliteratur*. Leidzig.

_____. 1999a. *Propheten im eigenen Land: Auf der Suche nach der deutschen Litera-tur*. München.

_____. 1999b. "Die Enkel kommen." *Der Spiegel*, 1999/41.

Hörisch, Jochen. 1998. "Die Vorzüge der Gegenwartsliteratur." in Andrea Köhler and Rainer Moritz(eds.). *Maulhelden und Königskinder: Zur Debatte über die deutschsprachige Gegenwartsliteratur*. Leipzig.

Jäger, Manfred. 1973. *Sozialliteraten: Funktion und Selbstverständnis der Schriftsteller in der DDR*. Düsseldorf.

Jens, Walter. 1991. "Plädoyer gegen die Preisgabe: Fünf Forderungen an die Intellektuellen im geeinten Deutschland." in Thomas Anz(ed.). *Es geht nicht um Christa Wolf: Der Literaturstreit im vereinten Deutschland.* München.

Köhler, Andrea and Rainer Moritz(eds.). 1998. *Maulhelden und Königskinder: Zur Debatte über die deutschsprachige Gegenwartsliteratur.* Leipzig.

Kolbe, Uwe. 1980. *Hineingeboren: Gedichte 1975~1979.* Frankfurt/M.

Kracht, Christian. 2002. *Faserland: Roman.* München.

Langner, Beatrix. 2000. "Salto postmortale: Sechzehn Thesen über die verspäteten Klassiker der DDR- Literatur: Christa Wolf und Volker Braun." in H. L. Arnold (ed.). *DDR-Literatur der neunziger Jahre,* Text+Kritik Sonderband. München.

Löffler, Dietrich. 1998. "Lektüren im Leseland vor und nach der Wend." *APuZ,* Bd. 13(1998).

Maron, Monika. 1983. *Nach Maßgabe meiner Begreifungskraft.* Frankfurt/M.

Mittenzwei, Werner. 2002. *Die Intellektuellen: Literatur und Politik in Ostdeutschland von 1945 bis 2000.* Leipzig.

Radisch, Iris. 1998. "Der Herbst des Quatschocento." in Andrea Köhler und Rainer Moritz(eds.). *Maulhelden und Königskinder: Zur Debatte über die deutschsprachige Gegenwartsliteratur.* Leipzig.

_____. 1999. "Mach den Kasten an und schau: Junge Männer unterwegs: Die neue deutsche Popliteratur reist auf der Oberfläche der Welt." *Die Zeit,* 42/1999.

_____. 2000. "Zwei getrennte Literaturgebiete, Deutsche Literatur der neunziger Jahre in Ost und West." in H. L. Arnold(ed.). *DDR-Literatur der neunziger Jahre,* Text+Kritik Sonderband. München.

Scharfschwerdt, Jürgen. 1982. *Literatur und Literaturwissenschaft in der DDR.* Stuttgart.

Scholz, Roswitha. 2001. "Die Maske des roten Todes: Kasinokapitalismus, Frauenbewegung und Dekonstruktion." *Krisis,* 15/2001. www.krisis.org.

Simanowski, Roberto. 2000. "Autorschaften in digitalen Medien: Eine Einführung." in H. L. Arnold(ed.). *Digitale Literatur,* Edition Text+Kritik. München.

Vogt, Jochen. 1991a. "Langer Abschied von der Nachkriegsliteratur? Ein Kommentar zur letzten westdeutschen Literaturdebatte?." in Karl Deiritz und Hannes Krauss(eds.). *Der deutshch-deutsche Literaturstreit oder 'Freunde, es spricht sich schlecht mit gebundener Zunge'.* Hamburg.

_____. 1991b. "Erinnerung ist unsere Aufgabe: Über Literatur." *Moral und Politik*

1945~1990. Opladen.

Wehedeking, Volker(ed.). 2000. *Mentalitätswandel in der deutschen Literatur zur Einheit(1990~2000)*. Berlin.

Wittstock, Uwe. 1989. *Von der Stalinallee zum Prenzlauer Berg: Wege der DDR-Literatur 1949~1989*. Zürich.

_____. 1998. "Ab in die Nische? Über neueste deutsche Literatur und was sie vom Publikum trennt." in Andrea Köhler and Rainer Moritz(eds.). *Maulhelden und Königskinder: Zur Debatte über die deutschsprachige Gegenwartsliteratur*. Leipzig.

6
통일 이후 동독 극단의 위기와 대응[*]

이노은

1. 시작하며

독일의 공동 문화유산을 보존하고 유지함으로써 '문화민족'으로서의 정체성을 확실히 하는 것은 통일독일의 주요한 관심사 중의 하나였다. 그중에서도 특히 교양극장과 바이마르 공화국의 '문화극장' 전통을 공유한 연극 분야는 40여 년의 분단을 뛰어넘어 독일인들이 내적 통합을 이룰 수 있도록 도울 것으로 기대되었다. 실제로 1972년 12월 21일의 동서독 기본협약 체결 이후 꾸준히 이어진 동서독 간의 문화 교류 과정에서도 가장 활발한 교류가 이루어진 것은 연극 방문공연이었다.

공동의 문화 자산이라는 이유 외에도 동서독의 연극이 유지해온 사회비판적이고 참여적인 역할 때문에 독일 연극은 통일의 격변기에 혼란을 겪는 독일인들에게 성찰과 토론의 기회를 제공할 수 있을 것으로 여겨졌다. 특히 공론이 허용되지 않은 동독에서 연극은 은밀한 대체공론의 역할을 맡아왔고, 1989년 가을의 동독혁명 때는 앞장서서 시위를 주도하고, 동독 주민이 40여 년의 침묵을 깨고 자신의 목소리를 낼 수 있게 도왔다. 통일독일 연극계 최초의 공식행사는 1990년 2월 1일에 열린 드레스덴 총감독 게르하르트 볼프람Gerhard Wolfram의 추모행사였는데, 드레스덴 극장이 가을혁명 때 주민에게 극장을 개방하고 가장 적극적으로 개혁을 외쳤던 극장임을 기억한다면 이는 퍽 상징적인 사건이었다.

그러나 통일독일의 현실은 이러한 기대와는 다르게 나타났다. 서독 연극계는 거의 아무런 변화도 체감하지 못했고, 동독 연극계는 낯선 조건에 놓인 채 생존을 위해 투쟁해야 했다. 이러한 상황은 동서독 연극계의 통합 과정이 독일 통일 과정의 공과를 함축적으로 보여준다는 말로 달리 표현할 수 있을 것이다. 통일독일 연극계 공동의 변화와 발전을 위한 장기적인 계획이 세워지지 않은 상태에서 성급한 해체 통합이 불가피했기에 후유증과 부작용을 낳았던 것이다.[1]

이 글에서는 통일 과정에서 동독 극단이 겪었던 위기와 이를 극복하기 위한 노력에 대해 다음과 같은 소주제들을 중심으로 고찰해보고자 한다. 먼저 통일독일의 문화정책에 대해 간략히 살펴보고, 그 문제점을 정리할 것이다. 여기서 다룰 시기는 통일조약이 체결된 1990년 8월부터 '과도기적 재정 지원'이 책정된 1994년 12월 31일까지이다. 둘째, 이러한 통일독일의 문화정책하에서 동독 극단이 직면한 위기의 양상을 살피고 그 원인에 대해 생각해볼 것이다.[2] 위기의 원인에 대한 분석은 그 다음 절의 주제와 연결된다. 셋째, 위기를 맞은 동독의 극단들이 어떤 대응 방식을 통해 살아남았는지를 개략적으로 정리하고, 대표적인 성공 사례도 함께 살펴볼 것이다. 마지막으로 통일 이후 동독 연극계가 겪었던 위기와 생존투쟁에 대한 결산을 시도하고, 이것이 한국에 던지는 시사점은 무엇인지도 간단히 정리할 것이다.

2. 통일독일의 문화정책

동서독 통일 과정에서 문화정책 문제가 처음으로 진지하게 언급된 것은 1990년 8월 31일에 체결된 통일조약 35조의 '문화약관'에서이다. 당시 동독의 문화부 장관과 서독 각 연방주의 문화 담당자가 여러 차례 모여 준비한 끝에 탄생할 수 있었던 이 조항의 핵심적인 내용은 첫째, 대외적으로 문화국가로서의 위상 확립, 둘째, 동독 지역 문화적 기반시설 및 저변 문화의 보호, 셋째, 문화 행정의 지방자치 원칙, 넷째, 과도기적 문화재정 지원을 위한 문화기금재단 Kulturfonds의 운영 및 연방정부의 예외적 재정 지원 허용 등이다.

이 문화조항의 의미는 이를 통해 40여 년의 분단 시기 동안 양 독일에서 지켜져 왔던 문화행정의 기본 원칙이 근본적인 변화를 맞았다는 점이다. 통일 전까지 동독은 중앙집권적인 문화행정 원칙을 유지해왔고, 서독은 철저하게 지방자치의 원칙을 지켜왔다. 동독은 문화의 대중적인 영향력과 교육적 도구로서의 가치를 이용하기 위해 1954년에 문화부를 조직해 모든 문화 영역에서 당과 국가의 지도이념을 따르도록 하는 일관된 문화정책을 펼쳐왔으며 막대한 문화재정의 지원을 정부가 도맡았다. 반면 서독에서는 각 주의 문화적 주권 및 우선적 문화관할 권리가 명시된 기본법에 따라, 중앙정부에 문화부가 존재하지 않았고 연방은 지방정부의 문화행정에 관여하지 않았다. 문화재정의 경우 약 5%만 연방정부에서 지원하고, 35%를 주정부에서, 그리고 60%를 지역사회에서 담당해야 했다.[3]

통일조약 35조 합의에 의해 가장 큰 변화를 맞게 된 것은 물론 동독의 문화계였다. 통일과 함께 동독의 중앙집권적 문화행정이 종말을 고하고, 기본법에 의거한 각 주의 문화적 자치 원칙이 전 독일에 적용됨으로써, 두 개의 상반된 문화행정 원칙이 충돌하게 된 것이다. 서독의 경우, '과도기적으로'라는 제한을 달아두기는 했지만, '문화 권력'의 집중을 경계하는 많은 사람의 우려와 반대 속에서 처음으로 연방이 공식적인 문화 관련 책임을 맡게 되었다. 이 조항에서 또 한 가지 두드러진 점은 동독의 문화적 기반시설과 저변 문화가 훼손되지 않도록 보호하겠다는, 그리고 이를 위해 연방 차원의 예외적 지원까지도 가능하다는 원칙이 천명되었다는 것이다.

그러나 그 당시뿐 아니라 통일 후 20여 년이 지난 지금까지도 통일독일의 문화정책에 대한 비판의 목소리도 만만치 않았다. 비판의 핵심은 통일독일의 문화정책이 근시안적이고, 정치적인 고려에서 나온 것으로서, 동독의 문화 환경이 자생 능력을 갖출 수 있도록 효과적으로 돕고, 동서독 공동의 개혁을 통해 새로운 미래를 만들어가기보다는, 성급한 통합으로 이미 쇠퇴의 길에 놓인 동독의 문화 환경을 고사시키는 정책이라는 것이었다. 통일 전후 기간에 바이마르 극장 총감독을 지낸 프리츠 벤드리히Fritz Wendrich는 이러한 문화정책을 '파산관리자'에 비유하고 있다.[4]

동독 문화계를 '보존'하기 위해 엄청난 예산이 쏟아 부어졌지만, 그 예산이 대부분 방만한 기존의 문화시설을 임시적으로 유지하는 데 사용되었기 때문에, 과도기 재정 지원이 끝날 경우 그러한 기구들이 독자적인 기능을 담당하기 어려울 것으로 우려되었다. 또한 전시행정적인 고려와 성과주의 때문에 재정 지원이 지역적으로는 주로 동베를린과 작센, 내용적으로는 고급예술 영역, 특히 이름이 알려진 극단과 오케스트라 등에 치우쳤기 때문에 동독에서 널리 발달했던 주변부 문화 환경이 거의 다 소실된 것도 성급한 통일문화정책이 남긴 어두운 단면으로 평가된다.[5]

연극계의 경우를 예로 들어보겠다. 통일 당시 동독은 68개의 극단과 200개의 공연장을 소유해 세계에서 가장 조밀한 극장망을 자랑했으며, 연간 1,000만 명의 관객이 연극 공연장을 찾아 90% 정도의 객석점유율을 보였다.[6] 튀링겐 주의 경우 평균 20킬로미터의 간격을 두고 공연장이 자리 잡고 있는 것으로 유명하기도 했다. 그러나 동독의 극단들은 이미 1980년대부터 효율적이지 못한 극단 운영과 낙후된 시설, 관객 감소 등의 문제를 해결할 개혁을 필요로 하고 있었다. 극장의 절반 이상이 연극 극단과 발레단, 오케스트라를 함께 운영하는 전통을 따르고 있었는데, 이렇게 운영하려면 막대한 예산이 필요했다. 또한 인구 5만 명이 안 되는 소도시에 극장이 20여 개가 넘었다. 동서독 연극비평가와 전문가들이 지원할 가치가 없는 극장을 선정해서 우선 폐쇄하고, 장기적인 계획에 따라 소규모의 유동적·창의적인 구조로 전환할 것을 제안했으나 정책 입안자들에 의해 묵살되었다. 통일 이후 동독 지역의 연극문화 영역 지원을 위해 특별문화진흥기금으로 34억 마르크가 지원되었고, 이를 통해 동서독 연극계의 외형직인 통합은 비교적 순조롭게 이루어졌다고 평가할 수 있다. 그러나 통일 이후 동독 극단에 주어진 유예 기간에 근본적인 개혁을 도외시하고 외형 보존에 치중했던 문화정책이 근본적인 문제를 지속시켰을 뿐 아니라 동서독 공동의 부담을 가중시켰다.

3. 동독 극단의 위기

통일 전 정부로부터 일체의 재정 지원과 관객 동원까지 보장받았던 동독의 극단은 통일 이후 지방자치에 의한 새로운 문화행정의 원칙 아래 놓였을 뿐 아니라, 업적과 효율성을 우선시하는 자본주의 시장에 편입되어, 동독 지역에 한꺼번에 들이닥친 현대적 매체들과의 경쟁 속에서 생존을 위해 투쟁해야 했다. 그러나 앞에서 언급했듯이 통일독일의 문화정책이 그들이 필요로 하는 개혁을 위한 충분한 시간과 재정을 보장하지 못했기 때문에, 통일 이후의 급박한 상황 변화와 생존투쟁 속에서 동독 극단이 시도할 수 있는 것은 오직 재정의 감축뿐인 것처럼 보였다. '돈'과 '관객'의 확보가 극단의 우선 목표가 되었고, 이 과정에서 연극의 '존재 의의' 자체가 시험대에 올랐다.

1) 재정 압박

"동독 문화기반의 보존"이라는 통일조약에 일말의 기대감을 가졌던 동독 극단, 특히 지방 소도시의 극단들은 통일 직후의 현실과 맞부딪히면서 심각한 존폐의 위기를 겪게 된다. 연방정부가 지불하는 지원금은 동독의 모든 극단에 골고루 나눠질 만큼 충분하지 못했다. 과도기적으로 주어지는 연방정부의 재정 지원을 받으며 이 기간에 동독 극단들은 최대한 재정을 감축하며 견뎌내야 했다. 문화행정을 주정부에서 담당하게 되었지만, 신생 주정부들은 아직 재정적으로나 기술적으로 미숙한 단계였다. 지방자치단체의 문화 담당 부서가 제대로 활동하지 않거나 구체적인 구상을 마련하지 못한 경우, 그 도시의 극단들은 극단을 운영하는 주체가 누구인지도 알 수 없었고, 어떻게 재정을 마련해야 하는지에 대해서도 알지 못했다. 신생 자치정부뿐 아니라, 과거 중앙정부의 전적인 지원에 의지해왔던 동독 극단들도 이러한 새로운 체제에서 짧은 시간 안에 효율적으로 대응하기는 어려웠다.

또한 동독 극단은 자신들이 감당할 수 없는 서독 극단의 임금제도를 단기간 내에 무조건 받아들여야 했다. 1991년 7월의 새 임금협정에 의해 동독의 연극계 종사자들은 같은 일을 하는 서독인 임금의 80%를 받기로 협약을 맺음으로써 다른 직업군에 비해 유리한 지위에 있었지만 이러한 상황은 연극계의 재정을 더욱 압박하는 요인이 되어, 오히려 공연 실현 자체가 어려워질 수도 있는 상황이 초래되었다.[7] 거대한 동독 극단의 규모를 유지한 채 서독식 제도를 그대로 들여옴으로써 동독 연극계는 이중의 부담을 안게 되었던 것이다.

그리하여 통일독일의 문화정책은 과도하고 불필요한 지출로 낡은 제도를 지탱했을 뿐, 정작 필요한 개혁을 이끌거나 지원하지 못했다는 비난을 오랫동안 받았다. 이 정책에 의해 동독 극장은 관객과 교감하고, 관객에 의해 옹호되는 극장이 아닌, 정책적 지원에 의해 유지되는 비싸고 흥미 없는 극장이 됨으로써 존재 의미 자체를 의심받게 되었다.

2) 관객 감소

통일 이후 동독의 연극 공연장을 찾는 관객의 숫자가 부쩍 줄어들었다. 통일 이후 동독 주민들이 겪어야 했던 일상의 혼란과 대격변을 생각해볼 때 일견 당연해 보이는 현상이지만, 1989년 가을의 동독혁명기에 극장을 개방하고, 시위에 앞장서며 자유로운 토론을 이끌었던 연극계로서는 갑작스럽게 역사의 무대

뒤로 밀려나 버림받은 듯한 실망스러운 상황이기도 했다.[8]

동독에서 연극 관객의 수가 급격히 감소한 이유에 대해서는 여러 가지 분석이 가능하다. 첫째로 가장 일반적인 이유는 통일 직후 동독의 현실이 무대 위의 상황보다 훨씬 더 극적이고 충격적이었다는 말로 요약할 수 있을 듯하다. 통일과 함께 동독인들은 서독의 제도와 관습을 새롭게 익혀야 했고, 동독 시절에 경험하지 못했던 대량 실업 문제, 재산권 문제 등에 직면했다. 그런가 하면 서독식 소비문화가 빠르게 도입됨으로써, 동독 시절과는 달리 여가 활동의 가능성이 다양해졌고 선택의 폭도 넓어졌다. 연극 관람은 그 많은 가능성 중의 하나일 뿐이었다.

통일로 인한 이러한 외적 변화의 또 다른 중요한 요소로서 다양한 매체 및 장르와의 경쟁을 들 수 있다. 서독 TV가 동독 지역의 시청률을 확보하기 위해 나섰고, 세계적 추세에 따라 현대적이고 다양한 기능을 갖춘 복합영화관이 빠른 속도로 동독의 전 지역을 장악함으로써 젊은 층의 잠재관객을 앗아갔다. 또한 인터넷이 빠르게 보급되고, 화려한 볼거리를 제공하는 서유럽 출신의 전문 공연단이 관객들의 호기심을 자극하기도 했다. 이렇듯 다양한 매체 및 장르와의 경쟁 속에서 연극이 불리한 위치에 놓이는 상황은 동독 지역에만 국한된 현상은 아니었다. 동독 연극계에 급작스럽게 닥쳐온 듯이 보이는 이러한 위기는 이후 독일 연극계 전체가 함께 해결해야 할 문제로서 1990년대 이후 끊임없이 논의되었다.

동독 지역 관객 감소의 또 다른 중요한 원인은 새로운 문화정책의 시행과 함께 과거에 보장되었던 정부로부터의 정책적 지원이 사라졌다는 점이었다. 그 결과 공연 입장료가 높은 비율로 인상되었을 뿐 아니라, 정부에 의한 관객 동원도 불가능해졌다. 동독 시절 가장 비싼 표가 10마르크였던 데 반해 3년이 지난 1992년에는 입장료가 35~40마르크로 인상되었다.[9]

이에 대해 동독 시절에 발표된 극장의 객석점유율 90%가 과장된 것이었고, 실제로 동독에서는 연극을 비롯한 고급 문화예술을 향유하기를 원하는 교양 있는 시민계층이 충분히 발달할 수 없는 상황이었다는 분석도 등장한다.[10] 이제 동원되지 않은 상태에서 자발적으로 비싼 입장료를 내고 극장을 찾을 만한 계층이 매우 소수에 불과하기 때문에 새로운 관객층을 발굴해야 한다는 견해는 주로 동독 지역의 연극 전문가들에게서 제기되었다.

그러나 이렇듯 통일로 인해 야기된 외적 요소만으로는 연극 관객의 감소를 충분히 설명하지 못한다. 외부적인 요인으로 인해 삶의 양식과 가치관을 급격하게 바꾸고, 과거의 정체성과 결별함과 동시에 새로운 정체성을 찾아야 하는 절박한 상황에서 사람들은 1989년 가을에 그랬던 것처럼 절실하게 연극을 통해 고민하고, 발언할 필요를 느꼈을 것이기 때문이다. 이 시기는 오히려 독일의 연극 전통이 가져왔던 사회참여적이고 계몽적인 기능이 더 필요한 시기였을지도 모른다. 그러나 동독 연극계는 이러한 요구에 적절하게 대응하지 못하고 시대적 연관성을 상실했다.[11] 이것은 동독 연극계 자신이 방향 상실을 겪던 상황에 기인했다.

3) 방향 상실

동독의 연극이 통일의 격변기를 지나며 실망하고 좌절해가는 동독인들을 향해 뚜렷한 메시지를 전달하지 못했던 것은 연극계에만 국한된 문제가 아니었고, 통일과 함께 동독의 지식인 전체가 처해 있었던 체념적인 방향 상실의 상황을 그대로 반영하는 것이었다.

통일과 함께 동독 연극은 그들의 유토피아를 잃었고, 동시에 비판의 대상도 잃었다. 동독 시절 대체공론의 역할을 맡아 현실사회주의에 대한 비판과 대안을 제시하는 공간이었던 연극은 당의 검열을 피하기 위해 다의적인 해석과 정치적 암시, 풍자적 어조 등의 다양한 표현기법을 개발해냈다. 그러나 뚜렷한 저항과 비판의 대상이 사라지면서, 그러한 기법의 의미도 사라졌다. "우리는 독재체제 안에서 연극 활동을 하는 데 익숙해졌다"라는 어느 동독 연극인의 고백

은 그들이 처한 어려운 상황을 집약적으로 전해준다.[12]

이 시기 연극은 통일이라는 거대한 사건을 발 빠르게 전달하지도, 총체적으로 해석해내지도 못했다. 통일 공간의 열광과 기대, 이후의 실망과 혼란, 동독의 과거 청산 문제, 새로운 정체성 확립, 극우파의 준동 등 현실 속의 급박한 주제들은 이 시기의 연극 속에서 아직 다루어지지 않았다. 이례적으로 서독 작가들이 통일 공간을 다룬 작품이 발표되기도 했지만, 이 작품들은 대부분 통일에 대한 실패한 코멘트로 여겨졌고, 동독 지역의 극장에서는 거의 공연되지 못했다. 동독 작가들이 시도한 작품의 경우에도 통일 공간의 묘사가 과장되고 진부한 표현 방식으로 이루어지거나, 작가 자신과 등장인물들의 좌표 상실을 기록하는 경우가 더 많았다. 이러한 연극계의 반응은 "거대한 정치적 사건 앞에서 현대 연극계가 느끼는 당황과 무력감"으로 진단되었다.[13] 이러한 무력감 역시 동독만의 문제로 치부해버릴 것이 아니라, 이를 계기로 서구적 생활가치와 소비 지향적 심성 등에 대한 문제 제기가 이루어지고 있음에 주목하고, 새로운 "독일적 정체성"을 이루기 위해 서구 민주주의의 윤리적이고 정치적인 가치를 새롭게 정립하고 증명할 필요가 있음이 지적되기도 했다.[14]

그러나 1994년 말경에 이르자 "적어도 통일 이후 동독 지역의 연출가들과 배우들을 마비시킨 것처럼 보였던 '정신적 위기'는 극복되었다는 신호들"이 다양하게 나타나기 시작했다.[15] 통일 직후 극장에서 발걸음을 돌렸던 동독 관객들이 점차 연극 공연장을 다시 찾기 시작한 것이다.

4. 동독 극단의 대응

1) 재정 독립 방안

통일 직후부터 불필요한 극단을 해체하고, 낡은 극장을 폐쇄하고, 새롭게 생성되는 자유극단 등의 대안그룹에 대한 지원을 강화해야 한다는 연극인의 지적이 꾸준히 있어왔다. 현대 매체에 길들여진 관객의 요구에 부응하는 창조적이고 새로운 연극을 만들기에 기존의 시립·국립극장 체제는 너무 굳어져 있다는 것이었다.[16] 그러나 이러한 요구는 문화정책에 제대로 반영되지 못했다. 통일 직후에는 오히려 서독의 지방자치 행정의 체계를 그대로 옮겨오는 데 모든 노력이 집중되었고, 이러한 새로운 체제를 익히고 제대로 운영하기까지는 적지 않은 시간이 필요했다. 이 기간에 동독 연극계는 존폐의 위기 앞에서 직접 부딪히고 경험하며 생존 방식을 익혀야 했다. 그래서 이 시기에는 결별, 변신, 좌절과 새 출발이 동독 연극계의 일상을 지배했으며,[17] 가장 중요한 화두는 '재정'이었다.

새롭게 적응해야 하는 자본주의 시장과 재정 확보 등의 문제 앞에서 소도시 극단들이 손쉽게 선택한 방법 중의 하나는 서독 출신 감독을 고용하는 것이었다. 그러나 이러한 작전이 반드시 성공하지는 않았다. 동독 시절에 뛰어난 현대극 공연으로 명성을 날렸던 포츠담 극장의 경우, 통일 직후 서독 출신의 감독을 영입하며 유럽의 연극 중심지가 되겠다는 포부를 내세웠으나, 결국 경험 부족과 계획 부재, 재정 확보의 어려움을 극복하지 못하고 실패 사례로 기록되었다. 통일 직후인 1990년 겨울 로스토크 극단의 재정 문제 해결을 약속하며 고용된 베른트 레네Berndt Renne의 경우도 마찬가지였다.[18]

좀 더 근본적인 해결 방식은 극단의 새로운 운영 주체를 찾아 재정 문제를 해결하는 것이었다. 많은 극장이 개인 또는 사기업에 매각되거나, 유한책임회사GmbH로 탈바꿈했다.[19] 이러한 변모를 대표적으로 보여주는 곳이 예나의 극장이다. 1991년 극장의 폐허만 남아 있던 이곳에 베를린 연기전문대학 강사 두 명과 졸업생 배우들이 찾아와 자율적인 형태의 극단을 설립하고 새로운 연극 형식을 실험했다. 초기에는 정부의 지원정책에 의존하던 이 극단은 1993년 7월 하이너 뮐러, 페터 차덱Peter Zadek, 프랑크 카스토르프Frank Castorf 등 동서독의 저명한 연극인들의 지원하에 극단 구성원만이 주주로 참여한 유한책임회사로 전환할 수 있었다. 이들의 발 빠른 대응 방식과 실험정신은 동독의 혼란스러운 상황이 오히려 창조적인 활동을 위한 기회가 될 수도 있음을 보여주었다. 이후 그들은 장르의 한계를 넘어서는 다양한 형식의 공연을 시도하며 지역 명소로 자리 잡았다.[20]

통일 직후의 혼란기를 거쳐 동독 지역에서는 지방분권적 문화정책이 자리 잡았고 이와 함께 분단 시절에는 존재할 수 없었던 자유공연 단체도 급증했다.[21] 정부의 재정 지원에 얽매이지 않는 자유극단들이 창립되어, 전통적인 극단 운영의 기본이 되었던 앙상블 체제(고정단원제)와 레퍼토리 시스템(정기공연)을 포기하고 적은 수의 유동적인 인원을 가지고 실험적이고 시의성 있는 작품들을 다양한 방식으로 공연했다. 이러한 자유극단들은 창의력, 자발성, 즉흥성을 요구하는 현대적 취향에 더 어울리는 극단 형태로서 동서독 지역에서 모두 증가하는 추세에 있다.

2) 운영 방식 변화

그 어느 때보다 많은 자유를 얻었지만, 이념적 억압 대신 시장논리의 지배 아래 놓이게 된 동독의 극단들은 동독 시절과는 다른 운영 방식을 통해 관객에게 적극적으로 다가가야 했다. 구동독 시절에는 극단 운영을 지원받았을 뿐 아니라 관객 동원까지 어느 정도 보장받았던 데 반해, 이제는 극단 스스로 관객을 확보해야 생존할 수 있는 상황이 되었기 때문이다.

동독 극단의 자구 노력은 다양한 방식으로 실행되었다. 동독 시절과 비교할 때 두드러진 변화는 지방자치가 자리 잡혀 가면서 각 극단이 도시마다의 특성을 살린 연극 축제와 이벤트를 기획해 고정 관객뿐 아니라 관광객까지 유치하고자 시도했다는 점이다. 라이프치히 극단의 경우, 라이프치히와 괴테와의 인연을 활용해 〈파우스트Faust〉 공연과 아우어바하 술집의 '메피스토' 메뉴를 함께 판매하는 이벤트를 벌이는 등 공격적인 마케팅을 통해 다양한 층의 관객을 공략했다.[22] 또한 동독 시절 양심수들이 갇혀 있는 곳으로 악명 높았던, 바우첸의 독일 - 소르브 민족극장도 도시의 특성을 잘 활용해 자신만의 고유한 프로그램을 개발했다. 바우첸 감옥에서의 특별 공연은 이 도시에서만 체험할 수 있으며, 전통적으로 소르브인이 거주해온 지역 특성을 살린 이중 언어 극단이라는 점도 독일에서 유일하다.

동독 극단들이 특별히 관심을 가졌던 부분은 젊은 관객을 끌어모으고 그들을 미래의 고정관객으로 확보하는 문제였다. 극단들은 굳어진 앙상블 체제를 개혁해 젊은 배우의 연출가의 활동 영역을 넓혔다. 정기적으로 '작가공방Auto-renwerkstätte' 같은 프로젝트를 통해 젊은 작가를 초대해 그들에게 작품 활동과 발표의 기회를 제공하고, 관객에게는 창의력과 실험정신으로 충만한 공연을 제공하기도 했다. 또한 청소년 극단을 새로 조직하거나, 청소년을 대상으로 한 공연을 연중 공연목록에 끼워넣었다. 또한 연극 공연장을 재즈, 영화예술, 전시회 등에 개방하고 객원공연, 작가 낭독회 등을 유치해 관객이 극장과 친밀해지도록 노력했다. 극장 개방에 그치지 않고, 가두무대나 청소년의 집, 학교 등에서 친근하고 흥미로운 소품을 공연해 사람들의 관심을 모으기도 했다.

적극적이고 창의적인 극단 운영 방식으로 자신의 존재 의미를 확인하게 한 성공적인 사례들은 여러 동독 지역에서 발견된다. 라이프치히 극단은 청소년이 많이 모이는 곳으로 찾아가 홍보 활동을 벌이고, 연극 입장권과 시내교통요금을 연계하는 적극적인 관객 유치 방법을 개발했을 뿐 아니라, 서독으로 순회 공연에 나서기까지 했다. 바우첸 극단은 실험적이고 다채로운 공연목록을 제공하고 청소년을 위한 연극, '이벤트 극장Event-Theater' 등을 통해 관객에게 적극적으로 다가감으로써 시민을 위한 극단이라는 대내외적 인정을 받았다.[23] 튀링겐의 노르트하우젠이라는 소도시의 극장은 이러한 변화를 매우 빠르게 성공시킨 예에 속한다. 통일 직후 두 명의 젊은 감독이 운영을 맡은 뒤, 극단은 재빨리 극장 건물을 보수하고 현대적 설비를 갖추었으며, 서독 출신의 무대감독과 홍보팀장을 고용해 새로운 출발을 준비했다. 1992년에는 주변 도시인 존더 하우젠의 오케스트라와 합병한 후, 동독 지역 최초로 유한책임회사로 출범했다. 통일 직후 관객이 감소하자, 옛 국경 근처라는 지리적 이점을 이용해 호기심에 찬 '베씨'들의 방문을 유도하기도 했다. 또한 입장가격을 낮추고, 관객이 원하는 오락과 계몽의 욕구를 모두 충족하는 적절한 공연 작품들을 선택함으로써 일찌감치 통일독일의 연극계로 안착할 수 있었다.[24] 그러나 몇몇 예외적인 경우를 제외하고 이러한 적극적인 변화가 동독 지역의 극단에 확산되고 제대로 자리 잡게 된 것은 수많은 시행착오를 거친 후인 1990년대 중반 이후의 일이다.

3) 다양한 레퍼토리

통일 직후의 생존투쟁 과정에서 동독의 극단들은 공연작 선정에서도 시행착오를 겪어야 했다. 줄어드는 관객을 끌어모으겠다는 목표가 작품 선정의 유일한 기준이 되어 빠른 시간 내에 성공할 수 있는 오락적 연극이나 인기를 끌 만한 레퍼토리가 통일된 구상을 이루지 못한 채 공연목록에 오르는 경우도 있었다. 통일 직후에는 동독 주민들이 그동안 이념적인 이유로 접할 수 없었던 서유럽 작가들의 작품이나 터부시되었던 소재들에 대한 욕구가 클 것으로 예상되었으나, 그러한 경향은 오래 지속되지 않았다.

동독 시절과 비교할 때 가장 큰 변화는 오락적인 요소의 비중이 커졌다는 점이었다. 이미 1980년대부터 그러한 경향이 서서히 시작되기는 했으나, 통일 이후 급속도로 오페레타, 뮤지컬, 코미디 연극 공연이 증가하고, 음악, 발레, 미술적 요소나 영상매체 등이 연극 속에 삽입되는 경우도 많아졌다. 또한 동독의 과거를 추억하는 레뷰Revue(흥행을 목적으로 노래·춤 따위를 곁들여 풍자적인 볼거리를 위조로 꾸민 연극, 호화무대 공연)도 점점 더 인기를 얻었다. 정통 연극이 아닌 이러한 프로그램을 통해 동독인들의 삶이 다루어진 것은 전체적인 개관이 어렵고 공동의 비전이 존재하지 않는 시대에 차라리 가볍고 사소한 이야기를

들려주고자 하는 전 유럽적인 경향을 반영하는 현상이기도 했다.[25]

관객과의 소통을 위한 노력에는 동독인들이 새로운 시대에 적응하는 과정에 동행하려는 노력도 포함되었는데, 이 과정에서 특징적인 것은 통독 직후의 동독인들의 정서를 반영하는 연극이 새로 만들어지기보다는 과거의 작품이나 익숙한 이야기가 현대적인 독법을 통해 새롭게 해석되면서 관객과 교감을 이루었다는 점이다. 앞장에서 동독 극단의 방향 상실과 관련해 이미 언급했듯, 이 시기에 발표된 얼마 되지 않는 작품마저도 관객으로부터 큰 반향을 얻지 못했다. 헤르베르트 악테른부쉬Herbert Achternbusch의 혁명소극『빼앗긴 진지에서Auf verlorenem Posten』(1989)와 보토 슈트라우스Botho Strauß의 『종결 합창Schlußchor』(1990), 클라우스 폴Klaus Pohl의 『가라데 - 빌리 돌아오다Karate-Billi kehrt zurück』(1991/1993), 롤프 호흐후트Rolf Hochhuth의 『바이마르의 베씨들Wessis in Weimar』 등의 작품이 대표적인 예로 꼽는다.[26] 오히려 레싱 Gotthold Ephraim Lessing, 클라이스트, 체호프, 셰익스피어 등의 고전 작품이 자주 무대에 올랐다. 제국 종말 후의 혼란스러운 대학생 세계를 묘사한 페르디난트 브루크너Ferdinand Bruckner의 『유년기의 질병Krankheit der Jugend』 (1926)이 동독적 문맥에서 새롭게 읽히면서 베를린 앙상블, 라이프치히와 막데부르크 극단의 공연을 통해 동독 관객과 만난 것도 흥미로운 현상이다.

관객과의 공감대를 위한 다양한 레퍼토리 개발 노력을 바이마르 극장의 경우에서도 관찰할 수 있다. 1987년부터 1994년까지의 격변기에 바이마르 극장의 총감독을 맡았던 프리츠 벤드리히는 바이마르의 고전주의 전통을 살리는 것이 극단의 명성과 관객 동원에 유리하다는 점을 인정하면서도, 바이마르 극장은 '고전 박물관'이 아니며 과거 유산의 창조적인 계승과 함께, 예술적 실험과 새로운 소통구조의 창조가 중요하다는 점을 강조한다. 그의 이러한 구상에 따라 높은 수준의 독일 고전 작품뿐 아니라 현대 예술 작품, 다른 유럽 나라의 작품들이 바이마르 극장에서 공연되고, 젊고 혁신적인 예술가들의 작품 활동이 지원받게 된다.[27]

5. 맺으며

통일독일의 문화정책은 엄청난 재정을 투자하면서도 개혁의 흐름을 주도하지 못했고, 일관되지 못하고 근시안적이며 수동적이라는 비판을 받았다. 전문가들은 기존의 비효율적인 구조를 임시로 지탱하는 지원 방식으로는 동독의 모든 극단이 고사할 것이라고 경고하기도 했다. 하지만 동독의 극단은 살아남았다. 그렇게 되기까지 수많은 지역 극장이 생존투쟁을 벌이고 그 과정에서 문을 닫아야 했기 때문에 개별 극장들의 성공 사례는 '기적'이라는 제목과 함께 보고되고는 했다.

1990년대 중반을 넘어서면서부터는 동독과 서독의 연극이 분리되어 논의되지 않게 되었다. 이제 '동독 연극의 위기'가 아닌, 전반적인 '연극의 위기'가 심각한 화두로 등장했다. 통일독일의 문화정책을 비판하던 연극 전문가들이 예견했듯이 동독 연극계가 갑자기 떠안았던 문제점들이 서독에도 닥쳐온 것이었다.[28] 이러한 관점에서 볼 때 통일 직후의 순간을 동서독 연극계의 개혁을 위한 기회로 이용하지 못한 것은 아쉬움으로 남게 되었다. 특히 근본적인 반성 없이 시장경제 원칙이 동독 지역의 연극문화계를 잠식해버린 것은 많은 이들이 비판하는 부분이다. 통일 공간이 동서독 모두를 위해 연극의 사회적 역할과 기능에 대해 성찰할 기회를 제공할 수도 있었기 때문이다. 그러나 자본주의에 적응해야 했던 동독 극단들은 급속히 마케팅과 홍보 위주의 경영으로 돌아섰다. 이러한 서구화 과정에서 동독 연극이 지켜온 나름의 전통은 뒷전으로 밀려났다. 연극을 시민교육과 사회비판의 도구로 생각하는 전통적인 연극관이나 과거 사회주의 국가에서의 강도 높고 공동체적인 작업 방식이 그 자리를 잃었고, 동독 배우들의 의식, 교육 방식 등도 이윤과 업적 위주의 극단 운영 방식에 맞춰 재빨리 변화했다.[29]

이렇듯 동독 지역에서 무조건적으로 수용하고 적응할 수밖에 없었던 서독식의 연극 운영 체제가 실상은 이미 오래전부터 비효율적이고 관료적인 것으로 비난을 받고 있는 것이었다는 점은 모순적이다. 통일 전부터 전통적인 극단 운영 방식은 엄청난 재정적 낭비를 요구할 뿐 아니라, 문화적 취향과 관심이 다양해지고 급변하는 현대에 어울리지 않는 것으로 진단되어 개혁 요구가 높았으며, 서독 연극계는 신선한 에너지가 고갈된 채 새로운 자극을 절실히 필요로 하고 있었다.[30] 그러나 서독 연극계는 통일 공간의 역동성과 자유로움을 자체적인 개혁의 기회로 활용하지 못했다. 동독 지역의 극단들이 생존투쟁 과정에서 운영진을 교체하고 새로운 운영체제를 도입해 반강제적인 개혁을 이루어가는 동안, 서독 극단들은 기존의 낡은 관념을 보존하고 고착화함으로써 오히려 후퇴하고 있었다고 볼 수도 있다.[31]

독일 연극계가 통일 과정에서 경험한 공과를 한반도의 통일 과정에 그대로 대입해 적용할 수는 없을 것이다. 일차적으로 연극이라는 장르가 이곳에서 갖고 있는 전통과 사회적 의미가 독일과 다르며, 현재 남북한 연극계의 발전 양상도 서로 너무 큰 격차를 보이고 있기 때문이다. 이것은 이 글과는 별도로 다루어져야 할 광범위하고도 중요한 주제이다.[32] 그럼에도 통일에 대비하는 한국 연극계의 특수한 상황과 과제를 논의하고자 할 때, 문화정책과 관련해 독일의 경험으로부터 근본적인 원칙 몇 가지를 제시할 수 있을 듯하다. 첫째, 연극 예술 영역이 분단을 뛰어넘어 내적인 통일에 기여할 수 있으려면 남북한 연극이 공유하고 있는 고유하고 전통적인 요소들을 발굴해내고 북돋는 작업이 필요하다. 독일의 경우 인상적인 점은 '문화민족'으로서의 전통과 자부심, 그리고 문화정책의 통일이라는 요소 외에도 권위 있는 연극 전문 잡지인 ≪오늘의 연극 Theater heute≫이 이러한 작업에 꾸준히 참여하고 있다는 점이다. 둘째, 연극계의 통일 과정은 일방적인 획일화를 추진하기보다는 각각의 장점과 다양성을 살릴 수 있는 방향으로 추진되어야 한다. 이를 위해서는 남북한 연극계의 장점과 단점에 대한 연구와 상호 교류를 통한 이해가 선행되어야 할 것이다. 셋째, 통일 공간을 남북한 연극계 전체가 필요로 하는 개혁을 시도하는 기회로 활용할 수 있어야 한다. 여전히 중앙 집중적이고, 대형 오락물을 선호하는 국내 연극계가 점차 세계화되어가는 공연 시장의 수동적인 소비층으로 전락하지 않게 하고, 통일을 통해 이러한 과정이 더 가속화될 위험을 막아낼 수 있도록 장기적인 문화정책이 필요하다. 넷째, 이러한 거시적이고 장기적인 문화정책이 궁극적으로 목표 삼아야 할 것은 연극을 포함한 공연문화가 지역적으로 골고루 뿌리 내리고 스스로의 힘으로 자라갈 수 있도록 돕고 그 기반을 마련해주는 일이다. 이는 위로부터의 행정적인 관리와 일시적인 지원만으로는 통일의 격변기에 위기에 처한 연극계를 살리기 어려울 뿐 아니라 내적인 통일에 기여할 수 없다는 사실을 독일의 경우에서 이미 확인했기 때문이다.

주

* 이 글은 이노은 「통일 이후 동독 극단의 위기와 대응」, ≪뷔히너와 현대문학≫, 제 27호(2006년 11월), 195~216쪽을 수정 게재한 것임.

1 Gaëlle Lisack, "Kultur und Wende: Deutsche Kulturpolitik zwischen 1989 und 1994 am Beispiel Berlin," *Diplomarbeit für Politikwissenschaft* (Freie Universität Berlin, 2003), p.44.

2 동독 극단 중 동베를린 소재의 극단들이 갖는 특별한 의미와 변화의 양상에 대해서는 이미 국내에서도 통일 직후부터 다양한 연구가 이루어졌기에 따로 언급하지 않는다. 통일 이후 동베를린의 연극계는 오히려 유럽 연극의 중심도시로 성장해나갈 새로운 기회를 얻었다. 반면 지방의 중소극단들은 심각한 위기에 직면했다. 이상면, 『독일의 예술: 분단에서 통일로』(시공사, 1996); 이상면, 「장벽 너머로 꿈꾸던 문화의 메트로폴리스: 독일 통일과 연극」, ≪한국연극≫, 1999/8; 이상란, 「독일 통일 이후의 베를린 연극: 베를린 앙상블을 중심으로」, ≪한국연극학≫, 제16호; 송전, 「독일 통일과 〈베르린 민중무대〉의 활동: 통일독일의 문화적 통합노력과 〈베르린 민중무대〉」, ≪독일 문학≫, 83집(2002); 이윤택, 「베를린 앙상블: 브레히트, 하이너 뮐러, 클라우스 파이만」, ≪한국연극≫, 2002/2·3(308); 김화임, 「베를린 민중극장에서의 예술적, 세계관적 논쟁」, ≪독일 문학≫, 85집(2003) 참조.

3 "Kulturnation im Sparrausch," Der Spiegel, 36/1991, pp.250~254.

4 Fritz Wendrich, "Kultur und Kulturpolitik in den neuen Bundesländern: das Beispiel des Deutschen Nationaltheaters Weimar," *Aus Politik und Zeitgeschichte* (이하 *APuZ*), B.22~23(1993), p.3.

5 Thomas Strittmatter, "Der Wandel der Kulturstrukturen in den neuen Bundesländern," *APuZ*, B.22~23(1993), p.22.

6 Thomas Irmer, "Der einst scharfe Cocktail ist fast verdunstet: Spurensuche nach einem DDR-Theater der neunziger Jahre," in Heinz Ludwig Arnold(ed.), *DDR-Literatur der neunziger Jahren*, Text+Kritik: Zeitschrift für Literatur: Sonderband, IX/2000(München, 2000), p.148; Michael Patterson, "The German Theatre," in Derek Lewis(ed.), *The new Germany: Social, political and cultural Changes of Unification* (University of Exeter Press, 1995), p.264. 1986년의 경우 1,813편의 작품이 2만 8,190회 공연되었고,

981만 3,000명의 관객이 공연을 관람했다.

7 Fritz Wendrich, "Kultur und Kulturpolitik in den neuen Bundesländern," p.5.

8 Günther Rühle, "Das zerrissene Theater: 1990: Rückblick auf die Szene des Jahrhunderts," in Erika Fischer-Lichte and Harald Xander(eds.), *Welttheater - Nationaltheater - Lokaltheater? : Europäisches Theater am Ende des 20. Jahrhunderts* (Tübingen, 1993), p.19.

9 Fritz Wendrich, "Kultur und Kulturpolitik in den neuen Bundesländern," p.7.

10 Wolfgang Ebert, "Die einzige zweisprachige Bühne Deutschlands: Warten auf ein Wunder: Zur Situation des Deutsch-Sorbischen Theaters in Bautzen," *Theater heute*, 4(1991), p.39; Fritz Wendrich, "Kultur und Kulturpolitik in den neuen Bundesländern," p.6.

11 Hans-Peter Bayerdörfer, "Theater in Deutschland in den Jahren der Wiedervereinigung," *Deutschlandforschung*, Bd.3(1994), p.32.

12 Michael Patterson, "The German Theatre," p.268.

13 Hans-Peter Bayerdörfer, "Theater in Deutschland," p.44.

14 같은 글, pp.49f.

15 Dieter Kranz, "… wächst das Rettende auch!," *Theater heute*, 1994, p.81.

16 Hartmut Krug, "Auch Theater sind sterblich: Versuch einer Tabuverletzung," *Theater heute*, 1(1992), p.9.

17 Erika Stephan, "Der große Mut zum langen Aufstieg," *Theater heute*, 1994, pp.82~87.

18 Dieter Kranz, "… wächst das Rettende auch!" 참조.

19 전통적으로 독일의 대극장들은 공법에 근거해 공공수단의 지원을 받아왔다. 최근 들어 점점 더 관심을 끌고 있는 극장의 유한책임회사화는 계속되는 공공수단 감축에 대한 연극계의 대응 방안으로서, 극장이 사법에 근거한 기관이 됨으로써 불필요한 예산 운영과 의무조항에서 자유로워지기 위한 것이다. Rolf Bolwin, "Operationen bei schlagendem Herzen? Überlegungen zu Strukturveränderungen im (selben) Theatersystem," *Theater heute*, 10(1993), p.51 참조.

20 Erika Stephan, "Der große Mut zum langen Aufstieg," pp.87f. 1998년에 첫 번째 그룹이 해체된 후, 2002년 1월부터 새로운 극단이 구성되어 예나 극장의 전통을 이었고, 이후에도 극장 지도부와 연기자 그룹이 교체되면서 창의적이고 도전적인 내용과 형식의 공연을 계속 선보이고 있다. 2000년 10월부터는 청소년 극단이 창립됨으로써 이들

과의 협력 작업을 통해 더욱 다양한 관객층을 끌어모을 수 있게 되었다. http://www.theaterhaus-jena.de

21 Thomas Strittmatter, "Der Wandel der Kulturstrukturen," pp.19f.

22 Michael Merschmeier and Franz Wille, "Vierzig Jahre durch die Wüste: Ein Gespräch mit dem Regisseur und Leipziger Schauspiel-Intendanten Wolfgang Engel über Deutschland und sein Theater zehn Jahre nach dem Fall der Berliner Mauer," *Theater heute*, 11(1999), p.43f.

23 바우첸 극단의 성공적인 변모는 흥미롭다. 1991년의 보고에서 재정적인 불확실성, 구조조정 문제, 관객 감소 등으로 존립 자체에 대한 불안감을 강하게 드러냈던 이 극단은 2004년의 보고에서는 1만 5,000명 이상의 관객을 유치하는 극장으로 소개되고 있다. Wolfgang Ebert, "Die einzige zweisprachige Bühne Deutschlands"; Dieter Kranz, "Der Bautzen-Effekt: Im Deutsch-Sorbischen Volkstheater Bautzen renoviert das Ensemble notfalls selber: Bericht aus einer Stadt, die nicht nur ein Gefängnis hat," *Theater heute*, 11(2004), pp.30~33 참조.

24 "Bericht über ein kleines Theaterwunder," *Theater heute*, 1(1992).

25 Thomas Irmer, "Der einst scharfe Cocktail," p.152.

26 Erika Stephan, "Der große Mut zum langen Aufstieg"; Thomas Irmer, "Der einst scharfe Cocktail," p.151. 이 시기에 발표된 작품으로서 통일 공간을 다루는 희곡에 대해서는 별도의 연구가 필요하다. 관심이 높은데도 국내 연구에서는 아직 이 주제가 충분히 다루어지지 않았는데, 이는 이 시기에 발표된 희곡들이 뚜렷한 흐름이나 영향력을 형성하지 못했기 때문이기도 하지만, 희곡 장르의 특성상 무대화를 통한 수용 등 광범위한 영역이 함께 다루어져야 하기 때문인 듯하다. Jutta Wolfert, *Theatertexte zwischen Medien und Revolution 1989~1996* (Berlin, 2004); Birgit Haas, *Theater der Wende: Wendetheater* (Würzburg, 2004) 참조.

27 Fritz Wendrich, "Kultur und Kulturpolitik in den neuen Bundesländern," pp.9f.

28 Michael Merschmeier and Franz Wille, "Vierzig Jahre durch die Wüste"; Fritz Wendrich, "Kultur und Kulturpolitik in den neuen Bundesländern" 참조.

29 Arnd Wesemann, "Brecht gegen Strasberg? Lernt umlernen! Ost-West-Verkehr: Schauspeilschulen zwischen den deutschen Fronten," Theater heute, 10(1993), pp.18~19; Erika Stephan, "Der große Mut zum langen Aufstieg," p.83.

30 Günther Rühle, "Das zerrissene Theater."

31 Gaëlle Lisack, "Kultur und Wende," p.58.

32 국내 연극전문잡지인 ≪한국연극≫, 278호(1999년 8월호)에서는 특집으로 '통일과 연극'을 다루고 있으며, ≪공연과 리뷰≫, 제29호(2000년 8/9월호)에서는 권두좌담으로 '남북한 문화교류와 그 대처방안'을 다루고 있다.

참고문헌

김화임. 2003. 「베를린 민중극장에서의 예술적, 세계관적 논쟁」. ≪독일 문학≫, 85집
  (2003), 325~347쪽.

송전. 2002. 「독일 통일과 〈베르린 민중무대〉의 활동: 통일독일의 문화적 통합노력과
  〈베르린 민중무대〉」. ≪독일 문학≫, 83집(2002), 37~51쪽.

이상란. 2001. 「독일 통일 이후의 베를린 연극: 베를린 앙상블을 중심으로」, ≪한국연
  극학≫, 제16호, 445~474쪽.

이상면. 1996. 『독일의 예술: 분단에서 통일로』. 시공사.

_____. 1999. 「장벽 너머로 꿈꾸던 문화의 메트로폴리스: 독일 통일과 연극」. ≪한국
  연극≫, 1999/8, 36~41쪽.

이윤택. 2002. 「베를린 앙상블: 브레히트, 하이너 뮐러, 클라우스 파이만」. ≪한국연극≫,
  2002/2 · 3(308), 82~85쪽.

Bayerdörfer, Hans-Peter. 1994. "Theater in Deutschland in den Jahren der Wieder-
  vereinigung." *Deutschlandforschung*, Bd.3(1994), pp.7~51.

Bolwin, Rolf. 1993. "Operationen bei schlagendem Herzen? Überlegungen zu Struk-
  turveränderungen im (selben) Theatersystem." *Theater heute*, 10(1993), pp.
  49~51.

Der Spiegel. 1991(36). "Kulturnation im Sparrausch."

Ebert, Wolfgang. 1991. "Die einzige zweisprachige Bühne Deutschlands: Warten
  auf ein Wunder: Zur Situation des Deutsch-Sorbischen Theaters in Bautzen."
  Theater heute, 4(1991), pp.38~39.

Haas, Birgit. 2004. *Theater der Wende: Wendetheater.* Würzburg.

Irmer, Thomas. 2000. "Der einst scharfe Cocktail ist fast verdunstet: Spurensuche
  nach einem DDR-Theater der neunziger Jahre." in Heinz Ludwig Arnold(ed.).
  DDR-Literatur der neunziger Jahren. Text+Kritik: Zeitschrift für Literatur:
  Sonderband, IX/2000. München.

Kranz, Dieter. 1994. "··· wächst das Rettende auch!" *Theater heute*, 1994, pp.76~81.

_____. 2004. "Der Bautzen-Effekt: Im Deutsch-Sorbischen Volkstheater Bautzen renoviert das Ensemble notfalls selber: Bericht aus einer Stadt, die nicht nur ein Gefängnis hat." *Theater heute*, 11(2004).

Krug, Hartmut. 1992. "Auch Theater sind sterblich: Versuch einer Tabuverletzung." *Theater heute*, 1(1992).

Lisack, Gaëlle. 2003. "Kultur und Wende: Deutsche Kulturpolitik zwischen 1989 und 1994 am Beispiel Berlin." *Diplomarbeit für Politikwissenschaft.* Freie Universität Berlin.

Merschmeier, Michael and Franz Wille. 1999. "Vierzig Jahre durch die Wüste: Ein Gespräch mit dem Regisseur und Leipziger Schauspiel-Intendanten Wolfgang Engel über Deutschland und sein Theater zehn Jahre nach dem Fall der Berliner Mauer." *Theater heute*, 11(1999).

Patterson, Michael. 1995. "The German Theatre." in Derek Lewis(ed.). *The new Germany: Social, political and cultural Changes of Unification.* University of Exeter Press.

Rühle, Günther. 1993. "Das zerrissene Theater: 1990: Rückblick auf die Szene des Jahrhunderts." in Erika Fischer-Lichte and Harald Xander(eds.). *Welttheater - Nationaltheater - Lokaltheater?: Europäisches Theater am Ende des 20. Jahrhunderts.* Tübingen.

Stephan, Erika. 1994. "Der große Mut zum langen Aufstieg." *Theater heute*, 1994, pp.82~87.

Strittmatter, Thomas. 1993. "Der Wandel der Kulturstrukturen in den neuen Bundesländern." *APuZ*, B.22~23(1993), pp.11~22.

Theater heute. 1992(1). "Bericht über ein kleines Theaterwunder."

Wendrich, Fritz. 1993. "Kultur und Kulturpolitik in den neuen Bundesländern: das Beispiel des Deutschen Nationaltheaters Weimar." *APuZ*, B.22~23(1993), pp. 3~22.

Wesemann, Arnd. 1993. "Brecht gegen Strasberg? Lernt umlernen! Ost-West-Verkehr: Schauspeilschulen zwischen den deutschen Fronten." *Theater heute*, 10(1993).

Wille, Franz. 1992. "Solange wir solche Intendanten haben, ist noch nicht alles verloren: Das drohende Theatersterben in den neuen Ländern und eine Diskussion in Dresden." *Theater heute*, 12(1992).

Wolfert, Jutta. 2004. *Theatertexte zwischen Medien und Revolution 1989~1996*. Berlin.

http://www.staatsoperette-dresden.de
http://www.theater-bautzen.de
http://www.theaterhaus-jena.de

7

통일 이후 동독 영화계의 변화 양상[*]

박희경

전환기, 변화로 요동치던 그 시기에 동독의 영화인들은 데파의 새출발이라는 아슬아슬한 꿈을 꾸고 있었다. 정말 세상 물정 모르는 순진한 기대였다. 동독의 국영 영화사인 데파VEB DEFA: Volkseigener Betrieb Deutsche Film-Aktiengesellschaft의 관리를 맡았던 신탁청의 관심은 데파의 '청산'에 있었지, 데파의 새 역사를 쓸 마음은 전혀 없었다. 분단 40여 년 동안 동독 영화의 독점적인 생산처였던 데파는 통일 2년 후 매각되었고, 극영화 스튜디오의 모든 영화감독은 해고되었다. 이 글은 통일독일의 영화계에서 데파의 흔적을 제도적·인적·예술적 경향의 차원 등에서 찾아봄으로써, 동독 영화가 통일 이후 겪은 변화를 살펴보고자 한다. 구체적으로 ① 데파가 매각되는 과정에 동서독 흡수통일의 방식과 관련된 특징적인 현상이 나타나는가(제도적 변화), ② 동독 영화인은 통일독일의 영화라는 새로운 환경에 어떻게 적응했는가(인적 변화), ③ 통일독일 영화의 발전에 동독 영화인과 영화 전통은 어떻게 기여하고 있는가(예술적 경향의 변화) 등이 이 글에서 살펴볼 내용이다.

1. 데파의 마지막

통일이 되던 해인 1990년 데파는 극영화 스튜디오, 주말 뉴스와 기록영화 스튜디오, 트릭필름(어린이 및 만화영화) 스튜디오로 구성되어 있었으며, 40헥타르에 이르는 대지 위에 다수의 세트장과 완벽한 부대시설을 갖추고 있었다. 이 해까지 데파는 장편과 단편을 합쳐서 950편의 극영화, 820편의 애니메이션, 5,800편의 기록영화와 주말 뉴스를 제작했으며, 영화예술인을 포함한 직원의 수는 2,400명에 이르렀다.[1]

동독 영화인은 1989년 겨울 당시 동독에 퍼졌던 민주화 열풍에 힘입어 일종의 원탁회의 그룹을 구성하고, 데파의 미래에 대한 청사진을 만드는 시도를 했다. 1990년 2월, 동독 영화 방송인 협회Verband der Film- und Fernsehschaffenden der DDR의 새 의장으로 선출된 요아힘 치르너Joachim Tschirner는 국가가 영화예술의 재정적인 지원을 지속적으로 하고, 데파는 존속되어야 한다고 주장했다. 영화는 시장에 내맡겨야 할 상품이 아니라 국가적 차원에서 인정해야 할 예술이며, 국가가 영화예술을 재정적으로 지원하되 정치적으로 이용해서는 안 된다는 것이었다.[2] 데파의 영화인들은 제작비를 시장에 맡기되 예술의 자유를 얻을 것인가, 혹은 국가의 후원을 받되 검열의 위험을 무릅쓸 것인가 하는 두 입장 사이에서 고민하고 있었지만, 데파가 존속해야 한다는 점에는 거의 이견이 없었다. 그러나 1990년 2월 베를린 영화제에서 동독 시절 상영이 금지되었던 영화들의 특별전이 열렸을 때부터, 영화인들은 내심 데파의 종말을 받아들이고 있었는지 모른다. 그렇지 않았다면 데파가 그렇게 허망하게 스러지지는 않았을 것이다. 데파의 몰락에는 백조의 마지막 노래도 없었고, 장렬한 전사의 외침도 없었다. 하루아침에 실직자 신세가 된 데파의 직원들 중에서 해고가 부당하다며 소송을 청구한 경우는 극히 드물었다고 한다. 그들은 그것을 운명으로 받아들였던 것이다.

데파의 앞날을 결정하는 위원회에서 동독의 영화인들은 철저히 배제되었다.

데파의 처리를 맡았던 신탁청은 데파 영화인의 제안 따위는 안중에도 없었고, 1992년 프랑스의 복합기업인 CGECompagnie Generale des Faux에 데파를 매각했다. 그 사이에 데파 극영화 스튜디오의 감독 40명, 작가 20명, 극작가 30명, 무대 담당 20명, 카메라 담당 30명, 의상 담당 15명을 포함해 직원의 반인 1,200명이 이미 정리해고되었다.[3]

CGE는 바벨스베르크를 복합매체의 중심으로 조성할 계획을 갖고 미국에 거주하던 폴커 슐뢴도르프Volker Schlöndorff를 책임자로 불렀다. 데파의 처리 과정에서 제외되었던 동독 영화인들은 새판 짜기에서도 배제되었다. 바벨스베르크를 할리우드에 맞서는 유럽 영화의 중심지로 만들려는 야심찬 포부를 가졌던 슐뢴도르프는 통일독일 시대에 걸맞은 새로운 영화는 명실 공히 1933년 이전의 시점에서 다시 시작해야 한다고 공언했던 것이다. "데파에는 고약한 냄새가 난다!"[4]라는 슐뢴도르프의 말의 이면에는 데파 영화와 나치 시대 우파Ufa의 영화를 동격으로 놓고자 하는 그의 생각이 숨어 있었고, 결국 동독 영화 40여 년의 역사를 삭제해버리겠다는 판결이었다. 그는 말만 한 것이 아니라 스튜

데파의 로고

디오의 고유 표시였던 'DEFA'라는 로고를 없앴고, 극영화 스튜디오는 이후 스튜디오 바벨스베르크로 불리게 되었다. 파시즘의 선전선동 수단이었던 12년 우파 영화를 극복하는 것을 설립 기조로 삼았던 데파의 역사를 아는 동독 영화인들은 슐뢴도르프의 포부를 동독 영화의 정신과 역사에 대한 기억을 지워버리는 파렴치한 언행이라고 비판했다. 동독 영화가 죽은 땅 위에 유럽 영화의 싹을 틔우겠다는 것은 과거 없이 미래를 만들어보겠다는 사상누각에 지나지 않는다. 아니나 다를까 독일 영화의 유럽적 회생이라는 슐뢴도르프의 꿈은 실현되지 않은 채,[5] 현재 바벨스베르크는 텔레비전과 영화제작을 위해 전반적인 서비스를 제공하는 '심부름꾼'[6] 역할을 하는 데 그치고 있다.

데파 매각은 동독 영화계에 엄청난 지각변동을 가져왔다. 데파와 더불어 동

독 영화의 제도적인 기반이었던 제작, 촬영, 배급, 상영의 전반적인 구조가 와해되었다. 시나리오 작가, 감독, 카메라맨, 편집자들도 뿔뿔이 흩어졌다. 동독 영화의 국내 배급을 책임지던 국영 영화배급사 '프로그레스Progress'는 이미 1990년에 축소되었고, 영화가 상영되던 영화관도 서독인에게 매각되어 새로운 소유주를 갖게 되었다. 그 사이에 서독과 미국의 배급사들은 발 빠르게 움직이며 동독 지역의 영화 시장을 정복해나갔고, 화폐 통합 이후 중급 이상 크기의 거의 모든 영화관의 상영 프로그램은 서독의 영화배급사들에 의해 결정되기에 이르러 미국 영화들이 동독의 영화 시장을 거의 점령하다시피 했다. 프로그레스는 베를린에 있는 두 개의 소규모 영화관에만 직급을 할 수 있었고, 1990년 7월 이후에 데파가 만든 새 영화들은 이 두 영화관에서만 우선 상영이 되었다. 데파는 동독 시절부터 이미 제작 지원이 약속되어 있던 20여 편의 영화들을 마치 미루던 숙제를 끝내듯이 만들었는데, 1993년 헤르비히 키핑Herwig Kipping의 영화 〈노발리스: 푸른 꽃Novalis: Die blaue Blume〉이 마지막 영화가 되었다. 그런데 이들의 시나리오는 이미 과거에 속해서 갈 수 없는 시간이 되어버렸고, 관객들도 상징과 알레고리를 통해 동독을 그려내는 데파의 마지막 영화들보다는 새로 들어온 서구 자본주의의 장르영화를 보거나, 동독 정치와 사회를 풍자하는 독일식 카바레Kabarett를 찾았다. 게다가 1.50구동독 마르크에 불과하던 영화관 입장료가 화폐 통합 이후 갑자기 6~8마르크로 올랐기 때문에 영화를 찾는 관객은 전반적으로 줄었으며 이 와중에 동독의 영화는 더욱 외면을 당하는 딱한 처지로 내몰렸다.

정리하자면 영화인들이 어떤 영향도 미칠 수 없었던 데파 매각의 과정과 데파 소속 영화인의 무더기 해고가 보여주는 바는 동서독 영화계의 통합이 동서독 흡수통일 방식과 결과의 축약판이라는 것이다. 동서독 통일의 열기와 흥분이 한창이던 1990년 2월 베를린 영화제에서는 데파의 금지된 영화들을 특별상영하는 잔치를 벌였지만 그것은 데파 영화의 시대가 막을 내린다는 부음이었다. 데파는 잊혀야 할 과거로 치부되었고, 데파가 만들어낸 영화 자산도 동독의 유물처럼 여겨졌으며, 근 10년이 지나 데파 재단이 생기는 1990년대 말에야 독일의 문화 자산이라는 위상을 얻게 된다.[7] 동독 영화인에게 데파의 몰락은 영화사 하나가 없어진 것 이상의 의미를 가졌다. 배르벨 달리초브Bärbel Dalichow의 "모두가 모두에게 이웃인 사회를 만들자는 세계 변혁의 공통된 꿈을 상실한 것"[8]이라는 다소 과장된 표현이나 미하엘 하니쉬Michael Hanisch의 "동독 영화의 끝은 많은 동독 사람에게는 동독 정체성의 상실을 의미했다"[9]라는 선언적 말에서 잘 드러나듯이 동독 영화인들은 데파의 해체를 정신적 고향의 상실로 받아들였다. 그들은 자신들의 영화적 토양과 집을 잃었던 것이다.

2. 데파 영화감독들의 침묵

역사의 패자처럼 스튜디오의 문을 나섰던 영화감독 중 바벨스베르크 스튜디오로 돌아와서 영화를 만든 감독은 한 사람도 없다. 그들은 모두 어디로 간 것일까?

1993년 겨울, 베를린 브란덴부르크 영화협회Filmverbände Berlin und Brandenburg와 잡지 ≪영화와 방송Film und Fernsehen≫은 공동으로 데파와 구동독 국영방송DFF에서 일하던 영화인들이 어떤 일을 하고 있는지 알아보는 설문조사를 실시했다.[10] 설문조사에 응답한 19명 중 대다수는 동독 시절의 직업과 유사한 분야에서 일하고 있다고 대답했다. 다만 많은 사람이 프리랜서로 활동하는데, 그중 텔레비전 방송에서 계약직으로 프로그램 제작에 참여하고 있는 경우가 다수였으며, 자신이 기획한 프로젝트의 지원을 거부당했던 경험을 가진 것으로 나타났다. 설문조사 당시 영화 프로젝트를 수행 중이었던 어떤 이는 재정적인 어려움을 겪고 있는 것으로 나타났다. 통일이 표현의 자유를 가져다줄 것으로 기대했으나, 막상 생계를 걱정하는 처지에 몰리게 된 데파 영화인들은 표현의 자유가 넘치는 새로운 상황에서 자신을 표현할 수 없는 역설을 경험했던 것이다. 시나리오 작가 만프레드 리히터Manfred Richter가 설문지의 대답에 보충했던 바처럼, "예술은 다시 빵을 찾아 나서고, 동독의 예술가들은 레싱Lessing이 살던 18세기로 후퇴했다".[11]

1997년 동독 영화 전문가인 랄프 솅크Ralf Schenk는 데파 영화인이 통일독일의 어느 곳에서 무엇을 하는지 적은 글을 신문에 기고하면서 "노동청 구직센터와 텔레비전 방송국 사이Zwischen Fernsehen und Arbeitsamt"라는 제목으로 데파 영화인이 통일독일 문화계의 어디쯤 위치하고 있는지를 한마디로 보여주었다.[12] 데파 영화인 중 나이가 든 세대는 해고되면서 바로 퇴직 상태가 되었고, 퇴직하기에는 아직 젊었던 세대는 생계를 위해 텔레비전 방송국으로 옮겨갔다. 고집스럽게 영화의 꿈을 버리지 않은 이들은 예술을 위해 제작자를 찾고, 생계를 위해 노동청 구직센터의 문을 두드려야 했다.[13]

1) 데파의 대표적 영화감독들, 텔레비전 방송국으로 가다

프랑크 바이어Frank Beyer, 하이너 카로브Heiner Carow, 에곤 귄터Egon Günther, 롤란트 그래프Roland Gräf, 로타 바른에케Lothar Warnecke. 이름은 낯설지만 이들은 우리의 귀에도 익숙할 뿐 아니라 서독에서 상영되어 큰 반향을 불러일으킨 영화를 만든 감독들이다. 바이어는 1965년 사회주의통일당의 11차 전당대회를 계기로 상영이 금지되었던 〈돌들의 흔적Spur der Steine〉과 동독 영화로서는 유일하게 오스카상 후보로 올랐던 〈거짓말쟁이 야콥Jakob der Lügner〉을 감독했고, 카로브는 1970년대 동독 사회에 대한 연구인 〈파울과 파울라의 전설Legende von Paul und Paula〉을, 귄터는 동독 여성상의 전형적인 인물을 그려낸 〈세 번째 남자Der dritte〉를, 바른에케는 종교와 사회적 신념 간의 화해의 가능성을 전하는 〈내 죄를 안고 가는 너Einer trägt des anderen Last〉를 각각 감독했다. 이들은 대개 1930년대에 태어난 세대로서, 통일 전까지 동독의 영화를 대표하는 중요한 위상을 갖고 있었다. 데파의 탄생을 이끌었던 볼프강 슈타우테Wolfgang Staudte, 쿠르트 메치히Kurt Maetzig, 에리히 엥겔 Erich Engel 등과 달리 이들은 1960년대 유럽 영화계에 일어난 '새 물결' 운동에 공감했으며, 동독 사회의 현실을 일상적인 생활세계를 통해서 표현하고자 했다. 데파가 한 해에 20편 미만의 극영화를 제작했기 때문에 어느 누구도 다작 多作을 하지는 않았지만, 이들은 체제와 부단히 교섭하면서 꾸준히 영화를 만들었을 뿐 아니라 통일되던 해에도 활발하게 활동하고 있었다. 1990년 여름, 그때까지 존재했던 동독 정부가 8편의 데파 영화를 지원했을 때, 그중 4편이 당시 예순을 넘겼던 에곤 귄터, 하이너 카로브 및 프랑크 바이어(58세), 롤란트 외메Roland Oehme(55세)의 영화 프로젝트였다. 다만 이는 이들이 메가폰을 잡았던 마지막 영화였다.

이후 데파의 주요 감독들의 필모그래피를 보면, 그들이 거의 극영화들을 만들지 못했음을 알 수 있다. 〈파울과 파울라의 전설〉의 감독 하이너 카로브는 서독의 공영방송인 ARD에서 시리즈물을 만들었다. 에곤 귄터는 남부 독일 방송Süddeutsche Rundfunk의 주문으로 야콥 라인홀트 미하엘 렌츠J. R. M. Lenz를 소재로 방송용 영화 〈렌츠Lenz〉를 만들었다. 〈내 죄를 안고 가는 너〉의 감독 로타 바른에게는 통일 이후 한 편의 영화도 찍지 못했고, 동부 독일 방송 등에서 짧은 텔레비전 방송용 다큐멘터리들을 만들었다. 매우 섬세한 시선으로 동독 사회 내부의 모습을 담아내던 롤란트 그래프는 1991년 〈호박琥珀 방의 행방을 찾아서Die Spur des Bernsteinzimmers〉 이후, 1996년까지 ARD와 서독의 또 다른 공영방송인 ZDF에서 범죄물과 코미디를 만들었다. 컬트 영화가 된 〈돌들의 흔적〉의 감독 프랑크 바이어는 통일 이후에도 지속적으로 활동한 소수에 속했지만, 그조차도 1997년까지 주로 텔레비전 방송용 영화만을 만들었다(바이어의 마지막 극영화는 1997/1998년 작 〈도망치다Abgehauen〉이다). 데파를 대표하던 유명한 감독들은 통일 이후 양으로 보나 질로 보나 상당히 소박해진 필모그래피를 갖고 있다. 이들의 조심스러운 행보는 은퇴해도 억울하지 않을 나이 탓일까? 그런데 이들은 국경 너머 서방까지 이름이 알려졌던 까닭에 그나마 전관예우를 받은 것처럼 보인다. 그들의 후속 세대였던 데파 감독들이 '전체 독일' 영화계에 명함도 들이밀지 못한 것을 보면 이런 인상은 더욱 깊어진다.

2) 데파의 마지막 세대가 사라지다

데파 안에서 항상 젊은 세대로 불리고, 감독이되 때로는 정치적인 이유로 때로는 분명한 이유도 없이 영화를 찍지 못했던 '전후 세대'야말로 데파에서는 미움 받고 통일 이후에는 잊힌 서러운 풍운아들이었다. 1970년대 데파에 입성한 이들은 동독의 영화계가 내적으로 경직되고 외적으로 경쟁력을 상실하던 1980 년대 정체기에 데파 감독이라는 직함을 얻었다. 울리히 바이스Ulrich Weiß는 데파에서 가장 독창적이고 재능 있는 젊은 감독으로 꼽혔지만, 영화 〈이중인격 Dein unbekannter Bruder〉(1982)에서 피해자 안의 가해자 모습을 그려냄으로써, 선명히 선과 악을 구별한 데파의 미학적 노선을 어긴 반항아라는 꼬리표를 떼어내지 못했다. 그러한 이유로 그가 만들고자 한 영화들은 번번이 제작을 거부당했다. 라이너 시몬Rainer Simon(1941~)의 감독 데뷔 영화였던 〈야둡과 보엘Jadup und Boel〉도 상영 금지 처분을 받았고, 막심 데사우Maxim Dessau의 1984년 감독 데뷔 영화도 정치적인 이유 때문에 금지되었다. 이들은 데파를 건설해서 반파시즘 영화의 중심을 세운 기억도 없고, 데파를 영화적 토양으로 삼아서 미운 정 고운 정 다 들어버린 윗세대의 정서도 나누지 않았다. 이들은 현실 사회주의 사회의 현실을 있는 그대로 카메라에 담으려고 했다. 데파의 경직된 관료적 시스템은 현실사회주의에도 잘못이, 그것도 꽤 많이 있다는 것이 소재로든 장면으로든 영화 속에 드러나는 것을 참지 못했고, 때로는 감독들도 이해할 수 없는 이유를 들어 제작 중단이나 상영 제한 등의 결정을 내렸다. 예를 들어 "수많은 젊은이들이 땀 흘려 건설한 현대적인 주거지역을 비정하고 억압적인 콘크리트 덩어리로 나타냈다"라는 것도 영화 검열의 꼬투리가 되었다.[14] 젊은 감독들은 데파의 관료들에게는 껄끄러운 존재였고, 거꾸로 이들에게는 "우리가 찍고자 하는 소재, 기획, 형식 모두를 아주 체계적으로 거부했다"라는 외르크 플로트Jörg Floth의 말처럼 데파가 꿈을 펼치도록 도와주지 않는 낡고 고루한 곳이었다.

하지만 모든 비판적인 영화 필름들이 금치산자의 취급을 받아 선반 위에서 먼지가 쌓이는 신세가 된 것은 아니었다. 작품 활동을 금지당하는 낙인이 찍히는 것은 데파의 젊은 영화인에게 한편으로는 일종의 자부심을 부여하기도 했다. 또 한편 그들은 좀 더 자유로운 발언이 가능했던 연극 영역으로 가거나 운신의 폭이 좀 더 넓었던 기록영화 쪽으로 옮기기도 했다. 아무튼 데파의 밖에서 영화를 만들 수 있는 가능성은 실질적으로 없었고 데파에서 상영되는 영화를 만들려면 모순적인 현실을 피상적으로 그리거나 역사의 소재 속으로 도피해야 했다. 다른 한편 1980년대 이후 관객들에게 오락과 스펙터클을 제공하는 서방 세계의 영화들이 많이 수입되어 동독 관객들의 큰 호응을 얻었다.[15] 그 결과 동독 사람들의 근지러운 부위를 시원하게 긁어주지 못하는 데파의 영화들은 관객들로부터 외면당하는 외우내환의 상황에 처하게 되었다.

데파의 '항상' 젊은 감독이었던 에베린 슈미트Evelyn Schmidt(1949~), 울리히 바이스(1942~), 미하엘 캄Michael Kamm, 외르크 플로트(1949~), 막심 데사우(1954~), 헬케 미셀비츠Helke Misselwitz(1947~) 등의 이름은 동독 내에서도 잘 알려져 있지 않았고 통일이 되었을 때 서독에서는 생소하기조차 했다. 이들의 필모그래피에는 통일 이후 더 보태진 것이 거의 없다. 울리히 바이스는 통일 직후 영화 〈미라쿨리Miraculi〉(1990/1991)를 만들 수 있었으나 상징으로 가득한 영화는 관객에게 외면당했고, 막심 데사우는 1990년에 비로소 두 번째 영화 〈첫 상실Erster Verlust〉을 만들었으나 그것이 마지막 영화가 되고 말았다. 데파 안에서는 '젊은이'였던 이 감독들은 통일 무렵에는 어느덧 40대에 이르렀으나, 서독에서는 지명도가 낮았기 때문에 새롭게 영화를 만드는 일이 나이든 기성세대 감독보다 더욱 어려웠던 것이고, 그들이 만든 첫 극영화가 마지막 영화가 되는 경우가 많았다. 그나마 페터 카하네Peter Kahane 정도가 데파의 영화감독 중 가장 먼저 서독의 영화자본으로 영화 〈코지마의 사전Cosimas Lexikon〉(1992)을 만들어 서독의 영화산업에 성공적으로 발을 들여놓았으나, 그조차 1998년에 다시 극영화 〈지평선 너머Bis zum Horizont und weiter〉를 찍을 때까지 주로 텔레비전 방송국의 방송작가로 활동했다.

3) 데파 영화감독들의 침묵

이처럼 데파 영화인들이 통일 이후 새로운 영화제작 환경에 적응하는 데 어려움을 겪은 이유는 여러 가지였다.

우선 동독 영화인들은 영화 전반을 통제했던 독재적인 체제와 협상하고 정치적 검열을 교묘하게 피해가는 방법은 터득하고 있었지만, 예술의 자유가 보장되는 반면에 동료들과 지원금을 두고 경쟁해야 하는 자본 위주의 사회에서 어떻게 처신해야 하는지 배운 바가 없었다. 데파는 동독 영화인들에게 한편으로는 예술의 자유를 제한하는 감시자였지만, 다른 한편으로는 영화제작의 재정을 맡았던 후원자라는 이중의 얼굴을 갖고 있었다. 최소한 제작 비용에 대한 걱정 없이 영화를 만들 수 있었다는 점에서 데파는 예술의 온실과도 같았고, 영화배우 미하엘 그위스덱Michael Gwisdek의 말처럼 영화감독들은 독립적으로 영화를 만드는 방식을 알지 못했던 것이다.[16] 전환기인 1989년과 1990년 사이에 데파의 영화인은 당의 통제 없이 영화를 만들 수 있을 것을 기대했던 한편 영화제작비에 대해서는 고민하지 않았다. 그들은 국가가 재정적인 지원을 계속해주리라고 기대했으며, 또 영화는 예술이기 때문에 국가 지원이 당연하다고 요구하기도 했다. 데파의 영화인들은 당시 동독 주민들이 전혀 준비되지 않은 상태에서 통일독일이라는 새로운 환경에 휩쓸린 것처럼 내적인 준비가 되지 않은 상태에서 동독과 전혀 다른 영화제작 시스템에 내던져진 것이다.

하지만 통일 이후 데파 출신 영화인들의 빈약한 필모그래피를 적응 과정에서 생겨난 과도기적 문제라고 축소시킬 수는 없다. 데파 출신 영화인들이 기획한 거의 모든 영화 프로젝트는 통일 당시 수도인 본에 있었던 독일영화진흥원의 지원을 받지 못했고, 다른 곳에서도 후원을 받지 못했다. 그들이 영화화하고 싶은 소재가 상업적인 오락영화와 자족적인 예술영화로 양분화되어 있던 서독의 영화계에서 전혀 발붙일 틈새가 없었기 때문이었다. 데파 영화인들의 무릎을 꿇게 한 것은 사상검증이나 정치적 이력이 아니라 투입된 제작비보다 더 많이 벌어들여야 한다는 시장의 논리였다. 이제 드디어 자유롭게 자신의 동독 이야기를 하고 싶었던 데파의 영화인들에게 통일독일 영화 시장은 '독일 전체' 관객의 취향에 맞는 영화를 요구했고, '모든' 독일 사람이 보고 싶어 하는 영화라는 명제 앞에 동독 영화인들은 망연자실해하며 침묵할 수밖에 없었다.

내가 당면한 문제는 동독의 과거를 영화로 만드는 기회를 더는 갖지 못하게 되었다는 것이다. …… 우리는 데파 시절부터 스탈린주의에 대해서 영화를 만들고 우리의 과거 역사와 진지하게 대면해보고 싶었다. 그런데 이런 건 아무도 보고 싶어 하지 않고, 돈을 대주겠다는 사람도 없다. …… 사람들은 누구나 자신의 경험을 어떻게든 반추하고 싶은 것 아닌가. 그런데 그런 건 아무도 보려고 하지 않는다. 동독 이야기가 아니라 독일 전체에 해당하는 이야기를 하는 영화를 만들라고 한다. 역사와 상관없는 이야기 말이다. 그런데 그건 사실 역사를 완전히 부인하겠다는 것과 같다(토마스 크나우프, 작가·배우).[17]

우리가 제일 잘 만들 수 있는 것은 우리가 살아온 삶과 관계된 것이다. 그런데 우리가 살아온 삶, 즉 한평생 경험한 것을 지워버리라고 한다면, 이제 영화로 만들 것이 없어지는 것 아닌가. 내가 영화를 만들려고 한다면 그건 당연히 나와 관련될 수밖에 없고 그건 내가 동독에서 경험했던 것이다(롤란트 그래프, 감독).[18]

이렇듯 시나리오 작가든 감독이든 자신의 이야기를 할 수 없다는 것이 데파 영화인들이 통일 이후 부딪혔던 어려움 중의 하나였다.[19]

결론적으로 데파 감독들은 통일 이후 서독이 주도하는 영화계에서 배제되는 쓰라린 실패를 경험했다. 통일독일의 영화계가 동독에 주목한 것은 문학이나 연극보다 훨씬 늦은 1990년대 말이었다(여기에 대해서는 다음 절에서 좀 더 자세히 언급할 것이다). 아무튼 랄프 셍크 같은 동독 영화 전문가가 문학계와 달리 영화계에서는 아직도 '전환기 영화'가 만들어지지 않았다고 단언할 만큼, 동독을 동독의 시각에서 영상화한 작업은 나오지 않고 있다. 물론 전환기를 소재로 다룬 영화가 없었던 것은 아니다. 가장 대표적인 예가 서독 출신 감독인 볼프강 베커 Wolfgang Becker의 〈굿바이 레닌〉(2003)이다. 독일뿐 아니라 해외에서도 평단의 호평과 관객의 호응을 받았고 한국에서도 상영되었던 이 영화는 유독 동독 지역 관객들에게는 씁쓸한 뒷맛을 남겼다고 한다. 주인공의 어머니가 '사실은' 동독을 선택하고 싶어서 머무른 게 아니라 '두려웠기 때문에' 남았다고 말했기 때문이다. 이 설정은 동독 관객이나 동독의 영화 평론가에게 〈굿바이 레닌〉의 내러티브가 지닌 설득력을 반감시키는 잘못으로 받아들여졌다.[20] 2000년대에는 독일 영화계가 동독을 새로운 소재로 발견한 것처럼 보인다. 〈굿바이 레닌〉 외에도 장벽이 세워지기 직전 로큰롤에 열광하는 동독 젊은이를 그린 〈클럽 카카두Der rote Kakadu〉(2006), 동독 군대를 풍자한 〈동독인민군대NVA〉(2005) 등이 만들어졌으며, 예술가를 감시하는 비밀경찰이 마침내 목숨을 걸고 자유로운 영혼을 지키게 된다는 영화 〈타인의 삶Das Leben der anderen〉(2006)은 이듬해 아카데미 최우수 외국어 영화상을 차지하게 되었다. 그런데 〈굿바이 레닌〉, 〈타인의 삶〉처럼 동독을 경험해보지 않은 서독 출신 감독들이 만든 동독 시설 영화가 동독 출신 감독의 영화보다 예술적 평가와 상업적인 측면에서 더욱 성공적이었다는 것은 아이러니하다(〈타인의 삶〉을 만든 감독 플로리안 헹켈 폰 도너스마르크Florian Henckel von Donnersmarck도 서독 출신이다). 통일 이후 데파 영화인들이 토로한 소재의 어려움, 즉 동독 이야기를 영상화하기 어려운 환경은 2000년대 들어 변화했지만, 동독적 시각에서 동독을 영화화하기란 여전히 어려운 모색처럼 보인다.[21]

3. 새로운 세대의 등장

통일 이후 데파 감독들의 행보를 좇다보면 초토화라는 말이 떠오를 만큼 영화계의 주변부로 밀려났다는 것을 확인할 수 있다. 독일 영화의 새로운 전성기로 불렸던 1990년대에 평단이나 멀티플렉스 영화관에서 동독과 관련된 영화를 찾아보기란 쉽지 않다. 전환기와 통일 직후에 동독 출신 영화감독들이 만들었던 영화들은 평단으로부터 동독 시절의 작품보다 못하다는 평을 받았으며, 동독 관객들도 동독 시절을 되돌아보기보다는 할리우드 블록버스터를 찾았다. 물론 그들은 극영화나 텔레비전 방송용 영화나 영화를 만들 수 있는 한 동독과 통일 이후 동독 지역의 삶을 영상화했지만, 독일 영화의 중요한 부분의 하나로 평가되지 못했다. 서독 감독 중에는 우베 팀, 데트레프 북Detlev Buck, 마가레테 폰 트로타Margarethe von Trotta 등이 통일의 열기가 채 식지 않았을 때 통일을 소재로 영화를 만들었으나, 〈트라비에게 갈채를Go, Trabi, go〉, 〈우리도 다르게 할 수 있어Wir können auch anders〉처럼 통일의 현실과 동떨어진 낭만화로 끝나거나, 〈약속Das Versprechen〉처럼 역사적 사건과 개인의 역사가 유기적으로 연계되지 못한 채 어정쩡한 멜로로 끝나고 말았다. 이후 2003년 볼프강 베커의 〈굿바이 레닌〉이 나오기까지는 서독 영화계에서도 통일과 관련된 주제는 관심을 끌지 못했다. 1990년대 중반까지 독일 영화의 흥행을 이끈 영화들은 대도시의 상류층을 중심으로 한 남녀상열지사 류의 가벼운 코미디였다. 그 결과 통일을 계기로 독일의 영화 시장이 넓어진 것 외에 동독 영화가 통일독일의 영화계에서 갖는 의미는 오랫동안 가시화되지 않았다.

그런데 1990년대가 저물어갈 무렵, 일단의 동독 출신 영화감독들이 주목을 받았다. 연극 연출가 출신인 레안더 하우스만은 토마스 브루시히와 함께 컬트 영화로 성공한 〈존넨알레〉(1998/1999)를 만들었고, 안드레아스 클라이네르트 Andreas Kleinert는 〈밤으로의 여로Wege in die Nacht〉(1999)를, 안드레아스 드레젠Andreas Dresen은 〈밤에 만난 사람들Nachtgestalten〉(1998)로 독일 국내

외 영화제에서 수상하고 비평가들의 호평 속에 중
요한 젊은 영화인으로 부상한다. 클라이네르트와
드레젠은 1992년에 데뷔한 이래 꾸준히 활동해왔
었다. 그런데도 이들이 1990년대 말에 갑자기 부
상한 것은 대도시를 무대로 얽히고설킨 가벼운 코
미디에 지쳐가던 독일 영화계에 불어온 젊은 새바
람과 맥을 함께한다. 〈롤라 런Lola rennt〉의 감독

레안더 하우스만

인 톰 티크베어Tom Tykwer, 〈굿바이 레닌〉을 감독한 볼프강 베커 외에도 한
스 - 크리스티안 슈미트Hans-Christian Schmid, 로무알트 카르마카Romuald
Karmakar, 크리스티안 페촐트Christian Petzold를 꼽을 수 있고, 이주민 2세로
독일 내 소수영화를 대표하는 파티 아킨Faith Akin 등이 있다. 대개 1960년대에
태어난 이들은 뮌헨 영화학교Hochschule für Fernsehen und Film München,
베를린 영화아카데미Deutsche Film- und Fernsehakademie Berlin, 바벨스베르
크 영화학교Hochschule für Film und Fernsehen Konrad Wolf in Potsdam-
Babelsberg 출신으로서, 개성과 미학에 따라 색깔이 다른 영화들을 만들며 1990
년대 이후 독일 영화의 새로운 주역으로 흐름을 주도하고 있다. 베커와 티크베
어는 1994년에 함께 독립적인 영화제작사 엑스 필름 창작풀X Filme Creative
Pool을 설립하고 이를 중심으로 활동하며, 1997년 독일 영화에 일종의 패러다
임 전환을 가져온 〈인생은 미완성, 혹은 공사판Das Leben ist eine Baustelle〉
(1997)을 함께 만들었다. 직장이라고 다니던 도살장에서 쫓겨난 후 낡고 황량한
베를린의 집에서 홀로 죽어 있는 아버지의 주검을 발견하고 자신도 에이즈에
감염되었을 수 있다는 것을 알게 되는 한 젊은이의 일상적 순간들에서 불안하
지만 기대되는 미래를 포착하는 이 영화는 오랫동안 스크린에서 사라졌던 인물
들과 환경을 다시 독일 영화 속으로 불러들인 것이다.[22] 동서독 통일 이후 어느
곳에도 속하지 못하는 독일 적군파RAF 가족의 심리적 파국을 섬세한 관찰력으
로 파고든 영화 〈내적 안정Die innere Sicherheit〉의 감독 페촐트를 중심으로

베를린 영화아카데미 출신 감독들은 대도시 베를린을 영화의 주인공으로 등장시키며 사회성 짙은 영화들을 만들어 '베를린파'[23]로 불린다. 영화감독의 자유를 중요시하는 이들도 거대 방송국이나 정부의 영화 지원을 받지 않고 독립영화사 슈람 - 필름Schramm-Film in Berlin에서 그들의 영화들을 제작했다. 〈크레이지Crazy〉와 〈희미한 빛Lichter〉의 감독인 한스 크리스티안 슈미트도 뮌헨의 독립적인 영화제작사와 함께 작업하고 있다. 이들이 중심이 되는 '영 저먼 시네마'는 현재 독일 사회에 대한 관심을 영화에 옮기되 다양한 목소리를 내고 있으며 이러한 영화적 관심을 실현하는 방법의 하나로 독립적 영화제작 방식을 취하는 공통된 특성을 보인다.

안드레아스 드레젠(1963년생)과 안드레아스 클라이네르트(1962년생) 또한 영 저먼 시네마의 특성을 보이고 있지만, 이들은 데파의 전통에서 출발한 감독들로 동독적인 흔적이 강하게 묻어나는 영화를 만들고 있다는 점에서 독특한 영역을 구축하고 있다. 이들은 바벨스베르크 영화학교에서 수학했으며, 졸업 후에는 데파에서 조감독 보조로 시작함으로써 동독 시절 데파 영화인들이 영화감독이 되기 위해 밟았던 전형적인 길을 걸었다. 20대 후반에 동독의 몰락과 데파의 해체를 경험한 이들은 동독이 사라지는 시점에 영화를 만들기 시작했으며, 1992년에 나란히 정적과 상실이 짙게 밴 영화들로 데뷔했다.

〈사라진 정경Verlorene Landschaft〉, 〈침묵의 땅Stilles Land〉, 〈시간을 비껴나서Neben der Zeit〉, 〈밤으로 이르는 길Wege in die Nacht〉, 〈밤에 만난 사람들〉 등의 영화 제목이 말해주듯이 클라이네르트[24]와 드레젠[25]의 영화들은 현실과 유리된 코미디들의 행진이 계속되던 독일 영화계의 주류 흐름에서 많이 비껴나 있다. 구소련의 감독이었던 타르코프스키Tarkowski의 미학과 영화를 주제로 졸업 논문을 썼던 클라이네르트는 그의 첫 영화 〈사라진 정경〉부터, 통일 이후 변화하는 시간의 흐름에서 비껴난 고립된 장소에 자신들을 감추고 사는 한 가족의 비극을 그린 〈시간을 비껴나서〉, 그리고 통일에 적응하지 못한 실업자 발터가 마틴 스콜세지Martin Scorsege의 영화 〈택시 드라이버〉의 주인공

처럼 베를린의 밤거리에서 쓰레기 같은 세상을
청소하는 〈밤으로 이르는 길〉에 이르기까지 타
르코프스키 류의 정적인 영상, 느린 템포와 무거
움과 장중함을 고수하고 있다. 클라이네르트의
인물들은 통일이라는 엄청난 사건을 소화하지 못
한 채, 이해할 수 없는 현실로 나타나는 통일에

안드레아스 클라이네르트

뒤통수를 맞고 엎어진다. 클라이네르트의 영화가 시대에서 밀려난 사람들의 비
극을 오페라와 같은 장엄한 파국으로 그리고 있는 데 비해, 드레젠의 영화는 통
일독일의 현시대를 사는 사람들의 이야기를 슬픔과 웃음이 절묘하게 배합된 일
상 속에서 표현하고 있다. 드레젠은 일상생활 속으로 들어와 이야기를 건져 올
리고 그 안에서부터 진실을 뽑아내는 데 빼어난 재주를 보인다.[26]

특히 여기서 살펴보고자 하는 드레젠은 데뷔작
인 〈침묵의 땅〉에서부터 동독 지역의 변화한 삶
과 사람에 대해서 웅숭깊은 시선으로 관찰하고 있
다. 영화의 주인공인 젊은 연출가는 1989년 가을,
동독의 대도시들이 들끓고 있을 때 폴란드와 가까
운 동부의 작은 지방 극단에서 첫 연출작인 〈고도

안드레아스 드레젠

를 기다리며〉를 무대에 올리려고 한다. 그의 열정을 따라주지 않는 배우들 때
문에 연극은 지리멸렬한 상태에 빠지고, 장벽이 무너진 날 연출자의 애인은 서
쪽으로 여행을 갔다가 서독에서 새 애인을 데리고 온다. 전환기라는 역사적 배
경에서 과거를 잃어버린다는 상실감에 대한 섬세한 연구와 무엇이 될지 모르
는 미래에 대한 불안한 기대가 잘 드러난 이 영화 이후, 드레젠은 몇 년 동안 많
은 데파 출신 영화감독처럼 텔레비전 방송용 영화와 다큐멘터리를 만들었다.
그 후 두 번째 영화 〈밤에 만난 사람들〉(1999)이 베를린 영화제에서 남우주연
상, 슈베린 영화예술축제에서 대상, 올해의 독일 영화상 등을 수상하면서 드레
젠은 독일 영화계의 인정을 받게 된다. 드레젠은 영화를 만들기 시작한 이래 독

일 영화가 필요로 하는 것은 현실이 배제된 채 와자지껄 떠드는 코미디가 아니라 사회비판적인 영화들이라고 명백히 입장을 밝히고 있으며, 이 입장은 그의 영화에 내용적으로나 형식적으로 지속적으로 관철되고 있다. 그의 영화에는 언제나 사회의 주변부에 있는 인물들의 남루한 인생살이에서 비롯된 보잘것없는 이야기들이 나온다. 비가 추적추적 내리는 베를린의 밤에 세 쌍의 사람들에게 일어나는 일을 에피소드 영화처럼 그린 〈밤에 만난 사람들〉에서도 드레젠은 어디서나 만날 수 있지만 존재감이 부정되는 소외된 사람들을 등장시킨다. 노숙자인 한 쌍의 남녀는 누군가가 던져준 100유로로 호텔에서 근사한 하룻밤을 보내고 싶고, 여자를 사귀고 싶어서 베를린까지 온 어수룩한 시골 노총각은 미성년인 데다 마약중독자인 성매매여성을 만나서 인간적으로 친해지려고 한다. 그리고 중견사원으로서 풍족하고 세련된 삶을 살고 싶지만, 사실은 외로운 중년의 남자는 우연히 독일어를 전혀 못하는 앙골라에서 온 어린 소년을 만나게 되고 후견인에게 데려다주기까지 해야 할 상황에 처한다. 드레젠은 자신들이 원하는 것을 찾지 못한 채 차갑고 황량한 베를린의 어둠 속에서 헤매는 이들의 하룻밤을 선입견 없이, 그리고 평가와 판단을 배제하고 응시한다. 이 영화에서 드레젠은 핸드헬드 카메라를 사용하며, 조명 등의 효과들을 최소화하여 공간과 시간의 현실성을 드러내고 관객으로 하여금 인물들과 그들의 이야기에 집중하도록 유도하고 있다. 핸드헬드 카메라 활용과 영화의 허구성을 높이는 특수효과의 배제는 드레젠의 2000년도 영화인 〈여경찰Die Polizistin〉에도 적용되었다. 이 영화에서 드레젠은 동독 지역 도시인 로스토크의 악명 높은 우범지대로 장소를 옮긴다. 한때는 사회주의가 자랑하던 플라텐바우 건물들이 몰려 있는 동네는 가난과 고독과 술에 찌든 사람들의 고단하고 비루한 삶의 종착지가 되었고, 사건과 사고가 끊임없이 발생하는 곳이 되었다. 열의에 찬 여자경찰 안네의 힘겨운 일상과 순찰을 카메라는 다큐멘터리를 찍듯이 연출적인 요소를 피하고 거리감과 인내심을 갖고 보여준다. 드레젠은 이 영화에서 배경음악을 삭제했는데, 이는 영화가 전달하는 다큐멘터리식의 서술 방식을 더욱 강조한다. 영화 형식의 일관성과 함께 언급해야 할 것은 현실을 보는 드레젠의 방식이다. 그는 사회의 밑바닥 인생을 그릴 때에도 사랑과 웃음을 놓치지 않음으로써, 인간에 대해 기본적으로 따뜻한 시선을 간직하고 있다. 인간에 대한 신뢰라는 튼실한 토대가 있기 때문에 간과하기 쉬운 일상의 순간들에 사금파리처럼 박혀 있는 진실을 찾아내는 힘을 발휘하는 것이다. 그래서 그의 영화들은 곤궁한 현실을 고스란히 드러내지만, 보이는 현실의 세밀한 복사에 머물거나 일면적인 비판에 그치지 않고 다큐멘터리보다 더욱 사실적인 영화의 차원으로 올라간다.

〈밤에 만난 사람들〉이 수상한 상금으로 제작한 영화 〈충계참〉은 드레젠 영화의 실험적인 성격이 잘 집약되어 있다. 〈침묵의 땅〉, 〈밤에 만난 사람들〉, 〈여경찰〉을 거치면서 드레젠의 영화들은 점점 '가벼워져' 왔다. 영화의 무대는 현실의 장소였고, 조명도 줄였고, 배경음악과 같은 효과도 없었고, 제작진의 숫자도 줄였다. 급기야 〈충계참〉에서는 배우와 제작진이 모두 12인승 차 한 대에 탈 수 있을 만큼 적은 인원(4명의 배우와 7명의 제작진)이 폴란드와 국경을 마주하고 있는 오더 강변의 도시 프랑크푸르트로 가서 찍었다. 이 영화에서는 의식적으로 스토리보드를 포기하고 현장에서 배우들과 토론해서 장면을 만들어나갔는데, 영화의 중간 중간에 배우들의 인터뷰가 삽입되어 있는 까닭에 영화는 다큐멘터리와 픽션 사이를 오가는 것처럼 보인다. 드레젠의 영화들이 대개 그렇듯이 이 영화도 동독 지역이 배경이고 동독 지역 주민들이 인물이되, 구동독에 대한 향수도 없으며 그 시절에 대한 분노도 찾아볼 수 없다. 드레젠은 항상 '지금 여기'를 사는 사람들에 주목하며, 그의 영화는 그 안에서 동독 지역의 현재와 동독 주민의 일상이 드러나는 만큼(만) 동독적이다. 굳이 동독 이야기를 하려고 드는 대신 통일독일 15주년을 맞이할 즈음 누구에게나 일어날 수 있는 일상적인 이야기에서 진실의 순간을 포착해내려고 하는데, 바로 그렇기 때문에 현재 속에 침전되어 있는 동독의 흔적이 함께 이야기되면서 그것이 미래 속으로 스며들어갈 것임이 암시된다. 이런 의미에서 "영화 〈슈통크Schtonk〉,

〈로시니 혹은 누가 누구와 잤는가 하는 잔인한 문제Rossini, oder wer mit wem schläft〉를 만든 헬무트 다이틀Helmut Deitl이 독일의 서쪽을 전형적으로 체현하는 감독이라면, 드레젠은 독일의 동쪽을 감정적으로나 주제적으로 그리고 시각적으로 온전히 영화의 화면에 옮기는 감독"[27]이라고 평한 영화평론가 얀 슐츠-오얄라Jan Schulz-Ojala의 말은 드레젠이 현재 독일 영화에서 차지하는 위치를 정확히 잡아낸 것으로 보인다.

드레젠을 동독적인 독일 영화감독으로 평할 수 있는 다른 한 이유는 사회의 현실을 이야기하고 싶다는 그의 의도와 이에 적합한 미학적 형식을 찾아내려는 시도에서 데파의 "다큐멘터리적 극영화der dokumentarische Spielfilm"의 전통을 찾을 수 있다는 데 있다.[28] 다큐멘터리적 극영화는 로타 바른에케가 만든 말로서, 영웅적인 주인공과 전형화된 인물이 앞섰던 경직된 사회주의적 리얼리즘 원칙과 결별을 선언하고 현실 속으로 카메라를 들고 들어갔던 1960~1970년대 젊은 데파 영화인들의 영화 작업을 담고 있다. 전후 이탈리아의 네오리얼리즘, 영국의 프리 시네마의 영향과 당시 서유럽뿐 아니라 동유럽에서도 일어났던 '새 물결' 영화운동과 시대적인 맥을 함께하는 동독의 다큐멘터리적 극영화는 사회주의 현실을 살아가는 개인들과 그들의 개별적 인생을 담아내고자 바벨스베르크의 스튜디오를 벗어나 거리로 나갔고, 진부해 보이는 일상의 표피 밖으로 "모든 존재하는 것들의 연관성"이라는 의미에서 현실을 드러내기 위해서 다큐멘터리적인 요소들을 픽션과 섞었다. 그 대표적인 영화 〈45년생Jahrgang 45〉(1966)이 기록영화 감독이던 위르겐 뵈트허Jürgen Böttcher에 의해서 만들어진 것은 당연한 일인지도 모른다. 프렌츠라우어베르크의 방 한 칸짜리 좁은 아파트에서 일어나는 두 남녀의 권태와 일상에 관한 섬세한 관찰과 서술인 이 영화는 상영이 금지되었으나 다큐멘터리적 영화들의 모델로서 영향을 미쳤다. 그런데 흥미롭게도 강박적이다 싶을 정도로 독일 영화를 유럽의 기준에 맞추려고 노력하는 서독 평론가들은 드레젠의 영화를 덴마크의 도그마 영화[29]와 비교하려고 하며, 동독의 영화전통에 대해서는 기억소각의 증상을 보인다. 이에 대해 드레젠은 영화미학적인 형식이 이미 독일 안에서 시도된 적이 있음을 상기하면서, 중요한 것은 감독 자신이 현실을 인식하는 방식에 맞는, 그리고 이야기를 하고 싶은 욕망에 맞는 이야기들을 찾고 안에서부터 우러난 이야기를 하는 진정성에 있다고 강조한 바 있다. 그가 추구하는 진정성을 담고 있는 한, '드레젠 표' 영화는 동독적인 방식으로 독일 영화가 풍부해지는 데 한몫을 하고 있다고 말할 수 있을 것이다.[30]

4. 남는 질문과 전망

데파의 정리 처분 이후에 일어난 변화들을 추적하면서 마지막 순간까지 떠나지 않았던 질문은 통일독일의 영화계에서 동독 영화를 찾는 것이 지니는 의미였다. 분명 데파의 해체로 인해 동독 영화 사반세기는 역사 속으로 사라졌으며, 데파와 같은 도제제도에서 만들어지는 영화도 없다. 동독 영화를 구동독 시절에 만들어진 데파 극영화라고 문자적 의미로 규정한다면, 통일 이후 동독 영화는 데파 재단에 문화유산으로 안전하게 보관되어 있고 통일 이후 독일 영화계에 미친 영향은 없다고 말할 수 있을 것이다. 그렇지만 이 좁은 개념의 가장자리 너머로 시선을 돌리면 동독 영화는 지난 몇 년 사이 독일 영화 안에서 조용한 부활을 하고 있다는 느낌이 든다. 눈에 쉽게 띄는 것은 동독 영화가 동독의 모습으로 부활하는 것이다. 레안더 하우스만의 영화 〈존넨알레〉 속에서 동독은 서독인이 마땅히 부러워해야 할 재미있는 나라로 이미지를 고쳤고, 〈굿바이 레닌〉에서는 잃어버렸던 품위를 비록 거짓말이지만 되찾았다. 동독 영화는 또한 동독 영화 전통의 흔적으로 되살아난다. 영화를 만들지 못했던 데파의 감독들은 바벨스베르크 영화학교에 몸을 의탁했고, 그곳에서 영화의 이론과 기술의 기초를 익힌 젊은 영화감독들의 카메라 시선과 영화기술적인 작업을 통해서 동독 영화는 동독적인 요소로 변환되고 있다. 마지막으로 동독 영화는 독일 영화의 한 부분으로 스며들면서 자신의 존재감을 증명하고 있다. 드레젠과 같은 데파의 후손은 동독적인 것을 통일독일의 현재를 이루고 있는 한 부분으로서 포착하며 그것에 과거를 그리워하는 오스탤지어의 옷을 입히지 않는다. 이들의 영화는 앞으로도 동독적인 것이 계속해서 모습을 바꾸고 의미를 변화시켜 가면서 서서히 독일적인 것으로 스며들게 될 것이라는 추측을 가능하게 한다. 동독 영화의 전통 중 어떤 특성이 구체적으로 통일독일 영화에 자양분이 되고 있는지의 문제를 영화 분석 등을 통해 좀 더 깊이 있게 다루는 일이 앞으로의 과제이다.

주

* 이 글은 박희경, 「통일 이후 동독 영화계의 변화 양상」, ≪뷔히너와 현대문화≫, 27
집(2006년), 217~240쪽을 수정 게재한 것임.

1 2,400명이라는 숫자는 작가, 시나리오 작가, 감독, 촬영감독, 제작자, 무대감독, 편집
자, 의상 담당, 장면 담당, 특수효과, 조명, 음악, 기술, 기록 등 영화제작을 책임지는 영
화인뿐 아니라 데파에 속해 있던 유치원의 종사자, 상점의 점원까지 포함한다.

2 *taz*, 1990.3.15, 요아힘 치르너 인터뷰.

3 CGE 콘체른의 계약조건에는 당시 남아 있던 700명의 직원을 1994년 말까지 해고하
지 않는다는 조항이 들어 있었다. 이에 따라 1993년 1월 621명의 직원이 급여를 받고
있었으나, 대부분은 할 일이 없었다.

4 Joachim Kürten, "Ein Filmland wird 'abgewickelt': Gespräch mit den DEFA-Film-
Schaffenden Roland Gräf, Michael Gwisdek, Thomas Knauf," *Filmdienst*, 45(Jg.92/22).
pp.4~8.

5 슐뢴도르프는 제2차 세계대전을 배경으로 한 영화 〈피아니스트〉 제작을 끌어왔고,
자신도 바벨스베르크 스튜디오에서 나치 시대를 배경으로 한 〈괴물Der Unhold〉(1996)
과 〈팔메토Palmetto〉(1998), 통일 이후 독일 적군파RAF 여성의 운명을 그린 〈리전드
오브 리타Die Stille nach dem Schuss〉(2000) 등 세 편의 영화를 찍었다. 그러나 이 영화
들은 비평과 흥행에서 슐뢴도르프의 옛날 영화만큼 성공적이지 못했다.

6 *Berliner Zeitung*, 2005.6.22.

7 Jürgen Haase, "Die Bilder von gestern im morgen erinnern: Zur Arbeit des
PROGRESS Film-Verleihs 2003~2004," *apropos Film 2004: Das Jahrbuch der DEFA
Stiftung* (Berlin, 2004), pp.288~292 참조.

8 Bärbel Dalichow, "Das letzte Kapitel 1989 bis 1993," in Ralf Schenk(ed.), *Das
zweite Leben der Filmstadt Babelsberg DEFA-Spielfilme 1946~1992* (Berlin, 1994),
pp.328~355, 특히 p.338

9 Michael Hanisch, "Auf dem Weg zur Marktwirtschaft: das Kino der DDR im letzten
Jahr der Existenz," *Film-Jahrbuch*, 1991, pp.13~16, 그리고 p.13.

10 "Lebenszeichen aus dem Osten: Antworten einer Umfrage an ehemalige Mitarbeite-
rinnen der DEFA/DFF über ihre jetzige Situation," *Film und Fernsehen*, 22(Jg.94/3),

pp.24~27. 설문조사 내용은 다음과 같다. ① 당신은 데파를 떠난 이후 어떤 영화 프로젝트를 영화진흥재단 등지에 제출했습니까? ② 어떤 프로젝트가 어떤 영화사에서 제작되었습니까? ③ 당신은 데파를 떠난 이후 어떤 영화 프로젝트에서 공동작업했습니까? ④ 당신의 영화 프로젝트는 어떤 형태로 실현되었습니까? ⑤ 당신의 현재 직업은 무엇입니까?

11 레싱Gotthold Ephraim Lessing은 18세기에 살았던 극작가, 저술가, 연극인으로서 독일 역사상 처음으로 후원자 없이 원고료만으로 생계를 이어가려고 노력했었다.

12 Ralf Schenk, "Zwischen Fernsehen und Arbeitsamt: Vor fünf Jahren wurde die Defa verkauft- was ist aus den Regisseuren des Studios geworden?," *Berliner Zeitung*, 1997.5.23.

13 동독 영화인들의 세대를 어떤 식으로 구분할 수 있는지의 문제에는 − 지금까지의 조사 결과 − 공통된 답이 없다. 귄터 라이쉬 같은 감독은 1950년대의 영화, 1960년대의 영화, 1970년대의 영화의 경향이 모두 달랐다고 보고, 1970년대에 데파에서 영화를 만들기 시작한 세대에 속하는 지몬R. Simon, 바르네케L. Warneche, 외메R. Oehme, 그래프, 초헤Zschoche 등의 감독을 이전 세대와 구분한다. 이에 대해서는 Andreas Dresen, "Geschichte in der Brust des Menschen: Mit Günter Reisch sprach Andreas Dresen über DEFA, Vergangheit, Zukunft," *Film und Fernsehen*, 21(Jg.93/1), pp.37~40, 특히 p.39를 볼 것. 이 글에서는 구동독 영화가 아니라 통일 이후의 동독 영화계에 주목하기 때문에, 구동독 영화의 세대 구분을 세세히 추적하는 대신 랄프 셴크의 구분을 따른다. 이하 '2. 데파 영화 감독들의 침묵'의 내용은 참고문헌에 실린 Ralf Schenk의 글들을 참조할 것.

14 Horst Knietzsch, "Verstellte Sicht auf unsere Wirklichkeit," *Neues Deutschland*, 1983.5.4; Wolfgang Gersch, "Film in der DDR," in Wolfgang Jacobsen et al.(eds.), *Geschichte des deutschen Films* (Stuttgart, 2004), p.400에서 재인용함.

15 자비네 하케Sabine Hake에 따르면 1970년대 이래 매년 동독에서 상영되는 모든 영화의 3분의 2는 동독을 포함한 사회주의 국가의 영화였고, 나머지는 서방세계의 영화였다. 서방세계의 영화는 양적으로는 적었으나 관객 호응도는 훨씬 높았다. Sabine Hake, *Film in Deutschland: Geschichte und Geschichten seit 1895* (Reinbek bei Hamburg, 2004), p.241.

16 Joachim Kürten, "Ein Filmland wird 'abgewickelt'," p.6.

17 같은 글, p.7.

18 같은 글, p.6.

19 한 예로 롤란트 그래프는 1991년에 영화 〈호박 방의 행방을 찾아서〉를 찍을 때 자본이 영화를 통제하는 방식을 경험한 이야기를 들려준다. 이 영화에는 서부 독일 방송 WDR이 제작에 참여하고 있었는데, 영화가 역사적인 차원으로 넘어가려고 하면 외국의 영화 시장까지 겨냥하고 있던 방송국이 간섭하고 나섰다. 방송국의 입장에서는 동독 영화를 만드는 것보다는 장르 영화를 만들면 흥행 가능성이 높기 때문이었다.

20 Ralf Schenk, "DDR-Vergangenheit, Wende und Nachwende im deutschen Kinofilm zwischen 1990 und 2005." http://www.filmportal.de/df/6e/ArtikelEF9887AF33C2531A E03053D50B376240.html

21 데파의 영화감독들이 통일 이후 영화계에서 경험한 변화에 대해서는 연구자 사이에서 평가가 엇갈리고 있다. 자비네 하케는 통일 이후 "많은 배우와 감독들이 영화계와 텔레비전 방송국에서 지속적으로 작업을 할 수 있는" 점을 긍정적으로 평가한다. 미국 출신 동독 영화 전문가인 바튼 바이크Barton Byg는 1997년 ≪베를리너 차이퉁Berliner Zeitung≫의 기고문에서 "감독들이 배우들에 비해서는 주목을 덜 받았지만 서독에 잘 적응하고 있다"라고 주장한다. 실제로 데파 출신 영화배우들은 통일 이전부터 서독 영화에 출연하는 식으로 교류가 있었으며 통일 이후에도 활발한 활동을 보여주고 있다. 아르민 뮐러 - 슈탈Armin Müller-Stahl, 카타리나 탈바흐Katharina Thalbach, 유타 호프만Jutta Hoffmann, 힐마 타테Hilmar Thate, 앙겔리카 돔뢰제Angelika Domröse, 만프레드 쿠루크Manfred Krug 등은 서독에서도 지명도가 매우 높은 배우들이다. 가장 활발한 활동을 하는 배우로는 미하엘 그위스덱을 꼽을 수 있다. 그위스덱은 심지어 동독 시절 전공을 살려 감독을 하기도 했다. 상기 의견에 반해 동독 출신 비평가인 랄프 셍크는 데파 영화감독들이 텔레비전 방송국으로 옮겨간 것을 그들이 예술영화를 만들 기회를 얻지 못했기 때문이라고 보면서 부정적으로 평가한다. 두 입장 간의 간극은 데파 영화인이 겪은 경험에 대해서 객관적인 입장이 존재할 수 없음을 보여준다.

22 Katja Nicodemus, "Film der neunziger Jahre: Neues Sein und altes Bewußtsein," in Wolfgang Jacobsen et al.(eds.), *Geschichte des deutschen Films* (Stuttgart, 2004), pp.319~356, 특히 p.335.

23 같은 글, pp.353ff.

24 안드레아스 클라이네르트의 필모그래피는 다음과 같다. 〈사라진 정경〉(1992): 아돌프 - 그림 영화제 각본 및 연출 은상; 〈시간을 비껴나서〉(1995): 카이로 국제영화제 최우수 작품상, 최우수 여우주연상, 막스 오필스 영화제 관객상; 〈밤으로 이르는 길〉

(1999): 카를로비 베리 국제영화제 최우수 남우주연상; 〈아버지Mein Vater〉(2002), 〈자유형수영Freischwimmer〉(2007).

25 안드레아스 드레젠의 필모그래피는 다음과 같다. 〈침묵의 땅Stilles Land〉(1992); 〈밤에 만난 사람들〉(1998): 베를린 영화제 남우주연상(1999), 슈베린 영화예술축제 대상(1999), 올해의 독일 영화상(1999) 등; 〈여경찰〉(2000): 그림 영화제 금상; 〈층계참〉(2002); 〈빌렌브로크〉(2005); 〈발코니 앞 여름Sommer vorm Balkon〉(2005): 상세바스티안 영화제 최우수 각본상, 시카고 영화제 최우수 여우주연상, 바이에른 영화상(2005) 등.

26 Kerstin Decker, "Neben der Zeit: Die Filme von Andreas Dresen und Andreas Kleinert," apropos Film 2001: Das Jahrbuch der DEFA-Stiftung (Berlin, 2002), pp.328~342, 특히 p.333.

27 같은 글, p.340.

28 이것에 대해서는 Lothar Warneke, "Der dokumentarisch beeinflusste DEFA-Spielfilm und seine internationalen Geschwister," Film & Fernsehen, 26(Jg.98/1), pp.30~35 참조.

29 도그마란 "도그마 95" 선언에서 비롯한 용어로서, 영화가 현실을 있는 그대로 영상화함으로써 현실의 진정성을 전달해야 한다는 원칙하에 세트 촬영, 영상 및 소리의 조작 등 기술적인 측면을 배제하고, 조명과 음악의 사용을 금지하려는 일종의 영화운동을 가리킨다. 중심인물로 〈백치들〉, 〈어둠속의 댄서〉, 〈브레이킹 더 웨이브〉를 만든 라스 폰 트리에Lars von Trier가 있다.

30 드레젠 영화의 분석은 이 책에 실린 제17장 「일상의 발견: 안드레아스 드레젠의 영화 〈층계참〉에서 찾는 동서독의 '스밈'」을 볼 것.

참고문헌

Dalichow, Bärbel. 1994. "Das letzte Kapitel 1989 bis 1993." in Ralf Schenk(ed.). *Das zweite Leben der Filmstadt Babelsberg DEFA-Spielfilme 1946~1992*. Berlin.

Decker, Kerstin. 2002. "Neben der Zeit: Die Filme von Andreas Dresen und Andreas Kleinert." *apropos Film 2001: Das Jahrbuch der DEFA-Stiftung*. Berlin.

Dresen, Andreas. 1993. "Geschichte in der Brust des Menschen: Mit Günter Reisch sprach Andreas Dresen über DEFA, Vergangheit, Zukunft." *Film und Fernsehen*, 21(Jg.93/1).

Film und Fernsehen. 1994(22). "Lebenszeichen aus dem Osten: Antworten einer Umfrage an ehemalige Mitarbeiter Innen der DEFA/DFF über ihre jetzige Situation."

Gersch, Wolfgang. 2004. "Film in der DDR." in Wolfgang Jacobsen et al.(eds.). *Geschichte des deutschen Films*. Stuttgart.

Haase, Jürgen. 2004. "Die Bilder von gestern im morgen erinnern: Zur Arbeit des PROGRESS Film-Verleihs 2003~2004." *apropos Film 2004: Das Jahrbuch der DEFA Stiftung*. Berlin.

Hake, Sabine. 2004. *Film in Deutschland: Geschichte und Geschichten seit 1895*. Reinbek bei Hamburg.

Hanisch, Michael. 1991. "Auf dem Weg zur Marktwirtschaft: das Kino der DDR im letzten Jahr der Existenz." *Film-Jahrbuch*, 1991. München.

Jacobsen, Wolfgang, Anton Kaes and Hans Helmut Prinzler(eds.). 2004. *Geschichte des deutschen Films*. Stuttgart/Weimar.

Knietzsch, Horst. 1983.5.4. "Verstellte Sicht auf unsere Wirklichkeit." *Neues Deutschland*.

Kürten, Joachim. 1992. "Ein Filmland wird 'abgewickelt': Gespräch mit den DEFA-Film-Schaffenden Roland Gräf, Michael Gwisdek, Thomas Knauf." *Filmdienst*, 45(Jg.92/22).

Nicodemus, Katja. 2004. "Film der neunziger Jahre: Neues Sein und altes Bewußtsein." in Wolfgang Jacobsen et al.(eds.). *Geschichte des deutschen Films*. Stuttgart.

Schenk, Ralf. 1994. "Lebenszeichen aus dem Osten: Antworten einer Umfrage an ehemalige Mitarbeiterinnen der DEFA/DFF über ihre jetzige Situation." *Film und Fernsehen*, 22(Jg.94/3).

_____. 1996a. "Der weite Weg ins neue Vaterland: ostdeutsche Kinoregisseure: Nach dem Ende der DEFA (1), Anmerkungen über Roland Gräf, Heiner Carow, Alfred Hirschmeier, Frank Beyer, Egon Günther, Lothar Warnecke, Roland Oehme, Horst Seemann, Rainer Simon." *Filmdienst*, 49(Jg.96/11).

_____. 1996b. "Der weite Weg ins neue Vaterland: ostdeutsche Kinoregisseure: Nach dem Ende der DEFA (2) Anmerkungen über Peter Kahane, Jörg Floth, Michael Kamm, Evelyn Schmidt, Ulrich Weiß, Maxim Dessau, Helke Misselwitz." *Filmdienst*, 49(Jg.96/12).

_____. 1997.5.23. "Zwischen Fernsehen und Arbeitsamt: Vor fünf Jahren wurde die Defa verkauft- was ist aus den Regisseuren des Studios geworden?" *Berliner Zeitung*.

Warneke, Lothar. 1998. "Der dokumentarisch beeinflusste DEFA-Spielfilm und seine internationalen Geschwister." *Film und Fernsehen*, 26(Jg.98/1).

Berliner Zeitung. 1997.5.23.

_____. 2005.6.22.

taz. 1990.3.15.

http://www.filmportal.de
http://www.defa-stiftung.de
http://www.deutsche-filmakademie.de

8

통일 이후 동독 지역 방송의 변화*
체제 변화와 프로그램 변화를 중심으로

배기정

1. 들어가는 말

이 글의 목적은 통일 이후 동독 지역에서 이루어지고 있는 전면적인 문화변동과 관련해 이곳에 신설된 공영방송이 어떤 역할을 하고 있으며, 특히 통일독일의 가장 중요한 현안의 하나인 동서독의 문화통합을 위해 어떤 노력을 기울이고 있는지를 살펴보는 데 있다.

통일 이후 서독 방송은 실질적으로 큰 변화를 겪지 않은 반면, 동독 방송은 전면적인 체제 변화를 겪었다. 변화의 핵심은 국영방송에서 공영방송으로의 체제전환과 당의 선전기구에서 자유언론으로의 체질 변화로 요약될 수 있다. 통일 이후 동독 지역에는 작센, 작센-안할트, 튀링겐 3개 주를 관할하는 중부독일 방송MDR, 브란덴부르크 주를 관할하는 동부 독일 방송ORB, 메클렌부르크-포어포메른 주를 관할하는 북부 독일 방송NDR 슈베린 지사가 신설되었다. 이 방송들에 주어진 우선적인 과제는 지역 주민들이 새로운 체제에 적응해가는 데 필요한 정보를 제공하고, 과거 당의 중앙집권정책에 의해 약화된 지역 정체성을 회복함으로써 동독 주민을 통일독일 사회에 성공적으로 통합하는 일이었다. 그 밖에도 통일 이후 동독 지역과 서독 지역 사이의 소득 격차로 인한 동독 주민들의 상대적 빈곤감과 자신들이 '이등 국민'으로 취급받고 있다고 느끼는 심리적 박탈감을 극복하게 하여 독일의 '내적 통일'에 기여하는 것도 동독 방송이 기울이고 있는 중요한 노력의 하나이다.[1]

현대사회에서 텔레비전은 다른 어떤 대중매체보다도 대중에게 강력한 영향력을 갖는 매체로서 사회의 변화를 예민하게 감지할 뿐 아니라 이러한 변화를 선도하는 역할을 하기도 한다. 특히 통일 이후 전면적인 문화변동이 이루어지고 있는 동독 지역에서 텔레비전은 현대사회의 중심 매체로서 지닌 영향력을 바탕으로 매우 중요한 기능을 수행하고 있다. 이는 무엇보다도 동독 주민들이 텔레비전을 시청하는 시간이 서독 주민들보다 훨씬 높게 나타난다는 사실에서 더욱 분명히 확인된다.[2] 이 글에서는 먼저 동독 지역 방송의 변화 양상을 단계별로 짚어보고, 이 방송들이 통일독일의 문화통합을 위해 기울이고 있는 노력의 구체적인 양상을 프로그램 중심으로 살펴보고자 한다.

2. 국영방송에서 공영방송으로

1) 체제 변화

1989년 11월 4일 50만 명이 운집한 베를린 알렉산더 광장에서 열린 시위가 동독 텔레비전과 동독 라디오에 의해 생중계된 것은 이전에는 상상도 할 수 없던 일이었다. 정보의 자유, 의견의 자유, 여행의 자유를 외치는 시위 장면이 중계되었던 것은 당시 동독 언론의 근본적인 변화를 보여주는 일대 사건이었다. 그 전날인 11월 3일 사회주의통일당SED은 동독 텔레비전 방송 〈아카 츠보AK zwo〉에서 다음과 같은 성명을 발표했다.

우리는 대중매체를 통제하고 간섭해 그 역할을 제대로 할 수 없도록 만들었다. 이로 인해 많은 시청자와 동독 텔레비전 종사자가 언론에 대한 신뢰를 잃었다. 우리는 이에 대해 국민들에게 용서를 구하는 바이다.[3]

이때부터 동독 텔레비전은 완전히 새로운 모습을 보여준다. 〈클라텍스트Klartext〉 같은 프로그램이 새로 도입되어 정치적·사회적 현안을 비판적으로 다루기 시작했고, 다원적 시각을 포용하는 토론 프로그램이 개설되는 등 혁신적인 시도가 이루어졌다. 새로 만들어진 청소년 시사프로그램 〈엘프 99 스페치알elf 99 spezial〉에서는 동독 주민의 시위를 있는 그대로 보여주기도 했고, 이에 대한 정치가들과 예술가들의 토론을 방영하기도 했다. 또한 사회주의통일당 정권에 의해 처벌되었던 인물들을 복권해야 한다는 논평으로 주목받은 동독 최초의 토크쇼 〈샘스토크samstalk〉가 방영되기도 했다.

정부 차원에서도 급변하는 정세에 발맞춰 새로운 조처들이 취해지기 시작했다. 새로 들어선 한스 모드로프Hans Modrow 정부는 라디오 방송 국가위원회와 텔레비전 방송 국가위원회를 해체하고, 정부 대표자, 원탁회의에 참여한 모든 당과 단체 대표자, 교회 및 언론기관 대표자 50명으로 이루어진 언론법제정위원회를 구성해 '의견, 정보, 언론의 자유 보장에 관한 동독 인민회의 결정'을 위한 초안을 마련했다. 이 법안은 1990년 2월 5일에 가결되었다. 하지만 1990년 3월 18일 인민회의 선거 결과 통일협약을 위임받은 로타 드메지에르Lothar de Maizière가 총리가 되자, 언론정책도 통일협약의 영향을 받게 되었다. 당시 동독 지역에 어떤 텔레비전 방송체제를 도입할 것인지에 대해서는 동서독 간에 구체적인 합의가 이루어져 있지 않았다. 구동독 텔레비전 방송DFF은 독일이 통일될 경우에도 동독 지역에 고유한 문화적 정체성을 유지하려는 의도에서 DFF를 ARD, ZDF와 나란히 제3공영방송으로 정착시키고자 했다. 그러나 이보다는 동독 지역의 방송체제를 서독 체제에 맞추는 것이 신생 5개 주의 지역 정체성 확립에 기여하게 될 것이라는 의견이 압도적으로 우세했다. 이에 따라

4월 27일 연방제에 의한 동독 5개 주 방송책임자의 직책을 새로 만들어 이들이 동독 라디오 방송 프로그램을 보충하게 한다는 결정이 내려졌다. 1990년 5월 6일에 첫 지방방송인 〈안테네 브란덴부르크Antenne Brandenburg〉가 전파를 탔고, 다른 지방방송들이 그 뒤를 이었다. 이전의 〈동독 제1 라디오Radio DDR I〉는 〈라디오 악투엘Radio aktuell〉로 개칭되어 시사 정보채널로 바뀌었고, 〈베를린 라디오 방송Berliner Rundfunk〉은 오락 및 가정 프로그램으로, 〈DT 64〉는 청소년 방송으로, 〈데에스 쿨투어DS-Kultur〉는 문화채널로 개편되었다. 이러한 일련의 변화는 최종적으로 「방송이양법」에 명시되어 1990년 9월 13일 인민회의에서 채택되었지만, 1990년 10월 3일자로 — 1990년 8월 23일 동독 인민회의의 결정에 의해 — 동독은 서독 기본법 23조에 따라 서독에 편입됨으로써 그 이전에 동독 인민회의가 통과시켰던 법률안은 모두 무효화되었다. 이 시기에 동독 지역의 새 연방주에 속하는 라디오와 텔레비전 방송에 대한 유일한 법적 근거는 1990년 8월 31일 체결된 '동서독 통일조약' 제36조였다.

이 조약에는 동독의 방송체제가 1991년 12월 31일까지 전면 개편되어야 한다고 규정되어 있었다. 동독 국영방송의 해체와 동시에 통일독일의 방송체제를 일원화하기 위한 작업이 시작되었다. 동독 라디오 방송과 동독 텔레비전 방송이 통합되고, 국가로부터 독립된 방송구조조정위원회에 의해 동독 5개 주에 2개의 공영방송기구가 설립되었다. 그 결과 작센, 작센-안할트, 튀링겐 3개 주가 공동 관할하는 중부 독일 방송MDR이 설립되었으며, 브란덴부르크 주가 관할하는 브란덴부르크 동부 독일 방송ORB이 설립되었다. 이후 ORB는 2003년 5월 자유 베를린 방송SFB과 합병해 베를린 브란덴부르크 방송RBB으로 개칭되었다. MDR와 ORB는 1991년 11월 27일에 제1공영방송ARD[4]에 편입되었다. 1991년 동독의 메클렌부르크-포어포메른 주가 북부 독일 방송NDR에 가입함으로써 NDR는 ARD 가운데 유일하게 동서독에 걸쳐 4개 주(함부르크, 니더작센, 슐레스비히-홀슈타인, 메클렌부르크-포어포메른)를 통합한 방송기관이 되었다.

2) 인적 변화

　방송체제의 변화와 더불어 방송사 내 구조조정이 급격하게 진행되었다. 서독 방송에 비해 인원이 과다하다는 이유로 약 1만 4,000명에 달하던 구동독 국영방송 종사자들에 대한 단계적 해고가 단행되었다. 1990년 10월부터 1991년 말까지 진행된 직원 감축 과정에서 개별 설문조사를 통해 슈타지 관련 여부가 조사됨으로써 큰 물의가 빚어지기도 했다. 이 격동기에 국영방송에서 일하던 종사자들은 일단 전원 해고되었다가 공영방송이 설립되면서 새로 고용되는 단계를 거쳤다. MDR의 경우 초기에 고용된 약 1,000명의 직원 가운데 10% 정도를 제외하고는 모두 동독 출신이었고, ORB의 경우는 약 650명의 직원 가운데 90~95%는 동독 출신이었다. 통계상으로 볼 때 서독 출신은 비록 소수에 불과했지만 이들은 방송사 운영에 필요한 주요 요직이나 첨단 기술이 요구되는 기술직을 점령했다. NDR 슈베린 지사에는 약 400명(290명은 정규 직원)의 직원 가운데 초기에는 60~70%가 동독 출신, 30~40%가 서독 출신이었으나 현재에는 약 50대 50의 비율로 바뀌었다. 이러한 결과, 구동독 시절 방송에 종사하던 인원 가운데 5분의 1 정도는 동독 지역에 신설된 공영방송사에서 계속 일할 수 있게 되었다. 그러나 대다수의 경우는 다른 업종으로 직업을 바꿔야만 했다. 물론 소수의 사람들은 다른 서독 방송이나 신문사에 프리랜서로 취직해 그런대로 언론인으로서의 활동을 이어갈 수 있었다. 이렇듯 체제전환과 더불어 발생한 방송 종사자들의 대량 실업은 통일독일 사회에서 사회·문화 갈등의 주요 원인이 되기도 했다.[5] 하지만 독일이 통일된 지 20년이 되어가고 있는 오늘날에는 동독 지역 공영방송에서도 자연스럽게 세대교체가 일어나고 있으며, 지역성과 전문성을 갖춘 동독 출신의 젊은 언론인들은 서독 출신들과 대등한 입지를 굳혀가고 있다.

3. 프로파간다에서 계몽으로

구동독 시절 텔레비전은 주로 당의 사회주의 이념을 선전하는 역할을 담당했다. 통일 과정에서 서독 정부가 동독 방송을 서독식 체제로 전환하기 위해 서둘렀던 이유도 정치적 헤게모니를 장악하기 위한 것이라고 할 수 있다. 어느 체제에서나 텔레비전 방송은 정치권력의 가장 중요한 관심사일 수밖에 없기 때문이다. 이 절에서는 사회주의 언론정책의 핵심이 무엇이며 이것이 서독 공영방송의 취지와 어떻게 다른지 알아보고, 신설된 동독 지역 공영방송들은 각각 어떠한 방송취지를 내세우고 있으며, 어떻게 이것을 실현하고자 노력하고 있는지 알아본다.

1) 사회주의 언론정책하의 구동독 방송

1949년 10월 7일 건국된 동독은 마르크스와 엥겔스의 이론을 기본 이념으로 삼았으며, 사회주의통일당SED이 주도적인 역할을 수행하는 '민주적 중앙집권제'가 '노동자와 농민의 국가'를 운영하는 기본 원칙이 되었다. 대중매체의 역할도 이에 준하는 문화정책에 의해 규정되었다.

> 대중매체는 인민대중에게 이데올로기를 주입하고 문화적으로 영향을 주기 위한 지배계급의 도구로서 중요한 의미를 지닌다. 마르크스 - 레닌주의에 입각한 정당은 대중매체를 집단적 선동가, 선전가, 그리고 조직책으로 여기며, 민중들의 행동에 필요한 방향을 설정해주고 이를 조직하는 데 사용한다. 이렇게 함으로써 민중들의 정신적·문화적 욕구를 충족시킨다. …… 노동자 계급에 의한 대중매체는 당파성, 학문성, 대중과의 연대감이라는 기본 원칙을 근거로 하여 다양한 형태로 마르크스 - 레닌주의 세계관을 확대시킨다.[6]

사회주의통일당을 중심으로 조직되고 운영된 동독의 대중매체는 당의 이데 올로기를 주민들의 일상에 침투시키는 기능을 담당했다. 동독 헌법 제27조가 "출판, 라디오, 텔레비전의 자유를 보장"했지만, 여기서 명시하고 있는 '자유'는 신문이나 방송에 주어진 '언론의 자유'가 아니라 노동자 계급과 그 집권당인 사회주의통일당의 권리에 종속되는 것으로 해석되었다. 동독의 텔레비전과 라디오는 당의 중앙위원회 선전·선동부 관할이었다. 당에 속한 기관지의 모든 편집책임자와 라디오 방송사 및 텔레비전 방송사 사장들은 매주 목요일마다 회의에 참석할 의무를 지녔는데, 여기에서는 내주에 실리게 될 정치·경제·문화면에 대한 '지침'이 하달되었다. 대중매체를 조정하는 기구로서는 내각총리 공보실 산하 동독통신사ADN가 있어, 세계적으로 규모가 큰 각처의 통신사들로부터 들어오는 뉴스를 독점적으로 받아 이것을 당의 관점에 맞도록 조정한 후에 각 매체에 전달해주었다.

이렇듯 당의 통제를 받던 동독 텔레비전은 소련의 점령지구 아들러스호프 Adlershof에 세워졌던 텔레비전 방송사를 1949년에 인수받아 확장한 것이다. 베를린 아들러스호프는 이후 40년간 구동독 텔레비전 방송DFF의 소재지가 되었다.[7] 1952년 12월 21일 스탈린의 생일에 DFF의 첫 번째 공식적 시험방송이 시작되었고, 1956년 1월 3일부터 DFF는 정규 방송을 내보냈다. 정치적 선전과 선동을 위한 수단이라고 명시된 동독 텔레비전의 기능은 이후 거의 변하지 않다가, 1970년대 초 호네커 시대로 접어들면서 큰 변혁을 겪게 된다. 호네커는 1971년 제8차 사회주의통일당 전당대회에서 동독의 대중매체가 앞으로 나아가야 할 방향을 제시했다. 그는 자본주의 사회에서와 달리 동독의 대중매체가 "인민의 무대Tribüne des Volkes"가 되어야 하지만, 실제로는 동독 텔레비전이 대중들에게 큰 흥미를 불러일으키지 못한다는 점을 지적했다. "지루하지 않도록 오락의 필요성을 참작해서 프로그램 편성을 개선해야"[8] 한다는 요지를 담고 있는 호네커의 연설은 향후 1970년대와 1980년대 동독 텔레비전의 방향을 결정짓게 된다. 이러한 정책변화는 1969년 10월 3일부터 DFF 2에서(1973년부터

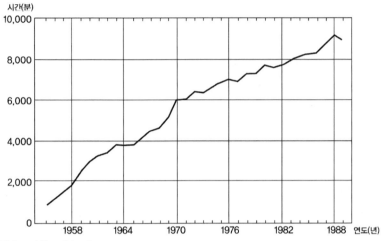

〈그림 8-1〉 DFF의 연간 방영시간

시간(분)

자료: http://de.wikipedia.org

는 DFF 1에서도) 정규 방송이 컬러로 나가게 되면서 텔레비전 방영시간이 급속도로 증가한 데 따른 것이기도 하다(〈그림 8-1〉 참조).

또한 1960년대 말에 이르러 TV 수상기 보유대수가 400만 대를 넘어서면서 텔레비전은 사회주의 체제를 유지하는 데 필요한 가장 강력한 대중매체로 자리 잡게 됨에 따라 당의 변화가 요구되었다. 이러한 매체환경의 변화에 따른 정책 변화에 발맞춰 저녁 7시부터 9시 30분까지의 황금시간대에 사회주의 이웃국가에서 수입한 극영화는 물론 프랑스, 이탈리아, 서독, 스위스에서 수입한 극영화가 방영되었으며, 〈들끓는 주전자Ein Kessel Buntes〉 같은 오락물들은 서독 텔레비전 쇼를 모방해 만들어지기도 했다. 1973년 동베를린에서 제10차 세계청소년페스티벌이 열린 후에는 동독 텔레비전에 청소년 방송 〈룬트rund〉가 시작되어 동독 TV 역사상 처음으로 음악 TV가 청소년 TV로 인정을 받게 되었다. 이 외에도 1970년대에는 상담 프로그램, TV 게임, 연극 상영이나 스포츠 기사가 이전보다 훨씬 증가되었다. 그러나 이처럼 오락과 스포츠 등 탈정치적 프로그램을 중심으로 방송 개편이 이루어졌다는 사실이 방송사에 더 많은 자유가 주

<표 8-1> DFF의 분야별 방송시간 비율(%)

	1970년	1975년	1980년	1985년	1988년
시사 정보	16.2	12.1	12.2	11.3	10.4
시사 논평	11.0	16.0	14.9	13.4	13.6
스포츠	12.1	10.0	10.2	9.1	12.6
교양	3.8	4.7	9.2	8.4	8.0
TV 드라마·영화	27.4	28.4	26.3	28.1	26.8
오락	12.2	14.0	12.7	13.8	12.9
어린이 프로그램	6.3	5.9	5.8	7.0	6.6
청소년 프로그램	2.1	0.6	1.0	1.0	1.9
기타	8.9	8.3	7.7	7.8	7.2

자료: Statistisches Jahrbuch der DDR.

어졌음을 의미하는 것은 아니다. 이것은 오히려 일반 대중의 구미에 맞도록 프로그램을 운영하면서 '본래 과제'인 선전·선동의 효과를 노리려는 것이었다. 암암리에 비정치적인 프로그램에 선동을 혼합함으로써 당의 의도를 더욱 효과적으로 전달하고자 했던 것이다.[9]

대중의 인기에 편승하도록 프로그램 개편을 시도한 당의 노력에도 1980년대에 이르러 동독 텔레비전 시청률은 계속 내리막을 향했다. 동독 지역에서 1973년부터 공식적으로 시청이 허용된 서독의 ARD와 ZDF, 그리고 민영방송의 프로그램들이 더욱 선호되었기 때문이다. 저녁 8시에는 동독 주민의 약 70%(주말에는 약 90%)가 TV를 시청했는데, 그 가운데 반 이상은 서독 TV 프로그램을 시청했다. 서독의 〈슈바르츠발트클리닉Schwarzwaldklinik〉과 미국 수입영화 〈달라스Dallas〉 등도 인기 드라마에 속했다. 주요 뉴스를 전달하는 동독 텔레비전의 〈악투엘레 카메라Aktuelle Kamera〉조차 동독 주민들로부터 점점 외면당했다. 이 뉴스 방송은 DFF의 첫 시험방송 때부터 시작해 1990년 12월 14일, DFF 1이 ARD에 넘어갈 때까지 줄곧 그 자리를 지켜온 가장 오래된 뉴스 프로그램이었다. 이 방송이 끝나는 저녁 8시에 동독 TV 드라마가 방영되었는데도

1980년대 후반에는 〈악투엘레 카메라〉의 시청률이 15%에도 미치지 못했다. 이 시간에 거의 80%의 시청자가 ARD의 〈타게스샤우Tagesschau〉를 보기 위해 채널을 돌렸기 때문이다. 단조로운 사회주의 선전에 식상해진 동독 주민들은 서독 텔레비전을 통해 지구촌의 다양한 정보를 접할 수 있었다.[10] 1989년 여름, 당에 의해 독점적으로 운영되던 동독 언론은 변화하는 정세에 침묵하거나 오히려 이를 은폐함으로써 동독 주민들의 신뢰를 결정적으로 잃게 되었다. 1989년 9월 〈악투엘레 카메라〉의 시청률은 4%에 불과했다.[11] 10월 둘째 주에 이르러서야 동독 텔레비전은 현실의 변화를 더는 외면할 수 없음을 인식하고, 점차 당면한 정치적 현안과 사회적 문제들을 다루기 시작했으며, 뒤늦게나마 언론인들의 해설이 덧붙은 보도를 내보내게 되었다.

2) 동독 지역 공영방송의 새로운 과제: 시사·생활 정보 제공의 확대

호네커가 권좌에서 물러나고 통일이 공표될 때까지 DFF 내에서는 자체적으로 민주언론의 실현을 위한 일련의 개혁이 시도되었다. 하지만 통일과 더불어 서독식 체제전환이 불가피하게 됨으로써 더는 자생적 개혁이 전개될 수 없었다. 결국 동서독 통일조약에 따라 동독 지역에 공영방송이 신설되었는데, 이는 사실상 제2차 세계대전 이후 서독 지역에 정착된 공영방송체제에 편입되는 것을 의미했다.

1949년에 출범한 서독의 방송체계는 제2차 세계대전이 끝난 이후 미국, 프랑스, 영국의 점령지구에 설립되었던 6개 지역방송(NWDR, HR, SDR, BR, RB, SWF)을 기본 골격으로 한 것이었다. 여기에는 1946년 5월에 미국이 입안한 '독일지역방송의 자유를 보장하는 성명서' 초안이 기본 이념으로 자리 잡고 있다. 10개 조항으로 이루어진 이 성명서의 초안에는 정부로부터 독립적이며, 특정한 단체나 인물로부터 영향을 받지 않는 지역방송들은 "자유롭고, 평등하며, 개방적이고 소신 있게" 국민을 위해 일하는 방송이 되어야 한다는 내용이 담겨 있다.

이것은 이후 연방제에 입각한 서독 공영방송체제의 기초가 된다.[12] 미국이 전후 독일에 중앙정부로부터 독립적인 지방분권적 방송 시스템을 구축하려 한 것은 두 차례에 걸쳐 세계대전을 일으킨 독일 제국주의에 대한 문화적 제재로 해석할 수 있다. 미국이 제안한 또 다른 대안으로 민영방송체제가 있었지만, 이를 실현하기에는 기술 및 운영 면에서 어려움이 많았으며, 무엇보다 전후 독일의 경제 사정이 이를 허락하지 않았다. 이에 따라 서독 방송 체제는 정부의 어떠한 간섭도 받지 않는 지방분권형 공영방송으로 자리 잡게 되었고, 이것이 분단 시대를 거쳐 통일 이후 오늘날까지 계속 이어지고 있다.

통일 이후 동독 지역에 신설된 공영방송들도 연방주의에 입각한 서독의 공영방송 체제를 본받아 지역 중심의 방송으로 출발했다. 동독 지역 공영방송들에 주어진 공통적인 과제는 동서독 주민들의 결속을 도모하는 동시에 주변국과의 국제적 화해를 증진하는 것이었다. 또한 체제 변화를 겪으면서 모든 것이 새로워진 동독 주민들에게 국내외 정치·경제 분야에 대한 시사 정보뿐 아니라 취업, (의료)보험체계, 연금제도 등에 관한 상세한 생활 정보를 제공하고 그 분야 전문가에게 상담을 받도록 함으로써 새로 도입된 시장경제체제에서 살아가는 데 필요한 사항을 이해할 수 있게 하는 것도 이 지역 공영방송의 중요한 과제였다. 이에 따라 MDR는 전체 프로그램의 약 40%, ORB는 약 50% 정도를 시사 정보 제공, 시사 토론 및 상담에 할애하고 있다(〈표 8-2〉 참조).[13]

이러한 공통된 역할 외에 동독 지역 공영방송들은 각 지역의 특성을 고려한 별도의 방송취지에 따라 프로그램을 개발하고 있다. MDR의 경우, 다른 지역 공영방송들이 ARD의 뉴스인 〈타게스샤우〉를 받아 저녁 8시에 내보내는 것과는 달리, 구동독 시절 주요 뉴스 방송인 〈악투엘레 카메라〉가 방송되던 시간인 저녁 7시 30분에 MDR 자체에서 만든 뉴스를 제작해 방송하고 있다. 이는 시사 정보를 전달함에 있어 동독 주민들이 새로운 방송체제를 낯설게 느끼지 않게 하려는 방송사 측의 배려의 소산이다. ORB의 방송취지문에는 이 방송이 소속되어 있는 "브란덴부르크 주의 지역구조와 문화적 다양성에 기여해야 한다"라

〈표 8-2〉 통일 이후 동독 지역 공영방송의 분야별 방송시간 비율(%)

	1993년			1998년			2003년		
	MDR	ORB	NDR/ RB/ SFB	MDR	ORB	NDR/ RB	MDR	RBB (Berlin)	NDR/ RB
정치와 사회	26.8	23.1	27.4	26.7	38.7	45.4	29.3	34.3	53.0
문화와 학문	6.0	8.4	6.5	8.9	8.2	11.7	7.7	23.0	14.3
종교	0.9	0.8	0.3	1.0	0.9	0.0	1.0	1.2	0.1
스포츠	4.4	3.5	4.0	1.5	2.9	3.1	1.7	1.7	3.7
TV 게임	5.1	6.8	4.1	7.4	3.7	4.8	5.8	3.3	5.4
TV 드라마·영화	14.8	14.2	3.4	8.9	6.5	6.2	10.0	11.0	5.2
오락	15.9	9.3	8.3	22.2	20.6	12.1	13.9	14.9	10.8
음악	1.3	0.6	0.9	0.3	0.7	0.5	0.3	0.5	0.4
가정 프로그램	11.7	13.3	6.1	20.3	4.3	8.5	22.4	5.1	4.1
교양 및 상담	6.6	14.8	6.7	0.0	11.8	0.7	4.2	1.9	0.0
광고 및 기타	6.5	3.2	32.3	2.8	1.7	7.0	3.7	3.1	3.0

자료: *ARD-Jahrbuch*, 36.Jg(Hamburg).

고 명시되어 있다. 이 외에도 동독 지역의 소수민족으로서 구동독 시절에도 자체적으로 신문을 발행했던 소르브인들(중세 때 독일 동부에 살던 서슬라브계 종족)을 배려해 이들의 "문화 및 언어를 존중해야 할 것"[14]이라는 조항이 덧붙여져 있다. 특히 "동부 유럽 민족들과의 화해와 타협을 장려하고, 이들이 정치적 평화와 사회적 평등을 획득하도록 독려해야 한다"[15]라는 내용은 과거 동구권 진출을 위한 교두보 역할을 했던 베를린이 통일 이후에도 이러한 역할을 지속적으로 수행하고 있음을 보여준다. 1945년부터 2002년까지 독일과 폴란드의 관계를 다루고 있는 〈독일인과 폴란드인Deutsche & Polen.de〉이라는 역사기행 프로그램은 이에 대한 대표적인 예이다. 또한 〈경도 24도를 따라 동유럽을 가다Der 24. Längengrad: Eine Reise durch Osteuropa〉(2004)라는 프로그램은 탈린에서 아테네에 이르는 6,320킬로미터 거리에 놓인 각 나라(에스토니아, 라트비아, 리투아니아, 벨라루스, 폴란드, 우크라이나, 루마니아, 불가리아, 그리스)의 인물,

역사, 풍물을 소개하고 있다. 이렇듯 과거 소련의 연방국을 비롯한 동유럽 국가들과의 계속적인 문화 교류는 동독 지역 공영방송들이 동서독 통합을 넘어서서 유럽 통합이라는 더 큰 비전을 바라보고 있음을 보여준다.

4. 지역 정체성 회복을 위한 노력

동독 지역 공영방송들의 중요한 사명 중 하나는 이 지역 주민들이 공유해온 역사적·문화적 지역 정체성을 회복해 통일독일 사회에 주체적으로 통합될 수 있도록 하는 것이다. 이를 통해 동독 주민들이 서독 주민들에 대해 느끼고 있는 '이등 국민'이라는 열등감을 극복하게 하여, 동서독이 문화적으로 대등하다는 의식을 갖게 함으로써 '내적 통합'의 기반을 다지려는 것이다. 이를 위해 과거 구동독 시절에 대한 재평가와 재성찰이 반드시 요구되기 때문에, 방송사들은 이와 관련된 프로그램을 기획·제작하고 있다. 각 방송사들이 제각기 서로 다른 지역적 특성을 기반으로 하여 제작하는 이러한 기획 프로그램들은 분단 이전의 역사와 문화에 관한 내용을 담고 있다는 점에서 일정한 공통점을 지닌다. 또한 이 프로그램들은 대부분 대규모로 제작되거나 장기적인 방영을 목표로 만들어지고 있으며, CD나 DVD 형태로 출시되어 교육 자료로 활용되기도 한다. 동독 지역의 특수성을 고려해 만들어진 이러한 프로그램들은 ARD나 ZDF를 통해 전국에 방영됨으로써 지역의 경계를 넘어 독일 전역에 동독의 지역문화를 이해할 수 있는 기회를 제공하기도 한다.

1) 분단 이전의 지역역사와 지역문화 복원

MDR는 〈중부 독일의 역사Geschichte Mitteldeutschlands〉라는 프로그램을 통해 지난 1,000년 동안 작센, 작센-안할트, 튀링겐 주 출신 가운데 역사적으로 중요한 업적을 남긴 인물들을 집중 조망하고 있다. 이 프로그램은 중부 독일의 정치·경제·문화를 역사적으로 성찰하고 있을 뿐 아니라, 왕이나 성직자 외에 일반인의 일상도 함께 그려내고 있어 이 지역 주민들로 하여금 지역역사에 대한 인식을 새롭게 하는 데에 기여했다. ORB는 〈프로이센 연대기Preußen-Chronik〉라는 프로그램에서 300년에 걸친 프로이센의 역사를 되돌아보며, 독일에서 군국주의 권력의 상징이었던 프로이센이 어떤 역사적 과정을 거쳐 제2차 세계대전 이후 결국 해체되기에 이르렀는지를 보여주고 있다(2001년 ORB, SFB, WDR 공동제작). 이를 통해 프로이센의 전통과 밀접한 관련을 맺고 있는 이 지역 주민들에게 지역의 역사에 대한 지식을 제공할 뿐 아니라, 문화적 정체성을 새롭게 확립하는 데 기여하고자 했다. NDR는 6부작으로 만들어진 〈북부 독일의 역사Geschichte Norddeutschlands〉를 방영했는데, 이 프로그램은 행정구역의 경계를 넘어서서 북부 독일 전역에 걸친 공통점을 보여주려 했다. 이 기획 프로그램의 제작자는 "필름은 이야기와 감동으로 먹고 사는 것이지, 결코 백과사전이 될 수 없다"[16]라는 모토를 내세워 인물중심으로 이야기를 전개함으로써, 시청자들에게 교양 프로그램이 놓치기 쉬운 재미를 제공하는 데 성공했다는 평가를 받고 있다. 이러한 전략을 통해 종교개혁, 30년 전쟁, 마녀사냥, 해상무역 등이 북부 독일의 역사와 어떤 특별한 관련을 맺고 있는지 추적하고 있다. 이 외에도 NDR는 이전의 동서독 경계를 넘어서서 북부 독일 전역을 대상으로 하는 방송이라는 인식을 바탕으로 다채로운 프로그램을 개발하고 있다. 구동독 시절 메클렌부르크-포어포메른 주의 주민들이 북부 독일의 문화, 역사, 환경 등에 제대로 관심을 두지 못했음을 고려해 NDR의 '문화와 학문' 분과에서는 북부 독일의 문화유산을 되찾으려는 교양 프로그램 개발에 좀 더 많은 비중을 두고 있다. 북부 독일의 한자동맹도시들에 공통된 문화유산인 벽돌고딕양식을 보존하려는 사업의 일환으로 제작된 기획방송 〈벽돌고딕양식을 찾아서Wege zur Backsteingotik〉 및 로스토크에서 브레멘에 걸쳐 사용되고 있는 저지대 독일어Plattdeutsch에 대한 프로그램 등이 대표적 예라고 할 수 있다.

2) 정치적 과거 청산

구동독의 사회와 역사를 객관적으로 재평가하려는 기획 프로그램들도 방송사마다 각각 독특한 지역성을 기반으로 제작되고 있다. MDR는 2004년에 〈동독의 그때 그 시절Damals in der DDR〉이라는 4부작 다큐멘터리를 픽션과 혼합한 방식으로 제작했다. 2005/2006년에는 이것을 MDR, WDR, Looks Film und TV가 함께 10부작으로 확대 제작해 정치, 경제, 문화 등 다방면에 걸친 동독의 실상을 보여주었다. 시대의 증인들을 등장시켜 동독인들의 삶을 재구성하고 있는 이 프로그램은 "과거를 미화하지 않으면서 과거에 대한 이해를 돕는다는 점에서 동서독 주민들의 상호 이해를 증진하는 데 기여"했다는 평을 받고, 2006년 아돌프 그림 상Adolf-Grimme-Preis을 수상했다.[17]

ORB는 1989년 10월 7일부터 1990년 3월 18일에 이르는 163일간 일어난 사건들을 그린 다큐멘터리 〈독일 통일 연대기Chronik der Wende〉를 방영해 동독의 격변기에 어떤 일들이 있었는지 세세히 되돌아보게 했다. 베를린 장벽이 무너진 지 5년이 지난 해에 방영된 이 프로그램은 1995년 아돌프 그림 상을 수상했으며, 장벽 개방 10년째 되는 해에 재방영되었고, 2004/2005년에는 RBB가 이를 다시 재방영했다. 이렇듯 5년 주기로 방영되는 이 다큐멘터리가 통일 과정에 대한 거시적 역사의식을 일깨우려 했다면, 〈인물시리즈Zur Person〉(1998/1999)는 개별 인물들을 통해 구동독 사회를 바라보는 미시적 관점을 제시하고 있다. 〈인물시리즈〉는 과거 동독 주재 서독 대사였던 귄터 가우스Günter Gaus가 구동독의 저명인사 180명을 작가, 정치가, 예술가, 여성, 역사 등 5개 영역으로 나누어 인터뷰한 것이다. 이것은 사회적으로 주목받던 구동독 출신 인사들이 과거의 특정한 상황에서 어떻게 행동했으며, 통일독일 사회에 대해서는 어떤 평가를 내리고 있는지 등에 관한 증언이다. 이러한 프로그램들은 구동독 사회가 지닌 문제점이 무엇이었는지 성찰하게 할 뿐 아니라, 이 사회가 많은 문제점을 지녔는데도 사람들이 어떻게 그 안에서 정상적인 삶을 살아갈 수 있었는지를 보여주며, 동독이 지닌 좋은 면을 환기함으로써 시청자들 스스로 새롭게 과거를 정리할 수 있는 계기를 마련하고자 했다.

NDR가 1993년부터 시작해 동서독 편집인들과 공동으로 제작한 〈미래를 위한 기억Erinnerungen für die Zukunft〉이라는 기획 프로그램은 슈베린, 로스토크, 노이브란덴부르크 지역을 중심으로 침묵과 어둠 속에 묻혀 있던 구동독 북부 독일의 40년 역사를 집중 조명하고 있다. 이 프로그램의 목적은 동독 주민들로 하여금 과거 "반反파시즘의 보호벽"과 "철의 장막"을 넘어서서 동독 역사에 대한 열린 시각을 갖도록 하고, 민주주의의 이해를 위한 토론의 장을 이끌어내려는 데 있다.[18] 1999년에는 이 기획의 연장선상에서 〈미래를 위한 기억: 50일간에 걸친 50년에 대한 회상〉이라는 프로그램을 내보냈다. 이렇듯 냉전 시대에 관한 기억에서 출발해 통일 이후 동서독이 함께 일구어나갈 미래를 구상하고자 하는 것이 과거를 바라보는 이러한 프로그램들이 추구하는 본래 의도인 것이다.

5. 구동독 생활문화의 재조명

동독 지역 공영방송들이 한편으로는 지역역사, 지역문화를 조명함으로써 이 지역 주민들로 하여금 역사적·문화적 정체성을 회복시키고, 구동독 시절에 대한 재평가를 통해 정치적 정체성을 새롭게 확립시키려 하는 반면, 다른 한편으로는 구동독 생활문화를 재조명함으로써 체제의 변화로 인한 심리적 충격을 어느 정도 완화하고자 했다. 이는 주로 오락·가정·어린이 프로그램들을 통해 이루어졌다.

1) 오락 프로그램의 연속성

DFF의 스포츠 방송 진행자나 어린이 프로그램과 오락 프로그램을 진행하던 몇몇 진행자들은 통일 이후 MDR나 ORB/RBB에서 계속 활동하고 있다.[19] 특히 MDR에는 구동독 시절 DFF에 출연했던 대중가수와 코미디언들이 지속적으로 출연하고 있다. 물론 이런 방송인의 숫자는 그리 많지 않지만, 새로운 방송이 가져다주는 이질감을 덜어준다는 점에서 이들의 출연이 갖는 특별한 의미가 있다. 방송사들의 입장에서도 자신만의 고유한 전통이 방송에서 비중 있게 다루어지기를 바라는 시청자들의 기대와 욕구를 반영하지 않을 수 없을 것이다. 동독 주민들이 이 지역의 특성을 고려한 방송과 구동독 시절 TV 프로그램에서 봤던 진행자가 나오는 방송에 대해 더욱 많은 친근감을 나타내고 있다는 설문 조사 결과는 이러한 사실을 분명하게 뒷받침하고 있다(〈표 8-3〉 참조).

MDR와 RBB는 방송진행자뿐 아니라 방송 프로그램도 상당 부분 DFF에서 물려받았다. 오래전부터 동독 지역 주민들에게 친숙했던 이러한 프로그램 가운데는 통일 이전에도 이미 작품의 독창성이나 뛰어난 주제로 인해 서독 시청자들에게도 좋은 호응을 얻을 수 있으리라는 판단하에 서독 방송들에 의해 수입되었던 것들도 있다. 현재 어떤 프로그램들이 어느 방송사에 의해 계속 제작되어 방영되고 있는지를 살펴보면 여기에도 방송사마다 차이가 있음을 알 수 있다. 대부분 쇼를 비롯한 오락 프로그램은 MDR에서, TV 드라마와 어린이를 위한 프로그램은 ORB/RBB에서 지속적으로 다루고 있다. 그 예로 구동독의 대표적 TV 드라마인 〈경찰신고는 110으로Polizeiruf 110〉(1971년 6월 27일 첫 방영)가 RBB와 ARD가 공동 제작해 방영한다는 사실을 들 수 있다. 그 외에도 〈플림머슈툰데Flimmerstunde〉(1980년부터), 〈운저 잔트맨헨Unser Sandmänn-chen〉(1959년 11월 22일부터 지금까지도 ORB/RBB & ARD에서 매일 오후 5시 55분 방영), 〈인형가족, 슈나터린헨Puppenfamilie: Schnatterinchen〉(1953년부터), 〈피티플라취Pittiplatsch〉(1962년부터), 〈여우와 까치Fuchs & Elster〉(1953년부

〈표 8-3〉 MDR와 ORB의 이미지에 대한 동독 주민들의 응답(%)

설문 내용	MDR	ORB
MDR/ORB는 비교적 시대에 뒤떨어진 프로그램을 방영한다.	43	34
MDR/ORB의 프로그램 제작은 전문성이 떨어진다.	42	38
MDR/ORB는 서독의 제작자에 의해 큰 영향을 받는다.	40	40
MDR/ORB는 통일 이후 동독 주민들의 정상적인 생활을 위해 많은 배려를 한다.	68	77
MDR/ORB는 내가 실제로 지역 주민의 한 사람으로 느끼도록 한다.	73	79
MDR/ORB에서 DFF 시절의 낯익은 얼굴을 볼 수 있어 좋다.	72	71
MDR/ORB는 DFF가 지닌 긍정적인 측면을 지속시키고 있다.	76	75
MDR/ORB의 진행자들은 꾸미지 않은 채 소박하고 자연스럽다.	78	83
MDR/ORB는 무엇보다 동독 주민에 의한 동독 주민을 위한 방송이다.	80	80
MDR/ORB는 지역 문제에 현장감 있게 접근하는 데 뛰어나다.	86	86

주: 1994년에 실시된 이 설문에 참가한 사람들은 14세 이상 동독 주민들로 1,569명에 달한다.
자료: Edith Spielhagen, "Ergebnisse der Ost-Studie der ARD/ZDF-Medienkommission," pp.362~ 392, 특히 p.389 참조.

터) 등의 어린이 프로그램들이 ORB/RBB에서 지속적으로 방영되고 있다.

2) '오스탤지어' 상품화

2003년 여름 독일 감독 볼프강 베커의 영화 〈굿바이 레닌〉이 600만 명 이상의 관객을 동원하면서 구동독을 소재로 만든 영화, 소설, TV 방송이 호황을 맞는 이른바 '동독 르네상스'가 일어났다. 통일 이후 사라졌던 구동독의 상품이 재생산되는가 하면, 젊은이들 사이에서 '동독 파티'가 성행하기도 했다. TV 방송사들은 이러한 조류를 타고 서로 경쟁적으로 동독에 관한 쇼 프로그램을 제작·방영했다. MDR도 2003년 8월 22일부터 〈들끓는 주전자 구동독Ein Kessel DDR〉이라는 쇼 프로그램을 제작해 6회에 걸쳐 방송했다.[20] 이 프로그램의 이름도 구동독의 DFF에서 방영했던 〈들끓는 주전자Ein Kessel Buntes〉에서 빌려온 것이며, 바로 여기에서 과거 반감의 대상이 상황의 변화에 따라 향수鄕愁

의 대상으로 전환되는 시대의 아이러니를 엿보게 된다. 이러한 프로그램은 쇼인 만큼 동독의 실제 모습을 왜곡하거나 희화화하면서 특정한 측면만을 강조하는 경향이 짙다. 이에 대해 이전의 동독 시민운동가는 물론 동독 주민들조차 텔레비전이 구동독에 대한 향수를 상품화하고 있다며 거센 비난을 퍼부었다. 하지만 다른 한편에서는 이전에 정치적으로 '불법 국가'의 국민이었다는 낙인이 찍혀 자신들의 삶에 관해 이야기할 용기를 내지 못하던 동독 주민들의 삶이 피상적으로나마 드러날 수 있었다는 데 대해 긍정적인 평가를 내리기도 했다. '동독쇼'에 대한 사회 각층의 반응은 방송의 차원에만 머물지 않았다. 방송의 오락물들은 잠시 웃고 나면 잊히는 쇼에 지나지 않지만 이에 대한 다각적인 반응이 대중매체를 통해 급물살을 타듯 전국적으로 퍼져나감으로써 '동독'이 커다란 사회적 이슈로 떠오르게 되었다. 각 언론매체는 동독 주민들 사이에 이른바 '반항적 정체성'이라고 할 수 있는 구동독에 대한 향수가 일게 된 원인을 분석하고자 했고 이에 대한 논쟁을 다루기도 했다.[21] 이것을 계기로 동독에 대해 무관심하던 서독인들도 동독 주민들이 안고 있는 사회적·심리적 어려움들에 더욱 많은 관심을 갖게 되었다. 요컨대 서독인들이 동독에도 평범하고 정상적인 삶이 있었음을 새롭게 인식할 수 있게 된 것은 이러한 '동독쇼'들이 이루어 낸 성과인 것이다. 반면 이러한 '동독쇼'들에 대한 ORB/RBB나 NDR의 시선은 MDR와 확연히 다르다. ORB/RBB나 NDR은 구동독의 생활문화에 대한 재조명이 구동독에 대한 향수로 '전락'되어서는 안 된다는 방침 아래 이러한 쇼 프로그램을 일절 제작하지 않았다. 이 방송사들은 통일독일이 나아가야 할 방향을 이 시점으로 미래에 두면서 동과 서의 소통을 우선적으로 추구하고 있기 때문이기도 하다.

6. 맺는 말

통일 이후 동독 지역 공영방송들은 지역공론의 중심 매체로서 자리매김하며, 이곳에서 이루어지고 있는 문화변동의 견인차 역할을 해왔다. 이러한 노력의 결과, 동독 지역 공영방송들은 이 지역 주민들의 신뢰를 얻으며, 이들에 의해 "우리의 방송", "정체성을 내릴 수 있는 닻Identitätsanker"[22]으로 인정받고 있다. 이처럼 높은 평가를 받게 된 이유는 이 지역방송들이 — 방송사마다 약간의 성격 차이는 있지만 — 동독 주민들의 필요와 정서에 부응하면서 공영성과 오락성을 조화시켜 프로그램을 제작·방영했던 데 있다. 각 지역의 문화와 역사에 관한 프로그램들도 대부분 픽션과 논픽션을 적절히 혼합함으로써 대규모 교육방송이 놓치기 쉬운 오락성을 잃지 않으려 했던 것은 그 대표적인 예라고 할 수 있다. 이러한 프로그램들은 분단으로 인해 단절되었던 분단 이전의 지역역사와 지역문화에 대한 재조명을 통해 동서독 공동의 역사에 대한 의식을 확고하게 함으로써 분단의 역사를 극복하고 동서독 통합의 길을 모색하는 데 기여하고 있다. 더 나아가 이 방송들은 동부 유럽에 대한 문화적 접근과 이해를 통해, 통일독일 사회가 지향하는 '내적 통합'을 유럽 통합이라는 더욱 큰 테두리 안에서 실현해가는 일에도 노력을 기울이고 있다. 물론 이러한 통합의 노력이 단기간에 결실을 맺기는 어려울 것이다. 과거에 대한 기억을 함께 공유하면서도 개인의 기억이 존중되고, 서로의 차이가 인정되면서도 동서독이 대등한 위치에서 소통하기까지는 앞으로도 많은 시간이 필요하기 때문이다.

구동독 시절에 대한 향수조차 상품화하는 데 주저하지 않는 오늘날 방송의 생리 속에서, 오락성을 무기로 거세게 도전해오는 민영방송과의 경쟁에 직면한 동독 지역의 공영방송들이 어떻게 공영성을 지켜나가며 장차 동서독 주민들의 "기억의 통일Vereinigung der Erinnerung"[23]을 일구어낼 수 있을지 기대된다.

주

* 이 글은 배기정, 「통일 이후 동독 지역 방송의 변화: 체제 변화와 프로그램 변화를 중심으로」, ≪독일 문학≫, 제99집(2006년), 188~209쪽을 수정 게재한 것임.

1 김누리·오성균·안성찬·배기정·김동훈·이노은, 『변화를 통한 접근: 통일 주역이 돌아본 독일 통일 15년』(도서출판 한울, 2006), 455~500쪽 언론인 인터뷰 참조.

2 Edith Spielhagen, "Ergebnisse der Ost-Studie der ARD/ZDF-Medienkommission: Zuschauererwartungen und -reaktionen auf die Programmangebote von ARD und ZDF in den neuen Bundesländern," *Media Perspektiven*, 8(1995), pp.362~392 참조. 동독 주민들은 통일 이전부터 동독의 국영방송 외에도 서독의 공영방송과 민영방송을 시청할 수 있었다. 이 중에서 민영방송에 대한 선호도가 더욱 높게 나타나고 있는데, 이러한 현상은 비단 동독 지역에 국한된 것은 아니다. 서독 지역에서도 민영방송은 제1 공영방송ARD이나 제2공영방송ZDF보다 선호도가 높게 나타나고 있기 때문이다. 나이에 따른 방송 선호도에 관한 통계에 따르면, 동독 지역이나 서독 지역 모두 50세 미만인 사람에게서는 민영방송이, 50세 이상의 경우에는 공영방송이 더 선호되고 있다.

3 Joachim Nölte, "Chronik medienpolitischer Ereignisse in der DDR," in Werner Claus (ed.), *Medien-Wende - Wende-Medien* (Berlin, 1991), pp.17~116, 특히 p.34.

4 독일 제1공영방송에는 지역방송인 BR, HR, MDR, NDR, radiobremen, rbb, sr, SWR, WDR이 가입되어 있다.

5 배기정, 「통일 이후 동독 언론의 변화와 갈등양상」, ≪독일어문학≫, 25(2004), 354 쪽 이하 참조.

6 Manfred Berger et al.(eds.), *Kulturpolitisches Wörterbuch der DDR* (Berlin, 1978), p.475. Heinz-Werner Stuiber, *Medien in Deutschland*, Bd.2(Rundfunk, Konstanz: UVK, 1998), p.244에서 재인용.

7 독일 텔레비전 방송DEF: Deutscher Fernsehfunk은 1972년에서 1989년까지 동독 텔레비전Fernsehen der DDR으로 개칭되었다가 1990년 3월 14일을 기해 다시 이전의 명칭이었던 독일 텔레비전 방송으로 이름을 바꾸었다

8 Erich Honecker, "Bericht des Zentralkomitees an den VIII: Parteitag der Sozialistischen Einheitspartei Deutschlands," *Neues Deutschland vom*, Nr.164(1971.6.16), p.9. Heinz-Werner Stuiber, *Medien in Deutschland*, Bd.2, p.259에서 재인용.

9 Peter Hoff, "Organisation und Programmentwicklung des DDR-Fernsehens," in Knut Hickethier(ed.), *Institution, Technik und Programm: Rahmenaspekte der Programmgeschichte des Fernsehens* (München, 1993), p.276 참조.

10 Lothar Mikos, "Das Mediensystem in der ehemaligen DDR im Umbruch," in Bundeszentrale für politische Bildung(ed.), *Privatkommerzieller Rundfunk in Deutschland: Entwicklungen, Forderungen, Regelungen, Folgen* (Köln, 1992), pp.103~119, 특히 p.110. 동독 국가에 위협적으로 미치는 서독 TV의 대중적 영향력은 '제4의 폭력'으로 불리기도 했다.

11 Peter Hoff, "Organisation und Programmentwicklung des DDR-Fernsehens," p.282 참조.

12 Heinz-Werner Stuiber, *Medien in Deutschland*, Bd.2, pp.194f. 참조.

13 *ARD-Jahrbuch*, 04/05, p.361. 시사 정보와 오락 프로그램을 혼합한 형태인 이른바 인포테인먼트Infotainment까지 합하면 그 비율은 훨씬 더 높다. 2004년 MDR의 경우 67.6%, RBB Berlin의 경우는 72.1% 이다.

14 *ARD-Jahrbuch*, 92, p.277.

15 같은 곳.

16 Thomas Schreiber, "Diese Geschichte kann nur der NDR erzählen," Ein Interview.

17 *DasErste.de*, 2006.4.8.

18 Ernst-Jürgen Walberg and Thomas Balser, *Erinnerungen für die Zukunft: NDR1 - Radio MV* 참조.

19 보도 뵉Bodo Böck(스포츠 기자: MDR), 카트린 뵈메Cathrin Böhme(DDR-Fernsehen의 아나운서였던 에리카 라트케Erika Radtke의 딸: SFB/RBB), 안드레아스 브뤽크너Andreas Brückner(어린이 방송 〈모빌mobil〉 진행자: MDR), 앙겔라 프리츠Angela Fritzsch(〈엘프99Elf99〉 진행자: RBB), 페트라 쿠쉬 뤽Petra Kusch-Lück(ORB, MDR, RBB: 〈흘러간 옛노래Musikantenscheune〉), 볼프강 리페르트Wolfgang Lippert(〈서바이벌 게임Wetten dass …?〉 진행자: ZDF), 알무트 루델Almut Rudel(스포츠 방송 진행자: MDR), 프랑크 슈툭카츠Frank Stuckatz(스포츠 방송 진행자: RBB), 한스 요아힘 볼프람Hans-Joachim Wolfram(쇼마스터: MDR) 등이 여기에 속한다. 그 외에도 DFF에서 방영하던 생활 정보 프로그램 〈당신의 정원Du und dein Garten〉은 RBB에서 2003년까지 에리카 크라우제Erika Krause에 의해 계속 진행되었다.

20 Thomas Ahbe, "Arbeit am kollektiven Gedächtnis," *Deutschland Archiv*, 6(2003),

p.918. 〈ZDF 오스탤지어 쇼〉는 21.8%의 시청률(동독 지역 33.9%, 서독 지역 18.4%)을, 〈MDR 쇼〉는 중부 독일에서 22.8%, 〈Sat.1 쇼〉는 전 독일을 대상으로 14.6%의 시청률을 기록했다.

21 Ki-Chung Bae, "'Ostalgie' im Spiegel der Medien," *Dogilmunhak*, 94(6/2005), pp. 133~147 참조.

22 *Media Perspektiven*, 8(1995), p.412.

23 Wolfgang Thierse, http://www.chronikderwende.de

참고문헌

김누리 편저. 2006. 『머릿속의 장벽: 통일 이후 동·서독 사회문화 갈등』. 도서출판 한울.

배기정. 2004. 「통일 이후 동독 언론의 변화와 갈등양상」. ≪독일어문학≫, 25/2004, 343~367쪽.

김누리·오성균·안성찬·배기정·김동훈·이노은. 2006. 『변화를 통한 접근: 통일 주역이 돌아본 독일 통일 15년』. 도서출판 한울.

이우승. 2005. 『통일방송론』. 도서출판 한울.

ARD Jahrbuch. 1992(24). Hamburg.

_____. 2004. 36. Jg. Hamburg.

Bae, Ki-Chung. 2005. "'Ostalgie' im Spiegel der Medien." *Dogilmunhak*, 94(6/2005), pp.133~147.

Bentele, Günter. 1999. "Öffentlichkeitsarbeit in der DDR: Verständnisse, Berufsfeld und zeitgeschichtlicher Faktor." in Jürgen Wilke(ed.). *Massenmedien und Zeit-geschichte.* Konstanz: UVK.

Hickethier, Knut. 1999. "Fernsehen und kultureller Wandel." in Jürgen Wilke(ed.). *Massenmedien und Zeitgeschichte.* Konstanz: UVK Medien.

Hoff, Peter. 1993. "Organisation und Programmentwicklung des DDR-Fernsehens." in Knut Hickethier(ed.). *Institution, Technik und Programm: Rahmenaspekte der Programmgeschichte des Fernsehens.* München.

Leonhard, Joachim-Felix. 1999. "Medien und Journalismus in der DDR: Quellen zur Rundfunkgeschichte der DDR." in Jürgen Wilke(ed.). *Massenmedien und Zeitgeschichte.* Konstanz: UVK.

Mikos, Lothar. 1992. "Das Mediensystem in der ehemaligen DDR im Umbruch." in Bundeszentrale für politische Bildung(ed.). *Privatkommerzieller Rundfunk in Deutschland: Entwicklungen, Forderungen, Regelungen, Folgen.* Köln.

Plog, Jobst(ed.). 2002. *10 Jahre NDR in Mecklenburg-Vorpommern 1992~2002.* Hamburg.

Scholte, Dieter and Hansjürgen Rosenbauer. 1995. "Die doppelte Öffentlichkeit: Zur

Ost-Studie der ARD/ZDF-Medienkommission." *Media Perspektiven*, 8(1995), pp.358~361.

Spielhagen, Edith. 1995. "Ergebnisse der Ost-Studie der ARD/ZDF- Medienkommi-ssion: Zuschauererwartungen und -reaktionen auf die Programmangebote von ARD und ZDF in den neuen Bundesländern." *Media Perspektiven*, 8(1995), pp. 362~392.

Stuiber, Heinz-Werner. 1998. *Medien in Deutschland*, Bd.2. Rundfunk, Konstanz: UVK.

9

철저한 식민화인가, 새로운 정체성의 확립인가[*]
독일 통일 이후 동독 학문 영역의 지형변화

김동훈

1. 서론

1998년 독일 통일 8주년을 맞이해 베를린 브란덴부르크 학술원에서는 통일이 대학과 연구소를 포괄하는 학문 영역에 미친 영향에 관해 1994년부터 1997년까지 4년에 걸쳐 수행한 연구 결과를 책으로 펴냈다.[1] 이 책이 나오자 언론의 관심이 집중되었고 여러 신문에 이에 관한 기사와 서평이 실렸다. 그때 실렸던 기사 제목들을 몇 개 살펴보자. "어리석었던 청산 과정: 베를린 브란덴부르크 학술원은 보존할 만한 가치가 있었는데도 버려진 구동독의 학문적 성과에 대해 증언하고 있다", "서독에는 아무런 일도 일어나지 않았다. 통일은 전체 독일 학문 분야 개혁의 동인이 되지 못했다", "승자의 눈물".[2] 이 제목들만 훑어봐도 연구에 참여했던 학자들이나 언론에서 독일 통일이 학문 영역에 가져온 변화에 대해 부정적으로 평가하고 있음을 어렵지 않게 짐작할 수 있다.[3] 그렇다면 통일 이후 동독 지역의 학문 영역이 이렇듯 부정적인 변화를 겪게 된 원인은 무엇이었을까? 40여 년의 분단 기간에 동독의 학문 영역은 냉전 상황 속에서 체제 이데올로기에 봉사했고 그에 대한 반대급부로 다른 영역에 비해 많은 기득권을 누렸다.[4] 따라서 동독혁명 당시 대학이 동독 정권 붕괴에 기여한 바는 아주 미미했다. "동독 정권의 붕괴에서 정치적으로 결정적인 시기였던 1989년 9월부터 11월까지, 대학생들이 자신들의 직접적인 이해관계를 떠나서 반정부 시위를 벌인 적도 없었고, 시민운동에 적극적으로 가담했던 몇 안 되는 교수들 외에는 정치적으로 주목받을 만한 반정부 선언문을 공식적으로 발표했던 교수들도 없었다."[5] 이렇듯 구동독의 학문 영역은 교회나 시민운동 단체처럼 대체공론 내지는 틈새공론의 역할을 제대로 수행하지 못했다.[6] 이런 상황에서 통일이 이루어졌고 따라서 대학이나 연구소 등은 과거 청산과 관련해 엄청난 변화를 겪을 수밖에 없었다. 게다가 서독의 대학이나 연구소 시스템이 그대로 동독에 이식되는 형태로 동서독 학문 영역의 통합이 진행되는 과정에서 동독 대학의 학생 수는 급격히 감소했고 수많은 학자와 연구자가 직장을 잃었다. 동독의 학문적 패러다임은 와해되었으며, 특히 이데올로기에 민감한 인문·사회과학 분야, 즉 철학, 역사학, 정치학, 경제학 등의 학과는 완전히 몰락했다. 그런데 여기서 문제는 동독 학문 영역이 구동독 시절 체제에 기생하며 누렸던 기득권 때문에 이러한 몰락의 과정을 겪은 것을 당연하게 여기는 고정관념이다. 혹시 그 과정에서 보존할 만한 가치가 있는 구동독의 학문적 유산조차 모두 사장되어버린 것은 아닌가? 앞에서 언급한 것처럼 독일인들 자신도 이에 대해 긍정적인 평가를 내리고 있는 것 같지는 않다.

이 글의 목적은 이러한 물음에 답하기 위해 동서독 학문체제 통합과 그로 인해 발생한 동독 학문 영역의 지형 변화를 비판적으로 조명하는 데 있다. 서독 학문 영역의 경우 체제통합의 영향을 거의 받지 않았기 때문이다. 물론 통일이 동독의 학문 영역에만 변화를 가져온 것은 아니었다. 서독 학문 영역은 체제 측면에서는 통일의 영향을 비교적 적게 받았지만 새로운 학문적 패러다임을 구축하고 동서독의 이질성을 극복하며 새로운 국가적 정체성을 정립해야 할 시대적 과제를 안게 되었고, 실제로 이와 관련해 통일 이후 격렬한 학문적 논쟁이 벌어졌다. 나치 독일의 역사와 동독 공산정권의 역사를 어떻게 평가할 것인가를 둘러싸고 벌어진 '전제주의 논쟁', 통일 후 새로운 독일의 국가적 정체성을 어디에서 찾을 것인가를 둘러싸고 벌어진 '헌법애국주의 논쟁'과 '정상국가 논쟁' 등이 그것이다. 이러한 변화를 총체적으로 함께 고찰해야만 통일 이후 독일에서 벌어진 학문 영역의 전체적인 변화를 제대로 파악할 수 있을 것이다. 하지만 이 광범위한 주제를 모두 다루기에는 한계가 있기에 통일 이후 벌어진 학문적 논쟁에 대한 연구는 다음 기회로 미루기로 한다. 따라서 이 글에서는 우선 체제통합과 그와 관련된 인적 구성의 변화, 그것이 대학에 미친 직접적인 영향으로서 대학 커리큘럼의 변화나 학문적 방법론의 변화에 대해서 살펴본 후, 학자들 사이에 존재하는 이에 대한 상이한 평가에 대해 비판적으로 검토하는 데 집중할 것이다.

2. 통일 이후 동독 학문 영역의 지형변화

독일 통일조약 제38조는 통일 이후 학문체제 통합도 전체적인 통일 과정과 마찬가지로 서독 모델을 동독에 이식하는 형태로 진행하도록 규정하는 한편, 구체적인 통합 과정의 진행은 공적인 교육·연구기관에 대한 학술평의회Wissenschaftsrat의 평가에 근거해 시행하도록 하고 있다. 학술평의회의 평가 작업은 크게 두 가지로 분류될 수 있다. 첫째, 기관으로서의 대학이나 연구소에 대한 평가, 둘째, 대학교수나 연구소 연구원 등 학문 영역 종사자들에 대한 개별적인 평가이다. 물론 연방제의 특성상 대학이나 연구소의 구조를 개혁할 실질적 권한은 동독 지역의 주정부에 주어져 있었다. 하지만 학술평의회는 각 주정부의 학문 분야 정책 결정에 매우 중요한, 때로는 결정적인 자문 역할을 했다. 학술평의회의 평가 결과에 따라 새로운 대학이나 연구소가 설립되기도 했고, 기존 대학이나 연구소가 문을 닫거나 통폐합되기도 했다. 교수나 연구원에 대한 평가는 크게 두 가지로 나누어 시행되었다. 첫째, 교수나 연구원이 동독 시절 정권과 친밀한 관계에 있었거나 슈타지에 협력했을 경우 일차적 해고 대상이 되었다. 둘째, 학문적인 능력을 인정받지 못한 교수나 연구원도 해고 대상이 되었다. 이러한 기준에 따라 실시된 평가를 통해 수많은 사람이 대학을 떠나야만 했다. 하지만 — 뒤에서 밝혀지겠지만 — 이런 평가를 통해 대학이나 연구소에서 계속 근무할 수 있는 자격을 부여받더라도 항상 고용이 보장된 것은 아니었다. 한편 이런 체제 개편과 인적 구성의 변화와 맞물려 대학의 학제에도 커다란 변화가 발생했다. 통일 전에 개설되었던 강좌가 폐지되기도 했고, 아예 학과 자체가 사라져버리기도 했다. 학문적 방법론에도 변화가 생겼다. 이런 변화에 대해 좀 더 구체적으로 살펴보기로 하자.

1) 대학과 연구소 체제의 변화

(1) 대학체제의 변화

통일을 계기로 동독 지역에는 새로운 대학들이 속속 설립되었다. 1991년 이후 브란덴부르크 주에서 프랑크푸르트(오더) 비아드리나 대학, 포츠담 대학, 코트부스 공과대학, 튀링겐 주에서는 에르푸르트 대학 등이 설립되었다. 이 대학들은 독일 대학 전체의 발전을 위한 여러 가지 동인을 제공했다.[7] 이러한 동인으로는 새로운 학사 과정의 도입, 대학과 대학 외부 연구기관 사이의 협력체계, 응용을 목적으로 하는 전문대학의 연구 과정 강화, 서독 지역에 비해 우수한 대학생들에 대한 학업지도 등을 들 수 있다.[8] 그러나 이러한 가능성은 제대로 실현되지 못했다. 이러한 새로운 대학들마저도 서독식의 대학체제에 그대로 편입되어버렸기 때문이다. 뒤에서 살펴보겠지만 대학 외부 연구기관들은 급격하게 몰락해버렸고, 응용과 밀접한 관련이 있는 전문대학들은 통폐합되거나 폐쇄되면서 서독식의 전문대학체제로 편입되었다. 이로 인해 동서독의 대학체제를 동시에 개혁하려는 전략은 더는 논의 대상이 될 수 없었다.[9] 새로운 대학 설립 자체도 순탄하게 이루어진 것만은 아니었다. 새로운 대학이 설립되기 위해서는 학술평의회의 동의가 필수적이었다. 대학 설립과 운영비용의 절반을 담당할 연방정부의 승인이 학술평의회의 동의에 전적으로 좌우되었기 때문이다. 그런데 학술평의회는 서독식 전문대학Fachhochschule 설립에는 매우 적극적이었지만, 종합대학 설립에는 아주 소극적이었다. 그 이유는 다음과 같다. 동독 시절에는 여러 개의 학과가 망라되어 있는 종합대학보다는 특수전문대학Spezialhochschule이 많이 설립되었다. 특히 경제학이나 공학 분야의 특수전문대학이 많이 있었다. 이러한 체제는 계획경제하에서 인력 수급을 용이하게 하는 장점이 있었다. 하지만 이렇게 미리 계획된 수요에 맞춰 양성된 인력은 매우 제한된 분야에서만 통할 수 있는 전문지식을 소유하게 되었다. 통일을 계기로 이러한 대학들에는 시장경제 시스템에 맞는 광범위한 전문지식을 전달할 수 있는 형태로의 구조개혁이 필요했다. 따라서 학술평의회는 서독식의 전문대학 설립 추진에 적극적이었던 반면, 기존의 구동독 특수전문대학들에 대해서는 통폐합이나 폐쇄 등의 급격한 변화를 추진할 수밖에 없었다.[10] 물론 이러한 변화로 인해 응용과 밀접한 관련을 지녔던 동독식 대학체제의 장점은 그대로 사장되었다. 다른 한편 학술평의회가 새로운 종합대학을 설립하기보다는 기존의 종합대학을 견실하게 하는 데 우선순위를 두거나 새로운 대학을 설립하더라도 제한된 범위 내에서 설립을 인정했던 것은 새로운 종합대학을 설립하기 위해 필요한 재원을 감당하기 어려웠기 때문이다.[11] 이러한 사정으로 인해 나타난 구체적인 문제를 예를 들어 살펴보자. 학술평의회는 비아드리나 대학 설립계획을 수많은 유보조항을 달아 승인했다. 그 결과로 비아드리나 대학은 법학, 경영학, 경제학, 문화학 등의 학과만이 설립되었고 자연과학부나 공학부는 아예 설립되지 못했다. 이로 인해 그 지역에 근거를 두고 있는 하이테크 기업은 다른 지역의 대학, 특히 베를린 공과대학이나 코트부스 대학에서 인력을 충원해야 하는 어려움을 겪게 되었다. 반면 비아드리나 대학의 경제학과나 사회과학대학 졸업생은 부실한 지역경제로 인해 취직에 어려움을 겪게 되어 다른 지역으로 빠져나가고 있다.[12] 이렇듯 서독의 체제를 그대로 도입하는 형태로 진행된 동독 지역의 대학체제 개혁은 많은 문제점을 안고 있었다.

(2) 연구소 체제의 변화

동독 시절 대학 외부 연구소außeruniversitäre Forschungsinstitute는 대학부설 연구소보다 훨씬 나은 학문적 성과를 이룰 수 있다는 주장에 근거해 설립되었고, 그 수도 많았다. 이런 연구소에서는 학제 간 연구나 특정 목적을 위한 연구 수행이 훨씬 용이하다고 생각했기 때문이었다. 반면 대학에는 매우 긴 시간을 요하는 사회주의적 인간화 교육과 이론 연구에 근거한 지식 교육의 임무가 주어졌다. 이것은 동독뿐 아니라 동구권과 소비에트에서 나타나는 공통 현상이었다. 하지만 이 두 체제의 상호관계가 어떠했는지는 나라마다 차이가 있었다. 루마니아의 경우 교수들이 학술 아카데미와 대학에서 2년 주기로 번갈아 가르치는 등 유기적인 협력관계가 이루어졌던 반면, 동독에서는 두 영역 간의 협력이 매끄럽게 이루어지지만은 않았다. 동독에서는 학술 아카데미에서 일할 경우 일반적으로 대학에서보다 빨리 평생고용이 보장되었고, 빠르게 전공에 집중함으로써 대학에서처럼 일반적인 학문적 기초 개념과 학적 토대를 익히기 위해 투자해야 하는 시간과 노력을 많이 줄일 수 있었다.[13] 따라서 많은 학자들은 대학 외부 연구소에서 일하는 것을 더 선호하게 되었고 대학과 대학 외부 연구소 사이에는 점점 격차가 생겨났다.

그런데 통일 이후 연구소 체제가 서독 제도를 모델로 재편되면서 구동독 학술 아카데미가 해체되었고, 이는 또 대학 외부 연구소의 해체 및 대규모 축소·합병으로 이어졌다. 〈표 9-1〉에서 보는 바와 같이 1990년 6월부터 1991년 11월 사이에 학술 아카데미 직원의 수는 2만 4,249명에서 1만 5,836명으로 절반가량 줄어들었다. 산업 연구 분야는 더 심각한 영향을 받았다. 〈그림 9-1〉에서 보는 것처럼 1990년 8만 6,000여 명에 달했던 산업 연구 분야 종사자 수는 1992년에 약 20%에 불과한 1만 6,000여 명으로 급속히 감소했다. 그 이후에도 상황은 본

〈표 9-1〉 학술 아카데미 직원 수 변화 추이(1990년 6월~1991년 11월)

시기	직원 수(명)
1990년 6월	2만 4,249
1990년 2월	1만 9,725
1991년 1월	1만 9,536
1991년 2월	1만 9,282
1991년 3월	1만 9,006
1991년 5월	1만 8,093
1991년 6월	1만 7,412
1991년 7월	1만 7,106
1991년 8월	1만 6,776
1991년 9월	1만 6,439
1991년 10월	1만 5,964
1991년 11월	1만 5,836

자료: Renate Mayntz, *Deutsche Forschung im Einigungsprozeß*, p.191.

질적으로는 전혀 호전되고 있지 않다. 이렇게 급속하게 연구 인력이 감소한 것은 이 분야의 재편 과정이 정치적으로 진행된 것이 아니라 시장원리에 따라 진행되었기 때문이다. 산업 분야 연구소를 인수한 서독 기업들에 의한 구조조정을 겪었던 것이다. "동독 지역 산업 분야 연구의 퇴조와 재건의 어려움에는 공통되는 구조적인 원인이 존재한다. 1990년 이후 동독의 대기업을 인수했던 서독 기업들은 이미 충분한 연구 인력을 확보하고 있는 경우가 많았고, 따라서 동독 지역에 별도의 연구소를 운영할 필요를 그다지 크게 느끼지 못했다. 동독의 중소기업들은 재정 능력이 부족해서 응용과 관련된 연구 개발을 지속할 수 없는 경우가 허다했다."[14] 이 과정에서 "이러한 아카데미의 이념 가운데 보존할 만한 가치가 있는 것은 무엇인가"라는 질문 자체가 금기시되었다.[15]

어떤 학자들은 대학 외부 연구 인력의 급격한 감소는 학제 간의 경계가 점점 무너져가는 오늘날의 경향에 비추어볼 때 매우 큰 손실이라고 주장한다. 물론 이에 대한 반론도 무시할 수 없다. 대학 외부 연구소가 다른 모든 학문적 기관

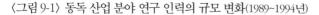

〈그림 9-1〉 동독 산업 분야 연구 인력의 규모 변화(1989~1994년)

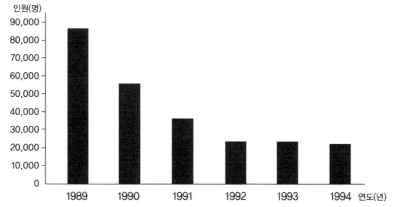

자료: *Enquete-Kommission IV: Bildung, Wissenschaft, Kultur 2*(Frankfurt am Main: Suhrkamp, 1999), Protokoll der 23. Sitzung, p.473.

보다 학제 간 연구에 유리한 조직이며 가시적으로 나타난 성과가 없었던 것은 아니지만, 주목할 만큼 대단한 성과가 있었던 것 또한 아니다. 따라서 제도적인 장치를 통해서 학제 간 연구를 이루어내려는 시도는 결국 성공하지 못했다는 것이다.[16] 하지만 진정한 문제는 이렇게 해고된 수많은 전문 인력이 자신들의 구동독 시절 전력이나 학문적 능력에 대한 평가와는 상관없이 갑작스럽게 장기적인 실업 상태에 놓이게 되었다는 사실에 있다. 산업 분야 연구 인력의 경우 이데올로기적인 문제로 숙정되는 인원은 그리 많지 않았다. 오히려 이들 중 대다수는 앞서 살펴봤듯이 효율성을 전면에 내세운 신자유주의적 구조조정의 희생자였다. 트로이한트Treuhand(신탁관리청)를 통해 진행된 산업 분야 연구소의 사유화 과정 자체도 이미 연구 인력의 감원을 목표로 하고 있었다.[17] 그리고 이에 대한 근거로 구동독의 대학 외부 연구소에 필요 이상의 많은 인력이 종사했다는 사실을 들고 있다. 물론 구동독 시절 연구소의 역량에 비해 지나치게 많은 연구자가 일하고 있었다는 것은 사실이다. 하지만 그렇다고 해서 그것이 곧 연구 인력의 대량 해고를 뒷받침하는 이유가 될 수는 없다. 진정으로 동독 지역

〈그림 9-2〉 노동인구 1,000명당 연구 개발 종사자 수

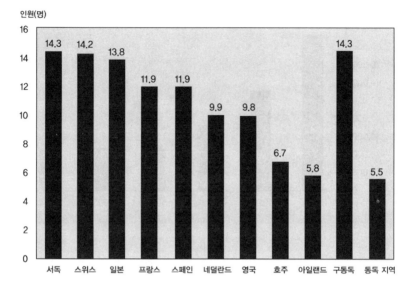

주: 도표의 가장 오른쪽이 1993년 현재 동독 지역의 현황이고 바로 그 왼쪽의 막대가 1989년 당시 구동독 지역의 연구 인력 규모를 가리킨다. 이 도표를 분석해보면 그 당시 연구 인력 규모는 서독이나 스위스, 일본 등과 어깨를 나란히 할 정도로 정상급이었다는 사실을 알 수 있다.
자료: 같은 책, p.470.

의 연구 역량을 서독과 비슷한 수준에서 유지하기 위해서는 대량 해고가 아니라 연구 인력의 규모를 유지하면서 연구 역량을 발전시켜가는 것이 올바른 대안이었기 때문이다. 만프레드 뵈플링Manfred Wöfling에 의하면 구동독의 연구 개발 분야 수준은 상당히 높은 편이었다. 그는 또 동독 지역 연구 개발 분야 경쟁력의 부재는 연구자 자신보다는 체제에 더 많은 원인이 있었다고 주장한다.[18] 그런데도 동독 내의 연구 인력이 동독 지역의 산업 분야 발전에 대한 아무런 고려 없이 서독의 학자들과 기업의 이해관계에 따라 일방적으로 해고되었다는 데 문제의 심각성이 있는 것이다. 〈그림 9-2〉에서 보는 것처럼 1989년 구동독의 노동인구 1,000명당 연구 인력 규모는 14.3명으로 서독과 더불어 국제적으로도 최상위에 속할 정도로 높은 수준이었다. 하지만 구조조정의 찬바

〈그림 9-3〉 동서독 지역 연구 개발 종사자 수 비교

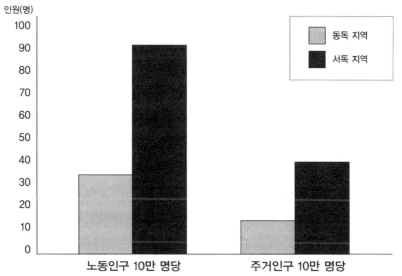

인원(명)

동독 지역
서독 지역

노동인구 10만 명당　　　주거인구 10만 명당

자료: 같은 책, p.474.

람이 휩쓸고 지나간 뒤 동독 지역의 인력 규모는 1993년 5.5명으로 낮아져 국제수준에 훨씬 못 미치고 있다. 그리고 그 결과로 〈그림 9-3〉에서 보듯 인구 10만 명당 연구자 수나 노동인구 10만 명당 연구자 수에서 동독과 서독 사이에는 엄청난 간극이 존재하게 되었다. 이것은 우리나라와 마찬가지로 천연자원이 부족해 무역에의 의존도가 크기 때문에 연구 개발을 통한 새로운 상품의 개발을 통해서만 국제적 경쟁에서 살아남을 수 있는 독일의 현실에 비추어볼 때 부정적인 결과를 가져올 수밖에 없다.

2) 인적 구성의 변화

통일은 단지 대학이나 연구소, 학술 아카데미의 구조뿐 아니라 인적 구성 자체도 급격하게 변화시켰다. 통일조약 부록 I에서 정한 규정에 따르면 연방정부

나 주정부는 늦어도 1991년 1월 3일까지 대학이나 연구소를 계속 존속하고 운영할 것인지 여부를 결정해야 했다. 대학이나 연구소를 존속하지 않겠다고 결정한 경우 그 기관에서 일하던 교수나 연구자는 그 시점부터 6개월간 정직 처분을 받게 되었다. 50세 이상의 경우는 9개월 동안 정직 처분을 받았다. 그리고도 유사한 업무에 종사할 가능성이 없을 때는 고용관계가 해소되었다.[19] 하지만 이렇게 해고된 교수나 연구원들도 다시 구직 활동을 할 수 있었다. 이들이 임용에서 배제되는 경우는 과거 청산 과정에서 슈타지 및 당에 협력했거나, 직접 일선에서 지도적인 위치에 서서 활동했던 전력이 드러나거나, 학자로서의 자질이 부족하다고 판단될 때였다. 그러나 이 두 가지 평가 과정에서 모두 적격판정을 받는다고 해도 바로 복직 또는 취직이 가능한 것은 아니었다. 동독 시절수요를 초과한 교수 및 연구 인력에 대한 구조조정이 이미 계획되어 있었기 때문에 앞서 말한 두 가지 관문을 통과한 사람조차도 새로운 일자리를 찾지 못하는 경우가 허다했고, 이것은 당사자에게 자신이 부당하게 대우받고 있다는 느낌을 갖게 했다. 그들이 이렇게 느끼게 된 것은 수많은 동독 지역 대학의 교수나 강사, 연구소의 연구원이 해고되면서 생긴 빈자리의 상당 부분을 서독의 연구 인력이 메웠기 때문이었다. 동독 언론 통합의 증인인 ≪베를리너 차이퉁 매거진Berlinet Zeitung Magazin≫ 책임자 토마스 라인카우프Thomas Reinkauf는 다음과 같이 주장하고 있다.

서독의 엘리트들은 과거사 청산을 빌미로 동독의 정치적 엘리트들은 물론 문화적 엘리트들도 청산하려 했습니다. 동독의 많은 대학교수와 박사 중 오늘날까지 대학에 남아 있는 사람은 극소수에 불과합니다. …… 한 국가가 운영되기 위해서는 엘리트가 필요한 법입니다. 그런데 독일이 통일되는 과정에서 서독 정치가들은 동독의 엘리트들을 불필요한 존재로 취급해 사회적으로 숙정해버렸습니다. 이렇게 해서 서독 사람들이 동독의 모든 정치·행정·문화 기구를 장악하고는, 서독에서 이류나 삼류에 속했던 사람들에게 동독에 와서 갑자기 사회적으로 상승

할 수 있는 좋은 기회를 제공했던 것이지요.[20]

이에 대해 구체적인 예를 들자면, 프로세스 공학의 경우 구동독 시절 약 85명의 교수나 강사들이 있었는데 1997년 현재 36명만이 활동하고 있었으며 이 중 23명이 서독 출신 학자였다. 85명 중 13명만이 남았고 나머지 72명은 실업자가 된 것이다.[21] 역사교육학의 경우에는 이보다 훨씬 심해서 100여 명이 넘었던 대학의 역사교육학자 가운데 통일 이후에도 대학의 정교수로 활동하고 있는 사람은 1999년 현재 단 한 명뿐이다.[22] 위와 같은 견해를 지니고 있으면서 이러한 현상을 목도한 이들에게는 동독 학문 영역의 지형변화가 서독에 의한 철저한 식민화일 수밖에 없었다.

3) 커리큘럼의 변화와 학문적 방법론의 변화

통일 이전 동서독 학문 영역은 냉전체제하에서 각기 다른 발전 과정을 겪었다. 서독 학문체제의 주된 목적은 학문적 자율성을 형식적으로 보장하는 한편 시장경제 메커니즘을 위한 지식을 확대재생산하는 것이었다. 반면 동독의 학문체제는 사회주의 이데올로기의 확대재생산이라는 목표에 따라 구성되어 있었다. 이러한 차이는 대학의 학제와 커리큘럼의 차이로 이어졌다. 동독 대학의 인문·사회과학 분야는 마르크스 - 레닌주의 이데올로기에 적합한 형태로 교과과정의 배분이 이루어졌고, 특히 철학, 사회학, 역사학 등은 거의 당의 직접적 통제 아래 놓여 있었다. 반면 자연과학, 공학 등의 분야에서는 비교적 이데올로기적 제약이 적은 편이었고 학문적 연구 내용 자체를 통제할 정도로 간섭이 심하지는 않았다. 따라서 통일 이후 서독 학문체제로의 편입이 시행되면서 가장 많은 타격을 입은 분야는 인문·사회과학 분야였고 그중에서도 동독 체제 유지에 직접적으로 봉사했던 법학, 경제학 등은 처절한 몰락을 경험하게 된다. 대학과 연구 시스템의 평가를 수행했던 학술평의회는 일찍부터 구동독 시절 이데올로기 선전의 도구로 사용되었던 여러 학과에 대한 근본적인 개혁의 필요성을 지적했다. 특히 법학이나 경제학, 사회과학이 우선적인 개혁 대상이었고 철학이나 역사학, 교육학의 일부도 마찬가지였다. 이런 학과들의 경우 마르크스 - 레닌주의 사회이론과 현실사회주의 국가론, 국가가 독점하는 중앙집권적 경제체제에 일방적으로 연구와 교육의 초점이 맞춰져 있었기 때문이다. 가장 먼저 그리고 거의 완벽하게 해체된 것은 '과학적 공산주의'와 '마르크스 - 레닌주의 철학' 분과였다. 그 후 위에 언급한 학과들에서도 마르크스 - 레닌주의를 다루는 과목들이 사라졌다.[23] 학과 담당교수들도 교체되었으며 학제 자체도 많은 변화를 겪었다.[24]

이러한 과정은 많은 사람에게 당연한 것으로 받아들여졌고 실제로 여기에 대해 문제를 제기하는 사람은 거의 없었다. 하지만 보존할 가치가 있다고 여겨지던 구동독 시절의 학문적 업적이나 방법론마저도 사장시켜버리는 데 대해서는 비판의 소리가 높아지기 시작했다. 예를 들어 역사학 분야를 살펴보자. 상당수의 서독 출신 역사학자들은 경제사와 사회사 분야에 있어 통일 이전 동독의 학문적 수준을 1950년대 내지 1960년대 수준이라고 평가절하한다. 하지만 구동독 역사학자들은 농업사나 19, 20세기 독일 경제사, 산업화의 역사, 노동자나 기업가의 사회사, 양적 경제사 또는 생산력 발전사 분야에서 수준 높은 학문적 업적을 남겼으며 국제적인 명성을 얻기도 했다.[25] 그래서 어떤 서독 학자들은 1970년대 이래로 동독의 역사학 연구에 많은 발전이 있었음을 인정했고, 1980년대에는 동독의 역사학자들과 협력연구를 수행하려는 서독 학자들이 늘어나는 추세에 있었다. 그런데 통일 이후 사정이 급변해 수많은 역사학자가 느닷없이 해고되었고 구동독 역사학의 성과와 방법론은 구시대의 잔재 취급을 받고 있으며 도덕적인 비난의 대상이 되고 있다. 이 과정에서 수많은 연구소가 폐쇄되었으며 심지어 어떤 대학의 관련 학과나 연구소들은 아무런 평가 과정 없이 해체되는 운명을 맞기도 했다. 예컨대 할레 대학의 경우에는 구서독 대학에서는 경제사나 사회사가 경제학과에 개설된 과목이 아니었다는 이유로 아예 평가 대상조차 되지 못했다. 연구자들로 하여금 자신의 능력을 검증할 기회 자체를 박탈해버린 것이다.[26] 이런 과정이 끝난 지금에는 동독 학자들에 대한 비난에 동참하지 않으려는 서독 학자들에게조차 구동독의 역사학은 이제 호기심의 대상에 불과하다.[27] 이런 열악한 환경 속에서도 동독 지역의 역사학은 자생적인 역사 연구 그룹들을 통해 명맥이 유지되고 있기는 하지만, 다른 학문 분야에서와 마찬가지로 역사학에서도 구동독 시절의 학문적 성과가 사장되고 그 대신 서구적 사관과 그에 입각한 방법론이 관철되고 있음은 부인할 수 없는 현상이다.

이렇듯 학문 분야에서 서구적 시각과 학문적 방법론이 일방적으로 관철되는 현상에 대해 문제가 제기되고 활발한 논쟁이 벌어지기도 했다. 어떤 이들은 이러한 현상을 서구 학문에 의한 식민화 과정으로 파악하는 반면, 다른 이들은 새로운 협력 관계의 형성으로 파악한다. 이러한 논쟁은 비단 독일 내부에서만 일어난 것은 아니었다. 동구권의 몰락 이후 수많은 동구권 국가들의 인문·사회과학 분야에서도 똑같은 문제가 발생하고 있었기 때문이다. 그 한 예로 동구권 사회학 분야에서 "식민화인가 동반자 관계인가"라는 주제를 놓고 벌어진 논쟁을 들 수 있다. 이 논쟁을 촉발한 것은 헝가리 사회학자들이 ≪레플리카replika≫라는 사회과학 학술지에 기고한 한 논문이었다.[28] 동구권의 몰락 이후 서구의 사회학자들이 풍부한 연구비를 앞세워 자신들의 연구 주제와 방법론을 관철시키면서 연구에 필요한 자금이 부족한 동구권의 사회학자들은 자신들의 연구 주제와 방법론을 고수하지 못하고 그들의 자료 수집을 돕는 '몸종' 신세로 전락했다는 것이 그들의 주장이었다. 기외르기 렝구엘György Lenguel의 표현을 빌자면 서구의 사회학이 '패러다임 중심적'인 반면, 동유럽 사회학은 '문제 중심적'이다. 동구권 학자들의 방법론이 '질적 사회연구'에 중점을 두고 있었던 반면, 서구 학자들에 의해 도입된 방법론은 '(자료 수집을 통한) 경험적 연구'에 초점을 맞추고 있다. 이러한 경험적 연구의 득세에 대한 이들의 평가는 매우 부정적이다. 서구, 특히 미국의 연구 지원 자금을 통해 서구의 연구자들은 동구권의 사회학자들을 동구권 사회의 특수성보다는 미리 정해진 자신들의 기준에 따라 수집된 경험적 데이티에 근거한 일반화에 초점을 맞추고 있는데, 이러한 경향은 결국 동구권 사회에 대한 전반적인 오해까지는 아니라 하더라도 편파적인 시각에 근거한 이해를 초래할 수밖에 없다는 것이다. 이러한 이들의 견해에 대해서 동구권 내에서도 논란이 있었지만,[29] 독일 내에서도 견해가 대립하고 있다.[30] 헬무트 페어Helmut Fehr나 한스 - 하인리히 놀테Hans-Heinrich Nolte 같은 학자들은 식민화 테제에 대해 부정적인 입장을 취하는 반면, 헬무트 슈타이너 Helmut Steiner 같은 학자는 긍정적으로 평가하고 있다.[31] 이러한 견해의 차이는 학문 영역의 지형변화 전반에 대한 평가에 대한 평가의 대립과 그 맥을 같이하고 있다. 식민화 테제에 긍정적인 입장을 취하는 학자들은 동독 학문 영역의 변화에 대해서 부정적으로 평가하는 반면, 식민화 테제에 부정적인 입장을 취하는 학자들은 긍정적으로 평가하고 있다.

3. 통일 이후 동독 학문 영역의 지형변화에 대한 평가

앞서 살펴본 바와 같이 통일 이후 동독 학문 영역에서의 변화가 부정적인 결과를 초래했다는 것은 이제 누구나 인정하는 사실이다. 그런데도 이에 대한 평가에서는 학자들 사이에 견해 차이가 존재한다. 한편에서는 학문 영역의 재편 과정에서 저질러진 실수는 통일 이후의 급박한 상황과 정보 부재 때문에 어쩔 수 없는 것이었으며, 동독 대학이나 연구소가 스스로 학문 영역을 개혁할 의지와 능력이 결여되어 있었기 때문에 어느 정도는 불가피한 것이었다고 주장한다. 이런 견해를 견지하는 사람들은 동독혁명 이후 동독 지역 대학 내에서 자체 개혁의지가 존재했다는 사실을 인정하기는 하지만 실제 개혁의 능력이 존재했는지에 대해서는 회의적이다.[32] 이와는 반대로 동독 대학이나 연구소 스스로 개혁할 의지와 능력이 있었지만,[33] 통합 과정이 지나치게 급하게 진행되었기 때문에 이러한 개혁의지가 좌절되었으며, 동독에 대한 정보의 부재는 동독 학자나 관계자들을 배제하고 서독 인사 중심으로 진행된 재편 과정 자체에서 생긴 문제라는 견해가 병존한다. 이제 이렇게 팽팽히 대립하고 있는 두 견해를 비판적으로 검토해보기로 하겠다.

1) 긍정적으로 평가하는 견해

이 글의 서두에서 언급한 바 있는 "승자의 눈물"이라는 제하의 해설 기사에서 ≪노이에스 도이칠란트≫는『학문과 통일: 몰락하는 학과들Wissenschaft und Wiedervereinigung: Disziplinen im Umbruch』의 공동저자 중 한 사람인 만프레드 비어비쉬Manfred Bierwisch가 "오로지 1990년 이후의 진행 과정을 정당화하고 변명하는 데만 급급하다"라고 비판하고 있다.[34] 구동독 학문이 몰락하게 된 원인을 분석한 이 글에서 그는 우선 학문적 수준이 높은 많은 학자들이 과거 청산 과정을 통해 도태되었다는 사실에 주목한다. 구동독 시절 대학이나 연구소의 높은 직책에 있었던 사람들 중에는 학문적인 능력이 뛰어난 사람들이 많았는데 이들은 대개 과거 청산의 대상이 되었다는 것이다. 이런 학자들의 경우 슈타지에 협력했거나 동독 공산당의 정책을 대학 내에 관철시키는 데 앞장서거나 협조했다는 전력이 드러났기 때문이다. 반면 슈타지에 협력하지도 않았고 어떤 직책을 맡지도 않았기 때문에 과거 청산 대상이 되지는 않았던 학자들은 중간 수준의 학자들이 많았는데, 이들은 서독의 기준에서 볼 때는 수준 미달이었다고 그는 주장한다. 동독 시절에는 학문 영역에 자치 권한이 주어지지 않았기 때문에 자발성이 결여되어 있었으며, 다양한 경험이나 기술적 숙련도에서도 서독 학자들에 비해 뒤떨어질 수밖에 없었다는 것이다.[35]

동독 학문 영역 재편 과정의 부정적인 측면에 대해서는 비판해야 하지만 그렇지 않은 모습도 있었음을 인정해야 한다고 주장하는 학자로는 레나테 마인츠Renate Mayntz, 클라우스 파버Klaus Faber 등을 들 수 있다. 파버는 산업 분야 연구의 몰락 등 부정적인 학문변동의 양상을 신랄하게 비판하고 있다. 하지만 그는 서독 대학체제의 도입은 동독에서도 원하던 것이었으며 학술 아가데미에 대한 평가도 공산정권 붕괴 이후 자유선거를 통해 구성되었던 동독 정부에서 이미 추진하던 일이었다고 주장한다.[36] 마인츠에 따르면 해고된 교수나 연구원보다는 스스로 물러난 사람이 다수였으며, 해고된 사람 중 75% 정도는 과거 전력이나 학문적 자질 문제로 인해 '청산'된 사람들이 아니라 일자리 자체가 없기 때문에 취직을 못한 사람들이라는 사실을 지적하고 있다. 따라서 서독인들의 오만과 편견 때문에 동독 학자들이 피해를 입은 것보다는 그렇지 않은 경우가 더 많다는 것이다.[37]

2) 부정적으로 평가하는 견해

서독의 학자들 가운데서도 통일 이후 동독 학문 영역의 지형변화를 부정적으로 평가하는 사람들이 있다. 그 대표적인 인사로 위르겐 코카Jürgen Kocka를 들 수 있다. 그는 동독 학문 영역의 개혁이 동독 학문과 동독 대학 시스템에 대한 잘못된 평가에서 출발해 진행되었기 때문에 부정적인 결과를 낳았다고 진단하고 있다. "아마도 동독의 학자들에 대한 평가와 해고 과정에서 지나치게 많은 동독의 학문적 잠재력이 파괴되었을지도 모른다."[38] 동독 시절 정치가 학문에 많은 영향을 미친 것은 분명하지만 거기에도 일정한 한계가 존재했다고 그는 주장한다.[39] 이러한 그의 견해는 앞에서 살펴본 비어비쉬의 견해와 확실한 대조를 이룬다.

동독인의 입장에서 학문변동에 대해 더욱 강하게 비판적 입장을 취하는 학자로는 베르너 미텐츠바이Werner Mittenzwei, 슈테판 베르거Stefan Berger, 쿠르트 패촐트Kurt Pätzold 등을 들 수 있다. 패촐트는 학술평의회의 위원으로 실제 평가 과정에 참여했던 코카가 앞에서 인용한 것처럼 뒤늦게 후회한다는 식의 발언을 하자 "동독에 대한 전쟁 당시 당신은 어디에 있었던가요?"라고 비아

냉거렸다.[40] 베르거는 1989년 동독혁명 이후 사람들은 학문의 자유와 학문의 새로운 발전을 기대했는데 결과는 학과의 해체와 대량 해고, 조기 은퇴, 실업이 었다고 신랄하게 비판하고 있다.[41] 미텐츠바이는 식민화라는 용어는 사용하지 않지만 학문 영역의 체제 변화를 서독의 이해관계가 관철되는 과정으로 파악 하면서 다음과 같이 묘사하고 있다.

> 이 기간에(해고된 학자들이 임용 신청할 수 있는 기간으로서 2년으로 예정되 어 있었음_옮긴이 주) 당사자가 스스로 신연방주 소재 대학에 지원하라고 되어 있었다. 하지만 동독 대학은 서독 학자들을 고용하기 위해 전부터 거기서 일해왔 던 동독 학자들을 해고했다. 그러자 서독 학자들이 여러 기관이나 학과, 학술기관 에서 지도적 위치를 차지했다. 아직 남아 있던 동독 사람들은 그 밑에서 주어진 지위에 만족해야 했다.[42]

지금까지 학문변동을 긍정적으로 바라보는 학자들과 부정적으로 평가하는 학자들의 견해를 간략하게 살펴봤다. 물론 전자의 견해에도 어느 정도 일리가 있는 것은 사실이다. 동독의 학자들이 진정 자발적으로 개혁을 완수할 능력이 있었는지에 대해서는 의문의 여지가 있기 때문이다. 수십 년 동안 독재체제하 에서 살아왔고 교회나 시민운동처럼 틈새공론의 역할을 수행하지 못하고 오히 려 체제 안에서 기득권을 누려온 학술계에 과거 청산이 필요하고 외부로부터 의 개혁이 필요하다는 것은 어찌 보면 당연한 일이다. 하지만 비어비쉬의 경우 처럼 일정 수준의 학문적인 능력을 갖춘 사람들은 대부분 동독 정권이나 슈타 지에 협력했다는 식으로 호도하거나 전체를 싸잡아 무능력하다고 비판하는 것 은 분명 문제가 있다. 학문적 능력을 인정받으면서도 시민운동에 주도적으로 참여했던 옌스 라이히Jens Reich는 비어비쉬의 주장을 반박할 수 있는 좋은 예 이다. 파버나 마인츠는 학문 영역의 변화가 지닌 긍정적인 측면과 부정적인 측 면을 공정하게 평가하려는 경향을 지니고 있지만 서독 중심의 체제 재편과 인

《표 9-2》 학술 아카데미 소속 연구소 평가위원 출신별 구성

평가 영역	인원(명)				비율(%)			
	서독	동독	외국	전체	서독	동독	외국	전체
생물학·의학	8	3	8	19	42.0	16.0	42.0	100
화학	9	2	2	13	70.0	15.0	15.0	100
인문과학	13	3	1	17	77.0	18.0	6.0	100
지리학·천문학	10	3	1	14	71.0	22.0	7.0	100
수학·전자공학	11	2	-	13	85.0	15.0	-	100
물리학	8	2	2	12	67.0	16.5	16.5	100
경제학·사회과학	14	1	1	16	88.0	6.0	6.0	100
전체	73	16	15	104	70.0	15.5	14.5	100

주: 전체의 70%가 서독, 15.5%가 동독, 나머지는 외국 출신임을 알 수 있다.
자료: Renate Mayntz, *Deutsche Forschung im Einigungsprozeß*, p.141.

《표 9-3》 평가위원 외의 전문 평가인력 구성

평가 영역	인원(명)				비율(%)			
	서독	동독	외국	전체	서독	동독	외국	전체
생물학·의학	36	1	2	39	92	3	5	100
화학	2	-	-	2	100	-	-	100
인문과학	24	1	4	29	83	3	14	100
지리학·천문학	11	3	-	14	79	21	-	100
수학·전자공학	9	-	-	9	100	-	-	100
물리학	12	-	-	12	100	-	-	100
경제학·사회과학	10	-	2	12	83	-	17	100
전체	104	5	8	117	89	4	7	100

주: 전체의 89%가 서독, 4%가 동독, 나머지는 외국 출신임을 알 수 있다.
자료: 같은 책, p.142.

적 청산이 근본적으로 잘못된 과정이었다는 사실을 부정한다. 하지만 동독 역사학의 몰락에서 본 것처럼 서독인들의 오만과 편견에서 비롯된 실수가 있을 수 있다는 사실을 인정하지 않는 것은 분명 문제가 있는 태도라고 할 수 있다. 《표 9-2》와 《표 9-3》에서 보는 것처럼 학문 체제의 평가 과정에는 분명히 문제

가 있었다. 동독인이 자신의 문제에 대해 적어도 서독인과 동등한 발언권을 가질 수 없다면 그 평가의 결과를 과연 올바른 것이라고 말할 수 있을까? 게다가 이 두 개의 표에서 보는 것처럼 자신의 거취에 대한 의사결정의 권리를 거의 완전히 배제당한 상태에서 내려진 결정과 그 결과에 대해 이들에게 무조건 납득을 강요하는 것을 민주적인 절차라고 주장하기는 어려울 것이다. 이것은 한 예에 불과할 뿐이고 학문 영역의 지형이 변화하는 거의 모든 과정에서 이러한 불평등 구조가 존재하고 있었다. 따라서 우리는 서독인들이 개입된, 서독 제도 중심의 개혁 필요성에는 어느 정도 동의하면서도 실제로 진행된 학문 영역의 변동에 대해서는 부정적인 입장을 취할 수밖에 없다. 이런 의미에서 다음과 같은 디터 지몬Dieter Simon의 평가는 음미해볼 만한 가치가 있다.

> 서독의 이론은 서독의 학자들 중에서도 최고 수준의 학자들이, 그들 중에서도 특히 이상주의자들이 동독으로 옮겨갈 것이라고 주장했다. 때로는 그런 경우가 발생하기도 했다. 하지만 결과적으로 본다면 수준이 낮은 학자들이 모두 서독을 떠났고 3류 수준의 재능을 갖춘 학자들이 구원을 얻었다.[43]

4. 결론

지금까지 살펴본 바와 같이 통일 이후 독일의 학문 영역은, 특히 동독 지역을 중심으로 급격한 변화를 겪었다. 이러한 변화는 서독의 학문적 시스템과 학제, 학문적 패러다임이 동독 지역에 관철되는 형태로 진행되었다. 학문 영역, 특히 대학은 사회 전체를 지탱하는 이념을 전파하고 확대재생산하는 중요한 공론의 장이다. 그렇기 때문에 동독 대학에 남아 있던 독재정권의 모든 잔재는 확실히 청산되어야 했다. 이런 면에서 동독 공산정권의 이데올로기 선전이나 독재정권의 이해관계를 설파하는 데 협력했던 교수나 연구자들에 대한 올곧은 평가와 정당한 청산은 꼭 필요한 과정이었다. 또한 정치적 선전과 이데올로기 교육을 위한 분과였던 철학이나 정치학 등의 학과에서 미르크스 - 레닌주의적 요소를 제거하는 것도 수긍할 수 있는 조치였다. 하지만 무더기 해고와 뒤이은 교수 채용에서의 차별대우, 구동독 학문의 긍정적 유산까지도 철저하게 외면한 것, 대학 외부 연구소 시스템의 붕괴, 서구식 학문적 방법론의 일방적 관철 등은 부정적으로 평가할 수밖에 없는 현상들이다. 독일 통일의 전체적 과정과 마찬가지로 학문 영역의 통합도 동독을 동등한 파트너로 인정하는 진정한 통합의 길을 걷기보다는 흡수합병의 형태로, 서독의 학자나 체제에 유리한 방향으로 진행되었다는 비판을 면할 수 없는 이유가 여기에 있다. 따라서 학문 영역의 변동에 대한 긍정적인 평가, 특히 비어비쉬의 주장은 정당화되기 어렵다. 통일 이후 나타난 동독 지역 연구 역량의 붕괴와 학문적 패러다임의 몰락을 단순히 동독의 학문적 시스템과 학문적 성과에 대한 서독인들의 무지의 탓으로만 돌릴 수는 없다. 오히려 지식을 통한 헤게모니 장악을 위해 사회주의의 학문적 유산을 철저하게 붕괴시키고 서독 학문의 이해관계를 관철하는 과정에서 이런 문제들이 발생되었다고 파악하는 것이 옳을 것이다.

주

* 이 글은 김동훈, 「철저한 식민화인가, 새로운 정체성의 확립인가: 독일 통일 이후 동독 학문 영역의 지형변화」, ≪독일문학≫, 제103집 48권 3호(2007년), 196~220쪽을 수정 게재한 것임.

1 Jürgen Kocka and Renate Mayntz(eds.), *Wissenschaft und Wiedervereinigung: Disziplinen im Umbruch* (Berlin: Akademie Verlag, 1998).

2 인용된 순서대로 기사가 실린 신문과 날짜를 보면 다음과 같다. *Süddeutsche Zeitung*, 1997.6.26; *Tagesspiegel*, 1998.1.26; *Neues Deutschland*, 1998.3.27. ≪노이에스 도이칠란트≫는 통일로 인해 불이익을 당했다고 생각하는 동독인들의 생각을 대변하는 좌파 성향의 일간지이다. 이 신문의 해설기사에 따르면, 이 연구에 참여했던 연구자들은 한결같이 독일 통일 이후 학문 영역의 재편 과정에서 동독 학문 영역이 많은 손실을 입었고 부당하게 대우받았다는 사실을 지적한다. 하지만 일부 연구자들은 그 원인을 단지 "서독인들의 동독 학문에 대한 무지"였다고 주장하고 있는데, ≪노이에스 도이칠란트≫는 이를 '악어의 눈물'에 빗대어 '승자의 눈물'이라고 비판하고 있다.

3 물론 이 연구에 참여했던 학자 사이에서도 그러한 부정적인 변화의 원인에 대해서는 상반된 견해차가 존재한다. 언론의 경우도 마찬가지이다. 앞서 본 바와 같이 동독인들의 견해를 대변하는 ≪노이에스 도이칠란트≫ 같은 경우는 매우 강한 어조로 그 결과를 비판하고 그 원인도 서독인들 탓으로 돌리고 있지만 서독 신문인 ≪쥐트도이체 차이퉁·Süddeutsche Zeitung≫의 경우는 "그다지 훌륭하지 못했다wenig herausragend"라고만 평가하고 있다. 이 글에서는 학자들과 언론 등을 통해 나타난 이러한 견해차를 살펴보고 그에 대한 평가를 시도할 것이다.

4 이에 대한 자세한 논의로는 Karlheinz Blaschke, "Die Rezeption der westlichen Geistes- und Sozial- wissenschaften in der DDR und die Wahrnehmung der westdeutschen und ausländischen DDR-Forschung," *Enquete-Kommission IV: Bildung, Wissenschaft, Kultur 2* (Frankfurt am Main: Suhrkamp, 1999), pp.959~966; Bernd Florath, "Wissenschaftsplanung und Kaderpolitik unter besonderer Berücksichtigung der ideologischen Steuerung," *Enquete-Kommission IV*, pp.1,071~1,159; Stefan Wolle, "Das System der Reisekader als Instrument der DDR-Wissenschaftspolitik," *Enquete- Kommission IV*, pp.1,597~1,688 참조.

5 Hans-Werner Fuchs, *Bildung und Wissenschaft seit der Wende: Zur Transformation des ostdeutschen Bildungssystems* (Opladen: Leske+Budrich, 1997), p.114.

6 물론 옌스 라이히처럼 자신의 전공 분야에서 뛰어난 학문적 업적을 성취해내면서도 동독 정권에 비판적인 학자들이 있기는 했다. 하지만 그들의 저항운동은 대학이나 연구소를 통해 조직적이고 체계적으로 이루어진 것이 아니라 시민운동의 틀 안에서 전개되었다. 구동독 학문 영역을 대체공론이나 틈새공론으로 인정하기 어려운 이유가 여기에 있다. 하지만 구동독 학문 영역에도 나름대로 자율적 활동의 여지가 있었음을 인정하는 학자도 있다. 물론 이 경우에도 그것이 당시 동독 정권이 정치적·이데올로기적으로 온건해졌기 때문이라기보다는 학문 영역의 수준을 높이고 국제적인 경쟁 능력을 제고해 국제적인 인정을 받고자 하는 욕구에서 비롯된 것이라고 파악한다. 따라서 이 경우에도 구동독 학문 영역이 지녔던 약간의 자율성을 자발적으로 이루어낸 틈새공론의 장으로 인정하기는 어려울 것이다. 이에 대해서는 Jürgen Kocka, "Wissenschaft und Politik in der DDR," in Jürgen Kocka and Renate Mayntz(eds.), *Wissenschaft und Wiedervereinigung*, pp.437f. 참조.

7 실제로 서독 대학들도 통일 이전부터 "중병을 앓고 있는 환자schwerkranker Patient" 나 "독일연방공화국의 아킬레스건Achillesferse der Bundesrepulik Deutschland"으로 비유될 만큼 문제가 많았다. 통일은 이러한 문제 해결에 새로운 돌파구를 열어줄 것으로 기대되었다. 이에 대해서는 Wilheml Krull, "Im Osten wie im Westen - nichts Neues? Zu den Empfehlungen des Wissenschaftsrates für die Neuordnung der Hochschulen auf dem Gebiet der ehemaligen DDR," in Renate Mayntz(ed.), *Aufbruch und Reform von oben: Ostdeutsche Universitäten im Transformationsprozeß* (Frankfurt am Main/New York: Campus, 1994), p.206 참조.

8 이에 대해서는 Klaus Faber, "Verpasst der Osten die Zukunft?: Wissenschaft und Infrastruktur in Ostdeutschland - Einleitung zum Workshop," Dokumentation zum Workshop: Wissenschafts- und Forschungspolitik in Zusammenarbeit mit dem Wissenschaftsforum der Sozialdemokratie in Berlin, Potsam, Brandenburg und Mecklenburg-Vorpommern e.V.: SPD-Landtagsfraktion Brandenburg(2002), p.4 참조.

9 Heidi Fichter-Wolf, "Bildung und Wissenschaft im 'Aufbau Ost'," *Aus Politik und Zeitgeschichte* (이하 *APuZ*), 40(2005), p.26.

10 기존 특수전문대학들은 주로 서독식의 전문대학으로 전환되었지만 몇 개의 특수전문대학은 완전히 해체되기도 했다. 이러한 결과에 대해서는 같은 글, p.27 참조.

11 특수전문대학의 서독식 전문대학체제로의 전환과 종합대학 설립에 대한 학술협의
회의 소극적인 태도에 대해서는 Wilheml Krull, "Im Osten wie im Westen - nichts Neu-
es?," pp.211f. 참조.

12 Heidi Fichter-Wolf, "Bildung und Wissenschaft im 'Aufbau Ost'," pp.30f. 참조.

13 구동독 대학 외부 연구소의 이러한 특징에 대해서는 Dieter Simon, "Lehren aus der
Zeitgeschichte der Wissenschaft," in Jürgen Kocka and Renate Mayntz(eds.), *Wissen-
schaft und Wiedervereinigung*, pp.518f. 참조.

14 Klaus Faber, "Verpasst der Osten die Zukunft?," p.6.

15 Dieter Simon, "Lehren aus der Zeitgeschichte der Wissenschaft," p.519.

16 이러한 논쟁에 대해서는 같은 글, pp.519f. 참조.

17 Heidi Fichter-Wolf, "Bildung und Wissenschaft im 'Aufbau Ost'," p.28. 트로이한
트는 통일 이후 동독 국유재산의 사유화를 담당했던 관청의 명칭이다.

18 "Die Industrieforschung in den neuen Bundesländern," *Enquete-Kommission IV*,
Protokoll der 23. Sitzung, pp.471f.

19 Hans-Werner Fuchs, *Bildung und Wissenschaft seit der Wende*, p.249.

20 김누리·오성균·안성찬·배기정·김동훈·이노은,『변화를 통한 접근: 통일 주역
이 돌아본 독일 통일 15년』(도서출판 한울, 2006), 538쪽 이하.

21 Wolfgang Fratzscher and Klaus-Peter Meinicke, "Verfahrenstechnik," in Jürgen
Kocka and Renate Mayntz(eds.), *Wissenschaft und Wiedervereinigung*, p.349.

22 이병련,「독일 통일과 동독 역사교육의 몰락」,≪사총≫, 제50집, 141쪽.

23 Heidi Fichter-Wolf, "Bildung und Wissenschaft im 'Aufbau Ost'," p.26.

24 Hans-Werner Fuchs, *Bildung und Wissenschaft seit der Wende*, pp.263f. 참조. 그
렇다고 해서 자연과학이나 공학 분야가 통일 이후 아무런 문제없이 서독 체제에 편입된
것은 아니었다. 앞서 살펴본 바와 같이 산업연구 관련 분야는 통일 이후 연구소 체제 재
편 과정에서 엄청난 피해를 입었다. 따라서 통일 이후 동독 학문 영역의 지형변화를 제
대로 파악하기 위해서는 변화의 원인과 결과를 세부 영역별로 고찰할 필요가 있다.

25 구동독의 역사학, 특히 경제사와 사회사 연구 경향과 그 성과에 대해서는 Wolfram
Fischer and Frank Zschaler, "Wirtschafts- und Sozialgeschichte," in Jürgen Kocka and
Renate Mayntz(eds.), *Wissenschaft und Wiedervereinigung*, p.394~401 참조.

26 같은 글, p.406.

27 이에 대해서는 Stefan Berger, "Was bleibt von der Geschichtswissenschaft der DDR?,"

Zeitschrift für Geschichtswissenschaft, 50(Jahrgang 2002, Heft 11), pp.1,016f. 참조.

28 Csepeli György, Örkény Antal and Kim Lane Scheppele, "Acquired Immune Deficiency Syndrome in Social Science in Eastern Europe," *replika - Hungarian Social Science Quarterly*, Special Issue, 1996, pp.111~123.

29 ≪레플리카≫에 실린 이 논문에 대한 논평에서 루돌프 안도르카Rudolf Andorka 같은 학자는 이들의 견해를 정면으로 반박하면서 오히려 서구 학자들에 의해 수집이 가능해진 풍부한 데이터들을 적극적으로 이용해 새로운 발전의 계기를 마련해야 한다고 주장한다. Rudolf Andorka, "The Uses of International Cooperation in the Social Sciences: Comments on the article by Csepeli-Örkény-Scheppele," *replika - Hungarian Social Science Quarterly*, Special Issue(1996), pp.124~127. 추차나 쿠자Zuzana Kusá는 저자들의 분석에 거의 전적으로 동의하면서도 서구적 방법론의 득세를 극복할 대안이 존재할 것인가에 대해서는 회의적인 견해를 제시한다. Zuzana Kusá, "The Immune Deficiency - Aquired or Inherited?: Comments on Csepeli-Örkény-Scheppele," *replika - Hungarian Social Science Quarterly*, Special Issue(1996), pp.128~137. 알라이나 레몬Alaina Lemon 과 다비드 알츠홀러David Altshuler는 위에서 언급한 논문 저자들의 문제의식에는 동의하면서도 그들의 논의가 성급한 일반화의 오류를 범하고 있으며, 구체적인 증거를 제시하지 못하고 있다고 비판하고 있다. Alaina Lemon and David Altshuler, "Whose Social Science is Colonized?: Response to 'AIDS in Social Science in Eastern Europe'," *replika - Hungarian Social Science Quarterly*, Special Issue(1996), pp.138~141.

30 "Colonization or Partnership?," Stellungnahmen zur Frage der Ost-West-Kooperation in den Sozialwissenschaften, Newsletter - Sozialwissenschaften in Osteuropa 1998.3. http://www.gesis.org/publikationen/Zeitschriften/Newsletter_Osteuropa/nl983/nl98302.htm

31 이에 대한 자세한 논의로는 각각 Helmut Fehr, "Kulturelle Rahmenbedingungen der Transformationsforschung"; Hans-Heinrich Nolte, "Colonization or partnership"; Helmut Steiner, "Kommentar zu G. Csepeli, A. Örkény, K. L. Scheppele: Acquired Immune Deficiencz Szndrome in Social Science in Eastern Europe." http://www.gesis.org/publikationen/Zeitschriften/Newsletter_Osteuropa/nl983/nl98302.htm 참조.

32 이러한 견해를 주장하는 학자로는 만프레드 비어비쉬, 마티아스 미델Matthias Middell 등을 들 수 있다. 레나테 마인츠도 이들의 견해를 소개하면서 유사한 견해를 피력하고 있다. 자세한 논의에 대해서는 Renate Mayntz, "Zusammenfassende Analyse," in Renate Mayntz(ed.), *Aufbruch und Reform von oben: Ostdeutsche Universitäten im Transformationsprozeß*, pp.300~303 참조.

33 Heidi Fichter-Wolf, "Bildung und Wissenschaft im 'Aufbau Ost'," p.26. "이미 1989년 늦가을에 자발적으로 구성된 학생대표들과 교수·강사들로 구성된 개혁세력이 결집되었으며, 이들은 대학의 개혁에 나름대로의 영향력을 행사하고 있었다."

34 "Tränen der Sieger," *Neues Deutschland*, 1998.3.27.

35 이러한 그의 주장에 대해서는 Manfred Bierwisch, "Wissenschaften im Vereinigungsprozeß: Versuch einer Bilanz," in Jürgen Kocka and Renate Mayntz(eds.), *Wissenschaft und Wiedervereinigung*, pp.491~496 참조.

36 Klaus Faber, "Verpasst der Osten die Zukunft?," p.5.

37 Renate Mayntz, "Zusammenfassende Analyse," pp.303f.

38 "Interview mit Jürgen Kocka," *Sozialismus*, 9(1999), pp.17~20. Stefan Berger, "Was bleibt von der Geschichtswissenschaft der DDR?" p.1,032에서 재인용.

39 Jürgen Kocka, "Wissenschaft und Politik in der DDR," in Jürgen Kocka and Renate Mayntz(eds.), *Wissenschaft und Wiedervereinigung*, p.455.

40 Kurt Pätzold, "Wo waren Sie im Krieg gegen die DDR," *Neues Deutschland*, 1997.7.30/31.

41 Stefan Berger, "Was bleibt von der Geschichtswissenschaft der DDR?," p.1,023.

42 Werner Mittenzwei, *Die Intellektuellen: Literatur und Politik in Ostdeutschland von 1945 bis 2000*(Leipzig: Faber & Faber, 2001), p.538.

43 *Süddeutsche Zeitung*, 1997.6.26.

참고문헌

김누리·오성균·안성찬·배기정·김동훈·이노은. 2006. 『변화를 통한 접근: 통일 주역이 돌아본 독일 통일 15년』. 도서출판 한울.

이병련. 1999. 「독일 통일과 동독 역사교육의 몰락」. ≪사총≫, 제50집.

Andorka, Rudolf. 1996. "The Uses of International Cooperation in the Social Sciences: Comments on the article by Csepeli-Örkény-Scheppele." *replika - Hungarian Social Science Quarterly*, Special Issue, pp.124~127.

Berger, Stefan. 2002. "Was bleibt von der Geschichtswissenschaft der DDR?" *Zeitschrift für Geschichtswissenschaft*, 50(Jahrgang, Heft 11).

Bierwisch, Manfred. 1998. "Wissenschaften im Vereinigungsprozeß: Versuch einer Bilanz." in Jürgen Kocka and Renate Mayntz(eds.). *Wissenschaft und Wiedervereinigung: Disziplinen im Umbruch*. Berlin: Akademie Verlag.

Blaschke, Karlheinz. 1999. "Die Rezeption der westlichen Geistes- und Sozialwissenschaftlichen in der DDR und die Wahrnehmung der westdeutschen und ausländischen DDR-Forschung." *Enguete-Kommission: Überwindung der Folgen der SED-Diktatur im Prozeß der deutschen Einheit: IV: Bildung, Wissenschaft, Kultur 2*(이하 *Enguete-Kommission IV*). Frankfurt am Main: Suhrkamp, pp.957~1,012.

Faber, Klaus. 2002. "Verpasst der Osten die Zukunft?: Wissenschaft und Infrastruktur in Ostdeutschland - Einleitung zum Workshop." Dokumentation zum Workshop: Wissenschafts- und Forschungspolitik in Zusammenarbeit mit dem Wissenschaftsforum der Sozialdemokratie in Berlin, Potsam, Brandenburg und Mecklenburg-Vorpommern e.V.: SPD-Landtagsfraktion Brandenburg.

Fichter-Wolf, Heidi. 2005. "Bildung und Wissenschaft im 'Aufbau Ost'." *APuZ*, 40 (2005). Frankfurt/Main: Bundeszentrale für politische Bildung.

Fischer, Wolfram and Frank Zschaler. 1998. "Wirtschafts- und Sozialgeschichte." in Jürgen Kocka and Renate Mayntz(eds.). *Wissenschaft und Wiedervereinigung: Disziplinen im Umbruch*. Berlin: Akademie Verlag.

Florath, Bernd. 1999. "Wissenschaftsplanung und Kaderpolitik unter besonderer Berücksichtigung der ideologischen Steureung." *Enguete-Kommission IV*, pp. 1,071~1,159.

Fuchs, Hans-Werner. 1997. *Bildung und Wissenschaft seit der Wende: Zur Transformation des ostdeutschen Bildungssystems.* Opladen: Leske+Budrich.

György, Csepeli, Örkény Antal and Kim Lane Scheppele. 1996. "Acquired Immune Deficiency Syndrome in Social Science in Eastern Europe." *replika - Hungarian Social Science Quarterly*, Special Issue, pp. 111~123.

Kocka, Jürgen. 1998. "Wissenschaft und Politik in der DDR." in Jürgen Kocka and Renate Mayntz(eds.). *Wissenschaft und Wiedervereinigung: Disziplinen im Umbruch.* Berlin: Akademie Verlag.

Kocka, Jürgen and Renate Mayntz(eds.). 1998. *Wissenschaft und Wiedervereinigung: Disziplinen im Umbruch.* Berlin: Akademie Verlag.

Krull, Wilheml. 1994. "Im Osten wie im Westen - nichts Neues? Zu den Empfehlungen des Wissenschaftsrates für die Neuordnung der Hochschulen auf dem Gebiet der ehemaligen DDR." in Renate Mayntz(ed.). *Aufbruch und Reform von oben: Ostdeutsche Universitäten im Transformationsprozeß.* Frankfurt am Main/New York: Campus.

Kusá, Zuzana. 1996. "The Immune Deficiency - Aquired or Inherited?: Comments on Csepeli-Örkény-Scheppele." *replika - Hungarian Social Science Quarterly*, Special Issue, pp. 128~137.

Lemon, Alaina and David Altshuler. 1996. "Whose Social Science is Colonized?: Response to 'AIDS in Social Science in Eastern Europe'." *replika - Hungarian Social Science Quarterly*, Special Issue, pp. 138~141.

Mayntz, Renate. 1994. "Zusammenfassende Analyse." in Renate Mayntz(ed.). *Aufbruch und Reform von oben: Ostdeutsche Universitäten im Transformationsprozeß.* Frankfurt am Main/New York: Campus.

Mayntz, Renate(ed.). 1994a. *Aufbruch und Reform von oben: Ostdeutsche Universitäten im Transformationsprozeß.* Frankfurt am Main/New York: Campus.

_____. 1994b. *Deutsche Forschung im Einigungsprozeß: Die Transformation der Akademie der Wissenschaften der DDR 1989 bis 1992.* Frankfurt am Main/New

York: Campus.

Mittenzwei, Werner. 2001. *Die Intellektuellen: Literatur und Politik in Ostdeutschland von 1945 bis 2000.* Leipzig: Faber & Faber.

Neues Deutschland. 1998.3.27. "Tränen der Sieger."

Pätzold, Kurt. 1997.7.30/31. "Wo waren Sie im Krieg gegen die DDR." *Neues Deutschland.*

Simon, Dieter. 1998. "Lehren aus der Zeitgeschichte der Wissenschaft." in Jürgen Kocka and Renate Mayntz(eds.). *Wissenschaft und Wiedervereinigung: Disziplinen im Umbruch.* Berlin: Akademie Verlag.

Süddeutsche Zeitung. 1997.6.26.

Wolle, Stefan. 1999. "Das System der Reisekader als Instrument der DDR-Wissenschaftspolitik." *Enguete-Kommission IV,* pp.1,597~1,688.

Kocka, Jürgen. 1992. "Die Auswirkungen der deutshcen Einigung auf die Geschichts und Sozialwissenschaften." Vortrag vor dem Gesprächskreis Geschichte der Friedrich-Ebert-Stiftung in Bonn am 29. Januar 1992, Reihe Gesprächskreis Geschichte der Friedrich-Ebert-Stiftung Heft 1. Bonn. http://library.fes.de/fulltext/historiker/00626.html

_____. 2005. "Zwischenbilanz zur Wissenschaftspolitik in Ostdeutschland: negative und poositive Bilanzaspekte"(2005.2.10). http://nordost.wissenschaftsforen.de/beitraege1.html

"Colonization or Partnership?." Stellungnahmen zur Frage der Ost-West-Kooperation in den Sozialwissenschaften, Newsletter - Sozialwissenschaften in Osteuropa 1998-3(2005.3.3). http://www.gesis.org/publikationen/Zeitschriften/Newsletter_Osteuropa/nl983/nl98302.htm

Pressstimmen. 2005.2.10. http://www.bbaw.de/forschung/wuw/presse.html

10
독일 통일과 지식인의 위기[*]

안성찬

1. 머리말

1990년의 통일과 더불어 독일은 중대한 역사적 변혁기에 접어들었다. 이에 따라 독일의 지식인들에게도 새로운 과제가 주어졌다. 역사적 변화의 의미를 읽어내고, 지향해야 할 미래의 방향을 제시하는 것이 지식인에게 주어진 중요한 과제이기 때문이다. 그러나 냉전과 분단 시대의 종식이라는 역사적 사건은 독일 지식인 진영의 지형에 커다란 지각변동을 일으켰으며, 이로 인한 혼란 속에서 독일 지식인들은 그들의 과제를 능동적으로 수행하기보다는 오히려 이 역사적 사건이 불러일으킨 변화의 급류에 휘말려 있다.[1] 냉전체제 종식에 따른 이데올로기 종언, 좌우 대립구도 해체에 따른 가치 스펙트럼의 다원화, 대중매체 사회 도래로 인한 지식인 역할의 쇠퇴 등이 그러한 변화의 핵심적인 내용이 되고 있다.

이와 더불어 지식인 스스로 세계화된 자본과 대중문화가 지배하는 오늘날의 시대에서 이제 지식인은 과거에 지녔던 사회적 의미와 역할을 잃어간다는 진단을 내리고 있다. 지식인이 사제의 역할을 넘겨받았던 시대, 지식인이 역사의 방향을 제시하던 시대, 지식인이 사회적 영웅으로 추앙받던 시대는 이제 지나갔다는 것이다. 하지만 영예는 사라져도 과제는 남아 있을 것이다. 그 구체적 방향을 미리 예측하는 것은 어려운 일이겠지만, 새로운 시대는 지식인에게 새로운 방식의 사회참여를 요구하게 될 것이다. 과거와 미래, 존재와 당위를 매개하는 일은 역사가 존속하는 한 지식인의 책무로 남아 있을 것이기 때문이다. 통일독일의 지식인들이 이러한 과제를 어떻게 수행해나갈지는 분단 상황 속에서 미래의 통일을 준비해야 하는 과제를 안고 있는 우리 사회의 지식인들에게도 매우 중요한 관심사가 아닐 수 없다. 이러한 인식하에 이 글은 통일 이후 독일 지식인이 처한 상황을 살펴보고, 이것이 우리에게 주는 시사점을 짚어내고자 한다.

독일 통일과 지식인의 문제에 대해서는 이미 국내에서도 여러 차례 연구 성과가 발표된 바 있다. 하지만 이 연구들은 대체로 통일 이후의 짧은 기간을 대상으로 하여, 좌와 우라고 하는 지식인 진영의 어느 한편의 관점에서 다른 편을 비판하는 입장을 취하고 있다.[2] 이 글은 지식인의 문제를 근대 계몽주의 이래의 긴 역사적 관점에서 고찰하고, 특히 공론장이라고 하는 지식인의 활동 공간의 구조와 관련해 다룸으로써 좀 더 균형 잡힌 시각에서 접근하고자 한다. 이를 통해 냉전 시대가 종식된 후 지식인이 처한 역사적 상황을 독일의 예를 통해 구체적으로 조명하는 데 이 글의 목적이 있다.

이러한 입장에서 우선 공론장과 지식인의 관계에 주목해 근대 이래로 독일 지식인이 처해온 역사적 특수성을 살펴본 후, 통일 이후 독일 지식인이 처한 상황을 정치적 상황 변화와 공론장의 구조 변화와 연관해 고찰하고자 한다.

2. 공론장과 지식인

1) 공론장의 개념과 역사

공론장은 사적 개인들이 공중公衆, Publikum으로 결집해 제도화한 공공적 의사소통망이라고 정의된다.[3] 이 공공적 의사소통망 내에서 사적 개인들의 특수한 견해는 일정한 매체를 통한 공적 논의라는 검증 절차를 거쳐 보편적 지위를 획득한다. 이러한 의미에서의 공론장이 생겨난 것은 근대 이후의 일이다. 중세 봉건제 사회에서 극히 제한적으로만 허용되었던 사적 경제활동을 생존 기반으로 하는 계급, 이에 따라 자신을 사적 개인으로 이해하는 계급, 즉 시민 계급의 출현과 성장이 그것을 가능하게 한 역사적 배경이었다. 사적 생산과 소유에 생활의 토대를 둔 시민계급은 이를 통해 축적된 부를 바탕으로 근대적 의미에서의 프라이버시라고 하는 사적 영역을 획득해냄으로써 자신의 계급에 고유한 문화를 발전시켰다.

개인적 관심이라는 심리적 원리에 따라 작동되는 사적 영역이 생겨남으로써 이 영역에서 나타나는 은밀한 내적 욕구를 채워주고 매개하는 독서문화, 관람 문화 등이 도시문화의 중심에 자리 잡게 되었다. 이를 통해 문화적 교류의 중심이 궁정에서 도시의 살롱으로 옮겨가고 공중의 관심이 궁정에서 벌어지는 에피소드에서 자신들의 삶과 밀접하게 관련된 이야기를 다루고 있는 문학과 연극을 향하게 되었다. 이는 신문과 도서 등 출판시장의 비약적인 성장을 가져와 공론장이라는 새로운 사회문화적 제도의 영향력과 범위를 크게 확장했다. 이러한 문화적 변화와 더불어 왕과 제후가 신분과 혈통에 의거한 자신의 '특수한' 지위를 과시하는 궁정문화에 대립해 모든 인간이 지니고 있는 이성이라는 '보편적' 척도에 따라 비판과 비평Kritik의 검증 과정을 거쳐야만 어떤 의견이 권위와 정당성을 인정받을 수 있는 시민문화의 가치기준이 대두한다.

계몽의 세기 혹은 비판의 세기로 불리는 18세기는 그러한 시민문화의 가치

기준이 사회적·문화적 제도로 확립된 시기였다. 이로부터 근대적 공론장의 정치이념이 생겨났다. 모든 개인이 동등한 자격으로 자유로이 발언하는 것을 전제로 이성적 합의를 도출해냄으로써, 사회의 개혁과 진보를 이루어내는 것이 이 이념의 목표였다. 자유, 평등, 박애라는 프랑스 대혁명의 정신은 근대 시민사회의 공론장에 내재된 그러한 이념적 목표가 정치적으로 표현된 것이라고 할 수 있다. 처음에 문예 영역의 비평적 기능에서 출발한 공론장이 그에 전제된 이념을 인식함으로써, 결국 정치 영역에까지 범위를 확대한 것이다.[4] 이렇게 하여 원래 영주의 통치권에 예속된 신분이었던 '신민publicus'이 문예적 공론장을 통해 '공중Publikum'이 되고, 이 공론장의 기능이 정치적 공론장으로 확대되면서, 공중이 '여론public opinion'을 통해 정치적 주권을 행사하는 '공화정Republik'의 기반이 마련되었던 것이다.[5]

근대와 더불어 생겨난 이러한 공론장이 시민사회 지식인의 생성 공간이자 활동 공간이다. 공론장은 자유문필가인 지식인의 생존을 가능하게 한 시장이었으며, 역으로 지식인은 공론장에 내재된 이념의 기치하에 기존의 지배세력과 대결함으로써 상승하는 시민계급의 대변자가 되었다. 볼테르와 루소 그리고 백과사전파를 위시한 프랑스 계몽주의자들은 그 대표적 예라고 할 수 있다. 그 이래로 지식인은 공론장 자체에 내재된 이념과 현실 사회 사이의 모순을 증언하는 역할을 맡게 되었다. 시민계급이 진보적 이념을 대변하고 있었던 18세기까지 지식인의 존재와 역할은 자신이 속한 계급의 이해관계와 대체로 일치했다. 또한 이때까지는 시민사회의 산물이자 이들의 의사소통망인 공론장의 이념과 기능 사이에도 아직 모순이 나타나지 않고 있었다. 그러나 19세기 들어 시민계급이 사회의 지배세력으로 부상하고 산업사회의 도래와 더불어 노동자계급이 역사의 전면에 등장하면서 공론장의 이념과 현실적 기능 사이에 현저한 모순이 나타나게 된다. 이러한 모순의 구체적인 양상은 다음 두 가지로 요약될 수 있다.

첫째, 공론장의 이념이 은폐되거나 이데올로기로 타락하고 공론장의 시장적 기능이 두드러지게 강화된다. 이에 따라 공론장은 사회개혁을 담보하는 자율적 영역의 기능을 제대로 수행하지 못하고 사회적 재생산의 영역으로 점차 편입된다. 이에 따라 공론장에서의 공중公衆의 역할도 "문화를 논하는 공중에서 문화를 소비하는 공중으로"[6] 변질된다. 자율적 주체들의 의사소통망이었던 문예공론장 대신 시장의 객체인 대중의 문화소비망이라고 하는 "사이비 공공부문 혹은 가상의 사적 부분이 등장"하게 된 것이다.[7] 자본주의가 상업자본주의에서 산업자본주의로 옮겨가고 시민사회가 대중사회로 이행하게 되면서 이러한 경향은 더욱 가속화된다. 이렇게 하여 막스 호르크하이머Max Horkheimer와 테오도르 아도르노Theodor Wiesengrund Adorno가 비판한 것처럼 문화산업이 현대 공론장의 지배적 세력으로 부상한다. 이윤 추구라고 하는 시장의 논리가 공론장을 지배함으로써 자발적 주체들 간의 의사소통을 통한 연대의 자유가 소비에서 얻어지는 가상의 자유에 자리를 내주는 경향이 현대의 공론장에서 두드러진다. 이에 따라 공론장은 현대사회의 '소외Entfremdung'를 극복하기 위한 소통의 기능보다는 오히려 그것을 은폐하는 이데올로기의 기능에 빠져든다.

둘째, 근대적 공론장에 내재된 두 가지 근본 가치인 자유와 평등이 상호 대립하고 갈등하게 된다. 위에서 언급했듯이 공론장이 전제로 하는 자유로운 개인은 사유재산에 의존하는 사적 영역에 토대를 두고 있다. 그러나 사적 영역을 개발할 수 있는 재산과 시간적 여유를 지니지 못한 무산계급은 부르주아지가 지배하는 공론장에서 요구되는 지식과 교양을 얻는 것이 거의 불가능하므로 공론장에서 동등한 자격을 가지고 자유로이 발언하는 것이 실질적으로 배제된다. 이에 따라 산업자본주의 시대의 대중사회에서 부르주아 공론장이 표방하는 인류의 보편적 자유란 실제로는 특수한 계급의 특수한 자유를 은폐하는 이데올로기에 불과하며, 사회적 불평등을 전제로 하고 있음이 드러난다. 이로 인해 19세기 후반 이래로 서구 공론장에서 평등과 자유는 서로 대립하게 되며, 이 두 이념이 충돌하는 접점이 지식인 진영을 좌와 우로 구분하는 중심축이 되어왔다.

2) 지식인의 개념과 역사

공론장의 현실적 기능과 이념, 존재와 당위 사이에 생겨난 심각한 모순은 자신의 개인적·사회적 실존을 공론장에 의존하고 있는 지식인에게서 가장 긴장된 형태로 나타난다. 위에서 언급한 두 가지 모순으로 인해 20세기 이래의 대중사회에서 지식인은 다음과 같은 두 가지 '난제Aporie'에 직면하게 된다. 첫번째 난제는 공론장에서 시장의 기능이 이념을 압도하는 상황에서 지식인은 한편으로 그의 실존을 시장에 의존하고 있으면서, 다른 한편으로 그가 '지식인'이기 위해서는 시장이 만들어내는 자유의 가상에 맞서 싸울 수밖에 없게 되었다는 것이다. 두 번째 난제는 지식인은 자신이 지닌 지식과 교양의 토대를 부르주아 사회제도에 두고 있으면서, 바로 이것을 무기로 자신이 속한 계급과 맞서싸워야 한다는 데 있다.

19세기 산업사회 등장과 더불어 지식인이 처하게 된 이러한 모순된 상황은이 단어의 역사에 잘 반영되어 나타나고 있다. '지식인Intellektuelle'이라는 단어는 잘 알려져 있듯이 「나는 고발한다」라는 제하의 일련의 글로 드레퓌스 사건에 개입해 군부와 정치권력에 도전한 작가 에밀 졸라Emile Edouard Charles Antoine Zola 및 그를 지지한 작가, 인문학자, 자연과학자, 학생 등 일단의 지적집단을 가리키는 데 처음 사용되었다. 그 이후로 이 용어는 프랑스 지식인의 정신적 모범인 볼테르와 백과사전파 등 계몽주의자들에게 연결되고, 더 나아가중세의 성직자들에게까지 사용되어 역사적으로 훨씬 이전 시대로 거슬러 올라가 사용되기에 이르렀다.[8] 이 용어는 또 한편으로는 나로드니키 운동을 통해민중들 속으로 찾아들어가 지식을 실천하고 차르의 권력에 대항했던 러시아의대학 학위 소지자 집단을 가리키는 인텔리겐치아에게로 소급되기도 하는데,이 경우에도 그 정신적 모범은 프랑스 계몽주의자였다는 점에서 러시아의 지식인 개념과 프랑스의 지식인 개념은 상호 연결된다. 프랑스와 러시아에서 전개된 이러한 지식인의 역사는 20세기 초 서구 좌파 지식인 전통의 토대가 된다.

지식인이라는 단어가 역사적으로 항상 명예로운 호칭으로 사용되어왔던 것은 결코 아니다.[9] 드레퓌스 사건에서 정의의 이름으로 일개 유대인 장교의 편을 들어 처음으로 이 단어의 세례를 받았던 에밀 졸라와 아나톨 프랑스Jacques Anatole Francois Thibault 이래로 '지식인'의 역사는 "욕설의 역사"로 점철되어 왔다.[10] 에밀 졸라의 전통을 이은 프랑스의 대표적 지식인 장 폴 사르트르Jean Paul Sartre는 지식인에 대한 비난에서 공통된 의미는 "자기와 무관한 일에도 쓸데없이 참견하려는 작자"라는 것이라고 말한 바 있다.[11] 사르트르에 따르면 지식인에 대한 비난의 핵심은 그가 '월권'을 행한다는 데 있다고 한다. 이러한 비난에는 중요한 일면적 진실이 담겨 있다. '지식의 관리자'인 전문가가 '지식인'이 되는 것은 그가 자신의 전문 영역에서 '일탈'해 공론장에서 기존 질서를 비판하는 '월권'을 행할 때이기 때문이다. 이러한 비판의 "목표는 실천적 주체를 실현함으로써 그것을 만들어내고 지지해줄 수 있는 사회의 제반 원리를 발견해내는 것"에 있다.[12] 그러므로 전문가가 지식인이 되는 것은 그가 사회적 생존에 예속된 기능인으로서의 개별적 실존에서 사회의 본래적 이념을 실천하는 일에 함께 참여하는 연대적 실존으로 나아가는 것을 의미한다.

　지식인이 행하는 현실 비판은 그가 발견한 연대의 원리와 개별화를 강요하는 기존 현실 사이의 모순이 충돌하는 파열음이라고 할 수 있다. 이것이 '일탈'과 '월권'이라고 비난받는 것은 아무도 그에게 그러한 권한을 위임하지 않았기 때문이다. 그러나 이러한 비난은 지식인이 공론장에서 행하는 비판의 권한이 체제 내의 기능으로서 부여받는 성격의 것이 아니라, 공론장의 존재에 원래 전제된 권한임을 몰각한 데에서 나온 것이다. 지식인의 사회비판은 근대 공론장의 생성과 더불어 생겨나 후에 사상과 표현의 자유, 집회와 결사의 자유라는 말로 현대 국가의 헌법에 표현된 권한에 의거한 것이다. 이러한 의미에서 지식인은 문예적 공론장에서 출발해 정치적 공론장으로 확장된 근대의 이념, 즉 자유, 평등, 박애의 이름으로 이에 모순되는 사회 현실을 비판하는 계몽의 계승자라고 할 수 있다. 지식인이라는 단어가 생겨난 이래로 이에 대한 수많은 다양한 정의가 내려져 왔지만, 그중 가장 간결하면서도 합당한 정의는 자크 데리다 Jacques Derrida의 다음과 같은 규정이 아닌가 한다. "지식인은 언어를 통해 공론장에 개입하는 기술을 완벽히 터득해 보편적 책임이나 인권의 이름하에 이것을 사용하는 자이다."[13]

3. 독일 역사와 지식인

1) 독일 지식인의 '특수한 길'

독일 지식인의 역사는 그 기원에서부터 지극히 모순되고 복잡한 양상을 보이는데, 이는 이른바 '독일의 특수한 길deutscher Sonderweg'에 기인한다. 봉건적 영주들이 장악하고 있던 정치경제적 권력에 완전히 예속되어 있었던 독일 시민계급의 지식인들은 계몽주의 이래로, 아니 더 거슬러 올라가 루터 이래로 이념적으로는 급진적이지만 현실적으로는 보수적인 모순된 정치적 태도를 보여왔다.[14] 이들은 상층 귀족 및 하층 민중에 대해 이중으로 고립되어 있었다. 그 결과로 정신적으로는 귀족계급과 대립하고 있었지만 현실적으로는 이들과 상호 타협하고 있었고, 정신적으로는 민중들과 연결되어 있었지만 현실적으로는 오히려 이들과 상호 대립하는 이중적 입장이 독일 시민계급 지식인의 전형적인 특징이 되어왔다. 정신과 권력, 더욱 엄밀히 말해 정신적 권력과 세속적 권력 사이의 은밀한 대립과 타협이 독일 지성사의 독특한 성격이라고 할 수 있다. 봉건적인 사회구조가 19세기 후반까지 지속되어 정치와 경제라는 현실적인 영토에서 배제되어 있던 독일 시민계급 지식인들이 문화라고 하는 고답적인 정신의 왕국을 지키는 데에서 자신의 역할을 찾을 수밖에 없었기 때문이다. 이에 따라 구체적인 사회적 현안에 개입해 발언하는 저널리스트의 특성을 다분히 보이는 에밀 졸라 등의 프랑스 지식인들과 비교할 때 그와 같은 시대를 살왔던 독일 지식인들은 세계와 역사의 근원적 의미를 해석하고 방향을 계시하는 종교적 사제나 예언자에 가까운 모습을 보여준다.

근대 이래로 독일 시민계급 지식인들에게 주어진 가장 시급한 역사적 과제는 근대 독일의 사회문화적 후진성과 정치적 분열을 극복하는 것이었다. 이로 인해 헤르더Johann Gottfried von Herder에서 피히테Johann Gottlieb Fichte와 헤겔Georg Wilhelm Friedrich Hegel을 거쳐 하이데거Martin Heidegger에 이르는 독일의 시민계급 지식인들은 보편적인 철학적 사유를 민족이라는 특수한 가치에 연결하는 독특한 사유전통을 발전시켜왔다. 정신문화와 민족을 강조하는 독일적 사상전통은 오늘날까지 독일의 보수 우파 지식인 진영의 뿌리가 되고 있다. 이에 대립하는 좌파적 사상전통이 독일에서 생겨난 것은 19세기 중반의 일이었다. 당시 독일에서 이루어진 급속한 산업화는 노동자 계층이라는 새로운 사회계급을 등장시켰고, 이와 더불어 이들의 이익을 대변하는 새로운 지식인 진영이 대두된 것이다. 이 좌파적 사상전통을 주도해온 것은 마르크스에서 루카치György Lukács를 거쳐 프랑크푸르트 학파에 이르는 유대계 지식인들이었다. 그 이래로 독일의 정신문화라고 하는 특수한 민족적 가치의 이름으로 종교적이고 신화적인 세계관을 지키려는 우파 지식인과 유럽 계몽주의의 보편적 가치를 산업사회의 현실과 매개하여 사회주의적 변혁을 실천하려 하는 좌파 지식인 사이의 대립이 독일 지식인 진영의 기본 구도가 되어왔다.

이 두 진영은 19세기 후반에서 바이마르공화국 시대에 이르기까지 긴장된 대립을 유지해왔다. 하지만 이 두 노선 사이에는 폭넓고 복잡한 스펙트럼이 존재했으며, 대부분의 독일 지식인들의 머릿속에도 이 두 노선 사이의 다양한 요소들이 복잡하게 얽혀 있는 것이 당시의 정신적 상황이었다. 노동자 계층의 현실에 대한 깊은 동정과 관심에서 출발했던 독일의 자연주의 작가들이 사회귀족주의라는 자가당착적인 정치이념에 도달했던 것은 그 단적인 예증이라고 할 수 있다.[15] 나치가 표방한 정치이념도 민족주의와 사회주의의 사상을 적당히 섞어놓은 혼합물이었다. 나치의 집권은 독일에서 좌파 진영이 괴멸하는 결과를 초래했다. 그러나 이것이 우파 지식인의 승리를 의미하는 것은 결코 아니었다. 나치 시대 우파 지식인들의 행적은 이들이 정신적 가치에 경도되어 현실을 잘못 해독하는 심각한 착시증상을 앓고 있음을 확인해주었을 뿐이다. 자전적 소설 『미하엘Michael』에서 볼 수 있듯이 종교적이고 윤리적인 색채에 깊이 물들어 있기는 하지만 사회주의의 이념에도 깊이 공감했던 괴벨스 박사가 히틀러의 개인적 마력과 권력의 에로티시즘에 사로잡혀 나치의 선전상이 되어 저지른 일련의 광기는 독일의 우파 지식인이 나아간 하나의 극단이라고 할 수 있다.[16] 괴벨스보다 훨씬 순수한 동기로 나치에 다가간 다른 지식인들도 정신문화를 추구하는 독일의 예언자적 보수파 지식인이 현실과 얼마나 도착적인 관계를 맺을 수 있는가를 예증해주기는 마찬가지이다. 나치의 등장을 "경제적 집합체로부터 신화적 집합체로의 전환"이라고 환영했던 고트프리트 벤Gottfried Benn이나, 자발적으로 나치 당원이 되었으며, 나치가 패망한 후에도 정치운동으로서의 나치즘은 옳은 길을 갔지만 총통이 '기술의 본질'을 충분히 올바르게 이해하지 못해 실패했을 뿐이라고 여겼던 하이데거는 그 대표적인 예라고 할수 있다.[17]

2) 분단 시대의 동서독 지식인

나치 패망과 더불어 독일은 자본주의 진영에 속한 서독과 사회주의 진영에 속한 동독으로 분단되었다. 이념적으로 볼 때 이는 자유와 평등이라는 근대 이래의 두 기본 가치가 분열되어 나타난 것이라고 할 수 있다. 그리고 이것이 현실적으로 나타난 모습은 시장에 의해 연출된 자유와 권력을 독점한 당에 의해 강요된 평등이었다. 이러한 상황은 무엇보다도 두 체제의 공론장의 구조에 뚜렷이 반영되어 나타났다. 서독 공론장의 구조는 민주적 다원성의 외양을 지니고 있었지만, 이 구조를 이루는 요소들 전체는 시장 메커니즘에 의해 지배되고 있었으며, 시장경제가 이루어낸 물질적 풍요가 이념적 지향을 부단히 소외시키고 있었다. 이에 반해 동독의 공론장에서는 이념이 명시적으로 지향되었지만, 당이 공론장을 독점함으로써 이데올로기로 타락한 이념이 물질적 빈곤에 허덕이는 현실을 은폐하는 방향으로 나아갔다. 이에 따라 서독의 지식인들은 주로 시장을 지배하려는 세력에 대항해 사회적 연대를 지향하는 경향을 보였고, 동독의 지식인들은 공론장을 독점하고 있는 당에 대항해 자유를 요구함으로써 지배권력과 갈등을 빚었다.

분단된 동서독 지식인들에게 주어진 우선적인 과업은 나치 시대의 과거를 근본적으로 비판하고 그 잔재를 청산하는 일이었다. 분단 시대에 도덕적 권위를 지니고 여론에 중요한 영향력을 행사했던 서독 지식인들은 파시즘의 유산을 비판하고 독일의 우경화 가능성을 부단히 경고한 좌파 진영의 작가와 학자들이었다.[18] 분단 시대 초기 서독을 대표한 지식인은 하인리히 뷜과 아도르노였다. 특히 하인리히 뷜은 보수적인 정치권력과 언론권력에 맞서 싸움으로써 에밀 졸라와 사르트르 등 프랑스의 지식인들에 비견되는 도덕적 권위와 사회적 영향력을 획득한 최초의 독일 지식인이 되었다. 1970년대 이후로는 귄터 그라스와 위르겐 하버마스Jürgen Habermas가 이들이 지녔던 사회적 권위와 역할을 물려받았다. 우파 지식인들은 대학과 보수언론 등 제도권을 지배하고 있었지만, 공론장에서 보편적인 영향력을 행사하는 인물은 거의 없었다. 그러나 장벽이 무너지고 독일에 민족국가의 출현이 가시화되면서 우파 지식인들이 공론장에서 발언권을 강화하기 시작했다. 칼 하인츠 보러Karl Heinz Bohrer가 나치의 과거로 인해 오랫동안 입에 올릴 수 없었던 '민족'이라는 단어를 독일이 "잃어버린 개념"(*FAZ*, 1990.1.30)이라고 아쉬워하면서 잊힌 민족감정을 되살릴 것을 촉구한 것은 대표적 사례이다.

동독의 지식인 계층은 스탈린주의의 전체주의적 억압에 저항해 인권운동과 시민운동을 전개한 비판적 지식인과 현실사회주의의 이념과 체제에 봉사한 교조적 지식인으로 크게 구분할 수 있다. 동독 정권의 가혹한 탄압으로 비판적 지식인의 수는 극히 적었으며, 공론장이 폐쇄되어 있던 탓으로 이들의 영향력도 지극히 제한되어 있었다. 동독의 비판적 지식인을 상징하는 인물인 로버트 하베만Robert Havemann, 볼프 비어만, 라이너 에펠만Rainer Eppelmann의 예에서 볼 수 있듯이 동독의 반체제 저항운동은 체제의 핵심에서 체제의 모순을 비판하다가 당에서 축출된 인물들과 사회주의적 이상의 이름으로 현실사회주의의 실상을 고발한 작가들, 에펠만처럼 체제에서 소외되어 있던 교회 측 인사들의 결합에 의해 이루어졌다. 여기에 개인적인 양심과 소신에 입각해 정권에 비판적 거리를 취한 예술가, 학자 등이 함께 가담했다. 구동독 시절 반체제 저항운동에 참여한 학자, 작가, 종교인들은 직업 활동을 금지당하고 감시, 구금 등의 박해를 감수해야 했다.

동독 시절 정권과 비판적 지식인들 사이의 관계는 끊임없이 서로 싸우고 갈등하면서도 가정이 깨지는 것은 원하지 않는 부부에 비유될 수 있을 것이다. 그리고 민중들은 겉으로는 권력을 쥐고 있는 엄격한 아버지에게 두려움을 가지고 복종하면서도, 내심으로는 그들의 고통을 알아주고 대변해주는 어머니였던 비판적 지식인들에게 깊은 교감을 느끼는 자식과도 같았다. 1989년 이 모자는 고르바초프에 의해 주도된 개혁과 개방의 바람에 힘입어 동독의 '가을혁명'을 주도했다. 이들이 권위주의적 가정에 변화를 요구하며 힘을 합해 반기를 들자, 그토록 강해 보이던 두려운 아버지는 맥없이 쓰러지고 말았다. 그러나 자식들은 스스로 아버지의 역할을 넘겨받아 가정을 새로 일구기보다는 서독이라는 부유한 친척에게 입양되어 사촌들처럼 물질적으로 풍요로운 삶을 누리기를 원했다.

동독의 반체제 지식인들을 하나로 묶어주었던 공동의 목표는 전체주의적 사회제도를 폐지하고 민주적 제도를 도입하는 것이었다. 이 목표가 달성되어 대의민주주의를 기본으로 하는 민주적 법치국가 제도가 갖추어지자, 애초에 저항의 개인적인 동기와 출발점이 달랐던 이 반체제 지식인들은 각자의 정치적 지향에 따라 새로운 정당을 결성하거나 서독의 정당에 가입했다. 교조적 지식인들은 사회주의통일당SED의 후신인 민주사회당PDS에 집결했다.[19]

4. 통일독일과 지식인

1) 독일 통일과 좌파 지식인 진영의 해체

아무도 예상하지 못했던 시점에 아무도 예측하지 못했던 방식으로 이루어진 독일의 통일은 대부분의 독일인에게 환희를 안겨준 사건이었다. 하지만 동서독의 좌파 지식인들, 특히 동독의 민권운동과 시민운동을 주도한 지식인들에게 이것은 깊은 환멸을 안겨준 사건이었다. 이들 대부분이 꿈꾸었던 것은 서독의 자본주의와 동독의 현실사회주의를 함께 지양한 '제3의 길'로 나아가 동독 땅에 민주적 사회주의를 건설하는 것이었다. 그러나 동독의 민중들은 통일을 원했고, 이로써 좌파 지식인들이 동독혁명에 품었던 희망은 헛된 환상으로 끝나고 말았다.

장벽이 무너진 후 독일이 동서독 민중들의 환호 속에서 통일을 향해 달음질하던 시기와 통일 직후의 시기는 동서독 좌파 지식인들에게는 시련의 시간이었다. 서독의 대표적 좌파 지식인 귄터 그라스는 길에서 만난 젊은이에게 "조국의 배반자!"[20]라는 욕설을 들어야 했고, 동독의 지식인들은 두 차례에 걸친 이른바 '크리스타 볼프 논쟁'에서 서독 언론의 집중포화를 받아야 했다.[21] 이 과정에서 슈타지 연루 문제로 인해 그들이 지닌 힘의 원천인 도덕적 권위까지 손상당한 동독 좌파 지식인들은 공론장에서 거의 발언권을 얻지 못했다. 그뿐 아니라 동구권 현실사회주의의 붕괴가 냉전 시대의 체제 대결에서 자본주의가 승리한 것으로 받아들여지면서, 68혁명 이후 오랫동안 좌파 노선을 걸어왔던 서독의 지식인들이 이념적 입장을 전향하고, 볼프 비어만과 페터 슈나이더를 위시한 과거 좌파 지식인들이 사회주의적 유토피아와의 결별을 선언하면서 좌파의 이념 자체가 입지를 잃어갔다.

또한 독일 사회에 탈정치화와 탈이념화 경향이 가속화되면서, 지식인의 사회적 영향력은 현저히 감소했다. 그 결과는 분단과 냉전의 종식이라는 거대한 역사적 사건의 의미에 대해 좌파 지식인들이 입을 다무는 것으로 나타났다. 세계의 의미에 대한 해석자이자 역사의 방향을 가리키는 나침반 역할을 떠맡아 온 지식인이 20세기의 가장 중대한 역사적 사건의 하나에 대해 침묵하고 있는 것이다. 물론 독일 지식인들은 독일군의 해외 파병 문제, 이라크 전쟁에 대한 반대, 복지 축소에 대한 반대, 금융자본과 대중문화를 무기로 하는 미국 주도 세계화에 대한 비판 등 통일 이후 국내외의 크고 작은 사회적 현안에 대해 여전히 발언해오고 있다. 하지만 이를 통해 확인된 것은 이들의 발언이 지니는 영향력이 현저히 감소했다는 사실뿐이었다.

이러한 상황에서 동독 지식인들이 느낀 회한과 상황 인식은 통일 이후 자신의 입장을 분명히 표명해온 거의 유일한 동독 작가 폴커 브라운에 의해 잘 대변되고 있다. 통일이 기정사실화된 시점인 1990년 8월 폴커 브라운은 「소유das Eigentum」라는 시에서 민중들에게 느낀 배신감과 자신의 행위에 대한 회한을 다음과 같이 표현한 바 있다.

> 나는 아직 여기에 있는데 내 나라가 서쪽으로 넘어간다.
> 누옥엔 전쟁을, 왕궁엔 평화를.
> 내 스스로 그에게 발길질을 했다.
> 이 나라와 그 조촐한 장신구들은 내던져지고
> 겨울에 뒤이어 탐욕의 여름이 찾아든다.
> 나는 아득히 먼 나라에 머물고
> 내 모든 글은 이해되지 못하리.
> Da bin ich noch: mein Land geht in den Westen.
> KRIEG DEN HÜTTEN FRIEDE DEN PALÄSTEN.
> Ich selber habe ihm den Tritt versetzt.
> Es wirft sich weg und seine magre Zierde.
> Dem Winter folgt der Sommer Begierde.

Und ich kann bleiben wo der Pfeffer wächst,
Und unverständlich wirt mein ganzer Text.[22]

통일 이후 동독 민중들이 서독에 품었던 환상이 곧 환멸로 바뀌게 되자, 브라운의 회한도 서서히 자성으로 변해갔다. 그리하여 통일된 지 7년 후에 쓴 시에서 그는 "우리의 죄가 무엇인가/ 우리가 휩쓸려 내려온 이 세상을 바꾸려 했다는 그것인가/ 우리는 그들에게 희망을 가져다준 배신자였다/ 우리가 세상과 투쟁해 싸워 이겨낸 것, 그것이 바로 우리의 잘못이었다"라고 참회의 고백을 하고 있다. 하지만 그는 지식인으로서 동독의 종말을 냉정하게 역사적으로 결산하는 자세도 잊지 않고 있다. 이것은 그가 뷔히너 상 수상 연설에서 했던 다음과 같은 언급에 잘 나타나 있다. "동독의 멸망은 필연적으로 와야 할 것이 온 것입니다. 40년간 국경과 여행의 자유를 막아놓고 치러낸 동독의 국경독재와 비밀정보정치에 역사가 종말이라는 청구서를 보낸 것, 그것이 동독의 멸망입니다. 그러나 동독의 멸망은 독재의 우매와 잘못뿐 아니라 사회주의가 가진 장점 자체가 그 사회를 멸망시켰다는 데 더 큰 충격이 있습니다. 모든 동독 시민은 집과 일자리, 교육과 의료의 혜택을 받고 있었지만, 노동은 효과적이지도 높은 수준에 이르지도 못했고 결국 국제경쟁력을 상실했습니다. 게다가 아무리 이상국가를 열망하는 사회주의 국가라도 겨우 5페니히에 빵 한 개를 구워낼 마법은 없는 것입니다. 결국 이 순진한 현실이 필연적으로 멸망으로 이어진 겁니다. 요컨대 동독은 사회주의의 마지막 경계, 마지막 약점까지 어루만졌다는 소중한 경험을 역사 속에 남긴 셈입니다." 동시에 그는 통일의 공과에 대해서도 다음과 같은 냉정한 평가를 내리고 있다. "통일은 자본주의와 민주주의의 장점과 함께 단점도 가차 없이 우리에게 날아왔습니다. 자본주의의 꽃인 이 거대한 소비사회는 엄청난 구매욕과 식욕의 사회입니다. 저는 요즘 그 소비사회가 엄청난 식욕으로 인간과 이 지상에 남아 있는 모든 소중한 것들을 사정없이 먹어치우는 것에 주목하고 있습니다." 최근의 시에서도 그는 자본주의적 서독 사회

에서 "삶은 순수를 잃은 채 외설이 되어버렸다"라고 읊고 있다.[23]

통일 이후 몇 년이 지나지 않아 독일 통일 과정의 문제점이 동독의 대량 실업, 동서독 사회문화 갈등 등 현실적인 문제로 나타나자 동서독의 좌파 지식인들은 통일 초기의 상실감과 박탈감에서 서서히 벗어나 다시 통일독일 사회의 현실을 비판하는 연대적 참여를 모색했다. 1997년 1월 9일 다니엘라 단, 발터 옌스, 프리드리히 쇼를렘머, 기스베르트 슐렘머 등 수많은 지식인, 신학자, 정치가, 노조 대표들이 함께 발표한 에어푸르트 선언은 그러한 모색의 결과라고 할 수 있다. 이 선언의 핵심 내용은 자본의 세계화로 인한 사회 양극화에 대응하기 위해 좌파가 결집해야 하며, 사민당·민사당·녹색당 등 좌파 정당들이 힘을 합해 정권교체를 이룩해야 한다는 것이었다.[24] 그러자 그로부터 일주일이 갓 지난 1월 17일 라이너 에펠만, 에어하르트 노이베르트Erhard Neubert, 베라 렝스펠트Vera Lengsfeld, 미하엘 볼프존Michael Wolfsohn, 클라우스 슈뢰더, 만프레드 빌케Manfred Wilke 등 기민련과 기사련의 권내에 있는 동독의 자유주의적 시민운동가들과 서독의 자유주의자들도 이에 대응해 베를린 선언을 내놓았다. 과거 동서독의 통일 반대자들이 국가사회주의Staatssozialismus의 환상을 되불러내 공화국의 존립을 위협하고 있다는 것이 그 주요 내용이었다.[25] 이를 계기로 통일독일에 지식인 진영의 좌우 축이 다시 모습을 드러냈다. 자유와 평등 사이의 대립은 냉전과 분단이 종식된 이후에도 통일독일의 체제 내에서 여전히 지속되고 있는 것이다.

하지만 이 글의 맥락에서 더욱 중요한 사실은 통일 이후 독일의 좌파와 보수파 지식인들이 처음으로 집단적 성명전을 벌인 에어푸르트 선언과 베를린 선언이 여론의 별 주목을 받지 못한 채 찻잔 속의 태풍으로 끝나버렸다는 것이다. 이는 과거처럼 진영 중심이 아니라, 사안 중심으로 관심의 초점이 옮겨간 통일독일 여론의 동향을 뚜렷이 보여준다. 통일 이후 지식인과 관련해 커다란 사회적 주목을 받은 사건들은 동독 작가·지식인들의 슈타지 연루 전력이나 귄터 그라스의 나치 친위대 복무 경력 등 스캔들인 경우가 대부분이다. 지식인의 활동범위와 영향력이 전문 영역에 제한되는 경향이 두드러지고 여론에 영향을 미치는 사회적 참여의 중요한 주체가 개인에서 NGO 등 조직화된 단체로 넘어가고 있다. 이러한 상황을 강조해 분단 시대에 독일의 대표적 좌파 지식인의 한 사람인 한스 마그누스 엔첸스베르거는 이제 지식인의 시대가 종언을 고했다고 선언했다.

2) 통일독일 공론장의 구조변동

냉전과 분단의 종식과 더불어 독일에는 하나의 시대가 종언을 고했다. 이것이 역사 속에서 살아가는 지식인에게도 중대한 영향을 미친다는 것은 분명한 사실이다. 그러나 탈냉전 시대의 지식인의 역할과 관련해 고찰되어야 할 가장 중요한 점은 지식인의 활동 공간인 공론장의 구조가 근본적으로 변화했고 또 급격히 변화하고 있다는 사실이다. 이러한 변화의 구체적인 내용은 다음 세 가지로 요약된다.

첫째로 냉전 시대의 종식에 따라 분단체제가 만들어낸 이념적 쟁점들이 희석되면서 좌파와 우파라는 기존의 진영 구분이 현실적 토대를 잃었다는 것이다. 이에 따라 지식인의 정체성을 확인하는 기존의 척도 자체가 이제 유효성을 잃었다. 과거에는 중요한 사회적 현안이 있을 때마다, 진영의 차원에서 문제에 접근해 커다란 논쟁을 불러일으킴으로써 여론의 주목을 받았던 지식인의 발언이 이제 개인적 차원의 의견으로 축소되기에 이른 것이다. 과거 냉전 시대에 좌파 지식인의 진영은 독일의 범위를 벗어나 프랑스 파리, 미국의 버클리, 영국의 버밍햄, 남미의 주요 작가 등 전 지구적 영역에 걸쳐 있었다. 이 진영이 허물어졌을 뿐 아니라, 독일 내에서도 이제 지식인들은 폭넓은 스펙트럼 속에 흩어져 있는 자신을 발견하게 되었다.

둘째로 사회적 관심과 가치가 극도로 다원화되어, 이제 사회 구성원 전체에 해당되는 일에 대해 지식인이 보편적 책임감을 가지고 발언한다는 것이 유효하지 않게 되었다는 것이다. 마틴 마이어Martin Mayer의 적절한 지적대로 "지식인은 모든 일에 책임이 있는 것은 아니지만, 모두에게 해당되는 일에 책임을 느끼는 자"[26]로서 행동해왔다. 하지만 현실이 점점 더 복잡해지고, 변화가 가속화되는 상황에서 그러한 책임을 수행하기란 이제 거의 불가능한 상황이 되고 있다. 지식인의 주된 책무는 복잡한 현실을 명료하게 분석해 유토피아의 관점에서 진단하는 것이었다. 하지만 조망이 불가능하리만치 복잡한 양상을 지니게 된 역사 현실 앞에서 유토피아적 전망은 멜랑콜리의 감정과 냉소주의적 탄식 이상의 반향을 기대하기 힘들어졌다.

셋째로 인쇄매체에서 영상매체로의 미디어 변화가 공론장의 유통구조를 근본적으로 변화시키고 있다. 따라서 과거 인쇄매체의 시대에 문필의 힘을 바탕으로 사회적 권위와 영향력을 획득했던 지식인의 기반 자체가 급격히 소멸되고 있다. 독서라고 하는 일방적인 소통구조에 의존했던 작가의 권력이 대중매체의 확산과 인터넷 매체의 등장으로 인해 언론인과 일반인에게로 이양되고 있는 것이다. 오늘날 대중에게 호소해야 할 필요가 있는 인도주의적 구호사업이나 사회적 현안이 생겨나는 경우, 공론장에서 요청되는 영향력 있는 인물들이 지식인보다는 대중에게 널리 알려진 코미디언, 배우, 방송인이라는 사실은 그 중요한 예증일 것이다.

최근 포스트모던 시대라는 이름으로 휴머니즘·이성·역사의 종언이 선언되고 있는 것은 이러한 공론장의 구조변동과 밀접한 관련을 맺고 있다. 더 나아가 포스트모던이라는 용어는 이러한 상황 앞에서 당혹감에 행동의 가능성이 마비된 지식인이 스스로를 위안하는 알리바이가 되고 있기도 하다. 그 결과 이제 모든 것이 이데올로기로 진단된다. 도덕적 원칙이란 이데올로기이고, 이성은 이데올로기의 생산자이며, 가치는 이데올로기의 산물에 불과하다는 것이다. 심지어 이데올로기를 진단하는 과정조차 다시 이데올로기로 진단된다. 그것이 설사 사실이라고 할지라도 더 나은 이데올로기와 더 나쁜 이데올로기를 구분해야 하는 것은 아닌지의 의문은 남는다. 모든 담론을 이데올로기로 진단하기보다는 역사 현실에 대한 진지한 성찰을 통해 새로운 지향의 가능성을 모색하는 것이 오늘날 지식인에게 주어진 한층 더 중요한 일이 아닐까 싶다. 최근에 지식인들에게서 나타나는 두드러진 경향은 "세계를 해석하는 것이 아니라 변혁할 것"을 요구했던 마르크스로부터 세계를 사후에 해석하는 헤겔의 '미네르바의 올빼미'로 되돌아가려 하고 있다는 것이다. 실제로 ≪슈피겔≫이 헤겔의 『정신현상학Phenomenologie des Geistes』 출간 150주년을 기념해 마련한 대담에서 현대 독일을 대표하는 세 명의 철학자들은 "마르크스가 패배했고 헤겔이 승리했다"라는 진단을 내리고 있다.[27] 이것이 옳다면 이는 무엇을 의미하는 것일까? 이제 서구는 지식인들이 세계와 역사를 해석하는 일에 만족해도 될 만큼 근본적인 모순을 극복했다는 것을 의미하는 것일까? 최근 포스트모더니즘의 주변에서 흘러나오고 있는 역사의 종언과 지식인의 종언이라는 담론은 이러한 의식이 표출된 것이라 할 수 있다.

5. 맺음말: 지식인의 종언?

19세기 말 니체가 '신의 죽음'을 선언한 이후 종말의 의식을 계승한 지식인들에 의해 모던의 종말, 이성의 종말, 진보와 역사의 종말, 유토피아의 종말, 휴머니즘과 인간의 종말이 차례로 선언된 끝에 급기야 20세기 말 이래로 지식인 자신의 종언이 지식인들에 의해 선고되고 있다. 여기에서 운위되고 있는 지식인의 종언은 권력 비판과 참여 그리고 상호 논쟁을 통해 20세기의 역사에 화려한 이름을 남겼던 프랑스의 장 폴 사르트르, 알베르 카뮈Albert Camus, 메를로 퐁티Maurice Merleau-Ponty 그리고 독일의 하인리히 뵐, 테오도르 아도르노, 허버트 마르쿠제Herbert Marcuse 등의 인물들이 행한 실천적 발언과 활동에 대한 기억이 이제 점차로 역사의 뒷전으로 사라져가고, 이들이 지녔던 권위를 다소 빛바랜 모습으로나마 물려받았던 미셸 푸코Michel Foucault, 데리다 등을 위시한 프랑스의 탈구조주의자들이나 하버마스, 귄터 그라스, 엔첸스베르거 등 독일의 참여적 지식인들이 죽거나 노쇠했다는 현상적 진단에 그치는 것이 아니다. 또한 20세기가 온갖 참혹하고 소란스러운 역사적 사건들을 기억으로 남기고 새로운 세기에 자리를 내어준 후, 마지막 지식인으로 불리던 피에르 부르디외Pierre Bourdieu가 죽고 귄터 그라스가 나치 친위대 복무 경력을 뒤늦게 고백해 도덕적 권위에 심각한 손상을 입은 후 새로운 지식인 세대가 이들이 지녔던 사회적 권위를 대신할 만한 위치에 아직 오르지 못하고 있다는 사실을 가리키는 것만도 아니다. 이것이 의미하는 바는 사회가 혹은 지식인 스스로 자신에게 부여했던, 역사를 이끄는 주체 혹은 역사의 방향을 제시하는 예언자의 역할이 이제 그 시효를 잃어버렸으며, 따라서 지식인의 시대가 이제 완전히 끝났다는 지식인에 대한 최종적인 죽음과 소멸의 선고인 것이다.

지금의 시각에서 돌아보면 이러한 '지식인의 죽음'은 병리학적 과정이나 의전상의 절차에서 단계적인 과정을 밟아 이루어졌다. 유토피아를 향한 마지막 역사적 실험이었던 1968년도의 변혁운동이 동구와 서구에서 모두 커다란 환멸만을 남기고 종결된 후 지식인은 그의 가장 중요한 과업인 비판을 행함에 있어 그 대상을 점차로 사회의 외적 질서에서 자신을 포함한 사회의 내적 구조로 향했으며, 그 결과 역사·이성 등의 사유 범주와 휴머니즘·진보·유토피아 등의 가치 범주, 즉 지금까지 지식인의 존재 의미를 지탱해온 구성요소들을 스스로 해체하면서 기력을 소진했다. 이것이 지식인 자신의 죽음을 의미한다는 것을 간파한 리오타르F. J. Lyotard는 이미 사반세기 전에 "지식인을 위한 무덤"을 마련한 바 있다.[28] 사망의 흉흉한 소문이 나돌다가, 마침내 최종적인 사망선고가 내려져 시신이 무덤에 안치되었다고 고지된 것은 1989년이었다.[29] 물론 지식인이 지녔던 역사적 위상에 걸맞게 수많은 추도사도 뒤따랐다. 여기에서 눈길을 끄는 것은 이 추도사들이 경멸과 조소, 비난과 분노로 가득 차 있다는 것이다. 그 대표적인 예로서 『지식인의 종말I.F suite et fin』이라는 책은 「최후의 지식인」에 대한 '임상보고서'라는 경멸적인 제목의 장을 따로 마련해 '집단자

폐중, 현실감 상실, 비전 부족, 도덕적 나르시시즘, 즉흥성' 등을 지식인의 특성으로 제시하고, 오늘날 "지식인을 향한 빈정거림이 이처럼 신랄한 적이 없었다"라는 지적과 함께 이는 "종잡을 수 없는 말을 지껄여대던 사람들의 얼굴을 화끈 달아오르게 만들기에 아주 적절한 말이기도 하다"라고 조롱하고 있다.[30] 이러한 과격한 비난을 정당화하는 근거로서 이 추도사는 다음과 같은 사실을 지적하고 있다. 지식인이 지배했던 "20세기는 혁명이 반혁명으로 뒤집어지는 것을 수없이 봐왔다. 억압받는 사람들이 억압하는 사람으로 돌변하고, 리베르타도르El Libertador는 코뿔소로 변했으며, 공화주의자가 행동을 앞세운 사회주의자가 되었다".[31] 결론적으로 "과거의 지식인은 시대를 명료하게 해석해주었지만, 지금의 지식인은 어둠에 어둠을 더할 뿐"이므로 우리는 "이제 그런 지식인에게서 해방되어야 하지 않겠는가"라고 자문하면서,[32] 미래의 역사에서 "지식인이라는 이름을 지워버리자"[33]라고 촉구하는 것으로 지식인에 대한 추도사를 끝맺고 있다.

이처럼 신랄한 추도사까지 읽힌 마당에 이제 역사의 묘지에 누워 있는 지식인을 위해 남은 일은 묘비를 세워주는 것뿐이지 않을까? 하지만 이를 확정된 사실로 받아들인다고 할지라도, 이 묘비에 새겨져야 할 내용은 과연 어떤 것일지에 대한 지극히 어려운 문제가 남아 있다. 역사의 묘비에 새겨질 글귀는 한 자 한 자가 매우 진지한 고찰과 반성의 과정을 요구하기 때문이다. 이로 인해 흥미로운 역설이 생겨난다. 지식인의 죽음을 기정사실로 받아들인다고 할지라도, 새로운 세대에게 주어진 우선적인 과제는 그의 '이름을 지워버리는' 것이 아니라, 묘비에 그의 이름과 삶의 기억을 새겨 넣음으로써 그의 존재 의미를 되새기는 일이기 때문이다. '지식인의 종언'을 선언한 모든 글이 지식인의 역사를 되돌아보는 내용으로 이루어져 있으며, 이에 따라 결국 독자들로 하여금 지식인이라는 존재의 역사적 의미를 새로이 반추하게 한다는 사실이 이 역설에 대한 좋은 예증이다. 따라서 묘비를 세우는 것으로 문제가 끝나는 것이 아니라, 오히려 이로부터 지식인에 대한 역사적 평가라고 하는 훨씬 복잡한 문제가 비로소 시작된다. 비유적으로 말해 역사는 항상 무덤 위에 새로운 꽃을 피워내는 잔인한 생물학적 과정을 통해 이루어지는 것이 아닐까? 인간의 역사는 상징적 부친 살해를 통해 새로운 세대가 자신의 삶과 시대를 새로이 획득해가는, 세대 간의 인정투쟁 방식으로 전개되어왔으며, 역사의 마당에 묘비를 세운다는 것은 그러한 오이디푸스 콤플렉스의 통과의례를 의미하는 것이 아닐까? 그러한 통과의례를 성공적으로 이루어내기 위해서는 부친의 삶의 공과를 공정하게 평가할 수 있는 '지성'이 다시금 요구된다. 따라서 결국 지식인의 종언이 이야기되는 모든 곳에서는 필연적으로 '지식인이란 무엇인가'라는 질문이 다시금 진지하게 제기될 수밖에 없다.

이러한 인식하에 이 글에서는 냉전 시대의 종식을 가져온 1989년 이후의 새로운 역사적 상황에서 '지식인이란 무엇인가'라는 문제를 독일의 예를 중심으로 고찰해봤다. 20세기 독일 지식인의 역사는 나치즘과 스탈린주의라고 하는 두 형태의 전체주의를 모두 직접 경험하면서 지식인의 영광과 오욕, 권능과 한계, 이론과 실천 사이에 가로놓인 근본적 모순을 적나라하게 보여주고 있다는 점에서 특별한 주목을 요한다. 특히 지구상 유일한 분단지역으로 남아 있음으로 인해 여전히 냉전 시대의 사고가 지배하는 한반도의 상황에서 독일 지식인의 역사적 경험은 우리에게 과거의 문제가 아니라 현실과 미래의 문제라는 점에서 특별한 중요성을 지닌다.

주

* 이 글은 안성찬, 「독일 통일과 지식인의 위기」, ≪독일언어문학≫, 제43집(2009년), 279~299쪽을 수정 게재한 것임.

1 이에 관한 상세한 기록은 Wolfgang Jäger and Ingeborg Villinger, *Die Intellektuellen und die deutsche Einheit* (Freiburg 1997) 참조.

2 그 대표적인 예로 김누리, 「통일독일의 문학논쟁: 통일공간의 문학과 지식인」, ≪창작과 비평≫, 80(1993년 6월호), 95~112쪽; 이기식, 「독일 통일과 좌파 지식인의 몰락」, ≪세계의 문학≫, 79(1996년 2월호), 280~301쪽 등을 들 수 있다.

3 위르겐 하버마스, 『공론장의 구조변동: 부르주아 사회의 한 범주에 관한 연구』, 한승완 옮김(나남, 2004), 95쪽 참조.

4 하버마스의 공론장 개념을 문학비평사 연구에 적용해 사회사와 문화사를 성공적으로 접목한 예로 P. U. Hohendahl, *Deutsche Kultur im Zeitalter des Liberalismus 1830~1870* (München, 1985)를 들 수 있다. 호헨달P. U. Hohendahl은 후에 이것을 근대 이래 독일 문학비평사 전체에 적용한 저서를 공저로 펴냈다. 페터 우베 호헨달 외, 『독일 문학비평사』, 반성완 편역(민음사, 1995) 참조.

5 같은 책, 67, 99, 135쪽 이하 참조.

6 같은 책, 268쪽 이하 참조.

7 같은 곳.

8 지식인이라는 용어의 기원과 역사에 대한 상세한 논의는 파스칼 오리·장 프랑수아 시리넬리, 『지식인의 탄생: 드레퓌스부터 현대까지』, 한택수 옮김(당대, 2005) 참조.

9 Werner Mittenzwei, *Die Intellektuellen. Literatur und Politik in Ostdeutschland 1945~2000, 3. Aufl.* (Berlin 2002), pp. 9ff. 참조.

10 Diez Bering, *Die Intellektuellen: Geschichte eines Schimpfwortes* (Stuttgart, 1978).

11 장 폴 사르트르, 『지식인을 위한 변명』, 방곤 옮김(보성출판사, 2000), 13쪽 이하.

12 같은 책, 56쪽.

13 지식인에 대한 다양한 정의에 대해서는 Justus Wenzel(ed.), *Der kritische Blick: Über intellektuelle Tätigkeiten und Tugenden, Fischer TB* (Frankfurt a. M., 2002) 참조.

14 이에 대해서는 안성찬, 「그리스라는 별: 독일 시민계급 교양이상의 위대성과 한계」, ≪괴테연구≫, 제19집(2006), 127~151쪽 참조.

15 사회귀족주의에 대한 상세한 연구는 노영돈, 「사회귀족주의: 19세기말 독일 지식인의 사회적 지형도」, ≪독일 문학≫, 제92집(2003) 참조.

16 괴벨스의 사상적 이력에 관해서는 윌리엄 사이러, 『제3제국의 홍망 1: 히틀러의 등장』, 유승근 옮김(에디터, 1993), 194쪽 이하 참조.

17 하이데거와 나치즘의 관계에 대한 상세한 연구는 Victor Farías, *Heidegger und der Nationalsozialismus* (Frankfurt am Main, 1989) 참조.

18 이에 대한 더 상세한 연구는 안성찬, 「동독과 서독의 과거 청산 과정을 통해 본 통일독일의 문화사적 정체성」, ≪독일어문학≫, 제26집(2004), 375~398쪽 참조.

19 동독의 지식인 저항운동과 독일의 통일 과정에 대해서는 안성찬, 「독일 통일과 동독지식인: 잃은 것과 남은 것」, ≪외국어로서의 독일어≫, 제17집, 33~55쪽 참조.

20 권터 그라스, 「조국을 모르는 어떤 녀석의 짧은 연설」, 프리데만 슈피커·임정택 공편, 『논쟁: 독일 통일의 과정과 결과』(창작과 비평사, 1991), 99쪽.

21 '크리스타 볼프 논쟁'에 대한 자세한 기록과 평가는 토마스 안츠 엮음, 『통일독일 문학논쟁: 문제는 크리스타 볼프가 아니다』, 이덕형·안삼환 옮김(경북대학교 출판부, 2004) 참조.

22 Karl Otto Konrady(ed.), *Von einem Land und vom andern: Gedichte zur deutschen Wende* (Frankfurt a. M., 1993), p.51.

23 독일 통일에 대한 폴커 브라운의 입장에 대해서는 김누리·오성균·안성찬·배기정·김동훈·이노은, 『변화를 통한 접근: 통일 주역이 돌아본 독일 통일 15년』(도서출판 한울, 2006), 163쪽 이하 참조.

24 에어푸르트 선언에 참여한 독일 좌파 지식인들의 이름과 선언의 구체적인 내용에 관해서는 http://www.fl.reitaku-u.ac.jp/~yokuno/Semi/Erfurt.html 참조.

25 베를린 선언에 참여한 독일 우파 지식인들의 이름과 선언의 구체적인 내용에 관해서는 http://www.fl.reitaku-u.ac.jp/~yokuno/Semi/berliner.html 참조.

26 Martin Mayer(ed.), *Intellektuellendämmerung? Beiträge zur neuesten Zeit des Geistes* (München/Wien, 1992), p.8.

27 "SPIEGEL-Gespräch mit Peter Sloterdijk, Konrad Paul Liessmann und Rüdiger Safranski über Hegels Phänomnologie und die Folgen," *Der Spiegel*, 2007.4.2, pp.164ff.

28 장 프랑수아 리오타르, 『지식인의 종언』, 이현복 옮김(문예출판사, 1994). 이 글의 원제는 '지식인을 위한 무덤'이다.

29 한스 마그누스 엔첸스베르거는 이 해에 일어난 사건의 이름으로 지식인과 유토피

아의 종언을 선고한 바 있으며, 오늘날 지식인이 처한 상황과 그에게 부과된 새로운 과제를 근본적으로 성찰하고 있는 최근의 중요한 지적 작업들도 이 해를 지식인의 위상이 근본적으로 변화된 기점으로 삼고 있다. 한스 마그누스 엔첸스베르거, 「역사의 걸음걸이: 유토피아에 대한 추고. 예언자 없이 살아가는 일상생활이 시작될 때」, 프리데만 슈피커·임정택 엮음, 『논쟁: 독일 통일의 과정과 결과』(창작과 비평사, 1991) 참조. 또한 Martin Mayer(ed.), *Intellektuellendämmerung? Beiträge zur neuesten Zeit des Geistes* 참조.

30 레지 드브레, 『지식인의 종말』, 강주언 옮김(예문, 2001), 9쪽.

31 같은 책, 10쪽.

32 같은 책 11쪽.

33 같은 책 189쪽 이하.

참고문헌

김누리. 1993. 「통일독일의 문학논쟁: 통일공간의 문학과 지식인」. ≪창작과 비평≫, 80(1993년 6월호), 95~112쪽.

김누리·오성균·안성찬·배기정·김동훈·이노은. 2006. 『변화를 통한 접근: 통일 주역이 돌아본 독일 통일 15년』. 도서출판 한울.

그라스, 귄터. 1991. 「조국을 모르는 어떤 녀석의 짧은 연설」. 프리데만 슈피커·임정택 엮음. 『논쟁: 독일 통일의 과정과 결과』. 창작과 비평사.

노영돈. 2003. 「사회귀족주의: 19세기말 독일 지식인의 사회적 지형도」. ≪독일 문학≫, 제92집.

드브레, 레지. 2001. 『지식인의 종말』. 강주헌 옮김. 예문.

리오타르, 장 프랑수아. 1994. 『지식인의 종언』. 이현복 옮김. 문예출판사.

사르트르, 장 폴. 2000. 『지식인을 위한 변명』. 방곤 옮김. 보성출판사.

사이러, 윌리엄. 1993. 『제3제국의 흥망 1: 히틀러의 등장』. 유승근 옮김. 에디터.

안성찬. 2004. 「동독과 서독의 과거 청산 과정을 통해 본 통일독일의 문화사적 정체성」. ≪독일어문학≫, 제26집, 375~398쪽.

_____. 2005. 「독일 통일과 동독지식인: 잃은 것과 남은 것」. ≪외국어로서의 독일어≫, 제17집, 33~55쪽.

_____. 2006. 「그리스라는 별: 독일 시민계급 교양이상의 위대성과 한계」. ≪괴테연구≫, 제19집, 127~151쪽.

안츠, 토마스 엮음. 2004. 『통일독일 문학논쟁: 문제는 크리스타 볼프가 아니다』. 이덕형·안삼환 옮김. 경북대학교 출판부.

엔첸스베르거, 한스 마그누스. 1991. 「역사의 걸음걸이: 유토피아에 대한 추고. 예언자 없이 살아가는 일상생활이 시작될 때」. 프리데만 슈피커·임정택 엮음. 『논쟁: 독일 통일의 과정과 결과』. 창작과 비평사.

오리, 파스칼·장 프랑수아 시리넬리. 2005. 『지식인의 탄생: 드레퓌스부터 현대까지』. 한택수 옮김. 당대.

이기식. 1996. 「독일 통일과 좌파 지식인의 몰락」. ≪세계의 문학≫, 79(1996년 2월호), 280~301쪽.

하버마스, 위르겐. 2004. 『공론장의 구조변동: 부르주아 사회의 한 범주에 관한 연구』.

한승완 옮김. 나남.

호헨달, 피터 우베 외. 1995.『독일 문학비평사』. 반성완 편역. 민음사.

Bering, Diez. 1978. *Die Intellektuellen: Geschichte eines Schimpfwortes.* Stuttgart.

Der Spiegel. 2007.2.4. "SPIEGEL-Gespräch mit Peter Sloterdijk, Konrad Paul Liess-
mann und Rüdiger Safranski über Hegels Phänomnologie und die Folgen."

Farías, Victor. 1989. *Heidegger und der Nationalsozialismus.* Frankfurt am Main.

Hohendahl, P. U. 1985. *Deutsche Kultur im Zeitalter des Liberalismus 1830~1870.*
München.

Jäger, Wolfgang and Ingeborg Villinger. 1997. *Die Intellektuellen und die deutsche
Einheit.* Freiburg.

Konrady, Karl Otto(ed.). 1993. *Von einem Land und vom andern: Gedichte zur
deutschen Wende.* Frankfurt a. M.

Mayer, Martin(ed.). 1992. *Intellektuellendämmerung? Beiträge zur neuesten Zeit
des Geistes.* München/Wien.

Mittenzwei, Werner. 2002. *Die Intellektuellen: Literatur und Politik in Ostdeutschland
1945~2000*, 3. Aufl. Berlin.

Wenzel, Justus(ed.). 2002. *Der kritische Blick: Über intellektuelle Tätigkeiten und
Tugenden, Fischer TB.* Frankfurt a. M.

http://www.fl.reitaku-u.ac.jp/~yokuno/Semi/Erfurt.html
http://www.fl.reitaku-u.ac.jp/~yokuno/Semi/berliner.html

통일독일 문화변동의
국면들

11

통일 이후 동독 지역 여성문화의 변화*

1. 문제 제기

통일 초기만 해도 동독 여성[1]이 서독적 사고방식의 영향권에서 벗어나 동독 나름의 여성문화[2]를 창출할 수 있겠는지를 묻는 질문에 매우 회의적이었다. 3 명 중 1명꼴로 실업을 당하고, 동독 시절의 교육과 자격증이 대부분 무효화되는 상황에서 동독 여성의 사회적 활동의 토대는 그야말로 초토화되었고 그들의 미래도 불투명해 보였다. 더욱이 사회문화적 위기에 스스로 능동적으로 대처하기보다는 당면한 문제를 국가가 해결해주기를 바라는 그들의 수동성이 부각되면서 사회주의 국가에 의해 시행된 '위로부터의 해방'이 얼마나 나약한가를 끊임없이 지적받았다.[3] 여성운동의 정치적 조직화에 약세를 보이는 동독 여성운동의 한계가 거론되며 동독 여성 나름의 여성문화 창출에 대한 전망은 더욱더 어두워졌다.

하지만 2002년 이후 동독 여성에 대한 시각이 다양해지면서 이들에 대한 평가가 과거와는 다른 방식으로 이루어지기 시작했다. 사회학자 볼프강 엥글러는 미래 사회를 선도할 새로운 주역으로 동독 여성을 제시하며 그 이유를 어떤 상황에서도 사회주의적 여성의식을 포기하지 않는 그들의 삶의 태도에서 찾았다.[4] 사회학자 힐데가르트 마리아 니켈Hildegard Maria Nickel은 철저한 노동의식을 갖춘 동독 여성이야말로 여성 인력을 필수화해야 하는 글로벌 시대에 적합한 경쟁력을 갖추어가고 있다고 평가했다.[5] 경쟁력 있는 노동자를 선호하는 글로벌 시대의 가치관과 부합해 동독 여성이 통일독일의 노동시장에서 새로운 여성 파워를 형성할 수 있다는 담론이 2000년대 이후 형성되고 있다.[6]

이러한 새로운 담론에 상응하듯 2000년대 이후 동독 여성 단체들은 동독 특유의 여성문화를 창출할 수 있는 여성운동의 조직화에 박차를 가하고 있다. 현재 동독의 여성운동은 레즈비언 운동과 좌익운동에 중점을 두는 것을 넘어서, 동독 출신의 문화적 엘리트들을 규합하고 새로운 비전에 도전할 것을 시도하고 있다. 동독에 대한 소속감을 거부하는 동독 출신의 젊은 인재들을 묶어내고 다양한 영역에서 동독을 대표할 만한 여성 인물을 발굴하며 새로운 이미지의 동독 여성상을 발전시킬 역량을 모으고 있는 것이다.

이 글은 통일 이후 동독 지역 여성문화의 변화 양상을 고찰함으로써 동독 여성들이 어떻게 자신들의 여성문화를 만들어가는지 살펴보고, 새롭게 창출되는 여성문화를 살펴보기 위해서 동독 여성운동의 변동을 함께 진단하고자 한다. 동독의 여성운동을 통해 여성문화가 어떻게 정치 영역에서 문화 영역으로, 이론투쟁에서 생활문화활동으로 방향을 전환했는지 그 변동 과정을 살펴보고자 한다. 통일 이후 여성문화 운동이 어떤 변화 양상을 나타내고 있는지 진단하고, 어떤 문화 콘텐츠로 무엇을 지향하는지, 서독 여성운동과의 차이점은 무엇인지 알아보고자 한다. '통일의 최대 희생자'로 규정되었던 동독 여성이 특유의 문화를 창출하고 정치적 파워를 형성할 가능성까지 살펴본다는 점에서, 이 글은 통일 이후 독일의 문화변동 양상을 새롭게 평가하는 데 기여할 것이다.

2. 동서독의 여성운동

1) 통일 이전 동독의 여성운동

구동독 시절의 여성운동은 1980년대 이후 두드러지게 성장했다. 여성평화운동 단체들이 부분적으로 서로 연계를 도모하고 레즈비언 단체들이 이에 합세하면서 여성운동의 면모를 갖추기 시작했다. 구동독 시절의 여성운동은 크게 세 가지로 분류할 수 있다.

첫째는 평화운동이다. 1982년 전쟁 시 여성도 병역에 참여하도록 하는 구동독의 병역법 개정을 계기로 '평화를 위한 여성모임'이 베를린, 할레 등 각 도시에서 일어났다. 이 여성모임은 호네커에게 새 법률에 반대하는 항의서를 제출하며 검은 상복을 입고 국방사령관 앞에서 거리시위를 할 정도로 적극적인 활동을 감행했다. 이 단체들의 중점적인 주제는 평화, 군비 축소, 병역 거부였으며, 특히 동독에 쿠르스 미사일을 배치하겠다는 나토의 결정에 반대했다.[7] 평화를 위한 여성모임은 1985년 이후부터 1989년 통일 직전까지 각종 세미나를 개최하고 도시마다 네트워크를 형성하는 등 비공식적 여성운동의 핵심 단체로 성장했다.[8]

둘째는 개신교 내의 여성주의 신학운동이다. 개신교는 당시 통제된 동독 사회 내부에 하나의 틈새 역할을 하면서 정권에 비판적인 여성운동가들의 활동을 가능하게 했다. '여성주의 신학연구회' 같은 여성 단체들은 가족 문제, 낙태 문제, 여성의 지위 등에 관심을 갖고 동독 내의 성역할에 관해서도 관심을 기울였다. 평화를 위한 여성모임이 구동독 사회 내의 남녀차별 문제에 무심했다면, 여성주의 신학운동은 교회의 남녀차별 구조를 날카롭게 비판하기도 했다.[9] 이들은 1987년부터 1989년까지 ≪릴라 반트Lila Band≫라는 소책자를 반년에 한 번씩 만들어 적게는 100부에서 많게는 500부까지 인쇄해 회원들끼리 공유했다.

셋째는 레즈비언 운동이다. '여성동성애자 모임'은 개신교의 지원 속에서 성

장했으며 호모섹슈얼리티의 권익과 인권을 주장했다. 이들은 콘서트, 디스코
텍, 문학의 밤, 세미나와 같은 문화적 활동을 통해 자신만의 공간을 확보하고
네트워크를 형성했다. 특히 1980년대부터 이들에 대한 긍정적인 인식이 확산
되면서 교회는 물론 국가도 이들의 모임을 허용하며 이들이 모일 수 있는 문화
적 공간을 마련해주었다.[10] 레즈비언의 모임은 자연스럽게 가부장제에 대한 비
판적 성향을 띠었고 1980년대 말에는 이들에게서 - 서구적 의미의 - 페미니스
트가 탄생하기도 했다.

하지만 구동독 시절의 여성운동 단체들의 활동에도 통일 이후 동서독의 여성
운동가들은 구동독 시절에도 과연 여성운동이 존재했다고 볼 수 있는지를 놓고
논쟁했다. 구동독의 여성운동 단체들이 사회모순을 개혁하는 사회운동의 성격
을 지니기는 했지만, 여성을 차별하는 가부장제에 대한 비판과 저항이 부족했
기에 여성운동의 면모를 띠었다고 볼 수 없다는 것이다.[11] 여성학자 바르바라
휨베르크Barbara Hömberg는 동독 여성운동의 시작을 '독립여성연맹'이 결성
된 1989년 이후로 본다.[12] '위로부터의 해방'이 아니라 자발적 정치의식으로 시
작한 독립여성연맹의 결성이야말로 동독 여성운동의 시발점으로 평가할 수 있
다는 것이다. 또한 동독 여성이 자신들의 정치적 의사를 표방하기 위해 스스로
단체를 결성한 이 시점을 동독 여성문화의 시작으로 봐야 한다고 주장한다.[13]

휨베르크의 이러한 시각에는 여성문화를 어떻게 정의하는지에 따라 이의가
제기될 여지가 있다. '여성문화'를 좁은 의미에서는 가부장제에 대한 저항문화
로 규정할 수 있지만, 넓은 의미에서는 가부장제 내에서 여성들이 만들어내는
여러 가지 대안문화도 포괄적으로 의미할 수 있기 때문이다. 즉, 여성들이 가부
장적 지배문화에 밀려나면서 기존의 가부장적 문화를 자신들의 방식대로 재구
성해 적응하는 생활 방식 및 가치관도 여성문화로 규정될 수 있는 것이다. 구동
독에서도 - 여성운동을 통해 스스로 만들어간 것은 아니지만 - 동독 여성 특유의
여성의식과 여성문화가 발전했다. 공식적인 차원에서는 사회주의통일당 산하
에서 '민주여성협회'[14]가 대표적으로 활동했고, 비공식적 차원에서는 언급한

대로 상당수의 소규모 단체가 국가의 감시를 피해 교회나 지역 단위에서 활동했다. 구동독 여성운동의 목표는 대부분 반전운동, 사회정의 실현, 그리고 사회구조적 불합리에 대한 저항이었다.

따라서 구동독 시절에 여성문화와 여성운동이 없었다는 일부 서독 학자들의 주장에 동독 여성들은 크게 반발하고 있다. 오히려 동독 여성은 통일이 되고 보니 서독의 여성정책과 여성의식이 구동독의 사회주의 시절보다 훨씬 낙후되었다고 주장한다.[15] 동독 여성은 이러한 생각을 근거로 통일 이후 현재까지도 구동독 시절의 여성정책과 여성문화에 자부심을 갖고 있다. 통일 이후 서독의 페미니즘이 사용하는 '여성해방'이라는 단어를 구시대의 유물로 생각할 정도로 동독 여성들은 자신들을 이미 '해방된' 여성이라고 생각하고 있다.

'해방된' 여성문화를 지녔다는 동독 여성의 자부심과 '위로부터의 해방'에 불과하다는 서독 여성의 비판은 통일 이후 동서독 여성해방운동의 통합에 걸림돌이 되었다. 평화운동 같은 사회적 이슈에서 종교적 전통에 대한 저항, 동성애와 같은 성적 문제에 이르기까지 구동독 여성 단체들이 다양하게 활동한 것은 사실이지만 서독 여성 단체들이 요구하는 '가부장제에 대한 저항'까지 나아가지 못했다는 비판을 면하지 못하고 있다. 가부장제에 대한 비판의식 결여와 정치적 조직화 부재를 근거로 서독 여성운동이 동독 여성운동을 비판하면서, 통일 이후 동서독 여성운동의 관계는 급속하게 냉각되었다.

2) 통일 이후 동서독 여성운동의 갈등

통일 직후인 1989년 11월, 동서독 여성운동가들은 이주여성에 관한 세미나를 공동으로 주최하면서 처음으로 공식적인 자리를 갖게 된다. 첫 만남부터 이들은 서로에게 부정적인 인상을 받기 시작했는데, 서독 운동가들은 동독 운동가들이 지나치게 가족제도를 옹호하고 있으며 경제적 자립심을 강조할 뿐, 가부장제에 대한 인식이 부족하다고 주장했다. 반면 동독 운동가들은 서독 운동가들이 남성에게 적대적이고 독신을 부추기며 레즈비언 그룹만을 대표하는 것 같다고 응수했다. 이들은 특히 서독 운동가들의 잘난척하는 모습과 가르치려 드는 태도에서 깊은 실망감을 느꼈다고 토로했다. 부정적인 인상을 받고 끝났던 동서독 여성운동 단체의 연합세미나는 해를 거듭할수록 더욱더 서로를 비판하고 각자의 주장을 굽히지 않는 관계가 되었다. 더 나아가 재정적 지원을 두고 경쟁까지 과열되었는데, 예를 들어 베를린 시 당국의 재정 지원에 동베를린 출신 여성 단체들과 서베를린 출신 여성 단체들이 치열하게 경쟁했다.[16] 통일 이후 동서독 여성운동의 갈등은 크게 두 가지 문제에서 비롯되었다.

첫째, 여성해방에 대한 개념이 너무 달랐다. 사회주의 체제를 살아온 동독 여성들은 여성해방을 유물론적 해방론에 근거해 이해했다. 이들에게 사회주의적 삶의 본질은 노동에 있었으며 따라서 여성의 노동권이 자연스럽게 여성해방의 중심 문제였다. 통일 이후 동독 여성운동이 직장과 육아의 병행을 이슈화하며 여성의 노동권을 법제화하려 했던 것도 여성 실업과 사회보장 축소를 정책화하는 통일정부에 저항하기 위해서였다. 동독의 여성해방이 사회주의 해방운동에 기반을 두고 여성의 경제 문제에 집중했다면, 서독의 여성해방은 가부장제에 대한 저항과 여성의 인권 자체에 초점을 두었다. 서독 여성운동가들은 여성억압적인 사회적 구조의 개선뿐 아니라 의식과 문화적인 차원에서의 여성해방도 강조했다. 여성에 의한, 여성을 위한 여성성의 복원을 담론화하고 여성의 몸과 언어에 대한 문제까지도 적극적으로 제기했다.[17] 서독 여성들이 동독 여성들보다 뚜렷한 자의식을 형성하고 있는 배경에는 여성으로서 자기 존중감과 정신적 자율권을 확보하기 위한 투쟁의 역사가 있다.[18] 서독의 여성운동가들은 문화 전반에 걸친 다양한 주제에 관심을 두면서 무엇보다 가부장제 비판에 근거한 페미니즘에 충실할 것을 강조하는 반면, 동독의 여성운동가들은 자신들의 상황에 근거해 일자리와 육아 시설을 촉구하는 정치적 현안에 집중했기 때문에 두 여성운동 단체들 사이의 협력이 어려웠다.

둘째, 동서독 여성운동가들의 갈등 원인은 그들의 관계가 결국 권력관계로 흐른 점에 있다. 더 정교한 페미니즘 이론과 권력을 지닌 서독 여성주의자들은 동독의 여성운동을 좌지우지하며 자신들의 방향으로 이끌려고 했다. 가부장제와 젠더 문제에 치중하는 서독 여성운동가들이 사회경제 문제에 집중하는 동독 여성운동가들을 비판하며 새로운 문제의식을 가르치려 했던 것이다. 동독 여성들은 동독 나름의 여성의식과 문화를 인정하지도 않고 실업과 생존의 어려움에 처한 그들의 현실을 배려하지 못하는 서독 여성운동에 등을 돌렸다. 이러한 권력적 관계가 동서독 여성운동의 통합과 단결을 저해함으로써 동서독 여성운동은 확연히 분리되어 각자의 길을 걷기 시작했다.

3. 통일 이후 동독 여성운동의 변화와 동독 여성문화의 형성

1) 정치운동에서 문화운동으로

동서독 여성들이 통합운동의 실마리를 찾지 못하고 갈등하는 과정에서 동독 여성운동의 정치적 퇴조는 독립여성연맹 해체로 이어진다. 1989년에 설립해 전환기에는 동독의 여성운동을 대표하는 정치적 세력으로 인정받았지만 1990년 인민의회의 선거 참패 이후 정치적 리더십이 급속하게 퇴락하면서 급기야 1998년에 해체되었다. 이 단체는 해체되기 이전까지 서독 여성 단체와의 공동 과업을 추진하거나 동독 지역에 여성 카페, 여성의 집 같은 여성 시설을 확충하는 데 노력했지만, 장기적으로 여성모임의 우산조직으로서의 정치적 역량을 발휘하지 못했다.[19]

하지만 전환기의 동독 여성운동에서 독립여성연맹의 위상은 가히 독보적이었다. 그간 산발적으로 활동하던 구동독 시절의 여성 단체들이 독립여성연맹 산하로 모여들었다. 개신교 지붕에 숨어 있던 평화운동가 출신, 페미니즘을 표방하는 레즈비언 그룹 출신 여성, 대학 관계자 및 여성학자, 심지어 사회주의통일당 출신의 여성까지 가입하면서 독립여성연맹은 당시 괄목할 만한 정치적 세력으로 성장했다. 독립여성연맹은 크게 두 가지 목표를 지향했다. 첫째는 정치권에 진출해 여성의 권리를 관철하는 것, 둘째는 다양한 영역에서 여성문화를 창출하는 것이었다.[20] 하지만 1990년 3월에 실시된 인민의회 선거와 그해 5월에 실시된 지방자치단체 선거에서 녹색당과 연합한 독립여성연맹은 낮은 지지율로 정치권 진출에 실패했다. 동독 지역 최초의 자유선거인 인민의회 선거에서 녹색당 출신이 겨우 8명 당선되었고 녹색당 소속에 있던 독립여성연맹 후보는 한 사람도 당선되지 못하는 참패를 당했다. 3,000명 이상의 회원과 120여 개의 여성 단체를 이끌었던 이 연맹 단체의 정치적 세력은 선거 참패 후 급속도로 약화되었고, 동독의 여성운동은 정치운동에서 지역 중심의 문화운동으로 눈을 돌려야만 했다.[21]

1990년대 중반 이후부터 동독 여성운동은 정치운동에서 문화운동으로 빠르게 전환되었다. 그 변화 양상을 살펴보면 첫째, 문화적 프로젝트 사업이 급속하게 확장되고, 둘째, 프로젝트 사업에 필요한 재정을 확보하는 과정에서 여성운동이 제도권에 편입된다. 이로써 독립여성연맹의 와해는 양면성을 드러냈는데, 한편으로는 여성의 정치 참여에 후퇴를 야기했고, 다른 한편으로는 기관 시설을 확충하며 일반 대중여성의 참여를 대거 이끌어냈다.

문화운동을 이끄는 동독의 여성 단체들은 이중의 성장을 도모해야 하는 과제에 부딪혔다. 한편으로는 조직화, 재정 확보, 역할 분담 등 자신들의 조직을 스스로 운영하고, 다른 한편으로는 새로운 프로그램 개발로 일반 대중여성의 호응을 끌어내는 전략에 성공해야 했다. 조직을 정비하고 프로그램을 개발하는 것은 한 지역의 문화 단체로 성장하기 위해서는 반드시 필요한 리더십이었지만 구동독 시절에 이러한 일들을 스스로 계획하고 추진하는 방법을 배우지 못했기에 동독 여성 단체에는 상당한 난제들이었다. 동독 여성 단체의 시행착오를 지적이라도 하듯, 동독의 여성 단체들이 확실한 자기 원칙과 방향 없이 방만하게 활동한다는 서독 여성들의 비판도 제기되었다.[22] 하지만 문화운동으로 전환한 동독 여성 단체들이 동독 여성의 의식과 생활에 속속들이 파고들어 삶의 변화에 지속적인 영향을 주는 성과도 분명하게 나타나고 있다.[23] 특화된 프로그램을 통해 동독 여성들이 통일사회에 대한 문화적·심리적 적응을 도모할 뿐 아니라, 동독 여성 나름의 정체성을 모색하고 새로운 여성문화를 창출하는 데 큰 역할을 하고 있다.

2) 문화 프로그램 활성화와 실용적 자기 혁신 콘텐츠 개발

2007년 현재 동독 지역 5개 주에서 공식적으로 국가 지원을 받으며 활동하고 있는 여성 센터만 해도 100개가 넘는다. 거기다가 공식·비공식적인 여성 카페, 여성 쉼터, 여성 도서관 등을 합하면 그 숫자는 엄청나게 불어난다. 이러한 여성문화 단체의 재정은 한편으로는 노동 창출 정책의 지원을 통해, 다른 한편으로는 수강료, 기부금 등을 통해 충당되고 있다. 여성문화 단체들이 주력하는 부분은 각종 여성모임의 형성과 네트워크를 통한 소통이다. 여성 단체들은 정치적 모임, 취미 활동 모임, 세대별 모임, 직종별 모임, 육아 모임 등 다양한 모임을 제공하며 이들 간의 연대를 중요시한다. 구동독 시절의 여성운동 및 독립여성연맹의 한계가 네트워크 형성의 부재와 연대 의식 결여에 있었다고 보기 때문이다. 과거의 오류를 극복하기 위해 각 단체들은 모임의 활성화와 네트워크 형성을 우선 과제로 삼고 있다. 동독 지역 구석구석까지 문화 프로젝트를 수행하는 여성 단체가 세워지고 그들이 여성들의 만남을 주선하며 새로운 여성문화의 발전을 도모하고 있다.

브란덴부르크 주의 경우, 정부의 재정적 지원을 받는 여성 센터가 20개 세워져 있다. 이들은 서독 지역 여성 센터의 조직 원리와 커리큘럼을 상당 부분 수용하는 한편, 자신의 특유한 상황을 고려하며 콘텐츠 개발에도 힘쓰고 있다. 동독의 여성 센터들은 지역문화 센터로서 문화적 프로그램과 다양한 여성모임을 지원하는 부분에서는 서독의 여성 센터와 크게 다를 바 없지만, 정치적 방향이나 각 커리큘럼의 목표를 설정하는 면에서는 차이가 있다. 동독의 여성 센터는 구동독 여성정책의 핵심이었던 양성평등을 여전히 실현해야 할 정치적 과제로 여기며 통일 이후 축소되는 여성 고용, 육아 시설, 모자가정 지원 등의 정책적 사안에도 민감하게 반응한다.[24] 커리큘럼을 정할 때도 동독 여성의 현 상황을 고려한 직업 능력 개발 프로그램에 많은 관심을 쏟는다. 이등 국민으로 살고 있는 동독 여성의 정신적·심리적 문제를 극복하는 '자기신뢰 훈련' 프로그램도 활성화하고 있다. 독립여성연맹 출신의 여성운동가들이나 그 산하 단체들의 노력으로 설립된 여성 센터일수록 이러한 프로그램의 활성화가 두드러지게 나타난다.[25]

예를 들어 브란덴부르크의 '코트부스 여성 센터'도 동독 여성의 사회적 상황을 고려해 특화된 프로그램들을 운영하고 있다. 가령 구직을 원하는 여성을 위한 '아웃피트 코스Outfit-Kurs'와 통일 이후 가장 어려움을 많이 겪는 55세 이상의 여성을 지원하는 '목요모임'을 운영하는 식이다.[26] 아웃피트 코스는 실업자를 위한 직업교육 수업이다. 유럽연합에서 지원하고 있는 이 코스는 영어와 컴퓨터는 물론, 지원서 쓰는 법, 말하는 방식, 자신에게 어울리는 색깔과 옷 고르기 등 자신의 새로운 면을 찾아내고, 새로운 이미지를 찾으려는 취지에서 만들어졌다. 직업을 갖고 경제적으로 자립하려는 의식이 확고한 동독 여성에게 매우 실질적인 전략을 가르치고 있다. 55세 이상의 '목요모임'은 통일 당시 40세 전후였던 여성의 모임으로서, 통일 이후 무수한 실업을 반복해 겪으면서도 서독적 가정주부의 삶을 수용하기 힘든 동독 여성의 삶을 나누는 모임이다. 각자의 경험을 이야기하고 새로운 정보를 교환하는 자리이기도 하다. 10년이 넘은 이 모임은 치유와 회복의 효과를 넘어서 점차 새로운 의식을 발전시키고 서로에게 영향을 주는 교육적 효과까지 낳고 있다.

이러한 프로그램 외에도 이 여성 센터에서 2001년 한 해 동안 총 173개의 프로그램이 개설되었는데, 그중 가장 인기를 끈 프로그램은 '손으로 만들기Handwerk'와 '그림그리기Malkurs'였다. 이 프로그램은 전체 수강생의 85%가 참여할 정도로 인기가 높았다.[27] '그림그리기'와 '손으로 만들기' 수업이 인기가 높은 것은 단순히 이러한 취미 활동을 하려는 여성이 늘어났기 때문이 아니라 새로운 방식으로 수업을 이끌어갔기 때문이었다. 그림에 대한 전문적 기법을 흉내 내도록 가르치는 것이 아니라 새롭고 획기적으로 자신의 아이디어를 짜내고 적용하며 그에 대해 토론하도록 가르쳤다. 손으로 무언가를 만들 때도 작품을 만들면서 새로운 생각을 고안하도록 유도하고, 서로 격려하며 비판하도록 했다. 이런 문화적 프로그램에 참여함으로써 통일 이후 경험한 실업의 아픔을 견디고 자신감을 회복하며 더욱 자기를 계발하는 의식의 변화가 일어나도록 수업을 진행했던 것이다. 2002년 이 센터를 방문한 여성은 모두 2만 5,250명에 이른다. 코트부스 지역의 여성 인구가 약 10만 5,000명인 것을 감안하면 상당수의 여성이 이 여성 센터에 참여했음을 짐작할 수 있다.[28]

동독 여성 단체들의 문화운동 성과는 무엇보다 특화된 문화 프로그램을 통해 동독 여성들이 변화된 체제의 생활 방식과 사고방식에 적응하도록 돕고 있다는 점이다. 또한 사회적 불이익을 당하고 있는 자신들의 문제를 나누고 이에 대한 사회적 단결을 도모하는 네트워크를 형성하게 한 점이다.

3) 자전적 글들의 유행과 새로운 정체성의 모색

통일 이후 동독 여성운동이 문화적 프로젝트 사업으로 전환하는 과정에서 커다란 실적을 낸 것은 출판문화에 뛰어들어 새로운 콘텐츠 마련에 동참한 점이다.[29] 독립여성연맹의 실패 후 정치운동에서 돌아선 많은 여성운동가들이 동독의 삶을 개인적 관점에서 반추해 돌아보는 자전적 일대기를 편찬하기 시작했다. 통일 이후 동독 여성의 경험을 진솔하게 보여주는 인터뷰집을 편찬하거나 구동독 시절을 회상하는 에세이집을 내는 것이었다. 이러한 자전적 글들은 동독 여성 고유의 경험에 대한 관심을 촉발하면서 그들의 정체성이 변화되는 과정을 추적할 수 있게 했다.

동독 여성들의 자전적 일대기가 처음 유행했을 때, 서독인의 반응이 처음부터 긍정적인 것은 아니었다. 인터뷰하는 동독 여성들이 구동독의 경험을 이상적으로만 나열하는 것을 읽고 '불법국가'에서 불법에 침묵한 자들의 변명을 들을 수 없다는 서독 사람들의 불평이 쏟아졌다.[30] 하지만 이런 일대기 속에서 점차 동독 체제 안에서 겪었던 불안, 두려움, 슬픔에 관한 이야기들이 시작되고 금기시되었던 테마들이 거론되자 동서독 간의 공감대가 서서히 형성되기 시작했다. 동독 여성들은 통일 이후 타자로서의 경험을 나누며 절망과 희망 사이의 갈등을 이야기하고 자신들이 누구인지를 질문했다.[31]

통일 현실에 대해서 동독인들의 실망이 더 깊어가던 1990년대 중반에는 자전적 일대기의 편찬이 더욱 가속화되었다.[32] 사회적 문제를 대변할 수 있는 정치적 집단이 부재하고 독립여성연맹마저 해체되었던 1990년대에는 동독 여성들의 '못다 한' 이야기들이 자전적 글을 통해 기획되었던 것이다. 동독 여성들은 이 자전적 일대기를 통해 자신들의 이야기를 풀어내는 것을 넘어서 비판의식도 발전시켰다. 처음에는 비판 대상이 서독이었는데 점차 구동독과 자신의 삶도 비판적으로 보기 시작했다. 동독 여성으로서 겪고 있는 문제를 알리고 고발하는 과정에서 감추어진 자신의 모습도 인식하고 자신을 성찰하며 성숙해지기 시작한 것이다. 자전적 일대기를 통해 평범한 개인의 삶을 이야기하고 들려주는 문화는 동독의 전체주의적 삶에서는 훈련받지 못한 새로운 양식의 문화이다. 이 자전적 일대기들을 통해 변화된 현실 속에서 새롭게 자아를 구성하며 정체성을 찾는 과정을 볼 수 있다. 무엇보다 이 글들을 통해 동서독 여성은 물론, 동독 여성들 사이의 소통도 가능하게 되었다. 이를 통해 동독 여성의 공동체 의식도 성장하게 된다.

자전적 일대기의 출판문화는 야나 헨젤의 『동쪽 지역 아이들Zonenkinder』 (2002)[33]을 계기로 동독 여성의 새로운 의식과 비전을 보여주며 급속한 도약을 이룬다. 야나 헨젤은 이 책에서 젊은 동독 여성의 변화된 정체성을 확연하게 보여준다. 그녀는 자신이 동독 출신으로서 서독인보다 유리한 지점에 서게 될 것이라고 주장했는데, 무엇보다 그 이유를 어려운 시대를 극복해온 자신들의 강인함에서 찾았다. 동독 출신으로서의 강점을 이야기하는 것 자체가 새로운 관점이었고 미래에 대한 진취적인 태도 역시 놀라운 변화였다. 이 자전적 일대기는 대중에게 큰 반향을 끌어냈고 일약 베스트셀러가 되었다. 마르티나 렐린Martina Rellin은 인터뷰 모음집인 『그래, 나는 동독 여자다!Klar, bin ich eine Ost-Frau!』(2004)[34]를 통해 서서히 담론화되고 있던 문제를 구체적으로 언급했다. 동독 여성들이 통일독일 미래 사회의 모델이자 새로운 주역으로 부상할 수 있다는 것이다.[35]

자전적 일대기를 편찬하는 출판문화는 동독 여성들이 자신들의 주체적 경험을 이야기하도록 돕는 것을 넘어서 자기의 비전을 찾는 데 일역을 담당하고 있다. 자전적 일대기의 편찬은 동독 여성들이 변화된 사회에서 자신의 정체성을 찾아가는 데 가장 적극적인 문화적 실천이었다고 평가될 수 있다.

4) 동독 여성 연구의 새로운 방향: 동서독 중심에서 유럽지형으로

통일 이후 동독 여성 연구도 놀랄 만한 성과를 이루었다. 특히 1997년에 『여성 및 젠더 연구를 위한 포츠담 연구Potsdamer Studien zur Frauen- und Geschlechterforschung』가 포츠담 대학에서 간행되면서 동독 여성 연구는 새로운 도약을 경험한다. 이전까지는 가부장제에 대한 문제의식이 없던 구동독의 여성 연구를 과연 어디까지 인정할 수 있는가에 대해 문제를 제기하는 학자가 많았다. 구동독 시절에 여성운동이 없었다는 맥락과 같은 의미로 구동독 시절의 여성 연구도 이데올로기적 색채 때문에 인정할 수 없다는 것이다.[36] 하지만 새롭게 주목받고 있는 포츠담 대학의 '여성 및 젠더 연구'는 통일 이후 동독 여성의 정체성과 동독 여성의 경험, 인식, 상황 등을 깊이 있게 다루면서 그야말로 '동독 여성' 전문 연구로 자리매김하고 있다.

포츠담 대학의 '여성 및 젠더 연구'를 선두로 동독의 여성 연구는 동독 여성 특유의 정체성과 의식, 동독 여성운동의 새로운 비전과 역할에 대해서 고민했고 그 콘텐츠를 유럽 여성운동과의 관계 속에서 찾기 시작했다. 1998년 베를린 공대에서 개최된 심포지엄 "유럽의 일생과 분할Biographies and Division of Europa"과 1999년 훔볼트 대학에서 개최된 심포지엄 "동유럽 및 중앙 유럽에서 변화 속에 있는 젠더Gender in Transition in Eastern and Center Europa" 등은 모두 동독 여성의 문제를 유럽과의 관계 속에서 새롭게 접근하려는 시도라고 할 수 있다.[37] 이러한 시도는 동유럽 국가인 헝가리와 폴란드, 체코가 2004년에 유럽연합에 공식적으로 가입하면서 더욱 박차를 가하게 되었다. 동독 여성은 자신들을 더는 동서독 통일 관계에서 '희생자'나 '타자'로 보는 것이 아니라 유럽이라는 큰 틀 속에서 글로벌 경쟁 시대의 새로운 동력으로 접근하는 시각에 눈을 뜬다.

동독 출신의 여성학자 질케 로트Silke Roth는 통일 이후 동독 여성의 가장 핵심적 요구였던 '직업과 육아의 병행'에 관한 정책도 유럽연합의 관점에서 재조명하고 있다.[38] 직업과 육아를 선택의 영역으로 간주하는 서독 여성과 달리, 직업도 육아도 포기할 수 없다는 동독 여성은 국가가 이 문제를 시스템을 통해 해결해주어야 한다고 주장해왔다. 이러한 주장 때문에 동독 여성은 동독적 사회보장을 여전히 요구하고 있다는 서독 여성의 비판을 받아왔다. 하지만 유럽연합이 성주류화 정책[39]을 표방하면서 동독 여성의 주장에 힘이 실리게 된다. 직업과 육아를 병행할 수 있도록 국가가 정책적으로 지원했던 스칸디나비아와 동유럽 나라들에서 여성 인력 활용도가 훨씬 높은 사례를 감안하고 국가가 주도하는 여성해방의 효율성을 인정해 유럽연합은 성주류화 정책을 실행했던 것이다. 이를 통해 '위로부터의 해방'에 불과했다는 구동독의 여성정책과 제도권 안에서 획일적이었다는 구동독의 여성 연구에 대한 서독 여성운동의 일방적 분석도 재평가될 수 있는 발판이 마련되었다. 가부장제 투쟁에 근거해 국가(= 남성)와는 크게 타협하지 않는 관계를 유지하는 서독의 페미니즘 전통이 마치 상식인 것처럼 일반화되는 것도 비판할 수 있게 되었다. 동독의 여성 연구는 이

제 동유럽과의 연계 속에서 좀 더 다양한 관점을 통해 연구될 수 있게 되었다. 구동독 시절 여성문화의 긍정성과 부정성을 동독 여성의 관점에서 재평가하고 앞으로의 여성문화도 이들의 경험과 필요에 근거해 창출될 수 있을 것으로 보인다.

4. 결론: 문화운동의 역량을 모아 다시 정치운동으로?

동독 여성의 문화운동은 각 지역에 여성기관들을 설립하고 다양한 문화 프로그램을 운영하며, 또한 자전적 일대기를 편찬하는 출판문화를 선도해 동서독 여성은 물론, 동독 여성 사이의 소통을 가능하게 하고 있다. 이와 더불어 유럽연합에 동유럽 국가들이 가입하면서 유럽의 새로운 지형 속에서 동독 여성 연구가 진행되고 있다. 통일 이후 동독 여성문화 변동의 특징을 크게 두 가지로 정리하자면, 첫째는 비정치적 성향과 문화적 콘텐츠의 확대이며, 둘째는 취향 및 이해관계에 따른 수많은 모임의 활성화이다. 이러한 양상은 긍정적 의미와 부정적 의미를 모두 내포한다.

문화운동의 긍정적 의미는 무엇보다 생활문화활동과 지역모임을 통해 체제 적응이 용이해졌다는 데 있다. 네트워크를 통해 자신의 당면한 문제들을 공동으로 해결하고 각자의 관심사에 집중할 수 있게 되었다. 부정적 측면은 정치적 결집이 약화되고 동독 여성을 하나로 묶는 통일된 목표를 설정하기도 어려워졌다는 것이다. 정치적 의식이 약화되면서 페미니즘 문화운동과 여성 문화활동의 경계가 모호해졌다. 생활의 향유를 중심으로 한 문화활동은 여성 문제를 정치적 문제로 의식화하는 문화운동의 과정이지 결코 문화운동의 궁극적인 목표는 아니라는 점에 유의할 필요가 있다.[40] 페미니즘적인 열정보다는 경력으로 무장하려는 신세대 동독 여성들의 문화활동을 문화운동 차원으로 끌어올릴 수 있는 전략이 요구되고 있다.[41] 통일 이후 새로운 문화를 향유하고자 하는 욕구와 동독 여성이 처한 현실을 변화시키고자 하는 운동으로서의 목표가 함께 충족되는 프로그램의 개발과 의식화 운동이 동독 여성운동 리더십에 의해 더욱 적극적으로 논의되어야 할 것이다.[42] 문화운동이 활발함에도 동독 여성운동이 정치적 리더십 없이 표류하고 있다는 비판이 일고 있다.[43] 동독 여성운동이 어떻게 정치적 구심점을 만들어내며 어떤 이슈들을 창출한 것인지가 동독 여성운동의 중대 과제로 떠오르고 있다. 수많은 지역모임과 문화 프로그램의 활성화라는 놀랄 만한 성과는 이제 결집을 통해 단결된 힘을 구현하는 정치적 운동으로 다시 한 번 도약해야 할 것으로 보인다.

동독의 여성운동 단체가 정치적 결집을 확산하기 위해서는 여러 조직 및 시설의 설립과 풀뿌리 지역모임의 활성화는 물론, 다양한 그룹의 네트워크를 형성하고 정치적 토론을 게을리해서는 안 될 것이다. 구동독 시절의 여성운동뿐 아니라 전환기의 여성운동이 통일 이후 동독 여성의 정치적 현실에 영향력을 미치지 못한 것은 당시의 운동들이 산발적으로 행해졌을 뿐, 정치적 결속력을 갖지 못했기 때문이었다. 이런 과거의 한계를 극복하기 위해 동독의 여성운동 단체들은 네트워크를 형성하며 지속적인 만남을 추구하고 있다. 예를 들어 브란덴부르크 주의 20개 여성 센터도 1년에 3회씩 정기적인 모임을 갖고 있다. 이 모임의 목적은 주洲정책에 영향력을 행사하며 공동의 정치적 이해를 관철하기 위해 결속을 다지는 것이다.

정치적 영향력을 키우기 위해 동독 여성운동은 유럽연합으로 그들의 활동무대를 옮기려는 전략도 세우고 있다. 서독 여성운동의 보조와 지도를 받았던 권력적 관계에서 벗어나 동독 여성운동이 유럽 여성운동의 새로운 지형 속에서 자신들의 발판을 마련하고자 시도하고 있는 것이다. 이들은 자신들의 활동을 동서독 관계에만 한정하지 않고 유럽지형 안에서 새롭게 접근해가겠다는 목표를 세우고 있다. '동유럽 여성연합 카라트Osteuropäische Frauenkoalition Karat'와 '동서 여성 네트워크das Ost-West Frauennetswerk'는 유럽연합의 재정적 지원 속에서 크게 성장하고 있는 동독의 대표적 여성운동 단체이다.

안으로는 대중의 문화 향유 욕구와 여성주의 의식을 접목하는 프로그램의 개발로 여성문화 운동이 심화되고, 밖으로는 각 모임의 네트워크 형성과 유럽 연합에 활발한 참여로 정치적 세력화가 강화된다면 – 서론에서 언급한 – 엥글러나 니켈이 예고하듯이 머지않아 동독 여성의 사회적 영향력은 확장될 것으로 보인다. 동독의 여성운동은 때로는 서독의 자매들과 협력하고 때로는 유럽의 여성운동과 제휴하면서 이제 새롭게 다져가야 할 자신들의 독자적 입지를 모색하고 있는 중이다. 동독 여성운동은 동독 여성의 정치적 이익과 사회적 요구를 유럽 지형 안에서 대변하는 정치적 세력으로 성장할 준비를 하고 있다. 10여 년 동안 활성화된 문화운동의 역량이 정치운동을 통해 새로운 결실을 이룰 수 있을지 기대된다.

주

* 이 글은 도기숙, 「통일 이후 동독 지역 여성문화의 변동: 동독 여성운동을 중심으로」, ≪독일어문학≫, 제38집(2007년), 445~466쪽을 수정 게재한 것임.

1 이 글에서 '동독 여성'은 사회주의 체제였던 '구동독 출신의 여성'을 지칭한다. 마찬가지로 '서독 여성'은 시장경제 체제를 살아왔던 '구서독 출신의 여성'을 의미한다.

2 '여성문화'란 협의로는 여성잡지의 출판, 여성신문, 여성서점, 여성 카페, 여성영화 등 여성주의 관점에서 여성에 의해 여성의 독자적인 문화를 발굴·창출하려는 문화운동을 의미하는 한편, 광의로는 남성중심의 가부장적 지배문화에 밀려나면서 자기 나름대로 대안을 설계해 적극적으로 활동하는 여성들의 생활문화활동까지 포괄적으로 의미한다. 박재신, 「독일은 평화통일을 어떻게 이루었나: 구동독의 여성운동을 중심으로」, ≪여성연구논총≫, 13(98.12), 153쪽 참고.

3 Marion Möhle, "Frauen in den neuen Bundesländern," in Richard Hauser and Thomas Olk(eds.), *Soziale Sicherheit für alle?* (Opladen, 1997), p.267; Susanne Diemer, *Patriarchalismus in der DDR* (Opladen, 1994), p.113.

4 Wolfgang Engler, *Die Ostdeutschen als Avangarde* (Berlin, 2002). 사회주의적 여성의식이란 동독 사회에서 자라면서 여성으로서 자연스럽게 습득한 의식을 말한다. 남녀평등을 강조하고 어떤 경우에도 직업을 포기하지 않는 태도도 이에 속한다.

5 Hildegard Maria Nickel, "Pluralisierung oder Polarisierung von Frauen in Ost- und Westdeutschland?," *WSI Mitteilungen: Monatsschrift des Wirtschafts- und Sozialwissenschaftlichen Instituts in der Hand-Böckler-Stiftung*, 01/2001, pp.310~316.

6 동독 여성의 파워론은 국내에서도 주장되기 시작했다. 김용민, 「통일독일의 미래는 동독인들에게?: 통일독일 사회의 동독 젊은이와 여성들」, ≪독일 문학≫, 제101집 48권 1호(2007), 233~255쪽; 도기숙, 「독일 통일 이후 여성상의 변화: 동독 여성을 중심으로」, ≪독일 문학≫, 제101집 48권 1호(2007), 256~276쪽 참조.

7 Samirah Kenawi, "Zwischenzeiten: Frauengruppen in der DDR zwischen östlicher Bürger und westlicher Frauenwebegung," in Bernd Gehrke et al.(eds.), ··· *das war doch nicht unsere Alternative: DDR-Oppositionelle zehn Jahre nach der Wende* (Münster, 1999), p.157.

8 같은 글, pp.159f.

9 같은 글, p.161.

10 Leopold Grün, "Frauenpolitik, Frauenbewußtsein, Frauenbewegung und Frauen-forschung in der DDR - Eine Suche nach DDR - spezifischen Ursachen des gespannten Verhältnisses von Feministinnen und feministischer Forschung in Ost und West der heutigen BRD"(Berlin, 1998), p.6. www.hausarbeiten.de/faecher/hausarbeit/sof/4724. html

11 대부분의 서독 여성운동가는 사회의 모순을 개혁하는 사회운동과 달리 여성운동의 핵심 테제는 무엇보다 가부장제에 대한 투쟁이라고 주장한다. 기존의 시민사회운동에서 말하는 일반적 인권이 아니라 바로 여성의 인권을 침해하는 가부장제에 저항하는 것이 여성운동의 가장 핵심적인 관건임을 강조한다.

12 Barbara Hömberg, *Geteilte Schwestern? Die Zusammenarbeit in der Ost- und Westfrauenbewegung* (Berlin, 1994), p.32.

13 같은 책, p.42.

14 여성의 권익을 창출한다는 목표 아래 1947년에 세워졌고 정부로부터 재정적 지원을 받으며 당의 여성정책을 대중에게 선전하고 협력하는 역할을 맡았다. 민주여성협회는 여성 문제를 곧 사회구조의 문제라고 인식하면서 여성의 경제적 자립을 구조적으로 체계화한 구동독이 여성해방 국가라는 당의 인식에 동조했다. 따라서 조직 자체 내의 목표 설정이나 민중의 이익을 대변하기보다는 당의 정책 사항을 동독 여성에게 전달하는 역할을 주로 맡았다. 구체적으로 이 단체가 수행했던 과제는 교육 및 문화사업이었다. 사회주의 인성교육을 위한 부모세미나를 개최하고 실용적인 차원에서 가사노동을 쉽게 하는 정보세미나 혹은 건강상담실을 운영했다. Samirah Kenawi, "Zwischenzeiten: Frauengruppen in der DDR zwischen östlicher Bürger und westlicher Frauenwebegung," p.70.

15 김누리·노영돈·박희경·도기숙·이영란, 『나의 통일 이야기: 동독 주민들이 말하는 독일 통일 15년』(도서출판 한울, 2006), 182쪽.

16 Barbara Hömberg, *Geteilte Schwestern? Dic Zusammenarbeit in der Ost- und Westfrauenbewegung*, p.52.

17 장미경, 『오늘의 페미니즘, 세계여성운동』(문원출판, 1996), 180쪽 참조.

18 서독 여성들의 주장이 동독 여성들에게 받아들여지지 않는 것은 자기 결정권의 내용과 범위에 대한 한계 때문이다. 동독 여성들은 서독 여성들이 자신들보다 내적으로 강인하고 자존감이 강하며 뚜렷하게 자신을 표현한다는 것을 인정하지만, 직장과 육아를 선택하는 결정권만 지녔을 뿐 두 영역을 다 가지려는 의지는 부족하다고 봤다. 그뿐

아니라 육아를 선택할 경우 남편에 대한 경제적 종속은 결국 정신적 관계의 종속도 초래하는 것이 여성이 처한 현실이라고 주장한다. 동독 여성들은 경제적 자립 없이는 해방도 인권도 없다고 주장하며 직장이 없는 여성은 사회적 소속감을 느끼지 못하고 사회적으로 무용지물이 되기 쉽다고 생각한다.

19 정현백, 「여성운동과 정치: 통일전후 동독 여성운동의 정치세력화를 중심으로」, ≪사림≫, 제24호(2005년), 377쪽.

20 Christina Schenk, "Der Politikbegriff von ostdeutschen Frauen am Beispiel des Unabhängigen Frauenverbabdes (UFV)," in Birgit Bütow et al. (eds.), *EigenArtige Ostfrauen: Frauenemanzipation in der DDR und neuen Bundesländern* (Bielefeld, 1994), p. 286.

21 독립여성연맹의 정치권 진입의 실패를 두고 동서독 여성운동가들은 곧 동독 여성이 통일 이후 지속적으로 패배자로 남게 되는 상황을 재촉했다고 평가하고 있다. 독립여성연맹이 정치적 영향력을 잃으면서 정치에 뜻을 두던 여성들은 각기 흩어졌다. 정치에 몸담고 있는 여성Politik-Frauen과 프로그램을 실무적으로 담당하는 여성Projekt-Frauen 간의 연계가 단절되었다. Barbara Hömberg, *Geteilte Schwestern? Die Zusammenarbeit in der Ost- und Westfrauenbewegung*, p. 45.

22 Ute Schlegel, *Politische Einstellungen ostdeutscher Frauen* (Berlin, 2000), pp. 9f.

23 Wiltrud Gieseke, *Kulturelle Erwachsenenbildung in Deutschland: Exemplarische Analyse* (Berlin/Brandenburg/Münster, 2005) 참조.

24 같은 책, p. 249.

25 동독 지역의 여성 센터라고 해서 순전히 동독 여성 출신의 리더들로 구성되어 있는 것은 아니다. 서독 여성 단체의 지원으로 설립된 여성 센터는 동서독 출신의 여성 리더가 함께 구성되어 있으며, 이런 경우 동서독을 구분하는 사고방식을 멀리하는 편이다.

26 같은 책, p. 247.

27 같은 책, p. 243.

28 같은 책, pp. 235, 248. 여성들의 높은 참여율이 단순한 문화활동〔woman's culture〕을 넘어서 문화운동〔feminist-culture〕으로 심화되고 있는지는 더 세분화해 언급될 필요가 있다. 양적인 확대가 어떻게 질적인 변화를 이끌고 있는지도 중요하기 때문이다.

29 동독 여성을 인터뷰해 그들의 심리를 보여주는 연구는 서독에서 먼저 시작했다(1992~1993). 이러한 인터뷰 모음집의 발전은 '질적 연구'라는 사회학적 방법론을 사용한 서독 사회학계의 연구 성과와도 맞물린다. 이러한 자전적 일대기를 편찬하는 문화

는 서독의 여성운동을 새롭게 각성시켰다. 편집자가 자신들의 견해를 개입하지 않고 진정으로 동독 여성의 속내를 들을 수 있는 기회가 되었기 때문이다.

30 Ingrid Miethe, "Zwischen biografischer Selbstgewisserung und Wissenschaftsdiskurs: Die Entwicklung der Ost-West-Diskussion von Frauen(bewegung) seit 1989," *Zeitschrift für Frauenforschung, Forschungsinstitut Frau und Gesellschaft*, 14, Heft 1+2 (Münster, 2004), p.50.

31 같은 글, p.51.

32 Karin Rohnstock(ed.), *Stiefschwestern: Was Ost-Frauen und West-Frauen voneinander denken* (Frankfurt a. M., 1994); Gislinde Schwarz et al., *Von Muttis und Emanzen: Feministinnen in Ost- und Westdeutschland* (Frankfurt a. M., 1995); Dietlind Steinhöfel, *Wer bist du, fremde Schwester? Lebenswege von Frauen in Deutschland - Ost und Wes* (Oberrursel, 2001); Ulrike Hänsch, *Jetzt ist eine andere Zeit* (Königstein/Taunua, 2005) 참조.

33 Jana Hensel, *Zonenkinder* (Reinbeck, 2002).

34 Martina Rellin, *Klar bin ich eine Ost-Frau!* (Berlin, 2004).

35 김용민, 「통일독일의 미래는 동독인들에게?: 통일독일 사회의 동독 젊은이와 여성들」, 241~246쪽 참조.

36 Leopold Grün, "Frauenpolitik, Frauenbewußtsein, Frauenbewegung und Frauenforschung in der DDR - Eine Suche nach DDR - spezifischen Ursachen des gespannten Verhältnisses von Feministinnen und feministischer Forschung in Ost und West der heutigen BRDS"(Berlin). www.hausarbeiten.de/faecher/hausarbeit/sof/4724.html. 같은 맥락에서 통일 이후 동독 대학에서 진행된 여성 연구도 동독 여성 연구로 보기에는 문제가 많다. 서독 학자 출신의 페미니즘 그룹이 대거 동독 대학으로 진입하며 동독 지역의 여성 연구를 장악했기 때문이다. 베를린의 훔볼트 대학의 경우, '젠더 연구'라는 새로운 전공을 개설해 여성 연구의 발전에 공헌했지만 교수진은 대부분 서독 출신의 페미니스트로 구성되었다. 서독의 페미니즘이 동독 지역으로 여과 없이 이식된 사례라고도 볼 수 있다.

37 Ingrid Miethe, "Zwischen biografischer Selbstgewisserung und Wissenschaftsdiskurs," p.62.

38 Silke Roth, "Gender-Mainstreaming und EU-erweiterrung," in Ingrid Miethe and Silke Roth(eds.), *Europas Töchter: Traditionen, Erwartungen und Strategien von Frauen-*

bewegungen in Europa (Opladen, 2003), p.73.

39 성주류화 정책이란 일종의 '국가페미니즘'이라는 용어로 설명될 수 있다. 여성 단체가 자신들의 권리를 찾기 위해 국가에 투쟁하던 과거 패러다임과 달리, 국가가 페미니즘적 원리를 표방하며 이를 정책적으로 주도하는 것이다. 유럽연합의 성주류화 표방은 우리나라의 여성부 설립에도 커다란 영향을 끼쳤다.

40 문화활동과 문화운동의 차원을 완전히 구별할 수 있는 것은 아니다. 이 두 가지를 모두 충족할 방법으로 배성인은 여성축제를 예로 들어 설명하고 있다. 여성주의 시각에 공감하는 대중들이 특정한 예술 장르에 관심을 가지고 참여할 경우, 그 특정 장르 안에서 좀 더 만족스러운 문화 향유감을 느낄 수 있도록 프로그램을 다원화할 것을 제안하는 것이다. 배성인, 「한국 여성운동의 새로운 지향점: 문화운동을 중심으로」, ≪사회과학논총≫, 제15집(1999), 316쪽.

41 Susanne Weingarten et al., "Fordert, was ihr kriegen könnt," *Der Spiegel*, Nr.47 (1999.11.22).

42 동독의 여성운동 단체들이 네트워크를 형성해 정치적 결속력을 추구하는 것 자체가 구동독 시절에는 발견할 수 없었던 변화된 여성문화의 한 양상이라고도 할 수 있다. 하지만 통일 이후 새롭게 변화하고 있는 동독의 여성문화에 대한 장밋빛 기대를 하기에는 아직 상황이 이를 수도 있다. 동독 여성들이 자본주의적 상업화에 휘둘리면서 유사-여성문화(오로지 상업화된 대중문화)의 위험에 노출되고 있다는 비판도 만만치 않기 때문이다. 배성인, 「한국 여성운동의 새로운 지향점: 문화운동을 중심으로」, 307쪽.

43 Uta Schlegel, *Politische Einstellungen ostdeutscher Frauen*, p.9.

참고문헌

김누리·노영돈·박희경·도기숙·이영란. 2006. 『나의 통일 이야기: 동독 주민들이 말하는 독일 통일 15년』. 도서출판 한울.

김용민. 2007. 「통일독일의 미래는 동독인들에게?: 통일독일 사회의 동독 젊은이와 여성들」. ≪독일 문학≫, 제101집 48권 1호, 233~255쪽.

도기숙. 2007. 「독일 통일 이후 여성상의 변화: 동독 여성을 중심으로」. ≪독일 문학≫, 제101집 48권 1호.

박재신. 1998. 「독일은 평화통일을 어떻게 이루었나: 구동독의 여성운동을 중심으로」. ≪여성 연구논총≫, 13(98.12), 143~174쪽.

배성인. 1999. 「한국 여성운동의 새로운 지향점: 문화운동을 중심으로」. ≪사회과학논총≫, 제15집, 295~324쪽.

장미경. 1996. 『오늘의 페미니즘, 세계여성운동』. 문원출판.

정현백. 2005. 「여성운동과 정치: 통일전후 동독 여성운동의 정치세력화를 중심으로」. ≪사림≫, 제24호, 363~391쪽.

Diemer, Susanne. 1994. *Patriarchalismus in der DDR*. Opladen.

Engler, Wolfgang. 2002. *Die Ostdeutschen als Avangarde*. Berlin.

Gieseke, Wiltrud. 2005. *Kulturelle Erwachsenenbildung in Deutschland: Exemplarische Analyse*. Berlin/Brandenburg/Münster.

Grün, Leopold. 1998. "Frauenpolitik, Frauenbewußtsein, Frauenbewegung und Frauenforschung in der DDR - Eine Suche nach DDR - spezifischen Ursachen des gespannten Verhältnisses von Feministinnen und feministischer Forschung in Ost und West der heutigen BRD." Berlin. www.hausarbeiten.de/faecher/hausarbeit/sof/4724.html

Hänsch, Ulrike. 2005. *Jetzt ist eine andere Zeit*. Königstein/Taunua.

Hensel, Jana. 2002. *Zonenkinder*. Reinbeck.

Hömberg, Barbara. 1994. *Geteilte Schwestern? Die Zusammenarbeit in der Ost- und Westfrauenbewegung*. Berlin.

Kenawi, Samirah. 1999. "Zwischenzeiten: Frauengruppen in der DDR zwischen östlicher Bürger und westlicher Frauenwebegung." in Bernd Gehrke et al. (eds.). ⋯ *das war doch nicht unsere Alternative: DDR-Oppositionelle zehn Jahre nach der Wende.* Münster.

Miethe, Ingrid. 1996. "Das Politikverständnis bürgerbewegter Frauen der DDR in Pozess der deutschen Vereinigung." *Zeitschrift für Frauenforschung,* 14(1996), Heft 1+2, pp.87~101.

_____. 2004. "Zwischen biografischer Selbstgewisserung und Wissenschaftsdiskurs: Die Entwicklung der Ost-West-Diskussion von Frauen(bewegung) seit 1989." *Zeitschrift für Frauenforschung, Forschungsinstitut Frau und Gesellschaft,* 14, Heft 1+2. Münster.

Möhle, Marion. 1997. "Frauen in den neuen Bundesländern." in Richard Hauser and Thomas Olk(eds.). *Soziale Sicherheit für alle?.* Opladen.

Nickel, Hildegard Maria. 2001. "Pluralisierung oder Polarisierung von Frauen in Ost- und Westdeutschland?." *WSI Mitteilungen: Monatsschrift des Wirtschafts- und Sozialwissenschaftlichen Instituts in der Hand-Böckler-Stiftung,* 01/2001, pp. 310~316.

Rellin, Martina. 2004. *Klar bin ich eine Ost-Frau!.* Berlin.

Rohnstock, Karin(ed.). 1994. *Stiefschwestern: Was Ost-Frauen und West-Frauen voneinander denken.* Frankfurt a. M.

Roth, Silke. 2003. "Gender-Mainstreaming und EU-erweiterrung." in Ingrid Miethe and Silke Roth(eds.). *Europas Töchter: Traditionen, Erwartungen und Strategien von Frauenbewegungen in Europa.* Opladen.

Schlegel, Uta. 2000. *Politische Einstellungen ostdeutscher Frauen.* Berlin.

Schenk, Christina. 1994. "Der Politikbegriff von ostdeutschen Frauen am Beispiel des Unabhängigen Frauenverbabdes (UFV)." in Birgit Bütow et al.(eds.). *EigenArtige Ostfrauen: Frauenemanzipation in der DDR und neuen Bundesländern.* Bielefeld.

Schwarz , Gislinde et al. 1995. *Von Muttis und Emanzen: Feministinnen in Ost- und Westdeutschland.* Frankfurt a. M.

Steinhöfel, Dietlind. 2001. *Wer bist du, fremde Schwester? Lebenswege von Frauen in Deutschland - Ost und Wes.* Oberrursel.

Weingarten, Susanne et al. 1999.11.22. "Fordert, was ihr kriegen könnt." *Der Spiegel*, Nr. 47.

12

통일 이후
독일 청소년 폭력 실태에 대한 연구[*]
스킨헤드의 극우적 성향을 중심으로

이영란

1. 들어가며

통일 이후 독일 사회에 나타난 새로운 사회현상 중의 하나는 급격히 증가한 청소년 폭력과 극우 이데올로기의 확산이다. 이 청소년 폭력을 주도하는 스킨헤드 집단이 집중 조명을 받고 있는데, 그 이유는 첫째, 대다수의 폭력 사건이 스킨헤드 집단에 의해 발생했다는 점, 둘째, 폭력 대상이 주로 외국인이라는 점, 셋째, 이들의 폭력 배경이 극우 성향을 보여준다는 점, 넷째, 통일 이후 동독 지역에서 급격히 증가했다는 점, 마지막으로 통일 이후 지지 세력이 급증한 극우 정당과의 관계 등을 들 수 있다. 스킨헤드 집단의 폭력은 통일 직후 사망에까지 이르게 한 외국인 망명자 거주지 방화 사건을 통해 세상을 경악시켰고, 이후 이들의 폭력은 극우적 성향의 외국인 혐오와 — 특히 동독 지역 — 청소년 폭력의 동의어가 되어 통일독일 사회의 지속적인 사회문제가 되고 있다.

통일 이후 독일 사회의 주목할 만한 또 다른 사회현상으로 극우 정당에 대한 지지 증가를 들 수 있다. 1952년 독일연방헌법재판소가 극우 정당인 네오파쇼

사회주의 제국정당SRP: Neofaschistische Sozialistische Reichspartei(이하 SRP)을 금지한 이후 반세기가 지난 2004년, 명백한 네오나치 정당인 독일 민족민주주의당NPD: Nationaldemokratische Partei Deutschlands(이하 NPD)이 작센 주지방선거에서 9.2%의 지지를 얻어 주 의회에 12명의 의원을 진출시켰다. NPD의 정치적 승리는 신나치주의, 인종주의, 파쇼적 민족주의 등 극우 이데올로기의 공론화 및 극우 정당의 합법적인 정치 행보를 가능하게 해주었다는 데 그 의미가 있다. 통일독일 사회에서 나타나고 있는 극우적 현상은 동독 지역에서 더욱 두드러지게 나타나고 있다. 그러나 이와 같은 동독 지역 극우 정당의 행보는 기존의 합법적 정치 노선을 추구하던 서독 지역 극우 정당 및 지지자들에게 더욱더 급진적인 극우 이데올로기와 외국인 혐오를 확산시키는 데 점점 영향력이 커지고 있음을 간과해서는 안 된다. 여기에서 다음과 같은 질문을 던져보자.

① 통일 이후 독일 사회, 특히 동독 지역에서 폭력적 스킨헤드 집단과 극우 이데올로기가 급격하게 확산된 이유는 무엇인가?
② 스킨헤드 집단의 폭력과 극우 이데올로기 및 극우주의 정당은 어떤 맥락에서 연관 지어야 할까?
③ 스킨헤드 집단의 폭력은 훌리건hooligan처럼 사회 저층 출신의 청소년 하위문화 양상으로 볼 수 있는가?

이 글에서는 이러한 질문들을 토대로 통일독일 사회의 중요한 현안인 극우적 배경의 청소년 폭력을 분석하고 그 원인을 찾아본다. 또한 극우주의와 스킨헤드 집단 간의 공통점과 상이점을 비교해보고, 통일독일 사회에서 나타나는 특징적 양상을 파악해본다.

체제통합이라는 도구적 통일 담론이 주도하는 한반도의 현실을 비추어볼 때, 현재 통일독일 사회의 난제가 엄청난 문화변동이 낳은 사회변화와 이에 기인한 갈등이라는 점은 우리에게 매우 중요한 교훈을 준다. 특히 독일 청소년 세대의 폭력 범죄와 극우주의 성향 증가는 통일 이후 급격한 문화변동 과정에서 나타난 심각한 청소년 사회일탈 문제라는 점에서 한반도 통일 담론에 시사하는 바가 크다.

2. 기존 연구 현황과 연구 내용 및 방법

통일 이후 독일 청소년 연구는 크게 두 방향으로 진행되었다. 첫째, 체제이행 과정이 야기한 동독 지역 청소년의 정체성 변화 및 소속감에 대한 문제 연구, 둘째, 외국인에 대한 폭력과 연관된 극우적 성향의 청소년 집단에 대한 연구이다. 특히 후자는 통일 직후 독일 청소년 연구의 르네상스를 일으켰다고 해도 과언이 아닐 만큼 지대한 관심의 대상이었다. 이는 통일 이후 독일 사회에 다시 나타난 극우 이데올로기와 외국인 혐오 현상, 그리고 이들을 대상으로 한 폭력 범죄의 급격한 증가와 맞물려 있다. 이 극우적 사회현상에 대한 원인으로 통일이라는 사회변동이 — 특히 동독 지역에 — 몰고 온 다양한 변화, 예를 들면 체제이행 과정에서의 적응 문제, 동서독 간의 경제적 격차 및 실업률 증가, 이에 따른 미래에 대한 불안, 정체성 및 가치관의 혼란, DDR 교육과 사회화의 잔재 등을 들 수 있다. 경제적 관점에서 보자면 이 사회현상은 통일이 가져온 부정적인 경제 변화 및 동서독 간에 등장한 새로운 계층 격차로 설명할 수 있고, 사회문화적 관점에서는 상이한 사회화 과정과 사회구조의 급격한 변화가 가치관 혼란 및 문화적 아노미 현상을 야기했다는 설명도 타당하다. 다른 한편으로 21세기 들어 급격히 진행되고 있는 세계화 과정 및 탈정치화 현상이 야기한 급진적 청소년 문화의 등장으로 설명될 수도 있다. 그러나 이 모든 분석은 보는 이의 시각에 따라 강조하고자 하는 내용이 달라지고, 또 이 요인들은 서로 맞물려 있기 때문에 어느 하나만을 떼어 설명하기는 불가능한 복합적인 사회현상이라고 할 수 있다. 이 중에서 주목할 만한 연구 성과는 1990년대 초반 통일 직후의 청소년 폭력을 가정, 학교, 사회의 틀 안에서 통계 연구조사를 통해 구체적 데이터를 분석한 지그프라이트 람네크Siegfried Lamnek의 『청소년과 폭력Jugend und Gewalt』, 빌헬름 하이트마이어Wilhelm Heitmeyer와 요아힘 뮐러Joachim Müller의 『청소년 세대의 외국인 혐오폭력Fremdfeindliche Gewalt junger Menschen』을 들 수 있다.[1] 또한 페터 푀르스터Peter Förster가 수행한 다년간의 실증적 연구와 시기별 자료는 통일 직후부터 1990년대 말까지 청소년 폭력의 양상과 배경을 다각도로 조명하고 있다.[2] 최근 수행된 연구 성과로는 주변문화로서 스킨헤드 문화를 분석한 크리스티안 맨호른Christian Menhorn의 『스킨헤드: 주변문화의 자화상Skinheads: Portrait einer Subkultur』은 통일 이전 두 독일 사회에서 등장·발전한 스킨헤드의 사회적 변화와 통일 이후에 나타난 특징 및 공통성을 비교 분석한 연구 성과이다.[3] 또한 청소년 폭력을 극우주의 이론과 접목해 이데올로기의 발전과 변화를 분석한 클라우스 슈뢰더Klaus Schröder의 『극우주의와 독일 청소년 폭력Rechtsextremismus und Jugendgewalt in Deutschland』은 비판적·이론적 시각을 총정리한 연구서이다.[4] 이와 함께 앤더슨S. Andersen과 동료들의 『통일된 독일: 분단된 청소년Vereintes Deutschland: geteilte Jugend』과 리차드 슈퇴스Richard Stöss의 『극우주의의 변화Rechtsextremismus im Wandel』[5] 역시 최신 자료로서 청소년 폭력과 극우주의의 변화 과정을 구체적으로 보여주고 있다.[6] 통일 이후 독일 청소년에 대한 국내 연구로 이영란의 동독 지역 청소년에 대한 질적 연구는 통일 이후 청소년 세대의 가치관 및 정체성의 변화를 세대별로 분석해 통일세대가 바라보는 통일독일 사회에 대한 이중적 시각과 이 세대가 봉착해 있는 소속감 문제를 다루었고, 상일순의 사회적응과 관련된 동독 청소년 연구는 동독 지역 청소년 세대의 폭력을 현상적 차원에서 설명하고 있다.[7] 통일 이후 독일 청소년 연구는 국내에서 아직 연구가 구체적으로 이루어지지 않은 미답의 영역이라고 해도 과언이 아니며, 이에 대한 국내 연구는 매우 절실한 실정이다.

이 글에서는 문화변동의 지표로서 통일 이후 극우적 성향의 청소년 폭력 실태를 중심으로 그 양상과 원인, 동기와 이데올로기적 연관성을 찾아본다. 나아가 청소년 세대의 문화적 가치에 대한 변화가 극우 이데올로기와 맞물려 세계화라는 보편적 현상에서 어떻게 왜곡되어 나타나고 있는지를 살펴본다. 이 글은 다음과 같은 질문에 초점을 맞춘다.

① 스킨헤드의 탄생과 극우 이데올로기는 어떤 사회적 배경에서 형성되었고 어떤 발전 경로를 거쳤는가?
② 통일 이전 극우주의가 터부시되었던 양 독일 사회에서 스킨헤드와 극우주의는 어떤 특징적 양상과 변화를 보여주는가?
③ 독일 통일 이후 동독 지역 극우 청소년 집단의 유형 및 폭력 양상은 어떠한가?
④ 극우적 배경의 청소년 폭력과 통일된 독일 사회의 이데올로기 및 정치사회적인 요인들과는 어떤 연관이 있는가?

3. 스킨헤드와 극우주의 개념 정의 및 발생

1) 스킨헤드의 발생 및 성장

스킨헤드라는 이름은 살이 드러날 정도로 짧게 깎은 머리 모양에서 유래한 단어로서 흔히 극우 성향의 폭력적인 청소년·청년 집단을 지칭한다. 그러나 스킨헤드의 기원은 몰락하는 영국노동자 계급의 프롤레타리아적·반시민적anti-bürgerlich 저항문화에서 출발하고 있다. 제2차 세계대전 이후 영국 사회에서는 경제·산업의 재건과 함께 격동적인 사회변동이 일어나게 된다. 이 사회변동은 사회계층의 이동으로 이어져 다수의 노동자 계급이 자본주의의 풍요를 누리며 도시의 중하층 소시민이 된다. 이들은 기존에 거주하던 런던, 맨체스터, 버밍엄 등 산업 대도시 주변을 떠나 새로운 중류층 거주지를 형성하고, 이들이 떠난 자리에 파키스탄, 인도, 아프리카 등의 지역에서 온 이민자들이 들어온다. 이민자들에 의해 문화적 다원화 현상과 주거의 게토화가 점점 가시화될 무렵, 산업 대도시 주변에 거주하던 노동자 계층의 청소년 및 청년 세대가 중심이 되어 상실되어가는 영국 노동자 계급에 대한 자긍심을 되찾고, 중상층으로 대변되는 부르주아적 시민사회에 대항하며, 영국 사회의 새로운 구성원인 외국인과도 거리를 두어 자신들만의 정체성과 계층적 소속감을 추구하는 움직임이 나타나기 시작한다. 즉, 보수적 시민계급의 사회규범과 도덕에 대항하면서 프롤레타리아적이고 반시민적인 가치를 통해 노동자 고유의 정체성에 대한 모색이 이루어지게 된 것이다.[8] 특히 기존 양식을 전면으로 거부하는 로큰롤 음악이나 획기적인 패션, 예술적 퍼포먼스는 이들을 중심으로 다양한 하위문화로 발전하면서 이 세대의 새로운 정체성 형성에 결정적으로 기여하게 된다. 이 다양한 청소년 하위문화들의 복합체가 바로 스킨헤드라고 할 수 있다.

스킨헤드의 기원은 1969년 영국 출신 록밴드 슬레이드Slade로 거슬러 올라간다. 이 밴드의 구성원은 콘서트에서 스킨헤드의 상징이 된 짧은 머리 모양과 멜빵바지, 작업용 장화Arbeitsstiefeln를 신은 채 강하고 역동적인 음악과 퍼포먼스를 선보이면서 기존 청소년 하위문화 양상과는 분명한 선을 긋는다. 이후 영국 언론 ≪레인보우Rainbow≫는 이 밴드를 기존의 청소년·청년 하위문화인 모드Mod 집단, 루드 보이Rude Boys, 부츠 보이Boot Boys 등과는 성격이 다르다는 의미에서 스킨헤드라고 명명했다. 이후 이 같은 외양의 스킨헤드 청소년 집단은 영국 사회에서 청소년 하위문화의 하나로서 공식적인 존재로 인정받게 된다.[9] 이 스킨헤드에 대한 특징을 살펴보면 다음과 같다. 첫째, 이들은 14~17세의 청소년들로 노동자 계층의 부모를 두었다. 둘째, 이들은 술 한 잔을 기꺼이 마시며, 이성 친구와 즐겨 외출하고, 가벼운 마약이나 춤을 즐긴다. 셋째, 폭력은 스킨헤드 집단의 중요한 도구이다. 그러나 주지해야 할 점은 스킨헤드 집단이 스스로 문제를 일으키기보다는 주변에서 자신들의 복장이나 머리 모양, 외모 등을 웃음거리로 만들면 자신들의 영역을 침범한 문제로 간주해 폭력을 동반한 싸움을 마다하지 않는다는 것이다. 넷째, 이들은 스킨헤드가 되기 전 대부분 모드였지만 스킨헤드가 된 후 머리 모양, 멜빵바지, 운동 재킷, 작업용 부츠 등을 신으며 모드, 히피 등 다른 청소년 집단과 자신들을 구분한다.[10]

1970년대 들어 스킨헤드는 공통분모인 외형적 특징은 유지하지만 관심과 경향에 따라 다양한 집단으로 나뉜다. 축구 경기장에서 훌리건처럼 난폭한 행동을 하는 집단, 극우적 성향의 집단, 좌파적 집단, 비정치적인 '오이!Oi! 스킨',[11] 1969년 스킨헤드의 정체성을 강조하는 '69년의 정신Spirit of 69' 집단 등이 그 것이다.

극우 성향의 스킨헤드는 영국 최초의 극우 조직인 '국민전선National Front'과 '영국 운동British Movement'의 등장과 함께 나타났다. 극우 조직들은 이민자들로 인해 생기는 사회·경제 문제를 부각시켜 영국 사회의 조명을 받게 되고, 스킨헤드 청소년 중 일부는 이 조직들에 합류하며 적어도 이민자에 대한 문제 제기에 공감하게 된다. 그 이유는 간단하다. 노동자 계급이라는 사회적 위상과 직업적 안정이 새로 등장한 저렴한 이민자 노동력에 의해 무너지기 시작하면서 노동자 계층 출신인 스킨헤드 청소년들은 자신들의 사회적 입지와 안정을 추구하기 시작했고, 마침 이때 등장한 인종주의적·민족주의적 시각은 이들에게 자연스럽게 수용되어 극우적 경향으로 흐르게 된 것이다. 그러나 분명한 사실은 극우적 정치 성향을 띠는 소수의 스킨헤드 집단을 대다수의 스킨헤드 청소년들과 철저히 구분해야 한다는 점이다. 극우 이데올로기는 민족 중심적인 인종주의, 반유대주의, 외국인 혐오증, 파시즘 등으로 다양하게 나타나지만, 대부분의 스킨헤드 청소년 집단에게서는 뭐라고 딱히 꼬집을 수 있는 통일된 극우적 이데올로기가 보이지 않기 때문이다. 다시 말하면 모든 스킨헤드 집단의 폭력이 꼭 극우적 배경을 가지고 있지는 않다는 것이다. 그러므로 이들에 대해서는 조직이나 특별한 구심점 없이 몇 명씩 떼를 지어 다니면서 단지 '재미'로 사람이 모이는 술집, 지하철, 축구장 등에서 난동을 부리고 폭력을 휘두르거나, 외국인을 대상으로 한 난폭한 행동 등을 통해 자신들의 존재를 각인시키고, 자신들만의 집단적 정체성을 강화하며, 나아가 사회의 모든 엘리트적 형태와는 분명한 선을 긋는 청소년 하위문화의 일종으로 보는 것이 타당하다.

2) 극우주의의 정의 및 특징

극우주의는 개인이나 인종, 민족이나 집단의 평등한 원리를 거부하는 사상으로 사회적 다위니즘sozialdarwinistische 시각에서 볼 때, 자민족이나 자집단의 우월성을 정당화하는 사상이다. 따라서 사회주의 사상과 평등한 사회의 실현이라는 궁극적 목표를 가진 극좌주의와는 달리 극우주의는 조화로운 사상의 틀을 갖고 있지 않다. 극우주의는 크게 극우적 사상과 극우적 태도로 나눌 수 있다. 극우적 사상의 형성 배경에는 인간 이성에 대한 무제한적인 믿음을 내세운 계몽주의와 밀접한 관련이 있다. 계몽주의는 인간의 이성만이 기술과 과학을 통해 가장 진보적인 인간사회를 가능하게 해준다는 사상으로서, 프랑스 대혁명 이후 전 유럽의 산업발전과 근대 국가 체제의 초석이 되었다. 당시 산업혁명을 주도하고 주권과 민족을 등치시켜 근대적 중앙국가의 정치적 틀을 마련하기 시작한 유럽 사회는 제국주의와 식민지 지배의 정당화를 위해 '서구 사회 = 진보 사회'라는 태생적 우월성을 사회적 다위니즘을 통해 합리화하는 데 주력한다. 미지의 세계에 대한 개척과 발전이라는 명분은 식민지 자원의 착취와 시장 확보라는 두 마리 토끼를 잡는 한편, 서구에 대한 긍지와 인종적 우월성을 확인하는 계기가 되었다. 이 우월감이 비서구의 '이방인'을 경계하는 '제노포비 Xenophobie', 즉 외국인 및 이방인 혐오라는 감정적이고 사회적인 독트린을 낳게 한 것이다. 극우 사상의 확산은 바로 여기에서 시작된다. 극우 사상에는 자민족 중심주의, 타민족 배척주의, 차별주의, 민족주의, 인종중심주의Ethno-zentrismus, 사회적 다위니즘, 반유대주의, 친나치주의, 우파 독재 수용, 외국인 혐오, 성성주의Sexismus 등이 포함되는데, 이 사상들은 제국주의와 식민지 지배를 정당화하고, 생물적·인종적 우월성을 합리화하는 데 일조한다.[12] 이처럼 차별과 배척에 근간을 둔 극우주의 사상의 특징은 첫째, 민족공동체Volksge-meinschaft의 완성을 위해 단일 민족화를 추구하고, 반다위니즘이나 평등주의 등에 투쟁적으로 ─ 때로는 폭력까지 동원해 전투적으로 ─ 대항하며, 나아가 외국 인이나 이방인 같은 소수자나 사회 주변 집단에 대한 거세까지도 정당화한 다.[13] 둘째, 역사 속에서 존재했던 극우주의와 광신적 민족주의를 추구했던 정 권들의 특징은 독재정권을 통한 부국강병을 합리화하고, 전체주의적 정치구조 를 추구하며, 사회질서와 규범으로서 권위주의, 위계질서주의, 규율우선주의를 지향한다. 동시에 민주주의나 내각의회 등 합리적인 정치체제나 자유로운 정 치구조를 약하고 비효율적인 국가 장치라고 폄하하기를 주저하지 않는다. 셋 째, 불평등 이데올로기인 극우주의는 사회의 갈등이나 문제를 해결하는 메커 니즘으로 폭력이나 선전, 선동 등의 사용을 정당화한다.

4. 독일 사회의 극우주의와 스킨헤드

1) 통일 이전 스킨헤드와 극우 집단의 전개 및 발전

(1) DDR 사회의 스킨헤드와 극우주의[14]

1970년대부터 DDR 사회에 등장하기 시작한 청소년 하위문화는 상당히 다양 했다고 할 수 있다. 펑크나 메탈, 그루프티,[15] 평화모임 집단, 환경보호 집단, 제 3세계 집단 등은 콘서트나 패션, 집단적 회합 등을 통해 DDR 사회주의 체제에 반항하기 시작했다. 이 하위문화들에 비해 스킨헤드는 1980년대에 들어서야 등 장한다.[16] 흥미로운 사실은 스킨헤드가 DDR 사회에 등장한 동기에 있다. 펑크 를 위주로 한 청소년 하위문화들이 현실사회주의의 모순과 권위주의적 DDR 정 권에 대항하기 위한 청소년들의 선택이었다면, 스킨헤드는 반대로 '나약한 DDR의 국가적 위치에 반대하고 강한 독일을 추구'하는 것이었다. 즉, 이데올로기나 국가체제의 문제가 아니라 'DDR의 위상 확보와 더욱 강한 독일을 지향'하는 문제였던 것이다. 따라서 DDR 초기 스킨헤드들은 근면성과 질서, 정돈과 같은 독일적 가치와 규율, 복종 등 권위주의적 가치의 옹호자였다. 당시 DDR 스킨헤드의 주요 현안은 DDR에 거주하는 외국인,[17] 국가사회주의와 제2차 세계대전의 역사, 독일 분단의 역사, 서독과의 협력, 일상에서의 노동규율과 노동조직, 경제에 대한 관심이 대부분을 차지했다.[18] 이런 현안들은 학교나 청소년 단체, 직장에서 전혀 다루어지지 않던 소위 DDR 사회에서 터부시되던 주제였기 때문이다. 이는 DDR 건국이념이 '반파쇼국가Antifasistischer Staat'를 지향했고, 계급투쟁이 존재하지 않는 '평등한 노동자사회Arbeitergesellschaft'의 구현이었기 때문이다. 또한 DDR 제도권 교육은 독일제국의 역사와 독일 분단을 자본주의자들인 서독의 만행으로 선전하는 데 급급했기 때문이었다. 이런 사회 상황에서 독일제국과 분단 역사, 독일 민족 중흥에 대한 관심과 서독 스킨헤드와의 연계 추구는 평등한 사회주의 노동자 실현이라는 DDR 국가 이데올로기에 정면으로 어긋나는 것이었다.

DDR 스킨헤드들은 게으르고 규율이라고는 찾아볼 수 없는 펑크나 그루프티, 환경보호 집단, 평화모임 집단, 교회, 동성애자, 유대인, 외국인 등을 적대시했으며, 종종 공격 대상으로 삼고는 했다. 통일 이후 동독 지역에서 나타나는 극우적 스킨헤드 성향은 DDR 스킨헤드가 남긴 이러한 전통으로도 볼 수 있다. DDR 스킨헤드들의 극우적 성향에 대한 베른트 지글러Bernd Siegler의 진단은 매우 의미심장하다. "많은 스킨헤드들의 급진적 극우 성향은 DDR의 권위주의 체제가 충분히 강하지 못했고, DDR은 그들이 추구하는 독일로서는 너무 작았기 때문"이라는 것이다.[19]

1980년대 중반까지 스킨헤드들은 DDR 정권으로부터 '완전한 침묵totgeschwiegen'으로 수용되던 청소년 하위문화였다. DDR 정권은 교회를 기반삼아 반사회주의를 추구하는 펑크나 환경론자들을 국가를 위협하는 위험 집단으로 간주해 감시와 통제의 대상으로 삼은 반면, 특별한 반체제 성향이 없던 스킨헤드 집단은 상대적으로 덜 위험한 집단으로 여긴 것이다. 그러나 스킨헤드 집단에 대해 안일하게 대응했던 DDR 당국을 변화시킨 것은 1987년 10월 17일 동베를린 프렌츠라우어베르크 시온 교회에서 일어난 스킨헤드 난동 사건이었다. 당시 서베를린으로부터 온 스킨헤드와 동베를린에서 회합을 갖던 DDR 스킨헤드들은 같은 날 저녁 시온 교회에서 펑크들이 주관하는 평화음악 콘서트에 침입해 폭력과 난동을 부려 수십 명의 사상자를 내고 교회의 기구들을 파손한다. 이 사건으로 스킨헤드들은 DDR 사회에서 처음으로 사회적 조명을 받게 된다. 이 난동 사건의 결과 4명의 스킨헤드가 1~2년의 형을 선고받고, 그 외에 수십 명이 수개월의 형을 받게 되면서 사회주의통합당Sozialeinheitliche Partei Deutschlands과 슈타지는 스킨헤드의 숫자와 활동 감시에 적극적으로 나서게 된다. 이후 스킨헤드가 주도하는 폭력에 대한 감시는 점점 강화되어 베를린 장벽 개방 전까지 98건의 형사 처벌 수를 기록했다.[20] 그러나 형사 처분 건수에 비해 형의 중량은 그리 무겁지 않았다는 특징이 있다. 그 이유는 DDR 스킨헤드의 인구사회학적인 특징에 기인한다.[21] DDR 잡지 ≪새로운 법Neue Justiz≫ 1990년호에 따르면 DDR 당국에 기소된 스킨헤드의 15%가 직업교육을 받지 않았거나 14%는 단순 노동직인 반면 47%는 전문직에 종사하고 있었다.[22] 전체 스킨헤드 중 24%의 부모는 사회주의통일당 당원이거나 국가 조직에 종사하고 있는 엘리트 계층이었다.[23] 즉, 스킨헤드들의 과반수는 안정된 사회적 지위와 중상계층에 속해 있었다는 사실이다. 따라서 사법적 처리를 받는 경우에도 이들의 사회적 지위와 출신배경에 전혀 흠이 없고, 직장이나 기타 조직생활도 매우 모범적이었기 때문에 직장의 진정서나 추천서 덕분에 경고 정도의 경미한 처벌로 그치는 경우가 흔했다.

통일 이전 DDR 스킨헤드 수치에 대한 통계는 다양하다. 슈타지의 공식적인 발표에 따르면 1988년 3월에 636명, 같은 해 9월에는 806명의 스킨헤드가 DDR 사회에 존재했다.[24] 또 다른 통계에 따르면 1989년에 들어와 스킨헤드 숫자는 이미 1,000명을 넘었다는 보고가 있다.[25] 베를린 장벽 개방 직전인 1989년에

스킨헤드의 숫자는 1,000~1,500명으로 추측되고 있다.[26]

DDR 헌법 제6항에는 "독일민주공화국은 민중을 위하고 국제적 책임에 충실하기 위해 독일 군국주의와 나치즘을 절멸한다"라고 명시되어 있다.[27] DDR 건국 이념이 '반파시스트 - 반민주적 노선'을 추구하고, 나치와 파시즘 과거의 극복이었다는 것은 주지하는 사실이다. 히틀러와 나치즘의 극복은 과거와의 단절을 통해 완성되는데, 그것은 1945년까지의 독일 역사를 사회주의 이상과 무산계급의 평등사회를 실현하는 DDR로부터 분리하는 데서부터 시작되었다. 즉, 국가사회주의와 나치의 만행은 그 후신인 자본주의 서독 사회인 '저들'의 책임으로 전가하면서 유대인 학살과 전쟁에 대한 국제적 책임으로부터 스스로 면죄부를 준 것이다. 이 사실은 DDR이 반파시즘 국가이기 때문에 극우주의가 DDR 사회에서 존재해서는 안 되는 것과 맥을 같이한다. 그러나 1970년대 중반부터 민족주의적이고 극우적 성향의 움직임이 폭력적인 반달리즘과 축구경기장에서 난동을 일으키는 홀리건에서 나타나더니, 1980년대 들어 나치펑크나 나치 장식을 동반한 국가사회주의 스킨헤드NS-Skinhead, 국민전선 동지회NF-Kameradschaft, 베를린 자유독일노동당Berlin Freiheitliche Deutsche Arbeits-partei 등 자신의 존재를 공공연하게 알리는 극우 집단들이 나타난다. 이들의 사상적 핵심은 첫째, (동서독을 포함한) 히틀러 시대의 훈육과 규율의 중요성을 강조하고, 둘째, 제2차 세계대전 당시 독일 군인들의 영웅적 업적을 기리며, 셋째, 히틀러의 주요 정책이었던 독일 민족 우월성에 근거한 '가치 없는 인간 집단'의 절멸은 타당했다고 여기며, 넷째, 좌파, 동성애자, 사회 비적응자 등 사회의 잠재적 파괴 요인들을 제거하고, 마지막으로 히틀러는 몇 가지 실수를 했지만 그의 정치 노선은 옳았다는 것이다.[28] 이미 언급했듯이 극우적 집단에서 핵심적인 역할을 했던 대다수의 스킨헤드는 규율, 질서, 정리정돈, 집단주의적 가치관과 같은 DDR 사회주의의 핵심적 가치관에는 적극적으로 동의하고 있고 자본주의 국가인 서독을 퇴폐적이고 타락한 체제로 평가하고 있었다. 다시 말하면 DDR 스킨헤드들은 거시적인 차원에서 사회주의 이념과 동일시했지만,

미시적인 차원에서 충분히 독일적이지 못한 DDR에 대한 비판을 서슴지 않았다.[29] 1988년부터 스킨헤드 집단과 파쇼 집단과의 연계가 더욱 활발해지고 조직적인 체제를 만들어가면서 디스코텍이나 지하철, 공원 등 공공장소에서 자신들의 존재 및 우월성을 난동이나 폭력을 통해 표현하기 시작한다. 1989년 DDR 내무부 소속 경찰청은 '잠재적' 극우 성향을 가진 청소년 숫자는 약 1만 5,000명으로 많은 청소년들이 극우 집단과의 직접적 연계는 없지만 극우 집단의 사상에 동의하고 있다는 충격적인 통계 결과를 내놓았다.[30] 1988년에는 스킨헤드를 비롯한 극우 집단들의 정치화가 뚜렷하게 나타난다. 비공식적으로 이따금 나타났던 극우 집단들의 행보는 조직적인 형태를 갖추기 시작하고 네오나치 사상을 DDR 사회에서 공론화하기 시작한다. 이미 언급한 대로 스킨헤드와 극우 조직 회원들은 성실함과 부지런함으로 직장에서의 평판이 좋았고, 긍정적인 직업의식을 지녔으며 안정된 사회계층에 속해 있었기 때문에 네오나치나 외국인 혐오 등을 내용으로 하는 이들의 극우적 사상을 DDR 사회에 확산시키는 데 분명한 장점이 될 수 있었을 것이다. 하지만 1980년대 후반부터 극우주의 사상은 사회주의통일당의 무기력과 사회주의 체제에 대한 염증을 극복하기 위한 대안으로서 대부분 DDR 주민에게 크게 호응받지는 못했다.

(2) BRD 사회의 스킨헤드와 극우주의

영국에서 BRD로 건너온 스킨헤드는 1960년대 이후 영국에서 변화된 스킨헤드 하위문화의 특징과 양상을 복합적으로 보여주고 있다. BRD 스킨헤드도 사회의 하류계층으로 구성되었지만 — 영국처럼 — 노동자 계급의 긍지보다는 시민적bürgerlich 규범과 도덕에 대항하고 동시에 극좌파 성향이나 폐쇄적인 극우 성향을 경계하며 극우주의 정당과의 조직적인 연계도 거의 나타나지 않는다. 통일 직후 슈뢰더의 조사 결과에 따르면 극우적 성향이라고 대답한 스킨헤드는 전체의 41%, 자유 관용주의는 15%, 좌파 내지는 자유 좌파라고 대답한 스킨헤드는 25.7%, 비정치적이라고 대답한 스킨헤드는 12.8%로 나타났다. 또한 3

분의 1에 해당하는 28.2%는 선거참여에 전혀 관심이 없다고 대답했으며, 좌파 정당 지지는 23.1%, 우파 정당 지지는 21.8%로 나타났고, 극우 정당인 독일민중연합DVU: Deutsche Volksunion(이하 DVU)와 NPD에 대한 지지는 8.1%였던 반면 레푸블리카너REP: Republikaner(이하 REP)와 민주사회당PDS: Partei des doemokratischen Sozialismus(이하 PDS)에 대한 지지는 매우 저조했다.[31] 위의 결과에서도 나타나듯이 BRD 스킨헤드 문화는 단지 청소년 하위문화로서 폭력을 동반하는 것이지, 꼭 조직적인 극우주의나 신나치즘의 정치적 의도를 지닌 폭력과 무조건적으로 연관되는 것은 아니다. BRD 스킨헤드의 특징은 대부분 하층 출신으로 반시민적 태도를 지향하며 – 대상이 누구이든지 간에 – 폭력을 통해 자신들의 신념을 피력하는 청소년 문화였다고 보는 것이 타당할 것이다.[32] 크라우스 파린Klaus Farin은 BRD 스킨헤드를 "시민적 지루함에 대항하는 선동적인 흐름이고 존재에 대한 긍지를 갖고 있는 주변문화로서 즐거움과 음악, 또래 집단과의 만남을 즐기는 청소년들로 구성되었고, 홀리건이나 펑크처럼 청소년들이 한때 심취하는 또래 문화에 불과하다"라고 정의하고 있다.[33] 따라서 통일 전까지 BRD 스킨헤드 문화는 다양한 청소년 하위문화의 하나로 간주되었고, 조직적이고 급진적 극우 성향은 양적으로나 질적으로나 – 극좌파 흐름과는 달리 – 크게 부각되지는 않았다. 1980년대 후반 들어서야 스킨헤드의 희생양 집단이자 폭력 대상으로서 외국인이 대두되기 시작했고, 정치적 행보도 조금씩 나타난다. 1989년에 집계된 BRD 스킨헤드의 숫자는 약 1,000명에서 2,000명에 이르는 것으로 추정되었다.[34]

2) 독일 통일 이후 극우적 배경의 청소년 폭력 실태 및 원인 분석

(1) 이데올로기 및 인구사회학적 특징

통일 직후 외국인 집단 거주지 방화나 폭력이 독일 사회에서 급작스럽게 증가했는데, 특히 동독 지역 호이어스베르다Hoyerswerda(1991년 9월 17일), 로스토크Rostock(1992년 8월 22일), 묄렌Möllen(1992년 11월 23일), 졸링겐Solingen (1993년 5월 29일)에서 일어난 방화 및 폭력 사건은 여러 명의 사망자를 냄으로써 세계의 이목을 집중시켰다. 외국인 문제가 DDR 정권 시절에는 한 번도 중요한 사회적 이슈로 등장한 적이 없었고, 외국인 집단과 사회문화적 충돌 경험이 거의 전무한 동독 사회에서 통일 직후 외국인 테러 문제가 중요한 사회 이슈가 되었다는 것은 매우 아이러니한 사실이 아닐 수 없다. 우선 스킨헤드와 네오나치로 대표되는 극우 성향 청소년의 정치와 사회를 보는 관점부터 살펴보자. 이들의 시각을 극좌적 시각과 비교해보면 더욱 흥미롭다.

〈표 12-1〉에서 나타나는 극우 청소년들의 사상적 특징은 국가사회주의의 미화, 독일 민족에 대한 긍지, 외국인 및 유대인 거부로 나타나는 인종적 편견, 폭력의 정당화 등을 주요 내용으로 하고 있는 반면, 극좌적 경향은 사회주의적 인간평등이라는 ─ 현실에서 과정과 결과가 다르게 나타난다 할지라도 ─ 순수한 이상을 추구하고 있다. 극우적 사상은 헌법국가Verfassungsstaat를 지향하는 독일과 정면으로 대응해 국가 존립을 위협하는 '반체제적systemfeindlich' 사상으로 통일독일 정부도 적극적인 조처를 취하고 있다. 특히 외국인 혐오는 피부색, 문화, 종교, 규범, 관습, 전통 등이 상이한 이방인 및 소수자 집단을 모두 포함하는 차별과 배제로서 DDR 사회에서는 이미 1980년대부터 급속하게 증가했고, 통일은 이를 더욱 가속화했다. 이 현상은 동독 지역뿐 아니라 서독 지역에서도 나타난 현상이지만, 동독과 서독 지역의 인구 비율로 봤을 때 동독 지역 극우 청소년 집단에 의한 폭력 건수는 서독의 세 배 이상을 웃돌고 있다.[35] 그러면 DDR과 BRD의 스킨헤드 집단의 형성 동기와 발전 경로가 분명히 달랐던 만큼 통일 이후 이 두 집단 간의 차이와 특징을 보여주는 양상은 무엇일까? 통일 이전의 흐름과 통일 이후의 흐름이 어떤 연관 속에서 상호 작용해 나타나고 있을까? 통일 이후 동서독 스킨헤드 집단에서 나타나는 가장 큰 차이는 무엇보다도 동독 지역 스킨헤드 집단의 극우적 정치 성향 강화를 들 수 있다. 이는 첫째, DDR 스킨헤드의 형성 자체가 극우적 엘리트 집단에서 출발했고, 둘째, '대독일

<표 12-1> 14~18세의 극우 및 극좌 청소년 집단의 정치사회적 관점(%)

항목	극우 청소년 집단	극좌 청소년 집단
독일인으로서의 자부심	97	15
국가사회주의도 긍정적인 면이 있었다는 데 동의	79	13
적자생존의 원리는 인간사회에서도 적용	57	16
목표 달성을 위해 폭력 사용 가능	57	11
외국인에 대한 적대감	67	1
유대인 거부	96	7
강한 자의식	46	26
타인을 위한 희생	40	75
항상 고유의 장점을 보려는 노력	48	13

자료: Walter Friedrich, *Rechtsextremismus im Osten: Ein Ergebnis der DDR-Sozialisation?* (Sachsen/Berlin, 2002), p.57.

추구'를 위한 민족주의적 극우 사상에 호응·수용하는 데 더욱더 호의적이었고, 셋째, 이 상황에서 동독 지역 스킨헤드 집단은 조직적인 극우정치 집단과의 연계나 흡수가 서독에 비해 용이했으며, 마지막으로 통일 이후 동독 지역의 침체된 경제와 만성 실업 등 사회문제가 극우 사상의 확산에 크게 기여할 수 있었기 때문이다. 반면 서독 지역은 통일 이후 스킨헤드 청소년 집단의 폭력이 증가하기는 했지만 극우 사상과의 조직적 연계는 동독 지역에 비해 상대적으로 적은 것으로 나타났다.[36]

다음으로 극우 청소년들의 인구사회학적인 특징을 살펴보자. 우선 연령별로는 18세 미만이 35.6%, 18~20세가 46.9%, 21~24세가 14.4%, 25세 이상이 3.1%이다. 이들의 교육 수준 및 사회적 배경은 절반 이상이 의무교육 과정으로서 가장 교육 수준이 낮은 기초학교 재학 중이거나 직업교육생이고, 4분의 1은 비숙련 노동자이며 5분의 1은 실업자로 구성되었다. 가정환경은 흔히 알코올 중독, 폭력, 실업자 부모 등 문제 있는 가정의 자녀이고, 이들도 대부분 문제 청소년이다. 주거 지역은 대도시 주변의 변두리에 집중되어 있고, 사회적 관계나 문화적 인프라로부터 방치된 곳이 대부분이었다. 또한 남자 청소년이 대다수를 차

지하고 있다.[37]

(2) 폭력 유형 및 현황

통일 이후 독일 사회에서 스킨헤드로 상징되는 극우 청소년 집단은 확신적 극우주의Überzeugte 유형, 모방폭력Mitläufer 유형, 또래 문화Cliquenzentrierte 유형, 폭력Agressive 유형으로 분류할 수 있다.[38] 확신적 극우주의 유형은 극우 이데올로기에 대한 확신과 정치적 행보의 활성화를 추구한다. NPD 회원으로 있는 스킨헤드와 네오나치인 경우가 많으며, 특히 선동적 언어와 다양한 선전 창구를 이용해 극우주의 활성화에 적극 나서고 있다. 이들은 극우 이데올로기를 극우 정당이나 극우 청소년 조직의 차원에서 정치적 이슈로 발전시켜 사회적 공론으로 확장하려 한다. 모방폭력 유형은 극우적 성향이 보이지만 이데올로기에 따른 폭력을 행사하기보다는 단지 폭력을 모방하는 경우이다. 이 유형에는 현재 자신들이 처한 상황에 대한 불만과 사회적 불안이 두드러지게 나타나며, 따라서 폭력 동기의 대부분은 분노, 시기, 두려움과 같은 감정적 요인의 폭발인데, 대부분의 폭력은 의도하지 않은 우연한 상황에서 발생한다는 특징을 지닌다. 따라서 모방폭력 유형은 대부분 일회적인 폭력에 그치는 경우가 많으며, 2회 이상의 폭력에 참여하는 경우는 5분의 1에도 미치지 않는다. 통일 이후 독일 사회의 최대 사회 이슈가 되었던 외국인 거주지 방화와 폭력은 ― 그러나 사망이라는 엄청난 결과를 초래하리라고는 예상하지 못했던 ― 대부분 무계획적으로 우연히 일어난 사건이었다고 할 수 있다. 이 우발적 폭력은 주유소 주변, 주차장, 지하철, 디스코텍 등 공공장소에서 흔히 일어난다. 또래 문화 유형은 흔히 자유시간을 같이 보내는 또래들로 이루어진 집단으로서 집단적 정체성과 소속감이 매우 높고, 자신의 소속감에 대한 증명으로 집단적 폭력에 가담하게 되는 경우가 흔하다. 따라서 집단적 폭력 행위에 대한 비판적 시각이 전적으로 결여되어 있다고 할 수 있다. 폭력적 유형은 폭력과 난동을 목적으로 하지만 정치적·사회적 반향을 목표로 하는 폭력 행위는 아니다. 이 폭력 유형은 의도하

<그림 12-1> 극우적 배경의 폭력과 사법처리 통계

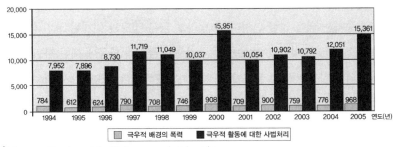

자료: www.Bundesamt für Verfassungsschutzbericht

지 않은 상황에서 폭력을 행사하는 경우와 폭력적 상황을 찾고 일부러 만들어 폭력을 행사하는 두 경우로 구분된다. 이 경우 상대방은 자신의 라이벌, 즉 반대자인데 이에 속하는 집단은 좌파 집단일 수 있고, 외국인일 수도 있으며, 훌리건이나 경찰일 수도 있다.[39]

다음으로 극우적 배경의 폭력 양상을 살펴보자. <그림 12-1>은 극우적 배경의 폭력 건수와 형사 처분된 데모나 회합 등의 활동 통계이다.[40]

<그림 12-1>을 보면 극우적 배경의 폭력은 1994년에 784건으로 꾸준하게 발생하다가 2000년과 2005년에 각각 908건과 968건을 기록했다. 반면 형사 처분된 극우적 활동은 1997년 1만 1,719건, 2000년 1만 5,951건, 2005년에 1만 5,361건으로 10여 년 만에 두 배 정도 증가했다. 작센 주는 1993년 900명에서 2003년 1,500명으로 67%로 증가했고, 튀링겐 주는 165명에서 680명으로 세 배 이상 증가한 것으로 나타났다.[41] 이와 함께 극우 정당 지지율을 살펴보면 흥미로운 사실이 드러난다. 극우 정당인 REP 및 DVU와 연계된 조직적 극우주의자의 숫자는 통일 이후 서독 지역에서 약 40% 감소한 반면, NPD와 기타 조직은 안정된 수치를 보여주고 있다. 동독 지역에서 REP와 DVU 역시 70% 이상 감소한 반면, NPD는 세 배의 증가를 보여주고, 기타 조직은 30%를 약간 넘게 증가했다.[42] 비조직적 극우 성향의 스킨헤드와 네오나치 수치는 1992년 서독 지역에서 6,400

명, 2000년에는 9,700명으로 51% 증가했고, 동독 지역은 2,800명에서 4,445명으로 59% 증가했다. 2003년도 동독 지역 작센 주와 튀링겐 주에서 집계된 폭력 청소년 증가는 더욱 놀랄 만하다. 그렇다면 극우 정당과 연계된 스킨헤드 청소년의 감소와 극우 성향의 청소년 폭력 건수와 극우적 활동에 대한 사법처리 통계 건수의 증가를 어떻게 설명할 수 있을까? 우선 DVU와 REP에서 탈퇴한 대다수의 회원은 스킨헤드와 네오나치 등의 비조직적 집단에 흡수된다. 특히 네오나치는 1992년에서 2003년까지 70% 정도 증가했고, 2004년에는 80% 증가하기에 이른다.[43] 극우 정당들의 회원 수 감소 원인은 다음과 같다. 비폭력 정치 노선과 엘리트적인 정당을 추구하는 독일의 극우 정당들은 합법적 정치적 행보를 통한 극우주의 확산을 목표로 하고 있는데, 이 사상은 하위문화로서 폭력을 즐기는 대다수 스킨헤드 청소년에게 큰 호응을 얻지 못하고 있기 때문이다. 다시 말하면 스킨헤드 청소년 집단은 극우적 배경의 조직적 구심력 없이 단지 떼를 지어 다니며 폭력을 즐기는 청소년 하위문화 양상을 보여주고 있다. 이 사실은 NPD, DVU, REP 등의 극우파 정당과 스킨헤드 집단의 청소년 폭력은 대부분 무관함을 상기해볼 때 타당한 주장이다. 따라서 극우적 배경의 과격한 폭력을 일삼는 스킨헤드 집단과 극우 정당에 소속된 조직적인 스킨헤드 집단과는 분명한 구분을 해야 한다는 것이다. 전체 폭력 사건의 5%만이 극우 정당 청소년 회원들이 주도했거나, 다른 5%는 극우 정당과 연계된 폭력이었을 뿐, 외국인 혐오를 근간으로 하는 전체 폭력 사건의 90%는 비조직적 스킨헤드 청소년에 의한 우발적 사건이었다는 통계가 이 사실을 증명하고 있다.[44] 이처럼 극우 정당과 — 특히 외국인을 대상으로 한 — 스킨헤드 폭력문화 간에 실제로 큰 이해관계가 없는 이유는 정치적 행위를 통해 국민의 지지를 얻어야 하는 극우 정당들의 노선과 정치적 이해관계보다는 상황적 불만과 감정으로 폭력을 일삼는 스킨헤드 문화 간의 공통적인 목표가 완전히 부합되지 않는다는 데 있다. 이것은 '헌법수호 연방사무소'의 보고서에도 분명히 나타나 있다.

극우 정당들과 스킨헤드 집단들은 민족주의적이고 인종주의적인 관점에서 출발한다는 공통점이 있는데도 오히려 상호 대립적 입장을 견지하고 있다. 두 집단들 간의 사상이나 활동 교류가 있었던 것은 매우 예외적인 경우에 해당한다. 극우 정당들은 오히려 비조직적이고 비규율적인 스킨헤드 집단의 활동과 문화에 대해 매우 강하게 비판한다. 폭력적이고 비조직적인 스킨헤드 문화는 부지런함, 규율, 질서 등의 미덕을 엘리트 정치 행위로 추구하는 극우 정당의 목표와 전혀 부합하지 않기 때문이다.[45]

물론 NPD나 청년민족민주주의JN: Jungen Nationaldemokraten(이하 JN) 등 신나치주의 정당 조직들이 스킨헤드의 데모 행렬이나 음악 콘서트 등 비조직적·폭력적 모임에서 규율적이고 조직된 정치문화를 심고자 노력하기는 하지만 대부분 뚜렷한 결과를 가져오지는 않은 것으로 나타났다. 오히려 스킨헤드의 자발적이고spontan 비계획적인 하위문화와 조직의 연계라는, 상응하지 않는 두 문화의 접목은 스킨헤드 청소년에게 반감만 증폭시켰을 뿐이다. 바로 이점에서 조직적인 극우 정당들과 스킨헤드 하위문화 간의 모순이 발견된다. 정치적 영향력을 행사하려는 극우 정당과 비조직적 폭력문화의 상징인 스킨헤드는 존재 이유와 목표의 출발점부터 상이하기 때문에 서로 영향을 미치거나 스킨헤드 조직이 정치화되는 일은 매우 드물다. 또한 전통적인 극우 정당들이 자신들이 주도하는 시위 행렬이나 성명서 낭독 등의 방법으로 합법적인 시민운동Bürgerbewegung으로 승화시켜 사회적 영향을 미치려고 하는 반면, 극우적 배경을 가지고 폭력을 휘두르는 스킨헤드 집단의 활동 범위는 전혀 일치하지 않기 때문이다. 따라서 스킨헤드 청소년들이 극우 정당, 특히 네오나치 정당에 가입하거나 스킨헤드 집단이 정치화되는 일은 거의 없다고 보는 것이 타당하다. 그러나 스킨헤드 청소년들과 극우 정당 조직은 여러 면에서 교차하기도 하는데, 특히 극우적 투표 성향이 그러하다. 실제 두 집단 간의 상호 교류가 거의 전무함에도 스킨헤드 청소년들의 절반 이상이 선거에서 극우 정당을 지지하는 것으로 나타났다.

(3) 극우적 배경의 청소년 폭력 원인 분석

그러면 통일 이후, 특히 동독 지역에 급증한 극우적 성향의 스킨헤드 집단의 폭력 원인은 무엇인가? 체제전환 과정에서 나타나는 청소년 세대의 일탈문화에 불과한가? 아니면 통일 이후 동독 지역 상황에 대한 불만족의 표출인가? 또는 DDR 스킨헤드의 급진적 특징이 동독 지역 스킨헤드에게 남아 있는 것인가? 여기에서는 극우적 배경의 청소년 폭력에 대한 원인을 권위주의 인성, 가치관 상실 및 문화적 아노미, 통일독일 사회에 대한 불만, 정치적 소외의 네 차원으로 구분해 살펴본다.

① 권위주의 인성

극우주의의 원인 및 확산에 대한 이론은 존재하지 않지만, 극우주의와 같은 극단적 사상과 사회의 수용에 대한 가장 고전적인 분석으로 아도르노의 권위주의적 인성을 들 수 있다. 이 연구는 제2차 세계대전이 끝난 직후 국가사회주의와 광신적 파시즘에 대한 원인을 규명하는 시도에서 이루어졌는데, 아도르노에 따르면 1920년대 중류계층에서 지배적인 남성상, 즉 가정에서 아버지, 정치에서 권력 독점자를 위주로 한 위계질서와 규율체제가 권위주의적 사회구조를 형성했고, 권력 독점자와 국가에 대한 복종과 충성이 미덕으로 승화되어 권위주의적 인성으로 발전되었다는 것이다.[46] 독일의 국가사회주의도 바로 이 권위주의적 규율과 관습화된 도덕에서 발생되고 합리화되어 엄격한 사회분위기와 위계질서적인 정치문화를 이루었고, 이는 가정 교육과 학교 교육으로 재생산되면서 아동기와 청소년 세대 사회화의 근간을 이루게 되었다는 것이다. 독일 나치즘과 광신적 민족주의를 합리화했다는 이 논리는 잠재적인 파시스트 인성의 특징에서 더욱 분명히 드러나게 된다. 이 특징은 첫째, 사회 중류계층의 관습화된 고정시각Unterwurfigkeit, 둘째, 권위주의적 비굴함 및 공격성, 셋째, 주관성 및 다양성 거부, 넷째, 신화적 미화 및 맹목적 믿음, 다섯째, 권력 지향적 사고, 여섯째, 파괴주의와 시니즘Zynismus, 마지막으로 과도한 성성sexualität으로 요약된다.[47] 집단주의적 사고구조와 권위주의적 인성이 DDR 교육의 특징이었음을 생각해볼 때 아도르노의 권위주의적 인성이론은 타당하다. 우선 DDR 교육의 특징을 간단하게 살펴보자. DDR 교육체제는 중앙정부의 관할 아래 학교와 소년단 활동이라는 이원적 체제로 구성되었는데, 학교가 지식 습득의 장소라면, 소년단 조직은 방과 후 취미나 여가, 스포츠 등을 관할하는 장소였다. 하지만 그 이면에는 DDR 아동·청소년의 사회주의 사상 교육과 사회주의 인성 양성, 권위주의 체제의 합리화라는 정치적 의도가 주요 목적이었음은 자명하다.[48] 학교와 소년단에서는 공동체적 가치관과 사회주의 이데올로기의 정당성을 추구했고, 조직의 중요성과 그 안에서의 개인적 역할이 강조되었다. 이 사회구조는 조화와 합의, 집단주의가 강조되고, 이를 위해 규율과 위계질서가 도덕적 규범으로 승화되고, 동시에 명령과 복종, 의무가 미덕이 되었으며 소속감과 집단주의적 가치관이 강조되었다. 그 결과 개인주의와 다양성보다는 집단주의와 조화, 규범적 획일성을 토대로 한 권위주의적 사고방식, 행동양식, 규범 및 가치관이 형성되었다고 할 수 있다. DDR 정권에서 자연스럽게 형성된 권위주의 인성은 DDR 정권의 몰락과 함께 종결된 것이 아니라 통일독일 사회라는 새로운 상황에서 굴곡되고 변형되어 나타난다.[49] 통일이라는 사회 대전환 속에서 불안정한 사회적 상황과 실추된 동독 주민의 입지는 우리의식을 강조하는 '동독 소속감' 현상이나 '동독적 가치의 재생'으로 나타나면서 역으로 다른 집단에 대한 차별과 배제가 강화된다. 이때 차별 대상은 외국인과 소수자 집단이 되고, 이들을 대상으로 한 무력적 권력 행사는 혼란해진 동독 사회의 질서 극복과 조화로운 사회 추구를 위해 정당화되는 것이다.[50]

② 가치관 상실 및 문화적 아노미

가치관은 역사적·문화적·사회적 환경과 경험을 통해 형성되어 한 집단·사회 구성원들의 도덕과 규범, 이데올로기와 소속감, 사고구조와 생활양식을 결정짓는다. 공동체적 가치관 지향과 사회주의 인성 양성이라는 사회주의통일당의 교육 목표가 가정과 공교육, 소년단 단체에 골고루 이식되어 DDR 아동과 청소년의 의식구조 형성에 결정적인 영향을 미쳤음은 이미 언급한 바 있다. 그러나 집단적 가치관과 위계적 사회규범은 통일이라는 거대한 사회변동을 통해 그 의미를 상실하게 된다. 집단주의적 가치관은 경쟁과 성과주의라는 자본주의 원리에 부합하지 않고, 획일적 사고양식과 사회주의 평등은 문화적 다원화와 개인주의라는 후기산업사회와 세계화라는 현실 속에서 상실된다. 이처럼 사회주의에서 자본주의로의 체제변환은 대대적인 인식 전환을 요구하면서 동독 지역 청소년은 기존의 가치와 새로운 가치 사이에서 혼란을 겪게 된다. 특히 각종 소년단 조직의 와해는 동독 지역 청소년의 일상을 전면적으로 흔들어놓았다고 해도 과언이 아니다. 독일자유청년단FDJ을 비롯해서 갖가지 다양한 소년단 단체들은 가정·학교와 함께 DDR 청소년 일상에서 중추적인 역할을 해온 국가조직이다.[51] 이 단체들은 통일 이후 사회주의 사상 교육의 중심지라는 이유로 청산 일순위가 되어 전격적으로 와해된다. 소년단 조직의 해체는 동독 지역 청소년에게 자유시간과 문화생활의 박탈로 이어졌고, 통일정부는 이에 대해 어떤 신속한 정책적 보완도 제공하지 않았다.[52] 이처럼 대체 정책이 부재한 상태에서 동독 청소년들은 방치되고, 가치관의 혼란 및 사회문화적인 무규범 혼돈 상태로 이어져 결국 파괴적 욕구로 드러나 사회적 약자인 외국인이나 소수자 집단에게 투영된 것이다. 결국 기존 가치관의 상실과 소년단 조직의 와해가 문화적 아노미로 이어지고, 이 아노미 현상은 청소년 폭력 범죄로 이어졌다. 통일 이후 – 특히 동독 지역에서 – 스킨헤드가 엄청나게 증가한 것도 이 맥락에서 설명될 수 있다.

③ 통일독일 사회에 대한 불만
동독 지역에서 통일의 기쁨과 환호가 실망과 불안으로 바뀐 것은 대량 해고

와 만성 실업이 등장하기 시작한 1991년부터이다. 통일 이후 해고와 실업, 이로 인한 가족의 해체, 소년단 조직의 와해, 서독 교육체제의 이식 등은 동독 청소년에게 총체적 생활양식의 변화를 가져왔고, 미래에 대한 불안은 점점 가중되었다. 이 불안은 첫째, 직업교육 기회의 축소, 둘째, 직업 경력과 학력에 대한 평가절하, 셋째, 고용 불안 및 동독 지역 경제의 만성적인 침체 등에 따른 것이라고 할 수 있다. 통일 이후 동독 사회의 변화는 '전산업사회vormoderne Gesell-schaft'에서 '후기산업사회postindustrielle Gesellschaft'로의 사회변동을 거치게 되는데, 최첨단 장비와 기술의 사회, 지식 기반 사회라는 전형적인 산업사회의 특징을 보여준다. 이 과정에서 단순·숙련 노동자의 수요는 지식정보사회에 상응하는 고급 인력의 수요로 변화하고, 기존 DDR 사회에서 인정받던 숙련 노동력은 통일독일 사회에서 설 자리가 점점 없어진다. 전통적인 노동자 사회를 구현하고 직업적 평등이 실현되던 DDR 사회에서 인정받던 직업군과 사회계층이 무너지면서 저학력 집단과 단순·숙련 노동자의 사회적 추락이 가시화된 것이다. 통일 이후 동독 노동시장의 침체는 만성 실업과 직업교육의 부족으로 나타나고, 이 가운데 가장 큰 영향을 받는 집단이 저학력층과 직업실습생, 실업자라는 것은 자명하다. 이들은 서독 생활수준에 못 미치는 자신들의 상황을 상대적으로 빈곤하게 평가함으로써 통일독일 사회에 대한 불만을 가중시키고 있고, 자신들이 처한 사회문제, 가정 문제, 학교 문제 등을 극복하는 방법으로 폭력이라는 극단적인 결과를 야기했다.[53] 즉, 통일독일 사회에 대한 불만은 미래에 대한 불안과 사회적 소외감으로 이어져, 무기력과 반항적 태도에 따른 극우적 배경의 폭력을 낳았다는 분석은 이 점에서 타당하다고 할 수 있다.

④ 정치적 소외

경제적·사회적 문제들이 극우주의 확산에 기여하는 것은 정치문화를 통해 완화되거나 강화될 수 있다. 하지만 통일 이후 동독 지역 사회에서는 민주주의에 대한 만족보다는 냉소와 정치적 무관심이 팽배해 있고, 통일독일 정부의 정치체제에 대한 비판도 매우 높다.[54] 즉, 정치라는 민주주의 장치가 동독 지역의 상황 개선을 위한 유일한 가능성이라면, 통일독일 사회의 정치체제는 동독 지역 청소년의 통일독일 사회에 대한 기대감을 충족해주지 못하고 있고, 이 불만족이 점점 정치적 소외로 나타나는 것이다. 그러나 체제에 대한 불만이 그 사회에서 불이익을 받고 있다는 약자의 느낌에서 시작되기는 하지만, 자동적으로 극우주의로 이어지는 것은 아니다. 한 체제에 대한 불만과 실망이 동독 지역처럼 민주주의 정치구조를 통해 해소되지 못할 때, 정치적 불만은 민주주의와 제도에 대한 불신과 법치국가에 대한 냉소주의로 나타나고, 극우적인 사상에 대한 선전과 선동이 표출되는 이때에야 비로소 그 사회에 확산되는 것이다. 동독 지역의 상황도 이와 크게 다르지 않다.[55] 2005년까지 연방의회 선거의 결과들을 살펴보면 금방 드러난다.

〈표 12-2〉는 연방의회선거 결과인데, 투표 참여자의 연령대를 구분하지 않았다는 단점이 있지만, 동독 지역 주민의 정치적 불만족에 대한 평가를 확인하기에는 부족함이 없다. 사회주의통일당의 후신인 민주사회당을 극좌파로서 동독 지역 주민의 이해를 대변하는 정당으로 간주한다면, REP, NPD 등은 극우적 이해를 대변한다. 극좌와 극우라는 두 정당의 목표가 전면적으로 상반되지만, 동독 지역 주민의 통일독일 사회에 대한 부정적인 시각을 분명히 보여주는 지표라는 점에서 흥미롭다. DDR 시대의 기득권자와 지식인을 대표하는 민주사회당에 대한 지지는 2002년 선거에서 잠시 소폭으로 감소했다가, 2005년 선거에서 25.3%라는 경이로운 지지율 증가를 보여준다. 또한 극우 정당 지지율도 통일 이후 동독 지역에서 4.2%의 지지율을 보이고 있다. 특히 극우 스킨헤드의 정치 목표를 실현하는 데 리더 역할을 하는 NPD의 연방의회선거 지지율은 동서독 지역 모두 놀랄 만큼 증가했는데, 서독 지역에서는 1990년 0.2%에서 1.1%, 동독 지역에서는 1990년 0.2%에서 2005년 3.6%의 지지를 획득했고, 2004년 작센 주 지방선거에서 9.2%의 지지를 얻어 지방의회 진출에 성공한다.[56] 의회 진출은 극우 이데올로기의 정치적 행보의 합법화를 의미하기 때문

〈표 12-2〉 1990~2005년 연방의회 선거 결과: 동서독 지역 민사당과 극우 정당 지지율(%)

	합계	동독 지역	서독 지역
1990년 연방의회선거			
민사당(PDS)	2.4	11.1	0.3
극우 정당들	2.4	1.6	2.6
1994년 연방의회선거			
민사당	4.4	19.8	0.9
극우 정당들	1.9	1.3	2.0
1998년 연방의회선거			
민사당	5.1	21.6	1.2
극우 정당들	3.3	5.0	2.8
2002년 연방의회선거			
민사당	4.0	16.9	1.1
극우 정당들	1.0	1.7	0.9
2005년 연방의회선거			
민사당	8.7	25.3	4.9
극우 정당들	2.2	4.2	1.7

자료: Bayerische Landeszentrale für politische Bildungsarbeit, *Bilanz der Bundestagswahl 2005* (München, 2006).

에 이 결과가 독일 사회에 미치는 파장은 매우 크다. 1990년대 NPD 정당 금지에 대한 공방이 독일 사회에서 치열한 공론을 일으켰음을 상기해볼 때, 2004년과 2005년 NPD에 대한 지지 상승과 정치권에서의 부활은 매우 의미심장하다. 다음으로 동서독 지역 청소년들의 민주주의 체제에 대한 지지율을 살펴보자.[57] 인프라테스트의 조사 결과에 따르면 민주주의 국가체제에 대한 호감도에서 서독 지역 청소년들은 74%가 긍정적으로 수용하고 있는 반면, 동독 지역 청소년들은 이 수치가 59%에 그쳤다. 민주주의 국가체제에 대한 부정적인 평가는 서독 지역에서 8%였던 데 반해 동독 지역에서는 두 배나 높은 17%로 나타났다.[58] 능동적인 정치 참여 역시 통일 직후와 비교했을 때 큰 폭으로 감소했다. 정치 참여에 대한 동독 지역 청소년들의 태도는 통일의 결과가 가시적으로 드러나기 시작한 1995년을 기점으로 부정적으로 돌아서면서, 정치구조에 대한 불신과 무관심은 정점에 선다. 정치 참여에 대한 긍정적인 태도가 10%를 넘지 않고, 민주주의 체제와 정치 참여에 대한 불신이 증가하고 있는 것이다. 극우 정당에 대한 지지율의 놀랄 만한 상승과 스킨헤드 및 네오나치 같은 극우 성향을 띤 청소년 집단의 증가는 이를 잘 반영하고 있다.

5. 나오며

지금까지 통일 이후 독일의 심각한 사회문제로 제기된 극우적 배경의 폭력 실태를 스킨헤드 집단을 중심으로 분석했다. 통일 이후 독일 사회, 특히 동독 지역에서 극우적 성향을 띤 청소년 폭력의 급격한 증가는 DDR 사회의 특이한 환경적 요인과 통일독일 사회에서 등장한 새로운 상황적 요인이 복합적으로 결합된 사회현상으로 보는 것이 타당하다. DDR 사회의 특이한 환경적 요인으로 첫째, DDR 스킨헤드는 초창기부터 급진적 극우 성향으로 시작해 성장했다는 것과 둘째, 권위주의적 사회화의 결과를 들 수 있는 한편, 통일이 몰고 온 상황적 요인은 첫째, 통일 이후 체제전환이라는 거시적인 사회변동 과정에서 발생한 혼란과 갈등, 둘째, 통일이 몰고 온 일상의 부정적 변화를 들 수 있다. 통일 이후 독일, 특히 동독 지역 스킨헤드 청소년 집단의 급증은 이처럼 DDR 사회의 특성과 통일이 몰고 온 상황적 요인들이 동태적으로 상호 작용해 나타난 결과인 것이다. 한편 통일 이후 동독 지역에서 나타나는 극우적 배경을 지닌 대다수의 청소년 폭력 사건이 감정적 요인이 폭발해 우연적으로 발생한 모방폭력 유형이었는데, 이 사실은 다음과 같은 경향을 확인할 수 있게 한다. 첫째, 통일독일 사회, 특히 동독 지역에서 발생한 극우 성향의 청소년 폭력은 사회적 불만족에 기인한 청소년 세대의 폭력적 하위문화 경향을 띠고 있다. 둘째, 극우주의 사상에 포함되는 외국인 혐오도 상황적 불만에 기인한다고 볼 수 있다. 셋째, 극우 정당의 정치적인 조직과 스킨헤드 집단의 폭력문화 간에 큰 이해관계가 없다는 사실이다.

　이 글은 지금까지 남북한 청소년 문화의 통합 문제를 단지 통일 교육이나 교육체제통합 등 원론적인 논의에 그쳤던 우리의 통일 담론에 다음과 같은 시사점을 준다. 첫째, 이념에 순응된 사회화의 결과와 통일에 대한 불만이 폭력이라는 극단적 방법으로 표출된다는 것을 보여준 독일의 상황은 이질적인 두 문화의 통합 과정이 얼마나 긴 시간을 필요로 하는지 여실히 보여준다. 하물며 남북한 청소년 문화 교류의 부재 및 서로에 대한 무관심은 통일 공간에서 일어날 수 있는 청소년 문화변동의 폭조차 가늠하기 힘든 상황을 초래했다. 지배사상에 순응하는 북한 청소년들의 의식과 자본주의와 개인주의에 익숙한 남한 청소년들의 의식이 충돌할 때, 또 통일에 대한 불만족이 증가할 때 그 갈등의 폭은 엄청난 결과를 낳을 수 있다. 둘째, 통일 공간에서 청소년 세대는 통일에 직접 참여하는 독립적 주체라기보다는 통일의 당위성을 수용해야 하는 교육적 차원의 대상으로만 인식되어왔다. 따라서 통일과 청소년 문화에 대한 논의도 이 차원에서 벗어나지 못하고 있는 실정이다. 통일의 주체이자 통일문화의 전달자로서 청소년 세대에 대한 좀 더 현실적인 담론이 필요하다. 셋째, 체제통합을 중심으로 이루어졌던 독일 사회가 지금 경험하고 있는 동서독 사회 간의 문화갈등 문제는 우리에게 통일이 실제로 경험되고 실현되는 사회사와 일상사가 통일 담론에서 얼마나 중요한지 잘 보여주고 있다. 이 점은 한반도 통일 상황에서 충분히 예측될 수 있는 것으로, 두 개의 상이한 정서가 하나가 되기까지의 제도적·사회적·인간적 차원에서 고려되어야 할 다양한 요소에 대한 통일 담론을 이끌어야 함을 일깨운다.

주

* 이 글은 이영란, 「통일 이후 독일 청소년 일탈문화에 대한 연구: 스킨헤드의 극우적 폭력실태를 중심으로」, ≪한국과 국제정치≫, 제23권 제2호(2007), 123~159쪽을 수정 게재한 것임.

1 Siegfried Lamnek, *Jugend und Gewalt: Devianz und Kriminalitaet in Ost und West* (Leske+Budrich, 1995); Wilhelm Heitmeyer and Joachim Müller, *Fremdfeindliche Gewalt junger Menschen* (Bundesministerium der Justiz, 1995).

2 Peter Förster, "Die 25jährigen auf den lagnen Weg in das vereinte Deutschland: Ergebnisse einer seit 1987 laufenden Laengsschnittstudie bei jungen Ostdeutschen," *Aus Politik und Zeitgeschichte* (이하 *APuZ*), B.43~44(1996); Peter Förster and Uta Schlegel (eds.), *Ostdeutsche Jugendliche: Vom DDR- Bürger zum Bundesbürger* (Opladen, 1997); Peter Förster, *Junge Ostdeutsche auf der Suche nach der Freiheit: Eine systemuebergreifende Laengsschnittstudie zum politischen Mentalitätswandel vor und nach der Wende* (Opladen, 2002); Peter Förster, "Junge Ostdeutsche heute: doppelt enttäuscht," *APuZ*, B.15(2003).

3 Christian Menhorn, *Skinheads: Portrait einer Subkultur* (Nomos Verlagsgesellschaft, Baden-Baden, 2001).

4 Klaus Schroeder, *Rechtsextremismus und Jugendgewalt in Deutschland* (Paderborn, 2003).

5 S. Andersen, K. Bock, M. Brumlik, H. Otto, M. Schmidt and D. Sturzbecher, *Vereintes Deutschland-geteilte Jugend: Ein politisches Handbuch* (Leske+Budrich, 2003).

6 이 외에도 청소년 폭력과 극우주의에 대한 연구는 헤아릴 수 없을 정도로 전 학문 영역에 걸쳐 수행되었다. 주목할 만한 성과는 다음과 같다. Gerhard Neubauer et al.(eds.), *Jugend im deutsch-deutschen Vergleich: Die Lebenslage der jungen Generation im Jahr der Vereinigung* 통일세대의 삶의 현황(Luchterhand, 1992); Hubert Gydow, *Die Selbstverwirklichung und Sozialisation der Jugend vor und nach der Einheit* 통일독일 청소년의 자기발전과 사회화(München, 1997); Werner Bergmann, "Wie viele Deutsche sind rechtsextrem, fremdfeindlich und antisemistisch? Ergebnisse der empirischen Forschung von 1990 bis 2000 독일인들의 극우주의와 외국인 혐오, 반유태주의? 1990~2000 경

372   제3부 통일독일 문화변동의 국면들

험적 연구 결과." in Wolfgang Benz(ed.), *Auf dem Weg zum Bürgerkrieg? Rechtsextre-mismus und Gewalt gegen Fremde in Deutschland* (Frankfurt a. M., 2001); Marek Fuchs et al., *Querschläger: Jugendliche zwischen rechter Ideologie und Gewalt* 극우 이데올 로기와 폭력사이에서 청소년(Opladen, 2003); Hans-Gerd Jaschke, *Rechtsextremismus und Fremdfeindlichkeit: Begriffe-Positionen-Praxisfelder* 극우주의와 외국인 혐오: 개념 · 위치 · 실제(Westdeutscher Verlag, 2001); Wilhelm Heitmeyer and Dietmar Loch(eds.), *Schattenseiten der Globalisierung: Rechtsradikalismus, Rechtspopulismus und sepa-ratistischer Regilnalismus in westlichen Demokratie* 세계화의 그늘(Frankfurt a. M., 2001); Armin Pfahl-Traughber, *Rechtsextremismus in der Bundesrepublik* 독일의 극우 주의(München: Beck, 1999); Bayerische Landeszentrale für politische Bildungsarbeit, *Bundesamt für Verfassungsschutzbericht*, 2000~2006 헌법수호연방사무소의 매년 보고 서(München, 2006); Dietmar Sturzbecher(ed.), *Jugend in Deutschland: Lebenssituation und Delinquenz* 독일 청소년(Opladen, 2001); *Shell Jugendstudie* 쉘 청소년보고서 (Hamburg, 1990, 1992, 1997, 2002).

7 이영란, 「통일 이후 동독 대학생의 가치관 변화」, ≪경제와 사회≫, 제63호(2004년 가을호), 172~195쪽; 이영란, 「집단적 아이덴티티와 고정관념에 대한 연구」, ≪경제와 사회≫, 제67호(2005년 가을호), 272~297쪽; 이영란, 「통일 이후 청소년 문화변동에 대 한 연구」, ≪독일연구≫, 제12호(2006년 겨울호), 155~192쪽; 장일순, 「통독후 동독 청 소년의 사회적응의 문제점에 관한 연구」, ≪경희대 사회과학 논총≫, 13집(1995년).

8 Christian Menhorn, *Skinheads: Portrait einer Subkultur*, pp.12~13.

9 테디보이, 모더니스트Modernist(Mod 또는 Hard-Mods), 루드보이, 부츠보이 등이 대표적인 현상이다. 테디보이는 당시 노동자 계급 출신으로 로큰롤을 주도해 로큰롤 초기 발전에 큰 역할을 한 집단이다. 모드라는 약자로 더 알려진 모더니스트는 영국 경 제 붐의 수혜자 자녀 세대로서 중하층 시민계급 출신으로 "쿨하고 패션에 민감한 청소 년 하위문화coole und stilbewusste Kids, die dem Rest der Jugendlichen immer einen Schritt voraus waren"의 선두주자 역할을 하게 된다. George Marschall, *Spirit of 69: A Skinhead Bible* (Dunoon, 1993), p.8. 이들의 특징은 패션, 음악, 소형 오토바이인 스쿠 터로 요약된다. 특히 실용적이고 센스 있는 패션을 주도하며 부츠, 다리를 조이는 청바 지, 단추를 풀어헤친 셔츠, 팔찌 등을 착용한다. 또한 소울, 스카ska, 블루비트, 록 음악 을 즐겼다. 루드보이는 1960년대 자메이카의 산업화 시기에 도시로 이주해 현실에 대 한 불만을 폭력과 범죄로 해소하는 청소년 갱 집단이다. 영국으로 이주한 자메이카 청

소년들이 영국 사회의 폭력과 범죄의 온상이 되면서 루드보이 하위문화를 낳았는데, 스킨헤드의 폭력적인 면은 루드보이에게서 중요한 영향을 받았다. 부츠보이는 오늘날 훌리건의 시조로 군인부츠를 신은 청소년들에게서 기원했다. Christian Menhorn, *Skinheads: Portrait einer Subkultur*, pp. 13~20.

10 Christian Menhorn, *Skinheads: Portrait einer Subkultur*, p. 24.

11 'Oi!'는 '이봐'에 해당하는 'Hey'를 대신하는 새로운 단어로 스킨헤드 사이에 사용되었다. 코크니 레젝트Cockney Reject 록 그룹은 라이브 콘서트에서 "하나, 둘, 셋" 대신에 "오이, 오이, 오이!"라고 외침으로써 오이 운동의 시조로 불리고 있다. 1978년에서 1981년 사이 이른바 '오이! 운동Oi! Bewegung'이 한 시대를 풍미하는데, 이 음악 취향은 당시 스킨헤드의 상징으로까지 자리 잡았다. 또한 '오이!'스킨이 주도한 수많은 스킨헤드 록 밴드는 당시 1980년대 초반의 스킨헤드의 정체성 형성에 결정적인 영향을 끼쳤다.

12 각 사상들을 좀 더 구체적으로 살펴보자. 민족주의나 인종주의는 '순수한' 민족 공동체를 추구하는 사상이다. 민족주의의 좁은 의미로 태생다원주의Ethnopluralismus, 분리주의Separatismus, 민족 중심의 정치를 추구하는 포퓰리즘Populismus을 들 수 있다. 사회적 다위니즘은 가장 강한 자가 모든 것을 성취한다는 자연적 적자생존 원리이다. 이 논리는 국가사회주의 영광 실현이나 나치즘, 우파 독재의 수용을 합리화한다. 반유대주의는 유대인의 특수성을 부각하고, 자민족과의 부적절한 화합에 대한 당위성을 수용하는 논리이다. 외국인 혐오는 실업이나 사회복지와 같은 사회문제의 원인을 외국인에게 돌림으로써 외국인 인권이나 이민자·망명자 수용에 대한 반대 입장을 정당화한다. 성성주의는 남성의 태생적 우월성을 인정하는 논리이다. Frank Neubacher, *Jugend und Rechtsextremismus in Ostdeutschland: Vor und Nach der Wende* (Umwelt Kriminalität Recht, 1994), pp. 13~16.

13 특히 반다문화주의 배경에는 외국인과 이방인에 대한 두려움이 전제되어 있기 때문에 극우주의는 민족, 인종, 조국, 가족을 수호하고 그 보호에 참여한다는 합리화가 성립된다.

14 통일 이전과 이후의 동서독을 구분하기 위해 이 글에서는 통일 이전의 동독을 독일민주공화국Deutsche Demokratische Republik의 약자인 DDR로, 서독은 독일연방공화국Bundes Republik Deutschland의 약자인 BRD로, 통일 이후는 각각 동독 지역과 서독 지역으로 명한다.

15 그루프티는 이른바 '악마숭배 집단'이다. 그루프티 청소년들은 검은색 옷과 검은색

화장, 악마를 상징하는 액세서리를 두르며 악마를 숭배하는 의식을 즐긴다.

16 초기 스킨헤드들은 1980년대 초반 막데부르크, 라이프치히, 에어푸르트, 프랑크푸르트 오더, 동베를린 등 대도시 주변을 중심으로 간간이 등장하다가, 1985년 이후에야 조직과 형식을 갖춘 집단으로 나타나기 시작한다.

17 1989년 베를린 장벽 개방 직전까지 DDR에서 거주하는 외국인은 약 19만 2,000명으로 전체 DDR 인구의 1.2%에 불과했다. 대부분의 외국인은 동베를린, 켐니츠, 라이프치히 등 대도시에 살았고, 국가별로는 베트남, 폴란드, 모잠비크, 소련과 헝가리 출신이 대부분이었다. 대부분 DDR 정부와 계약을 한 이민노동자로서 평균 5년 정도 DDR에서 근무하는 경우가 흔했는데, 이들은 DDR 주민들과 엄격히 분리된 채 외국인 거주 지역에만 머물 수 있었다. 1980년부터 외국인 노동자의 출신국가가 더 다양해지면서 베트남, 몽고, 앙골라, 중국 등에서 온 노동자들이 DDR 산업인력으로 근무하게 된다.

18 Peter Ködderitzsch and Lea Müller, *Rechtsextremismus in der DDR* (Göttingen, 1992), p.12.

19 Bernd Siegler, *Auferstand aus Ruinen: Rechtsextremismus in der DDR* (Berlin, 1991), p.75.

20 Waltraud Arenz, "Skinhead in der DDR," in Dieter Voigt and Lothar Mertens(eds.), *Minderheiten in und Übersiedler aus der DDR* (Berlin, 1992), p.141.

21 앞에서 언급했듯이 스킨헤드의 근원은 서구사회 노동자 계급 출신 청소년들이 계급적 정체성을 추구하고, 자신의 존재를 사회에 인식시키며, 보수적 사회규범 및 도덕과 프티 부르주아 시민사회에 대항하기 위해 형성된 청소년 문화에 있다고 했다. 서독에 등장한 초기 스킨헤드 집단도 노동자 계급이나 하위계층 출신이 대부분이었다. 그러나 사회계층의 차이가 전반적으로 거의 존재하지 않았던 DDR 사회에서 스킨헤드 청소년들은 전혀 다른 인구사회학적인 특성을 보여주는 것은 어찌 보면 당연한 사실이다.

22 Christian Menhorn, *Skinheads: Portrait einer Subkultur*, p.155.

23 "조사에 참여한 스킨의 4분의 3은 매우 능력 있는 사원조합의 일원으로 인정받고 있었다. 그중 자유독일 청년단FDJ 이나 노동조합의 학생간부로 활동하는 경우도 있었다." Bernd Siegler, *Auferstand aus Ruinen: Rechtsextremismus in der DDR*, p.73.

24 Christoph Mengert, *Skinhead-Band in der Bundesrepublik Deutschland* (Köln, 1994), p.52.

25 1988년 DDR 국가 보안부MfS의 스킨헤드 조사통계에 따르면, 베를린 447명, 로스토크 9명, 슈베린Schwerin 3명, 노이브란덴부르크Neubrandenburg 9명, 포츠담Potsdam

120명, 프랑크프르트 오더Frankfurt Oder 82명, 코트부스Cottbus 53명, 막데부르크 Magdeburg 66명, 할레Halle 36명, 라이프치히Leipzig 88명, 드레스덴Dresden 45명, 칼 - 막스 슈타트Karl-Marx Stadt 6명, 게라Gera 39명, 에어푸르트Erfurt 38명, 줄Suhl 26명 으로 총 1,067명으로 집계되었다. Walter Süss, "Zur Wahrnehmung und Interpretation des Rechtsextremismus in der DDR durch das MfS," *Der Bundesbeauftragte für die Unterlagen des Staatssicherheitsdienstes der ehemaligen DDR*, Nr.1(1993), p.106.

26 Karl-Heinz Baum, "Filmregisseur stellt wachsenden Faschismus in der DDR fest," *Frankfurter Rundschau*, 18, März(1989), p.1.

27 "Die Deutsche Demokratische Republik hat getreu den Interessen des Volkes und den internationalen Verpflichtungen auf ihrem Gebiet den deutschen Militarismus und Nazismus ausgerottet."

28 Norbert Madloch, "Rechtsextremistische Tendenzen und Entwicklungen in der DDR, speziell in Sachsen, bis Oktober 1990," in Kinner Klaus and Richter Rolf(eds.), *Rechtsextremismus und Antifaschismus* (Berlin, 2000), p.76.

29 Bernd Siegler, *Auferstand aus Ruinen: Rechtsextremismus in der DDR*, p.74.

30 Berend Wagner, "Kulturelle Subversion von rechts in Ost- und Westdeutschland," in Thomas Grumke and Wagner Berend(eds.), *Handbuch Rechtsradikalismus* (Opladen, 2002), p.19

31 Klaus Schroeder, *Rechtsextremismus und Jugendgewalt in Deutschland*, pp.41~42.

32 같은 책, pp.40~41.

33 Klaus Farin, *Generation kick.de. Jugendsubkulturen heute* (München, 2001), p.103.

34 Bundes Innenministerium, 2001, p.10.

35 2000년도 조사 결과에 따르면 인구 10만 명당 극우적 청소년 집단에 의해 양산되는 지역적 폭력 실태는 서독 바덴 비텐부르크 주 0.96명, 바이에른 주 0.5명, 헤센 주 0.71명, 잘란드 주 0.93명인 데 비해 동독 튀링겐 주 3.74명, 브란덴부르크 주 2.93명, 작센 - 안할트 주 2.47명, 멕켄렌부르크 포어포메른 주 2.73명으로 동독 지역은 서독 지역에 비해 거의 세 배를 웃돌고 있다. Bundesamt für Verfassungsschutz, *Bundesdeutschland Verfassungsschutsbericht* (Bonn, 2000).

36 '1. (2) 폭력 유형 및 현황'을 참고하라.

37 Wilhelm Heitmeyer and Joachim Müller, *Fremdfeindliche Gewalt junger Menschen*, pp.41ff.

38 같은 책, p.55.

39 같은 책, pp.56~58.

40 형사 처벌된 대부분의 활동은 독일 연방정부에서 금지하고 있는 극우 집단이나 극우 정당의 소책자, 회합, 데모행렬, 인터넷 광고와 선동 등이 포함된다.

41 Richard Stöss, *Rechtsextremismus im Wandel* (Berlin, 2005), p.106.

42 1964년 창당된 NPD는 '독일제국당Deutsche Reichspartei'의 후신인 극우 정당으로 청소년·청년 세대 영입에 특히 공을 들이고 있다. NPD는 통일 이후 1998년을 기점으로 엄청나게 성장하는데, 이는 통일독일 사회에 대한 불만족과 동독 지역 청소년 세대의 실업과 미래에 대한 불안으로 청소년·청년 세대의 지지를 얻을 수 있었기 때문이었다. NPD는 신나치주의 성향을 보여주는데, 특히 히틀러의 제3제국에 대한 긍정적인 평가를 부각해 '강한 독일 영광의 재현'을 주장한다. NPD는 독일 민족에 속하지 않는 모든 외국인 및 이방인 집단을 거부하고 '독일 민족 공동체Deutsche Volksgemeinschaft'를 지향한다. NPD 당원은 독일 전역에 약 5,500명에 이르고 있다. 2004년 지방의회 선거에서 NPD의 지지 상승은 그야말로 경이적이었다(〈표 12-2〉 참조). 이처럼 NPD가 특히 동독 지역에서 환영받는 이유는 스킨헤드와 네오나치 활동조직을 주도해 급진적 극우 성향의 리더를 집중 양성하려는 의도와 관련이 있으며, 이 현상은 DDR 스킨헤드 집단의 발생과 전개 과정의 극우적 특징과도 연관성이 있다.

43 서독 지역 극우 정당 회원 수는 1992년 6만 1,900명에서 2000년 5만 명으로 감소했다. 그중 REP는 1992년 2만 명에서 2000년 1만 3,000명으로, DUV는 2만 6,000명에서 1만 7,000명으로 감소했고 NPD는 5,000명에서 6,500명으로 소폭 증가했다. 반면 비조직적 폭력 청소년은 6,400명에서 9,700명으로 30% 이상 증가했다. 전체 폭력 건수는 1992년 2,369건에서 2000년 998건으로 큰 폭으로 감소했다. 동독 지역 극우 정당 회원 수는 1992년 1만 명에서 2000년 9,265명으로 서독 지역에 비해 소폭 감소했다. REP 회원 수 감소는 더욱 크다. 1992년 3,000명에서 2000년 840명, DUV는 3,000명에서 1,250명으로 세 배 정도의 감소를 보인 반면, NPD는 700명에서 2,060명으로 크게 증가했다. 반면 비조직적 폭력 청소년 수치는 서독 지역에 비해 2,800명에서 4,445명으로 약 두 배 증가했다. 이 사실은 동독 지역 인구가 서독의 3분의 1임을 고려했을 때 동독 지역 비조직 폭력 청소년 수치는 매우 높다. Klaus Schroeder, *Rechtsextremismus und Jugendgewalt in Deutschland*, p.78의 각주 1 참조.

44 Bundesamt für Verfassungsschutz, *Bundesdeutschland Verfassungsschutsbericht* (Bonn, 2004).

45 Bundesamt für Verfassungsschutz, *Skinheads, Entwicklung-Musik-Szene-Finanz* (Köln, 1998), p.24.

46 아도르노는 '미국에서 일어난 백인우월주의Ku-Klux-Klan', 유럽의 나치와 홀로코스트의 경험을 권위주의적 인성의 개념으로 분석했다. 아도르노는 자신이 속한 집단에 대한 '무의식적인 방어태도'를 권위주의적 인성의 특징으로 봤으며, 이 인성은 관습적인 도덕, 규율적인 사회, 엄격한 가정교육을 통해 형성·강화된다고 했다. 이 주장은 독일의 나치, 남아프리카, 미국 남부 등의 인종주의적 성향을 띠었던 사회에서 '좋은 시민 ein guter Mitbürger'이 되기 위해 인종주의조차 그 사회의 일상적 규범이 될 수 있었다는 점을 상기해보면 타당성이 있다. 이영란, 「집단적 아이덴티티와 고정관념에 대한 연구」, 279쪽.

47 Theodor Adorno, *Studien zum autoritären Charakter* (Frankfurt a. M., 1973); Susanne Rippl et al.(eds.), *Autoritatismus: Kontroversen und Ansätze der aktuellen Autoritarismusforschung* (Opladen: Leske+Budrich, 2000), p.15.

48 이영란, 「통일 이후 동독 대학생의 가치관 변화」, 180~181쪽.

49 2000년 튀링겐 주에서 실시된 DDR 교육에 대한 조사 결과에 따르면, 조사에 참여한 응답자의 3분의 1은 매우 '권위주의적'이라고 답했다. 그러나 전체 응답자 중 3분의 2는 권위주의적 교육이 긍정적인 영향을 미쳤다고 대답했다. 반면 10분의 1만이 권위주의적이지 않았다고 대답했다. Friedrich Ebert Stiftung, 2000, p.10.

50 통일 이후 동독 사회에 나타난 외국인 혐오나 극우적 배경의 폭력 사건들은 바로 이런 권위주의적 공격성과 파괴주의, 다양성의 거부와 우위적 지위 강화Superiorität의 결과라고 해도 타당하다. 나아가 이 태도는 관습주의, 합의주의, 도그마티즘, 엄격주의 Rigorismus와도 연관을 갖는다.

51 DDR의 국가조직이었던 청소년 및 소년단 조직의 역할과 통일 이후 동독 지역 청소년 세대의 여가 문화 변화는 이영란, 「통일 이후 청소년 문화변동에 대한 연구」 참조.

52 대부분의 극우적 스킨헤드 청소년이 대도시와 차단된 변두리 지역에 거주하고 있기 때문에 사회적 접촉이 결여되고 문화적 활동이 빈곤하다는 공통적인 특징을 지닌다.

53 이 상대적 평가란 통일 이후 서독 사회에 대한 열등감 및 동서독 지역의 경제적 불평등이 과거 DDR 사회에 대한 긍정적인 평가로 이어지는 것을 말한다. 흥미로운 점은 통일 이후 동독 지역의 경제 재건, 생활수준과 소득 향상이라는 객관적 지표는 실제 동독 청소년이 평가하는 주관적 만족도와 큰 차이를 보이고 있다는 사실이다. 즉, 동독 청소년들은 서독 청소년들의 사회적 상황과 기회를 자신들의 상황과 비교하면서 상대

적 빈곤과 불만을 보이고 있다. 통일 이후 동독 지역 상황에 대한 비교대상이 옛 사회주의 형제국가인 동구권이 아닌 서독인 것이다.

54 *Shell Jugendstudie*, 2002.

55 Elmar Wiesendahl, "Keine Lust mehr auf Parteien: Zur Abwendung Jugendlicher von den Parteien," *APuZ*, B.10(2001).

56 Eckhard Jesse, "Das Auf und Ab der NPD," *APuZ*, Nr.42(2005).

57 〈표〉 1987~2002년 동독 지역 청소년의 정치 참여 평가(%)

연도(년)	1987	1988	1989	1990	1991	1992	1993	1994	1995	1996	1998	2000	2002
긍정	37	36	30	32	24	14	11	9	7	5	7	8	7
매우 긍정	17	16	13	9	4	3	3	4	3	2	2	1	2

주: "정치에 능동적으로 참여하는 것은 의미 있다고 생각합니까?"라는 질문에 '① 매우 긍정, ② 긍정, ③ 그저 그렇다, ④ 부정, ⑤ 매우 부정'으로 답했음.
자료: Peter Förster, "Junge Ostdeutsche heute: doppelt enttäuscht," p.11.

58 *Shell Jugendstudie*, 2002, p.105.

참고문헌

김누리 편저. 2006. 『머릿속의 장벽: 통일 이후 동·서독 사회문화 갈등』. 도서출판 한울.

김누리·오성균·안성찬·배기정·김동훈·이노은. 2006. 『변화를 통한 접근: 통일 주역이 돌아본 독일 통일 15년』. 도서출판 한울.

김누리·노영돈·박희경·도기숙·이영란. 2006. 『나의 통일 이야기: 동독 주민들이 말하는 독일 통일 15년』. 도서출판 한울.

이영란. 2004. 「통일 이후 동독 대학생의 가치관 변화」. ≪경제와 사회≫, 제63호(가을호), 172~195쪽.

_____. 2005. 「집단적 아이덴티티와 고정관념에 대한 연구」. ≪경제와 사회≫, 제67호(가을호), 272~297쪽.

_____. 2006. 「통일 이후 청소년 문화변동에 대한 연구」. ≪독일연구≫, 제12호(겨울호), 155~192쪽.

장일순. 1995. 「통독후 동독 청소년의 사회적응의 문제점에 관한 연구」. ≪경희대 사회과학 논총≫, 13집.

Adorno, Theodor. 1973. *Studien zum autoritären Charakter*. Frankfurt a. M.

Andersen, S., K. Bock, M. Brumlik, H. Otto, M. Schmidt and D. Sturzbecher. 2003. *Vereintes Deutschland-geteilte Jugend: Ein politisches Handbuch*. Leske+Budrich.

Arenz, Waltraud. 1992. "Skinhead in der DDR." in Dieter Voigt and Lothar Mertens (eds.). *Minderheiten in und Übersiedler aus der DDR*. Berlin.

Baum, Karl-Heinz. 1989. "Filmregisseur stellt wachsenden Faschismus in der DDR fest." *Frankfurter Rundschau*, 18, März.

Bayerische Landeszentrale für politische Bildungsarbeit. 2006. *Bilanz der Bundestagswahl 2005*. München.

Bergmann, Werner. 2001. "Wie viele Deutsche sind rechtsextrem, fremdfeindlich und antisemistisch? Ergebnisse der empirischen Forschung von 1990 bis 2000." in Wolfgang Benz(ed.). *Auf dem Weg zum Bürgerkrieg? Rechtsextremismus und Gewalt gegen Fremde in Deutschland*. Frankfurt a. M., pp.41~62.

Bundesamt für Verfassungsschutz. 1998. *Skinheads, Entwicklung-Musik-Szene-Finanz*. Köln.

_____. 2000~2006. *Bundesdeutschland Verfassungsschutsbericht*. Bonn.

Farin, Klaus. 2001. *Generation kick. de. Jugendsubkulturen heute*. München.

Förster, Peter and Walter Friedrich. 1996. "Jugendlichen in den neuen Bundesländern: Ergebnisse einer empirischen Studie zum Wandel der Meinungen, Einstellungen und Werte von Jugendlichen in Sachsen 1990 bis 1994." *APuZ*, B. 19.

Förster, Peter and Uta Schlegel(eds.). 1997. *Ostdeutsche Jugendliche: Vom DDR-Bürger zum Bundesbürger*. Opladen.

Förster, Peter. 1996. "Die 25jährigen auf den lagnen Weg in das vereinte Deutschland: Ergebnisse einer seit 1987 laufenden Laengsschnittstudie bei jungen Ostdeutschen." *APuZ*, B. 43~44.

_____. 2002. *Junge Ostdeutsche auf der Suche nach der Freiheit: Eine systemuebergreifende Laengsschnittstudie zum politischen Mentalitätswandel vor und nach der Wende*. Opladen.

_____. 2003. "Junge Ostdeutsche heute: doppelt enttäuscht." *APuZ*, B. 15.

Fuchs, Marek, Siegfried Lamnek and Ralf Wiederer. 2003. *Querschläger: Jugendliche zwischen rechter Ideologie und Gewalt*. Opladen.

Friedrich, Walter. 2002. *Rechtsextremismus im Osten: Ein Ergebnis der DDR-Sozialisation?*. Sachsen/Berlin.

Gydow, Hubert. 1997. *Die Selbstverwirklichung und Sozialisation der Jugend vor und nach der Einheit*. München.

Heitmeyer, Wilhelm and Joachim Müller. 1995. *Fremdfeindliche Gewalt junger Menschen*. Bundesministerium der Justiz.

Heitmeyer, Wilhelm and Dietmar Loch(eds.). 2001. *Schattenseiten der Globalisierung: Rechtsradikalismus, Rechtspopulismus und separatistischer Reginalismus in westlichen Demokratie*. Frankfurt a. M.

Jaschke, Hans-Gerd. 2001. *Rechtsextremismus und Fremdfeindlichkeit: Begriffe- Positionen-Praxisfelder*. Westdeutscher Verlag.

Jesse, Eckhard. 2005. "Das Auf und Ab der NPD." *APuZ*, Nr. 42.

Ködderitzsch, Peter and Lea Müller. 1992. *Rechtsextremismus in der DDR*. Göttingen.

Lamnek, Siegfried. 1995. *Jugend und Gewalt: Devianz und Kriminalitaet in Ost und West.* Leske+Budrich.

Madloch, Norbert. 2000. "Rechtsextremistische Tendenzen und Entwicklungen in der DDR, speziell in Sachsen, bis Oktober 1990." in Kinner Klaus and Richter Rolf(eds.). *Rechtsextremismus und Antifaschismus.* Berlin.

Marschall, George. 1993. *Spirit of 69: A Skinhead Bible.* Dunoon.

Mengert, Christoph. 1994. *Skinhead-Band in der Bundesrepublik Deutschland.* Köln.

Menhorn, Christian. 2001. *Skinheads: Portrait einer Subkultur.* Nomos Verlagsgesellschaft, Baden-Baden.

Neubacher, Frank. 1994. *Jugend und Rechtsextremismus in Ostdeutschland: Vor und Nach der Wende.* Umwelt Kriminalität Recht.

Neubauer, Gerhard et al.(eds.). 1992. *Jugend im deutsch-deutschen Vergleich: Die Lebenslage der jungen Generation im Jahr der Vereinigung.* Luchterhand.

Pfahl-Traughber, Armin. 1999. *Rechtsextremismus in der Bundesrepublik.* München: Beck.

Rippl, Susanne et al.(eds.). 2000. *Autoritatismus: Kontroversen und Ansätze der aktuellen Autoritarismusforschung.* Opladen: Leske+Budrich.

Shell Jugendstudie. 1990, 1992, 1997, 2002. Hamburg.

Schroeder, Klaus. 2003. *Rechtsextremismus und Jugendgewalt in Deutschland.* Paderborn.

Siegler, Bernd. 1991. *Auferstand aus Ruinen: Rechtsextremismus in der DDR.* Berlin.

Stöss, Richard. 2005. *Rechtsextremismus im Wandel.* Berlin.

Sturzbecher, Dietmar(ed.). 2001. *Jugend in Deutschland: Lebenssituation und Delinquenz.* Opladen.

Süss, Walter. 1993. "Zur Wahrnehmung und Interpretation des Rechtsextremismus in der DDR durch das MfS." *Der Bundesbeauftragte für die Unterlagen des Staatssicherheitsdienstes der ehemaligen DDR*, Nr.1.

Wagner, Berend. 2002. "Kulturelle Subversion von rechts in Ost- und Westdeutschland." in Thomas Grumke and Wagner Berend(eds.). *Handbuch Rechtsradikalismus.* Opladen.

Wahl, Klaus. 2002. *Fremdfeindlichkeit, Antisemistismus: Drei Studien zu Tatverdächt-*

igen und Tätern. Berlin, Der Bundesminister des Innern.

Wiesendahl, Elmar. 2001. "Keine Lust mehr auf Parteien: Zur Abwendung Jugend-
licher von den Parteien." *APuZ*, B.10, pp.7~19.

http://www.bpb.de/themen/M6RM34

http://www.extremismus.net/index.html

http://www.bnr.de

http://www.verfassungsschutz.de

http://www.verfassungsschutzgegenrechtsextremismus.de/VgR/index2.htm

http://www.netzwerk-info.de

http://www.polwiss.fu-berlin.de/osz/datenbank_lit.htm

13

'북해'로 가는 길
잉고 슐체의 소설 『심플 스토리』에 나타난
통일 이후 동독인의 삶의 편력

류신

몽롱한 가운데, 나의 눈앞에 해변의 초록빛 모래밭이 펼쳐졌다.

그 위의 쪽빛 하늘에는 황금빛 둥근 달이 걸려 있었다.

나는 생각했다. 희망은 본래 있다고 할 수도 없고, 없다고 할 수도 없다.

그것은 지상의 길과 같다. 사실은 원래 지상에는 길이 없었는데,

걸어다니는 사람이 많아지자 길이 된 것이다.

(루쉰, 「고향」)

1. 들어가는 말

1962년 동독의 드레스덴에서 태어난 잉고 슐체Ingo Schulze는 토마스 브루시히Thomas Brussig, 두어스 그륀바인Durs Grünbein, 케르스틴 헨젤Kerstin Hensel, 야콥 하인Jakob Hein, 우베 콜베Uwe Kolbe 등과 더불어 통일독일 문단에서 "포스트 동독 문학Post-DDR-Literatur"[1] 시대를 주도하는 대표적인 동

독 출신 신세대 작가이다. 잉고 슐체는 첫 작품 『서른세 가지 행복한 순간들33 Augenblicke des Glücks』로 1995년 '알프레드 되블린 문학상'을 비롯해 같은 해 세 개의 문학상을 받으며 화려하게 등단한 후, 1998년 발표한 두 번째 소설 『심플 스토리Simple Storys』로 권위와 공정성을 인정받는 '베를린 문학상'까지 거머쥠으로써 통일독일 문단을 떠받치는 든든한 허리세대로 성장해가고 있다.

현재 독일 문단의 좌표에서 그의 문학이 차지하는 지점은 다음과 같다. 첫째, 그는 동서독이라는 서로 다른 '두 체제'와 '두 문화'의 경험을 통해 벼린 이중의 시각으로 통일독일의 현실을 진단할 수 있다는 점에서 서독 출신 문인과 또렷이 구별된다. 그는 통일 이후 전혀 다른 사회체제에서 동독이라는 지나간 과거를 비판적으로 성찰하고 새로운 사회에 적응해가는 과정에서 발생하는 문제점과 통일독일의 현실을 서독 출신 작가들과는 다른 관점에서 바라볼 수 있는 시야를 갖고 있는 것이다. 둘째, '봉건사회주의'의 허위적 실상을 너무 뻔히 보고 자란 그는 통일을 단절과 불안으로 체험하지 않고, 오히려 새로운 출발의 계기로 받아들일 수 있었다는 점에서 기성세대 동독 작가들과도 차별된다. 동독 제2세대 작가들이 통일을 극복하기 어려운 심리적 장애물로 받아들였다면, 그에게 장벽의 붕괴는 검열의 폐지와 소재의 확장을 의미했다. 셋째, 그의 문학이 갖는 개성은 동독 제3세대 작가군 사이에서도 발견된다. 토마스 브루시히, 야콥 하인과 같은 거개擧皆의 동독 출신 젊은 작가들이 동독이라는 '더는 존재하지 않는 나라'를 유년의 기억을 통해 복원하고자 애면글면하고 있다면, 그는 '여기 지금 엄연히 존재하는 통일독일'의 현실과 그 속에서 살아가는 동독인들의 희비극을 형상화하는 데 주력하고 있기 때문이다. 말하자면 그는 통일로 인해 사라진 역사적 시공간을 기억하기보다는 통일로 인해 재구성된 새로운 삶의 현장을 주목하고 있는 것이다. 볼프강 회벨Wolfgang Höbel이 『심플 스토리』를 일컬어 "오랫동안 학수고대했던, 통일독일에 관한 새로운 스타일의 전환기 소설"[2]이라고 호평하고 있는 까닭은 바로 여기에 있다.[3]

29개의 독립된 에피소드들로 구성된 연작 소설 『심플 스토리』는 통일이 동독 튀링겐 지방에 위치한 소도시 알텐부르크Altenburg 사람들의 일상적인 삶에 어떤 변화를 초래했는지를 일체의 감정이입을 배제한 채 냉정하고 간결직절하게 서술한다. 얼핏 보면 변방의 작은 도시에 거주하는 평범한 동독인의 지리멸렬한 일상을 스케치한 것처럼 보이는 29개의 '단순한 이야기들' 속에는, 그러나 통일이라는 거대서사가 개인의 삶에 미친 '단순하지 않은' 변화의 양상, 예컨대 심리적 갈등, 가치관의 변화, 실업의 고통, 가족의 해체 등이 예리하게 포착되어 있다. 말하자면 동독 사람들의 '작은 이야기' 속에 통일이라는 '큰 이야기'가 으밀아밀 스며 있는 것이다. 거시적 안목과 미시적 관찰을 아우르는 균형감각의 소유자답게 슐체는 자신의 글쓰기 전략을 다음과 같이 요약한 바 있다. "나에게 문학이란 물방울 속에서 세계를 보는 것과 같다."[4]

이 글은 통일독일 문단에서 주목받고 있는 잉고 슐체의 소설 『심플 스토리』를 분석해봄으로써 동독이라는 '과거'가 통일 이후 동독인의 삶과 운명을 어떻게 조종하고 있으며, 자본주의라는 '현재'가 이들의 일상을 어떻게 규정하고 있는지, 그리고 생의 희망이라는 '미래'가 좌절과 고통으로 점철된 이들의 삶을 어떻게 다시 추동하고 있는지를 추적해보려는 의도에서 쓰였다. 구체적으로 말하자면 역사적 전환기를 거쳐 통일독일에서 살아가는 동독의 보통 사람들이 기억하는 어제와 그들이 체험하는 오늘, 그리고 그들이 기획하는 내일의 모습이 이 소설에 사금파리처럼 박혀 있는 "빨갱이 모이러", "손들어", "가능하면 멀리"라는 세 개의 단문 속에 압축되어 있다는 사실을 밝혀내고자 한다. 이를 통해 통일독일에서 살아가는 동독 사람들의 변화된 삶과 가치관, 그들의 의식 구조 및 심리 상태를 깊이 이해할 수 있기를 기대한다.

2. "빨갱이 모이러": 동독의 잔해

이 소설은 동독이라는 '국가'는 세계지도에서 가뭇없이 사라졌지만 동독이라는 '과거'는 통일 이후에도 유령으로 살아남아 동독인의 일상과 운명을 배후 조종하고 있음을 다양한 에피소드를 통해 보여준다. 무엇보다도 과거의 흔적은 이들이 사용하는 언어에 고스란히 남아 있다. 예컨대 레나테 모이러Renate Meurer는 통일 이후에도 높은 직위에 있는 사람을 호칭할 때마다 여전히 동유럽 전체주의 국가의 정치국원을 뜻했던 "당간부"[5]라는 단어를 부지불식간에 선택하고, 남편 에른스트 모이러Ernst Meurer를 "동무"(S. 222)[6]로 호명하고는 한다. 또한 소설은 동독 시절 일상에서 사용되던 "비닐봉지Plastetüte"(S. 295), "운전면허증Fahrerlaubnis"(S. 100), "열차배차원Dispatcher"(S. 98) 같은 단어들이 통일을 계기로 '그때 그 시절'의 추억상품 내지는 용도 폐기된 구시대적 유물로 취급받게 되는 상황을 여러 에피소드를 통해 보여준다.[7]

동독이라는 유령의 힘은 실로 대단해서 통일 이후에도 주민들의 후각은 물론 시각까지 지배한다. 전직 교사였던 디터 슈베르트Dieter Schubert의 부인이자 가구점 비서로 일하는 마리안네 슈베르트Marianne Schubert의 잘 꾸며진 거실에서 나는 향긋한 냄새는 피트 모이러Pit Meurer로 하여금 동독 시절 "인터숍 상점"(S. 250)에 진열된 서구의 세련된 상품들에서 풍기던 냄새를 얼른 떠올리게 한다. 물론 이 냄새의 실체는 동독 사람들이 품고 있던 서독 마르크와 서구 자본주의의 풍요로움에 대한 은밀한 오마주에서 발원한다. 한편 알텐부르크 지방 신문의 기자로 일하는 다니Danny는 통일 이후 옛 슈타지 본부에서 신문사로 헐값에 팔려온 책상을 보고 겁에 질린다. 책상에 덮어 씌워진 필름의 모양, 즉 "아메바를 연상시키는 무늬"(S. 32)에서 아르고스처럼 수백 개의 눈을 흡뜨고 자신이 일거수일투족을 감시하던 슈타시 요원의 표독스러운 "악어 눈"(S. 32)을 떠올렸기 때문이다. 이 장면은 인간과 인간 사이의 건강한 관계를 계속해서 끊어놓으면서 "불신의 악순환"[8]을 만연시킨 슈타지라는 괴물이 통일 이후에도 여전히 동독인들의 의식 속에 깊숙이 똬리를 틀고 있음을 잘 보여준다. 한마디로 동독인들에게 슈타지는 잊을 만하면 다시 나타나는 "악몽"(S. 32)과도 같은 존재인 것이다.

이 소설에 등장하는 40명 넘는 사람들 가운데 과거의 후유증으로 통일독일 사회에서 정상적인 삶을 꾸려갈 수 없는 대표적인 인물로 디터 슈베르트를 꼽을 수 있다. 그는 동독 시절 반체제적 불온사상을 학생들에게 전파했다는 이유로 — 교장 에른스트 모이러의 결정에 의해 — 학교에서 쫓겨난 후 슈타지의 감시를 받다가 통일 이후 심근경색으로 생을 마감한 비운의 주인공이다. 전후 군사훈련 도중 한쪽 눈을 잃어 그의 얼굴에 박히게 된 "의안義眼"(S. 165)이 그가 냉전과 분단 시대의 희생자임을 암시한다면, 강제 해임을 당한 이후 나타난 지극히 소심하고 어눌한 그의 행동거지는 사회주의 이상과는 동떨어진 기형화된 현실사회주의를 체현한다. 동독 시절 그의 내면에 깊이 각인된 이와 같은 트라우마는 통일 이후 심각한 대인기피증 및 광장공포증으로 이어지거나 돌발적인 행동을 유발하는 동인이 된다. 슈베르트의 옛 애인 제니Jenny는 통일 이후 재회한 그를 이렇게 묘사한다. "그는 아주 조심스럽게 식사를 했어. 우리와 시선을 마주치지 않기 위해 뚫어져라 접시만 쳐다보면서 말이야"(S. 162). 이러한 그의 비정상적인 행동은 이탈리아 여행 도중 성당의 담장으로 기어 올라가 고함을 치며 벌인 해프닝에서 절정에 이른다.

그는 머리를 앞으로 내밀고 마치 새처럼 한쪽 눈으로 우리를 내려다봤다. 양말 두 짝은 엄지발가락 끝에서 약간 아래로 처져 걸려 있었다. 연습을 좀 했었다면 위로 올라가는 일은 별 문제가 아닌 것 같았다. 아마도 그는 정문의 사각 받침돌에서 출발해 옆에 있는 작은 돌출부에 도달한 다음 그 난간 위에 올라섰고, 앞으로 튀어나온 돌과 수리중인 건물의 비계飛階에 몸을 지탱하고 있었던 모양이다.

그자가 "빨갱이 모이러"라고 말했을 때 그것이 누구를 가리키는 말인지는 물론 아무도 몰랐다. 이탈리아 사람들은 어차피 그의 말을 알아듣지 못했다. 그는 에른스트를 "녹색 아노락을 입은 공산당 간부"라고 부르며 두 팔을 뻗어 우리 쪽을 가리켰다. 그가 원하는 바가 무엇인지 아무도 이해하지 못했다. 대체 그의 어디서 소리칠 힘이, 그토록 흥분해서 소리를 내지를 힘이 나오는지 도무지 알 길이 없었다(S. 19ff.).

디터 슈베르트는 수리 중인 성당 건물의 비계에 몸을 지탱한 채 함께 여행하던 사람들 가운데 누군가를 가리키며 "빨갱이 모이러"라고 외친다. 그의 부르 짖음은 이탈리아 사람들에게는 어차피 공허한 메아리로 들렸을 테고, 정확히 그쪽을 주목하지 않은 동료 여행객들에게도 무의미한 소리로 인식되었음이 자명하다. 하지만 이 목소리의 표적은 분명 그곳에 존재하고 있었다. 그는 바로 동독 시절 자신을 교직에서 해고한 교장이자 슈타지의 비공식 협력자IM였던 에른스트 모이러였던 것이다.[9] 요컨대 타국에서 "빨갱이 모이러"라고 고함치는 슈베르트의 처절한 모습은 동독이라는 과거가 그의 영혼에 남긴 상처의 깊이를 미루어 짐작하게 한다.

여기서 흥미로운 부분은 작가가 슈베르트뿐 아니라 모이러 역시 과거의 상흔으로 인해 고통을 받는 인물로 그리고 있다는 점이다. 슈타지 전력으로 양심의 가책을 느끼던 그는 슈베르트와의 뜻하지 않은 만남으로 인해 추적망상증에 사로잡히게 된다. 급기야 그는 무고한 이웃을 가스총으로 위협하다가 정신병원에 감금되고 결국 부인 레나테 모이러와도 이혼하게 된다(S. 230 참조). 동독의 과거가 정신질환을 야기하고 가족의 해체로 이어진 셈이다. 어쨌든 슐체는 이 두 동독인의 비극적 전기를 통해 과거 청산 문제에서 도대체 누가 가해자이고 누가 피해자인가 하는 민감한 질문을 독자에게 던지고 있는 것이다.

슈베르트와 모이러의 돌발 행동이 동독이라는 과거의 내밀한 상처를 비극적인 톤으로 돋을새김하고 있다면 제16장에 등장하는 "깡통들"(S. 166)은 동독의 잔해殘骸를 희극적으로 부각시키고 있다. 제16장의 화자인 제니는 서구의 생필품을 구하기 쉽지 않았던 동독 시절 서방세계에서 생산된 다양한 맥주의 빈 캔이나 통조림 깡통을 마치 진귀한 우표처럼 수집해 "거실에 깡통제단"(S. 165)을 만들었던 사람들에 대해 말하면서, 심지어 자신의 오빠는 원하는 빈 맥주 캔을 손에 쥐기 위해서 돈을 지불하는 것도 마다하지 않았다고 회고한다. 여기서 문제는 이들 대부분이 통일 이후 "모든 매점에서"(S. 166) 캔 맥주를 손쉽게 구입할 수 있게 된 상황에서도 계속해서 깡통을 수집해 거실에 진열하는 촌극을 연출하고 있다는 점이다. 동독 시절 깡통은 풍요로운 서구 자본주의 사회에 대한 동독인들의 은밀한 동경이 투시된 물신物神과 같았다. 하지만 통일 이후 동독인의 거실에 진열된 빈 맥주 캔들은 이제 숭배의 대상이 될 수 없다. 물론 동독 시절을 미화하거나 그리워하는 오스텔지어의 대상도 아니다. 이제 그것은 통일을 엄연한 현실로 인식하지 못하는, 과거의 사슬에 얽매인 동독인들의 서글픈 자화상일 뿐이다. 한마디로 빈 맥주 캔은 통일 이후에도 좀처럼 내칠 수 없는 내면화된 '동독 근성'의 맞춤한 상징물인 것이다.

3. "손들어!": 자본의 힘

이 소설은 통일 이후 "따뜻한 동독의 틈새로 침투한 비정한 자본주의"[10]의 실상을 다양한 이야기들을 통해 에둘러 보여준다. 말하자면 작가는 통일 이후 서독의 자본주의적 시장경제 시스템이 단기간에 동독 지역에 이식되면서 발생하는 문제점들을 일상의 작은 에피소드들을 통해 비유적으로 형상화한 것이다. 우선 소설 텍스트 곳곳에서 빈번히 나타나는 서독 마르크의 구체적인 액수, 예컨대 속도위반 "범칙금 433.50마르크"(S. 41), 신문광고료 "부가가치세 포함 336마르크"(S. 31) 등은 모든 가치가 돈으로 상환되고 치환되는 자본주의의 생리를 암시하는 기제로 작동한다. 또한 자본이 한 개인의 심리를 어떻게 압박하는지를 보여주는 일상생활의 실례도 발견된다. 에른스트 모이러의 아들 마틴 모이러Martin Meurer가 부인과 통화를 할 때 공중전화카드의 액수가 빠르게 줄어드는 것을 가슴 졸이며 지켜보는 장면이 그것이다.

2.88에서 2.69 그리고 바로 2.50. …… 처음에 나는 1.17이면 통화를 마칠 수 있을 거라 생각했어. 하지만 0.98 아니 0.79 그러고 나서 그녀가 안녕이라고 말하자 60페니히로 훌쩍 뛰어넘어가더니, 급기야 내가 자기야 하고 부르자 순간 전화가 뚝 끊어졌어(S. 43f.).

이는 일상에서 누구나 경험할 수 있는 흔한 장면이지만 통일 직후 새로 설치된 카드전화기를 동독인이 사용하는 상황이라는 점을 고려한다면, 액수가 숨 가쁘게 줄어드는 매순간은 통일 공간에서 동독인들이 자본의 메커니즘에 정신 없이 휘말려 들어가는 과정에 대한 알레고리로 볼 수 있다. 전화카드 액수 가감의 가속도는 바로 동독인이 느끼는 '전환기 현기증'과도 다름없다.

이 소설의 두 번째 에피소드 「새로운 돈Neues Geld」은 베를린 장벽이 무너진 직후 동독의 지방 소도시를 빠른 속도로 잠식해가는 자본의 힘을 얼핏 보면 진부해 보이는 통속적인 남녀 관계에 빗대어 비판하고 있다는 점에서 흥미롭다. 이야기는 1990년 5월 프랑크푸르트에서 온 부동산 중개업자 해리 넬슨이 알텐부르크의 중심가에 있는 호텔에 투숙하면서 시작한다. 이 "서독에서 넘어온 사절"[11]의 주요 임무는 이곳의 땅과 건물을 헐값에 매입하는 것이다. '이름이 곧 운명이다nomen est omen'라는 금언처럼 그는 세계의 바다를 제패한 영국 해군의 영웅 '해리 넬슨' 제독의 분신이 되어 동독의 땅과 집을 점령하려 했던 셈이다. 여기서 문제의 사건은 호텔 식당에서 웨이트리스로 일하는 19살 처자 코니 슈베르트Conni Schubert(디터 슈베르트의 딸)가 첫눈에 이 서독 신사에게 반하면서 시작된다. 그녀는 넬슨의 모든 것, 즉 그의 앉아 있는 품새와 와인을 마시는 자세는 말할 것도 없고 "그의 향수"(S. 24), "그의 귀, 그의 폭이 넓은 손톱과 목젖"(S. 26)을 은밀히 주시한다. 하지만 그녀는 이 신사의 세련되고 점잖은 가면 뒤에 호색한의 음욕淫慾이 도사리고 있었음을 간파하지는 못했다. 그는 어느 날 밤늦게 퇴근하는 코니에게 다가와 기습적으로 키스를 하더니, 이내 그녀를 잔디 위에 쓰러트란다. 내심 그를 흠모했던 그녀는 처음에는 그를 받아들이려 했지만 이 상황이 낭만적인 로맨스가 아니라 지저분한 성폭력임을, 자신이 사랑의 대상이 아니라 욕정의 표적이었음을 깨닫는 순간 손으로 그를 밀어낸다. 코니는 당시의 악몽과 같은 순간을 이렇게 기억한다.

해리는 행복해 보였다. 그는 호탕하게 웃었으며 "왜 안 돼?"라고 말했다. "도대체 왜 안 되냐고?" 나는 그의 머리와 목덜미를 올려 봤다. 그는 계속해서 떠들어댔지만 나는 도무지 이해할 수가 없었다. 그가 너무 크게 웃으면서 말했기 때문이다. 그와 그의 손은 결코 내 말을 듣지 않았다. 그리고 어깨에서부터 등으로 이어지는 고통이 엄습했다. "손들어", "손 올리라고!" 그가 외쳤다. 그 순간 나는, 내가 지금 어디에 있는지, 그리고 나에게 지금 어떤 일이 닥친 건지 알 수 없었다. 내 블라우스는 갈기갈기 찢어져 있었다. 그는 한 음절 한 음절 강조하면서 다시 외쳤다. "소 - 온 들어!"(S. 28).

결국 그녀는 성폭행을 당하고, 해리는 매입 계약서를 가방에 챙겨 유유히 알텐부르크를 떠난다. 이 이야기는 돈 많은 외지인이 순진한 시골처녀를 유린한다는 상투적인 치정극으로 넘길 수 있지만, 독일의 전환기라는 시대사적 맥락에서 보면, 이제는 당의 권력이 아니라 자본의 힘에 의해서 지배되기 시작한 동독인의 운명을 암시하는 '음울한 스캔들'로 재해석해볼 수 있을 것이다. 나아가 프랑크푸르트에서 온 부동산 중개업자와 알텐부르크 토박이 처자 사이의 부적절한 관계, 즉 상업과 금융의 중심도시인 서독의 프랑크푸르트가 동독 튀링겐 지방의 탄광 지대 한복판에 위치한 소도시 알텐부르크를 점령해 들어가는 이 장면은 볼프 비어만이 언급했던 독일 통일이라는 "잔인한 멜로드라마"를 연상시키기도 한다.

나는 독일의 통일을 잔인한 멜로드라마 또는 돈을 몽땅 쓰며 요란하게 하는 결혼식처럼 체험하고 있다. 복지국가 서독의 미하엘, 이 추악한 멋쟁이가 빈민구호

소에서 나온 동독이라는 비참한 여사촌과 결혼을 하는 격이다.[12]

이 근친결혼이 성사될 수 있던 것도, 이 결혼생활이 유지될 수 있는 것도 모두 돈의 힘 덕분이다. 요컨대 독일 통일은 막강한 경제력을 앞세운 서독이라는 대기업이 스러져가는 중소기업 동독을 병합한 꼴로 요약될 수 있을 것이다. 따라서 통일 이후 "우리에게 모든 것을 주었던 나의 군주"[13]는 이제 당이 아니다. 라이너 쿤체Reiner Kunze의 유명한 시구처럼 "인간은/ 인간에게/ 한낱 팔꿈치일 뿐"[14]이라고 주장하는, 자본이라는 그리 자비롭지 못한 군주가 왕위를 찬탈했기 때문이다. 그래서일까. 다른 누구보다도 자본주의 시장체제에 잘 적응한 레나테 모이러 역시 다음과 같이 탄식한다. "가끔은 돈이 당보다 더 고약해"(S. 220).

이 소설에는 통일 이후 전면화된 그리 원만하지 못한 '내독 관계das deutsch-deutsches Verhältnis', 즉 동서독 사회문화 갈등을 암시하는 또 하나의 커플이 등장한다. 서독 출신 슈바베 마이크는 제니와 사랑에 빠진다. 제니를 짝사랑하기에 평소 이들의 관계를 심히 마뜩하지 않게 여기던 화물트럭 운전사 에드가는 둘의 사랑이 그리 오래가지 못할 것이라 확신하며 다음과 같이 말한다.

> 둘은, 그러니까 동베를린 출신의 그녀와 슈투트가르트에서 온 그놈은 물과 불 같은 사이라니까(S. 258).

4. "가능하면 멀리": 생의 의지

슐체는 통일 이후 변화된 환경에서 알텐부르크 사람들이 경험하는 일상의 비극, 즉 체제의 변화가 몰고 온 "불안의 다양한 변주"[15]를 형상화하는 데 집중하고 있지만, 그렇다고 해서 이 보통사람들이 품고 있는 삶의 희망까지 외면하고 있는 것은 아니다.

이 소설의 제1장 「제우스」의 화자는 중년의 주부 레나테 모이러이다. 장벽이 허물어진 지 몇 달 되지 않은 1990년 2월에 모이러 부부는 결혼 20주년을 맞이해서 자식들이 주선해준 관광버스를 타고 난생 처음 이탈리아를 여행하면서 서방세계를 체험하게 된다. 아직 채 통일독일의 여권을 소지하지 못한 그들에게 뮌헨의 여행사는 국경을 넘기 전 가명의 위조여권을 만들어준다. 당시의 심리 상태를 화자인 모이러는 다음과 같이 묘사한다.

> 여러분은 한 번 상상해봐야 할 것이다. 어느 날 갑자기 서독 여권을 소지하고 이탈리아에 가 있다고 하자. 내 이름은 우어줄라이고, 에른스트의 이름은 보도이고, 거주지는 슈트라우스빈. 성이 무엇이었는지는 잊어버렸다. 세계의 다른 저편에 가서 집에서처럼 먹고 마시면서 마치 그 모든 것이 당연하다는 듯이 다리를 꼬고 앉아 있는 것을 스스로 기이하게 여기고 있다고 하자. 이를 닦을 때 거울 속을 들여다볼 때면 나는 이탈리아에 와 있다는 사실을 더욱 믿을 수가 없었다(S. 17).

동독 출신 관광객은 모두 가명이다. 이들은 '더는' 동독 국민도 아니고 '아직' 통일독일의 국적을 취득하지도 못했다. 말하자면 이들은 자기 정체성을 상실한 유령과도 같은 존재인 것이다. 이들은 방향감각을 잃어버렸고 따라서 삶의 좌표도 세울 수 없다. 모든 것이 낯설고 믿을 수 없을 뿐이다. '폐쇄인homo clausus'[16]에서 하루아침에 '여행인homo viator'이 된 동독인이 전환기에 경험한 정신적·문화적 충격의 강도를 미루어 짐작할 수 있는 대목이다. 그리고 앞서 언급했던 디터 슈베르트와 에른스트 모이러 사이의 어두운 과거사가 이 첫번째 에피소드에 덧붙여진다. 이렇듯 이 소설은 통일 공간에서 동독인이 맞닥뜨린 정체성 혼란과 과거 청산 문제를 부각하면서 시작된다. 그리고 나머지 장에서도 대부분 통일 이후 일상생활에서 동독인들이 겪는 정신적 고통과 사회문화적 갈등을 다룬 이야기들로 채워져 있다. 하지만 이 작품의 마지막 이야기는 어려운 상황에 처했는데도 희망의 끈을 놓고 있지 않는 동독 사람들을 주목하고 있다는 측면에서 각별한 주목을 요한다.

제29장 「물고기들」의 화자는 디터 슈베르트의 옛 애인 제니이다. 동독 시절 간호학교를 다니던 그녀의 현재 직업은 슈투트가르트 중심가에서 독일 전역에 체인점을 거느린 '북해Nordsee'라는 생선 및 해산물 전문식당을 홍보하기 위해 전단지를 나눠주는 일종의 이벤트 도우미이다. 그녀는 비록 자신이 원하는 일자리를 찾지는 못했지만 결코 자탄하거나 좌절하지 않고 통일독일 사회에서 낙오자가 되지 않기 위해 열심히 일하는 모습을 보여준다. 불우한 환경 속에서도 삶에 대한 긍정적인 태도를 견지하는 동독 출신 여성을 대변하고 있는 것이다. 여기서 제니는 자신의 새 파트너로 동향 출신 마틴 모이러를 만난다. 그는 동독 시절 '미술사학가'(S. 106)를 꿈꾸며 박사학위 논문을 준비하다가 갑자기 통일을 맞으면서 대학에서 일자리를 잃고 단번에 지식인에서 근로노동자로 전락한 인물이다. 그는 통일 이후 조교 군단을 거느리고 부임한 서독 출신 교수에 의해 대학 밖으로 떠밀려 나온 후 '외근 근로자'(S. 40), '대리운전사'(S. 101), '건물 관리인'(S. 101) 등 여러 직업을 전전하며 인생의 추락을 쓰라리게 맛본다. 한마디로 그는 통일 이후 동독인이 경험한 가장 큰 표류와 방황의 모험인 "구직의 오디세이"[17]를 온몸으로 구현하고 있는 인물인 것이다. 그는 남편 에른스트 모이러와 사별한 후 알텐부르크를 떠나 슈투트가르트에 정착한 엄마 에른테 모이러를 방문했다가 구인광고를 보고 찾아간 '북해'에서 제니와 조우하게 된다. 제니와 함께 그가 '북해'로부터 떠맡은 임무는 잠수복을 갖춰 입고 거리로 나가 사람들에게 "북해는 어디에 있나요?", "여기 북해가 어디에 있는지 말해주실 수 있나요?", "제게 북해로 가는 길을 가르쳐주세요"(S. 296)와 같은 질문을 던지며 식당 홍보용 전단지를 나눠주는 일이다. 그런데 여기서 마틴이 폭행을 당하는 불미스러운 사건이 벌어진다. 그가 신고 있던 오리발이 자기 여자친구의 발을 짓눌렀다 하여 한 행인이 그를 구타한 후 도망친 것이다. 퉁퉁하게 부어오른 마틴의 눈두덩을 본 제니는 '북해' 사장인 케른델에게 돌아가 사건의

정황을 보고하고 손해배상을 청구하자고 말한다. 그 순간 마틴은 뜻밖에 이렇게 반응한다.

> "나는 더는 케른델에게 가지 않을 거예요." 마틴이 말한다. 그는 한참 뜸을 들이며 잠수용 물안경을 쓴다. "그럼 도대체 어디로 가려고요?" 내가 묻는다. 그는 답한다. "멀리, 가능하면 멀리." 그는 다시 침을 퉤 뱉더니, 산소마스크를 입에 물고 그것을 물안경 밴드 아래 고정시킨다. 그리곤 마지막으로 전단지가 들어 있는 가방을 어깨에 둘러맨다.
>
> 나도 그를 따라 한다. 그러고 나서 우리는 달리기 시작한다. 사람들은 상점들의 차양과 처마 밑에 서서 비가 멈추기를 기다리고 있다. …… 우리는 빗물이 고인 웅덩이를 철벙거리며 지나간다. …… 물안경이 시야를 좁히기 때문에 우리는 서로 손을 꽉 붙잡는다. …… 흰 천막 아래 소규모 악대가 계속해서 연주를 하고 있다. 나는 점점 커지고 빨라지는 이 곡이 폴카가 아닐까 생각한다(S. 303).

이 소설의 대미를 장식하는 이 인상적인 장면은 두 가지 점에서 시사하는 바가 크다. 첫째, 이들이 마주 잡은 손은 동독인의 가슴 속에 응어리진 과거의 상처가 통일 이후 차츰 시간이 지나면서 치유되고 있음을 암시한다. 구체적으로 말하자면 디터 슈베르트의 옛 애인 제니와 에른스트 모이러의 아들 마틴이 서로 손을 잡고 "발걸음을 맞추는"(S. 303) 장면은 슈타지의 희생양인 '슈베르트'와 슈타지의 전력 때문에 몰락한 '모이러'의 반목과 갈등이 극적인 화해에 도달하는 과정을 상징하는 공존과 상생의 퍼포먼스로 읽힌다.

둘째, 이들이 잠수복을 입고 벌이는 이벤트는 냉혹한 통일독일 사회에서 좌절하지 않고 부단히 생의 의지를 곧추세우는 동독인의 저력을 연출한다. 이렇게 보면 이들이 행인에게 던지는 "북해는 어디에 있나요?"라는 질문은 생선요리와 함께 싱싱함이란 이미지까지 덤으로 팔려는 레스토랑 '북해'의 마케팅 전략이기도 하지만, 동시에 이 질문은 사막과 같은 척박한 자본주의 사회의 한복

판에서 희망의 오아시스인 '북해'를 찾아 나서려는 동독 사람들의 의지의 표현이기도 하다. "바람에 의해 물결 모양의 파상기복을 지닌 담갈색의 사막"(S. 296) 위에 떠 있는 푸른색 구름 위에 '북해는 어디에 있나요'라는 문구가 선명하게 인쇄된 전단지는 통일독일 사회에서 좌표를 잃고 헤매는 동독인에게 필요한 삶의 지도를 암시한다고 볼 수 있다. 이런 맥락에서 "가능하면 멀리"라는 마틴의 대답은 통일독일 사회로부터의 탈주와 도피를 의미하지 않는다. 오히려 이 발언은 자본주의 시스템을 온전히 받아들일 수는 없지만 그렇다고 해서 이 새로운 사회가 제공하는 삶의 기회를 놓치지 않으려는 동독 사람들의 역설적인 태도, 말하자면 '맹목적인 순응'이 아니라 '비판적인 적응'을 견지하려는 삶의 자세를 웅변한다. 달리 말하자면 이 말은 항명抗命과 순명順命 사이에 선 동독 사람들의 입장과 속 깊이 제휴하고 있는 것이다. 한마디로 "가능하면 멀리"는 통일독일 사회에서 동독인으로서 갖는 최소한의 자존과 긍지의 표현인 것이다. 이렇게 보면 마틴과 제니가 함께 달려가는 '북해로 가는 길'은 통일독일이라는 새로운 환경에서 동독 사람들이 암중모색하는 '희망의 길'과 같다. 모이러 부부의 이탈리아 여행이 어두운 과거 쪽으로 구부러져 있었다면 이들이 스스로 선택한 북해로 가는 길은 밝은 미래를 향해 뻗어 있는 것이다.

5. 나가는 말

지금까지 우리는 1990년 2월 베를린 장벽이 무너진 직후 이탈리아 여행과 더불어 이야기가 출발해(과거), 주로 동독의 알텐부르크에서 전개되다가(현재), 1995년 슈투트가르트의 도심에서 북해를 향해 길을 떠나는 것으로(미래) 막을 내리는 슐체의 『심플 스토리』의 서사적 운동궤적을 추적해봤다. 이를 통해 지극히 일상적인 평범함과 통일이라는 정치적 드라마를 절묘하게 결합시켜 "진부한 극적 긴장"[18]을 빚어내는 "슐체리얼리즘Schulzerealismus"[19]의 작동원리

를 파악했다. 이제 결론을 대신해 이 소설이 갖는 사회문화적 함의를 세 가지로
정리해보자.

첫째, 통일이 동독 보통 사람들 개개인에 미친 변화와 이들이 일상에서 경험
하는 혼돈과 갈등, 좌절과 절망의 드라마를 세부적으로 보여주는 이 소설은 통
일의 성패란 거시적 차원의 체제통합에서가 아니라 미시적 차원의 생활세계에
서, 즉 시스템의 전환이 몰고 온 변화를 사람들이 실제로 경험해 옳고 그름을
판단하는 일상적인 삶의 현장에서 최종적으로 판가름 난다는 사실을 새삼 일
깨워준다. 박희경은 통일 이후 동독 지역 사람들과 가진 인터뷰를 묶은 『나의
통일 이야기』의 서두에서 독일 통일이 우리에게 주는 생생한 교훈을 다음과 같
이 웅변한다. "통일이라는 거대한 시대사적 사건도 결국은 인간의 문제로 귀착
되며, 인간을 배려하지 않은 통일은 결코 성공할 수 없다. 통일은 종잇장 위에
서 체결되는 것이 아니라, 사람과 사람 '사이'에서 완결되는 것이다."[20]

둘째, 이 소설의 무대인 알텐부르크는 통일 이후 동서독의 서로 다른 두 가
치, 즉 사회주의적 체제이념과 자유주의적 체제이념, 공동체적 생활양식과 개
인주의적 생활양식, 관료주의적 문화정책과 시장경제의 원리에 좌우되는 문화
산업이 서로 충돌하며 일으키는 갈등과 변화의 양상을 관찰할 수 있는 문화변
동의 작은 실험장이다. 또한 이 소설의 도처에 출몰하는 다양한 직업을 가진 40
명의 인물들은 각각 "1990년대 동독인의 삶의 전형"[21]을 상징하는 것으로 해석
할 수 있다. 한편 29개의 독립된 장으로 구성된 이 연작소설의 매력은 각 장마
다 소설의 시점과 주인공이 달라지는 데 있다.[22] 따라서 수많은 주인공이 마치
콜라주처럼 서로 복잡하게 얽혀 있는 『심플 스토리』는 로버트 앨트만Robert
Altman 감독이 미국 단편 문학의 거장으로 꼽히는 레이먼드 카버Raymond
Carver의 여러 단편을 모자이크식으로 재구성한 영화 〈숏 컷Short Cuts〉(1993)
을 자연스럽게 연상시킨다.[23]

셋째, 실직과 구직의 악순환과 이등 국민으로서 느끼는 상대적 박탈감, 그리
고 어이없는 폭력을 당하면서도 끝까지 앞으로 나가는 마틴의 시시포스적 고

투苦鬪에서 평화혁명이 동독인에게 남겨준 '혁명적 인내력'이라는 아름다운 유산을 발견할 수 있다. 2001년 10월 11일, 라이프치히 게반트하우스에서 열린 평화혁명 12주년 기념 대토론회에서 1989년 당시 탱크와 무장병과 마주선 7만여 명의 시민에게 절대적 비폭력을 호소함으로써 명예로운 평화혁명을 주도한 '라이프치히 6인' 가운데 한 사람인 정치풍자극 배우 베른트 - 루츠 랑게Bernd -Lutz Lange는 동독혁명이 갖는 현재적 의미를 다음과 같이 강조한 바 있다.

> 12년 전 가을 라이프치히 평화혁명이라는 기적을 가능하게 한 것은 당시 목숨을 걸고 침묵시위에 나선 7만 시민의 그 '혁명적 인내력'이었습니다. …… 통일 당시 동서독 사이에서 거세게 용솟음쳤던 감격, 민족애, 관용, 설렘, 희망은 이제 사라졌습니다. 통일 이후 신탁청은 동독 경제를 회생시키는 산파역 대신 도리어 안락사시키는 역할을 맡았고, 결국 충격적인 실업이 전염병처럼 닥쳐왔습니다. 그래도 동독 시민들은 바로 그 혁명적 참을성을 가지고 11년간의 민주주의와 자본주의 실습을 치른 후, 내년부터는 유럽이라는 더 큰 역사의 바다로 흘러들어가려 하고 있습니다.[24]

이 소설에서 마틴은 동독혁명 당시 라이프치히 니콜라이 교회에서 열린 평화를 위한 기도회와 반정부 시위에 꾸준하게 참석했던 인물로 그려지고 있다 (S. 222f. 참조). 희망의 바다인 '북해'에서 자유롭게 유영하기 위해 길을 떠나는 '잠수부' 마틴 모이러의 뒷모습에서 "혁명적 참을성을 가지고 11년간의 민주주의와 자본주의 실습을 치른 후, 내년부터는 유럽이라는 더 큰 역사의 바다로 흘러들어 가려 하고" 있는 동독 주민들의 모습이 오버랩된다고 주장하면 너무 지나친 확대 해석일까. 어쨌든 한 가지 분명한 점은 마틴이 온몸으로 연기하는 삶의 희망과 생의 의지 속에 동독 사람들이 비록 통일의 패배자일지는 모르지만 그렇다고 해서 인생의 낙오자는 아니라는 작가의 신념이 투영되어 있다는 사실이다.[25] 전환기 '혼돈시대'와 자본주의 '수업시대'라는 고통스러운 수련의 과정을 통과한 마틴 앞에 이제 새로운 도전의 무대인 '편력시대'가 펼쳐져 있다. 부디 '북해'로 가기 위해 내딛는 마틴의 첫걸음이 동독 사람들이 통일독일 사회에 시나브로 '스며'드는 역사적 행보의 첫 자국이 되기를 기대해본다.

주

1 Walter Schmitz, "Der verschwundene Autor als Chronist der Provinz: Ingo Schulzes Erzählprosa in den 90er Jahren," in Volker Wehdeking(ed.), *Mentalitätswandel in der deutschen Literatur zur Einheit (1990~2000)* (Berlin, 2000), p.133. 통일 이후 동독 출신 작가들의 약진躍進에 관해서는 류신, 「통일 이후 독일 문학계의 지형변화」, ≪뷔히너와 현대문학≫, 제27집(2006), 164~173쪽 참조.

2 Wolfgang Höbel, "Glücksritter auf Tauchstation: Simple Storys ist ein Buch zum Staunen und zum Fürchten," *Der Spiegel*, 1998.2.28, p.218.

3 독일 통일은 정치적 사건이기도 했지만 문학의 대상이기도 했다. 독일 통일 이후 한동안 변화된 정치적 상황 속에서 자신들의 발언을 자제하던 작가들이 1990년대 중반 이후 작품 속에서 통일 문제를 본격적으로 다루기 시작한다. 구체적으로 통일 당시 상황을 다룬 작품들이 많이 나오면서 '전환기 소설Wenderoman'이라는 명칭도 일반화되었다. 전환기 소설은 문학이면서 동시에 또 하나의 생생한 역사의 기록이라는 점에서 무엇보다 가치가 있다. 실례로 잉고 슐체의 『심플 스토리』(1998)를 비롯해 귄터 그라스의 『무당개구리 울음소리Unkenrufe』(1992), 『광야Ein weites Feld』(1995), 토마스 브루시히의 『우리 같은 영웅들Helden wie wir』(1995)과 『비쳐지는 대로wie es leuchtet』(2004), 볼프강 힐비히의 『가처분Das Provisorium』(2000), 크리스토프 하인의 『빌렌브로크』(2000) 등을 손꼽을 수 있다. 여기서 서독 출신 작가들보다 동독 출신 작가들이 통일이라는 테마에 더 천착하고 있는 것은 통일 이후 어떤 방식으로든 자신의 정체성을 다시 세워야 한다는 실존적 문제의식과 위기의식에서 비롯된 것이다.

4 Ingo Schulze, "Berlin ist eine unschuldige Stadt," *Zeitmagazin*, 1997.10.3, p.37

5 Ingo Schulze, *Simple Storys: Ein Roman aus der ostdeutschen Provinz* (Berlin, 1998), p.226. 슐체는 1999년 주한독일문화원과 함부르크 수 분화부가 공동 주최한 '독일 문학의 주간' 행사에 참석하기 위해 통일독일 문단에서 주목받는 시인 우베 콜베와 소설가 마티아스 폴리티키Mattias Politycki와 함께 방한한 적이 있다. 당시 『심플 스토리』의 제1장이 정혜영 교수에 의해 우리말로 옮겨져 한국 독자들에게 소개된 바 있는데, 이 글에서 인용된 소설의 제1장 부분은 정혜영 교수의 번역을 따랐음을 밝힌다. 잉고 슐체, 「제우스」, 정혜영 옮김, ≪동서문학≫, 제29권(1999년 가을호), 470~481쪽.

6 앞으로 괄호 안의 약호 S는 슐체의 소설 『심플 스토리』를, 옆의 숫자는 인용된 쪽을

가리킨다.

7 Moritz Baßler, *Der deutsche Pop-Roman: Die neuen Archivisten* (München, 2005), pp.89f. 참조.

8 Jay Rosellini, *Volker Braun* (München, 1983), p.87.

9 에른스트 모이러와 디터 슈베르트의 관계는 제1장에서는 구체적으로 밝혀지지 않는다. 다만 제1장의 화자 레나테 모이러는 동독 시절 자신의 남편과 디터 슈베르트 사이에서 불미스러운 사건이 일어났음을 다음과 같이 복선을 깔아 넌지시 암시할 뿐이다. "이야기는 한참 거슬러 올라간다. 그 당시 에른스트가 썩 마음이 내켜서 이 일을 하지 않았던 것을 나는 알고 있다. 남편은 집에서 그를 제우스라는 별명으로 불렀을 뿐이었다"(S. 21). 둘 사이의 사건의 전모는 제22장, 구체적으로 말하자면 에른스트가 정신병원에 입원한 후 레나테와 아들 마틴 모이러가 아버지의 과거를 이야기하는 장면에서 비로소 드러난다. 이처럼 『심플 스토리』는 수많은 에피소드들이 개별적으로 분산되어 독자를 향해 각개전투를 벌이는 듯하지만 자세히 들여다보면 이 개별 이야기들은 의미의 다층구조를 형성하며 치밀하게 얽혀 있다.

10 Peter Michalizik, "Wie komme ich zur Nordsee? Ingo Schulze erzählt einfache Geschichten, die ziemlich vertrackt sind und die alle lieben," in Thomas Kraft(ed.), *aufgerissen: Zur Literatur der 90er* (München, 2000), p.29.

11 Thomas Steinfeld, "Ein Land, das seine Bürger verschlingt: Das Ereignis einfacher Geschichten: Mit staunenswerter Sicherheit erzählt Ingo Schulze vom beiläufigen Unglück in der ostdeutschen Provinz," *FAZ*, 1998.3.24.

12 Wolf Biermann, "Duftmarke setzen," in Wolf Biermann, *Über das Geld und andere Herzensdinge: Prosaische Versuche über Deutschland* (Köln, 1991), pp.20f.

13 Volker Braun, "Das Eigentum," in K. O. Conrady(ed.), *Von einem Land und andern: Gedichte zur deutschen Wende*(Frankfurt am Main, 1993), p.51.

14 Reiner Kunze, *Sensible Wege: Achtundvierzig Gedichte und ein Zyklus* (Hamburg, 1969), p.57.

15 Thomas Rothschild, "Zweimal am Haken," *Presse*, 1998.4.4.

16 사회학자 노베르트 엘리아스가 만든 신조어인 '폐쇄인'은 바깥의 커다란 세계와는 독립적으로 존재하며 자신만의 작은 세계에 갇혀 사는 인간형을 가리키는 개념이다. 노베르트 엘리아스·존 스콧슨, 『기득권자와 아웃사이더』, 박미애 옮김(한길사, 2005), 50~54쪽 참조.

17 Ulrike Bremer, *Versionen der Wende: Eine textanalytische Untersuchung erzählerischer Prosa junger deutscher Autoren zur Wiedervereinigung* (Osnabrück, 2002), p.211.

18 Hannes Krauss, "Die Wiederkehr des Erzählens: Neue Beispiele der Wendeliteratur," in Clemens Kammler and Torsten Pflugmacher, *Deutschsprachige Gegenwartsliteratur seit 1989. Zwischenbilanzen - Analysen - Vermittlungsperspektiven* (Heidelberg, 2004), p.104.

19 Peter Michalizik, "Wie komme ich zur Nordsee?," p.36.

20 김누리·노영돈·박희경·도기숙·이영란, 『나의 통일 이야기: 동독 주민들이 말하는 독일 통일 15년』(도서출판 한울, 2006), 13쪽.

21 Hannes Krauss, "Die Wiederkehr des Erzählens," p.103.

22 이 소설은 각 장의 서두에는 일인칭 혹은 삼인칭 화자의 신원을 밝히고 내용을 압축해서 요약해놓고 있다는 점에서 에리히 캐스트너Erich Kästner의 소설 『파비안: 어느 도덕주의자의 이야기Fabian: Die Geschichte eines Moralisten』의 구조와 흡사하다.

23 슐체는 한 인터뷰에서 자신은 레이먼드 카버와 어니스트 헤밍웨이의 미국식 숏 스토리Short Story를 애독해왔으며, 특히 로버트 앨트만의 영화 〈숏 컷〉을 보고 깊은 인상을 받아 소설 『심플 스토리』를 착상할 수 있었다고 밝히고 있다. Ingo Schulze, "Für mich war dir DDR einfach nicht literarisierbar," *Am Erker: Zeitschrift für Literatur*, Nr.36(1998), pp.41~46 참조.

24 강유일, "천사와 사령관: 통일 11주년 가을, 독일의 세 풍경", ≪한국일보≫, 2001년 10월 23일자에서 재인용.

25 이 소설의 마지막 장면은 한국의 1980년대의 시대적 아픔 속에서 방황하는 젊은이들이 좌절을 딛고 삶의 희망을 상징하는 고래를 잡으러 떠나는 지난한 여정을 그린 최인호의 소설 『고래사냥』(1983)에 나오는 다음과 같은 대목을 연상시킨다. "난 바다로 가는 거야. 바다라고 해서 파도가 있고 갈매기가 날으는 그런 곳이 아니야. 온갖 인간들이 어우러져 성내어 파도치고 으르렁대고 부서지는 인간의 바다로 떠나겠어." 최인호, 『고래사냥』(문예출판사, 1983), 217쪽.

참고문헌

일차문헌

슐체, 잉고. 1999. 「제우스」. 정혜영 옮김. ≪동서문학≫, 제29권(가을호).

Schulze, Ingo. 1998. *Simple Storys: Ein Roman aus der ostdeutschen Provinz.* Berlin.

이차문헌

강유일. 2001.10.23. "천사와 사령관: 통일 11주년 가을, 독일의 세 풍경". ≪한국일보≫.

김누리·노영돈·박희경·도기숙·이영란. 2006. 『나의 통일 이야기: 동독 주민들이 말하는 독일 통일 15년』. 도서출판 한울.

엘리아스, 노베르트·존 스콧슨. 2005. 『기득권자와 아웃사이더』. 박미애 옮김. 한길사.

루쉰. 2006. 『아Q정전』. 전형준 옮김. 창작과 비평사.

류신. 2006. 「통일 이후 독일 문학계의 지형변화」. ≪뷔히너와 현대문학≫, 제27집.

최인호. 1983. 『고래사냥』. 문예출판사.

Baßler, Moritz. 2005. *Der deutsche Pop-Roman: Die neuen Archivisten.* München.

Biermann, Wolf. 1991. "Duftmarke setzen." in Wolf Biermann. *Über das Geld und andere Herzensdinge: Prosaische Versuche über Deutschland.* Köln.

Braun, Volker. 1993. "Das Eigentum." in K. O. Conrady(ed.). *Von einem Land und andern: Gedichte zur deutschen Wende.* Frankfurt am Main.

Bremer, Ulrike. 2002. *Versionen der Wende: Eine textanalytische Untersuchung erzählerischer Prosa junger deutscher Autoren zur Wiedervereinigung.* Osnabrück.

Höbel, Wolfgang. 1998.2.28. "Glücksritter auf Tauchstation: Simple Storys ist ein Buch zum Staunen und zum Fürchten." *Der Spiegel.*

Krauss, Hannes. 2004. "Die Wiederkehr des Erzählens: Neue Beispiele der Wende-literatur." in Clemens Kammler and Torsten Pflugmacher. *Deutschsprachige Gegenwartsliteratur seit 1989: Zwischenbilanzen - Analysen - Vermittlungsperspektiven.* Heidelberg.

Kunze, Reiner. 1969. *Sensible Wege: Achtundvierzig Gedichte und ein Zyklus*. Hamburg.

Michalizik, Peter. 2000. "Wie komme ich zur Nordsee? Ingo Schulze erzählt einfache Geschichten, die ziemlich vertrackt sind und die alle lieben." in Thomas Kraft (ed.). *aufgerissen: Zur Literatur der 90er*. München.

Rosellini, Jay. 1983. *Volker Braun*. München.

Rothschild, Thomas. 1998.4.4. "Zweimal am Haken." *Presse*.

Schmitz, Walter. 2000. "Der verschwundene Autor als Chronist der Provinz: Ingo Schulzes Erzählprosa in den 90er Jahren." in Volker Wehdeking(ed.). *Mentalitätswandel in der deutschen Literatur zur Einheit(1990~2000)*. Berlin.

Schulze, Ingo. 1997.10.3. "Berlin ist eine unschuldige Stadt." *Zeitmagazin*.

_____. 1998. "Für mich war dir DDR einfach nicht literarisierbar." *Am Erker: Zeitschrift für Literatur*, Nr.36.

Schweizer, Thomas and Michael Schnegg. 2002. "Die soziale Struktur der Simple Storys: Eine Netzwerkanalyse." http://www.uni-koeln.de/phil-fak/voe lkerkunde/doc/simple.html

Steinfeld, Thomas. 1998.3.24. "Ein Land, das seine Bürger verschlingt: Das Ereignis einfacher Geschichten: Mit staunenswerter Sicherheit erzählt Ingo Schulze vom beiläufigen Unglück in der ostdeutschen Provinz." *FAZ*.

14

1990년대 독일 문학 담론에 나타난 기상 변화[*]
크라흐트의 소설 『파저란트』를 중심으로

윤미애

1. 들어가며

1995년에 출판된 크리스티안 크라흐트Christian Kracht의 데뷔 소설『파저란트Faserland』[1]는 출판과 동시에 평단의 비상한 관심과 격렬한 논쟁을 불러일으켰다. 비평가들은 이 소설에서 '팝문학'[2]의 새로운 현상이 출현했음을 감지했지만, 그것이 불과 몇 년 안에 독일 현대문학의 새로운 조류를 대표하는 텍스트가 되리라고는 미처 예측하지 못했다. 출판 당시 신문이나 잡지의 문예란에 실린 서평들에서 보듯이 당시 이 소설에 대한 문단의 반응은 혹평에서 호평에 이르기까지 매우 광범위했다. 발표 당시 적지 않게 부정적 평가를 받았는데도 크라흐트의 이 소설은 아주 빠르게 1990년대 이후 독일 팝문학에서 정전의 위치를 차지하게 된다. 이 소설은 한 부유층 청년을 중심으로 화려한 상품세계, 파티, 팝음악, 알코올 등 그가 속한 특정 집단과 세대의 라이프스타일을 극히 일상적 언어로 재현하는 것처럼 보인다. 그러나 새로운 세대에게 열정적으로 수용되고 팝문학의 붐을 이끌게 되면서 이 소설은 단지 평단을 시끄럽게 한 문학적 사건에 그치는 것이 아니라 전후 독일 문학사에 나타난 새로운 현상으로서 1999년 이후 문예학의 진지한 연구 대상으로 취급되기에 이른다.

가벼움, 직접성이 눈에 띄는 신세대의 팝문학이 정식으로 문예학에서 다루어지기까지 독일의 문학시장에는 과거와는 사뭇 다른 변화가 일어났다. 그것은 주어캄프Suhrkamp처럼 고급문화를 취급한다고 여겨진 출판사가 크라호트, 슈투크라트 - 바레Stuckrad-Barre를 위시한 신세대 작가들의 소설들에 관심을 가지게 되었다는 사실에서 여실히 드러난다. 이는 팝문화와 고급문화의 관계가 과거와는 다른 양상을 띠게 되었음을 암시한다. 즉, 팝소설로 분류된 문학이 공식적 문학의 장에 진입하게 되면서 1990년대 이후 문학지형에서 고급문화와 하위문화, 주류와 비주류의 이분법적 도식을 과거처럼 명확하게 유지하기가 어려워졌다. 주류 문화는 과거 그 어느 때보다 훨씬 더 개방적으로 청년문학을 대하게 된 것이다.[3] 또한 1990년대 이후 문학계에 나타난 새로운 현상으로 독자들이 독일 현대문학에 대해 매우 큰 관심을 보여주게 되었다는 사실을 들 수 있다. 팝문학은 전후 독일 문학의 지나친 엄숙주의나 비의성을 극복한 새로운 문학적 경향으로 나타나면서 현대문학에 대한 독자들의 관심을 끌어올리는 데 기여하게 된다.

이처럼 1990년대에 들어 팝문학 텍스트들이 생산·출간·수용되기까지 사회적·제도적 상황이 달라진 이유는 무엇일까?[4] 이 질문은 지금까지 기성사회, 주류 문화에 대한 저항성을 특징으로 하던 팝문학이 1990년대 이후 독일 사회에서 차지하는 위상이 변하게 된 이유에 대한 질문이기도 하다. 1990년대에 볼 수 있는 새로운 문화적 현상 중 하나는 재미, 소비, 라이프스타일, 차별화, 자아실현 등의 특징들이 청년문화에만 해당되는 것이 아니라 문화 전반으로 확산되는 경향을 보인다는 점이다.[5] 신문 문예란에 자주 등장하기 시작한 '재미사회Spaß-Gesellschaft'[6]라는 신개념도 이를 뒷받침한다. 이는 점점 소비 영역과 라이프스타일의 비중이 커지고, 역사적·정치적 사건보다 의사소통, 소비, 연출 형식에 따른 경험 영역이 중요해진 후기 산업사회 전반의 특징이기도 하다.[7] 1990년대에 대중문화시장에 나타난 '골프세대VW Golf-Generation'[8]의 라이프스타일과 문화 소비주의는 이러한 변화의 지점에 자리 잡고 있다.

여기에서는 통일 이후 독일 문단에 팝소설이라는 새로운 지형을 구축하는 데 결정적 계기가 된 크라흐트의 소설 『파저란트』를 분석함으로써 그것이 어떤 점에서 통일이라는 역사적 전환기 이후의 독일 문학 담론에 새로운 기상 변화를 불러왔는지를 살펴볼 것이다. 부정적으로 보는 비평가들은 팝소설을 특징짓는 요소들은 문학적으로 주변적인 소재일 뿐이고, 신세대 작가들의 시야는 자신들만의 세계에 갇혀 있다고 지적한다. 또한 과거의 팝문화처럼 주류 문화, 기성체제에 대한 저항이나 문화투쟁으로 등장하지 않는다는 점에서 팝소설을 자본주의적 소비사회를 긍정하고, 재미를 추구하는 향락주의적 라이프스타일의 산물로 본다.[9] 그러나 이러한 평가는 작품의 표면구조에만 국한된 채 표면관찰이라는 작가의 의도적 프로그램 아래에 숨은 작품의 심층구조나 구성원칙을 고려하지 않는다는 한계를 지닌다. 또한 흔히 거론되는 팝소설의 특징들에 가려 종종 놓치기 쉬운 작품의 비판적 신호들을 『파저란트』의 심층구조를 통해 찾아냄으로써 통일 후 형성된 새로운 문학 담론의 특징을 '팝모던한 산보객', '소비주의', '저항문화에 대한 저항', '독일 모티브' 등 네 가지 관점을 통해 재구성하고자 한다.

2. 팝모던한 산보객

이 소설은 부유한 한 청년이 북부 독일의 질트 섬에서 함부르크를 거쳐 프랑크푸르트, 하이델베르크, 뮌헨, 보덴제, 취리히를 여행하면서 쓴 일종의 여행담의 성격을 지닌다. 총 8장으로 구성된 소설의 각 장은 도시에 따라 나뉜다. 총 8장의 제목은 각각 'Eins, Zwei, Drei ……' 등 숫자를 나타내는 단어로 표기된다. 1장은 질트 섬, 2장은 함부르크, 3장은 프랑크푸르트 행 비행기 안, 4장은 프랑크푸르트, 5장은 하이델베르크, 6장은 뮌헨, 7장은 란다우, 마지막 8장은 취리히에서의 체류를 다루고 있다. 일인칭 화자이기도 한 익명의 주인공은 북부 독일에서 남부 독일의 도시를 향해 여행하지만 그의 여행은 도시 관광이나 도시 산보와는 거리가 멀다. 비행기나 기차에서 내린 뒤 곧장 택시를 타고 호텔이나 친구의 집을 찾아가는 동안 택시 속에서 스쳐 지나가는 풍경조차 좀처럼 관심을 두지 않기 때문이다.

그에게 중요한 공간은 도착한 도시 자체가 아니라 오히려 비행기처럼 하이퍼 테크닉이 작동하는 공간이나 공항과 같은 포스트모던한 공간이다. 이러한 공간은 도시와 도시 사이의 물리적 거리가 소멸해버리는 이행의 장소로서 주인공은 그곳에서 익명성과 함께 무언가 중요한 체험을 하는 느낌, 숭고함을 체험한다(FL. 52, 55 참조). 그의 포스트모던한 공간의식은 비행기 안에서 내려다본 창공보다 리펜슈탈Riefenstahl의 기록영화 〈의지의 승리Triumph des Willens〉, 빔 벤더스Wim Wenders의 〈베를린의 하늘Der Himmel über Berlin〉의 첫 장면을 더 리얼하다고 느끼는 데서도 잘 나타난다(FL. 60~61 참조). 영화와 같은 매체를 통해 매개된 이차적 현실이 실재하는 현실보다 더 뚜렷한 인상으로 화자에게 각인되어 있기 때문이다. 소설 속 화자의 시선은 이제 대도시 자체를 향하고 있지 않다. 따라서 작가 크라흐트는 도시 여행을 소설 구성의 축으로 한다는 점에서 유럽 문학의 전통에 속하는 산보객 모티브를 수용하면서 동시에 이를 결정적으로 변형하고 있다고 볼 수 있다.[10]

이처럼 겉으로는 산보객, 여행객의 태도를 표방하면서 진정한 의미의 산보는 실종된 이 소설에서 여행담 형식은 소설의 서사적 프로젝트를 뒷받침하는 기능을 갖는다. 그런데 소설 화자가 새로운 도시에서 그 전의 도시에서 만났던 친구들을 다시 만나는 우연이 빈번하게 일어난다는 사실이나 반복되는 체험의 트라우마적 강박성에 착안해 소설 속 여행이 화자의 상상 속 여행이라는 해석도 있다.[11] 상상 속 여행이든, 실제 여행이든 소설에서 여행은 무엇보다도 성년이 되기 위한 일종의 통과의례, 성년식의 성격을 띤다고 할 수 있다.[12] 주인공은 그가 방문하는 도시마다 옛 친구들을 찾아 나서거나 우연히 만나기도 한다. 여기시 그가 여행을 떠나는 가장 큰 이유가 기존의 혹은 새로운 관계 속에서 자신의 정체성을 찾기 위한 노력에 있음을 추측해볼 수 있다. 그러나 이 여행의 끝에서 그는 취리히 호수 한 가운데에서 사라진다. 즉, 주인공은 성년으로 진입하는 문지방을 넘어서는 대신에 자신의 소멸을 택한다. 그것은 자신을 찾으려는 노력이 실패로 돌아갔고, 죽음과도 같은 시련을 극복해야 하는 성년식의 문지방을 넘어서지 못한 채 성년식이 중단되었음을 의미한다. 성년식이 실패로 끝나는 이유는 무엇인가?

소설에서 그는 자신에게 삶의 지향점을 제공할 어떠한 가치관이나 이념도, 외부의 권위 있는 심급도 갖고 있지 않다. 그가 자신의 정체성을 찾기 위한 길은 오로지 그와 상류층 라이프스타일을 공유하는 동년배 집단과의 관계에 있는 것으로 보인다. 그러나 그는 동년배 집단과의 동일화에도, 차별화에도 성공하지 못한다. 동년배 집단이 추구하는 '다름의 문화'란 1980년대 이후 청년문화에 자리 잡은 하나의 관습일 뿐 진정한 개성과는 거리가 멀기 때문이다. 따라서 보헤미안적 중고풍 복장도 그에게는 분노의 대상이 된다. 그 분노는 외관의 차별화는 결국 하위문화의 평범한 차별화에 그칠 수밖에 없는 구조를 겨냥한 것이다. 취향의 다원주의는 1960년대와 1970년대에 시작된 자기실현 문화로 거슬러 올라가는데 그 효과는 동일 집단 내에서 취향의 평준화로 나타났기 때문이다. 따라서 일인칭 화자는 동년배 집단에서도 현실의 상투화를 체험한다. 그들은 사이비 개인주의적 디자인의 꼭두각시들인 것이다.[13]

사이비 개인주의의 이러한 구조를 꿰뚫고 있으면서도 그는 자신의 부정적 태도를 남들이 눈치채는 것을 어떤 경우이든 회피한다. 소설의 결말에서 그가 취리히의 호수 한 가운데에서 사라지는 것으로 묘사되는 것은 찬성도 반대도 할 수 없는, 따라서 양자택일 자체를 거부할 유일한 길로 소멸을 선택함을 보여준다. 결국 정체성을 찾아 나선 도시 여행은 "하나의 삶에서 다른 삶으로의 이행 혹은 일종의 담력 테스트"(FL. 59)였지만 환멸만 경험하면서 성년식은 개인의 소멸로 끝난다.

이상과 같이 여행을 개인의 정체성 찾기의 여정으로 보는 해석은 크라흐트의 소설을 사춘기 문학의 전통에 포함시킨다.[14] 그러나 특정한 목표도 없이 이 도시에서 저 도시로 길을 떠나는 여행은 뚜렷한 지향점을 상실한 채 포스트 - 통일 시대 현실을 부유하는 태도를 상징하기도 한다. 이러한 시각에 의하면 크라흐트의 화자는 현실의 지루함과 공허함으로부터 자신을 구원해줄 체험을 찾아 나서는 새로운 유형의 산보객이다.[15] 다만 그가 추구하는 도취는 모던 시대의 산보객처럼 도시 거리의 체험이나 군중의 체험이 아니라 파티, 유행, 음악, 춤, 마약 등 소비문화적 체험이다.[16] 함부르크에서 친구 니겔과 함께 간 파티나 하이델베르크의 한 술집에서 처음 만난 대학생 패거리들과 어울려 간 파티에서, 극도의 우울증에 빠진 상류층 친구 롤로와 함께 참석한 뮌헨의 레이브 축제에서도 마찬가지이다. 따라서 유서 깊은 독일의 대도시들은 더는 문화적·집단적 기억의 장소가 아니라 소비문화적 체험을 지향하는 여가사회의 무대이다.

화자는 체험 지향적 여가사회를 떠도는 산보객, 즉 대중문화와 소비문화가 제공하는 기호들과 유희하는 "팝모던한"[17] 산보객으로 등장한다. 그에게는 진정한 경험과 의사소통에 대한 동경이 희미하게 남아 있지만 그러한 동경은 그의 행동에 아무런 영향도 미치지 못하는 극히 희미한 주관적 배경일 뿐이다. 화자는 체험 지향적 여가사회에 참여하거나 그 세계를 피상적으로 관찰하는 데 머문다. 따라서 그의 표면 관찰 뒤에서 이른바 체험사회의 허구성을 직접적으로 비판하는 입장을 도출하기는 어렵다. 그러나 소설에서 표면 관찰은 작가에 의해 의식적으로 설정된 프로그램으로 시니컬한 시선, 거부감, 우울 등을 띠고 있다. 이러한 시선은 소위 개성을 추구하는 젊은이들을 다음과 같이 묘사하고 있는 대목에서도 잘 나타난다.

건너편에 선텐 스튜디오가 있긴 하지만 저 호텔이 아주 괜찮을 거라는 생각이 든다. 비록 선텐 스튜디오에서 나와 오토바이에 올라타고 있는 개성파 남자들이 보이지만 말이다. 그들은 독일에 사는 거의 모든 남자들처럼 모두 문신을 하고 있다. 그들은 바삭바삭 잘 구워진 아름다운 갈색 피부 안에 이미 암의 싹을 안고 있다(FL. 86f.).

3. 소비주의: 긍정과 비판 사이에서

크라흐트의 소설에 대해 비평가들이 가장 많이 지적한 요소는 상품 즉물주의이다. 이 소설에는 화자가 늘 입고 다니는 바르부어 재킷을 포함해 브룩스 브라더스, 랄프 로렌 같은 고급 셔츠, 포르셰, 폭스바겐 같은 고급 자동차, 하누타, 밀카, 에어만 같은 기호품 등 총 70여 개나 되는 상품 브랜드가 등장하기 때문이다. 상품 브랜드로 점철된 이러한 서술 방식에 대해 비평가들은 일차적으로 거부감을 나타냈다. 또한 상품 브랜드 목록으로 소설의 절반을 채우고 있는 미국의 팝작가 브렛 이스턴 일리스Bret Easton Ellis의 소설『아메리칸 사이코 American Psycho』의 독일 판에 불과하다고 깎아내린다.[18] 물론 크라흐트의 소설에서 상품 브랜드는 양적으로 일리스의 소설에서만큼 압도적이지는 않지만 화자도 브랜드와 취향을 통해 자신을 부각시키고자 노력하는 상류층 청년이라는 사실을 보여주기에는 충분하다. 이 소설이 상류층 청년의 소비 지향적 라이프스타일을 보여줄 뿐이라는 부정적 평가가 여기서 비롯된다. 여기에 따르면 화자의 태도는 소비문화의 기호들을 단지 인용·조합·보관할 뿐 그 배후를 이해하고자 하지 않는다.

그러나 소설에서 그러한 기호목록이 갖는 기능은 단순히 화자의 취향을 긍정적으로 묘사하는 데 있는 것이 아니다. 앞에서 서술했듯이 실제로 상품 소비를 통해서만 개성을 표현할 줄 아는 동년배 집단에 대한 그의 태도는 이율배반적이다. 한편에서 상품 브랜드와 디자인의 세계는 자신이 속한 세대의 라이프스타일과 관련되면서 그의 정체성 형성에서 중요한 비중을 차지한다. 그것은 자신을 다른 집단과 차별화하는 욕구를 충족시키기 때문이다. 그러나 다른 한편에서 화자는 그것에 대해 회의를 느낀다. 이는 브룩스 브라더스와 랄프 로렌을 비교하면서 "두 셔츠의 유일한 차이는 랄프 로렌이 더 비싸다는 것밖에 없다"(FL. 92)라는 발언에서도 분명히 드러난다. 그는 남과의 차별화 욕구가 기껏해야 동일한 상품 브랜드 안에서 색상 등 사소한 차이로밖에는 충족되지 못하는 사이비 개인주의를 풍자한다(FL. 86 참조). 그러나 이처럼 부패한 사치의 세계와 사이비 개인주의에 회의를 품으면서도 여전히 브랜드를 선호하고 브랜드 상품을 사용한다. 그것은 동세대 집단에 끼고자 하는 귀속 욕망을 완전히 버릴 수 없기 때문일 뿐 아니라 자신의 진정한 모습을 숨길 보호막이 필요하기 때문이다.[19]

소비주의에 대한 아비투스가 이처럼 이율배반적이라면 상품사회의 표면에 대한 그의 관찰은 순진한 긍정의 제스처가 아니라 "비틀린 세상의 외면과 표면을 결산하는 태도"[20]에 기인한다고 보는 것이 적합하다. 모리츠 바슬러Moritz Baßler는 이러한 태도를 '새로운 기록자'라는 개념을 통해 다음과 같이 설명하고 있다.

> 팝작가로 알려져 있는 새로운 기록자들 덕분에 몇 년 전부터 독일 문학이 다시 흥미로워졌다! 전후 문학이 다른 문제들에 골몰하느라고 소홀했던 일을 만회하기라도 하는 것처럼 그들의 책은 실증주의적 방식으로, 집중적으로, 또한 과거 몇십 년 동안 문학이라는 매체에서는 볼 수 없었던 수집광의 열정을 가지고 현대문화를 기록한다.[21]

위의 인용문에서 드러나듯이 바슬러는 상품소비사회의 기호목록이 단지 작가의 라이프스타일을 드러내는 것이 아니라 기록매체로서의 문학의 기능과 관련된다는 인식에서 출발한다. 바슬러에 의하면 크라흐트 이전까지, 즉 1990년대까지 독일 문학사에는 폰타네의 소설을 제외하고는 상품 브랜드가 공공연하게 나타난 적은 거의 없었다. 20세기 초 모더니즘이 발전했는데도 상품 담론의 도입을 기피한 것은 문학에서 여진히 고수하는 순수성·영원성·자율성 원리 때문이다. 그러나 광고에서 보듯이 상품미학이 도처에 편재한 현대 소비사회에서 문학은 더욱 적극적으로 문화적 백과사전의 기능을 담당할 수 있다. 여기서 '문화적 백과사전'이란 저장할 만한 것과 그렇지 않은 것을 나누는 기준을 적용하지 않는 저장 기억의 공간을 의미한다.[22] 이 공간에서 작가는 기존의 위계질서를 전복하는 '새로운 기록자'로서 지금까지 문학에서 소홀히 취급되었던 현대문화에 관심을 돌린다. 라이프스타일, 취향과 관련된 소비재 브랜드, 영화, 광고, 팝음악 등 당대 대중문화의 기호들을 수집하는 것은 그 때문이다. 이러한 기호들은 특정 세대의 문화적 코드에 속하는 것으로서 그 시대의 독자가 자신의 모습을 발견할 수 있는 기록적 요소라는 점에서 새로운 '진정성' 개념에 부합한다.[23]

이상에서 살펴본 것처럼 소설에서 무비판적 피상성만을 보는 부정론은 두 가지 관점에서 반박될 수 있다. 첫 번째 관점에 따르면 크라흐트의 소설은 소비주의적 라이프스타일을 흘겨보는 시선과 우울이 깔려 있다는 점에서 표면의 제스처만 지배하는 일리스의 『아메리칸 사이코』와 구분된다.[24] 두 번째 관점에 따르면 그것은 문학의 새로운 저장 기능을 위한 의식적 프로그램의 산물이다. 전체적으로 소설의 심층구조에는 소비사회에 대한 긍정과는 구별되는 반성적 시각이 들어 있다. 그런데 이러한 시각이 여전히 체제 전복적 의도를 숨기고 있는 마지막 형식의 아이러니에 해당하는지, 아니면 단순히 전 세대의 아이러니를 모방하고 있을 뿐인지에 대해서는 논란의 여지가 있다. 비록 "세상에 대한 불가침 조약"[25]에서 출발한다고 하더라도 현재의 문화를 피상적으로 기록하는 차가운 시선은 무조건적 긍정과는 거리가 멀다. 오히려 그것은 무비판적 긍정과 급진적 비판이라는 두 극단적 축 사이에서 벌어지는 아슬아슬한 곡예를 연상시킨다.

4. 저항문화에 대한 저항

통일이라는 전환기 이후 나타난 사회적 현상 중 하나는 계층이나 계급 개념이 뒷전에 물러나고 다양한 세대 개념이 붐을 이루게 되었다는 사실이다. 특히 정치적으로 환상이 없고, 유연하면서도 신중하며, 매우 개인주의적이고 새로운 매체를 다루는 능력이 뛰어난 신세대를 89세대, X세대, 베를린 세대, 골프 세대 등 다양한 명칭으로 부르면서 세대 개념은 역사의 종말이라는 테제와 함께 붐을 이루게 되었다. 독일 통일이라는 정치적·역사적으로 획기적인 사건이 어느 정도로 1990년대에 등장한 신세대의 경험과 정체성에 영향을 미쳤는지에 대해서 정확한 답변을 내리기는 어렵다.[26] 특히 이 세대는 정치 담론이나 역사 담론과는 거리가 멀어 보이는 소비주의적 라이프스타일을 특징으로 한다는 점에서 더욱 그렇다. 그러나 크라흐트가 속한 세대에게는 통일 이후 본격적으로 가시화된 68유산 논쟁과 관련해서 주목할 만한 아비투스가 발견된다. 그것은 68세대의 '다름의 문화' 혹은 '저항문화'에 대한 냉소주의이다. 68문화의 전통은 포스트 통일 시대에 이르기까지 독일 사회를 지배해온 가치정전으로 받아들여지고 있지만, 통일 이후 그 전통의 성과에 대한 논쟁이 본격적으로 가시화되기 시작했다. 크라흐트 세대에서 볼 수 있는 68세대의 문화에 대한 냉소주의도 이 논쟁과 무관하지 않다. 다만 그것은 어떤 정치적 반대 이념이나 이데올로기에 근거한 입장이기보다는 지배적 문화 패러다임에 대한 저항의 형태를 띤다.

68세대가 단순히 하위문화에 머물지 않고 주류 문화로 진입하게 되면서 독일 사회에서 68세대의 정치적·문화적 헤게모니는 거의 단절 없이 현재까지 지속되어왔다고 볼 수 있다. 성공적으로 터부를 파괴했던 68세대의 정통 저항문화가 사회적 규범으로 보편화되는 과정에서 미디어, 교육제도, 부모 세대는 이미 무제한의 관용을 젊은 층에게 허용하는 듯 보였다. 그러나 부모세대에 대한 저항을 특징으로 하는 청년문화의 아비투스가 사라진 것은 아니다. 다만 그것이 과거와는 다른 형태와 의미를 지니게 되었다고 할 수 있다. '저항문화에 대한 저항'의 아비투스가 그것이다. 1980년대에 펑크나 뉴웨이브 운동은 이러한 아비투스를 처음으로 뚜렷하게 보여주었다.[27] 이후 68세대의 정치적·문화적 지배에 대립하는 아비투스는 청년 - 팝문화 담론의 한 특징이 되면서 1990년대까지 이어진다.

그렇다면 크라흐트의 『파저란트』에서 이러한 담론은 어떻게 나타나는가? 그것은 우선 동년배 집단의 사회참여의식에 대한 반감과 시니컬한 태도에서 잘 나타난다. 일인칭 화자는 알렉산더의 여자 친구 바르나와 논쟁을 벌이면서 녹색당 투표, 자동차 안 타기 운동 등을 역설하는 바르나를 우둔하다고 본다 (FL. 73~74 참조). 바르나로 대변되는 동년배 집단의 저항문화는 다름 아닌 68세대의 가치정전에 따른 사회화와 교육에 기인한 것이다. 화자는 노동계급과의 연대 의식이나 형제애 등 이른바 정통 저항문화에 속하는 가치들의 진정성도 믿지 않는다. 따라서 자신보다 낮은 사회계층의 구성원들에 대한 그의 태도는 그러한 가치들과는 거리가 멀다. 그가 아는 거의 모든 계층의 사람들, 즉 데모대, 노조 활동가, 교사뿐 아니라 대학생과 예술가로 구성된 하위문화의 대표자, 택시 운전사나 실업자처럼 현대화에서 뒤처진 계층 등에 대한 그의 반감은 무차별적이다. 반감을 느끼는 모든 사람을 '나치'라고 부르고 심지어 'SPD 나치'라는 조어까지 만들어내는데 그것은 나치 시대에 대한 책임을 물으면서 부모세대에 저항한 68세대의 반파시즘 담론의 패러디로 보인다. 또한 화자는 모든 정치적 항의를 내용적 측면에서 판단하는 것이 아니라 일종의 미학적 체험으로 받아들인다. 다음의 인용문에서 보듯이 화자가 한때 데모에 참가했던 것은 정치적 호소에 동참하기 때문이 아니라 단지 그 분위기 때문이다.

다시 날아오는 화염병들에 맞서 경찰이 치려고 하는 순간보다 더 멋진 순간은 없다. 그 순간 경찰은 아드레날린의 도취 상태에 빠지고 데모대도 마찬가지이다 (FL. 301).

정치적 부당함은 이른바 좌파의 모든 사회참여 형식을 우스꽝스러운 제의이 자 허영의 대목장으로 폄하하는 대목에서 절정에 달한다. 그것은 표면상 극우 주의의 정치적 입장과 유사해 보이지만 오히려 68세대의 저항문화에 대한 대 립적 감정을 표현하기 위해 의도적으로 과장한 제스처라고 볼 수 있다. 거기에 는 섣부른 정치의식에 내재한 허구성 및 모순에 대한 날카로운 문제의식이 깔 려 있다. 정치적 사안이나 변혁에 대한 그의 태도는 냉소주의에 가깝다. 그러 나 그러한 태도를 갖게 된 자세한 동기나 배경은 소설에서 전혀 언급되고 있지 않다.

일리스는 『파저란트』가 갖는 의의는 공식적으로는 처음으로 68세대의 가치 정전을 어리석다고 외친 데 있다고 본다.[28] 그러나 저항문화를 특징으로 하는 선배 세대와 결별했는데도 그와의 차별화 전략을 극우주의로 오해해서는 안 된다. 그것은 특정한 정치적 신념이나 입장에 기인한 것이 아니라 오히려 어떠 한 신념이나 입장이든 그 허구성을 겨냥한 것이기 때문이다.

5. 독일 모티브

전후 독일 문학은 귄터 그라스로 대변되는 사회비판적 문학과 서사를 기피 하는 추상적이고 비의적 성격의 문학이 공존하는 양상을 띠고 있었다. 크라흐 트 세대가 보여준 새로운 문학은 자기 지시적이고 기교적 문학방법론을 구사 하는 후자와는 구분되는 새로운 리얼리즘을 내걸면서 역사를 다시 서사의 재 료로 사용하기 시작했다. 통일 이후 문학에서 발견된 새로운 현상은 문학의 주 제로 다시 역사가 귀환했다는 것이다.[29] 즉, 독일 역사를 스스럼없이 다룰 수 있게 된 것이다. 그러나 다른 한편에서는 1990년대에 등장한 젊은 작가들에게 독일 역사는 아무런 부담 없이 사용할 서사의 재료에 불과하다.[30] 통일 이후 마틴 발저, 귄터 그라스 등 전후 독일 문학을 이끌어왔던 제2세대 작가들이 과거사의 문제를 다시 한 번 다루지만, 크라흐트는 선배 작가들과 달리 집단적 죄와 책임에 대한 고통스러운 질문으로부터의 해방을 모색한다.

『파저란트』는 역사의 귀환과 역사에 대한 부담으로부터의 해방이라는 일견 모순적 해결이 어떤 양상으로 나타나는지를 잘 보여주고 있다. 가장 먼저 눈에 띄는 특징은 소설 도처에 독일 담론이 등장한다는 점이다. 지극히 개인주의적 시각을 갖고 있으면서도 소설의 화자는 여행지에서 종종 독일의 전쟁과 연관된 사건들을 떠올린다. 함부르크에서 제2차 세계대전 당시 엘베 강 건너편에 잠수함 건조장이 있었던 사실을 언급하는 것은 그 한 예이다. 그러나 독일 역사에 대한 화자의 교양기억은 단편적이고 빈약하다. 이는 살렘 기숙학교 시절에 대한 회상에서 보듯이 역사적 사건을 일화의 수준으로 축소하는 데서도 잘 드러난다. 당시 폴란드 출신 체육 교사의 지시에 따라 운동장 한가운데 보리수가 서 있는 곳까지 달리기를 해야 했던 체육 시간을 회상하면서 화자는 자신들의 달리기가 그 보리수에서 처형당했던 폴란드 노동자들에 대한 대속 행위라고 믿었던 시절을 떠올린다(FL. 142 참조). 이처럼 일화로 축소된 역사에 대한 상상은 역사에 대한 죄의식이나 도덕적 책임감과는 거리가 멀다.

소설에서 독일에 대한 기억은 특히 음울한 나치식 삶에 대한 연상과 밀접하게 얽혀 있다. 화자는 나이든 모든 독일 남자를 잠재적 나치로 볼뿐더러 독일의 존재 여부에 대한 회의와 극단적 거부를 숨기지 않는다. 또한 하이델베르크에서 네카 강변의 아름다움을 순수하게 즐길 수 없을 정도로 전쟁이나 유대인 학살의 이미지가 깊숙이 독일 상에 각인되어 있음을 한탄한다.

> 이곳의 봄은 정말로 아름답다. 독일 다른 지역의 나무들이 아직 잿빛으로 보기 흉할 때 이곳의 나무들은 벌써 초록빛을 띤다. 사람들은 '네카 강변'에 앉아 햇빛을 즐긴다. 정말 그곳은 그렇게 불린다. 사람들은 한 번쯤 그곳을 떠올려봐야 한다. 아니 그보다 그 이름을 아주 크게 불러본다. '네카 강변'이라고. 그러면 사람들의 머리는 거기에 아주 잘 길들여질 텐데. 만약 전쟁이 일어나지 않았더라면,

또 유대인을 가스로 학살하는 일이 일어나지 않았더라면, 독일은 그렇게 들렸을 것이다. '네카 강변'이라는 단어처럼 들렸을 것이다(FL. 85).

이 모든 시각은 독일인의 훼손된 정체성과 콤플렉스에 대한 문제의식에 기인한다. 『파저란트』에서 독일 담론이 얼마나 강박증처럼 도입되는지는 뮌헨의 테크노 축제에 대한 묘사에서 게르만 신화의 '라그나뢰크Ragnarök'(종말론)를 연상할 때나 음침한 북부 독일의 날씨를 남부 독일과 비교하면서 나치와 바그너 음악을 동시에 떠올리는 데서도 잘 나타난다. 또한 소설에서 반복적으로 등장하는 '나치' 개념은 과거 극복이라는 특수한 독일 담론을 지속적으로 현재화하기 위한 장치이다. 이상과 같이 소설에 도입된 독일 모티브는 전후 억압되어 왔던 독일의 정체성에 대한 담론이 통일 이후 점차로 수면으로 올라오게 된 포스트 - 통일 시대를 배경으로 한다.[31]

독일에 대해 화자는 극단적 거부와 증오의 제스처를 보여주는 반면,[32] 스위스는 나치에 의해 왜곡된 독일에 비해 손상되지 않은 위엄을 지닌 나라, 이상향으로 미화된다. 스위스의 산속에서 은막의 스타 이사벨라 로젤리니와 가정을 꾸리고 아이들을 낳아 기르는 상상 속에서 화자는 독일에 대해 다음과 같이 말한다.

아마 나는 더는 그 모든 이야기를 하지 않을 것이다. 그 거대한 기계는 이제 존재하지 않을 것이기 때문에. 그 기계는 아무 짝에도 쓸모없게 될 것이다. 그리고 더는 나의 주목을 받지 않기 때문에 그 기계는 이제 존재하지 않을 것이다. 그래서 아이들도 한때 독일이라는 나라가 존재한 적이 있었다는 사실을 전혀 모를 것이다. 그래서 그들은 나름의 방식으로 자유로울 것이다(FL. 149f.).

이 상상 속에서 거대한 기계로 비유된 독일은 존재 자체가 전면적으로 부인된다. 그러나 이는 독일 자체를 향한 반독일주의라기보다는 독일 역사에 대한 집단적 기억이 불러일으키는 정서적 혼란 및 불안에서 비롯되는 것이다. 한편에서 동일 이후 독일 담론을 부활시킨 신보수주의적 질서와, 다른 한편에서 독일의 속죄의식을 주입시켜온 68운동 이후 독일 사회의 지배적 담론이 그 배경을 이룬다. 독일 담론과 관련해 화자는 탈역사화나 정치의 미학화 전략을 사용한다. 역사를 일화로 축소하는 것이 전자에 해당한다면, 나치즘을 정치적 사실이 아니라 혐오를 불러일으키는 미학적 상태로 판단하는 것은 후자에 해당한다. 이러한 모든 전략은 궁극적으로는 독일 담론 자체의 무력화, 상대화를 의도한다. 주도 모티브처럼 사용되는 나치 개념도 독일의 나치 과거를 상대화하는 기능을 담당한다고 볼 수 있다.

결국 소설에서 의무처럼 도입되는 독일 모티브는 독일 사회에서 개인의 운명은 싫든 좋든 부담스러운 집단적 기억과 얽혀 있을 수밖에 없음을 보여줌과 동시에 그러한 집단적 기억의 중압감으로부터 벗어나고자 하는 의도를 암시한다. "이곳에서 저곳으로 떠도는 주인공의 방황은 여전히 나치 과거와 관련해 '죄'와 책임이라는 문제를 회피할 수 없는 한 사회의 징후"로 해석되고, "부정적 의미의 집단적 기억을 해체하고자 하는 소망"[33]을 가리키고 있다.

6. 나오면서

지금까지 『파저란트』를 분석하면서 가졌던 가장 근본적 물음은 사회의 표면 관찰, 소비사회에 대한 긍정, 재미와 향락을 추구한다고 알려진 신세대 문학이 과연 통일 이후 독일의 새로운 문학 담론으로 평가받을 수 있는가였다. 팝문학의 역사를 다룬 토마스 에른스트Thomas Ernst의 대답은 부정적인 것 같다. 그는 1990년대 이후의 팝문학을 "베를린 공화국의 쾌적한 배경음악"[34] 정도로 보고 있기 때문이다. 이러한 시각은 당시 젊은 작가들의 문학을 체제 긍정적 태도로 환원하는 입장과 통한다. 그러나 『파저란트』에서 팝소설의 몇 가지 특징들을 찾아내는 데 그치는 것이 아니라 그 심층구조와 전체 구성의도를 읽어낸 다면 특정 세대의 문화적 코드를 넘어 역사적 전환기의 사회심리적 상태와 사 회문화적 과정을 기록하고 반성하는 새로운 문학 담론을 이 소설에서 발견할 수 있다. 이러한 시각은 화자의 경험 양식을 후기산업사회에 전형적인 것으로 본 2장 「팝모던한 산보객」, 소비사회의 표면관찰에 기록적 가치와 진정성이 있 다고 본 3장 「소비주의」, 주류 문화로 진입한 68세대에 대한 대립의 의미를 다 룬 4장 「저항문화에 대한 저항」, 소설에서 독일 담론이 지닌 의미와 기능을 다 룬 5장 「독일 모티브」에 모두 해당된다. 본론에서 지적하고 있듯이 『파저란트』 는 세상에 대한 어떠한 공격도 비판도 공공연하게 드러내놓지는 않지만, 포스 트 통일 시대 독일 사회의 단면에 대한 표면관찰 아래에 시대 상황에 대한 반성 을 숨기고 있다.

복달Klaus-Michael Bogdal에 의하면 1990년대 이후에는 과거의 문학사와 달 리 새로운 문학적 경향을 시대사의 단면으로 기술하기가 어려워졌다.[35] 더구 나 내용과 양식에서 단지 특정 세대의 삶과 사유 방식을 재현해놓은 것으로 보 이는 신세대 소설은 소재나 주제에서 독일 통일이라는 역사적 사건과 무관해 보인다. 그러나 동독이 서독으로 흡수통일되고 '다름의 유토피아' 같은 거창한 이상들이 사라진 이후의 사회문화적 과정이 문학 담론에 어떠한 변화를 가져 왔는지를 크라흐트의 소설은 특징적으로 보여주고 있다. 따라서 통일의 의미 를 직접적으로 다루지는 않지만 역사적 전환기의 척도가 되고 있다는 점에 크 라흐트의 데뷔 소설 『파저란트』의 문학사적 의의가 있다고 할 것이다.

주

* 이 글은 윤미애, 「1990년대 독일 문학 담론에 나타난 기상 변화: 크라흐트의 소설 『파저란트』를 중심으로」, ≪독일언어문학≫, 제43집(2009년 3월), 한국독일언어문학회, 185~203쪽을 수정 게재한 것임.

1 Christian Kracht, *Faserland* (München, 2005) 참조. 초판은 1995년 쾰른에 소재한 Kienpenheuer & Witsch 출판사에서 발행되었다. 앞으로 본문에서 괄호 안의 약호 FL은 크라흐트의 소설 『파저란트』를, 옆의 숫자는 인용된 쪽을 가리킨다. 크라흐트가 이 소설에 붙인 'Faserland'라는 제목은 다의적이다. 사전에 나오지 않는 이 단어를 'th'가 불분명하게 발음된 영어 'fatherland'와 등가로 볼 수도 있고, '섬유', '실'을 의미하는 독일어 'Faser'와 '나라'를 뜻하는 'Land'의 합성어로 볼 수도 있다. 혹은 '헛소리를 늘어놓다'는 뜻의 'faseln'이나 '찾아내다'라는 뜻의 고고 독일어 동사 'fáson'을 연상할 수도 있다. 이 글에서 소설 제목을 '파저란트'라는 독일어 발음 그대로 표기한 것은 이처럼 그것을 단일한 의미로 확정하기 어렵기 때문이다. Anke S. Biendarra, "Der Erzähler als pop-moderner Flaneur in Christian Krachts Roman Faserland," *German Life and Letters*, 55 (2002), p.167 참조.

2 팝문학의 발생은 1960년대에 미국에서 시작된 팝문화 운동으로 거슬러 올라간다. 'pop'이 '인기 있는', '평이한'이라는 뜻을 가진 'popular'에서 온 어휘소라는 점에 비추어 팝문학이란 고급문학과 달리 누구나 이해할 수 있는 내용과 형식을 가지고 광범위한 독자층에게 어필할 수 있는 문학을 의미한다. 미국에서 하위문화의 한 장르로 성립했던 팝문학을 처음 독일에 들여온 사람은 롤프 디터 브링크만Rolf Dieter Brinkmann이다. 독일 팝문학에 대해 국내에 발표된 상세한 연구논문으로는 노영돈, 「독일 신세대 작가들의 팝문학과 문화상품화 전략」, ≪뷔히너와 현대문학≫, 제30집(2008.5), 61~88쪽 참조.

3 Thomas Ernst, *Popliteratur* (Hamburg, 2005), p.71 참조.

4 원래 팝문화는 기성질서에 대한 모순과 이의를 집중적으로 표현하는 문화로서 전승된 고급문화에 대한 문화적 공격의 상징적 매체로 기능했다. 팝문화의 사회적 기능 및 위상의 변화는 이미 1980년대부터 진행되었다고 볼 수 있지만, 전복적 영향력에 대한 믿음이 완전히 깨진 것은 1990년대에 들어서이다. 팝 이론가 디더리히젠Diederichsen은 1987년만 해도 이론이나 실천에서 팝문화의 비판적·전복적 잠재력을 입증하고자

한 반면, 1990년대 초에 벌써 그 입장을 수정한다. 같은 책, p.59 참조.

5 Miriam Schulte, "Pop-Literatur und kultureller Wandel: Literarische Aneignungs-weisen von Pop in deutschen Romanen der 90er Jahre," *Deutschunterricht*, 52(1999), Heft 5, p.348 참조.

6 1990년대 초 독일 신문의 문예란에는 '재미사회'라는 명칭이 자주 등장한다. 당시 주식 경기의 호황으로 혜택을 받은 독일 사회의 일부 부유계층의 향락주의적·소비주의적 라이프스타일을 겨냥한 이 명칭이 유행하면서 오락Unterhaltung 개념에 대한 공론도 미디어와 학계에서 활성화되었다. 오락은 일종의 장르이기도 하고 특정한 체험 방식이기도 한 복합적 개념이다. 이미 2000년부터 '재미사회의 종말'을 이야기하고 있지만 대중문화와 미디어 영역에서 '오락'의 새로운 양식과 기능에 대한 관심은 현재까지 지속되고 있다.

7 여기서 팝문화적 가치들이 특정한 여가 영역에 국한된 것이 아니라 일의 세계, 심지어 정치의 논리에까지 뻗어나가는 현상을 들 수 있는데, 인포메이션information과 엔터테인먼트entertainment의 합성어인 인포테인먼트infortainment라는 용어는 이를 잘 보여준다.

8 ≪프랑크푸르트 알게마이네 차이퉁Frankfurt Allgemeine Zeitung≫ 편집위원인 플로리안 일리스Florian Ilies는 『골프 세대Generation Golf』(2000)라는 책에서 취향의 독재를 특징으로 하는 신세대를 소개하면서 어떻게 취향의 차이가 마케팅 전략으로 이용되는가를 보여준다. 일리스에 따르면 유토피아의 시대가 사라진 이후 이 세대에게는 가능한 쾌적하게, 최상의 상품을 갖추고 사는 것이 중요하다. 따라서 고급 자동차 골프는 신세대 라이프스타일의 상징이 된다.

9 대표적인 혹평으로는 Iris Radisch, "Mach den Kasten an und schau: Junge Männer unterwegs: Die neue deutsche Popliteratur reist auf der Oberfläche der Welt," *Die Zeit*, 1999.10.21 참조.

10 비엔나라에 의하년 이 소설에서 작가는 현대문학의 전통에 속하는 산보객 유형을 생산적으로 변형하면서 이른바 '팝모던한 산보객'이라는 새로운 유형을 제시하고 있다. Anke S. Biendarra, "Der Erzähler als popmoderner Flaneur in Christian Krachts Roman Faserland," pp.166~169 참조.

11 같은 글, p.172 참조.

12 Carsten Gansel, "Adoleszenz, Ritual und Inszenierung in der Pop-Literatur," in H. L. Arnold and J. Schäfer(eds.), *TEXT+KRITIK. Sonderband Pop-Literatur*(München,

2003), p.237 참조.

13 Dirk Frank, "'Talking about my generation': Generationskonstrukte in der zeit-genössischen Pop-Literatur," *Der Deutschunterricht*, 5(2000), p.83 참조.

14 Carsten Gansel, "Adoleszenz, Ritual und Inszenierung in der Pop-Literatur," pp.234~257 참조.

15 Anke S. Biendarra, "Der Erzähler als 'popmoderner Flaneur' in Christian Krachts Roamn Faserland," p.167 참조.

16 같은 글, p.166 참조.

17 '팝모던popmodern'이라는 개념에 대해서는 같은 글, 각주 10 참조.

18 이러한 평가가 부당하다는 의견에 대해서는 Mathias Mertens, "Robbery, assault, and battery: Christian Kracht, Benjamin v. Stuckrad-Barre und ihre mutmaßlichen Vorbilder Bret Easton und Nick Hornby," in H. L. Arnold and J. Schäfer(eds.), *TEXT+ KRITIK, Sonderband Pop-Literatur*, p.201 참조.

19 짐멜에 의하면 개인은 유행을 따름으로써 "자신의 가장 개인적인 감정과 취미를 의식적이고 의도적으로 감춘다. 섬세한 사람들은 외면적 태도의 특수성으로 인해 자신의 가장 내면적인 본질의 특수성이 노출되는 것을 부끄러워하고 기피한다. 그렇기 때문에 많은 사람들은 모든 이질성을 은폐하는 유행의 평준화 속으로 도피한다". 게오르크 짐멜, 「유행의 심리학」, 『짐멜의 모더니티 읽기』, 김덕영·윤미애 편역(새물결, 2005), 63쪽.

20 Anke S. Biendarra, "Der Erzähler als 'popmoderner Flaneur' in Christian Krachts Roamn Faserland," pp.172f.

21 Moritz Baßler, *Der deutsche Pop-Roman: Die neuen Archivisten* (München, 2002), p.184.

22 같은 책, pp.167, 175 참조.

23 Kerstin Dreger, "Wenn die Authentizität auf den unzuverlässigen Erzähler trifft: Eine narratologische Analyse von Christian Krachts Faserland und Elke Naters Königinnen"(Magisterarbeit Väsjö Universität), p.20 참조. www.christiankracht.com

24 비엔다라의 해석이 그 대표적 예이다.

25 이 표현은 ≪차이트ZEIT≫에 실린 라디쉬의 서평에서 따온 것이다. 해당 부분을 인용하면 다음과 같다. "세상과의 불가침조약은 세상을 있는 그대로 그렇게 냉정하게 묘사하기 위한 전제조건이다. 그들이 그 과제를 해결하는 무뚝뚝하고 무례하고 무정한 방식은 게릴라적이며 그 어떤 공식적인 문화비평에서 기대할 수 있는 것보다 더 문화

비판적이다." Martin Hielscher, "Generation und Mentalität: Aspekte eines Wandels," *Neue Deutsche Literatur*, Jg.48(2000), H.532, p.180에서 재인용.

26 사회학자 클라우스 레게비는 1995년에『89세대die 89er』라는 책을 발표하면서 장벽의 붕괴를 1965년에서 1975년 사이에 출생한 독일 청년층 세대의 경험을 각인한 사건으로 보고 있다. 그러나 이와 달리 역사적·정치적 사건은 이제 한 세대의 형성에 영향을 미치는 요인이 되지 못한다는 시각도 존재한다. 후자에 대해서는 Dick Frank, "Talking about my generation," p.70 참조.

27 Dick Frank, "Die Nachfahren der 'Gegengegenkultur': Die Geburt der 'Tristesse Royale' aus dem Geist der achtziger Jahre," in H. L. Arnold and J. Schäfer(eds.), *TEXT+ KRITIK, Sonderband Pop-Literatur*(München, 2003), p.231 참조.

28 Dick Frank, "Die Nachfahren der 'Gegengegenkultur'," p.223 참조.

29 Martin Hielscher, "Generation und Mentalität: Aspekte eines Wandels," pp.174~189 참조.

30 복달은 현대문학의 열쇠는 독일 통일이 아니라 이미 1970년대에서 찾을 수 있다고 본다. Klaus-Michael Bogdal, "Klimawechsel: Eine kleine Meteorologie der Gegenwartsliteratur," in Andreas Erb(ed.), *Baustelle Gegenwartsliteratur: Die neunziger Jahre* (Olpaden/Wiesbaden, 1998), pp.9~31 참조.

31 독일의 정체성과 관련한 '주도문화' 논쟁, 신민족주의 가치의 부활 등은 이를 단적으로 보여준다.

32 개인심리학적 관점에서 이는 자신에 대한 회의와 사회적 불안을 은폐하기 위해 증오의 대상을 타자에게 전가한 것이라고 설명할 수도 있다. Anke S. Biendarra, "Der Erzähler als 'popmoderner Flaneur' in Christian Krachts Roamn Faserland," p.173 참조.

33 Meike Krüger, "Spuren des kollektiven Gedächtnisses im Roman 'Faserland' von Christian Kracht," p.36. www.christiankracht.com

34 Thomas Ernst, *Popliteratur*, p.75.

35 Klaus-Michael Bogdal, "Klimawechsel: Eine kleine Meteorologie der Gegenwartsliteratur," pp.9~11 참조.

참고문헌

일차문헌

Kracht, Christian. 2005. *Faserland.* München.

이차문헌

노영돈. 2008. 「독일 신세대 작가들의 팝문학과 문화상품화 전략」. ≪뷔히너와 현대문
학≫, 제30집, 61~88쪽.

류신. 2006. 「통일 이후 독일 문학계의 지형변화」. ≪뷔히너와 현대문학≫, 제27집,
159~193쪽.

짐멜, 게오르크. 2005. 「유행의 심리학」. 『짐멜의 모더니티 읽기』. 김덕영·윤미애 편
역. 새물결.

Baßler, Moritz. 2002. *Der deutsche Pop-Roman: Die neuen Archivisten.* München.

Bessing, Joachim(ed.). 1999. *Tristesse Royale: Das popkulturelle Quintett mit
Joachim Bessing, Christian Kracht, Eckhart Nickel, Alexander v. Schönburg
und Benjamin v. Stuckrad-Barre.* Berlin.

Biendarra, Anke S. 2002. "Der Erzähler als 'popmoderner Flaneur' in Christian
Krachts Roamn Faserland." *German Life and Letters*, 55, pp.164~179.

Bogdal, Klaus-Michael. 1998. "Klimawechsel: Eine kleine Meteorologie der Gegen-
wartsliteratur." in Andreas Erb(ed.). *Baustelle Gegenwartsliteratur: Die neun-
ziger Jahre.* Olpaden/Wiesbaden.

Dreger, Kerstin. 2006. "Wenn die Authentizität auf den unzuverlässigen Erzähler trifft:
Eine narratologische Analyse von Christian Krachts Faserland und Elke Naters
Königinnen"(Magisterarbeit Väsjö Universitet). www.christiankracht.com.

Ernst, Thomas. 2005. *Popliteratur.* Hamburg.

Frank, Dirk. 2000. "'Talking about my generation': Generationskonstrukte ·in der
zeitgenössischen Pop-Literatur. *Der Detuschunterricht*, 5(2000), pp.69~85.

_____. 2003. "Die Nachfahren der 'Gegengegenkultur': Die Geburt der 'Tristesse
Royale' aus dem Geist der achtziger Jahre." in H. L. Arnold and J. Schäfer

(eds.). *TEXT+KRITIK. Sonderband Pop-Literatur.* München.

Gansel, Carsten. 2003. "Adoleszenz, Ritual und Inszenierung in der Pop-Literatur." in H. L. Arnold and J. Schäfer(eds.). *TEXT+KRITIK. Sonderband Pop-Literatur.* München, pp.234~257.

Hielscher, Martin. 2000. "Generation und Mentalität: Aspekte eines Wandels." *Neue Deutsche Literatur*, Jg.48(2000), H.532, pp.174~189.

Klopprogge, Vera. 2005. "Wie lebendig ist die Popliteratur um die Jahrtausendwende? Judith Hermanns 'Nichts als Gespenster' in Gegenüberstellung zu Christian Krachts 'Faserland'." www.christiankracht.com.

Krüger, Meike. 2006. "Spuren des kollektiven Gedächtnisses im Roman 'Faserland' von Christian Kracht." www.christiankracht.com

Mertens, Mathias. 2003. "Robbery, assault, and battery: Christian Kracht, Benjamin v. Stuckrad-Barre und ihre mutmaßlichen Vorbilder Bret Easton und Nick Hornby." in H. L. Arnold and J. Schäfer(eds.). *TEXT+KRITIK, Sonderband Pop-Literatur.* München, pp.201~217.

Radisch, Iris. 1999.10.21. "Mach den Kasten an und schau: Junge Männer unterwegs: Die neue deutsche Popliteratur reist auf der Oberfläche der Welt." *Die Zeit.*

Schulte, Miriam. 1999. "Pop-Literatur und kultureller Wandel: Literarische Aneigungsweisen von Pop in deutschen Romanen der 90er Jahre." *Deutschunterricht*, 52(1999), Heft 5, pp.348~356.

Wehdeking, Volker(ed.). 2000. *Mentalitätswandel in der deutschen Literatur zur Einheit(1990~2000).* Berlin.

15

동독 연극의 흔적 찾기[*]
예나 극단의 사례를 중심으로

동독 연극이 멋진 것은 그것이 이미 사라져버렸기 때문이다.

(위르겐 고쉬Jürgen Gosch[1])

1. 들어가며

독일이 통일된 지 20여 년이 되어가는 지금, 동서독 연극계가 통일로 인해 어떤 변화를 경험했는지, 동독 연극의 유산으로 남은 것은 무엇인지를 질문해 보는 일은 무의미하게 여겨지기도 한다. 사실 동독 연극은 서독의 연극과 견주어도 밀리지 않을 정도로 수준을 인정받고 있었기에 통일 이후 동서독이 서로에 영향을 미쳐 상승작용을 하리라고 기대할 수도 있던 몇몇 예외적인 영역에 속했다. 하지만 동서독 체제통합 과정이 모두 그러했듯이 연극계의 통일도 서독의 체제를 기준으로 하여 일방적으로 빠르게 진행되었고, 오늘날 체감하는 동서독의 연극계는 동일한 제도하에서 운영되어 외형상 큰 차이를 느낄 수 없을 정도이며, 서로 간의 차이보다는 공동의 문제점과 과제 해결에 더 관심을 기울이는 상황으로 보인다.

물론 중앙집권적인 문화정책을 유지했던 동독 지역의 극장들은 통일 이후 서독 제도에 통합되는 과정에서 존폐의 위기를 경험했고 생존을 위한 자구책을 마련해야 했지만, 그러한 갈등은 통일이라는 거대한 체제통합의 틀 안에서 어느 정도 예견된 일이었고 4~5년간의 과도기 특별지원정책 등을 통해 일정 정도 정리되고 완화될 수 있었다.[2] 이러한 체제의 통합과 함께 연출자, 연기자, 기술자 등 인력의 교류 및 이동도 자연스럽게 이루어졌다.

일견 큰 갈등 없이 매끄럽고 신속하게 진행된 이러한 통합 과정 속에서 동독 연극은 새로운 활력과 자극을 필요로 하는 전 독일 연극계에 아무런 기여도 하지 못한 채 그 고유성을 상실해버린 듯하다. 통일 직후의 짧은 기간에 동독의 예술, 연극, 소통의 영역에 유례없이 자유로운 '열린' 공간이 허용되었는데도 동독 연극은 보수적이고 정체된 서독식 문화정책의 문제점을 그대로 떠안은 채 새로운 대안을 제시하는 데는 실패했다는 것이 일반적인 평가이다.[3]

이 글의 문제의식은 일방적인 체제통합으로 인해 서독식 제도에의 안착이 곧 생존의 길이었던 상황에서 동독 연극이 정말로 아무런 흔적도 남기지 않은 채 완전히 사라져버린 것인지의 의문에서 출발한다. 40여 년 동안 정부로부터 활발하게 지원을 받았을 뿐 아니라, 연극에 대한 진지한 성찰의 전통을 유지해왔던 동독 연극이 전 독일 연극계에 더해준 것은 아무 것도 없는가? 이러한 질문에 대해 오늘의 독일 연극계는 관심을 갖고 있지도 않고 뚜렷한 대답을 해줄 수도 없는 듯하다.[4] 이러한 상황에서 동독 연극의 '유산'을 찾고자 했던 이 글의 의도는 동독 연극의 '흔적'을 찾아보는 것으로 축소될 수밖에 없었다. 아주 미약하게 개별적인 예로 남아 있는 동독 연극의 흔적 중에서 독일 연극계가 현재 겪고 있는 세대갈등 및 개혁의 노력까지도 첨예하게 보여주고 있다고 여겨지는 베를린의 민중무대와 그보다 덜 알려진 예나 극단을 발견할 수 있었다.

이 글에서는 통일독일의 현대연극 속에서 동독 연극의 흔적을 드러내는 흥미로운 사례로 통일 직후의 혼란기에 동독 지역에서 유일하게 새로이 창단된 예나 극단의 탄생 및 운영에 대해 자세히 고찰해보고자 한다. 예나 극단을 사례 연구의 대상으로 삼은 이유는 이 극단이 비록 소규모의 지방 극단이지만, 독특하고 예외적인 성장 스토리를 보여주고 있으며 아직까지 국내에 소개된 바가 없기 때문이다.[5] 구동독 지역의 극단들이 일종의 구조조정을 거쳐 통폐합되고 있던 와중에 젊은 연출자와 배우들을 주축으로 새로 창단된 예나 극단은 여러 번의 위기를 이겨내고 생존에 성공했을 뿐 아니라, 독특한 개성을 지닌 현대적 극단으로 뚜렷이 자리매김함으로써 위기 속에서 구조변동을 추구하고 있는 독일의 연극계를 위한 대안을 제시하고 있기도 하다. 이것은 매우 예외적인 사례로서 연극 전문지인 ≪오늘의 연극≫에서는 예나 극단의 사례를 "아주 특별한 '기적'이 예나에서 일어났다"라는 말과 함께 소개하고 있다.[6]

2. 예나 극단: 폐허 속에서 피워낸 연극예술의 꽃

동독 연극은 여러 면에서 양가적인 특징을 지니고 있어서, 통일 이후 회고의 시각 속에서도 매우 상이한 특징을 지닌 것으로 나타난다. 한편으로는 동독의 공식적인 문화정책에 의해 전통적 시민연극의 전통을 유지함으로써 독일 문화유산의 유일한 상속자가 되고자 했던 측면이 있는가 하면, 다른 한편으로는 하이너 뮐러, 프랑크 카스토르프 등을 배출한 현대적이고 실험적인 연극의 흐름이 존재한다. 이것은 정권의 운명과 스스로를 동일시했던 친화적 측면 대 동독 정권을 비판하고 개혁을 요구했던 저항적 측면의 대립으로 나타나기도 한다. 2004년 동베를린 지역의 유서 깊은 베를린 독일극장Deutsches Theater Berlin 단장 임명을 둘러싸고 벌어졌던 논쟁이 동독 연극의 시민적 전통을 화두로 삼았던 반면,[7] 카스토르프 감독이 이끄는 베를린 민중무대, 동독 유일의 민영극단이었던 치노버ZINNOBER 단원들의 활동, 그리고 이 글에서 살펴볼 예나 극단의 활동에서는 동독 연극의 실험적이고 개혁적인 측면이 강하게 드러난다.

1) 1990년: 문화의 주체가 된 동독 시민

예나는 인구가 10만 명 정도 되는 동독 튀링겐 주의 소도시이다. 전통적인 대학도시로서 멀지 않은 곳에 위치한 바이마르와 함께 독일 고전주의와 낭만주의의 중심 인물들이 활동을 펼쳤던 역사적·문화적 장소이다. 그러나 현대에 와서는 그보다는 광학 및 유리산업의 명맥을 이어온 도시로 더 유명한 곳이기도 하다.

1990년에 통일이 이루어졌을 당시, 예나의 상황은 새로운 극단이 희망찬 발걸음을 내딛기에 적절한 조건이 아니었다. 우선 극단이 둥지를 틀 만한 극장 건물조차 마땅치 않았다. 오래된 극장 건물은 동독 시절이었던 1987년에 보수를 위해 관객석 부분을 모두 철거해 앞쪽의 무대 부분만 폐허처럼 남아 있는 상황이었다. 동독의 다른 도시들과 마찬가지로 성급한 경제통합의 후유증으로 경제적인 상황도 열악했다. 특히 예나의 경우 시민들의 생활터전이라고 할 수 있었던 유서 깊은 광학 및 유리산업체인 차이스 사와 쇼트 사가 서독의 후발 기업들에게 매각되고 공장이 폐쇄되면서 10만 명 중 4만여 명이 실업자인 상태였다.

예나에서는 도심에 자리 잡은 극장 폐허건물의 처리를 두고 의견이 대립되었다. 극장을 철거하고 이곳에 쇼핑센터를 건립하려는 시의 현실적인 안에 반대해 극장을 살리고자 하는 시민들은 '백화점인가 극장인가'라는 슬로건을 내걸고 캠페인과 서명운동을 벌였다.[8] 결국 예나 시는 극장을 유지하고 예나 시 전속 극단을 창단하기로 결정했다.

연극에 대한 전문 지식도 없었던 예나 시의 문화 업무 담당자들은 1990년 겨울, 동베를린 지역의 에른스트 부쉬 연기학교를 찾아가 졸업 예정자들을 예나로 초빙하고 싶다는 의사를 밝혔고, 당시 통일 직후의 혼란기에 동서독 연극계 어느 곳으로부터도 관심을 얻을 기회가 없었던 젊은 연출가와 배우들은 아무런 전통도 존재하지 않고 어떤 보장도 주어지지 않는 튀링겐의 소도시로 가서 자신들이 원하는 형태의 새로운 극단을 만드는 모험을 시작하기로 결심했다.

1990년 초의 동독 지역은 혼란기이기도 했지만 동시에 모든 것이 가능한 무법지대이기도 했으며 실험과 창조가 가능한 열린 공간이기도 했다. 이곳에 두 명의 젊은 연출가와 여덟 명의 연기학교 졸업생들이 앙상블을 조직하고 자신들만의 실험을 시작했다. 그러나 시가 극단을 운영할 만한 재정이 불충분해 정규계약을 맺지 못하고, 당시 동독 지역의 실업률 감소를 위해 정부가 강력하게 지원하던 고용창출조치ABM: Abreitsbeschaffungsmaßnahme에 의존해 마련한 자리였기에 이 신생극단의 운명 또한 우선 2년이라는 시간에 맞추어져 있었다.

베를린의 연기학교 출신 연출가와 배우들은 예나 출신의 무대 기술자들과 만나 한 팀을 꾸리고, 폐허와 쓰레기장이 되어 있는 극장을 치워가며 극단 창단 공연을 준비했다. 그들은 자유롭고 민주적인 분위기 속에서 대화를 통해 서로를 자극하고 당면 문제들을 해결해가면서 창의적이고 생기발랄한 극단을 만들어갔다. "사각의 흉측한 콘크리트 건축물"이라고 묘사되는 극장은 약간의 보수를 거쳐 현재까지 그대로 공연장으로 사용되고 있다. 무대와 관객석 사이를 막아주던 철제방화벽eiserner Tor만이 견고하게 남아 있으며, 그 위에는 극단의 심벌 문양이 그려져 있어 멀리서도 사람들의 시선을 끌면서 독특한 예나 극단의 생존 방식을 널리 과시하고 있다. 이 장소는 과거를 기억하고 있으면서도 새로운 출발에 대해 열려 있는, 고통과 희망을 동시에 내포하는 공간으로서 당시 격변기의 동독에 대한 상징으로 보이기도 한다.

예나 극단의 창단 과정에서 두드러지는 것은 동독 시절 당이 결정해둔 테두리 안에서의 삶에 익숙해져 있었던 예나 시민들이 통일 직후의 혼란기에 문화정책을 위해 보여준 결연한 의지와 행동 방식이다. 성공을 보장할 수 없는 실험적 사건에 동참함으로써 그들은 넓은 시야와 용기를 지닌 문화 주체로 설 수 있었으며 자신들이 아끼고 사랑할 수 있는 극단을 소유하게 되었다.

2) 1991년: 예나의 연극혁명

예나 극단의 창단 멤버들은 특별한 극단을 만들어보겠다는 꿈을 안고 황무지와도 같은 예나를 선택했다.[9] 그들이 주요 개혁의 대상으로 삼았던 것은 전통적인 시립극단 운영체제로서, 이 체제 안에서는 국가 혹은 지방자치정부가 재정을 지원하는 대신 정부가 임명한 단장을 중심으로 한 위계질서 내에서 극장 경영 및 인사, 연극 공연 등에 대한 모든 결정이 내려지게 된다.

예나 극단은 초기의 공연작들을 준비하며 여러 면에서 열린 극단으로서 동독 지역에서 새롭게 실험되는 민주주의의 방식을 실습했다. '예나의 연극혁명'을 특징짓는 단어는 '열림'과 '소통'일 것이다. 그들은 행정적인 영역과 예술적인 영역 모두에서 기존 체제를 개혁하는 실험을 벌였다. 먼저 극단의 구조에서는 단장을 임명하지 않은 상태에서 배우와 기술자들을 포함한 모든 단원이 풀뿌리 민주주의 방식으로 공동의 결정을 통해 행정에도 참여하는 모델Mitbestimmungsmodell을 도입해 예술적 효과와 소통을 최대화하고자 했다. 연극 부분에서는 연기자들이 공동 작가로서 작품의 구성에도 참가하는 방식을 택했다. 이를 통해 완결된 대본 없이 연출가와 배우들의 즉흥적인 아이디어를 살려 극을 완성하는 예나 극단 특유의 작업 방식이 확립되어갔다.

연극 무대는 장르의 구분을 넘어서는 실험적 예술 및 소통의 공간으로 기능하여 바리에떼, 기예, 마임, 발레, 현대무용, 인형극 등 다양한 장르가 수집되고 변형되어 등장했으며, 기존 작품들이 변형되어 공연되거나 시대적 사건 및 개인사가 녹아들어간 '직접 제작한 고전' 작품이 무대에 올랐다. 기존의 완결된 형태의 극이 아닌 단편 형식의 극들이 시리즈로 제작되기도 했으며, 연극과 함께 전시회, 음악회, 학제적 대화의 광장, 퍼포먼스, 페스티벌 등 여러 가지 행사가 함께 개최되어 다양한 음성과 방식으로 관객과 소통하고자 했다.

그 밖에도 극장이 관객과 소통하는 장소이자 소통의 도구가 될 수 있도록 하기 위한 시도로서 극단은 공론에 개입해 여론에 영향을 미치거나, 감각적인 방식으로 관객들을 찾아 나섰고, 다른 공간을 빌리거나 거리 혹은 광장 등의 독특한 공연 장소를 선정해 관객과 만났다.

예나 극단의 열린 자세는 초기부터 뮌헨 출신의 배우들이 합류하고 뉴욕 출신의 연출가가 연출을 맡기도 하는 등 세상을 향해 막 문을 연 동독 지역의 신생 극단으로서는 놀라울 정도로 빠르게 현대 연극계의 흐름에 접속한 데서도 드러난다. 이 과정에서 새로운 방식의 극단 운영 및 공연을 견뎌내지 못하고 예나 극단을 떠나는 사람들도 생겨났다. 이 시기에 예나로 온다는 것은 자신의 출신 지역과는 상관없이 연극을 통해 자신의 한계를 경험하고 새로운 영역까지도 거부감 없이 받아들이겠다는 모험심과 열린 자세를 지녔음을 의미하는 것이었다.

1991년 11월 29일 "황무지, 시대에 맞서 Wüste Gegen Zeit"라는 제목으로 연극의 밤을 개최하면서 대대적으로 극단 창단을 알렸다. 하루 저녁에 여섯 편의 작품을 극장 안의 다양한 무대 위에 올리는 야심찬 프로젝트였다. 잉게보르크 바흐만Ingeborg Bachmann의 방송극, 솔로 무용극, 희가극 등 주로 뉴욕을 배경으로 한 이야기들이 중앙무대와 측면무대, 미술실, 지하무대, 골목 맞은편에 위치한 실러하우스의 정자에서 공연되었다.[10] 이 개막 공연은 준비 과정부터 예나 극단의 창단 이념에 따라 공동의 작업을 통해 모두가 함께 아이디어를 제공하고 참여했으며, 다양한 장르와 공연 장소의 선정은 배우 자신과 관객들을 향한 도전이 되고 대화로의 초대가 되었다. 이후에도 예나 극단은 현대연극에서의 언어 문제, 포스트모던적인 서술 방식, 다양한 소통 방식 등을 연구해 새로운 작업 방식을 찾아내고 그것을 실험에 옮기는 데 주저하지 않았고 끊임없는 실험과 경계 넘기를 통해 연극이 다양한 방식의 소통 도구가 되고 자발적인 성찰을 위한 자극제가 될 수 있도록 시도했다. 초대 연출가였던 스벤 슐뢰트케Sven Schlötcke는 훗날 이렇게 고백했다. "극장은 무정부적인 장소, 일종의 교회, 인생 교회이다. 지난 몇 년 동안 독일의 연극 지형 어느 곳에서도 이렇게 많은 것이 가능한 장소는 없었다. 믿을 수 없을 정도이다."[11]

예나 극단의 시도는 관료주의와 형식적인 틀을 벗어나 근원적인 연극성을 되찾고자 하는 소망을 담고 있다. 연극 공연을 원하는 사람들이 함께 모여 동등하게 공연을 준비하고, 그 공연을 통해 자기 자신을 발견하고 타인에게 말 걸고 소통하고자 하는 연극의 기본 원리가 이곳에서 실현되고 있으며, 그러한 공연을 이루는 다양한 언어와 몸짓의 방식이 제약 없이 자유롭게 실험될 수 있었다는 데 이 신생 극단이 시도한 실험의 중요한 의미가 담겨 있다.

3) 1993년: 새로운 생존전략

1993년 고용창출조치의 수혜 기간이 끝나가면서 예나 극장의 미래에 대한 고민이 새롭게 시작되었다. 시의 재정에 부담을 주는 극단을 해체하고, 극장 건물만을 남겨 흥행 위주의 초청공연을 통해 운영하자는 의견이 강하게 대두되었다.[12] 출신을 따져가며 극단의 성향을 좌파적이라고 의심하던 보수파 정치가들의 반감도 극단 해체 주장에 어느 정도 영향을 미쳤다.

동독의 소도시에 새로운 극단이 필요한지를 둘러싼 창단 초기의 논쟁이 2년 후 다시 벌어진 것이다. 그러나 2년 전 예나의 연극계가 말 그대로 황무지 상태였다면, 이제는 극단의 미래를 위해 시민들에게 호소하고 투쟁할 젊은 연극인들이 존재했다. 그들은 2년여의 활동 기간에 무대 위에서 보였던 것과 같은 창의성과 열정과 고집을 가지고 극단의 생존을 위해 투쟁했다.

그들은 극단의 존폐에 대한 논란에서 핵심적인 요소는 결국 재정에 관한 문제라는 것을 파악하고 이에 대한 대안을 마련해 이를 적극적으로 홍보했다. 그들이 마련한 대안은 전통적인 시립극장 체제가 아닌 유한책임회사GmbH로 운영체제를 전환한다는 것이었다.

하이너 뮐러, 페터 차덱, 프랑크 카스토르프를 비롯해 베를린 앙상블, 독일극장Deutsches Theater 단원 등 독일을 대표하는 연극인과 문화계 인사들은 예나 시의 문화 담당자들에게 보내는 공개서한을 통해 예나 극단을 해체하는 것은 단기간에 만회하기 어려운 중대한 실수가 될 것이라며 이 극단의 존속을 지지하고 나섰다. 예나 극단은 이 문제를 공론화해 시민들의 토론을 이끌어냈으며, 서독 지역뿐 아니라 네덜란드 인사까지 참여하는 공청회를 성사시켜 결국 극단의 해체를 저지하고, 새로운 체제로 출발할 수 있었다.

그리하여 1993년 7월에 연출가와 배우, 극장 기술자 등이 주축이 된 개인투자자들이 5만 3,000마르크를 마련해 예나 극단 유한책임회사를 출범시켰다. 동독의 폐허 위에서 기적적으로 피어난 예나 극단은 유한책임회사 체제를 도입하는 데 성공하면서 전환기의 위기를 다시 한 번 이겨내고 살아남았다. 유한책임회사 체제를 도입함으로써 예나 극단은 유연성 있고, 시대에 맞는 극장운영 구조 개발의 모델을 제시하고자 했다. 창단 시부터 높은 수준의 자기 책임과 광범위한 작업에 근거를 두고 시립극단 체제에 대한 대안 모델을 개발해왔던 이 극단은 새롭게 발표한 강령의 서문에서도 이러한 목표를 천명하고 있다.[13]

이 무렵 두 번의 생존위기를 극복해내고 그 존재 의의를 확인받은 예나 극단 사례는 통일 직후의 혼란기에 동독 지역에서의 기적으로 유명해졌고 그들의 행보는 독일 연극계의 관심 대상이 되었다. 이렇듯 예나 극단이 주목을 받은 이유는 그들이 통일 이후 동독 지역에서 창단된 유일한 극단이라는 점 때문이기도 했지만, 무엇보다도 그들이 꾸준히 새로운 극단 운영 모델을 개발해 정착에 성공함으로써 동서독을 막론하고 누적되는 재정적 어려움 속에서 점점 운신의 폭이 좁아져 가고 있던 시립극장들의 생존 가능성을 위해 시사하는 바가 많았기 때문이었다. 그러니까 예나 극단의 시도가 갖는 의미 중의 하나는 독일의 연극계가 필요로 하는 개혁을 그들이 자체적으로 선취했다는 데 있다. 1990년대 중반 이후 독일의 시립극단들은 존재의 위기를 느껴 "실험적인 프로젝트에 대해 열린 자세를 취하기 시작했고, 민영극단과의 협력 관계를 강화했으며 자체적인 프로젝트를 출범시켰다".[14] 드라마투르크로서 예나 극단에서 작업했던 올리버 헬트Oliver Held는 예나 극단이 이러한 새로운 형식의 극단에 대한 선례가 된다고 말한다.

예나 극단의 경우 독특한 점은 그들이 스스로 경영주체가 됨으로써 시립극장 체제의 관료주의와 위계질서를 타파하고 행정 및 예술 영역에서의 자율권을 획득하고 운영을 효율화했다는 점에도 있지만, 다른 한편으로는 그들의 개혁이 목표로 하는 것이 경영의 효율성이나 이윤 자체가 아니라, 민주적이고 자발적인 극단의 운영과 자유롭고 실험적인 공연권의 확보였다는 사실에 있다. 그래서 그들은 시립극장 체제와 함께 재정적 압박의 원인으로 지적되고 비판되어온 앙상블 체제(고정극단 체제)를 오히려 적극 지지하고 고수하고자 한다. 연극계의 일각에서는 이미 고정극단을 해체하고 수준 높은 순회공연을 유치하는 것이 재정적인 면에서나 예술적인 면에서 더 바람직하다는 의견이 조금씩 지지층을 넓혀가던 중이었다. 지방 소도시에서 막대한 예산을 들여 전속극단을 운영하면서 평범한 공연을 여러 번 무대에 올리는 것보다, 단 한두 번이라도 국제적인 수준의 공연단을 초청하는 것이 시민들에게 더 유익할 뿐 아니라 저렴하다는 논리였다.[15] 예나 극단의 존립에 대한 논쟁이 벌어졌을 때 초대 연출가인 슐뢰트케는 시민들이 술집에서도 만나 소통하고 동일시할 수 있는 배우들이 예나 시를 위해 예나 시에서 연극 작업을 하는 것이 필요하다는 주장을 펼쳤다. 예나 극단이 "이 도시의 삶으로부터 자신들의 작업을 이끌어내고, 이 도시에 살고 있는 사람들에게 격변의 시기에 확신을 줄 수 있기에 큰 반향을 불러일으켰다"라는 것이다.[16] 극장 운영을 놓고 벌어지는 이러한 논의는 지금도 전 독일에서 유효하다. 많은 시립극장이 개혁을 꿈꾸지만 여러 가지 제약으로 인해 감행할 수 없는 상황임에 반해, 예나에서는 그것을 구체화하고 실현할 수 있었다는 사실에 예나 극단의 선구자적 의미가 존재한다.

4) 통일부터 지금까지: 정체성 찾기

예나 극단은 독특한 창단 과정, 개혁과 실험적 시도로 관심을 끌었지만, 만일 그들이 공연을 통해 예나 시민들에게 다가가지 못했다면 그저 한 번의 시도로 끝이 난 프로젝트에 머물렀을 것이고, 유한주식회사로의 변신을 통해 예나의 극단으로 존재하는 것도 불가능했을 것이다. 예나 극단이 존속할 수 있었던 것은 그들이 하나의 끈끈한 공동체를 형성해 예나의 시민들과 함께 느끼고 표현하고 소통하며 성장해갔기 때문이다.

당시 그들이 이루었던 공동체는 동서독의 통합 과정을 축소해 보여주는 동시에, 동독인들이 자신들의 상처와 대면하고 새로운 정체성을 온몸으로 찾아가는 과정과도 유사하다. 미국인 연출가가 동독 슈타지 문제를 다루고 싶어 했을 때 동서독 출신 연기자들이 보이는 상이한 반응, 그럼에도 그들이 서로 어울려 즉흥적인 연기를 통해 공동의 작품을 완성해가는 과정이 그러한 초기의 상황을 잘 말해준다.[17]

예나 극장의 탄생과 존재 방식은 그 작업 과정에 함께 참여했던 연극 연출가와 배우들, 그뿐 아니라 평범한 동독 출신 시민들에게도 독특한 전환기의 체험이 되었다. 이 시기를 함께한 후 다른 극장으로 떠나간 연출가 르네 라인하르트 René Reinhardt는 예나에서의 경험을 통해 다른 사람들과 함께 연극적 실험을 시도할 수 있는 용기를 얻었고, 연극 자체만이 아니라 연극행정, 연극과 사회와의 관계에 대해서까지도 직접 체험하고 배울 수 있는 총체적인 수련 기간이 되었다고 말한다. 동독 시절 차이스 사의 노동자였다가 통일 이후 실직한 튀르크 다머Türk Damer는 예나 극장의 기술 담당으로 채용된 후의 경험을 통해 자신이 크게 발전할 수 있었다고 회고하면서, 예나 극장의 예술적 수준과 자유로운 작업 분위기, 실험 정신에 대한 자부심을 드러낸다. 역시 차이스 사의 노동자였던 잉그리트 리히터Ingrid Richter는 극장의 창구 직원으로 취직한 후, 관객과의 거리감을 좁히는 프로그램을 시도해 언론의 관심을 끌기도 했는데, 동독 시절 노동자로서의 삶이 매우 경직되고 제한적이었던 데 반해, 창의적인 예나 극장에서의 새로운 출발과 도전을 통해 자신이 긍정적으로 변화했다고 술회한다.[18] 예나 극단의 초대 연출가였던 슐뢰트케는 예나에서의 시간을 통해 "나 자신의 동독 의식은 한편으로는 강화되었고, 다른 한편으로는 이러한 동독 의식이 내게 자의식을 불어넣어 나는 나와 다른 입장에 대해 매우 관용적인 태도를 취하게 되었다"[19]라고 회고한다. 예나 시민들은 예나 극장이 내면의 장벽을 허물고 경계를 넘어서는 시도를 통해 자신의 정체성을 확인하고 세계와의 관계를 정립해가는 과정을 공연을 통해 지켜보고 공감하면서, 그들의 업적을 함께 자랑스러워하며 공동체 의식을 갖게 되었고 그들의 지지자와 후원자가 되었다.

인상적인 것은 예나 극단이 끊임없이 성장하고 변화해가는 방식이다. 열려 있고 소통한다는 기본 원칙만 변화하지 않았을 뿐, 극단의 작업 방식과 주제는 고정되지 않고 변화를 거듭했다. 이를 통해 그들이 전하는 메시지는 통일 직후의 혼란기를 넘기고 방향을 찾아가는 동독 시민들을 향한 것이기도 했다. 초기의 작업이 스스로에 대한 신뢰와 용기를 갖고 자기 자신을 찾고 사회와 관계 맺는 과정을 실험하고 보여주는 것이었다면, 극단의 운영체제 전환 이후인 제2기의 주제는 안정되어가는 새로운 체제 안에서 새로운 권력과 대결하는 것이었고 정신적·예술적 자유 공간을 확보하는 것이었다.

기존의 시립극장 체제와 다른 방식의 극장 모델을 탄생시키고자 했지만 그 구체적인 방식은 상황에 따라 조금씩 변화되어갈 수밖에 없었다. 모든 구성원이 모든 영역에 대해 함께 토론하고 함께 책임지던 초기 방식에서 점차 전문화·분업화의 길을 가기로 결정한 것을 두고 일각에서는 원칙의 포기 혹은 타협으로 받아들이기도 했다. 극장 단장 제도의 위계질서를 대체하는 완전한 풀뿌리민주주의 방식의 앙상블 체제가 난관에 봉착하자, 그 제도를 제한해 예술 책임자들을 선정하고 그들에게 중요한 결정을 위임하는 것으로 운영 방식을 수정했다.

1998년경 극단의 지향점을 두고 견해 차이로 인한 분열이 생겼고, 이를 해결하기 위해 그들은 극단 내에서 연구 그룹을 조직하고 피닉스Phoenix라는 프로그램을 출범해 극단의 현주소를 확인하고 미래를 위한 구상을 마련하고자 했다. 독일의 전환기에 출범했던 극단이 이제 자신들의 전환기를 극복해야 할 상황에 처한 것이다. 연구와 토론 과정에서 견해 차이를 극복하지 못한 이들은 극단을 떠나야 했다. 창단 멤버였던 연출가 슐뢰트케가 극단을 떠났고 새로운 앙상블이 결성되었다. 하지만 이 모든 과정이 대화를 통해 진행되었고, 극단은 새로운 도전을 두려워하지 않고 매번 위기를 극복해 새로운 출발점에 서고는 했다. 내부의 토론과 공감은 언제나 중요한 원칙으로 남아 있었고, 사회가 관심 갖고 있는 쟁점에 연극을 통해 참여하고 관객과 활발하게 소통하고자 하는 기본 취지 또한 변하지 않았다.

> 그들은 거의 아무런 준비도 되어 있지 않은 상태에서, 5년 동안 무지, 미숙, 강요된 체념에 힘겹게 저항하며 자신들의 존재를 위한 물질적·구조적 기초를 다지는 일을 해야만 했다. 이를 통해 그들은 자의식의 성장을 경험했고, 이제는 새로운 예술작업에 나서는 일 또한 하나의 '연구 작업'으로 받아들이게 되었다.[20]

예나 극단이 앙상블 체제를 유지하면서 지역에 뿌리박은 지역극단으로서 지역시민들과 소통하며 공동의 정체성을 형성해간 과정은 기존 연극 전통의 고수와 완전한 해체 사이에서 고민하고 있는 독일의 연극계가 나아가야 할 방향에 대해 시사하는 바가 크다.

3. 결론을 대신하여: 2007년, 끝나지 않은 성장 스토리

최초의 연출자였던 로니우스Lonius는 예나 극장이 어떤 완성된 기관이라기보다는 살아 있는 유기체와도 같아서 끊임없이 스스로를 창조하고 변화해갔다고 회고한다.

> 이러한 과정이 지속될 수 있었던 이유 중의 하나는 창단 그룹부터 현재 극장에서 일하는 '제4세대'에 이르기까지 극장의 참여자들이 분명한 의식을 지닌 채 극

단적이고 위험천만한 상황과 생활환경을 감수했다는 데 있는 듯하다. 누구도 이 실험이 얼마나 오랫동안 지속될 수 있을지에 대해 생각해보지 않았고, 누구도 자신의 힘을 분산해 사용할 생각은 하지 않았다.[21]

예나 극단이 무모해 보이는 첫발을 내딘 지도 20여 년이 되어간다. 이제 이곳에 통일 직후의 불안감이나 생존을 위한 투쟁적 열기는 존재하지 않는다. 2007년 2월에 한 사람의 관객으로 찾아가 본 이곳은 작지만 독특한 분위기를 지닌 젊고 현대적인 극장의 모습이었다. 요즘 현대적 연극의 한 흐름을 반영하는 듯, 이 날 저녁의 연극은 서로 다른 시대, 다른 장르의 두 작품, 데이빗 린치 David Lynch 감독의 영화 〈광란의 사랑Wild at heart〉과 동화 〈오즈의 마법사 The Wizard of Oz〉로부터 모티브를 빌려와 새롭게 창작한 작품이었다.[22]

관객들이 줄을 서서 기다리고 있던 지하 공간에서 갑자기 시끄럽게 말싸움이 벌어지더니 한 사람이 피를 흘리고 쓰러지면서 자연스럽게 공연이 시작되었다. 잠시 기다린 후 인도된 본 무대는 그리 넓지 않은 공간으로서 공연 때마다 배치를 달리해 다양하게 활용된다고 했다. 공연은 역동적이고 현대적이었다. 1990년대 이후 독일 연극에서 중요한 요소로 도입된 영상매체의 활용이 두드러져서, 이미 야외에서 촬영해둔 배우들의 모습이 상영되는 동안 배우들 또한 침대에 누운 채 자신들의 모습을 관람하기도 했고, 관객석에서 보이지 않는 실내 공간을 실시간으로 촬영해 보여줌으로써 연극과 영화매체의 특징이 한 무대 위에서 어우러지기도 했다. 영상매체의 활용과 함께 노래와 춤이 중요한 요소로 활용되었고, 젊은 배우들은 다층적인 무대 위를 활보하며 연기를 펼치다가 다른 배우들의 공연 장면에는 관객석 옆 벤치에 앉아 자신의 순서를 기다리며 극을 관람했다. 연극은 길을 잃은 젊은이들의 고통스럽지만 포기할 줄 모르는 길 찾기 여정을 보여주고 있었다.

무한한 창작의 자유와 열린 공간, 소통의 가능성을 추구하며 출범했던 초기의 정신이 이곳에서 여전히 유효하며 이 극단의 존재 방식에 영향을 미친다는

2007년 여름 예나 극단 야외공연장의 모습

점을 짐작할 수 있는 계기는 공연 이후의 시간에 발견되었다. 매달 마지막 목요일의 공연 뒤에는 배우와 관객이 함께하는 대화의 시간이 마련된다고 했다. 춤과 노래가 어우러진 2시간여의 격렬한 공연을 마치고 피곤했을 배우들은 한 사람도 빠짐없이 분장을 지운 말간 얼굴로 지하의 카페에 나타났고 두 명의 연출가는 먼저 와서 관객과의 대화를 이끌었다. 늦은 시간까지 남아 있는 관객들의 수는 배우들의 수보다 그다지 많지 않았다. 대화는 공연이 잘 안보였다는 불평에서부터, 노래와 춤의 삽입이 반드시 필요했느냐는 진지한 질문까지 자연스럽게 이어졌고 연출가는 모든 질문에 진지하게 응대하며 시대적 흐름과 함께 자신의 연출관도 바뀌는 것 같다고 털어놓기도 했다. 누군가는 졸기도 하고 뭔가 먹기도 하면서 배우들 역시 적극적으로 자신의 생각을 이야기했고 대화는 격려의 박수와 함께 화기애애하게 끝을 맺었다. 함께 극장 문을 나선 옆자리의 노부부는 예나 극단을 아주 자랑스럽게 생각한다고 했다. 예나 극단은 수준을 인정받는 극단이 되어서 독일 각 지역뿐 아니라 스위스, 오스트리아 출신의 젊은 배우들이 이곳의 앙상블에서 함께 일하기를 원하고, 이곳에서 일한 경력이 배우로서의 출세에도 도움이 된다고 했다. 어둑한 골목에 서서 그가 예나의 역사와 문화에 대해 열띤 이야기를 들려주는 동안 배우들은 하나둘씩 극장에서 나와 자전거를 끌고 집으로 향했다. 그들과 손짓으로 인사를 나누며 노신사는 그들이 어느 지역에서 왔는지를 이야기해주기도 했다. 예나 속에 자리 잡고 예나 시민들과 소통하며 함께 성장하고자 했던 창단 초기의 목표가 연출가들이 바뀌고 단원들이 바뀌었는데도 여전히 예나 극단의 중요한 요소로 자리 잡고 있으며 어느 정도 성과를 거두고 있음을 엿볼 수 있었다. 2007년 7월에는 예나 시가 주최하는 대규모 여름문화축제의 일환으로 나흘간 야외 무대에서 그리스 비극 작가인 아이스퀼로스Aeschylos의 〈오레스테이아Oresteia〉가 공연되었는데, 고대문학의 주제를 현대인의 고민으로 옮겨왔을 뿐 아니라 다양한 현대적 연극기법을 활용한 예나 극단 특유의 실험적 무대가 펼쳐졌다. 특히 이 무대에는 어린이를 포함해 100여 명의 예나 시민이 엑스트라로 출연해 지역 축제의 면모를 보여주기도 했다. 엑스트라로 출연한 어린 딸을 데려가기 위해 기다리고 있는 젊은 부인, 여름방학마다 축제 준비 및 축제 기간에 경비 아르바이트를 하고 있다는 미술 전공 대학생, 딸과 함께 공연을 관람했다는 노부인 등과의 짧은 대화를 통해 이곳 사람들의 일상 속에 자연스럽게 뿌리내린 예나 극단의 현주소를 확인할 수 있었다.

예나 극단의 사례를 통해 살펴보고자 했던 것은 그들이 동독 연극으로부터 무엇을 직접적으로 계승했는가보다는 동독인들이 주도하는, 동독 지역에 자리 잡은 연극으로서 그들이 무엇을 시작했는지였다. 이를 통해 혼란스러운 통일 공간의 또 다른 면이라고 할 수 있는 해방 공간으로서의 장점이 어떤 방식으로 펼쳐질 수 있는지도 살펴볼 수 있었다. 동독 지역에서 동독인들이 계획하고 일 궈낸 실험과 개혁을 담지한 극단이 통일독일의 지원하에서 성공을 거둘 수 있었다는 것은 바람직한 내적 통합의 사례로 여겨질 듯하다. 그러나 예나 극단이 예외적이고 '기적'적인 사례로 언급된다는 사실은 통일 공간의 현실이 그리 녹록하지 않았음을 반증한다. 다른 동독 지역의 경우 기존 극단들이 통폐합되고 시립극장 제제가 더욱 상화되면서 오히려 내적·외적인 부담을 떠안게 된 경우가 많기 때문이다.

극단 조직의 단순화와 민주화를 통해 창작의 자유를 보장하고 불필요한 재정 부담을 줄인 운영 방식, 도전과 투쟁을 마다하지 않은 단원들의 용기와 책임감, 열림과 소통이라는 기본 원칙 등은 예나 극단이 여러 번의 위기를 극복할 수 있게 한 처방전이었던 동시에, 더는 원활하게 작동하지 않고 돈만 잡아먹는 폐물덩어리 취급을 받고 있는 독일의 전통적 시립극장 체제가 필요로 하는 개혁을 선취하게 한 원동력이었음을 확인할 수 있었다. 그러나 예나 극단의 창단과 존립은 동독 지역에서 예외적인 경우에 속했고, 대부분의 동독 극단은 서독식 체제에 맞추어 통폐합되는 길을 걸었다. 문화 공간 동독의 합류를 통해 새로운 가능성이 충분히 펼쳐지지 못하고, 경제적인 이유 등으로 오히려 지체와 퇴보를 경험했던 것은 문화적 통합 과정의 아쉬움이라고 볼 수 있다.

주

* 이 글은 이노은, 「동독 연극의 흔적 찾기: 예나 극단의 사례를 중심으로」, ≪뷔히너와 현대문학≫, 제29호(2007년 11월), 265~283쪽을 수정 게재한 것임.

1 Jürgen Gosch, "Über das ostdeutsche Theater," in Roland Koberg, Bernd Stegemann and Henrike Thomsen, *Ost/West: Ein deutscher Stoff* (Berlin, 2005), p.85.

2 이노은, 「통일 이후 동독 극단의 위기와 대응」, ≪뷔히너와 현대문학≫, 제27집(2006년), 194~216쪽 참조.

3 토마스 이머Thomas Irmer는 1990년대의 동독 연극을 결산하는 짧은 글에서 동독 연극이 전통적으로 담당해왔던 사회적 공론의 역할로부터 멀어진 채 생명을 연장하고 있을 뿐이라고 진단한다. Thomas Irmer, "Der einst scharfe Cocktail ist fast verdunstet: Spurensuche nach einem DDR-Theater der neunziger Jahre," in Heinz Ludwig Arnold(ed.), *DDR-Literatur der neunziger Jahren. Text+Kritik. Zeitschrift für Literatur. Sonderband IX/2000* (München, 2000).

4 동독 연극을 포함한 동독의 문화정책 전반을 결산하고 통일독일과 연관 짓는 본격적인 연구는 앞으로의 과제로 남아 있다고 볼 수도 있다. 2008년 가을학기에 트리어 대학 독문학과에서 매체 및 문화연구자와 사회학자가 공동으로 진행한 학제적 세미나 "동독의 문화와 정치Kultur und Politik in der DDR"는 그러한 시도 중의 하나이다. http://www.uni-trier.de/uni/fb2/germanistik/ger_lehr_ws07_08_ndl.pdf

5 또 하나의 대표적 사례로 들 수 있는 베를린의 민중무대를 연구에서 제외한 것은 이미 국내에서 여러 차례 사례연구가 이루어졌기 때문이기도 하지만, 이제는 또 다른 시각에서 독립된 주제로 다루어야 할 중요한 주제이기 때문이기도 하다. 특히 통일독일의 문화정책과 관련해 베를린 민중무대의 발전상을 살펴볼 필요가 있다.

6 Erika Stephan, "Wunder nach der Wende: Eine ungewöhnliche Unternehmung in der Freien Szene," *Theater heute*, 9(1996), p.87.

7 동독 연극계의 소리 없는 퇴장에 대한 뒤늦은 비판과 성찰로 여겨지는 이 논쟁 또한 소극적이나마 동독 연극의 흔적 찾기 작업이라고 볼 수 있다. Roland Koberg, Bernd Stegemann and Henrike Thomsen, *Ost/West: Ein deutscher Stoff* (Berlin, 2005), pp. 75~101 참조.

8 Horst-J. Lonius(ed.), *Der zornige Engel, Theaterhaus Jena 1991~2001* (Berlin, 2001),

p.13.

9 Erika Stephan, "Wunder nach der Wende," p.32.

10 Horst-J. Lonius(ed.), *Der zornige Engel, Theaterhaus Jena 1991~2001*, pp.26~41.

11 같은 책, p.189.

12 Erika Stephan, "Der große Mut zum langen Aufstieg," *Theater heute*, Jahrbuch (1994), p.87.

13 Horst-J. Lonius(ed.), *Der zornige Engel, Theaterhaus Jena 1991~2001*, p.128.

14 Franziska Schößler, *Augen-Blicke: Erinnerung, Zeit und Geschichte in Dramen der neunziger Jahre* (Tübingen, 2004), p.334.

15 Robin Detje, "Mittelmaß und Größenwahn: Drei Betrachtungen zur deutschen Thgeatergeschichtsschreibung," *Theater heute*, Jahrbuch(2003), pp.9~13.

16 Horst-J. Lonius(ed.), *Der zornige Engel, Theaterhaus Jena 1991~2001*, p.68.

17 같은 책, pp.53f.

18 같은 책, pp.60~65.

19 같은 책, p.189.

20 Erika Stephan, "Wunder nach der Wende," p.34.

21 Horst-J. Lonius(ed.), *Der zornige Engel, Theaterhaus Jena 1991~2001*, p.5.

22 최근 몇 년 동안의 예나 극단의 공연목록을 살펴보면 한편으로는 실러, 클라이스트, 뷔히너, 브레히트, 하이너 뮐러 등 독일 연극의 고전이라 할 작품들이 꾸준히 무대에 오르는 동시에, 젊은 작가들의 실험적인 작품이 공연되는 등 서로 다른 경향이 공존하거나 심지어 혼합되는 흐름이 눈에 뜨인다. 음악과 무용 등이 자주 삽입되는 경향과 함께 매체경쟁 속에서 관객의 시선을 끌기 위한 다양한 노력의 일환으로 여겨진다. http://www.theaterhaus-jena.de/Archiv.12.0.html 참조.

참고문헌

송전. 2002. 「통일독일의 문화적 통합노력과 〈베르린 민중무대〉」. ≪독일 문학≫, 83집.
이노은. 2006. 「통일 이후 동독 극단의 위기와 대응」. ≪뷔히너와 현대문학≫, 제27집,
　　194~216쪽.

Bolwin, Rolf. 1993. "Operationen bei schlagendem Herzen? Überlegungen zu Stru-
　　kturveränderungen im (selben) Theatersystem." *Theater heute*, 10(1993).
Detje, Robin. 2003. "Mittelmaß und Größenwahn: Drei Betrachtungen zur deutschen
　　Thgeatergeschichtsschreibung." *Theater heute*, Jahrbuch(2003), pp.9~13.
Gosch, Jürgen. 2005. "Über das ostdeutsche Theater." in Roland Koberg, Bernd
　　Stegemann and Henrike Thomsen. *Ost/West: Ein deutscher Stoff*. Berlin.
Irmer, Thomas. 2000. "Der einst scharfe Cocktail ist fast verdunstet: Spurensuche
　　nach einem DDR-Theater der neunziger Jahre." in Heinz Ludwig Arnold(ed.).
　　*DDR-Literatur der neunziger Jahren. Text+Kritik. Zeitschrift für Literatur.
　　Sonderband IX/2000*. München.
Koberg, Roland, Bernd Stegemann and Henrike Thomsen. 2005. *Ost/West - Ein
　　deutscher Stoff*. Berlin.
Lonius, Horst-J.(ed.). 2001. *Der zornige Engel, Theaterhaus Jena 1991~2001*. Berlin.
Schößler, Franziska. 2004. *Augen-Blicke: Erinnerung, Zeit und Geschichte in Dramen
　　der neunziger Jahre*. Tübingen.
Stephan, Erika. 1994. "Der große Mut zum langen Aufstieg." *Theater heute*, Jahrbuch
　　(1994), pp.30~34.
_____. 1996. "Wunder nach der Wende: Eine ungewöhnliche Unternehmung in der
　　Freien Szene." *Theater heute*, 9(1996), pp.82~87.

http://www.theaterhaus-jena.de
http://www.jenaonline.de/kulturarena
http://www.uni-trier.de/uni/fb2/germanistik/ger_lehr_ws07_08_ndl.pdf

16

'점령'으로서의 독일 통일과
통일 이후 독일 정치극[*]
호흐후트의 『바이마르의 베씨』

이정린

1. 들어가는 말

이 글의 목적은 1993년 발표해 많은 논쟁을 불러일으킨 롤프 호흐후트Rolf Hochhuth의 드라마 『바이마르의 베씨: 점령된 나라에서 벌어진 일들Wessis in Weimar: Szenen aus einem besetzten Land』[1]를 중심으로 독일 통일과 통일 문제를 소재로 한 드라마의 문제의식과 형식상의 특징을 살펴보는 것이다. 이를 위해 먼저 통일에 대한 드라마의 반응이라는 관점에서 통일과 통일 문제를 직간접적으로 다루고 있는 전환기 드라마들과 함께 이 작품의 위치가치를 살펴본다. 이어 이 작품에 구현되고 있는 핵심적인 통일 문제 비판의 구체적 양상과 극작론적 개념으로서 기록극의 실제를 분석하게 될 것이다. 하지만 작가 호흐후트의 극작론적 요구와 실제 작품에 형상화된 텍스트의 현실 사이에는 분명한 거리도 존재한다. 마지막으로 이에 대한 서술과 함께 정치극으로서 이 드라마의 의미를 찾아보고자 한다.

호흐후트의 드라마는 신탁청의 활동과 그것이 구동독의 소시민들에게 가져온 부정적인 결과들을 다루고 있다. 부제에서 이미 호흐후트가 독일 통일을 평화로운 발전의 결과가 아니라 폭력적인 점령의 시작으로 보고 있다는 사실이 잘 드러나 있다. 그에 맞게 드라마의 각 장면은 상이한 개인들의 일상이 등장하지만, 실질적으로 반복되고 강조되는 주제의식은 서독이 동독의 희망을 배신했으며, 이제는 오직 새로운 시장을 착취하는 데만 관심을 기울인다는 통일정책상의 문제점이다.

형식 측면에서 보면 『바이마르의 베씨』는 개개인의 운명에 대한 기록극 형식으로 통일이라는 테마에 접근하고 있다. 그에 걸맞게 골프장 건설을 위한 개간 때문에 일터를 잃은 과수원 노동자, 평생 일터에서 '청산'된 사람들, 1평방미터당 8페니히에 토지를 국가에 넘기고 자살하는 자이델 부부 등이 등장하며, 다양한 통일 현실이 단순한 묘사를 넘어 기록·증명·주장·재현에 이르기까지 입체적으로 제시된다. 또한 이는 서사적 발전 또는 인물 성격의 발전 없이 병렬적인 장면 구조 속에서 파노라마처럼 펼쳐진다. 에피소드의 세부사항은 대부분 실제와 흡사하며, 호흐후트는 통일 현실에 대한 자신의 입장을 분명하게 대변할 다양한 종류의 기록 문서를 활용하고 있다. 이를 통해 호흐후트는 두 가지 근본적인 문제, 즉 "독일 통일 때문에 동독이 이른바 '베씨들'의 식민지가 되었는지", 혹은 '지난한 과거사를 가진 독일이 새롭게 거듭날 수 있으려면 그에 합당한 희생이 필요한 것인지' 하는 문제에 대한 독자 혹은 관객들의 판단을 묻고 있다.

이 작품은 극작론적 측면에서는 논란의 여지가 없지 않으나, 동시대의 다른 드라마 작품과 비교할 때 통일의 경제적 혹은 사회정치적인 측면들을 명백하게 주제로 삼고 있다는 점에서 통일 후 "독일 상황을 다룬 가장 중요한 극"[2]의 하나로 봐도 좋을 것이다. 무엇보다 이 작품은 서독의 연극이 거대한 변혁 앞에서 방향 설정에 어려움을 겪고 있을 때[3] 통일 이후의 '오씨'와 '베씨'의 문제, 통일 과정과 신탁청 등 통일정책 전반을 '점령과 식민지화'라는 도덕적 관점에서 형상화하고 있다. 그러므로 한편으로는 독일 통일의 어두운 면들에 대한 수많

은 증거가 존재하고 있다는 점에서 독일사의 균형 잡힌 시각을 위해 중요할 뿐
아니라, 유사한 역사적 상황 속에서 통일을 준비해야 할 우리에게도 그 의미가
적지 않다. 특히『바이마르의 베씨』는 20세기 말 독일사에서 가장 인상적인 역
사적 사건인 베를린 장벽 붕괴와 통일의 흥분을 행복론적·이상적 관점에서 묘
사하지 않고 오히려 동독의 해체와 인구 1,600만 명의 연방공화국 편입이 거대
한 갈등의 잠재력을 내재하고 있다는 사실을 구체적인 사례 보고를 통해 제시
한다. 그 때문에 예술적 감흥을 넘어 '진정한 통일독일'을 위한 현실적 시사점
을 제공한다는 점에서 자세히 살펴볼 필요가 있다.

2. 통일과 통일 문제에 대한 드라마의 반응: '전환기 드라마'

> '오씨'와 '베씨'라는 말은 '잘난 베씨'와 '한심한 오씨'라는 말이 되고, 서쪽 출신
> 의 '통일 모리배'와 동쪽 출신의 '통일 기회주의자'라는 말도 있다. '전환'이라는
> 말은 이제 히틀러 정권하에서 오스트리아가 대독일로 합병하던 역사를 떠올리게
> 만드는 '합병'이라 하거나, 아니면 통일은 그냥 '적대적 인수'로 불리고 만다.[4]

이처럼 보통 구동독의 평화혁명, 즉 1989년을 전후한 베를린 장벽 붕괴에서
통일에 이르는 기간의 역사적 의미를 담고 있는 '전환기'를 거치면서 통일독일
혹은 통일 후 독일은 계속해서 변화된 상황들이 새로운 점점 더 부정적인 개념
들 속에 각인되고 있다. 이것은 통일이라는 시대적 사건을 중심으로 희곡사의
하나의 획을 긋는 의미를 지니는 소위 전환기 드라마[5]의 관심 역시 새롭게 하
나가 된 독일의 희망이 아니라 서로의 정체성과 과거, 국가와 정치체제, 경제에
대한 불신과 차이에 대한 각성에 모아진다는 점에서도 확인할 수 있다.

통일 초기 드라마에는 무엇보다 사회주의를 대체할 새로운 지도이념에 대한
탐구, 구체적인 적대 진영의 부재로 인한 혼돈, 마지막으로 다른 매체에서와 마

찬가지로 생활 영역 전부에 걸친 '폭력'의 문제가 창작의 일반적인 전제조건이 되었다. 이에 따라 작가들은 특히 구동독 지역에서 공산주의의 역사와 이데올로기를 직접적으로 다루거나, 1991년 가을 이후와 1992년 가을 이후 부상한 극우파의 준동을 소재로 독일인의 외국인 혐오와 청소년 집단 내의 권위구조와 잠재 파시즘적 뿌리, 국수주의적 가치관 등을 문제 삼는 작품을 발표했다. 또한 당연한 결과로 동서독 간의 접촉과 접근을 다룬 일련의 희곡도 통일 초기 드라마의 한 흐름을 이루었다.[6]

특히 통일과 통일 문제는 양쪽 드라마 작가들에게 도전적인 주제를 제공했다. 드라마의 일부 내용이 사전에 출판되어 수많은 매체의 논쟁을 촉발했던 호흐후트의 『바이마르의 베씨』(1993)와 함께 만프레드 카르게Manfred Karge의 『장벽극Mauer-Stücke』(1990), 엘프리데 뮐러Elfriede Müller 의 『황금 10월Goldener Oktober』(1991) 등 세 작품은 무엇보다 통일과 '전환'에 대한 즉각적인 문학적 반응으로 양 독일 간의 문화적 충돌을 포착하고 있다. 그 밖에 헤르베르트 아흐테른부쉬Herbert Achternbusch의 『상실된 지위에서Auf verlorenem Posten』(1989), 1989년 후 처음으로 민감한 슈타지 문제, 특히 국가 안전청의 문제를 다룬 클라우스 폴의 『카라테 빌리가 돌아오다』(1991), 보토 슈트라우스의 『마지막 합창곡Schlußchor』(1991), 폴커 브라운의 『보헤미아Böhmen am Meer』(1992), 올리버 부코프스키의 『손님Gäste』(1999), 크리스토퍼 하인의 『금지 속에서In Acht und Bann』(1999), 『란도Randow』(1994) 등이 통일과 통일 문제를 진지하게 다루는 전환기 드라마를 구성하고 있다. 대체로 동독과 서독에 미친 통일의 충격은 분명히 근본적으로 다르며, 대부분의 전환기 드라마가 경제체제의 급격한 변화 후 동독인들의 정체성 위기를 성찰하고 있다는 점에서 구동독 작가들이 서독 출신 작가들에 비해 수적으로 많은 것을 볼 수 있다.

그들에게 연극은 (계몽의 전통에 맞게) 여전히 국가 내에서 제4의 세력이며, 두 개의 국가가 황급히 결합된 시기에, 그리고 하나가 실질적으로 파괴된 시기에 연극은 반대의 수단이 되었다. 정치 환경에 대한 모든 비판이 콜에 의해 효과적으로 억압될 때 지식인들은 목소리를 내기 위해 무대로 모였다. 이전 독일 역사에서 그렇게 빈번했던 것처럼 무대는 정치체제가 검증되고 심판되는 법정이 되었던 것이다.[7]

이 전환기 드라마들에서 독일 통일의 역사와 현재는 창작의 근원이라는 점에서 모태와도 같다. 그래서 오해를 동반한 베를린 장벽의 실질적인 붕괴와 역사적인 거리 파티는 보토 슈트라우스의 『마지막 합창곡』 3부의 배경이 된다. 하지만 급격한 역사의 전개는 많은 사람을 혼돈에 빠지게 했다. 이런 혼돈은 헤르베르트 아흐테른부쉬의 『상실된 지위에서』에서 이탈리아제 구두를 신고 화장실용 롤 휴지를 어깨에 걸친 채 자신이 구동독의 장군이었다고 주장하는 퇴역군인의 터무니없는 모습 속에서 희극적으로 형상화되고 있다. 만프레드 카르게의 모음극 『장벽극』은 급격한 '전환' 뒤에 벌어지는 사회심리학적 문제들을 전형적인 소극 형태로 보여준다. 예를 들어 어떤 장교는 입고 있던 동독 유니폼과 동독 사람으로서의 정체성을 눈 깜짝할 사이에 바꾸어버린다. 그것을 통해 정치적 상황에 따라 재빨리 자신의 신념을 바꾸는 사람을 지칭하는 이른바 '통일 기회주의자'의 실상을 잘 보여준다.

통일의 역사가 보여주듯이 1990년 봄 '민주주의적' 사회주의라는 이상을 실현하는 제3의 길을 찾던 지식인들의 노력은 수포가 되고 동독은 서독의 기본법 23조에 의거해 서독 연방에 편입되었다. 많은 동독인은 독일 연방의 일개 지방으로 전락했다는 패배감을 가졌고, 이런 감정은 폴커 브라운의 『자유로운 이피게니아Iphigenia in der Freiheit』와 통일 후 좌절된 사회주의 이상향을 보여주는 『보헤미아』에서 표현되고 있다. 국가國歌를 포함한 동독 상징의 상실, 헬무트 콜Helmut Kohl의 경제개혁조치에 따른 1990년 7월 1일 제1차 국가 조약 서명과 화폐통합, 1990년 10월 3일 통일의 완성이라는 전 과정이 숨 돌릴 틈 없이 빠른 속도로 이루어졌고, 엘프리데 뮐러의 『황금 10월』은 이 시기의 정치적 상황들을 시대극의 형태로 조명하고 있다.

현실에 눈을 뜬 독일인들은 비록 장벽은 서 있지 않지만 두 개의 심성 간의 분단은 계속해서 깊어지고 있다는 것을 깨달았다. '하나 됨'보다는 '머릿속의 장벽'이 더 많이 언급되었고, 서쪽의 일상이 거의 변하지 않은 반면 동독은 문화적 충격을 겪었다. 분단 40년 동안 두 개의 독일 국가는 두 개의 완전히 다른 문화를 발전시켰음을 서로 확인하게 되었다. 이것은 일상의 표현 방식이나 갈등에 대한 태도, 여성의 역할과 노동의 중요성 같은 요소를 통해 상징적으로 나타났고, 각자가 자신만의 가치와 관점에 집착할 때 양 독일 사이에 공통의 토대를 발견하는 것이 매우 어렵다는 것이 증명되었다. 막 결혼한 신혼부부의 행복이 결혼하자마자 악몽으로 변한 것과 다름없다고 느끼는 사람도 많았는데,[8] 이것은 또 통일의 도덕적·사회적·심리학적 이슈를 문제 삼고 있는 슈트라우스의 『마지막 합창곡』(1991)의 특징이 되었다.

통일 현실은 구동독의 좌파 지식인들에게 오랫동안 주장되던 가설과 예측이 붕괴했음을 보여주었다.[9] 1989년 겨울에도 동독 지식인들은 여전히 구동독의 영토에 이번에는 진정한 사회주의 이상이 실현될 독립된 국가가 건국되기를 바라고 있었고, 생각보다 빠른 진행에 대응해 지식인 집단은 경제적·도덕적 바겐세일을 방지하기 위해 서명과 출판을 통해 동독의 독립을 옹호했지만 모든 반대는 무위로 돌아갔다. 귄터 그라스의 상징적인 제목에서 보듯이 결국 동독은 '떨이 상품'으로 팔려나갔다.[10] 이런 시각, 그리고 서독 자본가들에 의한 동독의 '식민지화 문제'는 롤프 호흐후트의 『바이마르의 베씨』(1993)에서 주된 관심사가 되었다.

동서독 긴의 분열이 시간이 흐름에 따라 깊어졌음을 지적하는 연구가 늘었고, 동쪽의 독일인들은 오스탤지어Ostalgie(과거 동독에 대한 향수)에 사로잡혀 옛 시절을 찬양하는 한편 독재와 일상화된 테러는 잊혀져 갔다. 구동독 주민들의 이 같은 퇴행적 과거 회귀 소망은 크리스토퍼 하인의 『금지 속에서』에서 조롱의 대상이 되고 있는데, 이 희극에서 나이든 몇 골수 사회주의통일당원들은 정신병원에서조차 계속해서 사회주의 헌법에 따라 일을 한다. 하인의 『란도』

는 우익 극단주의와 인종차별주의, 동독 안전청의 유산, 재산조사와 망명 신청자들을 포함한 광범위한 통일 후 문제를 다루고 있는데, 특히 옛 공산주의자와 네오나치주의자가 일상을 지배하는 암울한 광경이 드러난다. 1999년 뮐하이머 극작가상 수상작인 『손님』에서 올리버 부코브스키는 '전환'과 그것이 동독 사회에 끼친 영향에 천착하고 있으며, 여기에서도 새로 개업한 칵테일 바 실패 때문에 한 가족이 자살에 이르는 비극을 그리고 있다. 이 작품은 신연방주의 니더괴르스도르프의 한 작은 극장(테아터 89Theater 89)에서 초연된 후 엄청난 성공을 거두고 대도시로 진출했다.[11]

전환기 드라마로 분류되는 이 작품들이 통일과 통일 문제를 다룬다는 공통점을 보여주는 반면, 통일독일과 독일인들을 사로잡고 있는 포괄적인 갈등의 본질을 바라보는 시각은 작품의 수만큼이나 다양하고 다층적이다. 다양한 형식과 형상화의 차이를 결정짓는 요소는 우선 극에서 중요한 것이 관객의 정신세계를 겨냥한 영혼 드라마인지, 아니면 객관적인 시대사를 통해 발언하는 역사극인지에 달려 있다. 또한 그것이 통일의 정신적·영적 토대를 들여다볼 수 있는 시각을 제공해주는지 아니면 역사 발전에 대한 해명을 제공하는 것인지에 따라 다른 형태로 전개된다. 이런 요소를 작가 개개인이 어떻게 받아들이느냐에 따라 통일과 통일 문제는 개인의 운명이나 신화의 상징구조 속에서 나타나기도 하고, 역사의 몽타주 혹은 콜라주나 익살극 또는 희극의 전통을 따르기도 한다.

예를 들어 크리스토퍼 하인의 『금지 속에서』와 같이 '오스탤지'에 빠져 영원한 과거에 사로잡혀 사는 사람들의 부조리성을 희극적인 시선 속에 담고 있는 작품에서 통일 후 세계는 '정신병원'으로 나타난다. 또한 하이너 뮐러의 포스트모던 식 콜라주에서 세계는 '파편더미' 속에서 존재하며 실제의 역사가 아니라 역사적 계기의 비논리적 노출이 문제된다. 그런가 하면 만프레드 카르게, 보토 슈트라우스, 헤르베르트 아흐테른부쉬의 드라마에서 세계는 '소란덩어리'이다. 과장된 영웅극이나 익살극 속에서 전환기의 이른바 '위대한 통일 과정'과 혁명가들의 포즈는 잘난체하는 사람들의 연극 혹은 미디어 쇼에 지나지 않았음이 비판적으로 동시에 희극적으로 폭로된다. 다른 한편 통일 후 이어지는 독-독 갈등은 고대와 중세의 신화를 빌려온 슈트라우스와 브라운의 드라마에서 신화적 맥락 속에 묘사되기도 한다.

하지만 전환기 드라마의 절반가량은 연극이 현실에 참여해야 하며, 정치적으로 영향을 끼쳐야 한다는 확신을 대변하고 있다. 이 드라마들은 관객으로 하여금 역사의 과정에 영향을 미칠 수 있도록 고무하는 현실참여적 연극의 전통 속에 서 있다. 이들에게서 "세계는 실재하며 변화 가능하다".[12] 이들은 신탁청의 활동, 문학논쟁, 슈타지 논쟁 혹은 극우파 문제 같은 상이한 주제들을 바라보면서 자신이 겪은 부당함에 대한 의식을 창조하고, 부당한 행위에 저항할 것을 촉구한다. 특히 호흐후트는 『바이마르의 베씨』를 통해 바로 이러한 정치적 연극의 첨병을 자처하고 있다.

3. '점령지' 『바이마르의 베씨』

서두에서 간략히 언급했듯이 이 드라마의 주요 관심사는 통일 후 서독인들이 구동독 주민에게 가했다고 믿는 경제적·사회적 부당성이다. 특이한 것은 호흐후트 자신이 『바이마르의 베씨』 중 일부인 3개 장면을 비즈니스 매니저들을 위한 잡지인 ≪매니저 매거진Manager Magazin≫에 보내 의도적으로 논쟁을 도발했다는 점이다.[13] 이 장면들 모두 폭력에 대해 말하고 있다. 한 장면에서는 신탁청의 책임자 카르스텐 로베더Detlev Karsten Rohwedder가 살해당한 사건이 재현되고, 두 번째 장면에서는 베를린 건설자문위 소속 의원이 우편폭탄으로 살해된다. 세 번째 장면에서는 ─ 실제 일어나지는 않았지만 ─ 수용당한 성을 반환받지 못하게 된 원주인 가족이 항의 표시로 성에 방화한다. 그래서 공연이나 정식 출판 전에 이미 이 작품은 문학적 논쟁을 넘어 정치사회적 논쟁을 불러 일으켰다. 논쟁의 핵심은 연방정부가 시행한 통일정책의 피해자들에게 '살인까지 포함한 폭력이 정당방위로 인정될 수 있는가'였고, 당연히 호호후트에게 전방위적으로 비난이 가해졌다.[14]

이에 대한 호호후트의 공식적인 반응은 1992년 ≪매니저 매거진≫과의 인터뷰에서 공개되었는데, 여기서 그는 이 드라마가 실제로 의도한 바가 무엇인지 상세히 설명했다. 이 드라마가 카르스텐 로베더 암살을 합법화하는 것이 아니냐는 질문에 호호후트는 오히려 자신의 행동이 궁극적으로 폭력을 부를 것이라는 사실을 자각하지 못한 로베더가 사태의 책임을 져야 한다고 반박했다. "오씨에게는 우리 베씨가 그들의 고향에서 저지른 약탈에 맞서 싸울 수 있는 그 어떤 합법적인 법적 수단도 없습니다. 그러므로 그 암살은 윤리적으로 지지될 수 없지만 역사를 아는 모든 사람으로부터 틀림없이 예견되었던 것이죠"(B. 264).[15] 따라서 작가의 목적은 폭력을 허용하는 것이 아니라 그런 폭력적인 행위가 일어난 배경을 설명하는 것이다. "나는 그(로베더)에 대한 살인을 정당화하려는 것이 아니고, 왜 누군가가 나서서 그를 쏘게 되었는지 설명해보려는 것뿐입니다"(B. 263).

1) '신탁관리? 기만이고 강탈이다!'

이 드라마의 주된 테마는 동서독의 불평등한 관계, 신탁청의 파괴적 행위, 구동독에 대한 약탈, 마지막으로 서독의 신연방주 '점령'이다. 드라마상의 10개의 장場은 기록극 형식으로 구성되어 있다. 따라서 호호후트의 가상의 대화와 서신, 법조항, 신문·잡지에 실린 기사 및 인터뷰가 결합되어 있다. 또한 매 장마다 장문의 서론이 있는데, 이것은 드라마의 지문이 아니라 작가가 조사한 해당 장면의 경제적·역사적 배경에 대한 상세한 분석이다. 사실상 이 서론의 기록들은 정치적 선언처럼 읽히기도 하지만 극작론상 호호후트가 자연주의적 배경을 염두에 두고 있음을 의미하는 것이다.[16]

이 같은 극히 자연주의적 배경하에서 호흐후트는 실제 사례들을 활용해 독일연방공화국이 독일민주공화국을 신탁청이라는 수단을 통해 부당하게 강탈했음을 폭로하고자 한다. 그에 따르면 신탁청의 활동을 통해 구동독의 주민들은 소련의 강탈에 이어 이번에는 같은 민족으로부터 재차 기만당한 것이다. 그리고 이 드라마를 통해 독자 혹은 관객은 바로 그것이 어쩌면 '점령된 나라의 베씨들'이 '보복 살해'나 '방화'의 위험에 노출된 참된 이유라는 필연적 결론에 도달하게 된다.

10개의 장에 걸쳐 펼쳐지는 베씨들의 착취 사례는 서막을 포함해 1장, 2장, 4장, 5장, 6장, 9장에서 이루어지는 재산관계와 신탁청 업무에 대한 비판과 3장, 8장에서 이루어지는 해고와 실업에 관한 부분으로 나눌 수 있다. 당연히 이 두 주제는 서로 밀접하게 연결되어 있고, 그 때문에 각 장면의 필연적인 시간 순서는 중요하지 않다. 다만 본 극에 들어가기 전 전체 텍스트 맨 앞에 놓인, 지금까지 국유재산과 다름없던 동독의 인민재산이 "실제 국민재산이 되게 하는 것"이 "신탁청의 과제 중의 하나"라는 신탁청의 설립 취지에 관한 1990년 3월 16일자 ≪파츠FAZ≫ 기사(W. 5)와 이어지는 1978년 『히틀러는 누구인가Anmerkungen zu Hiltler』의 저자이자 저명한 저술가 제바스티안 하프너Sebastian Haffner의 ≪슈테른Stern≫ 인터뷰 기사의 병렬 배치는 이 드라마가 통일의 부정적인 현실과 통일정책의 부당함을 문제 삼고 있음을 확실히 하고 있다.

> 그 말이(서독 정부가 약자인 동독을 다루는 방식과 콜과 한스 모드로프의 정치적 협상이 1938년 히틀러가 오스트리아 총리와 야합하던 역사를 떠올리게 한다는 말이) 콜 총리를 보면 히틀러가 생각난다는 뜻은 아닙니다. 하지만 좀 더 약한 쪽 '파트너'를 마치 염치도 없는 거지처럼 대하는 이런 방식 때문에 그걸 떠올리게 되었는데, 달리 생각하기 힘들군요(W. 6).

이에 맞게 신탁청의 도덕적 정당성에 대한 설전과 책임자 로베더의 암살이 묘사되는 서막「집행자」에 이어지는 장면들은 이른바 점령자 '베씨'들에 의해 자행되는 구동독에서의 착취 사례를 보여준다. 그래서 1장「사과나무」에서는 서독에서 헬기를 타고 온 투자자의 입맛에 맞게 골프 코스 건설을 위한 길을 내기 위해 사과 과수원이 정리되고, 2장「바이마르 괴테호텔」은 서독 기업가들이 헐값에 인수한 바이마르의 한 호텔이 무대이다.「협력자」라는 제목이 붙어 있는 3장에서는 안락한 은퇴 생활을 누리고 있는 서쪽 지역의 전 나치스들의 처리와 이전 정권에 협력하다가 해고된 동독 사람들의 불행한 상황이 대비적으로 검토된다. 4장「할인가價 서적 배송」에서는 다시 신독일연방주에서 국유화되었던 주택과 토지의 반환을 둘러싼 정치적 살인이 등장한다. 이 장은 우편물폭탄으로 살해된 베를린 건설위원회 고위 관료의 독백과 폭발 장면으로 구성되어 있다.「일층과 이층에서, 또는 변덕스러운 행운」이라는 제목이 붙어 있는 5장에서는 베를린 장벽 건설을 위해 몰수된 재산의 원소유자에게 보상이 거부된다. 유사한 주제가 강제 거주지 교환 조치와 농장 상실에 대한 부당한 보상 때문에 자살로 몰리는 작센의 늙은 농민 부부에 대한 사례에서 반복된다(6장「필레몬과 바우키스」). 7장「골육상쟁」에서는 제목에서 드러나듯이 통일 전 동서독 비밀정보부 수장들이 모두 스와비아의 작은 도시 출신이라는 아이러니한 상황을 다룬다. 8장「청산된 사람들」에서는 동베를린에 있는 전구 공장 나르바의 매각과 그에 따른 실직자들의 불만이 표출된다.「오씨들은 도둑이고 베씨들은 장물아비」라는 제목이 붙어 있는 드라마의 마지막 장면인 9장에서는 유서 깊은 바로크 식 장원저택의 상속권을 갖고 있는 손녀가 정당한 반환을 거부한 정부에 대한 저항의 수단으로 성을 불태운다.

　서막에서는 신탁청 책임자의 방침과 태도가 사민당 당원인 한 변호사의 추궁을 받는다. 특히 이 장면에서는 이어지는 나머지 장면들에서 일어나는 여러 가지 문제의 근저에 놓인 이른바 '오씨'와 '베씨' 간의 통일에 대한 근본적인 시각차가 미리 나타난다.

신탁청 사장　…… 사회주의가 경제를 완전히 파산시켰기 때문에 자본주의

쪽으로 바꾼 것인데 내가 한 국가를 **강탈**한 게 되는 건가요?

힐데가르트　국가를 강탈한 게 아닙니다.

그건 더는 존재하지 않으니까요. ……

당신이 강탈한 건 그들이죠. 국민들.

그들은 이제 두 번째로 강탈을 당하고 있어요.

40년 전 전쟁이 끝났을 때,

모스크바의 수하인 독일 공산주의자들에게서.

그리고 이젠 당신네 신탁청으로부터 ……(W. 25. 강조는 원문에 따름)

국유화 재산의 재사유화 문제 해결을 위한 대항 모델로서 신탁청 방식이 아닌 체코의 전범에 따라 국민주 모델이 제안되지만, 이를 독일에 적용하려는 시민법학자들을 "사회낭만주의자들, 공상적 사회개혁가들"(W. 30)로 규정하는 데서는 통일을 보는 시각차를 넘어 문제 해결 방식에서 노정되는 이념적 대립 양상이 분명해진다. 따라서 새로운 제3의 길을 찾는 대신 계속되는 비난으로 채워지는 서막이 신탁청 책임자의 암살로 끝맺는 것은 논리적 필연성을 갖고 있다. 서막의 제목 「집행자」는 서독식 통일의 집행자인 ─ 호흐후트의 해석에 따르면 강탈의 집행자인 ─ 신탁청과 그에 대한 폭력적 자기방어 행위로서의 테러 집행자라는 이중의 의미를 갖는다고 해석할 수도 있다.

무엇보다 호흐후트 드라마에는 구동독 주민들이 1949년 이전에 소련 점령 당국으로부터, 그리고 동독 정권의 수립 후에는 사회주의 정부에 의해 '수용' 혹은 '몰수'되어 그동안 재산권 행사를 못하다가 통일과 함께 원래의 권리를 회복하는 '사유화'와 '재사유화' 정책의 문제점이 집중적으로 등장한다.[17] 무엇보다 서독 측에서는 이 정책의 기조를 구동독 지역의 모든 국유재산을 자본주의적 시장경제체제로 전환한다는 '경제통합'의 관점에서 접근한 반면, 동독 주민들에게 '사유화'는 무엇보다 잃어버린 재산권의 회복을 의미했다.[18]

토지 문제, 특히 '베를린 장벽 토지'의 공유화 조치를 원상복귀하지 않는다는 결정이 가져온 영향을 다루는 5장에서는 베를린에 사는 구동독 주택 소유자들의 문제에 초점을 맞추고 있다. 이들은 모두 자기 소유의 집이 동독 정부에 수용되었다가 이른바 '죽음의 띠Todesstreifen'[19] 설치를 위한 공간 확보를 위해 집을 잃게 된 사람들이다. 통일독일은 이 집들을 법적 소유자에게 넘겨주기를 거부했는데, 그 이유는 구동독 당국의 수용조치가 동독 법에 따라 적법하게 이루어졌고, 따라서 그 조치를 뒤집을 수 없다는 것이었다. 5장에서 호호후트는 여러 신문 기사를 인용하면서 주택 소유자들과 독일연방공화국 간의 논쟁을 요약한다.[20]

하지만 당시 국경 건설 때문에 집과 토지를 잃은 희생자를 미끼로 국가는 이제 수십억 마르크에 달하는 이익을 챙기려 한다. 연방정부는 베를린 장벽 토지를 원래 소유자에게 돌려주기를 완강하게 거부하고 있다. 국가의 수용조치는 방위법에 따라, 따라서 당시 유효하던 동독법에 따른 결과이기 때문에 원상복구되지 않는다는 것이다. 베를린 장벽 토지 원소유자인 54세의 요아힘 힐데브란트 씨는 "그 조치를 통해 죽음의 국경은 뒤늦게 합법적인 것으로 선언된 것"이라고 생각한다(W. 108).[21]

5장에서 주택 소유자들은 사회경제적 · 계급적 차이를 한눈에 보여주는 베를린 사투리로 오로지 법적 관행과 절차대로만 생각하는 전형적인 국가 관료로 나타나는 법무장관 자비네 로이토이서 슈나렌베르거에게 조치의 부당함을 주장한다. 그들은 신독일연방은 불법을 토대로 하고 있고, 자본주의는 불법적 기초 위에 작동한다고 비난하고, 연방독일을 히틀러 독일과 비교하면서 서독이 동독의 자원을 착취하고 있다고 주장한다. "우리에게 훔친 것을 팔거나 선물로 주는 것이 베씨의 특기지"(W. 122). 반면 장관은 독백 장면에서 이 주택 소유자들이 이미 구동독 정부로부터 보상금을 받았기 때문에 재산 반환이 부당하다고 되뇐다. 결국 나이든 주택 소유자들은 베를린 장벽을 세운 호네커는 처벌하면서 그 불법행위를 위해 취해진 수용조치를 원상회복하지 않는 정부의 법적 근거를 묻는다(W. 134). 이들의 주장은 또한 사실상 호흐후트가 ≪매니저 매거진≫에서 밝힌 견해와 정확히 일치하고 있다.

> ≪매니저 매거진≫　몰수된 건 아무것도 없죠. 사회주의에서 개개인은 아무것도 소유하지 않으니까요.
>
> 호흐후트　어쨌든 집과 대지는 존재합니다. 그리고 공산주의가 주민들에게서 그걸 훔쳐갔으니 서쪽은 주민들에게 그걸 되돌려주어야죠. 오씨 기관원들이 도둑이었다면 베씨 공무원들은 장물아비들입니다(B. 267).

호흐후트가 파노라마처럼 제시하는 베씨의 오씨에 대한 강탈 행위는 궁극적으로 생존기반을 박탈하는 것까지 나아간다. 괴테의 『파우스트』 2부 제5막의 인용과 함께 시작되는 6장에서는 드라이스카우 - 누커른에 거주하던 자이델 부부의 자살 이유가 추적된다. 장면에 대한 설명 부분에서 호흐후트는 이 부부의 죽음은 자살이 아니라 '살인'이고, 그들을 죽인 것은 '정치와 사회'이지 성격상의 문제가 아니라고 규정한다(W. 153).

그가 밝혀낸 자이델 부부의 죽음의 원인은 더욱 낮은 비용으로 갈탄을 채굴할 수 있도록 전통적인 농가를 이주시키려는 구동독의 이주정책과 통일 이후에도 구동독의 조치를 승계한 연방정부의 비인간적인 조치였다. 이 부부는 동독 평화혁명 전에 2만 동독 마르크라는 얼마 안 되는 보상금을 받고 집과 토지를 빼앗겼다. 이 돈은 동독혁명 후 1만 서독 마르크로 교환되었는데, 자이델 부부는 이사 가야 할 라이프치히의 시내 변두리 지역에 위치한 방 두 개짜리 집에서는 행복하지 않을 것이라고 확신한다. 너구나 신탁청의 결정에 따르면 이사할 집에 딸린 주차장은 임대는 안 되고 구매해야 한다. 주차장 구매 비용은 농가와 땅에 대한 보상금으로 받은 금액과 정확히 일치했다(W. 166).

장면 도입부에 제시된 호흐후트의 배경 설명은 이 조치를 심지어 "아돌프 히틀러의 전쟁 때 독일에 점령되었던 그 어떤 나라에서도 알려지지 않았던 약탈행각"(W. 152)으로 규정한다. 이 장면에서 결국 통일은, 특히 베씨는 오씨에게 전쟁보다 더 가혹한 재앙을 안겨다준다.

> 케테   다른 수백만 명과 같이 전쟁이 집과 땅을 앗아갔다면 차라리 견딜 수 있을 거예요. 그런데 전쟁도 없는 이때 거지가 되다니요!
>
> 헤르베르트   평화가 우리를 끝장내는 것이 아니라 베씨들의 '정의'가 그렇게 만든 게 아니겠소. 40년 동안 저녁 뉴스 때마다 '자유민주적'이라고 노래를 부르던 베씨들이 …… 우릴 파산시킨 거지, 자유민주적으로(W. 164)!

2) "오씨들은 도둑이고 베씨들은 장물아비": 폭력의 해부

신탁청과 사유화 정책에 관한 『바이마르의 베씨』의 핵심적인 메시지는 그처럼 오랫동안 재산권을 거부당해온 구동독 주민들이 통일된 뒤에는 자신의 토지와 재산을 돌려받아야 하며, 이들에게 서독의 경제력이 필요한 건 사실이지만 일방적이고 편파적인 처우는 인정될 수 없다는 사실이다. 이것은 1965년의 에세이 「계급투쟁은 끝나지 않았다Der Klassenkamp ist nicht zu Ende」에서 밝힌 것처럼 사유재산이 개인의 자기 정체성을 결정하는 핵심 요인이라고 생각한다는 호흐후트의 개인적인 신념을 반영하고 있다.

> 재산만이, 책임감만이 모든 것을 마비시키고, 자기 자신 앞에서 스스로의 존엄성을 빼앗는 감정, 즉 모든 것이 자기 자신의 업적과 전혀 관계없다는 감정으로부터 인간을 지켜준다.[22]

이 작품과 관련해 분석된 장면들은 "재산 형성이 …… 자유의 유일한 전제"(B. 268)라는 자신의 견해를 되풀이한 호흐후트에게 신탁청의 부당한 사유화 조치야말로 다른 모든 것에 우선하는 통일의 핵심적인 – 부정적인 – 사안임을 잘 보여주고 있다. 호흐후트가 보기에 이런 상황은 구동독 주민들에게는 받아들일 수 없는 것이며, 만약 지속된다면 필연적으로 그들이 느끼는 부당함의 정도에 비례해 폭력을 야기할 것이라는 우려를 불러일으킨다.

> 시내 상가 지역에서는 땅 한 평이라도 살 수 있는 오씨가 단 한 사람도 없다는 사실을 부인하려 하십니까? 그것도 자기가 태어났고, 자기 부모처럼 공산주의자들로부터 야만적으로 수탈당한 나라에서 말예요? 당신 같으면 그걸 참아낼 수 있나요? 그건 범죄고, 필연적으로 범죄를 유발할 겁니다(B. 268).

이 작품의 마지막은 그의 시각에 걸맞게 '필연적으로 도발된 범죄'에 관한 것이다. 이 장면(9장)의 주 무대는 튀링겐의 바로크 식 장원저택이고, 외적인 사건, 즉 방화의 원인은 사유화 조치의 '예외조항'에 해당해 몰수된 이 저택을 반환받을 수 없게 된 나머지 원주인 일가가 시도하는, 부당한 공권력에 저항하는 수단으로서의 '대항폭력'이다. 하지만 극단적인 폭력 행위의 저변에는 '전환'이 가져온 해고와 실업, 그리고 구동독 정권이 '도둑'이라면, 그것을 취하고 되돌려주지 않는 통일정부와 '집행자' 신탁청은 '장물아비'라는 인식이 복합적으로 작용한다.

튀링겐에 위치한 바로크 시대의 유서 깊은 이 장원저택은 동독 수립 전에는 소련 군정청에 의해, 동독 수립 후에는 동독 정부에 의해, 통일 후에는 본Bonn 정부에 의해 차례로 국유화되었고, 이 저택의 원소유자인 뢰싱은 결국 통일 이후에도 원소유권을 되찾을 수 없다는 절망적인 결정을 통고받는다. 과거에 독일 TV 방송DFF에서 일했으나 동독 방송 인력의 축출과 서독 방송에의 방송 통합을 위한 조치의 일환으로 독일 TV 방송에서 해고된 손녀딸 루트는 '만일 다른 수단이 불가능하면' 저항할 권리를 보장하고 있는 기본법의 조항에 힘입어 할아버지와 과거 동독인민군에서 일했던 화학자의 도움을 받아 누구에게도 발각되지 않고 성공리에 저택을 불태워버린다. 불타오르는 자신의 저택을 바라보며 내뱉는 원주인 뢰싱의 말은 자신들이 도모한 방화가 '점령된 나라'에서 지니는 의미를 말하는 것처럼 들린다.

> 어느 체제에서든 운동을 멈춘 건
> 항상 예외 현상에 지나지 않았죠.
> 여기 우리의 시민권자들,
> 그들을 통해 저항은 불타올랐습니다(W. 258f.).

'저항'과 '시민권자', 신독일 연방 주민들이 느끼는 통일의 현실은 이 마지막 장면에서 불가분하게 연관되며, 그런 맥락에서 본 정부의 조치에 대한 폭력적인 거부는 장물아비에게서 도둑맞은 물건을 받아내는 것과 마찬가지로 빼앗긴 사람들이 자신들의 운명에 저항해 반란을 일으키는 당연한 자기방어 행위로 제시된다. 이 장면은 작가가 정치적 사명을 가질 뿐 아니라 역사 발전에 영향을 미치는 힘을 가지고 있다고 믿는 호흐후트의 명확한 현실참여 의도를 잘 보여주고 있다.

> 나는 이 극이 화해하기를 원하지 않습니다. 문학이 타협적이고 평화를 조성하는 건 순간이랄까요, 어쨌든 아주 미미할 정도로 지속될 뿐이니까요. 나는 그것이 불을 지르기를 바라고 있습니다. 그리고 토론되기를 바랍니다.[23]

4. 문서 혹은 기록 속의 통일과 통일에 대한 '기록극': 당위와 현실 사이에서

자신의 작품 출발점을 항상 독일 역사와의 대결 속에서 찾았다고 말하는 호흐후트로서 『바이마르의 베씨』의 입장은 그의 문학적 이력에 걸맞게 개인적인 삶을 통해 정치적 사실을 성찰하고 그것을 극적으로 형상화하는 자세의 연장선에서 이해할 수 있다.[24] 주지하다시피 『대리인Der Stellvertreter』에서 호흐후트의 아우슈비츠와의 초기 문학적 대결은 독일 민족의 죄와 책임, 그리고 '아우슈비츠 이후의 글쓰기'와 깊은 관련이 있었다면, 『대리인』 이후 10년이라는 시기에 쓴 호흐후트의 핵심 작품들은 주로 서독과 미국에서의 전후 자본주의의 부정적인 면에 집중되어 있었다. 1980년대의 평화운동에 대한 관심과 함께 시기적으로 관심 대상이 바뀌기는 했지만 『대리인』을 거쳐 『바이마르의 베씨』에 이르기까지 변하지 않는 것은 죄를 집단적인 현상보다는 개인적인 현상으로 본다는 것이다.

이 작품에서도 국가적·국제적 이슈를 동일하게 개인화하는 형상화 원칙에 충실하고 있기는 하지만 철저히 시대사적 맥락 속에서 개인들이 등장하며, 그것을 통해 매우 폭발력 있는 정치극을 제공하게 되었다. 글쓰기를 정치적 행위로 보면서도 작가의 정치적 영향력을 의심하는[25] 호흐후트이지만 통일의 시대사적 사건들은 무대와 작가에게 하나의 의무로 다가온다. 그가 보기에 무대의 심판 능력은 "세속적 법률의 영역이 끝난 곳, 황금 때문에 정의가 눈이 먼 곳"에서 시작되기 때문이다.[26] 그래서 방화범이 되려고 한다는 비난에 대해 호흐후트는 레싱을 빌려 자신의 정치극을 다음과 같이 옹호했다.

> 하나의 극작품은 레싱의 끔찍하면서도 지표와도 같은 원칙, '오늘은 시인이지만 내일은 국왕 시해자'라는 의미에서 방화여야 합니다(B. 264).

연극이 사람들의 마음을 변화시켜 세상을 바꿀 수 있기 때문에 연극은 교육과 똑같다고 믿으며, 도발적이고 잠재적으로 위험할 수 있는 시인의 역할을 취한나는 점에서 호흐후트의 자세는 레싱과 괴테, 볼테르와 득히 쉴러 같은 18세기의 위대한 작가들을 배경으로 하고 있다. 도덕주의적 드라마 혹은 쉴러의 '도덕기관'과도 같은 연극으로서,[27] 『바이마르의 베씨』는 기록 자료의 막대한 축적을 수단으로 관객을 계몽하려는 목적을 가지고 있다.

하지만 이 기록극 형식의 정치극은 이데올로기와 극작론 양 측면에서 비판적으로 받아들여졌다.[28] 우선 기록극의 한계가 지적되었다. 호흐후트는 각 장면의 설득력을 위해 방대한 기록 자료를 텍스트에 수록했으나, 바로 그 때문에 실제 극장면의 사실성이 훼손되었다는 아이러니한 반응이 나왔다. 헤어호퍼 Bernd Herhoffer의 말을 빌자면, "극 속에서 언급된 불의의 리스트는 길지만, 반대로 무대 위에서 실제로 상연되는 행위의 리스트는 짧다".[29] 철저한 자연주의처럼 호흐후트의 인물들은 매우 사실적 스타일로 행동하고, 대화는 일상을 거의 그대로 세부적으로 재현한다. 거기에 더해 작가는 이른바 자신의 '환영幻影, illusion 미학'을 강화하기 위해 장문의 지문과 인물이 처한 환경에 대한 상세한 묘사를 통해 등장인물에 대한 관객의 복합적인 수용, 즉 해석의 여지를 차단한다. 한편으로 이것은 자연주의적 환경 구축을 통해 극중 인물들을 드라마의 중심 초점으로 만들고, 책임감 있는 개인으로서의 도덕적 자율성을 관객에게 확신시키기 위한 전략으로 이해할 수 있다. 또한 등장인물들의 상황이 관객들에게 설득력 있게 받아들여지도록 하기 위한 것이다. 하지만 실제 작품에서는 기록 자료들이 지나치게 자주 대화 속에 등장하는 바람에 인물들이 '극적 행동'을 이끄는 자율적 주체가 아니라 작가 호흐후트의 시각을 충실하게 재현하는 '대변인' 같은 인상을 준다.[30] 같은 맥락에서 이 드라마는 극 구성과 주제에 대한 변증법적 대화구조의 부재 때문에 각 장면의 긴밀하고 유기적인 연결이 어렵다는 구조적 측면의 문제가 지적되고 있다. 행동하는 인물의 부재와 단지 주제상으로 결부된 개별 장면들만으로 이루어진 극 구성은 생생한 극적 사건의 전개가 아니라 과도한 설명이 주가 된다. 또 모든 장면의 서두에 장황하게 놓인 장문의 편지, 신문 기사, 작가의 직접적인 배경 설명은 '보여주기 위한' 연극보다는 오히려 '읽기 위한' 독본의 성격을 갖게 한다. 이런 구조상의 결함으로 말미암아 결국 독자 혹은 관객은 각 장면이 꼭 있어야 할 '필연성'을 의심하게 되는 것이다. 극작품의 생생함이 다양한 의견의 충돌, 혹은 모순의 정도에 따라 결정된다는[31] 스스로의 원칙을 따르지 않고, 오히려 당파적이고 일방적인 행동 동기에 기댄 구성은 결국 '갈등'의 전개를 의미하는 극적 구성을 불가능하게 만들고 있다. 따라서 호흐후트는 『바이마르의 베씨』에서 긴급한 정치적 기획을 달성하기 위해 드라마 구성상의 원칙을 희생하고 있다고 말할 수 있을 것이다.

하지만 무엇보다도 이 드라마에 대한 가장 근본적인 문제 제기는 호흐후트가 통일 문제를 보는 시각이 일면적이라는 지적이 될 것이다. 좀 더 정확히 말한다면 호흐후트가 서독과 동독을 대립적으로 보는 이분법적 시각을 따른다는 것이다. 부자와 빈자라는 경제적 이분법, 사회적 강자와 약자라는 이분법, 비인간적인 자본주의와 인간적인 사회주의라는 이데올로기적 이분법, 점령자와 점령당한 나라라는 정치적 이분법, 무엇보다 다양한 개성과 삶의 이력, 희망을 가지고 있는 '살아 있는 개인' 대신에 철저하게 정치경제적 계급과 신분으로 등장하고 행동하는 베씨와 반대로 철저하게 억압받고, 착취당하는 오씨 간의 이분법적 구도가 어쩌면 이 극의 부정적인 수용에 많은 영향을 준 것으로 보인다. 그래서 혹자는 이 작품이 '이상주의적'이며 '전환기의 왜곡된 상'을 전달하고 있다고 본다.[32]

이와 같은 평가의 배경은 다양하게 찾을 수 있지만 특히 독일 정치극의 특징인 '거리'를 통한 시대 조망의 원칙이 지켜지지 않았기 때문이라고 보는 것이 정확할 것이다. 그래서 '전환에 대한 드라마' 그리고 통일 후 드라마에 필요한 것으로 무엇보다 이른바 '위대한 정치극의 선조들'인 셰익스피어나 브레히트가 구사했던 현실정치에 대한 미학적 거리의 창조, 그리고 브레히트의 의미에서 '생소화된' 이야기의 발견이 제안되기도 한다.[33]

무대를 실제와 동일시하기를 원했기 때문에 수많은 실제 기록을 이용해 순수 자연주의 연극적 효과를 의도했던 호흐후트의 시도가 부정직으로 받아들여진 것은 결국 일상 정치와 너무 가까운 나머지 미학적 차원의 덧붙임에 의해 생성될 '거리'를 만들지 못한 데에 일부 기인한다. 하지만 시각을 조금 달리해 호흐후트의 의도가 "예술이 아니라 다른 수단을 통한 정치"[34]를 의도한 것이었다면 그에게 시각의 편파성이나 형식미학적 결점은 문제가 되지 않는다고 할 수 있을 것이다. 아니면 작가의 이전 작업과 이 작품에 대한 입장 표명을 두고 볼 때 거리감의 실종을 의도된 것으로 볼 수도 있을 것이다. 결국 호흐후트에게 중요했던 것은 '필요한 순간에 필요한 발언을 하는 것'이었고, 많은 작가들이 전환과 통일이라는 시대적 사건으로부터 '거리감'을 획득할 시간을 벌고 있었다면, 그에게는 이 작품을 발표할 때가 바로 그 순간이라고 판단했다고 봐야 할 것이다.

5. 나가는 말

상이한 생활 방식의 40년과 장벽 붕괴 후 불평등한 경험은 동독 주민에게 큰 정신적 상흔을 남기고 있으며, 그것은 여러 사회과학적 통계를 통해서도 증명되고 있다. 결국 그런 집단적 경험들이 '오스탤지'나 '차별의식Wir-Identität' 같은 동독 정체성을 형성하는 근거가 된 것이다. 통일 후 진행된 일련의 서독화 과정에서 철저하게 배제된 동독인들의 소외감과 자기비하, 사회주의통일당 SED 지배하의 불충분한 정치구조하에서도 존재했던 경제, 문학, 예술, 교육, 보건, 사회정책적 성과들이 통일후 부인되거나 경멸당한 데 따른 자의식의 손상 등을 통해 80% 이상의 동독 시민들이 '2등 독일인'이라는 불편한 감정 속에 살게 된 것이 부인하기 힘든 독일 통일의 현실이다.[35] 그런 점에서 『바이마르의 베씨』가 개별 운명들에 관한 기록극의 형식으로 통일의 정치사회적 측면을 본격적으로 다루면서 통일은 독일인을 하나가 되게 한 것이 아니라 한쪽이 다른 한쪽의 '식민지'가 되게 했다는 사실을 증명하고, 분명한 책임을 환기한 것은 호흐후트의 시종여일한 작가적 책임의식의 필연적인 결과였다고 볼 수 있을 것이다.

40년 이상 유사한 방식으로 지속되고 있는 호흐후트의 드라마들은 복잡한 상징이나 암호화의 수단보다는 해석이 불필요할 만큼 명료한 현실 관련성을 근간으로 하고 있으며, 『바이마르의 베씨』도 마찬가지이다. 또 그의 드라마를 관통하는 핵심적인 사안의 하나가 직업계층이든, 군대이든, 정치적 통일 혹은 경제적 이해집단이든 그 안에서의 개인과 집단의 대결이었다면 이 작품에서도 이런 패턴은 계속되고 있다. 언제나 논쟁의 대상인 '사실'과 '선택된 사실' 사이에서 호흐후트의 자세는 일종의 이상주의자로서 역사를 윤리와 비윤리라는 도덕적인 개념으로 가져간다. 따라서 텍스트에 뒤따르는 역사적 기록들은 단순한 사실일 뿐 아니라 도덕적인 것이며, 선택된 사실에 대해 정치적인 설득까지 작가의 몫이 된다. 그래서 여기에 가해지는 극작론상의 비판은 '예술'보다 '현실'을 앞세우는 호흐후트 같은 참여 작가에게는 그리 큰 문제가 되어 보이지는 않는다. 결국 호흐후트에게 중요한 것은 무엇보다도 '통일의 진실'이었던 것이다.

1993년의 『바이마르의 베씨』는 통일의 이상향을 꿈꾸지도 않았고, 전환기 당시의 불투명한 미래에 대한 불안감을 형상화하지도 않았으며, 새로운 통일 개념을 전달하지도 않았다. 그보다는 이른바 사회적 현재 상황에 대한 냉정한 시선과 솔직한 비판을 시도했다. 그 점에서 이 드라마는 역사 발전의 동력으로서 비판적 이성의 힘과 동시대 관객의 건강한 판단력에 기대면서 문제의 해결 가능성에 대한 믿음을 보여준 정치극의 전형을 보여주었다.

주

* 이 글은 이정린, 「'점령'으로서의 독일 통일과 통일 이후 독일 정치극: 호흐후트의 『바이마르의 베씨』」, 《독일언어문학》, 제43집(2009년 3월), 161~184쪽을 수정 게재한 것임.

1 Rolf Hochhuth, *Wessis in Weimar: Szenen aus einem besetzten Land* (München, 1994). 앞으로 본문에서 괄호 안의 약호 W는 호흐후트의 희곡 『바이마르의 베씨』를, 옆의 숫자는 인용된 쪽을 가리킨다.

2 Michael Patterson, "The German Theatre," in Derek Lewis(ed.), *The new Germany: Social, political and cultural Changes of Unification* (Exeter, 1995), p.270.

3 Franz Wille, "Im Kreml brennt noch Licht," *Theater 1999*, pp.44~62, 특히 p.46 참조.

4 Jörg Richard, "Die deutsche Wende und der Wandel des Theaters(1989~1999)," *Glossen: Literatur und Kultur in den deutschsprachigen Ländern nach 1945*, Heft 8 (1999). http://www.dickinson.edu/glossen/heft8/richard.html

5 다른 한편 전환기 드라마는 전환기문학Wendeliteratur의 독자적인 부분으로 볼 수 있다. 그룹Frank Thomas Grub에 따르면 전환기문학에는 "주제와 소재상 '전환'과 연관"된 텍스트, 검열이 사라졌거나 문서가 출판됨으로써 동독이 사라진 뒤에야 출간될 수 있었던 텍스트, "전환 후 시기의 시각에서 '전환' 이전과 이후의 독일에서의 삶"을 묘사하는 텍스트, 전환기 이전에 이미 쓰였으며 "명백한 혹은 함축적인 주제화를 통해 이 전환을 준비했던" 텍스트가 모두 포함된다. Frank Thomas Grub, *'Wende' und 'Einheit' im Spiegel der deutschsprachigen Literatur: ein Handbuch* (Berlin, 2003), pp. 72~81.

6 경우에 따라 통일에 대한 반응 혹은 통일 문제를 다룬 전환기연극과 겹치기는 하나 바이어되르퍼에 따르면 통일 초기(1993년까지) 첫 번째 부류의 경우 외르크 미하엘 쾨르블Jörg Michael Koerbl의 『공산주의자들Die Kommunisten』, 게르크 자이델Gerg Seidel의 『유겐트 빌라Villa Jugend』, 클라우스 폴의 『카라테 빌리 돌아오다』 등의 작품이 대표적이다. 두 번째로 분류되는 작품으로는 페터 델러Peter Deller의 『대머리 Glatze』, 마누엘 쉬벨Manuel Schübel의 『스모그Smog』, 한스 - 에르크 쉐르텐라이프의 『까마귀 나라Rabenland』, 클라우스 폴의 『아름다운 외국 여인Die Schöne Fremde』 등이다. Hans-Peter Bayerdörfer, "Theater in Deutschland in den Jahren der Wiedervereinigung," *Deutschlandforschung*, Bd.3(1994), pp.7~51, 특히 pp.33~47 참조.

7 Birgit Haas, *Modern German Political Drama 1980~2000* (New York, 2003), p.86.

8 미디어에서 통일은 대개 '강제결혼'의 이미지로 표현되었는데, 무엇보다 통일에 따른 자아 이상과 정체성 상실에서 오는 심리학적 문제('자기애 인격') 해결을 위한 치료법으로 특히 당사자 간의 직접적인 대화가 강조되었다. Alison Lewis, "Unity Begins Togather: Analyzing the Trauma of German Reunification," *New German Critique*, 64(1995), pp.135~160, 특히 pp.135f. 참조.

9 Andreas Huyssen, "After the Wall: The Failure of the German Intellektuels," *New German Critique*, 52(1991), pp.109~129, 특히 p.117 참조.

10 Günter Grass, *Ein Schnäppchen namens DDR: Lezte Reden vor dem Glockengeläut* (Ffm, 1990).

11 Birgit Haas, *Modern German political drama 1988~2000*, pp.83~85 참조.

12 Birgit Haas, *Theater der Wende, Wendetheater* (Würzburg, 2004), p.145.

13 1993년 정식 출간된 판본을 기준으로 서막과 4장, 9장.

14 당시 노르베르트 블림Norbert Blüm 장관은 호흐후트가 살인자들과 협력하고 그들의 죄를 용서하고 있다고 공격했고, 혹자는 그의 드라마가 '메스껍다'는 반응도 있었다. 총리 콜조차 이에 동참해 이 드라마가 살인자들에 대한 '사면장'이라고 비난했다. Volker Müller, "Wirbel um Wessis in Weimar: Rolf Hochhuths neues Stück empört die deutschen Chefetagen," *Berliner Zeitung*, 1992.5.29 참조.

15 Rolf Hochhuth, "Das Bekenntnis: Im mm-Interview: Die kalkulerten Provokationen eines professionenllen Dramatikers," *Wessis in Weimar*, p.264. 본문에서는 괄호 안의 약호 B로 표기하고, 옆의 숫자는 쪽수를 의미한다.

16 이런 의미에서 호흐후트는 『바이마르의 베씨』의 무대 상연과 관련해 아이나 슐레프Einar Schleef의 1993년 2월 15일 베를린 앙상블 초연 대신 그의 이런 자연주의적 무대구상을 길 따른, 2월 25일의 함부르크 에른스트 도이치 테아터 공연을 진정한 『바이마르의 베씨』 상연으로 간주한다. 슐레프의 무대는 반자연주의적 스타일로 일관된 몽타주 형식의 포스트모던 방식을 취하고 있다. 특히 슐레프는 원 텍스트에 추가적으로 쉴러와 브레히트, 그 밖의 다른 작가들의 인용을 덧붙여 뒤섞어놓았고, 그 결과 원작은 단지 모티브를 제공하는 정도로 축소되었다. 슐레프와의 오랜 설전 끝에 호흐후트는 마침내 관객들이 이 극의 오리지널 텍스트를 추가로 받는다는 조건으로 이 공연에 동의했다. Ernst Schumacher, "Wirkliche Kunst ist nicht gefällig," *Berliner Zeitung*,

1993.2.12 참조.

17 과기 동독에서 이루어진 재산권 질서 형성 과정은 두 단계로 이루어졌는데, 제1기는 1945년 가을부터 1949년 동독 정부 수립 이전까지 소련 군정청에 의해 이루어진 대개혁조치이고, 제2기는 동독 정부에 의해 그 이후 계속되어 1980년대에 완성된 국유화 조치이다. "첫 번째 시기에 점령법상 또는 점령고권상 취해진 수용에 대해서는 반환 또는 손실보상원칙이 배제된다. 이러한 배제 규정은 통일을 위해 동독 정부와 소련 정부에 대해 서독 정부가 감수해야만 하는 선행조건이 되었다. 이러한 배제원칙을 수용한 헌법 제143조 3항을 헌법재판소는 적법한 것이라고 선언했다." 점령고권에 의해 수용된 재산으로서 원소유주에게 반환하지 않는다는 배제조항에 해당되는 토지의 경우 동독 전체의 3분의 1에 해당된다. 이재승, 「독일 통일과 인민소유재산의 처리방향」, 《민주법학》, 6집 1호(1993), 196쪽.

18 유도진 외, 「독일 통일후 구동독 지역 국유재산의 사유화 실태 연구」, 《한국사회학》, 제32집(1998년 겨울호), 847~876쪽.

19 베를린 장벽을 따라 구동독 쪽에 설치된 폭 20~30미터에 달하는 민간인 통제구역이다. 수백 명의 동독인이 장벽을 넘기 위해 들어섰다가 이곳을 지키는 국경수비대의 조준 사격에 의해 사망해 죽음의 띠로 불렸다. 이 지역은 구동독의 통일에 대한 반응을 특징짓는 "심리적·경제적·정치적 트라우마의 강력한 상징"으로서 여타의 극작품에서도 등장한다. Birgit Haas, "Theatrical perceptions of German reunification," *German as a foreign Language*, Nr.1(2003), pp.62~79, 특히 p.64.

20 호흐후트의 출처는 1992년 7월 15일자 《디벨트Die Welt》에 실린 페터 슈말츠 Peter Schmalz의 기사와 같은 해 9월 19일자 《디벨트》에 실린 칼스루에 고등법원장 루돌프 바세르만Rudolf Wassermann의 기사와 함께 사비네 로이토이서 슈나렌베르거 Sabine Leutheuser-Schnarrenberger가 주택 소유주들에게 보낸 1992년 10월 8일자 편지이다. 호흐후트는 당시 법무장관이었던 사비네 로이토이서 - 슈나렌베르거가 '베를린 장벽 민간인통제구역 토지소유인 연합회'에 보낸 편지를 그대로 사용하고 있다.

21 《디벨트》, 1992년 7월 15일자, 페터 슈말츠의 기사.

22 Rolf Hochhuth, "Der Klassenkampf ist nicht zu Ende," in Rolf Hochhuth, *Krieg und Klassenkrieg* (Reinbek, 1971), p.33.

23 Rolf Hochhuth, "Arglistig getaäuscht? Rolf Hochhuth will die Berliner Uraufführung seines Stücks Wessis in Weimar noch immer verhindern: 'Eine Zumutung ohnegleichen'," Interview mit Harald Biskup, *Kölner Stadtanzeiger*, 1992.2.9.

24 Lucinda Renninson, "'Was von Bismarck übrigblieb …' Rolf Hochhuth and the German question," in Osman Durrani, Colin Good and Kevin Hilliard(eds.), *The New Germany: Literature and Society after Unification* (Shefield, 1995), pp.128~142, 특히 p.142 참조.

25 "전 언제나 문학의 힘에 대해 전적으로 회의적이었습니다. 그것이 직접적인 사회 관계의 변화를 의미한다면 말이지요." Fritz J. Raddatz, *Zeitgespräche* (Frankfurt am Main, 1978), p.21.

26 Rolf Hochhuth, *Räuber-Rede: Drei deutsche Vorwürfe: Schiller, Lessing, Geschwister Scholl* (Reinbek, 1982), pp.38f.

27 Bernd Herhoffer, "Wessis in Weimar: Hochhuth, Schiller und die Deutschen," in Osman Durrani, Colin Good and Kevin Hilliard(eds.), *The New Germany: Literature and Society after Unification* (Shefield, 1995), pp.109~127 참조.

28 이 작품의 수용에 대해서는 그룹의 책을 참조할 것. Frank Thomas Grub, *'Wende' und 'Einheit' im Spiegel der deutschsprachigen Literatur*, pp.526~528.

29 Bernd Herhoffer, "Wessis in Weimar: Hochhuth, Schiller und die Deutschen," p.116.

30 David Barnett, "Tactical Realisms: Hochhuth's Wessis in Weimar and Kroetz's Ich bin das Volk," in Arthur Williams, Stuart Parks and Julian Preece(eds.), *Whose Story? Continuities in Contemporary German-Language Literature* (Frankfurt am Main, 1998), pp.182~187; Birgit Haas, *Modern German political drama*, p.115 참조.

31 Rolf Hochhuth, *Räuber-Rede*, p.32.

32 Florian Radvan, "Bruderkrieg in Deutschland - zu Rolf Hochhuths Stück WESSIS IN WEIMAR," *Neophilologus*, 87, 4(2003), pp.617~634, 특히 pp.617~623. 그래서 롤프 미하일리스Rolf Michailis는 1994년 마이닝겐 공연에 대해 이렇게 평가했다. "갑자기 우리가 울브리히트 시대의 동독 극장에 앉아 있는 느낌을 받았다." Rolf Michailis, "Leichenschau: Theater in Meiningen: Hochhuth inszeniert Wessis in Weimar," *Die Zeit*, 1994. 12.16.

33 "미학적 차원을 더함으로써 거리를 창조하려 하지 않는 정치적 드라마는 순간을 모사模寫해 사람들에게 보여주는 것에 지나지 않는다." Axel Schalk, "German Plays for Today - Theatre after the Blitzkrieg," in Arthur Williams and Stuart Parkes(eds.), *The Individual, Identity and Innovation: Signals from Contemporary Literature and the*

New Germany (Ffm, 1994), pp.273~296, 특히 p.275.

34 Bernd Herhoffer, "Wessis in Weimar: Hochhuth, Schiller und die Deutschen," p.122.

35 전태국, 「통일독일에서의 내적 통일의 문제」, ≪사회과학연구≫, 제39집(2000), 5~29쪽; 김누리·오성균·안성찬·배기정·김동훈·이노은, 『변화를 통한 접근』(도서출판 한울, 2006), 60쪽 참조.

참고문헌

일차문헌

Hochhuth, Rolf. 1971. "Der Klassenkampf ist nicht zu Ende." in Rolf Hochhuth. *Krieg und Klassenkrieg.* Reinbek.

_____. 1982. *Räuber-Rede: Drei deutsche Vorwürfe: Schiller, Lessing, Geschwister Scholl.* Reinbek.

_____. 1992.2.9. "Arglistig getäuscht? Rolf Hochhuth will die Berliner Uraufführung seines Stücks Wessis in Weimar noch immer verhindern: 'Eine Zumutung ohnegleichen'," Interview mit Harald Biskup. *Kölner Stadtanzeiger.*

_____. 1994a. *Wessis in Weimar: Szenen aus einem besetzten Land.* München.

_____. 1994b. "Das Bekenntnis: Im mm-Interview: Die kalkulerten Provokationen eines professionenllen Dramatikers." in Rolf Hochhuth. *Wessis in Weimar.* München, pp. 263~271(원래 *Manager Magazin*, 6/1992 에 수록).

이차문헌

김누리 편저. 2006. 『머릿속의 장벽: 통일 이후 동·서독 사회문화 갈등』. 도서출판 한울.

김누리·오성균·안성찬·배기정·김동훈·이노은. 2006. 『변화를 통한 접근: 통일 주역이 돌아본 독일 통일 15년』. 도서출판 한울.

김누리·노영돈·박희경·도기숙·이영란. 2006. 『나의 통일 이야기: 동독 주민들이 말하는 독일 통일 15년』. 도서출판 한울.

유도진 외. 1998. 「독일 통일후 구동독 지역 국유재산의 사유화 실태 연구」. ≪한국사회학≫, 제32집(겨울호), 847~876쪽.

이재승. 1993. 「독일 통일과 인민소유재산의 처리방향」. ≪민주법학≫, 6집 1호, 189~205쪽.

전태국. 2000. 「통일독일에서의 내적통일의 문제」. ≪사회과학연구≫, 제39집(2000), 5~29쪽.

Barnett, David. 1998. "Tactical Realisms: Hochhuth's Wessis in Weimar and Kroetz's Ich bin das Volk." in Arthur Williams, Stuart Parks and Julian Preece(eds.).

Whose Story? Continuities in Contemporary German-Language Literature. Frankfurt am. Main.

Bayerdörfer, Hans-Peter. 1994. "Theater in Deutschland in den Jahren der Wiedervereinigung." *Deutschlandforschung,* Bd.3, pp.7~51.

Grass, Günter. 1990. *Ein Schnäppchen namens DDR: Lezte Reden vor dem Glockengeläut.* Ffm.

Grub, Frank Thomas. 2003. *'Wende' und 'Einheit' im Spiegel der deutschsprachigen Literatur: ein Handbuch.* Berlin.

Haas, Birgit. 2003a. *Modern German Political Drama, 1980~2000.* New York.

_____. 2003b. "Theatrical perceptions of German reunification." *German as a foreign Language,* Nr.1/2003, pp.62~79.

_____. 2004. *Theater der Wende, Wendetheater.* Würzburg.

Herhoffer, Bernd. 1995. "Wessis in Weimar: Hochhuth, Schiller und die Deutschen." in Osman Durrani, Colin Good and Kevin Hilliard(eds.). *The New Germany: Literature and Society after Unification.* Shefield, pp.109~127.

Huyssen, Andreas. 1991. "After the Wall: The Failure of the German Intellektuels." *New German Critique,* 52(1991), pp.109~143.

Lewis, Alison. 1995. "Unity Begins Togather: Analyzing the Trauma of German Reunification." *New German Critique,* 64(1995), pp.135~159.

Michailis, Rolf. 1994.12.16. "Leichenschau: Theater in Meiningen: Hochhuth inszeniert Wessis in Weimar." *Die Zeit.*

Patterson, Michael. 1995. "The German Theatre." in Derek Lewis(ed.). *The new Germany: Social, political and cultural Changes of Unification.* Exeter, pp.259~279.

Raddatz, Fritz J. 1978. *Zeitgespräche.* Frankfurt am Main.

Radvan, Florian. 2003. "Bruderkrieg in Deutschland - zu Rolf Hochhuths Stück WESSIS IN WEIMAR." *Neophilologus,* 87, 4(2003), pp.617~634.

Rennison, Lucinda. 1995. "'Was von Bismarck übrigblieb …' Rolf Hochhuth and the German question." in Osman Durrani, Colin Good and Kevin Hilliard(eds.). *The New Germany: Literature and Society after Unification.* Shefield.

Richard, Jörg. 1999. "Die deutsche Wende und der Wandel des Theaters(1989~1999)."

Glossen: Literatur und Kultur in den deutschsprachigen Ländern nach 1945, Heft 8(1999). http://www.dickinson.edu/glossen/heft8/richard.html

Schalk, Axel. 1994. "German Plays for Today - Theatre after the Blitzkrieg." in Arthur Williams and Stuart Parkes(eds.). *The Individual, Identity and Innovation. Signals from Contemporary Literature and the New Germany.* Frankfurt am Main, pp.273~296.

Schumacher, Ernst. 1993.2.12. "Wirkliche Kunst ist nicht gefällig." *Berliner Zeitung.*

Müller, Volker. 1992.5.29. "Wirbel um Wessis in Weimar: Rolf Hochhuths neues Stück empört die deutschen Chefetagen." *Berliner Zeitung.*

Wille, Franz. 1999. "Im Kreml brennt noch Licht." *Theater 1999*, pp.44~62.

17

일상의 발견*
안드레아스 드레젠의 영화 〈층계참〉에서 찾는 동서독의 '스밈'

박희경

〈층계참〉은 오늘날 독일 영화가 도달할 수 있는 아름다움을 모두 갖고 있다.

영화를 보면 그 나라를 안다는 말이 있다.

바로 이 의미에서 우리는 이제 독일 영화를 갖게 되었다.

(안드레아스 킬브Andreas Kilb[1])

1. 들어가는 말

동서독의 통일은 동독이 서독의 기존 체제와 질서에 흡수되는 방식으로 이루어졌다. 그 결과 서독 지역에서는 통일의 여파가 거의 감지되지 않은 반면에, 동독 지역에서는 정치, 경제, 사법, 행정, 교육 등 체제와 제도뿐 아니라 개별적인 삶이 영위되는 생활세계 전반이 서독식으로 바뀌는 구조적인 변동이 일어났다. 통일이 불러온 사회적·문화적 변동에 예민한 촉각을 곤두세우고 비판적인 예지력을 벼려야 할 문학, 연극, 영화와 같은 예술조차 서독화의 강력한 자장에서 비켜나 있지 못했다. 동독 예술은 작품이 생산되고 유통, 소비되며 평가되는 문화장場으로 봤을 때 청산 대상이었다. 특히 자본의 힘과 대중의 취향이 여느 예술 장르보다 강하게 생산과 수용을 결정하는 영화의 경우, 동독 영화의 청산은 급격히 빠른 속도로 일어났으며 그 파장도 컸다. 동독 영화의 제작, 생산, 유통의 유일한 중심 권력이던 동독 국영영화사 데파DEFA는 통일된 지 2년 후 매각되었고, 영화적 토양을 잃은 동독의 영화인들은 대다수 통일독일 영화계에 발을 붙이지 못하고 사라졌다. 흡수통일의 축약판과도 같은 동독 영화계의 몰락에서 확연히 드러나는 것은 서독 영화의 일방통행적인 확장이다.[2]

그렇다면 동독의 영화적 전통은 포스트 통일 시대의 독일 영화에서 완전히 사라진 것일까? 물론 그렇지는 않다. 전환기의 첫 영화로 불리는 〈오스터크로이츠Osterkreuz〉(1991)를 비롯해, 〈코지마의 사전Cosimas Lexikon〉(1992), 〈무지개 뒤편의 나라Das Land hinter dem Regenbogen〉(1992), 〈슈타인Stein〉(1992), 〈침묵의 땅Das stille Land〉(1992) 등 통일 공간에서부터 전환기를 다루거나 동독을 소재로 한 영화들이 있었다.[3] 사회적인 성격이 짙은 이 영화들은 대개 동독 지역 주민들이 급격히 변화되는 세계에서 삶의 뿌리를 잃는 데 따른 상실감을 담고 있다. 하지만 소재로든 주제로든 동독과 관련된 영화들은 전환기라는 거대한 소용돌이 속에서 관객으로부터 외면당했고 평단의 관심도 받지 못했다. 변화의 급물결이 잦아들던 무렵인 1990년대 후반에야 비로소 독일 영화계는 동독과 동독인에 대한 관심을 갖기 시작했다. 1999년 독일의 공영방송 ZDF는 "동독이 서독에 왔다"라는 제목으로 1998년, 1999년에 평단의 주목을 받은 안드레아스 클라이네르트, 레안더 하우스만, 안드레아스 드레젠, 페터 카하네 등 동독 출신 감독들을 집중 조명하기에 이르렀다.[4] 동독에서 태어나서 자랐고 영화를 공부했지만(레안더 하우스만 제외), 통일 이후 감독으로 데뷔했다는(페터 카하네 제외) 공통된 이력을 갖고 있는 이들이 갑자기 나타나서 영화제를 휩쓸고 상업적인 성공까지 이루었기 때문이다. 통일 무렵에 20대 중후반이었던 이들은 동독과 서독을 의식적으로 경험했기에 과거에 발목을 잡힌 윗세대와 달리 앞도 내다볼 수 있고, 서쪽과 함께 동쪽을 포괄할 수 있는 점에서 서독 출신 동료들과 차별되는 장점을 갖고 있었다.

2. 동독이 없는 시대에 '동독적'이란?

물리적인 의미에서 따져보면 동독 영화는 통일이 되면서 사라졌다. 마찬가지로 통상 '메이드 바이 저먼'이라고 불리던 서독 영화도 사라져야 했다. 그런데 서독 영화는 예나 지금이나 독일 영화와 동의어로 쓰이는 데 비해, 통일 이후 꽤 오랜 시간이 흐른 지금까지도 '동독적'이라고 불리는 영화와 영화감독들이 있다.

일차적으로 '동독적'이라는 말은 동독에서 태어나고 교육을 받은 영화감독들의 출생지를 나타내는 정보로 사용되는데, 좀 더 깊이 들여다보면 서독 출신 독일 감독과 구별되는 동독 감독이라는 속뜻을 지니고 있다. 일례로 〈굿바이 레닌〉, 〈타인의 삶〉 등은 동독을 직접적인 소재로 다루는 영화이지만, 감독이 서독 출신이기 때문에 동독 영화라고 부르지 않는 데 비해, 안드레아스 드레젠처럼 통일독일의 현재를 다루더라도 감독이 동독 출신이면 동독 영화라고 불리는 것이다.

동독적이라는 것은 우선 독일적이라는 대표성을 지닌 '서독적'이 아니라는 차이의 기호이다. 서독 영화와 다른 타자의 의미로서 동독적이라고 불리는 영화는 한편으로는 새롭고 신선하며 독일 영화의 외면을 풍성하게 한다는 평가를 받지만, 독일의 동쪽 지역에 귀속하기 때문에 전체 독일을 대표할 수 없다는 태생적 차별을 당하기도 한다. 말하자면 통일독일에서 만들어진 영화 중에 동독 영화라고 불리는 영화가 있다는 사실은 동독이 더는 존재하지 않기 때문에 모순적이지만, 나아가 서독 영화라고 불리는 영화가 없기 때문에 역설적으로 통일독일의 영화장에 눈에 보이지 않는 장벽이 있음을 가리킨다. 동독적이라는 지칭이 분리와 배제의 역학구도를 내포하기 때문에 이 말은 영화예술이 지향하는 보편성 요구를 애초에 거부하는 낙인으로 작용하거나, 영화의 의도를 축소하고 왜곡하는 선입견을 야기할 수 있다. 2002년 부산영화제에 〈층계참 Halbe Treppe〉이 초청되었을 때, 제작자 페터 롬멜Peter Rommel이 이 영화의

'보편적 정서'를 강조한 인터뷰는 동독 출신 영화인들이 동독적이라는 표식에 얼마나 불편해하는가에 대한 단편적인 예가 될 것이다.[5] 드레젠도 1999년의 한 인터뷰에서 "동독에 대한 영화도 만들고 싶지만, 동독이라는 틀로 규정되고 싶지 않다"라고 강변한 바 있다. 실제로 드레젠은 텔레비전용으로 제작된 〈껍질벗기Raus aus der Hant〉를 제외하고는 의식적으로 동독에 관한 영화를 만들지 않았으며, 그의 영화가 현재 여기를 사는 사람들을 스크린 안에 담아왔으며, 동쪽과 서쪽의 괴리보다는 현 사회의 상층부와 하층부 사이의 간극에 더욱 주목하고 있음을 강조한다.[6]

그런데 언젠가부터 통일독일 안에서 타자적 위치를 가리키던 기표인 동독적이라는 말이 전혀 다른 층위의 의미를 갖기 시작했다. 통일 이후 동독 주민들은 국가가 생활을 보장해주던 동독 시절에는 몰랐던 실업의 한파를 겪었고 불안정한 고용 상태에 놓여 있으며, 물질적 토대의 변화로 인해 가족해체와 같이 인간관계의 파괴도 경험했다. 이로 인해 통일 후유증이라고 할 상실감, 위기감, 박탈감 등의 정서가 나타났다. 그런데 통일 이후 동독 지역의 정서가 신자유주의적 정책과 세계화의 영향 아래 이제 독일의 전반적인 정서로 확산된 것처럼 보인다. 통일독일은 삶의 물질성이나 생활의 규범에서는 자본주의와 개인주의에 바탕을 둔 서독적인 가치관이 지배하며, 이에 상실과 위기를 담고 있는 동독적인 정서가 대응하는 균열의 기묘한 하모니를 보여주고 있다. 통일 이후 동독 지역에서 관찰되던 정서가 이제는 한 지역에 국한되지 않고 전 독일의 공통적인 정서가 된 것이다.[7] 영화에 대입해보자면 동독적인 영화라는 표현은 통일 이후 나타난 상실감, 미래에 대한 불안감, 실존적 위기감을 그린 영화를 가리키는 경향이 나타난다.

요컨대 동독적이라는 말은 다층적인 의미를 갖고 있으며, 때로는 상호 배타적인 의미들이 길항하는 지점을 가리키기도 한다. 그것은 감독의 출생지를 알려주는 정보이며, 독일(서독) 영화와는 구별되는 타자의 영화라는 기의를 갖고 있고, 영화장의 권력구도에서는 분리 기호로 작동하며, 통일 이후 독일인들의 경험을 반영하는 정서적인 표식이자, 이를 포착하는 영화를 특징짓는다. 그리고 이 모든 의미와 뜻이 중첩되는 지점에 드레젠과 그의 영화가 있다.[8] 그는 1963년에 동독에서 태어났고 데파에서 영화를 배웠으며, 통일을 구동독의 '영화전문학교 콘라드 볼프' 학생으로서 맞이했다. 그는 포스트 통일 시대 독일의 모습을 가감 없이 형상화하고 있고, 동독을 영화의 소재로 삼거나 주제로 부각시킨 적이 없다. 하지만 케어스틴 데커Kerstin Decker가 그를 "데파에 적대적인 시기에 데파적인 영화감독"[9]으로 부른 바 있듯이, 평론가들과 비평가들은 드레젠의 영화를 동독적이라고 규정한다. 그리고 드레젠의 영화는 그 동독적인 성격 때문에 혹은 그럼에도 관객의 호응을 얻고 있다. 실제로 동독 출신 관객들은 그의 영화를 서슴없이 동독적이라고 평하는 데 비해 서독 지역의 관객들은 바로 현재 서독 지역에서 살고 있는 그들 자신의 모습을 발견한다. 드레젠의 영화는 동독적인 방식으로써 전 독일에 통하고 있는 것이다. 그의 영화는 독특한 '다름'으로써 동독과 서독을 나누는 것이 아니라 보이지 않는 장벽을 넘어 두 지역을 소통시키는 역할을 하고 있다. '동독적이라서 독일적인'이라는 역설의 의미와 효과에 주목하면서 이 글은 드레젠이 자신의 영화미학을 극단적으로, 그것도 성공적으로 실험했던 영화 〈충계참〉을 분석하고, 이로부터 동독을 다루지 않으면서도 동독적이고, 동독적이면서도 독일적인 보편성을 획득하는 동력학을 찾아보려고 한다.

3. 일상의 발견: 〈충계참〉 분석

1) 일하는 사람들의 일상

〈충계참〉[10]에는 오더 강을 사이에 두고 폴란드와 마주하고 있는 독일의 국경도시 프랑크푸르트에 사는 두 쌍의 부부가 등장한다. 우베는 '충계참'이라는

이름을 가진 천막형 스낵바를 운영하는 자영
업자이며 그의 아내 엘렌은 향수 가게에서
일한다. 크리스와 카트린은 이들과 친한 다
른 한 쌍의 부부로서, 카트린은 독일과 폴란
드의 국경 화물차 주차장에서 일하며, 크리
스는 프랑크푸르트 지방방송국의 라디오 DJ
이다. 영화는 엘렌과 크리스가 우연찮게 외
도를 하게 되면서 네 사람이 겪게 되는 위기,
갈등, 화해를 다루고 있다. 우여곡절 끝에 카
트린은 크리스를 용서하고 다시 결합하게 된

영화 〈층계참〉의 포스터

다. 하지만 엘렌은 우베에게 돌아가지 않고 아이들과 새 출발을 준비한다. 우
베가 결국 엘렌이 떠났다는 사실을 담담히 받아들이게 되는 것이 영화의 결말
이다.

우베, 엘렌, 크리스, 카트린은 드레젠 영화의 주인공들이 대개 그러하듯이
동독 지역 어디서라도 부딪힐 수 있는 평범한 서민이다. 영화의 공간적인 배경
인 오더 강변의 프랑크푸르트가 실제로 실업률이 20퍼센트가 넘는 곳임을 생
각해볼 때,[11] 직업이 있는 이들은 통일 이후 동독 지역을 휩쓴 서독화의 물결을
잘 타고 통일독일에 안착했다고 보인다. 아마도 구동독에서 젊은 시절을 보냈
겠지만, 영화가 담아내고 있는 현재 그들의 모습에는 동독의 흔적이 전혀 없다.

이를테면 영세 자영업자인 우베는 새벽부터 밤까지 가게에서 일한다. 보통
밤 10시까지, 여름에는 자정까지, 손님이 많은 날에는 새벽까지 쉬지 않고 일하
는 덕에 장사는 꽤 잘되지만 아내나 아이들과 함께 보내는 시간이 거의 없다.
그는 행복하기 위해서는 가족만의 시간을 가지는 것이 필요하다고 인정하지만,
"오늘날에는 돈이 있어야" 하고 "돈이 없으면 아무 것도 할 수 없다"고 믿으면
서 도래하지 않을 내일로 행복을 유보한다. 즉, 우베는 통일 이후 10여 년이 지
나는 사이에 '내일의 행복을 위해 오늘은 죽도록 일하는' 자본주의의 생활원칙

을 체화한 인물인 것이다.

영화의 오프닝 크레딧은 네 사람이 어떻게 한겨울 신새벽에 그들의 하루를 시작하는지 보여준다. 카트린은 모페드를 타고 차가운 밤거리를 달려 국경에 있는 화물차 주차장으로 가고, 크리스는 프랑크푸르트의 랜드마크라고 할 수 있는 고층건물 '오더 타워'에 있는 지역 라디오 방송국에서 "다우어 - 파워, 파워 - 타워Dauer-Power vom Power-Tower!"를 마이크에 외치면서 '매직! 크리스'에 채널을 고정하라고 주문한다. 우베는 도매시장에서 묵묵히 맥주, 고기, 달걀 등을 사서 카트에 담는다. 이어지는 첫 장면은 아이들 등교 준비와 출근 준비로 정신없이 바쁜 엘렌의 아침이다. 영화는 처음부터 우베, 엘렌, 크리스, 카트린이 노동하는 사람이라는 데 방점을 찍으며, 카메라의 시선은 그들의 일상 모습을 대부분 일터에서 잡아낸다. 네 사람이 맺고 있는 관계 안에서 일어나는 지극히 사적이고 미묘한 변화조차 그들이 일터에서 보이는 모습의 변화로 보여준다. 한 예로 크리스는 엘렌과 사랑에 빠지게 되자 방송국 마이크 앞에서 인생을 즐기라는 멘트를 하게 되고, 우베는 아내의 외도를 알게 되자 가게의 손님들에게 언성을 높이고 화를 낸다. 크리스와의 관계가 끝난 뒤 심리적인 공황에 빠진 엘렌이 겪는 감정의 기복 또한 변덕 심한 손님의 요구에 자제력을 잃는 행동을 통해서 보여진다. 이렇게 영화는 갈등이 표출되는 공간을 사적 영역(집, 모텔 방, 자동차 안)에만 위치시키지 않고 일상의 많은 부분이 실제로 영위되는 공적 영역(일터, 직장)으로 이전시킴으로써 개인적인 감정과 공적 공간에서 요구되는 태도 사이의 긴장을 팽팽히 유지한다.

일터는 인물들의 만남과 헤어짐이 반복적으로 일어나는 곳이다. 크리스와 엘렌이 호감을 느끼는 곳도 방송국과 향수 가게이며, 그들의 외도 때문에 갈등을 겪는 카트린과 우베가 허심탄회하게 속내를 털어놓고 한순간 시름을 잊는 곳도 우베의 가게이다. 또한 서로의 의미를 새삼 깨닫게 된 크리스와 카트린이 다시 만나는 곳도 그들의 일터, 즉 화물차 주차장과 방송국이다. 나아가 일터에서 일하는 모습을 담은 숏들은 사건의 발단, 전개, 갈등, 파국, 해소의 순서로

스토리가 발전할 때마다 삽입되어 새로운 단계로 이어주는 역할을 한다. 영화의 주인공인 두 쌍의 부부가 겪는 중년의 위기는 통속적이다 못해 진부하기까지 해서 감독의 말을 빌리자면 "이야깃거리도 아닌 이야기"[12]이지만, 네 인물이 살아가는 생활의 현실과 촘촘히 짜지면서 통속적인

카트린과 크리스

소재는 도식적인 플롯에서 벗어나 생명감을 얻게 되며 인물들도 정형화의 위험에서 벗어나 살아 숨 쉬는 사람이 된다.

2) 절반의 의미

(1) 절반의 한 의미: 생의 한가운데

우베의 가게 이름이자 영화의 원제목이기도 한 층계참은 영화의 주제를 시각적으로 나타내는 중요한 의미를 갖는다. 층계참이 문자 그대로 층계의 한 부분이 끝나고 다른 계단 부분이 시작되기 전에 있는 공간인 것처럼, 마흔 살의 우베, 서른일곱 살 크리스, 비슷한 연배의 엘렌과 카트린은 젊은 시절을 다 보냈지만 늙었다고도 할 수 없는 나이로서 인생의 한가운데에 있다. 층계와 층계 사이의 공간을 가리키는 '절반Halbe'은 네 사람이 살아온 인생의 절반이기도 하며, 앞으로 살아갈 절반을 가리킬 수도 있다. 그런데 이들의 '한가운데'는 인생의 중심 혹은 절정이라는 긍정적인 의미를 갖기보다는, 이도 저도 아닐 뿐 아니라 선뜻 어느 한쪽으로 기울지 못하는 진퇴양난의 모습을 하고 있다. 카트린은 어릴 적 꿈이 비행사였는데, 학교 다니고 졸업하고 사회에 나오면서 점점 더 꿈에서 멀어지게 되었다고 말한다. 카트린의 말은 인물들이 위치한 절반이 인생의 절반일 뿐 아니라, 이들이 꿈의 절반만 살고 있음을 보여준다. 꿈을 잃어버렸기 때문에 현재의 삶은 절반인생인 셈인 것이다. 그런데 지금은 달리 방도

가 없어서 트럭 운전사들한테 주차증을 주는 일을 하지만 "앞으로 무슨 일이 일어날지 어떻게 알겠느냐"는 카트린의 바람처럼, 네 사람은 모두 절반의 삶이 갖는 미진하고 불충분한 상황을 어렴풋이나마 인지하고 있다. 그런데 절반인 생의 울타리를 뛰어넘는 방법으로서 이들에게 주어진 가능성은 거의 없어 보인다. 남편에게 매일 조금씩 마음의 상처를 받는 엘렌과 모든 일에 권태감을 느끼는 크리스가 습관이 된 일상의 견고한 껍질을 벗고 나오는 길이 외도라는 진부한 방식밖에 없다는 것이 이들의 비극이 아닐까?

영화는 오프닝 크레딧이 시작하기 전 꽤 긴 프롤로그에서 누구나 꿈꾸지만 아무나 가질 수는 없는 행복을 마치 화두처럼 제시한다. 영화가 시작되고 스크린이 밝아지면 경쾌한 음악소리가 들리고 낙타, 야자수, 해변이 스크린을 가득 메운다. 곧이어 그것은 여름휴가 때 찍은 슬라이드 필름들로 밝혀진다. 네 사람은 디아필름을 보며 떠들썩하게 휴가에 대한 기억을 되새김질하고 우스갯소리와 알코올의 도움으로 유쾌한 저녁 한때를 보낸다. 하지만 일상의 쳇바퀴를 벗어난 신선한 자극은 디아필름 속 이미지에만 있을 뿐 이들의 현실과는 동떨어져 있다. 사실 이들은 젊은 한때 가졌던 꿈과는 상관없는 돈벌이를 하고 있고 부부 사이도 전혀 새로울 것이 없다. 결혼 13년차인 우베와 엘렌은 둘 사이의 대화가 항상 말다툼으로 변해버릴 정도로 서로 멀어져 버린 사이이다. 마지막으로 '정말 행복하다고' 느낀 때가 그 옛날 아내가 임신 사실을 알렸던 적이라고 말하는 우베는 지금 무심하고 둔감한 남편일 뿐이다. 그는 엘렌이 못견뎌하는데도 욕실 안에 돼지 족발들을 쌓아두(기 일쑤이)고 부엌에 레인지후드를 바꾸자거나, 남 앞에서 우습게 만들지 말라는 아내의 요구가 사실상 위로와 인정을 바라는 것임을 모른다. 두 번째 결혼한 크리스와 카트린도 서로의 관심이 상당히 식어버린 상태이다. 카트린은 크리스와의 관계가 예전과 같지 않다는 것을 잘 알고 있다. "변화를 주기 위해서 빨간색으로 머리칼을 염색하고 싶어. 그래봤자 크리스는 못 알아챌 것이지만"이라며 씁쓸해하는 카트린은 "어쩌면 다시 한 번 더 처음부터 시작해야 하지 않을까"라고 말하지만, 카메라가 클로즈업한 얼굴에서 드러나는 표정은 정작 어떻게 해야 할지 알지 못하거나 혹은 결정하지 못하는 고민을 노출한다. 처음부터 다시 시작해야 하는 것 아닐까 하는 카트린의 바람 섞인 언어에 이미 크리스와 밀회를 갖고 있는 엘렌은 "글쎄……"라고 말끝을 흐리면서 동의해주지 않는다. 카트린의 얼굴을 바라보지 않고 시선을 풀고 허공을 응시하는 엘렌의 얼굴을 바라보는 익스트림 클로즈업 숏은 관객이 카트린과 동화되는 것을 방해하고 인물과 거리감을 갖도록 한다. (통상적으로 클로즈업 숏이 갖는 주관적인 시선과는 달리 이 영화의 많은 클로즈업 숏은 인물과 거리를 취하면서 관찰자의 시선을 갖는 특성이 있다).

우베, 엘렌, 크리스, 카트린 네 사람은 모두 행복해지고 싶은 바람을 갖고 있지만, 그것을 찾는 것은 쉽지 않다. 어느 날 아침 가족이 아끼던 잉꼬 '한스-페터'가 새장에서 빠져나와 어디론가 날아가버린다. 새가 없는 새장은 거주지는 있되 스위트 홈은 없는 그네들의 집이 아닐까? 우베

새를 찾는 엘렌과 우베

와 엘렌은 텅 빈 새장을 품에 안고 앙상한 나무들만 몇 그루 서 있는 콘크리트 아파트촌에서 새를 찾아 돌아다닌다. 그러나 황량한 그곳은 행복이 머물 장소가 아닌 듯하다. 영화의 초반부에 엘렌과 카트린은 각자 자신의 집 부엌에서 실수로 유리잔을 깨뜨리는데, 이는 이들이 직면하게 될 일상의 파열을 일찌감치 암시했던 것이다. 행복의 파랑새는 어디로 갔을까.

> 크리스 새 소리가 들리는군.
>
> 엘렌 한스-페터.
>
> 크리스 뭐?
>
> 엘렌 우리집의 잉꼬 새가 날아가 버렸어.
>
> (침묵)

크리스 잘못한 거 같아?

엘렌 아니, 그렇지 않아.

크리스 나도 아니야. 전혀 그런 생각이 안 드는군.

크리스와 엘렌이 외도를 한 후 나누는 위 대화에서 엘렌은 의미심장하게도 한스 - 페터라고 말한다. 행복의 파랑새는 우리에게 익숙한 동화와 달리 집안에 있지 않고, 오히려 엘렌이 비록 외도라는 방식을 택했지만 자신의 의지대로 행동했을 때 기억되는 것이다. 엘렌은 죄의식에 사로잡혀야 할 이 순간 해방감을 느낀다. 엘렌과 크리스가 사랑을 나눈 후 서로의 이름을 부르는 것이 아니라 각각 자신의 파트너인 우베와 카트린을 소리 높여 부르며 마치 보란 듯이 "난 괜찮아!Mir geht's gut!"를 외치는 장면은 영화가 구체적으로 제시해주지는 않지만 행복이란 절반의 인생과 결별하는 행동과 관련이 있음을 분명히 나타낸다.[13] 크리스와 엘렌의 외도 장소가 폴란드로 넘어가는 국경 고가도로 밑이라는 것도 이들의 관계가 관계 자체에 의미가 있지 않고 각자가 갇혀 있던 경계를 넘는 데 의미가 있기 때문이다. 다만 경계 넘기가 짜릿하고 멋있고 굉장한 인생역전을 불러오리라고 기대했다면 그건 오산이다. 크리스와 엘렌은 지겨운 일상의 회로에서 탈주를 감행하며 가족해체라는 위험을 야기하지만 그들의 관계는 곧 깨지고 만다.

(2) 절반의 다른 의미: 국경도시 프랑크푸르트

영화의 공간적 배경은 폴란드와의 국경지대인 오더 강변의 프랑크푸르트로서 사회주의는 없어졌으나 자본주의가 완전히 도착하지 않은 곳이다. '아시아 자동차'라는 자동차 대리점이 들어서게 될 기공식 장면에 이 도시는 을씨년스럽게 재개발이 진행되는 모습으로 나타난다. 기공식을 주관하는 인사는 산업이 발달한 프랑크푸르트의 능력을 신뢰한다고 말하지만, 군데군데 파이고 모래와 자갈더미들이 쌓여 있는 배경은 마구잡이 개발에 땅덩이를 내맡긴 모양이라, 경제성장의 번쩍이는 청사진을 쉬이 예감할 수 없게 한다. 더군다나 그 인사는 "오늘 하루는 쉬어라"라는 크리스의 라디오 방송 별자리 운세가 옳았다고 말하면서, 자신이 그 별자리 운세 때문에 고속도로 교통사고를 피했으며 따라서 개발사업도 순조로울 것이라고 횡설수설한다. 첫 삽을 뜨려는 순간 포크레인이 갑자기 움직이면서 그렇지 않아도 어수선한 식장을 제멋대로 빙빙 돌며 방해하는 장면은 우스꽝스러운 기공식 장면에 부조리한 인상까지 보탠다.

두 쌍의 부부가 겪는 갈등은 어디서나 일어날 수 있겠지만, 영화는 이야기를 국경도시라는 구체적인 역사성 안에서 풀어감으로써 네 사람의 개별적인 갈등에 역사적 특수성을 부여한다. 독일과 폴란드의 경계라는 지리적인 위치로 볼 때, 또한 통일 이후 이 도시에서 일어난 실업 증가, 구직 이주, 출산율 하락 등을 고려할 때 프랑크푸르트야말로 통일 이후 '절반'의 상태, 곧 진퇴양난에 빠져 있음을 보여주기 때문이다. 한 걸음 더 나아가 이 영화를 통일 이후 10여 년이 지난 독일의 전반적인 상태에 대한 비유로 읽을 수도 있다. 실업률 증가, 사회적인 불안정, 경제적인 안전망 와해와 같은 동독발 후폭풍이 통일독일의 일상으로 익숙해져 가는 시기의 동서독 공통의 정서를 읽을 수도 있는 것이다. 동서독 공히 통일되기 이전이 좋은 옛날이었다면서 상대방을 비난하기에는 함께 나눈 경험의 시간이 이미 꽤 쌓였고, 통일 이후 갈등 상황이 익숙하다는 이유로 현재 상태에서 체념하거나 수수방관하고 싶어 하지는 않지만 변화를 위해 내딛는 발걸음은 무척 힘들어 보인다. 우베, 엘렌, 크리스, 카트린 모두 전환점을 찾기 위해 내 몸처럼 익숙한 틀을 깨는 비싼 대가를 치루는 것이다.

(3) 절반의 또 다른 의미: 영화의 탄생

절반은 〈층계참〉에 담긴 영화미학적인 사유와 관련해서도 이해할 수 있다. 이 영화는 영화 생산의 관습, 영화 언어의 문법, 영화 장르의 성격 사이에서 일종의 '경계 타기'를 하고 있으며, 그 결과 영화의 마지막 장면이 끝나더라도 완성되었다기보다는 진행 중이라는 느낌을 불러온다. 많은 평자들은 〈층계참〉의 탄생에 얽힌 실험에 관심을 표명했다. 그도 그럴 것이 이 영화는 카메라, 배우, 비전을 구성요소로 하는 영화의 본질에 대한 탐구라고 할 수 있을 만큼 영화에 환상을 부여하는 모든 요소를 배제하고 있다.[14] 첨단 영상기술은 물론 조명도 없이 디지털 카메라로만 찍었고, 영화의 서사적 토대가 되는 각본도 배제했으며, 심지어 배우와 제작진도 채 10명이 되지 않는 최소한의 인원으로 줄였다. 배우는 그들이 맡은 인물의 직업을 실제로 배웠으며 대본 없이 주어진 상황을 인물의 입장에서 자유롭게 채웠다. 배우들의 연기에 문자화된 틀이 제시되지 않았기 때문에 장면이 상당히 길어지기도 하는데, 카메라는 배우들의 연기 흐름에 개입하지 않고 주로 관찰자의 입장을 취한다. 그 결과 이 영화에는 대부분의 장면이 평각의 클로즈업 숏으로 구성되며, 테이크도 통상적으로 영화에서 사용되는 길이보다 길다. 최소한의 장비와 최소한의 배우로 영화를 만드는 방식에는 감독인 안드레아스 드레젠의 비전, 곧 영화관觀이 녹아 있다.

드레젠에게 영화는 현실에 다가가고 그 속에서 부대끼면서 살아가는 사람들을 이해하는 예술이다. 현실적인 영화를 만들기 위해서 〈층계참〉에서는 미리 쓰여진 삶(대본)을 의도적으로 포기하기에 이르렀지만, 사실 그의 영화는 새로운 이미지나 형식을 창조하는 실험보다는 서사를 중시하는 전통을 따르고 있다.[15] 하지만 그는 거대한 메타 서사를 만들지 않는다. 그 반대로 안드레아스 킬브가 정확히 말했듯이 발화되지 못한 채 "거대서사의 주변부를 떠도는 이야기들"[16]을 포착한다.

이미 언급했듯이 현실을 사는 사람들의 모습에서 진정성을 끌어내고자 하기 때문에 드레젠의 영화는 다양한 환상효과를 일으키는 테크닉을 포기하고, 다큐멘터리적 기법과 요소들을 차용한다. 일례로 〈층계참〉의 경우 네 명의 배우를 제외하고 영화에 등장하는 인물들은 모두 직업배우가 아니며, 이렇게 출연한 사람들은 자신의 직업을(치과 의사, 판매원, 에어로빅 강사, 부동산 중개업자 등) 연기한다. 그러나 현실성의 확보라고 해서 사실을 있는 그대로 보여주고자 하는 것은 결코 아니다. 오히려 드레젠은 "형상화라는 가공을 거치지 않은 현실을 보고 싶으면 창문을 열고 거리를 내다볼 것이지 영화관으로 갈 일이 아니다"[17]라면서 영상과 현실이 동일할 수 있다는 입장에 비판적인 거리를 취한다. 중요한 것은 삶의 실상을 보이는 대로 보여주는 것이 아니라, 세상 속에서 삶의 진실을 찾아내는 것이기 때문이다. 〈층계참〉에는 네 인물들이 자신들에 대해서 이야기하는 인터뷰가 군데군데 삽입되어 있다. 우베는 돈이 필요할 수밖에 없음을 이야기하고, 크리스는 결혼을 통해서 얻는 것보다는 잃는 것이 더 많다는 결혼관을 피력하며, 봇물처럼 터진 감정을 누를 수 없는 엘렌은 옛날처럼 살고 싶지 않다고 말한다. 카트린은 자신을 배신한 크리스가 갑자기 옛날처럼 다시 매력적으로 보이기 시작한다고 말함으로써, 크리스와의 관계 회복을 암시한다. 인터뷰는 가장 다큐적인 방식 같지만 인터뷰 장면의 삽입은 영화 속 사건의 흐름을 단절함으로써 영화의 현실이 구성된 현실이며 실제의 현실이 아니라는 것을 관객에게 알린다. 동시에 인터뷰는 각 인물의 행동에 내적인 동기를 부여함으로써 인물의 행동에 '철학적 깊이'[18]를 더한다. 말하자면 영화에서 일어나는 사건에 현실성을 부여하고 영화적 현실을 보편적인 현실로 확장하는 계기를 마련한다.

3) 일상적 비극에 대한 코미디

절반의 인생을 사는 사람들이 인생의 절반에서 겪는 절반 정도의 위기를 형상화하는 〈층계참〉은 그 '절반'이 갖는 온전한 비극성을 다 지니고 있다. 한 부부는 헤어지고 한 부부는 재결합하는 영화의 결말조차도 절반의 비극성을 담고 있다. 우베는 네 사람 중 가장 비극적인 인물이다. 그는 아내가 자신을 속이고 있다는 것도 아내의 고백을 듣고야 비로소 알게 되고, 아내의 외도 대상이 바로 자신이 아내에게서 받은 배신감을 토로한 친구 크리스라는 것도 크리스의 입을 통해서 뒤늦게 알게 된다. 영화 초반에 그는 네 사람 중 절반인생에 가장 잘 적응한 인물처럼 보인다. 그는 엘렌처럼 위로나 인정도 필요하지 않아 보이며, 크리스와 달리 자신의 일이 천직인양 가게에서 일하는 데 만족한다. 우베의 생활철학은 그렇게 옹골차 보였으나, 엘렌이 외도를 하면서 얼마나 불안정한 것이었는지 드러난다. 엘렌을 잃을 처지가 되었을 때, 마침내 우베는 자신이 잘못한 것이 도대체 무엇인지 묻게 된다.

우베가 "내가 잘못한 게 무엇이냐"라고 물으면서 엘렌을 붙잡는 곳은 아니나 다를까 바로 절반의 지점인 충계참이다.

> 우베　어딜 가는 거야?
>
> 엘렌　그냥 나가려고.
>
> 우베　가지 마, 응? 제발. 왜 그랬지? 내가 잘못한 게 뭔지 알고 싶다. 최소한 그건 말해줄 수 있겠지? 내가 뭘 잘못했지?
>
> 엘렌　그걸 어떻게 말로 해.
>
> 우베　내 이빨이 썩어서 그랬어? 그럼 치과에 갈게. 부엌이 낡아서? 부엌 새 걸로 바꿔줄게.
>
> 엘렌　당신 잘못한 거 없어.
>
> 우베　난 당신을 모르겠어. 그럼 뭐라는 거야? 나한테는 없고 그 녀석한테는 있는 게 뭐냐구?

우베는 진심으로 엘렌과의 관계를 회복하고 싶지만 그녀를 이해하지 못한다. 그래서 "나의 잘못이 무엇이냐"라고 던진 진지한 질문은 "나한테는 없고 그 녀석한테는 있는 게 뭐냐"라는 비속한 일상어로 전도되고, 눈물로 뒤범벅된 고통의 몸짓은 우악스럽게 엘렌을 덮치는 것으로 변한다. 행복을 오지 않을 내일로 유보해온 탓에 우베는 그가 오늘은 필요하지 않다고 생각하는 행복이 엘렌이 지금 당장 원하는 것임을 알지 못하는 것이다. 그래서 그는 엘렌이 원하는 것을 물질로 보상할 수 있다고 생각하고, 뒤늦게 부엌 가구를 새 것으로 바꾼다. 부엌 가구만 바꾸면 옛날로 되돌릴 수 있을 것이라고 생각하기 때문이다.

다른 한편 엘렌을 붙잡고 오열하면서 썩은 이빨과 낡은 부엌 가구를 배신의 이유로 꼽는 우베의 엉뚱함은 비극적인 상황에서 운명적인 요소를 제거하고 그의 비극에 일상적인 재난의 성격을 부여하면서 실소를 자아내게 한다. 이렇듯 드레젠의 영화는 삶의 비극성을 말하지만, 운명적인 모티브를 사용하거나 극적인 파국으로 몰아가지 않는다.[19] 그보다는 우베가 실의에 빠진 상황에 화장실 변기의 뚜껑을 열면 음악이 들리고 닫으면 안 들리는 황당한 순간을 첨가하거나, 비극성을 지닌 인물로 하여금 비극적이어야 할 상황을 엉뚱하거나 당혹스러운 상황으로 바꾸는 실수를 하도록 한다. 이를테면 우베는 앞으로 어떻게 할지 의논하자고 세 사람을 불러 모은다. 아내의 외도를 4자 대화로 해결하려는 생각도 기이하지만, 네 사람이 부엌 식탁에 둘러앉자 그는 다과를 내놓고 손님을 접대하는 주인, 대화를 진행하는 사회자, 배신당한 남편, 도덕을 계몽하는 선생님, 불륜을 심판하는 판사의 역할까지 도맡는다. 자신이 맡은 역할 중 어떤 것을 해야 할지 스스로도 확신이 안 서는 듯이 우베는 여러 역할 사이를 오락가락한다. 그는 배신당한 남편으로서 자신에게 도덕적인 우월성을 부여하면서 사뭇 점잖은 목소리로 이성적이고 합리적으로 사태를 수습하자고 말하지만, 이제 와서 점잖은 척 나서지 말라는 엘렌의 타박에 자신의 무관심과 질책이 아내의 배신을 불러왔음을 인정해야만 하는 처지로 몰리고 만다.

드레젠의 영화들은 인생의 본질적인 면을 건드리는 진지한 문제들을 웃음을 유발하는 방식으로 형상화한다.[20] 〈중계참〉의 경우, 앞서 언급한 바와 같이 비극적 인물이 자신의 비극성에 엉뚱하게 대응하는 것뿐 아니라, 영화가 지극히 현실적인 이야기에 대단히 익살스러운 방식으로 주석註釋을 덧붙이는 것을 꼽을 수 있다. 크리스는 '매직 크리스'라는 별명으로 매일 방송에서 별자리에 따른 오늘의 운세를 말한다. 앞날을 내다보는 예언에 담긴 비밀은 사실상 운세라는 미명하에 크리스가 기분이 내키는 대로 말하며, 때때로 카트린을 비롯해 자신이 아는 사람에게 사적인 메시지를 전달한다는 것이다. 엘렌과 사랑에 빠질 때는 "변화가 생길 것이다", "더할 나위 없이 좋은 하루가 기다리고 있다", "모험을 할 것"이며 "자신의 한계를 넘어서는 데 두려워 말라"고 방송하고, 갈등이 깊어질수록 "아무것도 하지 말라"던가, "우울하기 그지없는 하루가 될 것"이라던가, "하는 일마다 실패할 것"이라는 등 저주의 단어들로 하루를 예언한다. 그런데 희한하게도 크리스의 엉터리 예언이 들어맞았다는 사람이 생기고, 급기야 크리스는 자신이 말하는 별자리 운세에 스스로 자신의 운을 걸기에 이른다. 오늘의 운세 방송은 마치 고대 그리스비극의 코러스처럼 영화의 곳곳에서 사건의 발전 방향을 알려주고 인물들에게 앞날을 예언해주는 역할을 한다.

그리고 실제로 영화에 일종의 코러스가 등장한다. 우베는 어느 날 아침 갑자기 자신의 가게 앞에 거리의 악사가 백파이프를 연주하는 것을 보고 은근히 짜증을 내며 자리를 옮겨달라고 부탁한다. 그런데 우베가 '알 수 없는 것이' 악사의 숫자가 하루가 다르게 늘어나고 라디오를 켜거나 심지어 화장실 변기 뚜껑을 열어도 그들이 연주하는 음악이 들리는 것이다. 문득 문득 숫자가 불어나 있고, 그들의 연주가 곧 영화의 배경음악이 되는 거리의 악사 그룹의 등장은 우베뿐 아니라 관객으로서도 이해할 수 없는 영화적인 '개그'이다.[21] 마침내 엘렌이 떠났음을 받아들이게 되자, 우베는 이해할 수 없었고 마땅치 않았던 거리의 악사들을 초대하고 손님들과 흥겨운 파티를 벌인다. 그리고 놀랍게도 날아갔던 새 한스 - 페터는 혼자 남은 우베의 집으로 돌아온다. 손님들 틈으로 보이는 우베의 흐뭇한 표정을 클로즈업으로 포착한 카메라는 그의 갈등이 잦아들었음을 알려준다. 이리하여 마침내 우베, 엘렌, 크리스, 카트린은 각자의 터닝 포인트를 찾게 된다.

4. 동독적인 것이 독일적인 것이다

독일 통일 이후 일어난 문화변동은 서독의 문화가 동독에 일방적으로 이전된 형국으로 보인다. 그러나 자세히 들여다보면 동서독의 두 문화가 서로 스며들어 과거의 서독·동독의 문화와는 구별되는 새로운 문화가 생성되고 있는 단초들을 관찰할 수 있다. 영화의 경우, 영화가 생산되고 유통되며 평가되는 영화장으로서 동독 데파 영화는 문화변동의 객체로서 일찌감치 청산되었지만, 예술로서 '동독적인' 영화는 문화변동을 추인하는 주체로서 자리매김하고 있다. 이 글은 안드레아스 드레젠의 영화 〈층계참〉을 분석함으로써, 동서독의 사회·문화 갈등을 넘어 동독과 서독으로 나눠지고 이질화되었던 두 문화가 상호 융합될 수 있는 지점을 찾아보고자 했다.

첫째, 드레젠은 자신만의 독특한 구성 방식으로 통일독일의 현재를 살아가는 사람들의 삶의 모습을 형상화하는 데 성공하고 있다. 드레젠이 만들어낸 인물들은 사회의 주변부에서 삶의 끈을 힘겹게 부여잡고 있는 별 볼일 없는 사람들이며, 그가 그려내는 삶의 이야기는 일상적이다 못해 진부하기까지 한 이야기이다. 현재 독일 영화계에서 중요한 그룹으로 인식되고 있는 '베를린파'도 소외계층에서 반反영웅을 만들어내며 사회적인 문제의식을 영화에 담아낸다. 그런데 드레젠의 영화는 일상에 숨겨진 존재의 비극성을 드러내되 이를 웃음으로 버무려내는 점에서 에이즈, 살해, 폭력, 죽음 등 돌이킬 수 없는 파국까지 밀어붙이는 베를린파와는 확연히 구분된다. 또한 드레젠은 세상 속으로 들어가서 현실을 있는 그대로 보고자 하는 관심에서 다큐멘터리와 기본적인 자세를 공유하지만 영화는 현실을 구성하는 허구라는 미학적인 태도를 견지하고 있다. 나아가 기술적인 조작을 피하고 현장성을 중요시하는 점에서 '도그마'라고 불리는 영화운동과 비교되기도 하지만 사실 도그마의 규율과는 무관하다. 즉, 드레젠의 영화는 통일 이후 독일 영화에서 전개된 변화의 흐름에 동참하고 있으면서도 비평가들에 의해서 동독적이라고 불리는 자신만의 고유한 영화 스타일을 지니고 있는 것이다. 그리고 그것은 "길거리에서 무슨 일이 일어나고 있는지, 사람들이 어떻게 살고 있는지"를 정확히 관찰하고, 영화를 만들기 전에 이야기하고자 하는 주제와 소재에 대해서 조사하는 것을 배웠던 데파의 영화 수업으로까지 거슬러 올라간다.[22] 동서독의 문화변동과 관련해서 중요한 것은 현실에 밀착하는 동독적인 구성 방식이 통일 이후 변화된 삶의 모습에 대한 의미 있는 성찰 방식으로서 자리매김하고 있다는 사실이다.

둘째, 드레젠 영화는 현실의 냉혹한 무게와 삶의 비극성을 꿰뚫고 있지만 절망적으로 현실에 매몰되거나 냉소적으로 현실에서 멀어지지 않는다. 그의 영화는 통일 이후 독일에서 심화되고 있는 사회적인 양극화를 예리하게 분석하면서도, 인간에 대한 이해와 신뢰를 토대로 따뜻한 시선을 버리지 않는다. 〈층계참〉만 하더라도 현실성을 강하게 확보하고 있는 영화이지만 그 안에 동화와 같은 '매직Magic'이 있고 우연과 같은 예언이 엄연히 효력을 발휘하는 마술적 리얼리즘을 보여준다. 드레젠의 최근 영화인 〈발코니 앞 여름〉의 마지막 대사인 "인생이 원래 그런 거야"처럼, 일상의 발견이란 바로 위안과 위로를 주는 우연들에 의미를 부여하면서 개별적 삶이 사회관계의 반영에 그치지 않고 항상 특별한 잉여의 순간이 있음을 알아채는 것이다. 그렇기 때문에 드레젠 영화는 현재에 몰두하는 동시에 아직 오지 않은 시간에 열려 있는 구도를 갖게 된다. 드레젠의 휴머니즘은 유토피아에 대한 희망이 사라진 현시대에 순진한 낙관주의에 지나지 않는다고 비판받거나 모순적인 현실에 순응하는 자세라고 비판받기도 하지만,[23] 드레젠 영화의 리얼리즘에 토양이 되는 휴머니즘이야말로 인간에 대한 믿음을 비웃음의 대상으로 전락시켰던 현대 독일 영화에서 찾을 수 없던 부분이었음에는 틀림없다. 이로부터 사회주의 휴머니즘의 가치가 역설적으로 자본주의가 독주하고 있는 포스트 통일 시대의 독일에서 재발견되고 있다고 유추해낸다면 확대해석일까? 아무튼 통일 이전 서독의 영화와 통일 이후 서독의 주도하에 재편된 독일의 영화에는 따뜻한 인간애가 희귀했던 것이 사실이고, 드레젠 영화 속의 완벽해질 수 없는 '절반의 인생'은 그 결핍의 공간을 알려줌으로써 동독적인 틀을 넘어 보편성을 획득하고 있다.

드레젠의 영화는 그 동독적인 성격으로 인해서 서독적일 수 없는 것이 아니라 바로 독일적일 수 있다는 것이 필자의 결론이다. 나아가 동독적인 것이 통일 독일의 영화장으로 스며들고 있는 단초로부터 동서독의 영화적 전통이 서로 스며들면서 새로운 영화적 가능성을 열어가는 지점을 감지할 수 있을 것이다. 첨언하자면 익히 잘 알려진, 통일 이후 동독과 서독 사이에 생긴 머릿속의 장벽은 동독이 얼마나 빠른 속도로 서독화되는지에 따라서 사라질 것이라고 기대할 수 있겠지만, 서독이 동독적인 가치에서 무엇을 배우는지를 통해서도 없어질 수 있다. 드레젠 영화는 모든 사람이 알고 있지만 미처 생각하지 못한 문화의 주고받음에서 오는 미덕을 일러주고 있다. 겸손하게.

주

* 이 글은 박희경, 「일상의 발견: 안드레아스 드레젠의 영화 〈그릴 포인트〉에서 찾는 동서독의 '스밈'」, ≪카프카 연구≫, 제18집(2007년), 75~98쪽을 수정 게재한 것임.

1 "'Halbe Treppe' ist so schön, wie ein deutscher Film heute sein kann. ⋯⋯ getreu dem Motto: Wie das Land, so die Filme. Und nun haben wir sie." Andreas Kilb, "Dialekt und Dialektik: Wie das Land, so der Film: Andreas Dresens 'Halbe Treppe' spielt in Frankfurt/Oder," *Frankfurter Allgemeine Zeitung*, Nr.230(2002.10.4).

2 여기에 대해서는 박희경, 「통일 이후 동독 영화계의 변화 양상」, ≪뷔히너와 현대문학≫, 제27집(2006년), 217~240쪽 참조.

3 Ralf Schenk, "DDR im deutschen Film nach 1989," *Aus Politik und Zeitgeschichte*(이하 *APuZ*), 44(2005), pp.31~38; Bärbel Dalichow, "Das letzte Kapitel 1989 bis 1993," in R. Schenk(ed.), *Das zweite Leben der Filmstadt Babelsberg DEFA-Spielfilme 1946~1992*(Berlin, 1994), pp.328~355; Katja Nicodemus, "Film der neunziger Jahre: Neues Sein und altes Bewußtsein," in Wolfgang Jacobsen et al.(eds.), *Geschichte des deutschen Films*(Stuttgart/Weimar, 2004), pp.319~356.

4 "Wie der Osten in den Westen kam: Rückblick deutscher Film 1999," *Fernsehmitschnitt: ZDF*, 1999.2.6.

5 "한국인들이 유럽 영화에 관심을?," ≪오마이뉴스≫, 2002년 11월 21일자. 오해를 피하기 위해서 페터 롬멜은 서독 출신임을 부언한다. 하지만 그의 인터뷰는 동독적인 입장을 대변하고 있기 때문에, 사례로 언급해도 무방할 것이다.

6 "Undogmatische Interview mit A. Dresen zu 'Nachtgestalten'," *Film-Dienst*, Heft 16(1999).

7 2007년에 출판된 『독 - 독 비밀Das deutsch-deutsche Geheimnis: Mit der Wertentwicklung in Ost und West zum gesamtdeutschen Markenerfolg』은 "모든 서독 사람에게는 동독 사람이 숨어 있다"라는 자극적인 주장을 펼치고 있다. 성공적인 광고 마케팅을 위한 전략을 소개하는 이 책에 따르면 동독 지역에서 효과가 있는 광고는 서독 지역에도 효과가 있지만, 서독 지역에 효과가 있는 광고라고 해서 동독 지역에서도 성공한다는 보장이 없다. 저자는 그 이유로 공동의 이익을 우선시하고 의무감을 강조하는 구동독의 가치관이 서독 지역에 나타나고 있다는 점을 꼽는다.

8 1963년 구동독 지역 게라에서 태어난 드레젠은 아버지 아돌프 드레젠Adolf Dresen 이 연극과 오페라 무대 감독이었고 어머니 바바라 바흐만Barbara Bachmann은 배우인 예술가 집안 태생답게 일찍부터 카메라로 영화를 만들고 연극을 연출하며 경험을 쌓았다. 1989년 여름, 동독을 떠나는 엑소더스를 바라보면서 드레젠은 동독에 남아서 그곳에 자유를 만들겠다고 쓴 바 있다(「왜 나는 아직 떠나지 않는가?」). 이 글에는 당시 동독의 지식인들 사이에 널리 퍼져 있던, 사회주의를 개혁하자는 태도가 담겨 있다. 1992년 영화 〈침묵하는 나라Stilles Land〉로 데뷔한 이래 지속적이고 왕성한 활동을 하는 드레젠은 영화 이외에도 연극, 텔레비전, 오페라 등 장르의 구분을 넘나들면서 활동하고 있다. 드레젠의 필모그래피를 주요 영화로 한정해 살펴보면 다음과 같다. 〈침묵하는 나라〉(1992), 〈나의 낯선 남편Mein unbekannter Ehemann〉(1994), 〈껍질벗기!〉(1997), 〈밤에 만난 사람들〉(1999), 〈여경찰〉(2000), 〈층계참〉(2002), 〈독일을 생각하노라면 … 기민당의 비히만 씨Denk ich an Deutschland … Herr Wichmann von der CDU〉(2003), 〈빌렌브로크Willenbrock〉(2005), 〈발코니 앞 여름〉(2005).

9 Kerstin Decker, "Immer wieder das Leben - Ein DEFA-Regisseur in der Anti-DEFA-Wirklichkeit: Andreas Desens Filme vor der 'Polizistin'," *Der Tagesspiegel*, 2001.5.10.

10 영화의 원래 독일어 제목은 계단의 중간참을 가리키는 'Halbe Treppe'이다. 이 영화는 2002년 베를린영화제 은곰상(심사위원대상)을 수상했을 뿐 아니라 여러 영화제에서 수상했으며, 같은 해 부산영화제에 〈그린 포인트〉라는 제목으로 상영되기도 했다. 이후 한국에서는 〈그린 포인트〉로 알려졌으며, 2005년 10월 '영 저먼 시네마'의 하나로 상영된 바 있다. 영어식 제목 〈그린 포인트〉는 독일어 원제가 함유하고 있는 상징적인 층위를 전혀 갖지 못하고 있기 때문에 이 글에서는 '층계참'이라는 번역을 사용하기로 한다.

11 2001년 말, 공식적인 통계에 따르자면 오더 강변 프랑크푸르트의 실업률은 18.1% 였고, 2003년 초에는 22%였다. http://www.wsws.org/de/2003/okt2003/vs-o30.shtml. 1989년 이후 구직을 위한 서독 지역으로의 이주와 저조한 출산 때문에, 1988년 8만 명 이상이었던 도시의 인구는 2007년 현재 6만 명 정도이다. 통일 이후 27%가 줄어든 것이다.

12 "Werkstattgespräch 'Halbe Treppe': Palmen für Frankfurt/Oder," *Schnitt: Das Film-magazin*, Nr.28(Herbst/03), p.9.

13 Martina Knoben, "Zwei Paare in Frankfurt/Oder - Currywurst und Beziehungsstress," *epd Film*, Nr.10(2002.10.2)과 비교.

14 "Wir wollten sehen, ob man wieder ein bißchen zu dem zurückkommt, was die ursprüngliche Art von Filmemachen ausmacht: einfach eine Kamera zu haben und eine Vision zu verfolgen." "Werkstattgespräch 'Halbe Treppe': Palmen für Frankfurt/Oder," p.13.

15 1989년 베를린 국경이 개방된 후 베를린에 와서 페터 그리너웨이 Peter Greenaway 의 영화를 보고 몹시 실망했으며, 아키 카우리스마키 Aki Kaurismaki와 짐 자무시 Jim Jarmusch의 영화를 보고 화해했다는 일화는 드레젠이 어떤 영화적 전통에 서 있는지를 알려준다. 이에 대해서는 Susan Vahabzaden, "Der Geruch des Stundenhotels. Reality now: Ein Gespräch mit dem Berliner Regisseur Andreas Dresen zu 'Nachtgestalten'," *Süddeutsche Zeitung*, 1999.8.12.

16 Andreas Kilb, "Geschichten von der Peripherie der Geschichte," in Andreas Kilb, "Dialekt und Dialektik. Wie das Land, so der Film: Andreas Dresens 'Halbe Treppe' spielt in Frankfurt/Oder," *Frankfurter Allgemeine Zeitung*, Nr.230(2002.10.4).

17 Andreas Dresen, "Die peinlichsten Begebenheiten erzählt," *taz*, 2002.10.5.

18 Ein Raum von Freiheit, "Gespräch mit Andreas Dresen über 'Halbe Treppe'," *filmdienst*, 20(2002), p.11.

19 앞서 언급한 대로 인물들이 자신이 처한 상황에 대한 입장을 말하는 인터뷰 신의 삽입은 카메라가 인물들에 대해서 객관적인 거리감을 획득하게 해주며, 이를 통해 관객이 비극적인 상황에 몰입하지 않고 생각하도록 유도한다.

20 "Interview mit Andreas Dresen zu 'Sommer vorm Balkon'," *Film-dienst*, 1(2006), p.14 참조.

21 "Halbe Treppe: Film des Monats Oktober 2002 der Jury der Evangelischen Filmarbeit," *Medien praktisch*, 26(2002), p.39.

22 Susan Vahabzaden, "Der Geruch des Stundenhotels. Reality now: Ein Gespräc mit dem Berliner Regisseur Andreas Dresen zu 'Nachtgestalten'," *Süddeutsche Zeitung*, 1999.8.12. 드레젠은 동일한 취지의 이야기를 다시 필자와 가진 인터뷰에서 했다. 2007년 2월 19일 인터뷰(미공개).

23 Dietmar Hochmuth(ed.), "DEFA NOVA: Nach wie vor?," *Freunde der Deutschen Kinemathek e. V.*, Heft 82(Berlin, 1993), p.305; Detlef Friedrich, "Der Himmel über Frankfurt (Oder): 'Halbe Treppe', Andreas Dresen erzählt vom Glück im Plattenbau," *Berliner Zeitung*, 2002.10.4 비교.

참고문헌

일차문헌

Dresen, Andreas. 2002. 〈Halbe Treppe〉(영상자료, DVD).

이차문헌

류신. 2006. 「통일 이후 독일 문학계의 지형변화」. ≪뷔히너와 현대문학≫, 제27집, 159~
193쪽.

박희경. 2006. 「통일 이후 동독 영화계의 변화 양상」. ≪뷔히너와 현대문학≫, 제27집,
217~240쪽.

Christine, Ivanovic. 2000. "Wende im Film? Vorläufiger Rückblick auf ein Jahrzent
deutscher Einheit im Film." in Volker Wehdeking(ed.). *Mentalitätswandel in
der deutschen Literatur zur Einheit(1990~2000)*. Berlin.

Dalichow, Bärbel. 1994. "Das letzte Kapitel 1989 bis 1993." in R. Schenk(ed.). *Das
zweite Leben der Filmstadt Babelsberg: DEFA-Spielfilme 1946~1992*. Berlin.

Decker, Kerstin. 2001.5.10. "Immer wieder das Leben - Ein DEFA-Regisseur in der
Anti-DEFA-Wirklichkeit: Andreas Desens Filme vor der 'Polizistin'." *Der Tages-
spiegel*.

_____. 2002. "Neben der Zeit: Die Filme von Andreas Dresen und Andreas Kleinert."
apropos Film 2001: Das Jahrbuch der DEFA-Stiftung. Berlin, pp.328~343.

Dell, Matthias. 2006. "Der filmische Osten: Das Bild der DDR im deutschen Kino
nach ihrem Ende." *apropos Film 2005: Das Jahrbuch der DEFA-Stiftung*.
Berlin, pp.140~151.

Dietrich, Mühlberg. 2002. "Schwierigkeiten kultureller Assimilation: Freuden und
Mühen der Ostdeutschen beim Eingewöhnen in neue Standards des Alltags-
lebens." *APuZ*, B.17(2002), pp.3~11.

Dresen, Andreas. 2002.10.5. "Die peinlichsten Begebenheiten erzählt." *taz*.

Ein Raum von Freiheit. 2002. "Gespräch mit Andreas Dresen über 'Halbe Treppe'."
film-dienst, 20, pp.10~11.

Fernsehmitschnitt: ZDF. 1999.2.6. "Wie der Osten in den Westen kam: Rückblick deutscher Film 1999."

film-dienst. 1999. "Undogmatische Interview mit Andreas Dresen zu Nachtgestalten," Heft 16(1999).

_____. 2006. "Interview mit Andreas Dresen zu 'Sommer vorm Balkon'," Heft 1(2006).

Friedrich, Detlef. 2002.10.4. "Der Himmel über Frankfurt (Oder): 'Halbe Treppe', Andreas Dresen erzählt vom Glück im Plattenbau." *Berliner Zeitung.*

Herold, Karsten and Jens Scherer. 1998. *Wegzeichen: Fragen von Filmstudenten an Regisseure, Beiträge zur Film- und Fernsehwissenschaft,* Bd.49. Berlin.

Hochmuth, Dietmar(ed.). 1993. "DEFA NOVA: Nach wie vor?" *Freunde der Deutschen Kinemathek e. V.*, Heft 82. Berlin.

Kilb, Andreas. 2002.10.4. "Dialekt und Dialektik: Wie das Land, so der Film: Andreas Dresens 'Halbe Treppe' spielt in Frankfurt/Oder." *Frankfurter Allgemeine Zeitung,* Nr.230.

Knoben, Martina. 2002. "Zwei Paare in Frankfurt/Oder - Currywurst und Beziehungsstress." *epd Film,* Nr.10.

McFalls, Laurence. 2001. "Die kulturelle Vereinigung Deutschlands: Ostdeutsche politische und Alltagskultur vom real existierenden Sozialismus zur postmodernen kapitalistischen Konsumkultur." *APuZ,* B.11(2001), pp.23~29.

Nicodemus, Katja. 2004. "Film der neunziger Jahre: Neues Sein und altes Bewußtsein." in Wolfgang Jacobsen et al.(eds.). *Geschichte des deutschen Films.* Stuttgart/Weimar, pp.319~356.

Schenk, Ralf. 2005. "DDR im deutschen Film nach 1989." *Aus Politik und Zeitgeschichte,* Bd.44, pp.31~38.

_____. 2006. "Aus der Mitte des Lebens: Eine Umfrage zur DEFA, ihren Traditionen und deren Wert für das heutige Kino." *film-dienst,* Heft 10.

Schnitt: Das Filmmagazin. 2003. "Werkstattgespräch 'Halbe Treppe': Palmen für Frankfurt/Oder," Nr.28(Herbst/03), pp.6~43.

Seibert, Marcus(ed.). 2006. *Revolver: Kino muss gefährlich sein.* Frankfurt a. M.

Suchsland, Rüdiger. 2002.10.5. "Im Wartesaal zum großen Glück: Für ein neues deutsches Autorenkino: Andreas Dresens Tragikomödie 'Halbe Treppe'."

Frankfurter Rundschau.

Vahabzadeh, Susan. 1999.8.12. "Der Geruch des Stundenhotels: Ein Gespräch mit dem Berliner Regisseur Andreas Dresen zu 'Nachtgestalten'." *Süddeutsche Zeitung.*

http://www.defa-stiftung.de
http://www.filmportal.de
http://www.filmz.de/film_2002/halbe_treppe/index.htm

18
동독 지역 제3공영방송
성공신화의 두 얼굴*

배기정

1. 들어가며

독일 통일이 공식적으로 선포된 1990년 10월 3일, 구동독의 역사는 끝이 나고 40년간 지속된 구동독의 관제언론도 역사의 뒤안길로 사라졌다. 이와 동시에 동독 지역의 신생 5개 주에는 자유언론의 역사가 새롭게 시작되었다. 특히 체제전환과 더불어 정치적 헤게모니의 표적이 됨으로써 극심한 변화가 일어났던 동독 지역 제3공영방송은 통일 이후 동독 언론의 변화를 가장 잘 나타내 보여주는 현장이며, 동시에 동독 지역에서 이루어지고 있는 전면적인 사회·문화 변동의 견인차 역할을 하고 있다는 점에서 각별한 주목을 요한다. 구동독 텔레비전 방송DFF이 전면 해체된 이후, 1992년에 신설된 중부 독일 방송MDR과 동부 독일 방송ORB/RBB 그리고 북부 독일 방송NDR의 슈베린 지사는 통일독일의 언론으로서 급변하는 사회의 새로운 역할과 과제를 인식하며 꾸준히 성장해왔다. 통일 직후 제3공영방송은 동독 주민들이 새로운 체제에 적응하는 데 필요한 정보를 제공함으로써 실생활의 이정표 역할을 했고, 이후 줄곧 동서독의 '내적 통합'을 위해 지속적으로 그리고 일관성 있게 노력해온 결과, 점차 이 지역 주민의 깊은 신뢰를 얻게 되었으며, 이들의 정체성을 규정하는 중요한 요소로 평가되기에 이르렀다.

이러한 배경에서 동독 지역 제3공영방송으로서의 입지를 굳건히 다지게 된 라이프치히 소재 MDR는 신설 15주년이 되는 2007년을 맞아 자신들의 '성공 스토리'를 대대적으로 알릴 수 있었다.[1] 동독 지역에서 가장 큰 규모라고 할 수 있는 MDR는 이미 10년 전부터 ARD에 속한 제3공영방송 가운데 가장 성공적이라는 평가를 받아왔다. 2007년부터는 MDR가 ARD에 내보내는 공동 프로그램의 비율이 11.05%를 나타내면서, 이 방송은 동독이라는 지역적 경계를 넘어 전국적 차원에서 인정을 받기에 이르렀다. 2003년 자유 베를린 방송SFB과 합병한 이후 베를린 브란덴부르크 방송RBB으로 개칭한 ORB는 통일독일의 수도 베를린에 소재하고 있어, 동서독 갈등이 첨예하게 만나는 접점으로서의 독특한 위상을 지니고 있다. 이 방송은 동서베를린 주민과 브란덴부르크 주민이라는 서로 이질적인 방송 대상을 결합함으로써 초창기부터 많은 문제를 안고 있었지만, 이러한 이질성을 오히려 이 방송의 특성으로 인식하면서, 동서독 문화통합의 길라잡이 역할을 하고 있다. 이 외에도 RBB는 2006년부터 이 방송이 75년의 역사를 자랑하는 방송국 건물을 베를린 명소로 부각시키고 있다. 1931년 이래 유럽에서 가장 오래된 방송국 건물이 독일의 방송 역사와 함께 살아 있는 문화유산으로 소개되고 있다는 사실은 분단의 역사를 극복하고, 동독 지역에 남아 있는 고유한 문화를 바탕으로 분단 이전의 역사를 회복하며, 이를 문화통합의 준거지로 삼으려는 RBB의 의지를 대변해준다.[2] 통일 이후 메클렌부르크 - 포어포메른 주도인 슈베린에 지사를 둔 NDR의 경우도 15주년을 기념해 '북부 독일에서 가장 사랑받는 방송'으로서의 자부심을 나타냈고, 지역 주민들의 높은 호응에 감사를 보냈다.[3]

그러나 동독 지역 제3공영방송의 업적을 드러내는 이러한 기념비적 수식어의 이면에는 밖으로 드러나지 않은 난제들이 도사리고 있다. 이러한 문제들의 원인이 방송사 내부의 정책적 현안이나 구조상의 문제에 있기보다는 통일 이후 급격한 변화를 겪게 된 동독 사회의 정치·경제·사회·문화 등 제반 영역에서 발생한 문제들과 밀접한 관련을 맺고 있다고 할 수 있다. 말하자면 방송사들이 직면하고 있는 문제들은 통일 이후 동독 사회가 겪게 된 총체적인 변화와 관련됨은 물론, 방송의 대상이자 이용자인 동독 주민의 정서와 취향 등이 복합적으로 작용하고 있다. 따라서 동독 지역 제3공영방송이 제작·운영하는 프로그램도 각 방송이 처하고 있는 사회문화적 요인들에 상당한 영향을 받고 있다.

이 글에서는 제3공영방송이 지역방송으로서 일궈낸 공과를 짚어보고 동서독 문화통합이라는 내적 과제를 이루어내는 데 어떠한 당면과제에 봉착하고 있는지 중점적으로 고찰해보고자 한다. 이러한 문제에 좀 더 면밀하게 접근하기 위해 이 글은 제3공영방송의 역할에 대한 이 지역 주민들의 평가는 어떠한지, 그리고 이들의 TV 방송 이용이 서독 지역과 비교해 어떤 차이를 보이는지에 주목했다. 일상적 삶의 양식에서 중요한 부분을 차지하는 TV 방송 이용에 대한 분석은 동독 지역의 사회적·문화적 변동의 추이를 가늠하는 데 도움이 될 것이다.[4] 이로써 이 연구는 제3공영방송의 성공신화에 담긴 이면裏面을 조명하면서 신설 15주년을 맞이한 동독 지역 제3공영방송에 대한 균형 잡힌 결산의 시도가 될 것이다.

2. 동독 지역 제3공영방송의 성과

1) 주민의 이익을 대변하는 방송

동독 지역에 신설된 제3공영방송은 한 인간의 성장 과정에 비유해보더라도 신생아 단계를 지나 이제 청소년기에 접어들고 있는 만큼 이미 장년기를 지나고 있는 서독 지역 공영방송의 체계와는 큰 차이를 보인다. 방송이 설립된 이후 초기 단계에서는 방송체계가 정립되기까지 프로그램 제작과 운영 면에서도 다양한 실험이 이루어지고, 여러 가지 시행착오를 겪기 마련이다. 시청자들의 기대와 요구도 자신들이 처한 생활환경에 따라 변화의 양상을 보여준다. 통일 직후, 동독 지역 주민들은 이 지역 제3공영방송에 변화된 사회의 새로운 정치체제와 경제체제에 자신들이 무리 없이 적응하는 데 필요한 정보와 조언을 기대했다. 따라서 공영방송은 동독 주민들을 새로운 체제에 적응시키고 통일독일 사회에 성공적으로 통합시키려는 의도에서 취업, 보험, 연금체계 등에 관한 생활 정보를 확대했다. 이렇게 실생활에 필요한 시급한 정보를 제공하는 역할 이외에 국내외 시사 정보를 제공함으로써 동독 주민들로 하여금 폐쇄적인 사회의 틀을 벗어나 '세계로 향한 창'을 열 수 있도록 했다. 이에 따라 국내외 시사 정보와 시사 토론, 교양 프로그램, 민주주의 교육을 위한 프로그램 등으로 구성된 '정보 분야'의 편성 비율이 각 방송사마다 40~50% 이상을 차지했다.[5] 통일 이전 국영방송인 구동독 텔레비전방송DFF의 시사 정보와 시사 논평에 관한 편성 비율이 25%를 넘지 않았던 것과 비교해볼 때, 신설된 제3공영방송의 시사 정보가 차지하는 비율은 월등하게 높았다.

동독 지역 주민들의 입장을 살펴보더라도 '정보 분야'에 대한 선호도는 다른 어떤 분야보다 높다. 이 중에서도 '뉴스'가 차지하는 비율은 서독과 마찬가지로 90% 이상에 해당한다(〈표 18-1〉 참조).

서독의 시청자들과 비교해볼 때 동독의 시청자들에게 매우 중요한 것은 '자신이 살고 있는 주에 관한 보도'이다. 이 분야가 동독 지역에서는 두 번째로 선호되고 있다. 이들에게 언론의 중요한 역할은 다른 무엇보다 주민의 대변자가 되어주는 것이며, 정보의 전달을 통해 주민들을 계몽하는 것뿐 아니라 주민들의 편에 서서 그들의 이익을 대변해야 한다는 것이다.[6] '정보 분야' 가운데 '학문과 기술'에 대한 동독 주민의 선호도는 서독보다 다소 높게 나타나지만(동독에서 47.9%, 서독에서는 44.8%), '경제 해설·르포'나 '문화 해설·르포'는 서독에서보다 주목을 받지 못한다. 이러한 사실은 이 지역 주민들이 정보의 진실성은 요구하지만 언론인의 논평이나 해설 일체를 꺼린다는 점을 보여준다.[7] 단지 가

〈표 18-1〉 프로그램 분야별 선호도

항목	서독 순위	서독 선호(%)	동독 순위	동독 선호(%)
뉴스	1	92.9	1	90.0
독일 영화와 TV 드라마	2	67.8	3	74.5
자연과 동물	3	67.6	4	73.3
자신이 살고 있는 주에 관한 보도	4	66.4	2	76.9
범죄 영화와 수사 시리즈	5	61.8	7	58.7
퀴즈쇼, 퀴즈 게임	6	58.2	5	66.7
오락쇼	7	58.2	6	62.2
정치시사 토론, 르포	8	56.7	8	54.8
미국 영화와 TV 드라마	9	54.7	14	45.9
다큐멘터리	10	53.1	11	48.6
전문가 자문 프로그램, 소비자 상담 프로그램	11	52.5	9	53.6
가족 시리즈, 오락 시리즈	12	49.9	10	50.6
스포츠	13	46.9	13	47.8
학문과 기술	14	44.8	12	47.9
문화 해설·르포	15	43.3	18	36.7
경제 해설·르포	16	42.5	17	37.1
민속음악, 가요	17	35.8	15	39.7
코미디 프로그램, 코미디쇼	18	34.3	16	37.4
저녁 토크쇼	19	33.3	19	34.1
정치풍자 프로그램	20	33.0	20	33.6
오락 매거진, 연예인 소식	21	27.8	21	32.7
의사·병원 시리즈	22	25.2	22	32.1
SF 영화, SF 시리즈	23	23.3	24	24.2
법정 시리즈	24	20.1	23	28.0
오후 토크쇼	25	17.4	26	20.5
만화 영화, 만화 시리즈	26	16.6	25	21.1
리얼리티쇼	27	12.4	27	16.1

주: 14세 이상을 대상으로 집계했으며, 순위는 프로그램 중요도를 따랐다.
자료: *ARD/ZDF Trendunfrage*, Herbst(2001).

공되지 않은 '사실'만을 원하며, 보도된 내용도 가치중립적이어야 함은 물론 일상에서 검증될 수 있는 것만을 요구하는 주민들의 태도를 분석해보면, 첫째, 동독 지역 주민들이 다양한 정치적 입장을 대변하는 세분화된 정보에 익숙하지 못하다는 점과 둘째, 언론인의 주관적 정치논평이나 해설에 대한 불신이 강하다는 것을 알 수 있다.

시간이 지남에 따라 동독 주민들의 요구가 현저하게 줄어든 부문은 '전문가 자문 프로그램, 소비자 상담 프로그램 분야'이다. 1994/1995년도에는 동독 지역에서 서독 지역보다 훨씬 중요시되었던 이 프로그램이 2001년에는 동서독 사이에 큰 차이를 보이지 않는다. 이는 통일 직후와는 달리 동독 주민들이 새로운 체제에 어느 정도 적응했다는 사실을 말해주고 있다. 이러한 상담 프로그램은 초기에는 MDR의 경우 6% 이상, ORB는 15% 정도, NDR는 6% 이상에 달했으나, 2003년도의 경우를 보면 MDR이 4% 정도, ORB/RBB가 2% 정도, NDR의 경우는 거의 사라져버렸다. 이렇듯 상담 프로그램은 특히 통일 이후 활발하게 진행되었으나 어느 정도 시간이 흐른 뒤에는 효용이 현저하게 떨어졌다.[8]

한 사회의 문화변동을 정책적으로 이끌어가는가 하면, 그 사회의 문화변동을 반영하기도 하는 양가적 특성을 방송의 본질로 삼고 있는 공영방송의 속성은 프로그램 편성에서도 드러난다. 전자의 경우는 통일 이후 동독 지역에 민주주의가 정착되고, 이 지역 주민들이 시장경제체제에 적응해나갈 수 있도록 하기 위해 제3공영방송이 심혈을 기울였던 정보·시사 부문이 대표적이라고 할 수 있다. 그 밖에도 분단 이전의 동독 지역 역사와 문화를 복원해 이 지역 주민들로 하여금 역사적·문화적 정체성을 회복하게 하여 이들이 서독 주민들에 대해 문화적으로 대등하다는 자긍심을 키울 수 있는 기반을 마련하려는 의도로 제작된 역사와 문화 관련 프로그램, 그리고 정치적 과거 청산을 겨냥하며 제작된 기획 프로그램 등을 들 수 있다.[9]

다른 한편으로 제3공영방송은 지역 주민들의 정서와 취향을 반영하지 않을 수 없다. 여기에 해당하는 프로그램들은 주로 오락·가정·어린이 프로그램 등이다. 쇼 프로그램에서는 이미 구동독 시절 DFF에서 활동했던 낯익은 얼굴들이 등장하거나 어린이 프로그램 및 TV 드라마도 구동독 TV 프로그램이 그대로 전수되어 지속적으로 방영되는 경우가 많다. 구동독 시절부터 친숙한 TV 프로그램들은 동독 주민들로 하여금 과거의 삶과 완전히 단절되지 않게 함으로써 통일 이후 새로운 체제하에서 경험하는 문화적 충격을 덜게 하는 일종의 완충작용을 하게 된다.[10] 이렇듯 동독 지역 제3공영방송의 프로그램 편성 현황을 살펴보면, 한편으로는 구동독 체제로부터 결별을 고하고 새로운 체제에 적응시키기 위한 프로그램을 정책적으로 편성·방영하지만, 다른 한편에서는 예전부터 지속된 주민들의 정서를 그대로 유지시키려는 모순된 양상을 나타내고 있다.

오락 분야에서도 동독 주민들은 해외 오락 프로그램보다 전통적인 독일 오락 프로그램을 더욱 선호한다. 2001년도 프로그램 분야별 선호도에 관한 동서독 비교 통계자료에도 잘 나타나 있듯이 '퀴즈쇼나 퀴즈 게임'(66.7%로 5위), '민속음악이나 가요'(39.7%로 15위)에 대한 선호도는 동독 지역에서 우세하다. '독일 영화와 TV 드라마'와 '미국 영화와 TV 드라마'에 대한 선호도에서도 동독 주민들이 전자를 더욱 중요시한다는 사실을 알 수 있다(미국 영화에 대한 선호도가 서독에서는 54.7%, 동독 지역에서는 45.9%). 법정 시리즈는 서독 지역보다 동독 지역에서 월등히 높은 선호도를 보여주며(서독 20.1%, 동독 28.0%), 범죄 영화는 이와 상반된 양상을 보여준다(서독 61.8%, 동독 58.7%). 이러한 결과는 서독 지역보다 동독 지역에서 호전적인 경향이 다소 적거나 폭력을 기피하는 경향이 좀더 강하게 나타나고 있는 것이 아닌가 하는 해석을 낳게 한다.[11] 동서독 모두 높은 관심을 보이는 프로그램 분야는 '자연과 동물'이다. 이러한 현상은 통일 이전 동독 지역에서는 환경 문제가 공공연히 거론되지 않았으나, 통일 이후 지구온난화를 비롯한 기후 변화와 환경 문제의 심각성에 대한 인식이 증대하면서 이 분야에 대한 관심이 높아진 것으로 볼 수 있다. 이렇듯 통일 이후 동독 주민들이 선호하는 프로그램의 변화를 살펴보면 이 지역 사회의 변화를 발견할 수 있으며, 또한 서독과 다른 주민들의 기대와 요구가 반영된 동독 지역 방송문화의 특성을 찾아볼 수 있다.

2) 개방과 소통을 통한 신뢰 회복

동독 지역 제3공영방송에 주어진 중요한 과제 가운데 하나는 언론에 대한 동독 주민의 불신을 떨쳐내는 것이었다. 구동독 시절 중앙집권적 관제언론체제에서는 모든 정보가 당에 의해 독점되었고, 또 당에 의해 철저히 규제되었기 때문에 독자적이고 비판적인 언론의 역할을 기대할 수 없었다. 따라서 신설된 제3공영방송은 이 지역 주민들에게 깊이 뿌리박힌 공적 언론에 대한 불신을 없애고, 신뢰를 회복하기 위해 좀 더 친근한 모습으로 다가가려는 노력을 기울였다. 이러한 노력의 일환으로 주민들이 함께 방송 제작에 참여하게 하는 프로그램이 제시되기도 했다. 가령 MDR의 경우, 방송 프로그램 개편 및 시사 현안에 관한 정기 토론을 방송사 사장이 주관하면서 시청자와의 대화를 통해 방송의 문제점을 논하며 개선책을 강구하기도 했다. RBB의 경우에는 유럽에서 가장 오래된 방송국 건물에서 어떻게 라디오 방송이 만들어지는지 시민들에게 공개함으로써 높은 관심과 참여를 이끌어내고 있다.[12] NDR 슈베린 지사는 개방과 상호 의사소통이라는 새로운 방송문화를 실현하려는 의지를 담아 방송국 건물을 대부분 투명한 유리로 만들어 방송 제작 과정을 공개하고, 방송국을 개방함으로써 과거의 폐쇄적인 권위주의 체제에서는 볼 수 없었던 새로운 소통의 문화를 창출해내고자 노력하고 있다.[13]

지역방송에 대한 지역 주민의 이해와 관심을 증진시키고, 지역 주민들에게 친숙하게 다가가려는 각 방송사들의 노력은 '지역의 문화와 언어'를 기반으로 한 문화, 연극, 음악 등 예술 프로그램에서 두드러지게 나타난다. 이 프로그램들은 '정보 분야'의 하위 분과인 '문화와 학문' 분과에 속한다. 이 분과가 차지하는 비율은 MDR의 경우, 초기에는 전체 프로그램의 6~9% 정도였으나 현재 12%

NDR 슈베린 지사의 전경

를 나타내고 있으며, ORB는 초기 8% 정도에서 RBB로 개칭된 이후 23%로 높아졌고, NDR에서는 초기 약 7%에서 14% 이상으로 증가했다. 다양한 문화 프로그램 가운데에서도 음악 프로그램의 운영을 한 예로 살펴보면, 각 방송사들이 기울이는 노력을 더욱 구체적으로 알 수 있다. 동독 지역 제3공영방송은 통일 이후에도 정치적으로 부담이 주어지지 않는 한 구동독 시절부터 주민들의 사랑을 받아온 기존의 오케스트라와 합창단을 그대로 유지하려 했다. 이를테면 NDR의 슈베린 지사에서는 통일 이후 10년 동안 이 방송이 속해 있는 메클렌부르크 - 포어포메른 주의 특성을 살려, '메클렌부르크 - 포어포메른 음악제', '메클렌부르크 - 포어포메른 여름 음악 캠프', '그라이프스발트 바흐 주간', '우제돔 음악제', '쇤베르크 여름 음악 캠프' 등의 음악 페스티벌을 개최하면서 현지 주민들과 함께 프로그램을 제작했다.[14] MDR의 오케스트라도 매년 60회가 넘는 콘서트를 개최하는 등 활발한 활동을 하고 있다. 이 방송이 속해있는 3개 주인 작센, 작센 - 안할트, 튀링겐의 수도원, 교회, 성 등 유수한 문화 유적지를 무대로 소위 '낭만파 거리를 따라 열리는 음악콘서트Konzerte entlang der Straße der Romantik', '살아 있는 수도원Lebendige Klöster' 등의 음악회가 현지에서 녹화됨으로써 지역 주민들의 큰 호응을 얻었다.[15] 이렇듯 지역 단위로 이루어지는 음악 공연이 주민들에게 좋은 반응을 얻을 수 있었던 것은 구동독 시절부터 내려오던 문화생활의 전통과도 관련이 있다. 분단 시절 구동독 주민들은 대부분 학교를 중심으로 문화생활을 할 수 있었다. 또한 학생들은 음악회, 연극 공연, 워크숍 등에 단체로 참가하고는 했다. 구동독 체제하에서 공연예술에 참여하거나 이를 관람하는 것이 비록 어느 정도 강제성을 띠었다고 하더라도 이것이 어떤 특정한 사람들에게만 한정된 것이 아니라 모든 사람들이 문화생활을 누릴 수 있었던 긍정적인 면도 갖고 있었다.[16] 통일 이후에는 구동독 시절의 일상 가운데 중요한 부분을 차지하고 있었던 공연예술의 향유가 지나친 비용 부담으로 인해 일종의 '사치품'으로 여겨지는 상황에서, 지역방송들이 제공한 다양한 음악 프로그램들은 이 지역 주민들에게 문화생활의 새 활로를 열어준 셈이다. 동독 지역의 제3공영방송이 오케스트라와 합창단을 통해 지역 주민들에게 다가가 그들과 함께 호흡을 맞추려고 한 것은 동독 지역에 뿌리내린 문화생활의 긍정적 전통에 대한 존중을 보여준 것으로 평가된다.

3) 전국채널에 대한 불신 vs. 제3공영방송에 대한 편애

통일 이후 현재까지 동독 지역에서는 서독 지역과는 다른 TV 방송 그리고 다른 TV 프로그램들이 선호되고 있다. 제1공영방송, 제2공영방송, 3sat, Arte, KI.KA는 서독 지역에서, 제3공영방송과 대부분의 민영방송은 동독 지역에서 더 큰 수요를 나타낸다. RTL은 동독 지역에서 가장 선호되고 있는 방송이지만 최근 들어 제3공영방송에 대한 수요보다 다소 줄어들고 있다. RTL의 수요가 점차 줄어들고 있는 현상은 서독 지역에서도 마찬가지로 관찰되며, 동독 지역에서 점진적인 성장을 보이고 있는 것은 SAT.1과 ZDF이다(〈표 18-2〉 참조).

선호되는 방송과 관련해 특이한 점은 첫째, 동독 지역에서는 서독 지역과는 다른 민영방송에 대한 요구가 발견되며, 둘째로 이 지역 제3공영방송에 대한 동독 지역의 선호도가 서독 지역에서보다 훨씬 높다는 것이다. TV 방송 시장점유율에 대한 통계자료에 따르면, 제1공영방송과 제2공영방송의 시장점유율이 서독 지역보다 훨씬 못 미치는 동독 지역에서 이 빈자리를 채워가는 것이 제3공영방송임을 알 수 있다(〈표 18-3〉 참조). 동독 지역에서는 공영방송 가운데 전국채널인 ARD와 ZDF의 선호도가 서독 지역에서보다 훨씬 떨어지고 있지만,

<표 18-2> TV 방송 시장점유율(3세 이상, 월~일요일 TV소비, %)

	서독			동독		
	2003년	2004년	2005년	2003년	2004년	2005년
Das Erste	14.8	14.7	14.1	11.2	11.3	11.3
ZDF	14.0	14.4	14.1	10.5	11.0	11.6
RTL	14.2	13.3	12.7	17.3	15.6	14.9
SAT.1	10.1	10.1	10.6	10.3	10.9	11.9
ProSieben	7.0	7.0	6.6	7.2	7.3	6.9
RTLII	4.6	4.7	4.1	5.0	5.4	4.4
VOX	3.4	3.7	4.2	3.6	4.0	4.3
kabel eins	4.0	3.9	3.7	4.9	4.6	4.1
Super RTL	2.7	2.8	2.9	2.6	2.7	2.7
KI.KA[1]	1.9	1.9	1.9	1.5	1.4	1.5
3sat	1.0	1.0	1.0	0.9	0.9	0.9
Arte[2]	0.4	0.5	0.6	0.3	0.4	0.5
n-tv	0.7	0.6	0.7	0.5	0.4	0.5
Phoenix	0.5	0.5	0.6	0.5	0.6	0.6
DSF	1.1	1.2	1.2	1.0	1.0	1.0
Eurosport	0.8	0.9	0.9	1.0	1.0	1.0

주: 강조는 필자.
  1) 오전 6시~오후 9시 기준.
  2) 오후 2시~오전 3시 기준.
자료: AGF/GfK; pc#tv, Fernsehpanel (D+EU).

그 대신에 동독 지역 제3공영방송인 MDR와 ORB/RBB가 각별히 선호되고 있기 때문이다. 이러한 사실은 동독 지역 제3공영방송의 입장에서는 당당한 승리이자 성공이라고 할 수 있다. 특히 독일 전역을 통틀어 MDR의 동독 시장점유율을 능가하는 다른 제3공영방송은 찾아볼 수 없을 뿐 아니라, 그 차이 또한 타의 추종을 불허할 만큼, MDR에 대한 동독 주민들의 사랑은 각별하다고 볼 수 있다. 그러나 동독 주민들의 편애에 따른 지역방송의 성공은 역설적으로 동독 지역 공론문화의 한계를 의미한다.

〈표 18-3〉 제3공영방송의 시장점유율(3세 이상 TV소비 월~일요일, %)

	독일 전역			서독			동독		
	2003	2004	2005	2003	2004	2005	2003	2004	2005
NDR Fernsehen	2.9	2.9	2.9	2.9	2.9	2.8	2.8	2.9	2.9
WDR Fernsehen	2.5	2.7	2.8	2.9	3.1	3.2	1.2	1.3	1.3
MDR Fernsehen	2.4	2.4	2.3	1.1	1.1	1.1	6.9	7.1	6.7
Bayerisches Fernsehen	2.0	2.2	2.2	2.3	2.4	2.5	1.0	1.2	1.1
Südwest Fernsehen	1.8	1.8	1.8	2.0	2.2	2.1	0.7	0.7	0.7
HR Fernsehen	0.8	0.8	0.9	0.9	0.9	1.0	0.4	0.5	0.6
B1/RBB Berlin	0.4	-	-	0.3	-	-	0.8	-	-
ORB/RBB Brandenburg	0.7	-	-	0.3	-	-	2.0	-	-
RBB Fernsehen	-	0.8	0.9	-	0.5	0.5	-	2.1	2.2
Summe Dritte Programme	13.4	13.7	13.6	12.7	13.1	13.1	15.9	15.9	15.5

주: 강조는 필자.
자료: 같은 자료.

이 문제는 적어도 두 가지 측면에서 접근해볼 수 있을 것이다. 첫째, 제1·제2공영방송인 전국채널이 은근히 외면당하고 있다는 사실을 통해 볼 때, 동독 지역 주민들이 통일 이전 중앙집권적 관제언론에 대해 가지고 있던 불신과 선입견을 여전히 버리지 못하고 있다는 점을 알 수 있으며, 이러한 불신이 통일 이후에도 전국채널에 일반적으로 전이된 것이 아닌가 하는 추측을 낳게 한다. 둘째, 특히 MDR의 경우만 보더라도 '오스탤지어'에 뿌리를 내리고 정착된 방송이라는 인식이 강하게 자리 잡고 있는 만큼, 동독 지역에서 차지하고 있는 MDR의 높은 시장점유율은 이 지역에서 동독의 역사와 문화 속에 뿌리를 내리고 있는 강한 지역성이 다른 어떤 요소보다도 큰 비중을 차지하고 있음을 알 수 있다.

1994/1995년도에 ARD/ZDF 방송위원회가 동독 지역에서 실시한 조사에 따르면, 동독 주민들이 제1·제2공영방송에 실망하게 된 근본적인 요인이 동독과 동독 주민들을 묘사한 '서독의 시각'에 있다는 점에 주목할 필요가 있다.[17] 서독

방송에서 동독 지역을 여전히 '위기지역'으로 간주하거나 때로는 마치 '해외소식'에 나오는 제3세계와 다를 바 없이 묘사하는 편파적인 보도 대도가 동독인들로 하여금 전국채널에 대해 일정한 거리를 두게 했다는 것이다. 이 외에도 동독 주민들은 제1·제2공영방송에서 보여주는 진행자들의 태도, 방송인들의 제스처 등에도 불만을 나타내곤 했다.[18] 따라서 동독 지역 제3공영방송들은 전국채널에서는 볼 수 없는 '동독의 시각'을 존중하고 이를 부각하기 위한 노력을 기울이며, 이를 통해 지역방송의 지지기반을 구축해가지 않을 수 없었다.

2000년 ARD/ZDF에 의해 실시된 동독 지역 정보 전달에 관한 질적 연구에 따르면, 동독 주민들은 '동독에 관한 기사가 동독 사람에 의해서 혹은 동독의 삶을 배경으로 작성된 경우' 이에 대해 강한 문화적인 유대감을 나타낸다. 하지만 이와는 달리 방송에서 들리는 독일어 발음이 자신들과 다르고, 방송 출연자들이 동독의 지리에 관해 제대로 알지 못하거나, 자신들과 다른 낯선 점을 발견하게 되면 이 방송이 곧 서독에서 보내진 것이라고 판단해 거리를 둔다고 한다. 물론 동독 주민들의 배타적인 성향은 지역에 따라 편차를 보이기도 한다. 이를테면 라이프치히를 중심으로 한 작센 지역에서는 북부 독일의 로스토크에서보다 동독이라는 지역 정체성이 강하게 각인되어 있는 반면, 로스토크의 경우는 오히려 북부 독일이라는 지역적 정체성이 더욱 강하게 나타난다.[19]

동독 지역 제3공영방송에서 동독 정체성이 부각되는 현상은 신문시장에서도 확인된다. 전국지인 ≪프랑크푸르터 알게마이네Frankfurter Allgemeine≫, ≪프랑크푸르터 룬트샤우Frankfurter Rundschau≫, ≪쥐트도이췌 차이퉁Süddeutsche Zeitung≫은 동독 지역에서 겨우 상징적으로 연명해가고 있을 뿐이다. 반면 구동독의 15개 광역시에 속해 있던 지역기관지들은 비록 민영화 과정에서 서독의 신문재벌들에 의해 팔려나가 대대적인 구조 변화를 겪었지만, 여전히 동독 지역의 신문시장을 장악하고 있다. 민영화 과정에서 이 지역기관지들의 이름이 바뀌거나 영업 부문과 경영진에 큰 변화가 일어났지만, 편집부의 경우에는 세대교체에 의한 자연적 변화를 논외로 한다면 구동독 시절부터 내려오는 언론 풍토가 일정 정도 그대로 남아 있다고 볼 수 있다. 이 지역신문은 경영 면에서도 기존의 정기구독망이 거의 그대로 살아 있어, 10여 개의 일간지들이 난립해 서로 심한 경쟁의 소용돌이에 휘말리고 있는 베를린의 경우를 제외하고는 비교적 큰 어려움

라이프치히 소재 MDR 본사 건물

을 겪지 않은 채 줄곧 지역공론의 주역으로 존립하고 있다. 내적으로 큰 변화를 겪지 않은 동독의 지역신문들이 각 지역에서 실질적으로 독점 형태를 유지하고 있는 것이다. 이렇듯 신문시장에서도 서독 및 다른 일간지에 대해 매우 배타적인 성향을 나타내는 동독 지역 언론이 더욱더 지역성에만 안주하려는 것이 아닌가 하는 우려를 낳고 있다. 동독 지역 신문의 편집진과 기술 분야의 전문인력 가운데 상당 부분은 서독에서 교육받은 동독 출신의 젊은 세대로 교체되고 있으며, 이 젊은 세대는 지역 언론의 배타적 풍토를 개선시키려 노력하고 있다. 그런데도 과연 이들이 '동독의 시각'에 함몰되지 않고 균형 잡힌 시각을 지속적으로 견지해나갈 수 있을지 쉽게 속단할 수는 없는 일이다.[20] 동독 지역 주민들이 지역성에 기반을 둔 지역신문이나 신설된 제3공영방송에 대해 보이는 '편애'가 프로그램 제작과 편성에 영향력 있는 요인으로 작용하는 만큼, 지역성과 공영성의 균형을 맞추어가야 하는 것은 앞으로도 지역 언론이 풀어가야 할 과제이다.

3. 동독 지역 제3공영방송의 딜레마

1) 민영방송의 질주

통일 이후 동독 지역 방송환경의 변화에 주요 변수로 등장했을 뿐 아니라 이 지역의 문화변동에 중요한 요인이 되고 있는 것은 공영방송의 강력한 경쟁자로 자리 잡고 있는 민영방송이라고 할 수 있다. 이미 1980년대 초반 서독에서는 독일의 공론장에 거센 변화를 불러일으키게 될 민영방송에 대한 우려가 있었는데도 그 필요성을 주장하는 목소리가 시장에서 승리를 거두었던 반면, 동독 지역에서는 공영방송과 민영방송이 통일과 더불어 새로운 공론장의 주역으로 동시에 입장했다. 당의 선전기구 역할을 했던 관제언론이 사라지고 동독 지역에 자유언론체제가 들어왔지만, 서독에서 이미 많은 문제를 안고 있었던 이원체제Dualsystem가 함께 둥지를 틀게 된 것이다. 따라서 동독 지역 주민들은 다원주의를 표방하는 자유언론의 이름으로 공영성을 표방하는 공영방송과 강력한 상업성을 내걸고 등장한 민영방송을 동시에 체험하게 되었다.

1982/1983년 이래 서독에서 방송의 이원체제가 도입되어야 하는지를 둘러싸고 벌어진 활발한 논쟁은 근본적으로 독일 정치의 두 축을 이루는 SPD와 CDU/CSU라는 대표적 정당 사이에 맞붙은 문화정책의 대결로 이어졌다. 이 논쟁에서 가장 큰 이슈가 되었던 것은 첫째, 정치적인 관점에서 볼 때 민영방송은 주파수 통제에 의해 거의 독점이 되다시피 한 공영방송을 견제할 수 있다는 것이고, 경제적인 측면에서는 위성 방송과 케이블 방송의 확장이 가져올 투자 확산으로 인해 서독 경제의 미래가 보장될 수 있다는 관측이었다.[21] 이처럼 민영방송의 필요성이 우세해지고 있는 상황에서도 1983년 11월 30일 열린 ARD 총회에서는 어떠한 법적·경제적인 이유로도 공영방송의 프로그램 운영에 차질이 빚어져서는 안 되며, '방송은 우선적으로 문화적 과업'이라는 성명을 발표했다.[22] 이를 통해 교육과 문화에 역점을 둔 공영방송의 역할이 민영방송으로 인

해 축소되거나 위협을 받아서는 안 된다는 의지를 분명하게 나타냈다. 이러한 상황에서 1984년 초 룩셈부르크 소재 RTLplus가 서독의 몇 개 주에 방영되었던 시점을 계기로 민영방송의 도입이 가시화되었으며, 1985년에는 SAT.1이 출범했다. 민영방송의 설립과 확산에는 독일의 거대 출판기업들(베르텔스만, 부르다, 바우어, 슈프링어, 홀츠브링크)이 대거 참여했다.[23] 이후에도 CDU/CSU가 집권한 주에서는 민영방송의 허가가 순조롭게 이루어진 반면에, SPD가 집권한 주에서는 비교적 더디게 성사되었다.[24]

통일과 더불어 독일 전역으로 확산된 민영방송은 특히 동독 지역에서 더욱 선전했다. 그러나 민영방송의 영향에 대해 우려하는 목소리는 끊이지 않고 있다. 케이블 TV로 인해 방송채널이 다수히 늘어났지만, 이 방송들이 정치적인 성향에서는 서로의 색깔이 구분되지 않은 채 획일화되어가고 있다는 점과 TV 정보의 전달 면에서도 지나치게 부정적인 측면이나 선정적인 보도에 치중한다거나 정치적 의사소통에서도 담론은 부재하고 스타가 된 인물만 조명을 받는다는 점 등이 지적되어왔다. 토마스 고트샬크Thomas Gottschalk, 하랄드 슈미트 Harald Schmidt, 루디 카렐Rudi Carrell 등 모두 '정치적으로 위험성이 전혀 없는' 엔터테이너들이 TV 방송의 스타로 군림하게 된 사실은 여기에 해당되는 예라고 할 수 있다.[25] 민영방송이 방송시장을 석권하면서 얻게 된 평가들 또한 부정적이다. 민영방송을 일컬어 마취제, 환각제로 표현하는가 하면, 심지어 이 방송의 영향으로 시청자들이 난폭해지는 결과를 초래했다는 평가들이 내려지기도 했다. '다양한 의사표현의 자유를 증대'시킬 수 있다며 민영방송의 도입을 적극적으로 장려하던 사람들이 내세웠던 이상적 전망은 실제 여러 가지 부작용들로 가려지게 되었다.[26]

민영방송에 대한 선호도가 공영방송을 위협하는 상황이 연속되고 있는 만큼, 동독 지역 제3공영방송도 이에 대한 대응책을 마련하는 데 부심하지 않을 수 없다. 그것은 다름 아닌 '질적 승부'로서, 공영방송의 본래 임무인 교육, 상담, 정보 전달, 오락 가운데 오락 프로그램의 편중을 막고 '정보 분야'에 역점을

75주년 기념사진이 전시된 RBB 라디오방송사 내부

두어 민영방송과의 차별성을 뚜렷이 한다는 전략이다.[27] 하지만 이러한 질적 승부도 결국 공영성 실현과 시청률 획득 사이에서의 힘겨운 줄타기를 의미한다. 민영방송의 재정이 대부분 광고료에 의해 충당되는 것과는 달리, 공영방송의 경우 시청자들이 내는 시청료에 의해 운영된다고 하더라도 방송 프로그램 제작과 운영에서는 시청률이 결정적 요인으로 작용하기 때문이다. 결국 시청자들이 원하는 방향으로 프로그램 제작이 이루어질 수밖에 없는 상황이거나, 적어도 이들의 취향과 정서를 충분히 고려하지 않을 수 없다.

이를 위해 동독 지역 주민들의 성향을 좀 더 자세히 살펴볼 필요가 있다. 여기서 동독 지역 주민들의 프로그램 선호도에서 '정보 분야'에 한해서만큼은 공영방송이나 민영방송 간에 뚜렷한 차이를 보이지 않는다는 점을 빼놓을 수 없다. 이는 역으로 동독 지역 주민들이 민영방송에 대해서도 유독 오락 프로그램만을 요구하지 않는다는 점을 말해준다. 이처럼 이 지역에서는 서독 지역과 달리 공영방송에 대한 요구나 민영방송에 대한 요구가 극단적으로 이분화되어 있지 않다. 동독 지역에서는 공영방송에 대해서 정보와 문화뿐 아니라 오락과 이에 준하는 프로그램을, 그리고 민영방송에 대해서도 오락 이외에 정보에 대한 요구가 높게 나타난다. 이를 통해 알 수 있는 것은 동독 주민들이 그들의 일상에서 공영방송이나 민영방송에 대해 뚜렷한 구분 없이 비교적 자유자재로 이 채널에서 저 채널로 옮길 뿐이라는 사실이다.[28] 따라서 동독 지역에서의 민영방송의 질주를 견제하려는 공영방송의 조처도 서독과는 차별된 것이라야 할 것이다.

1997년에 ARD/ZDF 방송위원회가 동독 지역에서 실시한 조사에 따르면, 동독 주민들은 제3공영방송에 '일상에서 발생하는 문제들을 해결해주거나 동시에 베일에 가려진 문제들을 드러내어 밝혀주는 역할'을 요구하고 있다. 이것은 특히 기사의 신빙성과 관련한 특별 주문이라고 할 수 있으며, 여기에는 과거 구동독 시절 관제 언론에 대해 품고 있었던 불신의 내력이 숨어 있다고 볼 수 있다. 또한 동독의 주민들은 정보 전달의 방식에서도 언론매체가 어떤 사안이든 구체적으로 설명을 해줄 것과 어렵고 까다로운 문제라도 '즐겁고 재미있게' 다루어줄 것을 요구한다. 따라서 정보 전달이라는 전통적 형식에 오락과 유희의 요소를 가미한 인포테인먼트Infotainment 양식이 선호되고 있다.[29] 이 외에도 정보는 무엇보다 일상 및 실생활을 영위하는 데 도움을 주는 실용성과 관련될 것을 요구한다. 일상으로부터 거리가 있는 이른바 '고상한' 정보에는 큰 관심을 보이지 않는다.[30] 이 지역 공영방송을 통해 보도되는 상이한 정당의 서로 다른 정치적 관점에 대해서는 '성과를 보장할 수 없는 부질없는 것'으로 간주하며, 자세한 토론 과정보다는 더욱 구체적인 결과를 요구한다. 이렇듯 토론에 대해서는 거리감을 보이거나, 이를 흔히 '싸움'으로 이해하기도 한다.[31]

위의 사례에서 알 수 있듯이 동독 주민들이 공영방송에 대해 원하는 바는 분명하다. 이는 민영방송에 대한 요구와는 차별되는 정치적·사회적 정보의 객관성과 공정성, 그리고 진실의 확인이라고 할 수 있다. 다만 공영방송이 이러한 정보전달을 통해 공론을 이끌어가야 하는 중추적 임무를 수행하는 데도 오락적 요소를 배제할 수 없으며, 이미 민영방송이 끼친 부정적 요소들을 배제하기보다는 오히려 이를 수용하고 이와 타협하지 않을 수 없는 상황이다. 따라서 동독 주민들에게는 통일과 더불어 자유언론체제와 방송의 이원체제라는 '이중의 자유'가 주어졌다면, 동독 지역 제3공영방송에는 이중의 부담이 주어진 셈이다. 즉, 한편으로는 민영방송과의 차별성을 두기 위해 공영성의 권위를 잃지 않으려는 노력이 필요하며, 다른 한편으로는 민영방송과의 시청률 경쟁에서 자유롭지 못한 만큼 일정 부분 '적과의 동침'을 피할 수 없다는 것이다.

2) 오스탤지어 정서와 지역성 편중

'오스탤지어 정서가 뿌리 깊은 동독, 동독에는 무관심한 서독'이라는 의미로 쓰이는 통일독일의 '공론장의 양분화Doppelte Öffentlichkeit' 현상은 통일 이후 독일의 공론문화를 집약해 표현한다.[32] 동독 주민들은 통일 이전부터 서독의 텔레비전 방송을 시청할 수 있었던 까닭에 서독 언론이 구동독 사회에 미친 영향력은 상당 기간 지속되었던 반면, 서독 사회에서 차지하고 있던 동독 언론의 존재는 지극히 미미할 수밖에 없었다. 이러한 사정은 통일 이후에도 크게 변화하지 않았다. 다만 때때로 구동독의 생활문화가 통일독일 사회에서 새롭게 조명되는 계기가 주어지곤 했다. 경제적으로 '이등 국민'이라는 자각과 함께 심리적인 위축에 빠져 있던 동독 주민들이 일종의 '저항적 정체성'이라고 할 수 있는 '오스탤지어' 정서로 무장하면서, 집단적 현상으로서의 '오스탤지어' 정서에 대한 논란이 심심치 않게 언론에서 다루어졌다. 이때 TV 프로그램들이 앞을 다투어 '오스탤지어' 관련 프로그램을 내보냄으로써 동독에 냉담한 서독 사회에 동독인들의 삶이 새롭게 알려질 수 있었다. 문제는 이런 '오스탤지어' 정서가 동독 사회에 만연되어 있다는 점이다. 자연스럽게 동독인들의 '오스탤지어' 정서에 의존해 동독의 지역성을 강하게 표출하고 있는 MDR은 '구동독의 후속 방송'이라는 불명예스러운 호칭을 감수할 수밖에 없는 처지에 놓여 있다.[33] 이렇듯 동독 지역 제3공영방송은 이 지역의 문화 복원과 주민들의 지역 정체성 회복을 위해 다각도의 노력을 기울이고 있지만, 이러한 '내적 모순'에서 완전히 자유롭지는 못하다. 동서독 공론장은 '오스탤지어'를 분기점으로 하여 서로 다른 지형으로 나뉘어 있으며, 이러한 양분화 현상이 어떻게 봉합이 아닌 통합으로 옮겨갈 수 있을지는 여전히 풀어가야 할 과제로 남아 있다.

그럼에도 변화의 조짐이 포착되곤 한다. 동독 지역 제3공영방송이 '지역 주민들을 위한 방송'으로서 자타가 공인하는 배타적 지역성에도 초기와는 다른 새로운 변화의 양상이 발견되기 때문이다. 동부 독일 방송ORB이 제작을 시작해 후속 방송인 베를린 브란덴부르크 방송RBB이 제작을 확대·방영했던 다큐멘터리 〈독일 통일 연대기Chronik der Wende〉의 경우가 이에 해당하는 좋은 예라고 할 수 있다. 〈독일 통일 연대기〉가 첫 번째로 방영되었던 1994/1995년과 10년이 지난 후의 시청률을 비교해보면, 서독 지역에서의 시청률 상승이 오히려 동독 지역에서보다 높다는 것을 알 수 있다. 즉, ARD 평균 시청률이 9.1%에 달한 반면, 서독 지역에서는 평균 9.5%로서 동독의 시청률에 앞서고 있다.[34] 이런 사례를 통해 볼 때, 앞으로도 동독 지역에 관한 문제들이 이 지역 내에서만 다루어지고 논의되는 것에 그치지 않고 전국채널을 통해 공론화된다면, 서독 지역에서도 점차적으로 동독 지역에 대한 관심이 늘어날 것으로 기대된다. 물론 여기에서도 또 다른 문제가 제기될 수 있다. 말하자면 동독 지역 시청률이 10년이 지나는 동안 하락했다면, 이 지역 주민들이 구동독의 역사를 재성찰하는 '정치적 과거 청산'에 대해 예전보다 큰 관심을 보이지 않을 뿐이라고 말할 수 있다. 이 또한 동독 주민들의 탈정치적 성향과 무관하다고 볼 수 없지만, 이러한 상황은 서독에서도 예외가 될 수 없으므로 전국채널이 보여주는 동독 지역에 대한 일관성 있는 관심의 증대가 앞으로도 동서독 공론장의 주요 변수로 작용할 것이다.

3) 동독 지역 공동화와 고령화 현상

공영방송은 광고비에 의해 운영되는 민영방송과는 달리 시청자들이 내는 시청료에 의해 운영되고 있기 때문에 시청자들의 반응에 전적으로 의존하지 않고도 방송의 문화정책에 따라 프로그램을 제작·방영할 수 있는 장점을 지닌다. 이에 따라 동독 지역 제3공영방송은 동독 젊은이들에게 필요한 교육과 직업에 관한 프로그램을 제작함으로써 좀 더 낮은 연령층에 다가가려는 노력을 기울이고 있다. 최근에는 동독 지역을 떠나 서독 지역으로 이주하는 청소년 및 젊은 층이 점점 더 증가함에 따라, 각 방송사들은 이들에게 매력적으로 다가갈 수 있는 교육 프로그램 개발에 주력하고 있다. 학교수업을 뒷받침할 수 있는 자료 제공은 물론 여가시간 선용에 필요한 프로그램을 개발·운영 중이다.

　문제는 이러한 교육 프로그램들이 실질적으로 그다지 큰 효력을 발휘하지 못한다는 점이다. 그 이유로 젊은이들이 고향을 떠나고 없는 동독 지역의 공동화空洞化 현상을 들 수 있다. 물론 이에 대한 대처 방안을 제3공영방송 단독으로 제시할 수는 없다. 좀 더 근본적인 방안이 정치적·경제적 차원에서 마련되어야 하기 때문이다. 동독의 젊은이들이 이 지역을 떠남으로 인해 발생하는 또다른 현상은 방송 이용자들의 고령화이다. 대다수 시청자의 평균연령이 현재 60세 이상이지만 방송사가 추구하는 연령대는 50세 이상이다.[35] 이 연령대가 시청자의 주축을 이룬다면 프로그램 제작에서도 '오스탤지어' 정서로부터 어느 정도 벗어날 수 있고, 그만큼 선택의 폭이 커질 수 있으리라고 내다본다. 이와 같은 문제는 현재 독일 사회에서 다른 공영방송도 모두 공통적으로 짊어지고 있는 전반적인 과제이기도 하다. 이 시점에서 앞으로 기대할 수 있는 것은 자연적 세대교체라는 지극히 소극적인 방안이다. 이를 통해 시청자들의 두터운 층을 이루고 있는 노년층, 말하자면 구동독을 경험했던 사람들이 줄어들수록 현재 방송에서 차지하고 있는 동독 편향적 요소도 점차 줄어들 것이다. 하지만 그렇게 된다고 해서 이러한 지역적 요소들이 쉽사리 사라질 것이라고 전망하기는 어렵다. 동서독 소득 격차로 인해 동독 주민들이 느끼는 경제적 열등감과 상대적 빈곤감이 존재하는 한 방송의 프로그램 편성은 '오스탤지어' 정서로부터 벗어나기 어렵기 때문이다. 또 다른 전망으로 서독에서, 혹은 동독 이외의 지역에서 교육을 받은 동독 출신 젊은이들이 다시 동독 지역으로 귀환하는 것을 들 수 있다. 실제로 제3공영방송사 가운데 동독 주민들의 정서를 이해하면서도 최첨단 기술을 익힌 동독 출신 젊은이들이 동독 전문가로서 새로운 기회를 얻고 있다. 세대교체가 가져오는 이러한 변화는 점차 동독 지역에 활기를 불어넣어 줄 뿐 아니라 동독인들의 자긍심 회복과 지역 활성화에도 기여할 것으로 기대된다.

4. 맺는 말

동독 지역에 신설된 제3공영방송은 근본적으로 교육방송으로서의 역할을 충실하게 이행하고 공영성과 오락성을 적절히 조화하면서 청소년 교육과 지역문화 프로그램에 주력해왔다. 또한 분단 시절에 주목받지 못했던 지역문화를 복원함으로써 동독 지역 주민들이 자긍심을 갖도록 하며, 이를 통해 '내적 통합'의 기반을 공고히 다지기 위해 노력하고 있다. 하지만 이 지역 공영방송이 비록 주민들의 신뢰와 사랑을 받으며 성장하고 있다고 하더라도 40년간 동독과 서독이라는 서로 다른 체제와 문화 속에서 뿌리내린 지역성의 문제는 앞으로도 많은 시간과 노력을 필요로 한다. '아직도 통일은 진행 중'이라고 진단하는 우도 라이터Udo Reiter MDR 사장의 말을 빌려보더라도 동독 지역 제3공영방송은 변화와 성장의 과정에 놓여 있으며, 여러 가지 난관을 헤쳐가는 변화 속에서 미래를 향한 비전을 바라보고 있다.[36]

무엇보다 동독 지역 제3공영방송들이 동독 지역에만 시각을 한정하지 않고 동유럽과의 교류를 지속적으로 발전해나감으로써, 동서독 문화통합을 위해 노력해온 경험을 바탕으로 유럽연합 내에서 중요한 입지를 구축하고 있다는 점에 주목해야 할 것이다. 동독 지역 제3공영방송들은 동서독 문화통합이라는 과제 이외에 주변국들과의 국제적 화해를 증진해야 한다는 기본 취지에 입각해 각 방송사마다 역사, 문화, 교육, 여행 등의 프로그램을 통해 구동독 시절부터 교류를 맺어온 폴란드, 소련 및 동유럽과의 긴밀한 유대관계를 계속 발전시켜가고 있으며, 상호 간의 문화적 유사성을 지속적으로 공유하려는 노력을 기울이고 있다.[37] 유럽 통합이라는 원대한 목표를 향해 제3공영방송들이 시도하고 있는 동유럽과의 문화 교류에는 근본적으로 독일의 통일 이후 동독 주민들이 겪게 된 동서독 사회·문화 갈등의 경험이 중요한 밑거름이 되고 있다. 통일의 경험은 이질적인 민족들의 결합체인 동유럽과의 결속을 다지는 데 기여하며, 동유럽과의 경험은 동독 주민들에게 유럽 통합의 주체로서의 인식을 가능케

한다. 이는 동독 주민들로 하여금 서독 주민들에 대해 갖고 있는 열등감을 극복하게 하고, 스스로 서독과 대등한 동서 문화통합의 주체로 인식할 수 있도록 히기 때문에 통일독일의 '내적 통합'을 위해서도 바람직하다.

주

* 이 글은 배기정, 「동독지역 제3공영 성공신화의 두 얼굴」, ≪브레히트와 현대연극≫, 제17집(2007), 357~380쪽을 수정 게재한 것임.

1 "Seit 15 Jahren erfolgreich - der MDR." http://www.mdr.de/unternehmen/3946153. html(검색일: 2007.1.4).

2 http://www.download.rbb-online.de/unternehmen/HdR-Broschur.pdf

3 http://www.wellenord.de/wir_ueber_uns/mediaanalyse6.html

4 Gerlinde Frey-Vor, "Sehen Ostdeutsche anders fern? Über Unterschiede in der Nutzung von Fernsehangeboten," in Lothar Probst(ed.), *Differenz in der Einheit: Über die kulturellen Unterschiede der Deutschen in Ost und West* (Berlin: Links, 1999), pp.163~176, 특히 p.163 참조.

5 *ARD-Jahrbuch*, 04/05, 36.Jg(Hamburg), p.361 참조.

6 Gerlinde Frey-Vor, Heinz Gerhard, Annette Mende and Inge Mohr, "Fernsehnutzung in den alten und den neuen Bundesländern," in Gerlinde Frey-Vor and Rüdiger Steinmetz (eds.), *Rundfunk in Ostdeutschland: Erinnerung - Analysen - Meinungen* (Konstanz, UVK, 2003), pp.175~200, 특히 p.194 참조.

7 같은 글, p.193 참조.

8 *ARD-Jahrbuch*, 04/05, p.361 참조.

9 배기정, 「통일 이후 동독 지역 방송의 변화: 체제 변화와 프로그램 변화를 중심으로」, ≪독일 문학≫, 제99집(3/2006), 200~202쪽 참조. 분단 이전의 지역역사와 지역문화를 복원하려는 의도에서 제작된 기획 프로그램으로는 〈중부 독일의 역사〉(MDR), 〈프로이센 연대기〉(ORB), 〈북부 독일의 역사〉(NDR) 등이 대표적이며, 구동독 사회를 재평가하려는 기획 프로그램으로는 〈동독의 그때 그 시절〉(MDR), 〈독일 통일 연대기〉(ORB), 〈인물시리즈〉(ORB), 〈미래를 위한 회상〉(NDR) 등이 있다.

10 Ki-Chung Bae, "'Ostalgie' im Spiegel der Medien," *Dogilmunhak*, 94(6/2005), pp.133~147, 특히 pp.138ff. 참조. 이에 대해 서독의 언론에서는 구동독 생활문화가 무비판적으로 계속 받아들여지고 있다는 비난어린 논평을 하기도 했다.

11 Gerlinde Frey-Vor, "Sehen Ostdeutsche anders fern?," p.170 참조.

12 http://www.rbb-online.de/-/unternehmen/beitrag-jsp/key=4561397.html 참조.

13 김누리 편저, 『머릿속의 장벽: 통일 이후 동·서독 사회문화 갈등』(도서출판 한울, 2006), 252쪽 참조.

14 Harald Ringstorff, "Der NDR - Identitätsfaktor Nr. 1 für Mecklenburg-Vorpommern," in Prof. Jobst Plog(ed.), *10 Jahre NDR in Mecklenburg-Vorpommern 1992~2002* (Hamburg, 2002), pp.12~17, 특히 pp.14f. 참조.

15 "Der MDR - Qualität als Auftrag," *Nutzen, Kosten und Leitlinien für die Programmgestaltung*, 2005/2006(Leipzig, 2005), pp.26ff.

16 Katharina Kuchenbuch, "Kulturverständnis in der Bevölkerung: Ergebnisse einer qualitativen Studie in Ost- und Westdeutschland," *Media Perspektiven*, 2(2005), pp.61~ 69, 특히 p.67 참조.

17 Gerlinde Frey-Vor, Heinz Gerhard, Annette Mende and Inge Mohr, "Die Entwicklung der Fernsehnutzung in den alten und neuen Bundesländern," p.187 참조.

18 Christoph Dieckmann, "Deutschlands Medien und ostdeutsche Öffentlichkeit," *Aus Politik und Zeitgeschichte* (이하 *APuZ*), 40(2005), pp.3~8, 특히 p.5 참조.

19 Gerlinde Frey-Vor, Heinz Gerhard, Annette Mende and Inge Mohr, "Die Entwicklung der Fernsehnutzung in den alten und neuen Bundesländern," p.195 참조.

20 2007년 1월 31일 브란덴부르크 주도 포츠담 소재 ≪매르키쉐 알게마이네Märkische Allgemeine≫의 편집장 헨리 로머Henry Lohmer와의 인터뷰 참조.

21 Dietrich Schwarzkopf, "Die Medienwende 1983," in Dietrich Schwarzkopf(ed.), *Rundfunkpolitik in Deutschland: Wettbewerb und Öffentlichkeit* (München, 1999), pp.29~49, 특히 p.41. 당시 헬무트 콜 총리는 미디어정책 면에서 소극적인 독일의 상황에 대해 좀 더 경제적인 측면을 강조하면서 민영방송의 도입을 적극적으로 장려했다.

22 "Erklärungen der Gremienvorsitzenden der ARD zur Medienpolitik vom 19. Oktober 1983," *ARD-Jahrbuch*, 84, pp.381f. Dietrich Schwarzkopf, "Die Medienwende 1983," p.43 에서 재인용.

23 위에 열거한 서독의 거대 출판기업들은 1990년대 초반 동독의 신문시장에 뛰어들어 구동독 광역시에 속했던 15개 지역기관지의 민영화에도 적극적으로 참여했으며, 이후에도 사회적으로 논란이 되고 있는 미디어집중화에 기여하고 있다.

24 Hermann Glaser, *Deutsche Kultur 1945~2000* (München/Wien, 1997), p.461 참조. 여기에는 SPD가 이미 1971년에 표명한 방송정책이 한 몫을 했다: "사회적으로 형성된 다양한 의사표현이나 프로그램 형성에 필요한 문화적 규범이 상업적 이윤 추구에 희생되어서는 안

된다Gesellschaftliche Meinungsvielfalt und kultureller Standard der Programmgestaltung dürfen nicht den Profitinteressen kommerzieller Veranstalter geopfert werden."

25 같은 책, pp.464f.; Dietrich Schwarzkopf, "Die Medienwende 1983," p.48 참조.

26 Hermann Glaser, *Deutsche Kultur 1945~2000*, p.462 참조.

27 2007년 2월 1일 라이프치히 소재 MDR의 '문화와 학문' 분과 프로그램 편성국장인 클라우디아 슈라이너 박사Dr. Claudia Schreiner와의 인터뷰 참조.

28 Wolfgang Darschin and Heinz Gerhard, "Tendenzen im Zuschauerverhalten: Fernsehgewohnheiten und Fernsehreichweiten im Jahr 2002," *Media Perspektiven*, 4(2003), pp.158~166, 특히 p.165 참조. 동독 지역에서 가장 선호되는 정보 프로그램으로는 황색매거진에 속하는 RTL의 〈엑스플로지브Explosiv〉(서독 15%, 동독 22%)를 꼽는다. 제1공영방송의 대표적 뉴스방송인 〈타게스샤우Tagesschau〉(서독 37.6%, 동독 25.1%)의 경우, 동서독 시청률의 차이를 〈RTL뉴스〉(서독 5.6%, 동독 8.4%)가 대체하고 있는 셈이다.

29 Gerlinde Frey-Vor, Heinz Gerhard, Annette Mende and Inge Mohr, "Die Entwicklung der Fernsehnutzung in den alten und neuen Bundesländern," p.188 참조.

30 같은 글, p.193 참조.

31 같은 글, p.194 참조.

32 Beate Schneider, "Massenmedien im Prozeß der deutschen Vereinigung," in Jürgen Wilke(ed.), *Mediengeschichte der Bundesrepublik Deutschland*(Köln/Weimar/Wien: Böhlau, 1999), pp.602~629, 특히 p.620.

33 Gerlinde Frey-Vor, "Sehen Ostdeutsche anders fern?," p.167 참조.

34 Lew Hohmann, "Die Chronik der Wende - eine Bilanz der Produktion," in Gerlinde Frey-Vor and Rüdiger Steinmetz(eds.), *Rundfunk in Ostdeutschland: Erinnerung - Analysen - Meinungen*(Konstanz: UVK, 2003), pp.215~231, 특히 p.225 참조.

35 http://www.wellenord.de/wir_ueber_uns/mediaanalyse6.html. *Media Analyse*, 2007에 따르면, 2006년도와 비교해 30세 이하의 청취자가 60세 이상의 청취자 수보다 늘어났다는 결과가 나왔다. 이러한 변화는 라디오 프로그램 편성에 적지 않은 영향을 끼칠 것으로 예상된다.

36 김누리·오성균·안성찬·배기정·김동훈·이노은, 『변화를 통한 접근: 통일 주역이 돌아본 독일 통일 15년』(도서출판 한울, 2006), 471쪽.

37 배기정, 「통일 이후 동독 지역 방송의 변화」, 199쪽 참조.

참고문헌

김누리 편저. 2006. 『머릿속의 장벽: 통일 이후 동·서독 사회문화 갈등』. 도서출판 한울.

김누리·오성균·안성찬·배기정·김동훈·이노은. 2006. 『변화를 통한 접근: 통일 주역이 돌아본 독일 통일 15년』. 도서출판 한울.

배기정. 2006. 「통일 이후 동독 지역 방송의 변화: 체제 변화와 프로그램 변화를 중심으로」. ≪독일 문학≫, 제99집(3/2006), 188~209쪽.

ARD-Jahrbuch, 04/05, 36. Jg. Hamburg.

Bae, Ki-Chung. 2005. "'Ostalgie' im Spiegel der Medien." *Dogilmunhak*, 94(6/2005), pp.133~147.

Darschin, Wolfgang and Camille Zubayr. 2000. "Warum sehen die Ostdeutschen anders fern als die Westdeutschen? Demoskopische Erkläungsversuche aus den Ergebnissen des ARD/ZDF-Trends und der GfK Fernsehforschung." *Media Perspektiven*, 6(2000), pp.249~257.

Darschin, Wolfgang and Heinz Gerhard. 2003. "Tendenzen im Zuschauerverhalten: Fernsehgewohnheiten und Fernsehreichweiten im Jahr 2002." *Media Perspektiven*, 4(2003), pp.158~166.

Dieckmann, Christoph. 2005. "Deutschlands Medien und ostdeutsche Öffentlichkeit." *APuZ*, 40(2005), pp.3~8.

Eimeren, Birgit van and Christa-Maria Ridder. 2005. "Trends in der Nutzung und Bewertung der Medien 1970 bis 2005: Ergebnisse der ARD/ZDF-Langzeitstudie Massenkommunikation." *Media Perspektiven*, 10(2005), pp.490~504.

Frey-Vor, Gerlinde. 1999. "Sehen Ostdeutsche anders fern? Über Unterschiede in der Nutzung von Fernsehangeboten." in Lothar Probst(ed.). *Differenz in der Einheit: Über die kulturellen Unterschiede der Deutschen in Ost und West*. Berlin: Links.

Frey-Vor, Gerlinde, Heinz Gerhard, Annette Mende and Inge Mohr. 2003. "Fernsehnutzung in den alten und den neuen Bundesländern." in Gerlinde Frey-Vor and Rüdiger Steinmetz(eds.). *Rundfunk in Ostdeutschland: Erinnerung - Ana-*

lysen - Meinungen. Konstanz: UVK.

Gerhards, Maria and Walter Klingler. 2006. "Programmangebote und Spartennutzung im Fernsehen 2005: Kontinuität oder Brüche durch den medialen Wettbewerb?." *Media Perspektiven,* 11(2006), pp.572~584.

Glaser, Hermann. 1997. *Deutsche Kultur 1945~2000.* München/Wien.

Hohmann, Lew. 2003. "Die Chronik der Wende - eine Bilanz der Produktion." in Gerlinde Frey-Vor and Rüdiger Steinmetz(eds.). *Rundfunk in Ostdeutschland: Erinnerung - Analysen - Meinungen.* Konstanz: UVK.

Kuchenbuch, Katharina. 2005. "Kulturverständnis in der Bevölkerung: Ergebnisse einer qualitativen Studie in Ost- und Westdeutschland." *Media Perspektiven,* 2(2005), pp.61~69.

Ringstorff, Harald. 2002. "Der NDR - Identitätsfaktor Nr.1 für Mecklenburg-Vorpommern." in Prof. Jobst Plog(ed.). *10 Jahre NDR in Mecklenburg-Vorpommern 1992~2002. Hamburg.*

Schwarzkopf, Dietrich. 1999. "Die Medienwende 1983." in Dietrich Schwarzkopf(ed.). *Rundfunkpolitik in Deutschland: Wettbewerb und Öffentlichkeit.* München.

19

통일 이후 독일 학문 패러다임의 변화[*]
통일독일의 학문적 논쟁을 중심으로

김동훈

1. 서론

군이 "미네르바의 올빼미는 해질 녘에야 비로소 비상을 시작한다"[1]라는 헤겔의 유명한 말을 인용하지 않더라도, 학문의 중요한 과제 중 하나는 역사의 소용돌이가 잠잠해진 다음 차분하게 그 결과에 대해 성찰하는 것이다. 물론 이것이 과거의 사건에 대한 단순한 기록으로만 그칠 수는 없다. 해석학이 우리에게 가져다준 매우 중요한 깨달음에 따르면, 과거의 사건에 대한 어떠한 기술記述도 — 모두에게 공통된 내용을 지니고 있지만 동시에 각자에게 고유한 내용도 함께 지니고 있는 — 해석자의 선이해로부터 자유로울 수 없기 때문이다. 과거의 사건은 누구에게나 똑같은 내용으로 파악될 수 있는 객관적 내용으로만 이루어지지는 않는다. 게다가 과거의 사건에 대한 역사적 기술, 더 나아가 평가는 해석하는 사람의 미래에 대한 전망과 별개로 이루어질 수 없다. 사실 우리가 과거를 돌아보는 가장 중요한 이유는 미래에 대한 전망을 획득하기 위해서인 경우가 대부분이다. 통일 이후 독일 학문 영역에 일어난 변화를 고찰하는 이 글의 가장 중요한 목적도 사실 향후 한반도 통일 과정에서 혹은 통일 이후에 발생할 수 있는 변화의 예측에 유용한 시사점을 얻는 것이다. 독일 학문 영역이 통일 이후 겪게 되는 패러다임의 변화에 대한 검증과 분석 과정에도 연구자의 사유지평과 연구자가 속한 학문 공동체, 더 나아가서는 사회 전체의 문제의식이 개입되는 것이 당연하다.

이러한 문제의식하에서 우선 대학과 연구소 체제통합 과정을 중심으로 통일 이후 학문 영역의 지형 변화에 대한 고찰이 이루어진 바 있다.[2] 그런데 이렇듯 주요 고찰 대상이었던 대학이나 연구소 체제 변화의 경우 서독 지역에는 주목할 만한 변화가 거의 없었다. 통일 후 학문체제의 통합 과정이 정치·경제 부문의 통합과 마찬가지로 서독 체제가 동독에 그대로 이식되는 형태로 진행되었기 때문이다. 반면 동독 지역의 대학이나 연구소에는 실로 엄청난 변화가 일어났고 그 후유증은 지금까지 매우 심각한 수준으로 남아 있다.[3] 하지만 체제통합에 관한 연구만으로는 통일이 독일의 학문 영역에 몰고 온 변화의 파장을 제대로 파악할 수 없다. 학문체제 통합은 곧 그 이전에 각 체제 내에서 기능하고 있던 학문의 근본 개념들이나 방법론에 본질적인 변화를 야기하기 때문에 이에 대한 종합적 고찰 없이는 사태의 본질을 제대로 파악할 수 없다. 이러한 인식을 바탕으로 이 글에서는 학문체제의 통합 과정에 관한 이전의 연구에 이어 통일 후 독일 학문 영역의 지형 변화를, 체제통합보다는 학문 패러다임의 변화를 주 대상으로 삼고 고찰할 것이다. 하지만 학문 패러다임의 변화에 대해서는 학문체제 통합에 관한 연구에서와는 다른 접근 방식이 필요하다. 독일 통일은 동서독을 막론하고 여러 학문 분야의 근본 개념이나 방법론에 엄청난 변화를 몰고 왔기 때문이다. 물론 개별 학문 분과의 특성에 따라 어떤 경우에는 거의 변화가 발생하지 않은 경우도 있다. 자연과학이나 공학의 경우 ― 몇몇 예외를 제외하고는[4] ― 체제통합의 영향을 상대적으로 거의 받지 않았다고 할 수 있다. 변화가 나타난다고 해도 대부분 구동독 지역에 국한해 나타나는 것이 일반적이었다.

하지만 인문·사회과학의 경우에는 통일을 기점으로 근본 개념이나 방법론에 엄청난 변화가 일어났고, 그러한 변화는 여전히 진행되고 있다. 통일은 우선 분단이라는 상황으로 인해 잠자고 있던 논쟁의 불씨를 다시 점화했다. 통일 이후 독일에서 벌어진 대표적인 학문적 논쟁들은 다음과 같다. 첫째는 민족주의 논쟁이다. 위르겐 하버마스는 국가적 통합의 핵심은 민족이 아니라 헌법이라는 주장을 통해 전통적인 민족주의를 지양하는 헌법애국주의를 내세움으로써 새로운 차원에서 민족주의 논쟁을 촉발했다. 둘째는 통일독일이 지향해야 할 새로운 정체성을 둘러싼 논쟁이다. 이 논쟁은 헌법애국주의 논쟁과 마찬가지로 본질적으로 과거사 해석의 문제와 맞물려 있다. 이런 맥락에서 이 논쟁은 1980년대에 하버마스와 우파 역사학자들 사이에서 독일 역사의 해석을 둘러싸고 치열하게 전개된 역사논쟁의 연장선상에 있다. 셋째는 전체주의 논쟁이다. 구동독 정권을 나치즘의 연장선상에서 비판하는 이론가들과 나치즘과 현실사회주의의 차이를 강조하는 좌파이론가들 사이에 벌어진 이 논쟁은 동독의 과거 청산 문제와 얽히면서 복잡한 양상으로 전개되고 있다. 정치학, 역사학, 사회학 등 여러 학문 영역에서 통일 이후 벌어지고 있는 이러한 논쟁들은 통일독일 사회의 이념적 지형의 변화를 단적으로 보여준다. 또 이 논쟁들은 독일의 과거사를 재평가하는 동시에 향후 독일 사회가 지녀야 할 정체성이라는 근본적인 문제를 다루고 있다. 따라서 이에 대한 고찰은 통일독일 사회의 장기적인 문화변동을 예측하고 평가하기 위해서도 매우 중요하다.

토마스 쿤의 과학혁명 이론에 따르면, 학문적 패러다임이 변화하게 될 경우 두 개의 정상과학normal science 사이에는 과학의 혁명적 단계가 등장한다. 이것은 그 이전의 정상과학에서 규범norm으로 기능하던 근본 개념이나 방법론이 그 기능을 상실했지만 새로운 규범은 아직 확립되지 않은 단계를 가리킨다. 이러한 상황에서는 새로운 학문적 규범을 찾으려는 시도가 활발해지고 수많은 논쟁이 불붙게 된다. 통일독일의 학문 영역이 처한 상황이 바로 이것이다. 그런데 자세히 들여다보면 여기에도 구동독과 서독의 학문 영역 사이에 불균형이 존재한다. 구동독 지역의 학문 영역은 통일 이전에 학문의 패러다임 기능을 하던 사회주의적 근본 개념이나 방법론의 대부분을 포기해야만 했지만, 서독 학문의 경우에는 그렇지 않았다. 구동독 지역 학문의 경우 통일 이전에는 대부분의 학문적 근본 개념이나 방법론이 마르크스주의에 기반을 두고 있었다. 그런데 통일 이후 동독 지역이 서독식의 자본주의 체제에 편입되면서 이러한 방법론은 폐기되어야 했고 그것은 이미 체제통합 단계부터 진행되고 있던 관련 학과나 연구소의 몰락을 더욱 가속화했다. 그러나 비교적 중립적으로 파악될 수 있는 근본 개념, 예를 들어 민족이나 전체주의 같은 개념의 경우에는 구서독 학문 영역에서도 커다란 변화가 일어났다. 물론 이러한 변화가 통일 후에만 발생한 것은 아니다. 1980년대 중반 서독 학계에서 벌어졌던 격렬한 역사논쟁에서 이미 한 차례 이러한 근본 개념들에 대한 문제가 제기되었기 때문이다. 그러나 그러한 논쟁에서는 분단 상황과 동서 이데올로기 대립으로 인해 뚜렷한 결론에 도달하지 못했던 문제들이 통일 이후 다시 중요한 쟁점으로 떠올랐다. 그렇다면 이런 논쟁에서 통일 이전에 비해 구체적으로 달라진 점은 무엇일까? 또 통일 이후에 본격적으로 논쟁의 주제가 된 것은 무엇인가?

2. 민족주의 논쟁: 민족주의냐, 헌법애국주의냐?

1882년 3월 11일 소르본 대학에서 행한 "민족nation이란 무엇인가?"라는 제하의 강연에서 프랑스의 유명한 역사학자 에르네스트 르낭Ernest Renan은 민족의 이념이 겉으로 보기에는 명확해 보이지만 매우 위험한 오해의 소지를 지니고 있다고 주장했다.[5] 그가 가장 경계한 오해는 민족과 인종 혹은 종족을 혼동하는 것이었으며 인종이나 언어에 따라 민족을 분류하는 일이었다. 그에 따르면 민족이란 수많은 인종의 결합으로 생겨난 것이며 순수혈통이란 허구에 불과한 것이다. 프랑스나 영국처럼 근대적인 민족 개념이 가장 먼저 발달한 나라의 경우도 순수한 프랑스 혈통이나 앵글로 색슨 혈통은 존재하지 않는다는 것이나. 언어의 경우에도 마찬가지이다. 라틴 아메리카의 수많은 나라에서 스페인어가 사용되지만 그렇다고 해서 그 국가들의 구성원이 스페인 민족에 속한다고 말할 사람은 아무도 없다.[6] 하지만 인종과 언어는 오늘날에도 여전히 민족의 정체성을 확립하는 매우 중요한 근거로 제기되고 있다. 터키와 이라크, 이란 내에 흩어져 살고 있는 쿠르드족, 중국 내의 소수민족, 특히 티베트족, 스페인의 바스크족 등이 좋은 예이다. 이로 인해 오늘날에도 여전히 이 문제를 둘러싼 논쟁의 불씨가 내재해 있다.

또 다른 측면에서 보면 민족은 국가와 동일시되기도 한다. 실제로 유럽의 언어들에서 'nation'이라는 단어는 민족이라는 뜻 외에 국가라는 의미도 지니고 있다. 하지만 과연 이렇게 단순하게 민족과 국가를 동일시할 수 있을까? 르낭은 혈통이나 언어 등에 기반을 둔 민족 개념이 아니라 '정신적인 원리'로서의 민족 개념을 주장했다. 그에게 민족은 과거의 역사에 대한 풍부한 기억을 공유하고 있으며 함께 살아가려는 의지를 지닌 사람들의 집합을 가리키는 말이다.[7] 심지어 르낭은 민족은 매일매일 반복되는 일종의 국민투표에 존립이 달려 있다고까지 주장한다.[8] 따라서 이러한 원리는 한 민족의 현재나 미래뿐 아니라 공통의 과거 유산에 대해서도 — 사태를 판단하는 관점과 그 관점을 실행에 옮기고자 하는 의지라는 측면에서 — 주관적으로 작동한다.[9] 문제는 이러한 의식이 구체적으로 실현되어 국가를 형성할 수도 있지만 그렇지 않을 수도 있다는 것이다. 분단 상황에 처해 있는 우리 민족처럼 하나의 민족이 여러 개의 국가로 나뉠 수도 있다. 또 쿠르드족처럼 한 민족이 여러 개의 국가 내에 흩어져 존재할 수도 있다. 혹은 여러 민족이 하나의 국가를 이루는 중국이나 미국 같은 경우를 들수도 있다. 그렇다면 궁극적으로는 국가 형성의 기원이 민족일 수 없다는 결론이 나온다. 게다가 오늘날 유럽 국가들의 구성원 상당수에게는 자신의 과거사에 대한 주관적 확신이 결여되어 있다.[10]

게다가 오늘날에도 여전히 민족을 정신적인 원리보다는 혈통이나 언어 등 물리적인 조건과 연결시켜 생각하는 경우가 많다. 르낭의 견해에 대한 틸로 람 Thilo Ramm의 비판도 이런 측면에서 파악될 수 있다. 그는 우선 르낭에게는 프랑스인이 누구인지가 분명했지만 독일의 경우에는 그런 적이 없었다고 주장한다. 이것을 근거로 그는 오히려 민족 정체성의 확립을 위해서는 르낭이 거부했던 바로 그 객관적 기준이 필요하다고 주장한다. "그(르낭)는 그 시대에 통용되던 (민족 정체성 확립의) 객관적 조건을 비판함으로써, 자신이 하나의 통일체로서의 민족 자체가 실제적으로 주어져 있다고 간주하고 있음을 은폐하고 있다. (그에 따르면) 민족은 역사적인 과정을 거쳐 형성된 국가이지만 전적으로 추상적인 국가이다. 민족은 국가체제, 특히 국가 권력 기구와는 아무런 관련이 없다. 영토와도 아무런 상관이 없다. 하지만 그가 비판한 모든 객관적인 기준들은 역사적으로 (민족)통합의 중요한 요소들이었으며 앞으로도 그럴 것이다."[11] 이러한 그의 주장이 지닌 위험성은 그가 독일 민족의 정체성의 근원을 신성로마제국에서 찾고 그것을 향후 유럽연합이 지니게 될 정체성의 역사적 근원으로 파악하고 있다는 데서 분명하게 드러난다.[12] 이런 경우 민족주의Nationalismus란 매우 보수적인, 때에 따라서는 국수주의적인 성격까지 띠게 된다.[13] 심지어 이러한 경향은 진정한 문제의 근원이 인종적인 문제에 있지 않은데도 그 문제에 일종의 숙명적인 성격을 부여하기 위해 인종적인 문제로 만드는 경향으로 이어지고 있다.[14]

통일 이전에도 이미 신나치주의자들이나 극우파들을 중심으로 점차 힘을 얻어가고 있던 이러한 성향은 통일을 계기로 더욱 강화되기 시작했다. 이러한 현실에 직면해 전통적인 의미의 민족국가 개념에 대한 대안으로 등장한 것이 헌법애국주의이다. 물론 여기서 말하는 헌법은 대부분의 경우에는 구체적인 성문헌법이라기보다는 추상적인 의미에서의 민주주의적 헌정질서를 의미하는 것으로 해석되고 있다.[15] 하지만 오늘날 대부분의 국가가 보유한 헌법의 근저에는 과거사에 기반을 둔 민족의식이 자리 잡고 있는 것이 사실이다. 실제로 헌법애국주의라는 개념을 주창한 돌프 슈테른베르거Dolf Sternberger도 그 기반으로 민족적 정체성을 상정하고 있다.[16] 그리고 헌법애국주의를 옹호하는 진영 내에서도 민족적 정체성 개념을 둘러싼 견해차가 존재한다. 슈테른베르거처럼 민족적 정체성을 헌법애국주의의 기반으로 하면서 소위 좌파의 '저항적 애국주의Protest-Patriotismus'보다는 조국에 대한 우호적인 태도와 충성을 중요시하는 학자들도 있었지만,[17] 하버마스처럼 애국심을 민족적인 틀로부터 분리시키려는 학자들도 있었다. 하버마스가 주창하는 이러한 애국심을 자이페르트는 추상적인 헌법애국주의abstrakter Verfassungspatriotismus라고 불렀다.[18] 물론 그렇다고 해서 과거를 부정하자는 것은 아니지만, 민족적 정체성을 구성하는 전통적인 요소 가운데서 부정적인 요소, 특히 나치의 과거에 대해서는 언제나 비판적인 거리를 유지해야 하며 그럼으로써 이미 주어진 전통을 새롭게 해석해 그 이전과는 다르게 발전시켜가야 한다는 것이다. "우리가 전통을 선택할 수는 없다. 하지만 그것을 어떻게 발전시킬 것인지가 우리에게 달려 있음은 알 수 있다."[19] 사실 이러한 논쟁은 통일 이후에야 비로소 시작된 것은 아니고 이미 1980년대 초반부터 진행되어왔다. 그때는 이를 둘러싼 논의가 분단 상황에서 서독의 국가적 정체성을 어떻게 규정할 것인가에 대한 문제의식에서 출발했었다. 분단된 민족을 서독 정체성의 근원으로 삼을 수 없기에 민주주의적 헌정질서를 토대로 국가적 정체성을 확립하려 했던 것이다. 그런데도 민족적 정체성을 근간으로 하고 있었기에 슈테른베르거의 헌법애국주의는 분단을 전제로 한 한시적 성격을 띠고 있었다. 그런데 통일로 분단이라는 상황이 사라졌기 때문에 국가적 정체성의 문제도 새로운 시각에서 접근해야만 했다. 이에 관련된 논쟁은 우선 민족 개념에 대한 재정립을 둘러싸고 벌어졌다. 앞서 언급한 르낭의 강연이 독일인의 주목을 다시 끌게 된 것도 이러한 맥락에서였다. 그리고 이러한 논쟁은 한편으로는 과거 독일 역사에 대한 재해석이라는 측면과 통일독일이 유럽 연합 내에서 차지하는 위상과 역할을 둘러싼 미래지향적 전망이라는 측면을 동시에 아우르는 이중적 성격을 띠게 되었다.[20] 그러다가 최근 독일 월드컵 때 나타난 민족주의 신드롬을 둘러싸고 새롭게 헌법애국주의에 대한 논쟁이 불붙고 있다. 과연 독일은 새로운 애국심의 대상이 될 수 있는가? 월드컵 기간 내내, 그리고 월드컵이 끝나고 나서도 오랫동안 수많은 독일인의 집 앞에 걸려 있던 독일 국기는 독일인들이 이제는 독일인임을 부끄러워하지 않고 자랑하고 싶어 할 정도로 새로운 애국자가 되었다는 사실을 증명하는 것일까? 아니면 단순히 한여름 밤의 꿈에 불과한 것일까?[21] 물론 이러한 논의는 아직 현재 진행형이다. 새로운 민족 개념이 정착되거나 다른 개념이 이를 대체하기까지는 오랜 세월이 필요할 것이다. 하지만 이 논의를 통해 어떻게 새로운 패러다임이 탄생할 것인가에 대해서는 어느 정도 예측해볼 수 있을 것이다. 물론이에 대해서도 학자들 간에 견해 차이가 존재하고 있다. 극우파를 중심으로 주장되고 있고 매스미디어에 의해 이슈화되고 있는 혈통이나 언어를 중심으로하는 보수주의적 민족 개념이 다시 힘을 얻을 가능성은 거의 없다. 하지만 새로운 민족 개념이 여전히 애국심의 중요한 한 축으로 자리 잡아야 할 것인지, 가능하면 배제되어야 할 것인지에 대해서는 앞으로의 논쟁 추이를 주의 깊게 지켜봐야 할 것이다.[22] 한 가지 분명한 것은 유럽연합의 경제적·정치적 통합이 가속화될수록 이 문제를 둘러싼 논쟁은 더욱더 가열되리라는 사실이다. 독일은 유럽연합을 통해 '하나의 유럽' 구현, 심지어는 유럽헌법을 통한 새로운 국가연합의 건설을 꿈꾸고 있다. 따라서 민족적 정체성을 어떻게 정의할지는 앞으로 독일의 정치가나 학자들에게 더욱 중대한 문제가 될 것이다.

3. 정상국가 논쟁: 유럽연합 내에서 통일독일의 위상을 중심으로

과연 독일은 통일을 기점으로 정상국가normale Nation가 되었는가? 얼핏 듣기에는 잘 이해되지 않는 이러한 물음을 둘러싸고 벌어지고 있는 논쟁의 핵심에는 오랫동안 독일의 정치가나 학자들을 괴롭혀 왔던 독일의 독특한 역사적 문제가 존재한다. 이를 단적으로 보여주는 것이 독일식의 '특수한 길Sonderweg'을 둘러싼 논쟁이다. 이 용어는 먼저 독일의 근대화와 통일에 대해 긍정적으로 평가하는 역사가들에 의해 프랑스나 영국처럼 민주화를 거치지 않고 입헌군주국으로서 위로부터의 개혁을 통해 통일을 이루고 민족국가가 된 독일이 지니는 특수성을 부각하는 개념으로 사용되었다.[23] 이것은 처음에는 비스마르크를 통해 이룩된 근대국가로서의 독일을 긍정적으로 평가하는 데 사용되기도 했지만, 제2차 세계대전 이후로는 독일이 나치 정권하에서 겪은 혼란과 참상을 설명하기 위해 사용되어왔다. 그러한 용어 사용에 따르면 독일이 프랑스나 영국과 다르게 걸어온 '특수한 길'의 원인은 다음과 같다. ① 봉건적 농업사회로부터 근대 산업자본주의 사회로의 이행이 프랑스나 영국에 비해 늦게 이루어졌다. ② 민족국가의 형성이 두 나라에 비해 늦어졌고 위로부터의 개혁에 의해 강제적으로 이루어졌다. ③ 진정한 시민혁명이 일어나지 않았기 때문에 민주주의 발전이 더뎠다. ④ 독일제국으로부터 바이마르 공화국에 이르기까지 농업귀족 엘리트들이 여전히 존재했고 관료들은 보수적이었다. 이것이 독일이 나치 정권을 수립하고 세계대전과 유대인 학살을 일으키게 된 근본적인 원인遠因으로 제시되었고, 독일 분단의 이유를 설명해주는 계기로 이해되기도 했다.[24] 분단이라는 특수한 상황은 독일이 겪어온 이 같은 독특한 역사적 과정에 기인한다는 것이다.[25] 그런데 통일 이후에는 통일로 인해 독일이 정상국가의 반열에 들지 않았는가 하는 의문이 제기되었다. 심지어 보수주의 역사학자들은 통일을 민족주의적 세계관의 헌법애국주의에 대한 역사적 승리로까지 받아들였다. 헌법애국주의는 분단이라는 특수한 상황에서 어쩔 수 없이 생겨난 이론일 뿐 독일 국가의 정체성 문제를 궁극적으로 해결해주지 못한다는 것이다. 그들은 또 독일은 프랑스나 영국, 미국에 의존하는 데서 벗어나 민족적 자존심을 회복해 그에 걸맞은 정책을 펼쳐야 한다고 주장했다.[26] 이에 맞서 진보적 지식인이나 학자, 정치가들은 '정상국가'라는 용어 자체가 폐기되어야 한다고 주장한다. 르낭이 이미 100여 년 전에 통찰한 것처럼 민족국가의 형성에는 과거의 역사에 대한 망각이 중요한 역할을 한다. 따라서 역사(연구)의 진보는 민족국가 개념 자체에 대한 위협을 의미한다.[27] 그는 심지어 이렇게 주장하기까지 한다. "민족이란 영원한 것이 아니다. 언젠가 존재하기 시작했고 언젠가는 사라질 것이다."[28] 따라서 미래지향적인 관점에서 보자면 "통합된 유럽이 파시즘, 독재, 전쟁에 대한 해답"이라는 독일의 전 총리 게르하르트 슈뢰더Gerhard Schröder의 말처럼 민족 개념에 기반을 둔 과거지향적 논쟁보다는 민족의 경계를 넘어 공통의 민주주의적 이상에 기반을 둔 다민족 공동체로서의 통합유럽에 대한 논의가 필요하다고 이들은 주장한다. 이러한 견해를 주장하는 대표적인 이론가로는 하버마스를 들 수 있다.[29] 물론 그는 세계시민적 견지에서 다음과 같은 충고를 잊지 않고 있다. "유럽연방은 그 경제적 기반의 확대를 근거로 …… 세계적 경쟁에서 우위를 점할 수 있다. 하지만 연방 프로젝트가 단지 미국 중심의 강대국 질서에 또 하나의 세계적 강대국global player을 만드는 목적만을 추구한다면 그것은 편협해질 수밖에 없으며 난민정책에서는 '유럽이라는 요새'의 확장에 불과할 것이다."[30] 어떤 경우에도 집단 이기주의에 기반을 둔 이론은 편협해질 수밖에 없으며 역사적으로는 진정한 발전의 저해 요인으로 기능할 수밖에 없다. 따라서 민족국가 개념을 사용해 현재 통일독일의 상황을 평가한다고 할지라도 과거지향적이 아니라 미래지향적이고 개방적인 논의를 통해 이루어져야 할 것이다.

4. 전체주의 논쟁: 골드하겐 논쟁, 나치 정권과 동독 정권의 평가에 대한 상반된 견해

제2차 세계대전 당시 전대미문의 반인륜적 범죄인 유대인 학살을 자행한 나치 정권을 어떻게 평가할 것인가에 대해서는 수많은 논쟁이 있어왔고 그 끝은 아직 보이지 않는다. 그 가장 대표적인 논쟁으로는 하버마스와 보수주의 지식인들 사이에 벌어졌던 1980년대의 역사논쟁을 들 수 있다. 이 논쟁을 직접적으로 촉발한 에른스트 놀테Ernst Nolte는 ≪프랑크푸르터 알게마이네 차이퉁

Frankfurter Allgemeine Zeitung≫에 기고한 글에서 히틀러는 볼셰비키주의에 대응했을 뿐이며, 나치의 만행은 스탈린의 만행과 직접적인 관련하에 파악되어야 한다고 주장함으로써 홀로코스트의 의미를 상대화하려 했다.[31] 하버마스는 한 달 뒤 ≪디 차이트Die Zeit≫에 "일종의 손실청산Eine Art Schadenabwicklung"이라는 제목의 글을 올려 본격적으로 역사논쟁의 신호탄을 쏘아 올렸다.[32] 여기서 그는 아우슈비츠의 진정한 의미는 독일이 아우슈비츠 이후에야 비로소 보편주의적인 헌법 이념을 형성할 수 있었다는 사실이라고 주장했다. 홀로코스트의 의미를 상대화하고 과거사를 정당화하는 데서 새로운 역사적 의미를 발견하려는 보수주의 역사학자들의 시도는 이러한 민주주의적인 보편적 이념으로부터 멀어지게 할 뿐이라는 것이다.[33] 그 이후 2년여에 걸쳐 격렬하게 펼쳐진 끝에 잠잠해졌던 이 논쟁은 통일 이후 다시 거세게 불붙었고 지금까지 진행되고 있다. 이러한 과정을 단적으로 보여주는 예가 골드하겐의 책 『히틀러의 자발적인 집행자들Hitlers willige Vollstrecker』을 둘러싸고 벌어진 격렬한 논쟁이다. 그는 이 책에서 독일의 정치문화에 널리 퍼져 있던 반유태주의가 어떻게 나치 정권뿐 아니라 일반 독일인들까지도 유대인에 대한 박해와 학살에 자발적으로 나서게 했는가를 매우 상세하게 분석하고 있다.[34] 나치의 유대인 학살의 책임을 일반인에게까지 확대시키고 있는 이 책의 결론에 대해서 수많은 독일 역사학자가 반론을 제기하면서 야기된 이 논쟁[35]은 그 이후에도 마틴 발저 논쟁 등을 통해 여러 가지 형태로 계속되고 있다.[36]

그런데 통일 이후 이 논쟁에는 또 하나의 변수가 등장했다. 그것은 통일을 계기로 역사의 뒤안길로 사라진 동독 정권을 어떻게 평가할지의 문제였다. 동독 정권이 독재정권이었다는 사실에 대해서는 이의를 제기하는 학자가 거의 없다. 하지만 나치 정권과 동독 정권을 비교하는 데는 뚜렷한 견해차가 감지된다. 동독 정권을 스탈린주의적 독재정권으로 규정하는 우파 학자들은 나치 정권과 동독 정권 사이에는 본질적인 차이가 존재하지 않는다고 주장하는 경향이 있는 반면, 진보적인 좌파 학자들은 동독 정권이 독재정권이었다는 사실을 인정하면서도 '인간의 얼굴을 한 사회주의'를 지향했던 민권운동가들과 종교인들로 인해, 또 사회주의 체제의 우월성을 입증하기 위해서라도 드러내놓고 강하게 주민들을 억압할 수 없었던 동독 정권은 나치 정권과는 근본적으로 구별되어야 한다고 주장한다.

이 논쟁도 나치 정권의 만행을 볼셰비키 정권의 만행에 대한 대응으로 파악하면서 나치의 만행을 상대화하려고 했던 에른스트 놀테에 의해 촉발되었던 역사논쟁의 연장선상에서 파악될 수 있다. 통일 이후의 논쟁에서 놀테와 마찬가지 입장을 피력하고 있는 학자로는 에크하르트 예세Eckhard Jesse나 클라우스 디터 헹케Klaus-Dieter Henke 등을 들 수 있다. 예세는 볼셰비키주의가 나치즘에 일종의 모범인 동시에 공포의 대상이었다고 파악하고 있다.[37] 놀테와 마찬가지로 그에게도 나치는 본질적으로 볼셰비키주의에 대한 대응 이상도 이하도 아니었다. 심지어 그는 비슷한 시대 영화감독으로 활동했던 세르게이 에이젠슈타인Sergei Eisenstein과 레니 리펜슈탈에 대해서 다음과 같이 주장하고 있다. "1898년에 출생한 러시아 감독의 영화는 아무런 반대 없이 상영되는 반면 1902년에 출생한 독일 여류감독의 영화는 그렇지 못하다는 건 일종의 스캔들이다." 나치의 선전영화를 만들었던 리펜슈탈과 사회주의 영화감독이었던 에이젠슈타인에 대한 이러한 비교는 곧바로 나치와 사회주의에 대한 직접적인 비교로 이어진다. 도덕적인 견지에서 보면 이 두 체제가 행한 범죄는 동일하다는 것이다.[38] 드레스덴의 한나 아렌트 전체주의 연구소 소장인 헹케도 이와 비슷한 입장에서 동독 정권과 나치 정권을 비교해야 한다고 주장한다. 나치와 공산주의는 민주주의와 독재 사이에서 벌어지는 동일한 투쟁의 두 가지 다른 양상일 뿐이라는 것이다. 그래서 그는 반파시즘적인 '테러의 위상학Topologie des Terrors'과 함께 '동독식 사회주의 해부학Anatomie des SED-Sozialismus'을 제안하고 있다.[39]

이렇게 두 독재정권을 동일시하거나 나치의 만행을 상대화하려는 경향에 맞서 둘 사이에 존재하는 근본적인 차이를 강조하는 학자들로는 루드비히 엘름Ludwig Elm, 리처드 에반스Richard J. Evans 등을 들 수 있다. 엘름에 따르면 전체주의 이론에 근거를 둔 독재정권 비교가 보수적인 이론가들에게 구동독 정권을 부정적으로 평가하는 가장 핵심적인 수단이 되었다. 그는 그것이 동시에 히틀러 치하 나치 정권의 만행을 상대화하기 위한 전략의 일환이라고 주장한다.[40] 케임브리지 대학의 현대사 교수인 에반스는 나치와 동독 정권의 성격에 대한 직접적인 비교를 통해서 이들을 동일선상에서 평가할 수 없음을 보이고자 노력하고 있다. 그는 우선 제2차 세계대전 이전의 동유럽과 독일에서 반유태주의가 상당히 보편적인 현상이었으며 여러 나라에서 독재자가 정권을 장악하고 있었다는 사실을 인정한다. 하지만 동시에 그는 제2차 세계대전 당시의 유대인이나 동성애자, 장애인 등에 대한 나치 정권의 조직적이고 체계적인 추방과 학살은 다른 나라들에서 행해졌던 것과는 본질적으로 차원을 달리했다고 주장한다. 이러한 말살정책에서 나치 정권에 비견될 수 있는 정권으로 스탈린 치하의 소비에트 정권이 있지만 스탈린의 말살정책은 내부에서 일어난 권력 다툼과 정권 안정책에 그 원인이 있었던 반면, 나치의 말살정책은 소수자와 국외자들을 겨냥했다는 점에서 차이가 있다는 것이다. 더구나 스탈린 체제가 안정된 뒤, 더 나아가 스탈린 사후에는 점차 이러한 말살정책의 강도가 현저하게 약화되었다. 동독 공산당은 이 시기에 정권을 잡았다. 따라서 말살정책의 본질이나 강도 측면에서 스탈린 체제하의 그것과 매우 큰 차이를 지닌다. 또 "동독 공산당의 독재는 …… 독일인의 독재가 아니라 독일의 일부 영토에서 강제적으로 이루어진 점령국 소련의 독재였다".[41] 따라서 우파 전체주의 독재와 좌파 전체주의 독재를 비교하기 위해 구동독 정권과 나치 정권을 비교하는 것은 적절하지 않다고 그는 주장한다.[42]

여전히 활발하게 진행되고 있는 이 논쟁의 끝은 아직 보이지 않고 있다. 물론 동독 정권을 히틀러의 나치 정권과 동일선상에 놓고 비교하는 데는 무리가 따른다는 견해가 더 많다. 이 정권에 반대하는 사람들에 대한 무수한 박해와 추방, 살해가 자행된 것은 사실이지만 홀로코스트처럼 저항할 수단이 없는 사람들을 조직적이고 체계적으로 학살하지는 않았기 때문이다. 독일 유대인 중앙협의회 부의장인 잘로몬 코른Salomon Korn이 최근 ≪디 차이트≫와 행한 인터뷰에서도 이러한 경향이 나타나고 있다.[43] 그는 나치의 만행은 전 유럽적 차원의 것이었던 반면 동독 정권이 저지른 만행은 독일적 차원이었으며, 동독 정권도 수많은 악행을 저질렀지만 특정한 소수자나 다른 민족에 대한 말살 의도는 존재하지 않았다고 주장한다.

이러한 경향이 있는데도 여전히 제기될 수 있는 문제는 앞서 언급했듯이 그 정도가 가장 심할 때의 스탈린주의와 나치 정권과의 비교인데 이에 대해서는 여전히 많은 논쟁의 불씨가 남아 있다. 분명한 것은 이 논쟁의 결론에 따라 통일 이후 독일의 역사학, 정치학, 사회학 등 수많은 학문 분야에서의 패러다임이 어떻게 정립되는지에 매우 큰 영향을 미치리라는 사실이다.

5. 결론

지금까지 통일 이후 독일에서 벌어진 중요한 학문적 논쟁을 개괄적으로 살펴봤다. 이 글의 서론에서 밝혔듯이 통일 이후 독일 학문 영역에 일어난 변화를 고찰하는 중요한 목적 중 하나는 향후 한반도 통일 과정에서 혹은 통일 이후에 발생할 수 있는 변화에 대응하기 위한 유용한 시사점을 얻는 것이다. 그렇다면 이러한 고찰로 얻은 통찰은 무엇이며, 그것이 앞으로 한반도 통일 공간에서 나타날 문제들에 시사하는 바는 무엇인가? 이 물음에 대한 해답을 당장 명확하게 제시하기란 쉽지 않다. 독일에서 통일을 계기로 촉발된 학문의 기본 개념들에 대한 격렬한 논쟁은 여전히 진행형이기 때문이다. 학문의 근본 개념들이나 패러다임은 단시간 내에 변화하거나 구축될 수 없으며, 18년이라는 세월은 이를 위해서 그다지 긴 시간이라고 볼 수 없다. 따라서 이러한 논쟁들의 결말이 구체적으로 어떻게 내려질 것인지에 대해서 예측하기란 쉽지 않다. 다만 이러한 논쟁들의 향후 진행 방향과 그 평가에 대해서 다음과 같이 예측해볼 수는 있을 것이다.

첫째, 앞서 고찰한 여러 논쟁의 대상이 된 근본 개념들은 사실상 밀접한 상호 연관을 지니고 있기 때문에 논쟁 자체도 밀접한 상호 연관하에 파악되어야 할 것이다. 본론에서 봤듯이 실제로 헌법애국주의와 민족주의 논쟁, 정상국가 논쟁, 전체주의 논쟁은 각 논쟁의 결말이 곧바로 다른 논쟁의 결말에 직접적인 영향을 미칠 정도로 매우 긴밀한 관계에 있다.

둘째, 이러한 논쟁의 과정이나 결과에 대한 평가 및 예측도 결국 그것을 관찰하고 분석·평가하는 사람의 관점에 따라 달라질 수밖에 없다. 그것은 우리의 경우에도 마찬가지이다. 예를 들면 헌법애국주의를 둘러싼 논쟁은 오늘날 한반도의 상황과 관련해서도 매우 중요한 의미를 지닌다. 우리의 경우에도 국수주의적인 성향을 지닌 극우파가 혈연적 유대관계를 토대로 한 민족적 정체성을 애국심의 근간으로 삼으려는 경향이 존재하기 때문이다. 그리고 그러한 성향이 전체에서 차지하는 비중이 독일에 비해서 훨씬 더 크다고 생각되기에, 전적으로 민주적인 헌정질서에 기반을 둔 헌법애국주의에 대해서 부정적인 반응을 보이는 정도도 훨씬 더 클 것이라고 예상할 수 있다. 그렇다고 해서 일반 국민의 정서에 깊이 뿌리박힌 혈연 공동체로서의 민족 개념을 전혀 무시할 수도 없는 것이 우리의 상황이기에 이 문제에 제대로 접근하기 위해서는 더욱 세밀하고 깊이 있는 분석과 토론이 필요하다.

필자는 궁극적으로 우리가 지향해야 할 국가적 정체성은 혈연적 민족 개념이 아니라 민주적인 헌정질서에 기반을 두어야 한다고 생각한다. 그것만이 잘못된 허위의식 위에 형성된 사이비 민족 정체성을 극복하고 민족을 위해 진정으로 더 나은 미래를 향해 나아갈 수 있는 토대이며, 향후 한반도 통일 공간에서 발생할 수많은 문제와 그것을 둘러싸고 벌어질 학문적 논쟁이 생산적인 결과를 낳기 위해 필수적인 전제조건이다. 그 토대 위에서만 한반도의 특수한 상황에 대한 분석, 해방 이후 수십 년 동안 겪어야 했던 군사독재정권과 북한의 독재정권에 대한 비교와 평가에서도 많은 시사점을 얻을 수 있을 것이다. 또 이를 통해서만 통일된 우리 민족이 동북아, 더 나아가서는 아시아와 전 세계의 정치질서 안에서 적극적이고 긍정적인 역할을 할 수 있는 사상적·문화적 기반을 마련할 수 있게 될 것이다.

주

* 이 글은 김동훈, 「통일 이후 독일 학문 패러다임의 변화: 민족, 국가 그리고 전체주의에 관한 통일 독일의 학문적 논쟁을 중심으로」, ≪독일어문학≫, 제44집(2009), 373~394쪽을 수정 게재한 것임.

1 G. W. F. Hegel, *Grundlinien der Philosophie des Rechts*, Werke in zwanzig Bänden Band 7(Frankfurt am Main: Suhrkamp, 1986), p.28.

2 이 책의 제9장 「철저한 식민지인가, 새로운 정체성의 확립인가?: 독일 통일 이후 동독 학문 영역의 지형변화」 참조.

3 같은 글 참조.

4 예를 들어 통일 이전 동독의 프로세스 공학Verfahrenstechnik은 서독에서와는 달리 가공 공학Verarbeitungstechnik과 밀접한 관련을 지니고 발전했었다. 하지만 일방적인 체제통합 과정에서 서독 방식으로 체제가 재편되면서 서독식의 학제를 그대로 도입했으며 이로써 동독 시절 프로세스 공학이 지니고 있던 독특성은 상실되었다. 이에 대한 자세한 논의로는 Wolfgang Fratzscher and Klaus-Peter Meinicke, "Verfarhenstechnik," in Jürgen Kocka and Renate Mayntz(eds.), *Wissenschaft und Wiedervereinigung* (Berlin: Akademie Verlag, 1998), pp.303~359 참조.

5 Ernest Renan, *Was ist eine Nation? : Rede am 11. März 1882 an der Sorbonne* (Hamburg: Europäische Verlagsanstalt, 1996), p.7. 이 책은 Ernest Renan, *Qu'est-ce qu'une nation? et autres essais politique* (Paris: Presses-Pochet, 1992)의 독일어 판이다.

6 인종이나 언어에 따른 민족 분류가 지닌 문제에 대한 그의 자세한 논의에 대해서는 Ernest Renan, *Was ist eine Nation?*, pp.19~29 참조.

7 같은 책, p.34.

8 같은 책, p.35.

9 Thilo Ramm, "Die Deutschen - einen Nation?," *Aus Politik und Zeitgeschichte* (이하 *APuZ*), Bundeszentrale für politische Bildung, Frankfurt am Main, B.39(2004), p.32.

10 같은 곳. 실제로 영국이나 프랑스, 독일 등 서유럽 국가들은 과거 식민지로부터의 수많은 이민자로 인해 더는 공통의 과거를 공유하고 있는 민족공동체라는 개념만으로 분석하기 어려운 대상이 되었다.

11 Thilo Ramm, "Die Deutschen - einen Nation?," p.34.

12 이와 관련된 자세한 그의 논의에 대해서는 같은 책, pp.34~38 참조.

13 민족주의가 지닌 이러한 성향의 근저에 존재하는 타자와의 구별, 포섭과 배제의 원리, 마치 민족의 초시간적 핵심 구성원처럼 여겨지지만 실제로는 민족주의자들에 의해 날조되는 특정한 인종 등에 대한 자세한 언급에 대해서는 Ute Planert, "Nation und Nationalismus in der deutschen Geschichte," *APuZ*, B.39(2004), pp.11f. 참조.

14 이러한 경향이 두드러지게 나타나는 곳으로 안체 헬머리히Antje Helmerich는 동구권 몰락 이후의 유럽을 들고 있다. 이에 대한 자세한 논의로는 Antje Helmerich, "Ethnonationalismus und das politische Potenzial nationalistischer Bewegungen," *APuZ*, B.39 (2004), pp.19ff. 참조.

15 물론 이에 대해 반대하고 현재 독일의 실정헌법을 애국심의 대상으로 상정하는 경우도 있다. 그 한 예로 Peter Molt, "Abschied vom Verfassungspatriotismus - Dolf Sternberger und die aktuelle Debatte," *die Politische Meinung*, Nr.435(2006.2), pp.29~36을 들 수 있다.

16 물론 이때 전제되는 민족적 정체성은 민주주의적으로 새롭게 정의된 개념이다. 이에 대한 자세한 논의로는 원준호, 「헌법애국심과 통일독일의 정체성 문제」, ≪국제지역연구≫, 제6권 제3호(2002), 189~211쪽, 특히 199쪽 이하 참조.

17 Dolf Sternberger, "Der Begriff des Vaterlandes," in Dolf Sternberger, *Stastsfreundschaft, Schriften*, Bd.IX(Frankfurt am Main, 1980), pp.9ff.

18 이에 대해서는 Jürgen Seifert, "Verfassungspatriotismus im Licht der Hegelschen Verfassungstheorie," in Jürgen Seifert, *Politik zwischen Destruktion und Gestaltung: Studien zur Veränderung von Politik* (Hannover, 1997), pp.67ff. 참조.

19 Jürgen Habermas, "Grenzen des Neohistorismus," in Jürgen Habermas, *Die nachholende Revolution* (Frankfurt am Main: Suhrkamp, 1990), p.155.

20 *APuZ*, B.39(2004)에 실린 논문의 주제들이 이를 웅변적으로 보여준다. Konrad H. Jarausch, "Zeitgeschichte zwischen Nation und Europa: Eine transnationale Herausforderung민족과 유럽 관계의 현대사: 민족을 초월하는 도전"; Ute Planert, "Nation und Nationalismus in der Deutschen Geschichte독일 역사에 있어서의 민족과 민족주의"; Antje Helmerich, "Ethnonationalismus und das politische Potenzial nationalistischer Bewegungen인종적 민족주의와 민족주의 운동의 정치적 잠재력"; Ulrich Schlie, "Behausung des Menschen in einer unbehausten Welt: Nation und Europa in der deutschen Geschichte거처할 곳 없는 세계 안에 존재하는 인간의 거처: 독일 역사에 있어서 민족과

유럽"; Thilo Ramm, "Die Deutschen: einen Nation?독일인들: 하나의 민족?."

21 *APuZ*, 1~2(2007), 'Patriotismus' 편에 실린 논문 제목들은 새롭게 붙붙은 이 논쟁의 주제들이 무엇인가를 잘 보여주고 있다. "Was ist des Deutschen Vaterland?독일인들의 조국은 무엇인가?"; "Die Nachhaltigkeit eines neuen Patriotismus새로운 애국심의 지속성"; "Die Neuen Patrioten새로운 애국자들"; "Patriotismus: die neue bürgliche Bewegung애국심: 새로운 시민운동"; "Nationalismus, Patirotismus und Loyalität zur Republik민족주의, 애국심, 그리고 국가에 대한 충성."

22 실제로 이를 둘러싸고 여전히 학자 간에 견해차가 존재한다. 앞서 언급한 논문에서 원준호는 민족적 정체성을 여전히 헌법애국심의 근간으로 삼고 있는 슈테른베르거의 입장에서 하버마스를 비판하고 있다. 독일의 경우에도 앞서 언급한 페터 몰트Peter Molt 같은 경우 여전히 독일의 민족적 정체성을 강조하면서 실정헌법에 대한 애국심을 강조하고 있는 반면, 하버마스 같은 학자들은 민족적 정체성을 넘어서서 보편적 민주주의 이상을 애국심의 본질적 근원으로 강조하고 있다.

23 이에 대한 상세한 논의로는 Julia Macher and Katrin Stranz, "Spanien und Deutschland: Zwei konvergierende Sonderwege?," in Detlef Georgia Schulze, Sabine Berghahn and Frieder Otto Wolf(eds.), *DFG-Projekt Rechtsstaatsvergleich Deutschland-Spanien*, Bd.3, *Sonderwegs-Diskussion und Verrechtlichung* (Berlin, 2006), pp.17~50 참조.

24 이러한 인식은 심지어 통일에 대한 반대로 이어지기도 했다. 귄터 그라스와 당시 사민당 총리 후보였던 오스카 라퐁텐Oskar Lafontaine의 이러한 견해와 그 근거에 대해서는 Jochen Fischer and Hans Karl Rupp, "Deutsche Vereinigung und NS-Vergangenheit," *APuZ*, 40(2005), p.41 참조.

25 통일 이후 독일에서는 신보수주의자들을 중심으로 1945년부터 1989년까지의 상황을 오히려 '특수한 길'로 파악하고 독일제국에서 바이마르 공화국까지의 역사를 정상적인 것으로 파악하려는 경향이 생겨나기도 했다. 심지어 이들은 나치 정권하의 독일도 무조건 부정적으로만 평가할 것이 아니라고 주장하기도 했다. 이에 대해서는 "Der deutsche Sonderweg 1945 bis 1989: Der Sonderwegsbegriff der Neuen Rechten," http://www.tigros.de/politiknet 참조. 그러나 이들도 정상국가 논쟁의 핵심인 민족국가로서의 독일의 정체성과 유럽연합 내에서의 지위라는 동일한 문제를 다루고 있다. 여기서는 용어의 혼란을 피하기 위해 이들의 시각을 채택하지 않고 기존의 시각을 토대로 이 개념을 정의한다.

26 이러한 시각을 지닌 학자들로는 라이너 치텔만Rainer Zitelmann, 마티아스 폰 헬펠트

Matthias von Helfeld, 에른스트 놀테Ernst Nolte, 울리히 샤흐트Ulrich Schacht 등을 들 수 있다. 이들의 자세한 논의는 Heimo Schwilk and Ulrich Schacht, *Die selbstbewußte Nation* (Berlin: Ullstein, 1994)에 실린 이들의 논문에 담겨 있다.

27 Ernest Renan, *Qu'est-ce qu'une nation? et autres essais politique*, p.14.

28 같은 책, p.36.

29 이에 대한 자세한 논의로는 Jürgen Habermas, "Europa im Übergang," *Kleine Politische Schriften IX: Zeit der Übergänge* (Frankfurt am Main: Suhrkamp, 2001), pp.84~129 참조.

30 같은 책, p.103.

31 이에 대해서는 Ernst Nolte, "Vergangenheit, die nicht vergehen wil: Eine Rede, die geschrieben aber nicht gehalten werden konnte," *Frankfurter Allgemeine Zeitung*, 1986.6.6 참조.

32 Jürgen Habermas, "Eine Art Schadenabwicklung," *Die Zeit*, 1986.7.11.

33 Jürgen Habermas, "Apologetische Tendenzen," *Kleine Politische Schriften VI: Eine Art Schadenabwicklung* (Frankfurt am Main: Suhrkamp, 1987), p.135.

34 그의 이러한 연구는 Daniel Jonah Goldhagen, *Hitlers willige Vollstrecker: Ganz gewöhnliche Deutsche und der Holocaust, Aus dem Amerikanischen von Klaus Kochmann* (München: Goldmann, 2000), pp.534~539에 잘 요약되어 있다. 이에 따르면 홀로코스트의 집행자는 아주 평범한 독일 사람들이었다. 같은 책, p.534. 나치가 수행한 평화적인(?) 혁명에 의해 독일 민족의 정신적·도덕적 핵심이 변형되었으며, 이들은 그를 통해 나타난 새로운 에토스를 승인하고 그에 따라 행동했다는 것이다.

35 이 논쟁을 촉발한 것은 이 책을 ≪디 차이트≫에 소개했던 폴커 울리히의 글 "한 권의 책이 새로운 역사논쟁을 부추기고 있다"이다. Volker Ullrich, "Ein Buch provoziert einen neuen Historikerstreit," *Die Zeit*, 1996.4.12. 이 글에서 울리히는 골드하겐의 주장을 소개하면서 그 주장의 타당성에 대해 의문을 제기하고 있다. 이렇게 해서 촉발된 논쟁의 추이에 대해서는 Julius H. Schoeps(ed.), *Ein Volk von Mörern? Die Dokumentation zur Goldhagen-Kontroverse um die Rolle der Deutschen im Holocaust* (Hamburg: Hoffmann und Campe, 1996) 참조.

36 마틴 발저가 1998년 10월 11일 바울 교회에서 열린 독일 출판협회 평화상 수상식장에서 행한 연설과 그에 뒤이은 독일 유대인 중앙협의회 의장 이그나츠 부비스Ignatz Bubis의 반박으로 인해 둘 사이에 논쟁이 벌어졌는데, 핵심적인 내용은 다음과 같다.

발저는 홀로코스트가 독일인들을 힘들게 하고 정치적인 요구를 관철시키기 위해 오용되어왔으며 홀로코스트에 대해 말하는 사람은 다른 사람들에 비해 도덕적으로 우월하다는 허위의식을 갖고 있다고 주장했다. 이에 대해 부비스는 발저가 역사적 현실을 외면하고 있다고 비판했으며 다른 이들은 그의 말이 홀로코스트의 의미를 상대화하려는 이들에게 자신들의 주장을 뒷받침하는 전거로 사용될 수 있는 빌미를 제공했다고 비판했다.

37 Eckhard Jesse, "Die einäugigen Vergleicher Ist der intellektuelle Bann des Kommunismus wirklich gebrochen?," *Frankfurter Allgemeine Zeitung*, 1998.4.8; Ludwig Elm, *Geschichtsaufarbeitung, Extremismus und Diktaturenvergleich*, Jena: Jenaer Forum Für Bildung und Wissenschaft e.V. Schriftenreihe Heft 33(1998), p.9에서 재인용.

38 같은 곳.

39 같은 책, p.10.

40 나치의 만행을 상대화하려는 목적으로 진행되고 있는 나치와 구동독 독재정권의 비교에 대한 그의 자세한 논의로는 Ludwig Elm, "DDR und 'Drittes Reich' im Vergleich: Kritische Anmerkungen zur Instrumentralisierung des Totalitarismustheorems," in Christoph Butterwegge(ed.), *NS-Vergangenheit, Antisemitismus und Nationalismus in Deutschland: Beiträge zur politischen Bildung* (Baden-Baden, 1997), pp.50~61 참조.

41 Richard J. Evans, "Zwei deutsche Diktaturen im 20. Jahrhundert?," *APuZ*, 1~2(2005), p.4.

42 같은 글, p.9.

43 "Diktaturenvergleich jetzt! Neuer Streit um die Gedenkpolitik: Was unterscheidet NS-Verbrechen von DDR-Unrecht? Ein Interview mit Salomon Korn," *Die Zeit*, Nr.47 (2007.11.15).

참고문헌

김누리 · 오성균 · 안성찬 · 배기정 · 김동훈 · 이노은. 2006. 『변화를 통한 접근: 통일 주역이 돌아본 독일 통일 15년』. 도서출판 한울.

김동훈. 2007. 「철저한 식민화인가, 새로운 정체성의 확립인가?: 독일 통일 이후 동독 학문 영역의 지형변화」. ≪독일 문학≫, 제103집 48권 3호, 196~220쪽.

바이덴펠트, 베르너 · 코르테, 칼 - 루돌프 엮음. 1996. 『독일 통일백서』. 임종헌 · 신현기 · 백경학 · 배정한 · 최필준 옮김. 한겨레신문사.

원준호. 2002. 「헌법애국심과 통일독일의 정체성 문제」. ≪국제지역연구≫, 제6권 제3호, 189~211쪽.

정흥모. 「통일독일의 동독 역사(재)정립」. ≪국제정치논총≫, 제38집 제3호, 291~308쪽.

통일부. ≪독일 통일백서≫, 1995~1997, 1999, 2000, 2001, 2002.

Bizeul, Yves. 2007. "Nationalismus, Patriotismus und Loyalität zur Republik." *APuZ*, 1~2(2007). Frankfurt am Main: Bundeszentrale für politische Bildung, pp. 30~38.

Boyes, Roger. 2007. "Die Neuen Patrioten." *APuZ*, 1~2(2007), pp. 19~24.

Claussen, Detlev. 1996. "Viel Lärm um Goldhagen - Vorläufige Bilanz einer desaströsen Debatte." http://www.gps.uni-hannover.de/ish/Dateien/staff/dc/text_gold.html

Elm, Ludwig. 1997. "DDR und 'Drittes Reich' im Vergleich: Kritische Anmerkungen zur Instrumentralisierung des Totalitarismustheorems." in Christoph Butterwegge (ed.). *NS-Vergangenheit, Antisemitismus und Nationalismus in Deutschland: Beiträge zur politischen Bildung* (Baden-Baden, 1997).

_____. 1998. *Geschichtsaufarbeitung, Extremismus und Diktaturenvergleich.* Jena: Jenaer Forum Für Bildung und Wissenschaft e.V. Schriftenreihe Heft 33.

Evans, Richard J. 2005. "Zwei deutsche Diktaturen im 20: Jahrhundert?." *APuZ*, 1~2 (2005), pp. 3~9.

Fischer, Jochen and Hans Karl Rupp. 2005. "Deutsche Vereinigung und NS-Vergangenheit." *APuZ*, 40(2005), pp. 41~46.

Fratzscher, Wolfgang and Klaus-Peter Meinicke. 1998. "Verfarhenstechnik." in Jürgen Kocka and Renate Mayntz(eds.). *Wissenschaft und Wiedervereinigung.* Berlin:

Akademie Verlag.

Fuhr, Eckhard. 2007. "Was ist des Deutschen Vaterland?." *APuZ*, 1~2(2007), pp.3~7.

Goldhagen, Daniel Jonah. 2000. *Hitlers willige Vollstrecker - Ganz gewöhnliche Deutsche und der Holocaust, Aus dem Amerikanischen von Klaus Kochmann.* München: Goldmann.

Habermas, Jürgen. 1985. *Kleine Politische Schriften V: Die Neue Unübersichtlichkeiten.* Frankfurt am Main: Suhrkamp.

_____. 1986.7.11. "Eine Art Schadenabwicklung." *Die Zeit.*

_____. 1987. *Kleine Politische Schriften VI: Eine Art Schadenabwicklung.* Frankfurt am Main: Suhrkamp.

_____. 1990a. *Kleine Politische Schriften VII: Die nachholende Revolution.* Frankfurt am Main: Suhrkamp.

_____. 1990b. "Grenzen des Neohistorismus." in Jürgen Habermas. *Die nachholende Revolution.* Frankfurt am Main: Suhrkamp.

_____. 1995. *Kleine Politische Schriften VIII: Die Normalität einer Berliner Republik.* Frankfurt am Main: Suhrkamp.

_____. 2001. *Kleine Politische Schriften IX: Zeit der Übergänge.* Frankfurt am Main: Suhrkamp.

Hegel, G. W. F. 1986. *Grundlinien der Philosophie des Rechts*, Werke in zwanzig Bänden Band 7. Frankfurt am Main: Suhrkamp.

Helmerich, Antje. 2005. "Ethnonationalismus und das politische Potenzial nationalistischer Bewegungen." *APuZ*, B.39(2005), pp.19~24.

Henning, Eike. 1988. *Zum Historiker Streit: Was heißt und zu welchem Ende studiert man Faschismus?.* Frankfurt am Main: Athenäum.

Jarausch, Konrad H. 2005. "Zeitgeschichte zwischen Nation und Europa - Eine transnationale Herausforderung." *APuZ*, B.39(2005), pp.3~10.

Jesse, Eckhard. 1998.4.8. "Die einäugigen Vergleicher: Ist der intellektuelle Bann des Kommunismus wirklich gebrochen?." *Frankfurter Allgemeine Zeitung.*

Macher, Julia and Katrin Stranz. 2006. "Spanien und Deutschland: Zwei konvergierende Sonderwege?." in Detlef Georgia Schulze, Sabine Berghahn and Frieder Otto Wolf(eds.). *DFG-Projekt Rechtsstaatsvergleich Deutschland-Spanien*, Bd.3,

Sonderwegs-Diskussion und Verrechtlichung. Berlin, pp.17~50.

Mayer, Tilman. 2007. "Patriotismus: die neue bürgerliche Bewegung." *APuZ*, 1~2 (2007), pp.24~30.

Molt, Peter. 2006. "Abschied vom Verfassungspatriotismus - Dolf Sternberger und die aktuelle Debatte." *die Politische Meinung*, Nr.435(2006.2), pp.29~36.

Nolte, Ernst. 1986.6.6. "Vergangenheit, die nicht vergehen wil: Eine Rede, die geschrieben aber nicht gehalten werden konnte." *Frankfurter Allgemeine Zeitung.*

Planert, Ute. 2005. "Nation und Nationalismus in der Deutschen Geschichte." *APuZ*, B.39(2005), pp.11~18.

Ramm, Thilo. 2004. "Die Deutschen - einen Nation?." *APuZ*, B.39(2004), pp.32~38.

Renan, Ernest. 1992. *Qu'est-ce qu'une nation? et autres essais politique.* Paris: Presses-Pochet.

_____. 1996. *Was ist eine Nation?*: Rede am 11. März 1882 an der Sorbonne. Hamburg: Europäische Verlagsanstalt.

Schlie, Ulrich. 2005. "Behausung des Menschen in einer unbehausten Welt: Nation und Europa in der deutschen Geschichte." *APuZ*, B.39(2005), pp.25~31.

Schoeps, Julius H.(ed.). 1996. *Ein Volk von Mörern? Die Dokumentation zur Goldhagen-Kontroverse um die Rolle der Deutschen im Holocaust.* Hamburg: Hoffmann und Campe.

Schwilk, Heimo and Ulrich Schacht. 1994. *Die selbstbewußte Nation.* Berlin: Ullstein.

Seifert, Jürgen. 1997. "Verfassungspatriotismus im Licht der Hegelschen Verfassungstheorie." in Jürgen Seifert. *Politik zwischen Destruktion und Gestaltung. Studien zur Veränderung von Politik.* Hannover.

Seitz, Norbert. 2007. "Die Nachhaltigkeit eines neuen Patriotismus." *APuZ*, 1~2(2007), pp.8~13.

Sternberger, Dolf. 1980. "Der Begriff des Vaterlandes." in Dolf Sternberger. *Staatsfreundschaft, Schriften*, Bd.IX. Frankfurt am Main.

Ullrich, Volker. 1996.4.12. "Ein Buch provoziert einen neuen Historikerstreit." *Die Zeit.*

찾아보기

지은이

김누리

서울대학교, 독일 브레멘 대학에서 독문학을 공부했고, 현재 중앙대학교 독어독문학과 교수로 있다. 주요 논문으로 「68혁명과 현대독일문학」, 「통일독일의 문학논쟁」, 「동서독 문학의 통일성에 대하여」, 「통일 이후 독일문학의 동향」, 「독일통일과 지식인」, 「해방적 상상력: 마르쿠제의 해방담론」 등을 썼고, 저서로 『비유냐 진정성이냐: 귄터 그라스와 크리스타 볼프 연구Allegorie oder Autentizität. Zwei ästhetische Modelle der Aufarbeitung der Vergangenheit: Günter Grass und Christa Wolf』, 『독자로서의 문화철학자Kulturphilosophen als Leser』(공저), 『알레고리와 역사: 귄터 그라스의 문학과 사상』, 『통일과 문화』(공저), 『머릿속의 장벽: 통일 이후 동서독의 사회·문화 갈등』(공저), 『변화를 통한 접근: 통일 주역이 본 독일통일 15년』(공저), 『나의 통일이야기: 동독주민이 본 독일통일 15년』(공저), 『현대문화 이해의 키워드』(공저) 등을 냈으며, 헤세의 『황야의 이리』, 슈뢰더의 『아직도 시간은 있다』 등을 우리말로 옮겼다.

김동훈

서울대학교 법대, 총신대학교 신학대학원, 서울대학교 미학과를 졸업했고, 독일 브레멘 대학에서 철학을 공부했으며 현재 덕성여자대학교 철학과 초빙교수로 있다. 주요 논문으로 「새로운 도전에 직면한 독일 교회」, 「철저한 식민화인가, 새로운 정체성의 확립인가?: 독일 통일 이후 동독 학문영역의 지형변화」, 「통일 이후 독일 학문 패러다임의 변화」 등을 썼고, 저서로 『현대문화 이해의 키워드』(공저), 『머릿속의 장벽』(공저),

『변화를 통한 접근』(공저)을 냈으며, 버크의 『아름다움과 숭고의 이념의 기원에 대한 철학적 탐구』, 조르크너·퀴어베트의 『독일음악미학』(공역) 등을 우리말로 옮겼다.

도기숙

중앙대학교, 독일 훔볼트 대학에서 공부했고, 「19세기 문학에 나타난 결혼과 외도의 문제」로 박사학위 논문을 썼다. 현재 광운대학교 교양학부의 젠더학 교수로 있다. 주요 논문으로 「통일 이후 구동독 출신 여성의 세대별 갈등양상: 포커스 인터뷰 분석」, 「19세기 전반기 문학에 나타난 결혼담론」, 「'보이첵'에 나타난 하층민의 동거문화와 섹슈얼리티」, 「타자기와 여성해방: 키틀러의 매체이론에 나타난 기술과 여성의 문제」, 「간통죄와 여성의 섹슈얼리티: 18, 19세기 독일의 계몽주의 담론을 중심으로」 등을 썼다.

류신

중앙대학교 독문과를 졸업하고 독일 브레멘 대학에서 현대독일시 연구로 박사학위를 받았다. 현재 중앙대학교 독어독문학과 교수로 있으며, 2000년 경향신문 신춘문예로 등단해 문학평론가로 활동 중이다. 주요 논문으로 「김지하와 볼프 비어만」, 「볼프 비어만의 정치적 자연시」, 「혁명적 이카루스의 추락」, 「천사의 변용, 변용의 천사: 김춘수와 릴케」, 「상징적 오브제의 유희」, 「페터 바이스의 탑 모티브 연구」, 「통일 이후 독일문학계의 지형변화」, 「손자들이 온다: 최근 독일 신세대 문학의 가벼운 질주」, 「북해로 가는 길: 잉고 슐체의 소설 『심플 스토리』에 나타난 통일 이후 동독인의 삶의 편력」, 「소리의 제국: 마르셀 바이어의 소설 『박쥐』」 등을 썼고, 저서로 『이카루스, 다이달로스, 시시포스: 볼프 비어만의 저항의 미학Ikarus, Dädalus, Sisyphus: Drei mythische Modelle des Widerstands bei Wolf Biermann』, 『다성의 시학』을 냈다.

박희경

성균관대학교와 동 대학원에서 국문학 및 독문학을 공부했다. 독일 베를린 자유대학과 프라이부르크 대학에서 독문학, 철학, 연극학, 언어학을 공부하고, 프라이부르크 대학에서 박사학위를 받았다. 현재 성균관대학교, 중앙대학교 등에서 강의하고 있다. 주요 논문으로 "Fanfic: Phantasie, Identität, Narzissmus", 「독일통일 이후 나타난 사회문화적 갈등: 노동환경의 변화에 따른 갈등양상」, 「카니발적 웃음: 토마스 브루시히의 소설『우리 같은 영웅들』분석」등 다수의 독일문학 및 문화 관련 논문 등을 썼고, 저서로『여성의 몸: 시각, 쟁점, 역사』, 『머릿속의 장벽』(공저), 『나의 통일이야기』(공저) 등을 냈다.

배기정

한국외국어대학교 독일어과를 졸업하고 독일 마르부르크 대학에서 독문학을 공부했으며, 현재 한국외국어대학교, 중앙대학교에서 강의하고 있다. 주요 논문으로 "'Ostalgie' im Spiegel der Medien", 「이야기하는 도시 베를린: 알프레드 되블린의 소설『베를린 알렉산더광장』에서의 화자」, 「통일 이후 동독지역 방송의 변화」, 「페터 빅셀의 해체적 글쓰기」, 「혼종과 변용의 서사」등을 썼고, 저서로 Chinaromane in der deutschen Literatur der Weimarer Republik, 『머릿속의 장벽』(공저), 『변화를 통한 접근』(공저)을 냈으며, 『망가진 시대: 에리히 케스트너의 삶과 문학』을 우리말로 옮겼다.

안성찬

서강대학교 독어독문학과와 동 대학원을 졸업했다. 독일 레겐스부르크 대학에서 독문학과 철학을 전공하고 예술사를 연구했으며 서강대학교에서 문학박사학위를 받았다. 경원대 · 서강대 · 연세대 · 인하대 · 중앙대 강사를 역임한 후, 현재 서울대학교 HK연구교수로 있으며, 성프란시스대학에서 '노숙인을 위한 인문학' 강의를 하고 있다. 주요 논문으로 「독일통일과 지식인의 위기」, 「그리스라는 별」등을 썼고, 저서로『이성과 감성의 평행선』, 『숭고의 미학』, 『변화를 통한 접근』(공저) 등을 냈으며, 『니체 전집 12: 즐거운 학문』, 『신화』, 『철학가』등을 우리말로 옮겼다.

윤미애

서울대학교, 독일 괴팅겐 대학에서 독문학 및 사회학을 공부했고, 현재 세종대학교 교양학부 초빙교수로 있다. 주요 논문으로 「짐멜의 문화이론과 미학적 모더니티」, 「정치와 신학 사이에서 본 벤야민의 매체이론」, 「도시 산보와 기억」, 「대도시와 거리 산보자: 짐멜과 벤야민의 도시문화 읽기」, 「보이지 않는 도시의 서술가능성: 크라카우어와 모던 도시」 등을 썼고, 저서로 『브레히트의 동시대인 발터 벤야민: 가까움과 멂의 역설 Walter Benjamin als Zeitgenosse Bertolt Brechts: Eine paradoxe Beziehung zwischen Nähe und Ferne』을 냈으며, 『발터 벤야민』, 『발터 벤야민 선집 3: 1900년경 베를린의 유년시절·베를린 연대기』, 『짐멜의 모더니티 읽기』(공역) 등을 우리말로 옮겼다.

이노은

서울대학교, 독일 킬 대학에서 독문학을 공부했고, 현재 인천대학교 독어독문학과 교수로 있다. 주요 논문으로 "Die Wege der Buergerrechtler nach der Wende 통일 이후 동독시민운동가들의 궤적", 「'동독혁명'의 문학적 기록」, 「유럽의 새로운 정체성과 다양성: 계몽주의의 재현?」, 「동독 평화혁명의 정점: 슈타지(Stasi) 해체와 문서보관」 등을 썼고, 저서로 『테오도르 슈토름의 초기 노벨레에 나타난 기억과 서술과정 Erinnerung und Erzählprozess in Theodor Storms frühen Novellen』, 『머릿속의 장벽』(공저), 『변화를 통한 접근』(공저)을 냈으며, 헤세의 『크눌프』, 『문학과 문화학: 문화학적 실천을 위한 입장, 이론, 모델』(공역) 등을 우리말로 옮겼다.

이영란

독일 바이로이트 대학에서 문리학 석사와 프랑스 파리 VII 대학에서 사회학 박사학위를 받았다. 현재 순천향대학교 청소년연구센터 연구교수로 있다. 주요 논문으로 「통일 이후 동서독 대학생 가치관연구」, 「정체성과 고정관념에 대한 연구」, 「통일이후 동독주민의 상대적 박탈감에 대한 연구」, 「통일이전 탈동독인의 서독사회 적응실태에 대한 연구」, 「남한 내 북한 이탈 청소년들의 심리적응에 영향을 미치는 적응 준비도에 관한 연구」 등을 썼고, 저서로 『북한이탈 청소년 종합대책 연구 I』(공저), 『제3국체류 북한이탈 청소년의 실태와 정책과제』(공저), 『문화와 인간』(공저), 『겨울연가: 콘텐츠와 콘텍스트 사이』(공저), 『머릿속의 장벽』(공저), 『나의 통일이야기』(공저) 등을 냈다.

이정린

고려대학교 독어독문학과와 동 대학원 독문과를 졸업했다. 독일 요하네스 구텐베르크 마인츠 대학교에서 독문학, 역사, 철학을 전공 및 부전공했다. 같은 대학에서 "Ideologie und Komödie이데올로기와 희극"으로 박사학위를 받았다. 한신대학교와 고려대학교에서 박사후 과정을 거쳐, 현재 고려대학교 독일어권문화연구소 연구교수로 있으며 연극평론 활동 중이다. 주요 논문으로 「독일 자연주의 드라마 패러디」, 「전후 독일 희극의 이데올로기 비판」, 「아리스토파네스 희극의 서사극적 요소」, 「아리스토파네스 희극 연극」 등을 썼고, 저서로 『아리스토파네스와 고대그리스 희극공연』, 『하이너 뮐러의 연극세계』(공저)를 냈으며, 『몬타우크: 막스 프리쉬 소설』, 『식인문화의 풍속사』 등을 우리말로 옮겼다.

한울아카데미 1150
동독의 귀환, 신독일의 출범
통일독일의 문화변동

ⓒ 김누리 외, 2009

지은이 • 김누리 외
펴낸이 • 김종수
펴낸곳 • 도서출판 한울

편집책임 • 김현대
편집 • 윤상훈
표지디자인 • 김현철

초판 1쇄 인쇄 2009년 7월 20일
초판 1쇄 발행 2009년 7월 30일

주소 • 413-832 파주시 교하읍 문발리 507-2(본사)
　　　 121-801 서울시 마포구 공덕동 105-90 서울빌딩 3층(서울 사무소)
전화 • 영업 02-326-0095, 편집 02-336-6183
팩스 • 02-333-7543
홈페이지 • www.hanulbooks.co.kr
등록 • 1980년 3월 13일, 제406-2003-051호

Printed in Korea.
ISBN 978-89-460-5150-8 93920 (양장)
ISBN 978-89-460-4092-2 93920 (학생용)

* 책값은 겉표지에 표시되어 있습니다.
* 이 책은 강의를 위한 학생판 교재를 따로 준비했습니다.
  강의 교재로 사용하실 때는 본사로 연락해주십시오.